# 推进我国体育事业深化改革与发展问题研究

——国家体育总局第三十二、三十三期干部进修班论文及课题成果汇编

国家体育总局干部培训中心　编

北京体育大学出版社

策划编辑：吴　珂
责任编辑：吴　珂
责任校对：田　露
版式设计：杨　俊

**图书在版编目（CIP）数据**

推进我国体育事业深化改革与发展问题研究：国家体育总局第三十二、三十三期干部进修班论文及课题成果汇编 / 国家体育总局干部培训中心编. -- 北京：北京体育大学出版社，2021.10
ISBN 978-7-5644-3368-0

Ⅰ. ①推… Ⅱ. ①国… Ⅲ. ①体育事业—体制改革—中国—文集 Ⅳ. ①G812-53

中国版本图书馆CIP数据核字(2020)第166453号

**推进我国体育事业深化改革与发展问题研究**
TUIJIN WOGUO TIYU SHIYE SHENHUA GAIGE
YU FAZHAN WENTI YANJIU

**国家体育总局干部培训中心　编**

出版发行：北京体育大学出版社
地　　址：北京市海淀区农大南路1号院2号楼2层办公B-212
邮　　编：100084
网　　址：http：//cbs.bsu.edu.cn
发 行 部：010-62989320
邮 购 部：北京体育大学出版社读者服务部 010-62989432
印　　刷：北京虎彩文化传播有限公司
开　　本：850 mm × 1168 mm　1/32
成品尺寸：140 mm × 205 mm
印　　张：22.25
字　　数：557千字
版　　次：2021年10月第1版
印　　次：2021年10月第1次印刷
定　　价：120.00元

# 编　委　会

# 前　言

2014年4月10日至7月10日，中央党校中央国家机关分校国家体育总局第三十二期处级干部进修班在国家体育总局干部培训中心举行，共有来自国家体育总局机关、直属单位24个单位的29名学员参加了培训学习。2014年10月10日至2015年1月9日，中央党校中央国家机关分校国家体育总局第三十三期处级干部进修班相继举行，共有来自国家体育总局机关、直属单位22个单位的29名学员参加了培训学习。

在春秋两期进修班各三个月的学习时间里，学员们深入学习贯彻党的十八大和十八届三中全会精神，秋季学期的学员还学习了党的十八届四中全会精神。学员们认真学习贯彻习近平总书记系列重要讲话精神，紧密结合党的十八大关于中国特色社会主义经济建设、政治建设、文化建设、社会建设、生态文明建设和党的建设等方面的重大战略部署和重大决策，系统学习了马克思列宁主义基本问题、毛泽东思想基本问题，特别是中国特色社会主义理论体系基本问题，学习了当代世界经济、科技、法制、军事、思潮和民族宗教等课程和其他方面的必备知识，学员们深入学习研究了我国体育改革和发展中的重大理论和现实问题，夯实了理论基础，拓展了世界眼光，培养了战略思维，加强了党性修养，进一步提高了领导水平和执政能力。

学习期间，学员们理论联系实际，突出问题导向和目标导向，结合“三个带来”和在日常工作中的实践、调研和思考，紧扣推进我国体育事业深化改革与发展这一主题，开展了针对体育项目发展、体育管理和服务保障、体育产业发展、体育文化教育建设等多个领域的理论分析与对策研究，形成了观点鲜明、内容丰富、见解独到、对实际工作有参考价值的56篇论文和1篇研究课题。

为了加强学员研究成果的交流，并向有关决策部门提供咨询参考，我们汇编了本年度学员的研究成果。在收录的论文和研究课题中，有的对内容做了适当压缩，有的对文字进行了修改，但基本上都保留了学员研究成果的原貌，真实地反映了学员们对我国体育改革实践的理论研究、经验总结和对策思考。尽管其中有些观点还不成熟或有待商榷，但对我们进一步关注和研究此类问题，无疑会有积极的启发意义和参考价值。

本书的出版得到了国家体育总局、北京体育大学有关领导的关心、重视，还得到了北京体育大学出版社的大力支持，在此一并表示衷心感谢。

由于水平有限，书中不当之处敬请读者批评指正。

编委会

# 目　录

## 体育项目发展研究

## 体育管理和服务保障研究

## 体育产业发展研究

## 体育文化、教育建设研究

## 小组课题成果

# 体育项目
# 发展研究

# 冰壶项目可持续发展的管理模式研究

国家体育总局冬季运动管理中心　李东岩

**摘要**：伴随着改革开放后我国社会经济的飞速发展，我国体育事业同样取得了历史性的突破和跨越式的发展。竞技体育在国际上的竞争已发展成为地区和国家之间综合国力、科学技术和人才的竞争。而我国竞技体育要实现从“体育大国”向“体育强国”的转变，真正跻身于世界强国之列，对优秀运动队实行科学化、现代化管理已成为极其重要且亟待解决的问题。实践证明，运动队采用什么样的管理模式，直接影响运动队的成绩。国家冰壶队现阶段正处于阶段性调整时期。这个阶段的出现，从事物的发展规律来看，并非偶然；从哲学角度思考，其主导因素必然存在于运动队本身，内因是推动事物发展变化的主要因素。因此，要使运动队长期保持高竞技水平就必须加强运动队内部管理，优化其管理方式。运动队可持续发展可以说是一种动态的平衡，管理过程中要做到刚柔并济、松弛有度，权力领导与非权力领导相结合，以不断加强队伍内部的沟通与协调，消除队伍内部的矛盾，并不断提升运动队成员的思想、业务素质，明确各自职责分工，妥善处理政事关系，实现高效决策和稳定运行。本课题正是基于这一出发点，试图通过梳理国家冰壶队的发展历程和分析其现行管理方式，探寻队伍现状并分析如何使其保持高竞技水平，再创辉煌，并为相关冬季集体项目的管理提供一定的借鉴。

**关键词**：冰壶；可持续发展；管理模式

# 一、我国冰壶运动项目的发展概况

自1995年冰壶运动被引入我国，到2004年正式成立国家冰壶集训队，再到2009年我国女子冰壶队取得世界锦标赛冠军，并于2010年冬季奥运会上夺得铜牌，我国仅用了短短十几年便实现了冰壶项目的从无到有、从弱到强、从默默无闻到备受关注的转变。纵观我国冰壶运动项目的发展历程，主要经历了以下三个不同发展阶段。

## （一）萌芽阶段（1995—2000年）

随着我国竞技体育事业的不断发展及体育对外交流的不断增加，自20世纪90年代以来，我国陆续引进一些新的体育项目，冰壶项目就是其中之一。1995年至1999年间，我国先后成功举办了4次冰壶裁判员、教练员学习班，开始对冰壶项目有了初步了解。2000年，首支业余冰壶队在哈尔滨市成立，男、女队员共计80余人。由于这一时期冰壶项目在我国的发展尚处于起步阶段，虽然也得到了一定的关注，有了一定的发展空间，但这一阶段较为突出的特点是：队伍建设、人员配置缺乏统一的安排，训练条件极其艰苦，应该说是真正意义上的业余队伍训练阶段。

## （二）探索阶段（2000—2004年）

2000年哈尔滨市正式成立冰壶专业队，当时冰壶队的训练条件依然相当艰苦。由于国内并没有专门的场地供冰壶专业队训练，队伍训练只是利用冰上项目训练结束后的时间段，重新平整冰场后再进行，所以当时队伍的训练一般都是在晚间甚至深夜进行。2002年2月，由黑龙江省体育局和哈尔滨体育学院、哈尔滨市体育局派出1支男队和2支女队分别参加了在日本青森市举行的全日本东北地区冰壶公开赛和在长野轻井泽举行的冬奥会纪念杯比赛，这是我国第一次有队伍参加国际性的冰壶比赛。同年，中国与日本进行了3次友好交流，推动了我国冰壶运动的发展。2002年4月6日—14日在美国举行的世界冰壶联合大会上，我国正式成为世界冰壶联合会会员，为我国冰壶运动的发展奠定了坚实的基础。2002年我国参加了第12泛届太平洋地区冰壶锦标赛，中国男、女队均获得了第5名的好成绩。在2003年1月举办的第10届全国冬季运动会上，冰壶运动首次被列为我国冬季运动会比赛项目。在2003年的第5届亚洲冬季运动会上，我国国家男、女冰壶队都获得了第3名的好成绩。2004年，我国正式成立国家集训队，并在海外进行训练。同年，为了使国家队的成绩尽快取得突破，队伍第一次以旅游团身份赴国外进行为期一周的训练。也正是这一年，国家女子冰壶队首次获得了参加世界冰壶女子锦标赛的资格，并在韩国举办的泛太平洋冰壶锦标赛中取得了第2名的好成绩。

这一阶段我国冰壶项目的发展极为迅速，从刚开始只是市代表队尝试性地参与国际比赛，成绩无从谈起，到在太平洋地区比赛中名列前茅，这些成绩的取得也促成了2004年国家集训队的正式成立，使我国冰壶项目的发展开始步入正轨。

这一阶段冰壶项目发展的主要特点表现为：发展较为迅速，且其训练体系逐渐与我国竞技体育的三级训练体系模式（即市级—省级—国家集训队）相吻合，但项目的开展在地域上依然仅限于黑龙江省。

## （三）发展阶段（2004年至今）

自2004年我国国家女子冰壶队首次获得参加世界女子冰壶

锦标赛的资格后，我国国家男、女冰壶队又于2009年双双首次获得参加冬奥会的资格。并且，在2010年冬奥会比赛中，我国国家女子冰壶队取得了第3名、男子冰壶队取得了第8名的好成绩。在男、女两个队伍参加的九届泛太平洋冰壶锦标赛中，男队取得了自2007—2008年赛季后的五届世锦赛资格，女队取得了自2004—2005年赛季后的全部八届世锦赛资格，其中男、女队分别获得了五届泛太平洋冰壶锦标赛冠军。

## 二、我国国家冰壶队的组织管理结构分析

在举国体制下的我国竞技体育，前人总结的成功经验是“三分训练，七分管理”。在备战大赛过程中，队伍管理更是所有工作中的重中之重，如何严肃队伍纪律、明确各自职责、严格落实国家队管理规定和制度、严抓管理时效，保证国家队运动员在有限的备战时间内抛开杂念，全身心地投入备战训练是国家冰壶队所有人员共同关心的问题。

从目前我国国家冰壶队的管理结构看（见图1），我国国家冰壶队属于直线职能与事业部制相结合的组织结构，这种组织结构一方面使它具有直线职能——任务明确、稳定性高、令行禁止的优点，同时也使事业部制中具体主管部门在队伍管理上具有较大自主权。但这样一种组织结构模式对部门领导人的要求较高，部门领导人必须熟悉全面业务和管理知识，并且能很好地处理集权与分权的关系，非常熟悉队伍训练过程及所有细节，并且要求上下各层级间保持良好的沟通关系。

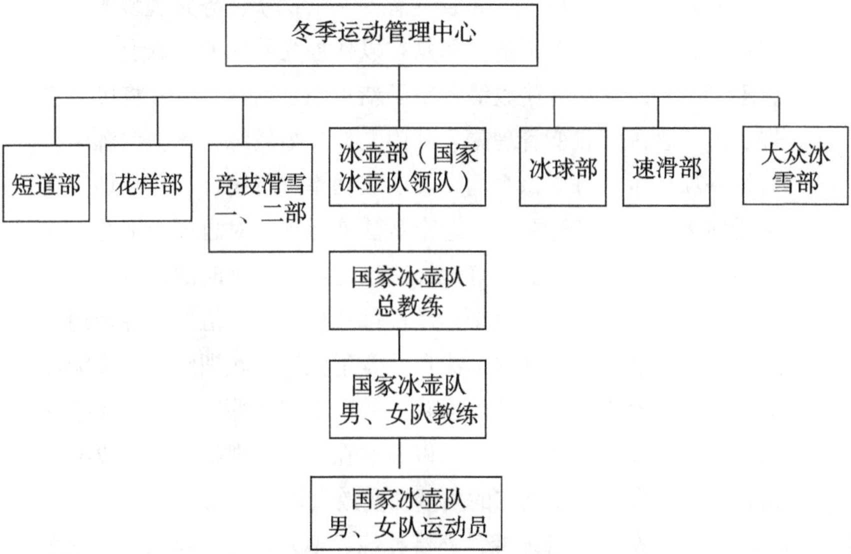


**图1　我国国家冰壶队组织管理结构**[1]

我国国家冰壶队的这种混合型组织结构决定其必然是采用任务管理型方式进行管理，而采用任务管理型方式的管理者在管理过程中必然会更多地关注任务目标的达成，即队伍成绩的优劣会成为关注焦点，而较少关注运动员的内在要求，从而在管理过程中难以真正反映运动员的意志，导致运动员在训练过程中的意见较少被采纳，进而在一定程度上影响训练、比赛效果。所以，如果能将民主管理、参与管理和权变管理思想运用于其中，就可以取得极佳效果。以国家男队为例，男队在领队、总教练及教练带领下，训练、比赛成绩节节攀升。通过对其管理过程的研究，发现其管理主要具有两个特点。

[1]　图1主要表述国家冰壶队的组织结构，因此只列出项目部门，行政管理部门并未列于其中。

第一，男队的队伍组织管理者不是禁锢于任务管理型的管理方式中，只注重任务下达，而是在以任务为导向的基础上，各级管理者——尤其是外籍教练带来了新思想、新理念——将民主管理、参与管理和权变管理融入其中。如外籍教练在冰上训练中，对每一项技术训练中每个运动员的成功率进行统计，并在训练结束后向大家公布统计结果，这个做法使运动员对自己的训练成绩和问题了如指掌，进而更好地提高运动员在训练时的注意力。这一管理方式实质上是让每个运动员都直接参与队伍的训练管理。此外，教练还主张在队内形成良性竞争氛围，在训练中对成绩好的运动员及时表扬，使其赢得队友的尊重和敬慕；及时帮成绩落后的运动员找出问题和差距，以争取在下一项训练中提高成绩。这样的训练方法，使训练的质量和实效大幅度提高。

第二，队伍的管理者、外籍教练、中方教练、运动员各方之间沟通顺畅，从而保障了队伍平稳、有序地成长、进步。

## 三、构建我国国家冰壶队新的管理模式——复合型教练团队

如前所述，我国冰壶项目在不到20年的发展历程中，取得了辉煌的成绩。尤其是国家女子冰壶队，在2009年世界冰壶锦标赛（下文简称“世锦赛”）曾以12连胜的骄人战绩勇夺冠军，并获得了2010年温哥华冬奥会的铜牌。在2014—2015赛季，国家女子冰壶队却处于阶段性调整时期。从事物的发展规律看，它的存在并非偶然，但我们也深知其主导因素还在于运动队本身。要想使运动队长期保持高竞技水平，促使项目不断向前发展，就需要从运动队内部加强管理，升级优化其内部管理模式，而就其当前管理现状看，构建复合型教练团队，以团队管理的方式提高运动队的竞技能力，更好地塑造团队和项目的良好形象，已成为优化和

创新国家冰壶队管理模式的首要目标。

## （一）我国国家冰壶队复合型教练团队组织结构与运行机制

国家冰壶队复合型教练团队主要由冬季运动项目管理中心领导、领队、总教练、科研人员、医务人员和外聘专家等人员组成（见图2）。

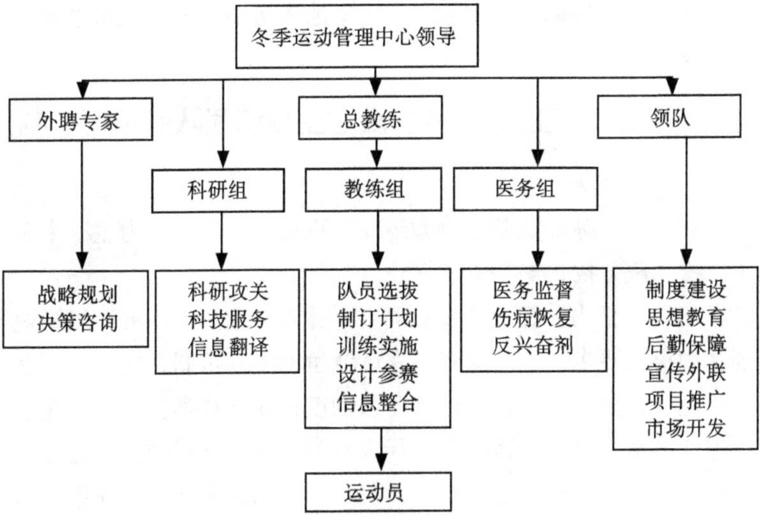


**图2　我国国家冰壶队复合型教练团队的组织结构**

冬季运动项目管理中心主任是面对国家体育总局的第一责任人，奥运周期的参赛安排和训练设计都是在冬季运动管理中心的统一领导下进行的。外聘专家是来自国内外了解冰壶项目规律和特征的专家，由于运动队特殊的工作性质和专家的本职工作，可能不能长期随队，但他们有深厚的专业功底可以为运动队提供战略规划、决策咨询，以及具体训练方法和手段的建议。领队负责运动员的思想教育、队内规章制度的建立、各种后勤保障的落实、宣传、市场开发等训练外围事宜。在总教练领导下的教练组具体负责运动员的选拔、训练设计和实施、比赛规划和安排。科研人员负责科研攻关和科技服务，根据项目的不同特点，科研人员的选择各有侧重和不同，其中包含生理、生化、心理、生物力学、营养和疲劳恢复等领域的专业人才。医务人员负责医务监督和伤病防护。队伍中科研组和医务组的人员既需要分工也需要合作。科研组、教练组、医务组及领队的工作对象都是运动员，他们共同的工作目标就是不断提高国家冰壶运动队的训练水平和竞赛成绩。

## （二）构建国家冰壶队复合型教练团队的运行机制

### 1. 动力机制

促使国家冰壶队复合型教练团队形成与发展的动力主要来源于“推、压、拉、支”4个驱动力。

第一，推力。国家体育总局在《体育事业“十一五”发展规划》中提出要求，不断完善国家队竞争和激励机制，完善国家队的组建、选拔、训练、管理等各项制度；建立科学化、民主化、程序化的奥运会、亚运会等国际大赛的运动员选拔制度；建立健全责、权、利统一，进出有序，科学合理的国家队管理体系。这一大背景，推动了我国国家冰壶队复合型教练团队的建设，其目的是更加充分地发挥管理人员、教练、医务人员等各方面的积极性和创造性。

第二，压力。国家冰壶队曾经取得了辉煌的成绩，所以每当大赛来临，领导及观众的期望值就很高。要完成任务、达到目标，仅靠国家冰壶队的领队和教练显然是不够的，必须要调动多方资源，将任务和目标层层分解，各负其责。

第三，拉力。国内外知名运动队复合型教练团队所取得的巨大成功给了我们启示。如从美国职业篮球联赛球队的教练组构成来看，其角色分工明确、技能互补，教练团队的每个成员都是某一方面的专家，每个成员都有非常明确的职责范围，且有共同的目标和追求。国内的排球队、跳水队等也都通过组建复合型教练团队取得了明显进步，这些都极大地增加了国家冰壶队组建复合型教练团队的决心。

第四，支撑力。随着自然科学、社会科学的发展及计算机技术的进步，多学科协同合作、交叉融合，使“训练、科研、医务、教育、管理一体化”成为可能。

**2. 整合机制**

建立国家冰壶队复合型教练团队，涉及多方面的人、事、物。组织整合是指组织利益的协调与调整，促使组织成员形成共同体的过程。团队精神，指团队成员为了团队的利益与目标而相互协作的作风。团队精神的核心是奉献，奉献成为激发团队成员的工作动力，为工作注入能量。团队精神的精髓是承诺，团队成员共同承担集体责任。这里要求处理好两方面的关系：处理好团队与成员之间的关系，处理好团队成员之间的关系。队伍中教练与运动员之间的亲密性、承诺感和互补性等将直接决定队伍的组织气氛及队伍成绩的提高程度。再比如，如何选择合适的外籍教练，使“中西”能够“合璧”，充分发挥“外脑”的优势。其他优势项目的经验和冰壶项目的发展经历告诉我们，找到合适的外籍教练，并把外教和教练团队有机地结合起来，把中西两种文化融合到一起，把外教带来的先进的项目理念和规律总结、转移和转化到队伍身上，才能把这个“外脑”利用好。

**3. 激励机制**

国家冰壶队复合型教练团队中，对团队及个体的激励作用并非孤立存在，而是相互依存、相互影响的。复合型教练团队的考核、奖惩机制为内部激励因素的产生创造良好的条件，信任机制为团队成员相互依赖、合作打下坚实的基础。正是组织的支持才使得队伍拥有更多的自主权，也使得外部激励机制得以更好地运行。训练中运动员和教练之间不断地交流探讨，大胆地改进训练方法和手段，使训练更接近实战，针对性更强，大大提高了训练的效率。在外部激励机制、内部激励因素和组织环境的共同作用下，团队的凝聚力和向心力得到增强，进而激发团队的整体优势，实现团队的目标。

**4. 控制机制**

在执行计划的过程中，即使目标十分具体，团队的积极性被充分调动，依然不能保证所有的行动都是按照计划执行的，也不能保证团队的目标一定能实现，因此，控制是重要的。从控制的过程看，要做到三个步骤：预先控制——科学选材，遵循运动训练科学规律，制订完善的训练和参赛计划（周期计划、年度计划和课时计划）；事中控制——以训练为中心，充分发挥教练、科研人员、医务人员、领队、外聘专家、训练单位领导、后勤保障人员等的作用，各部门密切配合，确保训练和参赛工作的顺利开展；反馈控制——结合计划和目标，科学评价团队工作绩效，予以相应的奖励与惩罚，并根据环境和条件的变化情况，调整目标或纠偏。而作为集体项目，要想达到有效控制，最为重要的是队伍成员之间（运动员、教练员及管理者）的信任和顺畅沟通。

**5. 保障机制**

国家冰壶队复合型教练团队的运行离不开必要的物质、人才、制度和文化等多方面的保障：充裕的训练和参赛经费、必要的科研和医疗设备是团队组建的物质保障；经验丰富、水平高的教练、科研人员、医务人员、领队、管理人员及外聘专家是团队的人才保障；完善的考核和激励制度、明确的岗位职责、规范的业务流程是团队的制度保障；共同的愿景和价值观，相互信任、团结合作的环境，充分民主和重大问题集体决策的氛围是团队的文化保障。简而言之，构建国家冰壶队复合型教练团队，实际上也是为国家男、女冰壶队备战冬奥会提供全方位的保障。

### （三）建设国家冰壶队复合型教练团队注意事项

**1. 坚持“以人为本”的指导原则**

建设国家冰壶队复合型教练团队的目标是夺取奖牌，但是在实现目标的过程中不能忽略对运动员个体的关注。尊重人性是现代管理的核心。尊重和理解运动员，才能减少管理过程中的矛盾、冲突，避免发展成为对立的关系。“以人为本”有助于在实现目标的过程中实现运动员个人的发展。

**2. 重视“自我实现”的内在激励**

自我实现的需要是人的一种自然需要，这种需要对人的工作动机具有巨大激励作用。这种内在的、希望通过工作（训练、比赛）表现自己的价值、才能的动力对激发和维持人的工作（训练、比赛）动机比任何其他刺激力的作用都大。

**3. 注重不断创新**

“创新”是民族进步、国家兴旺发达的不竭动力，也是竞技体育的生命力之所在。必须以队伍的发展需要为创新的方向，紧紧抓住项目的特点和规律，用创新的意识在队伍的训练、管理、科研、医务等各方面大胆探索、勇于创新、善于改进。世界冰壶运动飞速发展的今天，如果在训练中没有创新，不用超常规思维去考虑队伍的战术打法，只是“闭门造车”，其结果将是事倍功半。这一点也可以从近几年欧洲国家冰壶运动的快速发展中得到充分证实。这几年世界男子冰壶队的格局发生了重大变化，2012年世锦赛是以加拿大为首，英国、挪威、瑞典紧随其后，其他国家如中国、丹麦、德国、美国、瑞士、法国、捷克、新西兰、韩国和日本等相差甚远。而2013年的世锦赛则大不相同，由于欧洲队伍的迅速崛起，形成了奥运会积分排名前7的队伍水平相差无几的局面。欧洲队伍崛起的原因之一是在队伍的组成上有大胆突破，采取以新带老的阵容，四垒是前国家青年队的四垒，队伍风格是以凶猛进攻为主，强劲之余又不乏稳健，使我们深切地感受到了冰壶项目创新的重要性。

## 四、我国冰壶项目改革与发展的策略

### （一）进一步加强宣传推广，扩大冰壶项目的群众基础

目前我国冰壶运动开展的地域较少，后备人才大都集中在东北地区，国家体育管理部门应该逐步扩展冰壶运动开展的区域，借助2010年和2014年冬奥会后人们对冰壶运动的认识和热情普遍提高的人文机会及南方城市经济发达的优势，积极在南方开展冰壶运动。同时要重基层、重推广、重普及、重选拔，在学校进行推广，并利用业余俱乐部进行推广和普及。

### （二）继续推动竞赛体制改革，充分发挥竞赛的杠杆作用

竞赛是项目发展的杠杆，2010年和2011年中国冰壶协会在现有全国锦标赛和冠军赛的基础上设置了全国冰壶巡回赛，该项赛事为各支冰壶队增加了实战机会，青年运动员的参与人数也在逐渐增加，同时比赛的整体水平也在逐步提高。但是目前赛事的场地主要集中在东北各省和北京，只是在2011年增加了上海站的比赛，所以在未来的赛事设置方面可以考虑进行如下几方面的改革。

首先，增加赛事数量。根据场地情况，在维持现有每年5站

巡回赛的基础上，为了吸引更多的青年人加入冰壶项目，并为极有可能进入奥运会的混合双人比赛打基础，将增设全国青年锦标赛和混合双人锦标赛。这两项赛事的获胜队伍也将代表中国冰壶协会参加太平洋青年冰壶锦标赛、世界青年冰壶锦标赛及世界混合双人冰壶锦标赛。

其次，规范注册制度，保持专业队伍的稳定性。国家队的成长进步，得益于国家队的上场运动员、垒次保持多年来的相对稳定，运动员不仅对自己位置的理解把握得很好，而且整个队伍的团队氛围、团队配合达到了一定程度。而国内比赛的参赛队伍则是另外一种情况，虽然全国冰壶运动员的注册人数不少，但是每个代表单位都是随机组队参加全国比赛，没有形成固定的参赛队伍，不稳定的队伍组成不利于队伍水平的提高，也不利于队伍长期稳定的发展。因此，我们今后在针对正常注册运动员的代表单位的具体要求中，可规定每支参赛队伍至少有5名运动员在两个赛季之内保持一致，以使各支队伍在人员相对稳定的基础上呈可持续发展态势。

最后，进一步扩大竞赛范围。如前所述，冰壶项目的发展受到场地的严格制约。为了能够有效地吸引更多的单位和个人投入这个项目，竞赛场地的地域及数量增加的问题一定要解决。此外，南方准备开展冰壶项目、增设冰壶队伍的城市，也应在一定时期内考虑其参加全国比赛的可能性，以帮助这些城市在较短时间内熟悉项目及赛事情况。

### （三）建立青少年发展培训基地，加强冰壶运动队的梯队建设

一个项目在青少年中的普及发展程度决定了这个项目的未来

和长远发展。现在的国家队中，几乎所有运动员都来自哈尔滨市体育运动学校。因此，为了冰壶项目真正的可持续发展，必须吸引更多的青少年加入这一运动项目，这就需要建立更多的冰壶青少年发展培训中心或训练基地来满足训练的需求。

同时，我国还应加强现有冰壶运动队的梯队建设，首先，应高度重视教练员队伍的建设和相关专业突出的人才的建设；其次，在运动员的选材及运动员退役后的安置等问题上，建立生源信息库，构建优质生源基地网；再次，切实保障体育经费的投入和场馆设施条件，从而加强医疗保健、营养保障、心理咨询工作，使冰壶运动队在心理、营养、恢复、医疗等方面的需求得以保证，从而打造出一支梯队建设合理的训练队伍；最后，在条件成熟的情况下，进一步扩充我国冰壶运动队的数量，提高我国冰壶运动队的竞技水平、知名度和影响力。

### （四）建立国家冰壶训练基地，推动冰壶场地建设

如前所述，场馆、器材缺乏是制约中国冰壶项目发展的关键问题，也是我国冰壶运动目前普及程度不高的主要原因。我国冰壶项目发展至今，国家冰壶队还没有一个属于自己的训练基地，这与冰壶项目在国际上所取得的成绩极不相称。因此，需要尽快加大对我国冰壶运动的经费投入，重点加快场馆设施建设的步伐，改善场馆设施的状况。建设国内不同城市的冰壶场地，不仅可以解决国家队常年集中训练的需求，而且可以从硬件上促进当地冰壶项目的开展，进而使我国冰壶项目的整体水平实现快速、健康的提高。

## （五）逐步推行国家队选拔制度，为项目的可持续发展储备动力

通过这些年的实践总结，对比其他冰壶强国的发展历史，我们认识到在项目发展的初期，在举国体制的保障下，队伍可以在短时间内取得一定的成绩。但随着国内、国际冰壶竞技水平的整体提高，现有的国家队组建机制已经不能满足冰壶运动发展的需要。为了更好地遵循竞技体育的发展规律，必须从根本上解决问题，即建立合理的国家队选拔制度。具体来说，建议今后国家队的组建引入“选拔竞争”机制，或通过地方各自组建队伍参加选拔赛的方式进行选拔，或通过国家直接组队选拔的方式进行选拔。本着公平、公开、公正的原则，制定合理的赛制，以确保选拔出最优秀的人才，组成最好的队伍代表国家参赛。

## （六）增加科研投入，充实科研力量

一个项目的可持续发展需要有科研团队的支撑。科研团队的建设有利于队伍训练与比赛成绩的提高，更有助于促进项目的推广。

# 参考文献

[1] 杨波.中国企业员工敬业度提升研究——基于组织氛围视角[M].北京：首都经济贸易大学出版社，2012.

[2] 马德森. 集体项目运动队组织气氛测评结构模型的研究[J]. 中国体育科技，2009，45（3）：68-71，83.

[3] 马平. 我国高水平运动队组织模式的演变及相关影响因素的研究——以上海市为例[D].上海：上海体育学院，2011.

[4] 薛明陆，李新红，李富菊. “热炉规则”在控制优秀运动队管理制度失效中的应用[J]. 湖北体育科技，2007，26（3）：253-254.

[5] 林丽珍，赵芹. 运动队管理研究[J]. 体育科技，2005，26（4）：64-67.

[6] 刘兵. 大赛前运动队管理的组织体系建设——写在伦敦奥运会即将开赛之际[J]. 中国体育教练员，2012（1）：7-9.

[7] 王凯珍，雷厉，潘志琛，等.国家队管理模式的研究[J].北京体育大学学报，2006，29（10）：1297-1300.

[8] 李贵宝. 领队与运动队管理的重要性[J]. 安徽体育科技，2003，24（1）：39-40.

[9] 李文超.我国优势项目复合型教练团队的运行机制研究[D].北京：北京体育大学，2013.

[10] 杨占武. 运动队管理的信任理论视角[J]. 北京体育大学学报，2011，34（11）：128-132.

[11] 李海霞. 我国冰壶项目发展状况及策略的研究[D].哈尔滨：哈尔滨体育学院，2011.

[12] 柴如鹤，李振伟，梁志剑. 我国冰壶运动发展优势及制约因素分析[J]. 哈尔滨体育学院学报，2011，29（5）：6-8，12.

[13] 于亮，王珂，冯伟.2009年世界冰壶锦标赛中国女队投壶技术和成功率统计分析[J].体育学刊，2010，17（9）：83-86.

[14] 王珂，冯伟. 冰壶投壶技术分析[J]. 冰雪运动，2006（1）：39-41.

[15] 许水生，吴月滨，李鸿威.冰壶运动员手感训练[J].冰雪运动，2009，31（5）：38-40.

[16] 苏庆富.中国专业冰壶运动员认知特质焦虑的初步研究[J].首都体育学院学报，2007，19（4）：47-49.

# 对我国群众性自行车运动赛事活动发展现状的思考

国家体育总局自行车击剑运动管理中心　韩继玲

**摘要**：近年来，尤其自2008年北京奥运会后，随着经济的发展和人民生活水平的日益提高，广大群众越来越认识到自行车这一“低碳、环保、绿色”运动的价值，参与自行车骑行的人数越来越多。与此同时，随着“环青海湖”“环海南岛”“环中国”等高水平精品职业赛事在内地的逐步推广，我国群众性自行车比赛也日渐增多。本文通过运用文献资料法、访谈法、实际调查法、逻辑分析法对我国群众性自行车赛事的发展进行了较为详细的研究与分析，并得出相关结论，以期为我国群众自行车赛事的发展提供一定的意见与建议。

**关键词**：自行车运动；体育赛事；群众体育

## 一、研究目的与意义

为了提高国民整体素质，普及大众健身意识，履行全民健身计划纲要，本文主要根据我国群众性自行车赛事开展的现实发展情况，对我国群众性自行车赛事现状做出分析与探讨，从赛事规模、比赛形式、参赛人群等方面进行分析，并对其中存在的相关问题提出具有可实施性的对策与建议，为我国群众性自行车赛事的推广与全民健身运动的发展提供一定的理论依据。期待更多的人加入自行车运动当中，提高自行车运动的专业水准，增强群众的全民健身意识。

## 二、研究对象和研究方法

### （一）研究对象

本文的研究对象是我国群众性自行车赛事的发展现状。

### （二）研究方法

**1. 文献资料法**

通过中国知网、万方数据库的关键词检索，查阅与本研究相关的论文及研究资料，并将这些文献资料进行了比较、分析、归纳、综合，给本文撰写提供了理论基础。

**2. 访谈法**

根据本文的研究目的，笔者对自行车领域的有关专家学者进行了访谈，听取专家宝贵意见，获得本文撰写的可靠依据。

**3. 实际调查法**

结合自身工作优势，对目前我国群众性自行车赛事的开展情况进行实地考察与调研，获得了大量真实可靠的材料。

**4. 逻辑分析法**

在专家访谈与实际调查的基础上，根据目前我国群众性自行车赛事的实际开展现状，对群众性自行车赛事的发展对策进行逻辑推理分析，并对日后良好开展群众性自行车赛事提供若干可行性建议。

# 三、结果与分析

## （一）我国自行车运动的发展历程

我国可以称得上是一个自行车“大国”，一是因为我国是一个拥有14亿人口的国家，二是因为我国的自行车产量与社会保有量位居第一。但是，无论是在竞技自行车运动还是业余自行车运动上，相较欧美国家，我国起步仍比较晚，参与自行车运动的人数较少，自行车运动的水平相对较低。

追溯自行车运动在我国发展的历史足迹，19世纪末期，自行车由外国传教士带入我国，但是在中华人民共和国成立前，自行车一直都是少数人的娱乐代步工具，直到中华人民共和国成立之后，自行车运动才得到蓬勃发展。自行车运动逐渐被纳入竞赛项目，并由专门的管理机构负责管理、组织与训练。进入21世纪以后，国内渐渐出现了越来越多的环赛。1995年举办的环中国赛是中国举办的首届自行车环赛，尽管只举办了两届，但却开创了中国举办自行车环赛的先河。此后，越来越多的自行车环赛如雨后春笋一般陆续出现，发展至今，已有了“环中国”“环青海湖”“环北京”等众多自行车品牌赛事。随着赛事水平的逐渐提高，我国的自行车运动也随着这些大型公路赛事的发展而日渐普及。这些大型环赛对我国自行车运动的发展有诸多好处：第一，有助于提高国内选手的参赛经验和竞技水平；第二，能够促进中国选手与国外选手之间的相互交流与学习；第三，对自行车运动的普及起到了巨大的推动作用。

近年来，随着职业自行车赛事在国内的不断升温，我国的群众性自行车运动也逐渐活跃了起来。越来越多的群众认识到了自行车运动“健康环保、绿色低碳”的好处，参与自行车骑行的人越来越多。在这样的群众需求下，除了为职业车手设置的专业比赛，各地的群众性自行车赛事的开展也如火如荼。

## （二）我国群众性自行车赛事的发展现状

### 1. 我国群众性自行车运动的人员现状

据不完全统计，目前我国拥有自行车俱乐部近千家，常年从事自行车体育锻炼的自行车人口约为100万。近几年参与业余自行车赛事的人数基本维持在20万人次上下。在业余自行车赛的参与者当中，男性参与者的比例明显比女性参与者的大。这种现象的产生与自行车运动自身的特点有较大的关系。第一，自行车运动具有一定的危险性，在骑行比赛中为了获得较好的比赛成绩并达到健身的效果，男性参与者一般会在骑行过程中保持比较快的速度，有的甚至达到40千米/小时，这种速度对于女性参与者来说有一定的困难。第二，长时间的骑行会使骑行者的腿部肌肉变得较为粗壮，这对于男性参与者来说是其所追求的，但是对于大多数女性参与者来说很难接受。第三，自行车运动对体能的要求较高，即便是业余比赛仍要求参赛者较长时间处于骑行状态，相比男性参与者，女性参与者的体能较差，因此女性参与者的人数较少。

从业余自行车赛事参赛群体的年龄上看，中青年群体是参与的主力军。一方面由于这部分群体有一定的经济基础，具备承担自行车运动器材及装备费用的支付能力；另一方面这些人对健康的需求较高。由于工作繁忙、缺少锻炼，“亚健康”状态普遍存在于这类人群中，因此为了有效地解决健康问题，在休闲娱乐的同时达到锻炼身体、增进健康的效果成了这部分人群参加此项目的重要目的。同时，自行车这种户外运动操作简单、普及程度较高，骑行的同时能够欣赏周边美景、愉悦身心、放松心情，自然就成了最佳的运动选择。

### 2. 我国群众性自行车运动组织和管理

目前，国内业余赛的主办机构分为四类：一是当地政府或体育主管部门；二是专业体育赛事公司；三是整车或零部件厂商；四是一些个人或车店群体。

在群众性自行车赛事的组织管理中，政府仍发挥着主要的管理职能。一是依托于职业自行车赛事，进行业余自行车赛事的普及与推广，增加群众的参与度与关注度。二是组织专门的群众性自行车赛事，促进群众体育的发展。除了政府部门，民间的社会机构也参与业余自行车赛事的组织管理，其中包括为了获取一定商业利润的专业赛事公司、自行车生产商等，同时也包括一些群众性的自发组织，由热爱骑行的人士自发组织比赛，满足自己的运动需求。但这些由民间自发组织的业余赛事较为零散，缺乏一定的管理规范，对未来群众性自行车运动的发展易造成隐患，因此，不利于此项运动的健康发展。

### 3. 政府主导下的我国群众性自行车赛事活动的开展现状

中国自行车运动协会作为我国群众性自行车运动的最高管理机构，在提高自行车运动在我国的普及程度上担负着义不容辞的责任，近年来，在促进业余自行车赛事的发展中已做了不少的努力。

2009年至今，中国自行车运动协会每年要举办上百场的自行车比赛，其中由该协会批准或主办的群众自行车比赛每年都有几十场，而且这个数量还在逐年增加。其中“国际奥委会主席杯全国百城市自行车赛”已经成功举办了19届，是国内历史最悠久和影响力最大的群众性自行车赛事。比赛分为预赛和决赛两个阶段，每年都有100多个城市的近10万人参与其中。参与人群覆盖社会的各行各业，主要包括：自行车俱乐部人员、政府机关人员、企事业单位人员、在校学生等。

2010年由协会批准和主办的群众性自行车赛事有120场（含百城市预赛），参与人数约为20万人次，主要包括第十五届国际奥委会主席杯全国百城市自行车赛预、决赛，全国山地车业余联赛，中国成都自行车车迷节活动，第五届黄山国际山地车节，环湘江自行车邀请赛和禧玛诺车迷节等。

2011年，在传统群众自行车赛事继续举办的同时，增加了环六峰湖山地车公开赛、惠州绿道自行车公开赛和宜都自行车邀请赛等活动。

2012年，中国自行车运动协会重点推出了中国绿色骑行自行车巡回赛，分别在北京、河北、山东等地举办分站赛，总决赛于10月6日在江苏宿迁举行。同时，首次将环赛里木湖公路自行车赛纳入协会的管理，该赛事为协会批准举办的第一个群众性的公路多日赛。

2013年10月，由中国自行车运动协会重点打造的环晋江自行车公开赛在福建省晋江市举行，共有来自全国各地的近千名自行车爱好者参与其中，将自行车群众体育活动带到一个新的高度。同时，环中国国际公路自行车赛在举办职业组的同时，增设了环中国业余自行车赛。

2014年，中国自行车运动协会重点推出了中国自行车联赛。该赛事是由中国自行车运动协会主办的中国顶级的全民自行车积分制联赛，每年在全国各大城市相继展开。联赛在专业自行车竞技运动基础上充分增强群众性，降低参赛门槛，旨在提升中国全民自行车运动水平和促进全民健身运动的开展。2014年分别在北京和贵州成功举办了第一站和第二站的赛事。专业的竞赛组织和较为合理的联赛积分设置，将群众性自行车赛事推到新的历史高度，是中国自行车运动发展史上具有里程碑意义的创举。

## （三）制约我国群众性自行车赛事发展的因素及存在问题

### 1. 政府管理尚待完善

我国的体育管理体制有一定的历史特性，即以政府行政管理为核心的管理体制——“举国体制”。尽管在市场经济的影响下，体育界历经几次改革，加强了社会办体育的力度，但是由于奥运战略一直是我国的体育事业发展主攻方向，因此，体育行政部门仍以奥运战略为先导。目前，自行车击剑运动管理中心承担着自行车运动的管理工作，其职能主要是管理各专业队伍的训练和比赛。这在一定程度上阻碍了群众性自行车运动的发展，也势必会导致诸多问题出现。

随着国民经济水平的提高、专业性赛事的宣传影响及人们对健康生活的追求，全国各地喜爱自行车运动的人越来越多，但是这些人并没有形成一个较为规范的群体，主要以零散车迷为主，少有专业人员参与指导，所参加的比赛也多为自发性、小范围的比赛，这也从侧面反映自行车运动在基层的组织和管理方面存在一定程度的空白。因此，政府有必要加强对群众性自行车运动的管理与指导，整合社会资源，发动社会力量，让更多自行车爱好者真正体会到自行车运动的魅力，强身健体、愉悦身心。

### 2. 资金投入问题

经济基础决定上层建筑，运动项目的开展离不开经济支持，对群众性业余自行车运动来讲更是如此，资金投入问题一直是影响我国自行车运动发展的原因之一。目前，由于我国自行车运动的市场化体制不够完善，致使资金投入没有完全保障，加之目前的群众性自行车运动刚刚起步，单纯依靠政府投入不仅增加了政府财政负担，同时也造成了融资渠道过窄的问题。市场化程度不高，不能完全调动民间资本的积极性，资金来源渠道过窄且不稳定，势必阻碍群众性自行车运动的开展。

**3. 场地设施、安全保障仍不完善**

尽管业余自行车运动对场地的要求并不高，只要是行走的道路即可。但是，就目前我国的交通与空气质量情况来看，能够提供给骑行爱好者的安全且环境好的场地不是很多。骑行爱好者在锻炼时常出现自行车与机动车混道而行，或跟随机动车后骑行，吸入汽车尾气与空气尘土等，这些都与自行车运动强身健体、绿色环保的理念背道而驰。

另外，自行车运动对器材的要求较高，尽管业余选手对赛车的要求没有职业选手高，但是以我国目前自行车的生产技术，仍不能普遍降低自行车的价格。对于广大群众来说，一辆装备较好的赛车仍价格不菲，这也在一定程度上限制了自行车运动的发展。

**4. 群众性自行车比赛的宣传力度不够**

就目前来看，对职业自行车赛事的宣传报道较多，尤其是近年来“环中国”“环北京”等赛事的品牌影响力不断提高，职业自行车比赛的曝光率逐年增多。但是，关于群众性自行车赛事的报道并不多见。尽管一些周末自发性的业余自行车赛、民间自行车俱乐部举办的小型比赛等能够吸引一些人的目光，但是这样小范围的宣传没有形成良好的效果，甚至有些业余自行车比赛成了商家的移动广告，这不仅是一种资源浪费，也没有达到宣传自行车运动的效果。

## （四）新形势下我国群众性自行车赛事的发展对策

**1. 改革与完善群众自行车运动的管理体制**

体育管理体制改革的目标是建立与社会主义市场经济体制相适应的国家办与社会办相结合的体育管理体制。要建立政府与社会相结合的管理体制，就要将工作重心向群众性运动普及倾斜。

在自行车运动中，就是加大对群众性自行车运动开展的投入，比如提供相应的技术指导与一定程度的政策倾斜。为了提高业余自行车爱好者的运动水平，要举办更多的、高质量的群众性比赛，为自行车爱好者提供一个良好的运动平台，更多地发挥社会力量办体育，行政部门更多地起指导与补充的作用，扩大我国自行车运动的群众基础。

**2. 拓宽融资渠道，发展自行车运动产业**

就目前我国的经济形势来看，发挥社会力量办体育，体育赛事市场化运作势在必行。这不仅顺应国内经济形势，也有利于我国自行车运动的产业化发展。在扩大自行车运动群体的基础上，自行车运动的受众会变多，也就是说自行车运动的关注度会越来越高，这样就会吸引更多的企业进行投资，一方面拓宽资金来源，减轻政府财政负担；另一方面用活社会资源，形成良性循环，从而带动更多相关产业的发展。

**3. 加强配套设施建设**

想要扩大自行车运动的群众基础，提高群众性自行车运动的办赛水平，各类配套设施必须要加强。比如，自行车场地的建设、道路交通的管理规划、周边环境的改善都是影响群众自行车运动开展的重要因素，这少不了各个部门之间的努力与配合，尽管并非一朝一夕可以完成，但如果集众人之力，假以时日一定会有所改观。

**4. 加大群众性自行车赛事的宣传力度**

由于近年来媒体报道的多为专业性自行车赛事，对群众性自行车赛事的报道少之又少，导致民间自行车运动的普及程度不高，人们对其了解程度较低。为了增加群众性自行车赛事的宣传力度，一方面可以引导媒体加强对自行车运动的报道，还可以通过多种媒介形式进行宣传，除了报纸、电视等传统媒体形式，微信、微博等新媒体的传播形式亦可以采用。另一方面，政府可以参与群众性赛事的宣传活动，引导传播方向，增加业余比赛的数量，或将比赛路线设置在离市区不远的外环路上，让更多市民可以亲身观看，以此来大力宣传群众性自行车运动，同时普及自行车运动知识。

## 四、结论与建议

### （一）结　论

随着自行车运动在内地的逐步推广，我国群众性自行车比赛日渐增多，参与业余自行车运动的群体也在不断壮大，群众性自行车赛事到了一个较好的发展时期，这也有利于我国群众体育事业的发展。

我国参与群众性自行车赛事的群体多为中青年群体，其中男性参与者多于女性参与者。这些参与者均认同自行车运动的“低碳、环保、绿色”的价值，希望自行车运动能够增进身体健康，促进身心愉悦。

目前我国群众性自行车赛事的组织虽已初见成效，但仍未能取得较好的普及效果。赛事组织相对零散，缺乏政府管理部门的指导与规范，尚未能满足众多自行车爱好者的需求。

我国群众性自行车赛事的硬件支持仍不到位，运动场地、安全保障、设备器械等尚未能满足需求。另外，市场化程度不高、融资渠道过窄也制约了群众性自行车运动的发展。

### （二）建　议

政府部门应努力推进业余自行车赛事的发展，利用自身优势，对全国的群众自行车运动进行指导、规范与监督。

加强与有关部门的合作，促进自行车运动配套设施的建设，提高安保、交通、环境质量，为群众参与自行车运动提供良好的环境。

转变管理观念，发动社会力量办赛事。刺激市场活力，扩大融资渠道，激发社会力量，政府在活动当中起到指导、监督的作用，整合社会资源，促进群众性自行车赛事发展。

加大宣传，扩大自行车运动的社会影响力，增大自行车运动的群众基础，增加业余自行车比赛的场次，丰富群众的自行车文化知识。

## 参考文献

[1] 许芸冰. 中国自行车运动发展史录[J]. 中国自行车， 2009（3）：46-49.

[2] 徐道行. 自行车运动和自行车的发展[J]. 中国自行车， 2007（11）：41-43.

[3] 李振.山西省大同市业余自行车运动开展现状及研究[D].太原：太原理工大学，2013.

[4] 杨洁.北京市山地自行车骑行发展现状与对策研究——以密云县为例[D].北京：首都体育学院，2014.

[5] 张强. 城市业余自行车的健身价值及其功能探讨[J]. 文体用品与科技，2013（10）：196.

[6] 尚明礼. 我国自行车运动发展的现实问题及对策研究[J]. 时代教育，2013（16）：41-41.

[7] 赵永平. 我国自行车运动发展现状的调查研究[J]. 黑龙江科技信息，2007（11）：60.

[8] 吕彦志. 我国自行车运动可持续发展的战略分析[J]. 体育科学研究，2005，9（4）：51-55.

[9] 林永成.业余赛也要迈向国际化[N].海南日报，2014-01-07.

[10] 全远刚. 我国城市业余自行车运动发展困境与出路[J]. 群文天地，2012（23）：258.

[11] 清风. 浅谈业余自行车赛[J]. 中国自行车， 2013（3）：80-81.

# 对中国女子跆拳道项目可持续发展的思考

北京体育大学　卢秀栋

**摘要**：我国从1995年正式开展跆拳道运动，2000年悉尼奥运会上我国女运动员陈中夺得第一枚跆拳道奥运会金牌，从这以后中国女子跆拳道队开创了一个属于中国的女子跆拳道时代。这20年中国女子跆拳道项目究竟发生了哪些变化，又是如何起步、发展的，未来走向如何都值得我们去思考。本文通过对女子跆拳道项目在中国20年的发展过程进行多角度和整体性的系统研究分析，梳理中国女子跆拳道运动发展的背景、历程、成就，找出其中的规律，为中国女子跆拳道项目可持续发展提供理论支持与参考依据。

**关键词**：跆拳道；可持续发展；思考

新的阶段、新的形势要求我们必须具有与时俱进的开拓精神，具有重新审定项目发展的心理准备，具有展望新目标境界的追求，动态研究世界格局变化与发展趋势，系统分析女子跆拳道项目存在的现实问题，知难而进，团结奋进，更新观念，自主创新，狠抓质量，提高效益，战略思考，超前构思，整体推进。同时，要求我们进一步加速完善我国跆拳道项目科学化训练进程，逐步形成有中国特色的跆拳道风格和打法，以科学发展观为指导，力求中国女子跆拳道项目全面协调可持续发展。

## 一、跆拳道运动在我国的兴起与发展现状

我国于1995年正式开展跆拳道运动。1995年5月举行的第一届全国跆拳道锦标赛，共有22个单位250名运动员参加。同年8月我国成立了国家集训队，此后全国各省（区、市）、体育院校及行业协会均成立了专业队。目前国内各省（区、市）均成立了1~2支专业队，全国锦标赛的参赛队伍达到了56支。注册在案的运动员超过了2000名，一线队伍的运动员以21~25岁年龄段为主，训练平均年限7~9年。大部分省（区、市）建立了二线队伍，教练员队伍的平均年龄在35岁左右，平均执教年限7~9年。我国开展跆拳道运动项目才短短十几年时间，以陈中、罗薇、吴静钰为代表的选手已经连续在四届奥运会上获得五枚金牌，从整体技术水平和比赛成绩来看，各地竞技水平的差距在缩小，表明我国运动员的竞技水平比较高，但是现状是女强男弱，对青少年后备人才的培养和输送梯队的建设不够科学。由于地理、文化、经济、起步早晚等客观因素影响，中东部发达地区的竞技水平依然高于西部边远地区。

## 二、女子跆拳道运动在我国迅速发展的原因

我国女子跆拳道项目，之所以在超短期内迅速发展，实现突破，是举国体制充分保障的结果，是国家体育总局战略决策的结果，是几届项目中心领导组织与指挥的结果，是学习与借鉴优势项目成功经验的结果，是解放思想、不断创新的结果，是围绕女子优势级别注重后备人才培养的结果，是有一支思维超前、爱钻研、敬业、团结稳定的核心执教团队的结果，是加强国际交流、合作及在国际跆拳道组织中有话语权的结果，是坚持“三从一

大”训练原则和自觉运用哲学思想与军事理论辩证分析、认识、解决问题的结果，是各省（区、市）体育局有关部门大力支持的结果。

中国女子跆拳道项目的成功，走的是一条超常规思维、“跨越式”发展的中国特色跆拳道道路，历经了“学习与模仿、总结与提炼、创新与突破”的三个发展阶段。“在偶然中抓必然、在无形中抓有形、在实战中抓规律”是我国女子跆拳道探索未知、把握规律的出发点；而“思想上高度统一、理念上加速更新、体系上系统设计、组织上紧密团结”则成为我国女子跆拳道取得突破的指导方针。所有的这些都是推动女子跆拳道迅速发展的动力。

中国女子跆拳道队在短时间内取得突破，并连续在四届奥运会夺取金牌，是抓住了项目本质特征及项目训练竞赛的规律：系统探索、总结提炼是实现突破的基础；把握规律、构建体系是实现突破的关键；主动创新、优化手段是实现突破的动力；精诚团结、高效运作是实现突破的保障。坚定的理想与信念是女子跆拳道项目发展和突破的思想基础与立身之本。发展可以概括为“魂在理想信念，赢在战略选择，胜在不断创新”。

## 三、目前我国女子跆拳道项目发展中存在的问题

### （一）教练员的专业能力和综合执教能力亟待加强

由于历史的原因，我国女子跆拳道教练员绝大多数是从其他项目转行过来的，在项目发展的初创阶段发挥了重要作用。但随着客观形势的变化和竞技水平的不断发展，当前教练员的专业水平已经不能满足和适应高水平专业训练的需要，而且多年来一直

沿袭传统的训练理念和训练模式，循规蹈矩，墨守成规；不善于总结和研究自己和同行在训练中的成功经验，虽然偶尔有学习和尝试新的东西，但被多年来固有的观念所束缚，患得患失，不敢大胆创新，缺乏自主创新，导致训练与比赛成绩长期不稳定。

对学习、引进、消化、吸收、借鉴和移植世界跆拳道强国先进打法与理念的积极性与主动性不够，有时盲目自大，不是以科学求实的态度认真研究国外一些先进手段方法，为我所用；对训练中存在的一些问题认识不深，方法单一，效果欠佳，高水平的竞技能力薄弱，对重要技战术环节处理粗糙，导致女子跆拳道项目发展出现“成功不成熟”现象。

### （二）训练管理的科学性不够，缺乏训练效益和训练质量的监督和评估体系

虽然在备战前几届奥运会的训练管理工作中，采取了诸如“24小时的管理体制”、净训练时间规划、“拉菜单”等训练管理的科学化、规范化手段，但训练管理工作的主体仍然处于“老规矩、老办法、老经验、老问题”阶段，旧的管理理念和办法仍然是管理工作的主流，管理工作只注意解决当前问题而忽视长远发展的现象仍然存在。科学化、规划化、系统化的管理措施和评估办法不够。训练计划的制订、选择没有有机地纳入管理工作中，量化管理的办法不多、措施不力，特别是缺乏对管理工作及训练计划的执行进行有效的评估。

### （三）后备人才缺乏，女子优势级别后继堪忧

跆拳道从引进中国以来，经过十多年的发展历程，已经取得了可喜的成绩，在四届奥运会上取得五枚金牌，足以证明我国女子跆拳道水平已跻身世界强国行列。纵观我国女子跆拳道的发展历程，在中国跆拳道队建队之初确立以女子大级别为奥运会重

点突破级别开始，就围绕女子大级别进行后备人才培养的长远规划。自陈中在2000年悉尼奥运会上为中国夺得第一枚奥运会跆拳道女子67公斤以上级别金牌后，中国女子跆拳道队更加重视对女子优势大级别后备人才的培养，通过两个奥运周期的培养，逐步形成了以陈中、罗薇等运动员为核心的女子大级别优势集群，为陈中和罗薇两人在2004年雅典奥运会上获得女子67公斤级和67公斤以上级冠军提供了人才保障，并以优势大级别的突破带动中小级别的发展。2004年后，中国女子跆拳道运动形成了女子集团优势，为2008年和2012年的奥运会储备了大量优秀后备人才。吴静钰夺得2008年北京奥运会和2012年伦敦奥运会49公斤级冠军是中国跆拳道女子后备人才长远战略规划的最好见证。

但是，2012年后随着一批优秀运动员的退役，各方利益的争夺，核心管理团队的不稳定，对优势级别后备人才的培养重视不够等方面的因素，造成我国女子跆拳道的集团优势逐渐削弱，而且出现了优势级别后备人才严重缺乏的局面。在2013年的跆拳道世锦赛上，我国8名女将在女子组中全面出击，但整体表现并不理想。最终中国女队只获得一枚铜牌，为参加世锦赛16年以来最差战绩。

## 四、对我国女子跆拳道项目可持续发展的思考

当前，我国女子跆拳道项目发展出现“滑坡”现象，不是因为实践不够，而是对实践经验的总结不深刻，对工作内容、对象的分析不到位，对项目规律的认识总是若明若暗，似是而非，始终无法触及问题的实质，始终实现不了最后的跨越。对实践的反思和总结，对项目特征、规律的重新审视，是不断提高专项训练质量和效益的动力和源泉。

我国女子跆拳道项目正面临着机遇与挑战共存的关键时期，

也正经历着从以物质要素为主的粗放型发展模式向以创新驱动为主的集约型发展模式的转变。进一步解放思想，转变发展方式，不仅需要竞技训练的理念创新、方法创新，推动竞技训练“从要素驱动向创新驱动转变”，更需要将运动训练组织管理的政策、制度等方面理顺，促进我国女子跆拳道项目的可持续发展。

## （一）坚持确立正确的训练思想体系是项目可持续发展的根本

**1. 解放思想，不断创新**

与世界其他队伍相比，我国跆拳道项目起步较晚，在短短的十几年时间里，也取得了举世瞩目的优异成绩，建立了自己的训练模式，积累了一定的经验。但是，随着跆拳道成为奥运会的正式项目，国际比赛的竞争日趋激烈，单一地依靠我们的经验训练，已远远达不到项目向高水平冲击的需要，所以必须要解放思想，学习国外的先进技术，我们之前成功的重要因素之一就是掌握了“解放思想、与时俱进”的思想武器。

当今竞技体育领域当中，解放思想、不断创新的意义不言而喻。为此在综合知识经济高速发展的今天，女子跆拳道项目要持续发展必须打破保守的思想，建立开阔的思维和创新意识。针对训练中的问题，要勤于思考，善于总结，在掌握项目的制胜规律基础上，结合我国跆拳道运动的发展特点，走自己的发展道路；敢于解放思想，开阔思维，学习国外的先进技术和经验，创立有中国特色的跆拳道风格打法。

**2. 以科学发展观为指导，坚持正确的训练指导思想**

以科学发展观为指导，坚持以人为本，使中国女子跆拳道全面、协调、可持续地发展。在训练中坚持贯彻执行“两严”方针和“三从一大”的训练原则，深入研究制胜规律，提高心理素质，形成先发制人和后发制人灵活运用、自然流畅、顽强拼搏的技战术风格打法。同时结合跆拳道项目的特点，确立“以人为本、发展个性、创新技术、强化战术、精细环节、重在实战”的战略。进一步完善以个人特长组成的技战术打法，从而树立有中国特色的跆拳道风格打法。

**3. 加强政治思想教育，提高队伍的无形战斗力**

全体人员把项目的进一步发展作为一项政治任务来完成，有计划地开展爱国主义教育，增强国家利益高于一切的思想观念。开展向先进项目学习的活动，进一步培养集体主义精神和爱国精神，对运动员贯彻“不吹、不捧、不哄、不突出个人”的方针，树立团结、奉献、拼搏的队风，增强队伍的凝聚力。

采取多种形式的沟通与交流，及时了解运动员的思想动态，从而对生活和训练进行合理调控；同时，加强文化知识的学习，开阔视野，培养运动员自我管理、自我调动的能力，充分发挥个人的主观能动性。在强化训练的同时，着重培养和提高运动员的作风和斗志，克服想赢怕输、求稳保守的思想，树立敢打敢拼的思想作风。

## （二）深入研究项目特征、把握制胜要素、掌控规则变化是关键

目前，国际大赛竞争更加激烈和残酷。如何保持项目级别优势，实现整体突破，是摆在我们面前的现实问题。我国优势项目长盛不衰的经验告诉我们，只有把握规律、驾驭规律，构建项目制胜体系，才是唯一的出路。

规律是事物本质的、必然的内在联系，决定着事物的发展方向。把握运动规律，首先要认识项目的根本特点。跆拳道基本特征是：运用腿部踢的技术为主要手段，在有效的距离、有效的时

间内实施有效击打，一对一同场对抗。得分的关键就在于规则限制和在一定时空条件约束下，通过抑制对手技战术发挥而充分运用自身技战术特长。

由于对项目制胜规律认识的不断深入，中国女子跆拳道运动团队对制胜因素的把握也随着不同发展阶段、不同水平而动态变化。在2000年之前，将项目的制胜因素初步确立为“快、准、狠、变”；2003年之后认识到“快、全、连、变、高”是制胜因素；2005年，规则有了较大的变化，制胜因素的把握必须及时跟进；2008年奥运会备战目标，结合重点队员的特点和竞技能力，经过系统研究，把“准、控”定为项目制胜的关键，因此，将项目的制胜规律概括为“快、准、高、变、控”；随着规则的变化及电子护具的应用，2012年伦敦奥运会在原有制胜因素的基础上增加了“破”。这些因素是相互联系、相互渗透的，独立不成气候，整合才显效果。

在总结备战奥运会训练竞赛经验的基础上，构建“以规则为向导，以体能为基础，以技术为核心，以战术为关键，以心理为保障，以控制为灵魂”的项目制胜结构体系；突出“打变结合、压调控制、击头为重、攻防一体”的技战术风格与打法；坚持以“专项能力为突破，以技战术组合强化为核心，以个人特长技术为主体”的训练指导思想；另外，针对规则变化，设计出“技术精细、技战术一体化、攻防一体化、赛练一体化”的训练体系。基于项目可持续发展的思考，不断探索项目的制胜结构，自主构建训练方法创新体系，这不仅是时代的呼唤、备战奥运会的需要，也是项目长远发展的要求。

### （三）建设好复合型训练管理团队是项目可持续发展的动力

国家体育总局《奥运会备战工作组织管理办法》提出："项目中心与国家队要组建复合型国家队训练管理团队。""通过构建复合型训练管理团队，加强对项目规律的研究，不断创新训练理念，提高训练的质量与效益，提升科学训练水平，增强竞技实力。"国家体育总局原副局长段世杰在《思考竞技体育》一书中写道："建立复合型国家队教练团队符合对竞技体育的认识规律和竞技体育的制胜规律。挑战竞技体育的极限首先是挑战认识的高峰和管理的高峰，现代竞技体育的竞争，仅仅依靠有限的知识和单一手段已不能达到高峰。构建复合型国家队教练团队，符合竞技体育发展规律，使中心管理者、教练、科研人员、医生组成一个知识更为系统，各方形成合力，实现'国家最高水平'的训练体系，这是历史的必然，也是举国体制优势的体现。"

20世纪末以来，经济全球化、科技革命和社会哲学创新对世界竞技体育产生了深刻的影响，不仅专业程度不高的教练难以胜任训练实施者的工作，那些已经掌握了某一项目精深技术、训练方法和一系列有关科学理论知识并有丰富经验的教练员，由于精力、体力和能力等原因，也越来越难以单独地胜任全面执教工作。更多提高竞技水平的方法手段让教练个体难以全面掌握，即使掌握了也因个人精力有限不能全面予以应用实施。在当今运动训练中，传统训练模式的教练个体正在向有多学科、多专业的专职人员参与的复合型训练团队转变。

### （四）深入理解和贯彻"三从一大"训练原则、加大训练理念创新是法宝

《思考竞技体育》一书中提到"三从一大"训练原则是我国

竞技体育从弱到强、发展壮大的法宝之一，充分体现了竞技体育的制胜规律。“三从一大”的核心是从比赛的实战出发，要求我们训练要“从难、从严”。“从难”要从能够在比赛中战胜一切对手，勇于夺取金牌的难度出发；“从严”要严到在夺取冠军的过程中不能有任何疏漏和偏差。我国女子跆拳道教练员没有全面系统地理解和贯彻“三从一大”训练原则，对“从严、从难、从实战出发”的内容本质认识深度不够，措施单调，片面理解大运动量训练。多年来低水平、长时间的重复训练，造成严重的训、战脱节和运动员身心疲惫的现象等，大大浪费了时间资源和人力资源，导致训练系统低效工作。因此，在新的形势下贯彻好“三从一大”训练原则，必须要与时俱进，必须从今后实战的严酷要求出发来安排训练，抓好管理，同时，对训练的观念、管理的理念都必须要有新的认识、新的突破，在实践中必须有新作为，不能按部就班。要特别注重对运动员拼搏精神、良好心理状态、项目意识的培养和训练。必须正确理解和重新认识“三从一大”的训练原则。

### （五）提高教练员的综合素质是关键

教练员是运动训练过程中的主导，在现在的训练过程中起着举足轻重的作用。随着现代训练科学化进程的不断提高，对教练员的理论、执教水平，科技意识及文化素质的要求也会越来越高。因此，努力学习，不断地完善充实自己，不断加深对项目的认识，提高训练的科学性，已成为对教练员的重要要求之一。因此，跆拳道教练员要在认知上进一步解放思想，破除迷信，自主创新，敢于自我否定；加强业务知识学习，通过“技术性思维”提高自身的操作能力；对训练工具进行创新和研发，如训练器材的改进和多媒体教学等。

## （六）加强后备人才的培养、巩固和扩大女子跆拳道项目优势级别集群是发展的核心

我国女子跆拳道项目在四届奥运会上均取得金牌，令世界瞩目，这些成绩的取得，与我国女子跆拳道项目长期以来重视后备人才的培养是密不可分的。特别是围绕我国女子跆拳道优势级别的后备人才的梯队集群培养刻不容缓，四届奥运会成功的历史经验就是紧紧抓住奥运会优势级别进行后备人才的重点培养，这保证了我国女子跆拳道项目在四届奥运会上取得金牌的人才优势。2008年9月29日，胡锦涛同志在北京奥运会、残奥会总结表彰大会上的重要讲话中指出，“要重视竞技体育人才培养和队伍建设，特别是要加强竞技体育后备人才培养工作”。我国女子跆拳道项目要想保持长盛不衰，必须要未雨绸缪，早做打算，大力发展多元化后备人才的培养，不断巩固和扩大我国女子跆拳道优势级别的后备人才基础，实现项目可持续发展。

## （七）加强运动员文化教育，育人为本、关注未来是项目可持续发展的有力保障

2010年国家体育总局、教育部、财政部、人力资源社会保障部四部门联合发布了《关于进一步加强运动员文化教育和运动员保障工作的指导意见》，进一步明确了当前运动员文化教育工作的紧迫性和重要性，同时也充分体现了党中央对运动员文化教育的关心和重视。

钟秉枢在《贯彻落实十八大精神——切实关心运动员的长远利益与发展》中提到，运动员在取得优异成绩的同时也会付出相应的代价。他提到，一方面运动员在从事竞技体育的同时必定牺牲其他途径成才的可能性；其次，冠军只有一个；再次，由于高水平运动员群体的特殊性，他们需要牺牲自己的生活和自由，全

身心地投入训练中；再加上运动员职业的特殊性，在运动生涯中长久地训练会导致出现伤病、残疾甚至生命的付出。再加上受文化素质的制约，缺乏基本的劳动就业技能，使得自身就业竞争能力不足，造成运动员在退役以后出现各种问题，安置问题得不到解决，给个人、家庭和社会等带来了诸多问题。我们要切实关心运动员的长远利益，制订出科学合理的训练方案，并帮助运动员合理规划运动生涯。

在社会不断发展和竞技水平不断提高的过程中，国家对高水平运动员的培养工作也提出了新的期望，要求培养工作必须坚持以人为本，并把提高高水平运动员的文化教育工作作为我国竞技跆拳道事业改革和发展的重点工作。

## 五、结　论

回顾20年发展之路，中国跆拳道项目超短期的迅速崛起，并连续在四届奥运会上取得金牌，其成功的内在驱动力是国家重视，艰苦奋斗，团队协作，走资源型发展道路。但应该看到，转型期的我国跆拳道项目正处于“瓶颈”阶段，如何再一次超短期实现从“转型”走向“定型”，从“成功”迈向“成熟”，从“资源”转成“资本”，目前还面临着严峻形势和诸多问题。

因为我们的起点在变、环境在变、任务在变、对手在变、目标在变，这就要求我们必须具有与时俱进的开拓精神，具有重新审定项目发展的心理准备，具有展望新目标境界的追求，动态研究世界格局变化与发展趋势，系统分析女子跆拳道项目存在的现状和问题，知难而进，团结奋进，更新观念，自主创新，狠抓质量，提高效益，战略思考，超前构思，整体推进，进一步加速完善我国跆拳道项目科学化训练进程，逐步形成有中国特色的跆拳道风格和打法，力求中国女子跆拳道项目可持续发展。

# 参考文献

[1] 曾耿遵，庞鑫，王朔. 跆拳道运动在我国的发展趋势[J].运动，2013（12）：27-27.

[2] 黄家勇. 中国跆拳道运动发展现状研究[J]. 搏击（体育论坛），2010（9）：28-30.

[3] 陈立人，袁守龙. 把握规律主动创新力求突破[J]. 北京体育大学学报，2007，30（9）：1153-1155.

[4] 付超，潜沉香. 从第29届奥运会看竞技跆拳道的发展[J]. 广州体育学院学报，2010，30（1）：73-77，81.

[5] 黄健泽，赵少聪. 从历届世界锦标赛和奥运会看我国跆拳道的发展[J]. 体育成人教育学刊，2009，25（2）：56-58.

[6] 刘闯. 浅谈中国竞技跆拳道运动今后的发展趋势——提高高位腿得分技术[J]. 运动， 2012（12）：26-27.

[7] 孙茂君，崔建功. 对我国跆拳道运动职业化改革与发展的探讨[J]. 首都体育学院学报， 2005，17（5）：81-83.

[8] 张海滨. 韩国跆拳道运动的发展对我国跆拳道运动的启示[J]. 解放军体育学院学报， 2002，21（2）：71-73.

[9] 高平，胡亦海. 女子跆拳道项目运动竞赛结构特征研究[J]. 中国体育科技，2013，49（4）：55-59.

[10] 陈琳，赵冰，刘骁倩，等. 我国跆拳道的发展特点和科研现状及其建议[J]. 湖北体育科技， 2007，26（3）：249-252.

[11] 申存生. 我国竞技跆拳道发展现状及对策研究[J]. 搏击（武术科学），2008，5（6）：86-88.

[12] 陈健. 跆拳道运动在我国的发展现状及对策[J].健康研究，2005， 25（1）：38-40.

[13] 邓雪，贠密芬. 跆拳道的起源及近现代的发展[J]. 邢台职业技术学院学报，2009，26（1）：98-99.

[14] 马振水，刘素静， 谢永广. 跆拳道运动风靡世界的原因及其发展趋势[J]. 河北体育学院学报，2001，15（4）：60-62.

[15] 辛静，梁建平. 我国跆拳道运动发展现状及对策分析[J]. 搏击（武术科学），2007，4（8）：86-88.

[16] 姜勤佳，许欢欣，袁春华，等. 我国跆拳道运动发展现状研究综述[J]. 山西体育科技，2011，31（3）：14-16，19.

[17] 钟秉枢. 贯彻落实十八大精神——切实关心运动员的长远利益与发展[N].中国体育报，2012-12-07.

[18] 国家体育总局，教育部，财政部，人力资源社会保障部. 关于进一步加强运动员文化教育和运动员保障工作的指导意见[Z].2010-03-30.

[19] 段世杰. 思考竞技体育[M].北京：学习出版社，2013.

# 关于促进我国群众性冬季运动发展的相关思考

国家体育总局冬季运动管理中心　林众

**摘要**：北京申办2022年冬奥会，给我国冬季运动带来了新的发展机遇，冬季项目体育工作面临着新形势、新任务。正如列宁所讲，一切矛盾着的东西，互相联系着，不但在一定条件之下共处于一个统一体中，而且在一定条件之下互相转化，这就是矛盾的同一性的全部意义。我国冬季运动发展的不同阶段、不同时期有着不同的矛盾，从第一次参加美国普莱西德湖冬奥会到盐湖城实现金牌“零”的突破，冬季竞技体育迅速实现了国人振兴中华的强国梦想。随着人们物质文化生活水平的提高，人民群众对体育强大的社会功能需求和参与群众性体育实现强身健体的愿望越来越迫切。满足人们日益增长的群众性体育活动的需求，成为新时期公共体育服务的主要矛盾，竞技体育、群众体育双轮驱动是开展新时期体育工作的根本保证。我们需要进一步增强促进冬季项目群众体育事业科学发展的责任感和使命感，进一步加强探索和实践，在管理体制机制上进行创新，激发出冬季项目新的发展活力。本文对我国冬季项目群众体育现状进行分析，提出促进我国冬季项目群众体育发展的基本思路及保障对策。

**关键词**：群众性；冬季运动；思考

我国冬季项目目前面临基础薄弱、开展面窄、活动规模相对较小、活动次数太少、品牌赛事不多、宣传力度跟不上、辐射人群不够等问题。目前，国内开展冬季项目的地区大多数都是经济欠发达地区，当地财政力量支持非常有限。有些场馆由于运营成本太高，被迫弃用。有些地区群众体育工作还处在思想僵化期，工作意识、创新意识不到位。冬季项目群众体育的推动和发展迫在眉睫。

党和国家领导人非常重视冬季体育运动的发展。习近平总书记在2014年索契冬奥会开幕前夕看望中国体育代表团运动员、教练员、工作人员时，对发展体育事业的指导思想、战略布局、方针政策，以及体育在实现“两个一百年”奋进目标，在实现中华民族伟大复兴“中国梦”征程中的重大作用做了全面的概述，并对借助申办冬奥会扩大中国冬季项目群众基础提出了具体意见。2014年10月，国务院正式下发了《关于加快发展体育产业 促进体育消费的若干意见》，专门指出：“以冰雪运动等特色项目为突破口，促进健身休闲项目的普及和提高。制定冰雪运动规划，引导社会力量积极参与建设一批冰雪运动场地，促进冰雪运动繁荣发展，形成新的体育消费热点。”

冬季项目体育工作的新形势、新发展和新任务，要求我们必须进一步增强推进冬季体育事业科学发展的责任感和使命感，努力学习，认真研究，不断创新体育管理体制和机制。如何让群众性冬季运动发展与社会各界协调配合，如何开展群众体育活动，提高大众对冬季体育运动的认识和参与度，如何激发出群众性冬季运动项目新的发展活力，这些都需要我们进一步加强探索和实践。现在，北京联合张家口申办2022年第24届冬季奥运会，“如果能办一届冬奥会，就可以起到点燃冰雪运动火炬的作用”。

# 一、我国群众性冬季运动开展现状

## （一）群众性冬季运动项目开展区域不平衡

冬季群众体育因地理位置、气候条件等因素影响，主要在我国东北、华北、西北等地方开展较多，如黑龙江省、吉林省、辽宁省、河北省、新疆维吾尔自治区和内蒙古自治区等。这些地区的大多数冬季运动都在室外进行，其中滑雪（主要是高山滑雪、单板滑雪）和滑冰（速度滑冰、花样滑冰、冰球）一直是群众喜欢且参与度较高的运动。南方城市由于气候的原因，主要在室内进行，如上海、深圳、厦门等地已陆续建立室内冰场。

## （二）群众性冬季运动项目日趋多样化

在传统冬季体育项目发展的同时，新兴项目不断出现，成为群众性冬季运动发展的新亮点，使群众性冬季运动呈现多样化趋势。除了速滑、花滑、冰球、滑雪外，一些新兴项目如高山追逐、单板滑雪、冰上舞蹈、冰上马拉松等成为时尚的冬季运动，这些项目顺应了群众娱乐和健身的理念，吸引着不同爱好的人群参与冬季运动。如每年组织全国速度滑冰成年马拉松赛。速度滑冰是冬季运动的传统项目，尤其是在北方，民间参与度很高，深受群众喜爱。来自全国各地的500多名速度滑冰爱好者在比赛现场热情高涨，从赛前的准备活动到赛时的技术动作都能认真、积极地完成。

## （三）群众性冬季运动组织呈现多元化

当前的群众性冬季运动组织形式，虽仍以传统的机关、学校和企事业单位等为主，但变化也在悄然发生。继之而起的民间组织、大众体育俱乐部，已逐渐成为一个重要的组织形式。有组织的以滑雪、滑冰等冰雪项目为主的民间体育俱乐部、社团组织，成员多达上百人。以家庭、亲朋好友自发组织的冬季运动团体也日趋增多，它们功能独特、运转灵活。可以预见，随着经济的发展和生活水平的提高，群众参与积极性提高，民间组织的壮大，以及群众对冬季运动的热爱和需求，组织管理形式必然会向“小政府、大社会”的多元化发展方向转变。

## （四）群众性冬季运动成为亲近自然的重要形式

在群众性冬季运动中，与大自然紧密联系的运动项目最受大众的青睐，这类冬季运动有一个很大的特点，就是人投身于大自然的怀抱中，沐浴温暖的阳光、呼吸新鲜的空气、享受绿色的环境，远离了城市的喧嚣和污染的空气，可以最大限度地满足人们对体育健身和健康的需求，实现人的最大锻炼价值，以求得身体锻炼和身心放松的效果。如每年举办的“北京大学生高山滑雪追逐赛”，赛事承办初期，每年都有20余所京内高校的学生参加。自2012年起，除北京市高校外，还邀请了辽宁省的东北大学、吉林省的北华大学和东北电力大学、黑龙江省的黑龙江大学、内蒙古自治区的呼伦贝尔学院等高校学生参加，反响很好，已经形成了一定的规模和氛围。“全国青少年户外体育活动营地冬令营”也是一年举办一次，2014年活动在牡丹江镜泊湖上进行，有来自22个省（区、市）的近400名选手参加，开创了冬季青少年户外体育运动营地的先河。还有每年举办的“中国长春净月谭瓦萨国际滑雪节”，每次都有来自全世界的滑雪爱好者参加。

## （五）群众性冬季运动成为旅游产业的重要载体

冬季运动作为文化和旅游事业发展的重要载体，有很强的扩张力与亲和力。将冬季体育特色冰雪文化、冰雪特色旅游与群众性冬季运动结合起来，互为补充，实现多赢，吸引了越来越多的群众参与，实现了文化效益、经济效益和体育健身效益的同步增长。如河北崇礼以冬季滑雪运动打造旅游资源和城市品牌，为进一步扩大影响，每年举办冬季“崇礼”中国城市发展国际论坛，其间穿插“城市新领袖——国际城市精英（高山）滑雪邀请赛”，比赛除邀请各赞助商参加外，还邀请到各阶层精英人士参加，如企业高管、商学院精英、媒体爱好者、民间滑雪高手等，通过冬季运动带动整个经济产业链的发展，为当地创造了巨大的经济效益。

## 二、制约我国群众性冬季运动开展的主要问题

### （一）思想观念落后

按照项目开展的季节来看，体育项目主要分为夏季项目和冬季项目，而这两种项目在我国群众中的普及和开展程度，与其在我国所处的地位与季节相符，夏季项目“火热”，冬季项目“冷清”。另外，在我国北方冰雪项目开展的主要地区，由于对健康有着一定的理解误区，人们有“猫冬”的体育锻炼观念，重视在夏季开展体育运动，而忽视了冬季体育运动同样能给人们身体带来锻炼价值。

### （二）运动开展成本高

由于群众性冬季运动开展成本比较高，现在我国冬季浇筑冰场的单位或学校已然不多，对外开放的力度远远不够，社会上专门为大众提供的免费滑冰场地更是屈指可数。以黑龙江省佳木斯市为例，在这个拥有82万市区人口的城市里，供人们娱乐的户外免费滑冰场只有杏林湖公园一处。在北京，滑冰的费

用基本上是一个小时50元，就这样还经常人满为患。滑雪运动更是如此，交通、出行不便向来是令滑雪场经营者与滑雪旅游爱好者苦恼的一个问题。滑雪场地一般修建在郊区，往往需要自驾车前往，交通、住宿、餐饮等费用累计计算，更是一笔不小的开支。

与夏季大部分项目不同（如田径、游泳或球类项目，消费成本较低），冬季项目大部分是借助器材开展的运动，装备价格高，而且多数属于易耗品，如滑雪装备，冰球、冰鞋、服装等，动辄上万元，一线品牌的价格更高。

## （三）场地条件限制

我国目前标准的室内滑冰场馆有约40个。有的城市在商场里开了冰场，像北京的新世界、成都的万象城，有很多小孩子愿意去滑，非常火。但这样的配置还是太少了。而且由于场地少，大部分场馆预订火爆，北京市冰球爱好者包场打冰球经常预订到深夜，而且费用相当昂贵。

室外冰场由于受场地、气候、人力、财力和管理者态度等限制，并不固定，而且与过去相比日渐萎缩，现在每年定期浇冰场的学校和单位已屈指可数。

近几年，伴随滑雪旅游热的兴起，滑雪场数量发展很快，但大型滑雪场较少，中、小滑雪场居多，而且设备简陋，使用面积、容量、雪道数量、索道输送能力较差。

## （四）社会体育指导员缺口较大

滑冰和滑雪的专业人才在我国十分紧缺，由于滑冰、滑雪项目与其他项目最大的区别之处是采用一对一，最多一对二的指导形式，更加剧了矛盾。特别是滑雪项目已列入高危类运动项目，如果没有合格的滑雪教练或指导员指导，滑雪者在没有学会自我保护，没能掌握较为扎实的滑雪技术之前，盲目滑行，轻者容易失去对滑雪的兴趣和信心，重者会发生身体伤害事故，从而对其滑雪产生负面效应，既不利于滑雪者自身滑雪技术及乐趣的提高，也严重影响滑雪者的人身安全，有时甚至造成滑雪损伤和事故，对滑雪者身心产生严重影响；既不利于滑雪场安全管理，也不利于引导群众科学健康滑雪，更不利于项目的推广和可持续发展。

### （五）管理体制和运行机制有待完善

我国群众性冬季运动开展以政府主导为主，社会、民间力量共同组织参与。政府体育管理机构主要负责制定我国体育发展的政策措施等，兼顾我国竞技体育和群众体育工作的开展。民间体育组织主要是单项协会、俱乐部、公司和业余爱好者联合会等各种各样的社会团体，一方面必须服从国家的政策和宏观管理，另一方面又有一套自己特有的管理方式。总的来说，我国目前群众体育的发展主要还是以政府主导为主，社会、民间体育组织在群众体育活动中发挥的作用有限。但长期以来，政府体育工作重心一直是“重夏季、轻冬季，重竞技、轻群众”，致使我国群众性冬季运动发展滞后。

## 三、促进我国群众性冬季运动可持续发展的保障对策

### （一）基本思路

#### 1. 坚持政府主导与社会参与相结合

冬季项目群众体育事业属于政府公共服务范畴，需要政府顶层设计和政策支持。同时积极发挥社会组织的主动性和创造性，

引导和鼓励社会资源参与和支持冬季项目群众体育活动的开展，扩大影响力。

**2. 坚持学校体育和社会体育相结合**

群众体育基本包括学校体育、军队体育和社会体育。对于冬季项目来说，重点要发展好学校体育和社会体育。学校体育以国家教育部为主导，社会体育以国家体育总局为主导，加强基础建设，推进改革创新，逐步形成制度和网络。

**3. 坚持基础建设与亮点活动相结合**

冬季项目的基础很薄弱，传播不广泛。群众体育发展需要下大力气做好基础建设。尤其是场地建设，要分学校、社区、产业三种类型全面考虑。同时也要调动多方资源展开合作，举办一些亮点活动，宣传冬季项目，吸引大众关注，吸引企业参与，并创造参与平台和推广平台，逐渐形成传统，形成品牌。

**4. 坚持立足当前与着眼长远相结合**

冬季项目重点是东北、华北和西北13个省（区、市），总人口3.7亿多。随着“北冰南展”战略的提出，也要着眼长远，推动更多地区开展冬季项目，纳入规范体系。特别是南方一些经济发达的地区，目前已建立多个室内冰场，成立了自己的专业队，从人群经济条件和硬件条件上讲，已经完全具备群众滑冰运动开展的条件。包括滑雪运动，随着“东雪西扩”战略的提出，许多南方高海拔地区尝试修建滑雪场，但也要本着因地制宜、循序渐进的原则，逐批推进。

## （二）保障对策

（1）加强组织机构建设，成立相应的工作领导小组。特别是重点开展冬季项目的地区，每年都应该定期召开会议，研究、探讨本地区冬季项目群众体育工作的发展。

（2）联合国家教育部，统筹布局全国大、中、小学和职业学校开展冬季体育活动。加大推进冬季项目青少年冰雪校园工作力度，积极规划冰雪进校园，可以先在东北、华北和西北地区的13个省（区、市）的学校扶持建设季节性室外滑冰场，每个县级地区至少有2所学校建设冰场。每片冰场每年扶持一定经费，包括场地费、器材费、培训费，并逐步扩大范围。对于被扶持的学校每年要定期组织开展冬季项目的比赛，成立督导组，检查和指导学校开展冬季体育活动。

（3）引导并调动现有冬季场馆免费对大众开放。鼓励各类滑冰场、滑雪场在一定时间内对大众免费开放，提供公益时段，免费向学生提供场地、器材和指导员。如有可能采取政府购买服务的形式，对免费定时开放的场馆给予政策和经费上的支持。

（4）充分发挥单项体育协会的作用。冬季项目国家级协会共有7个，加强单项体育协会在群众体育方面的指导作用。发挥协会人才优势，为冬季项目群众体育的普及提供人才支持和各类培训。利用协会办赛和裁判员队伍的资源，组织相应的群众性赛事，调动社会参与的积极性。同时利用协会的品牌进一步规范冬季项目群众体育的市场，保证项目的可持续发展。

（5）打造亮点活动，提高活动质量。积极调动地方力量，由国家统筹规划，把各地方有群众基础的、有特色的活动统一起来，建立规范的比赛规则，统一名称，做全国范围内有影响力的系列活动。将历届比赛的参赛者纳入统一、规范化管理，从而形成拥有固定的参赛群体，在此基础上再扩大比赛规模的管理模式。邀请主要媒体介入，利用传媒的影响力加大比赛的宣传力度。可以从现阶段的一年一次逐步发展为一年多次多地，由点到面，从目前的北方地区向全国范围逐渐铺开。

# 参考文献

[1] 唐哲. “北冰南展”的实施现状及拓展对策[J]. 广州体育学院学报，2012，32（5）：72-75,79.

[2] 赵金龙. 黑龙江省冬季社区体育开展现状与发展[J]. 冰雪运动，2010（3）：89-92.

[3] 孟繁龙. 我国群众体育发展困境与解决措施[J]. 俪人：教师，2014（15）：279-279.

[4] 杨振波. 我国冬季大众体育未来发展趋势探析[J]. 冰雪运动，2005（6）：79-80.

[5] 王欢. “北冰南展”战略对我国冰上项目发展的意义[J]. 内江科技，2009，30（12）：44.

[6] 宋琳，刘志良. 黑龙江省冬季体育运动发展的制约因素与对策[J]. 冰雪运动，2010，32（4）：59-62.

[7] 魏云华.我国冬季运动项目“体教结合”的现状及对策研究[D].哈尔滨：哈尔滨体育学院，2012.

[8] 侯宇.东北三省冬季大众休闲体育的发展现状及对策研究[D].长春：东北师范大学，2009.

[9] 于海强. 东北地区群众性冰雪运动的SWOT分析[J]. 才智，2012（28）：427-430.

[10] 宋嘉林，阚军常，刘石. 中、加两国大众冰雪运动发展的比较研究[J]. 冰雪运动，2010，32（5）：1-5.

[11] 刘畅.吉林省大众冰雪运动发展策略研究[D].沈阳：沈阳体育学院，2013.

[12] 李宁.沈阳市冰雪运动休闲服务圈现状与发展战略研究[D].沈阳：沈阳师范大学，2013.

# 关于推动安阳通航低空发展的思考

国家体育总局安阳航空运动学校　王玉军

**摘要：** 低空空域通常是指真高1000米（含）以下的空间范围。将300米以下的空域分为三类：管制空域、监视空域和报告空域。“低空开放”则可理解成解除部分航空器在某些低空空域活动的封锁、禁令、限制等。低空空域是通用航空活动的主要区域，深化低空空域管理改革，是大力发展通用航空、繁荣我国航空业的重要举措，是促进我国经济社会发展的迫切需要。适时、有序地推进和深化低空空域管理改革，有利于充分开发利用低空空域资源，促进通用航空事业、航空制造业和综合交通运输体系的发展，对全面建设小康社会、加快推进社会主义现代化建设具有十分重要的意义。安阳航空运动学校（2000年成立安阳通用航空公司）是国家体育总局直属的航空体育事业单位，是中国航协最大的综合性航空俱乐部和航空体育训练、比赛中心。常年承担国内外跳伞、滑翔、轻型飞机、直升机、热气球、动力伞、航空模型等项目的训练比赛、航空表演、飞行培训和普及航空科学知识等任务，为航空体育事业全面发展做出了较大贡献。随着我国对低空领域的逐步开放，如何充分利用安阳航校现有的资源优势，抓住国家低空开放政策机遇，多渠道、多思路、多项目，发挥空中项目效率最大化，推动安阳通航较快发展，是我们亟须思考的一个课题。

**关键词：** 安阳航空；低空；发展

# 一、国家关于通用航空低空开放的政策

2007年4月，国务院、中央军委空中交通管制委员会（以下简称“国家空管委”或“空管委”）办公室确定中国实施空域分类的目标时间为2010年。

2009年10月，空管委召开低空空域管理改革研讨会，会议明确将“适时有序地开放低空飞行区域”，拟于2015年前在全国范围内逐步放开，2020年前完善各项法规及低空管理模式。

2010年8月，国务院、中央军委联合下发《关于深化我国低空空域管理体制改革的意见》（以下简称《意见》）的通知，确定低空空域改革的总体思路，同年11月《意见》正式印发。

2010年12月，国家空管委下发了关于贯彻落实国务院、中央军委《关于深化我国低空空域管理改革的意见》的措施。

2012年11月13日，国家空管委办公室副局长马欣透露，中国低空空域管理改革将在2013年向全国铺开。

# 二、国内外通用航空低空领域现状

## （一）国外通用航空低空领域的发展现状

通用航空是航空运输的基础。在美国，通用航空主要活跃在大都市外，美国（2010年）拥有22万架商务、公务和个人飞机的通用航空企业服务遍及美国的约1.8万航空港；加拿大（2011年）拥有通用飞机3.4万多架；澳大利亚（2010年）拥有通用飞机1.2万多架。通用航空以机动灵活的特有方式每年运输百万旅客、千万吨货物。其次在美国大都市的800个航空港也有通用航空频繁穿梭的足迹。据统计，通用航空机群占全美注册民用航空器的96%（约19万架，是我国通用航空飞机架数的500倍左右），这些飞机的累计飞行小时占民用飞行器总小时的80%（大约每年飞行2649万小时，是我国通用航空年均5万余飞行小时的500倍）。在美国经济建设中，通用航空与运输航空共同为美国的GDP做出了20%的贡献。谈起通用航空发展快速的主要原因，美国人这样说："事实上我们民族存在的200年成就与空中运输各种不同形式的变革、创新紧紧联系在一起。首先要归结于20世纪70年代美国的放松管制政策。其次，在通用航空形成国家运输一支生力军之前，许多工厂和供应中心都位于大都市或距离大都市近的地方，今天，制造工业集中迁移出了人口稠密地区，到更小的城镇地区，在那里拥有更多的通用航空机场，这促进了通用航空的快速发展。"

## （二）我国通用航空低空领域发展现状

目前，我国通用航空机场和临时起降点数量较少。截至2011年末，我国有民用机场和起降点共574个，其中通航机场43个，临时起降点243个，相当于每1.62万平方千米才有1个机场。而与中国国土面积相近的美国，则有近20000个机场。随着我国航空运输的快速发展，许多运输机场面临着拥挤、时刻难以协调等问题，很难再为通用航空提供服务。

我国现有通用航空器有135种机型，而超过100架的机型只有两种，大多数机型数量在50架以下，有的机型只有一两架，成为"孤本"。在固定翼飞机中，国产飞机Y5和Y5B一直是主力机型，约占总数的20%。这些飞机多半服役超过20年，设备老旧、故障率高，国内航空器生产厂家维修支持能力不足，致使维护成本居高不下。

截至2012年底，在146家通用航空企业中，成规模、有实力的不到10家，大多数是拥有2~3架航空器的小型企业，经营能力和经验都处于起步阶段，抗风险能力较弱。全国通用航空从业人员有1万多人，按照通用航空最低人机比1：2.5计算，飞行员和机务人员的数量都存在很大缺口。从年龄结构分析，通航飞行员的年龄大多在60岁左右，发展后劲不足，没有形成良好的人才梯队结构。

从通航发展的整体情况看，虽然其总量增长较快，但规模仍然较小，不能满足经济社会的发展需求。我国通用航空的现状可以用“两多、两少、两小、一弱”来概括，即老旧机型多、小企业多，保障设施少、专业人才少，产值与利润小、整体产业规模小，支撑通用航空发展的基础体系薄弱。

截至2013年年底，我国通用航空器只有900余架，仅占全部航空器的13%左右，每百万人拥有不足0.5架，通用机场70余个，起降点330余个，飞行员4000余人，年飞行时间约28万小时，提供就业岗位8000余个，年产值17.9亿元人民币。我国通用航空不仅远远落后于美国等发达国家，也大大落后于巴西等发展中国家，其主要原因就在于我国现行空域管理模式，抑制了私人飞行市场的巨大需求，阻碍了通用航空的发展。随着我国低空空域管理改革进程的不断推进，制约通用航空发展的“瓶颈”逐渐消失，中国通用航空产业将面临前所未有的发展机遇。

## 三、安阳通航在低空领域发展的地位及现状

安阳通航具备承办世界大型航空体育比赛的综合能力。飞行训练设施完善，拥有“运五”“初教六”、赛斯纳飞机、直升机、滑翔机、热气球、动力伞等各类航空器。

安阳通航是中国民航总局（CCAC）批准的培训单位。改革开放以来，在国内率先引进国际上先进的直升机和轻型飞机，先后为国内外培训了飞机驾驶员900余名。学校坚持“以体为本、全面发展”的多元化思路，常年对外开放，接待世界各地和国内的航空爱好者学习飞行驾驶，把他们自由翱翔蓝天的愿望变成现实。

### （一）常年保证国家跳伞队及滑翔队集训

航空体育属于高科技、高投入、高风险运动项目。我国的航空体育运动属于非奥运项目，总体水平较低，但是跳伞项目保持了世界领先水平，在世界航空体育界享有盛誉。中国国家滑翔队、跳伞队于1956年开始，每年在安阳航校集训，并代表国家参加国际比赛，征战世界赛场。特别是从1975年航空运动项目恢复以来，我国跳伞运动员先后在世界锦标赛、世界杯赛和亚洲跳伞比赛中获得奖牌209枚，其中金牌98枚，银牌69枚，铜牌42枚。杨珂在第10届世界杯赛上获得个人定点冠军，实现了我国男子跳伞冠军“零”的突破。女子跳伞多次蝉联世界冠军，取得了世人瞩目的成绩，在国际跳伞界享有盛誉。我国滑翔队女子百里竞速成绩接近世界纪录，滑翔运动有32人保持着15项全国纪录。滑翔飞行突破11117米高度，创造并保持着亚洲纪录，被称为航空运动冠军的摇篮和专业训练的大本营。

### （二）承担国内外航空比赛表演及保障

多年来先后成功承办了世锦赛、亚锦赛、全国锦标赛、第三届全国体育大会跳伞比赛、全国青少年航空模型锦标赛、安阳第三届国际航空旅游节等众多大型赛事。参加并圆满完成了莱芜航空节、安徽阜阳国际跳伞比赛表演的飞行保障任务。鉴于学校几十年来对航空体育的积极贡献，国际航联特颁发荣誉证书予以表彰。

### （三）开展民用航空器驾驶员飞行培训

安阳航空运动学校是中国民航局批准的民用航空器私用、商用飞行驾驶执照培训单位。2006年12月取得了直升机商用驾照培训资质，这是学校资质能力建设的历史性突破。自20世纪90

年代初在国内外开展驾照培训项目以来，已先后为日本、斯洛文尼亚、纳米比亚、肯尼亚和我国港、台地区及国内有关单位培养飞行员近1000人。良好的行业信誉和运行状况，吸引了中航技、安阳市政府、安阳工学院、安阳职业技术学院、中电科技集团第二十七所、南京五一三厂、东方通航、长垣宏力集团等多家单位来校进行航空体育和专业人才培养等方面的合作。

## （四）积极开展航空运动及科普教育活动

我校青少年航空体育俱乐部是国家体育总局彩票资金扶持建立的社会公益性社团组织。自成立以来，充分发挥航校独特的资源优势，积极开展航空科技普及活动。广大航空爱好者和青少年积极参与，了解航空知识，体验蓝天魅力，为丰富群众体育内涵、加强国防知识教育、促进航空事业发展起到了积极的推动作用。近年来，先后接待来自全国各地的青少年学生数万人次，成功为“河南省中学生第四届晨光夏令营”进行了跳伞、热气球表演。2011年先后被团中央少先队事业发展中心命名为“全国青少年航空运动基地”，被河南省科协命名为“河南省青少年科学教育基地”。

## （五）接受全国范围内的通用航空服务

2000年，成立了安阳通用航空有限责任公司，注册资本为2046.464万元。接受全国范围内的航测、航摄、飞播、飞防、科研试飞和普及航空科学知识等通用航空服务业务。先后在北京、天津、河南、河北、山东等地进行飞播、飞防、抢险救灾，并积极开展航测、航摄、航空表演、商务飞行等专项飞行服务。2006年，经民航局批准升级为甲类公司，进一步扩大了通航服务领域。

## （六）接受全国范围内民用航空器托管

安阳机场具有良好的基础设施和广阔的空域资源，机场净空保护状况较好。近年来学校资源的保护开发取得较大进展，取得了民航局颁发的机场使用许可证。接受全国范围内公用、私用航空器的托管服务，近年来相继托管了安阳市的自由-2型飞机2架，河北林业局的R44直升机1架，深圳的C-172型飞机1架，河南宏力集团的EC-120直升机1架、EC-135直升机2架。

## （七）承接通用航空类轻型航空器维修

安阳通用航空有限责任公司是民航局批准的航空机务维修机构，2011年获得了民航147部《维修培训机构》资质，可开展航空机务维修人员培训和承接轻型通用航空器各类大、中修及定检维修业务。这是与香港卓诚实业合资的我国首家轻型航空器维修工程有限公司，具有美国罗宾逊、赛斯纳等公司授权的轻型航空器大修、校验、再组装、航材供应、售后维修及适航指令的执行，部分零部件加工等业务资质。近年来，已先后大修直升机6架，为广西梧州、山东德州、江苏南京、河南郑州的公安等部门组装飞机30架。

## （八）承担应急救援和突发事件飞行保障任务

安阳航空运动学校十分重视应急救援和突发事件的飞行保障专业队伍建设。积极配合安阳市军分区组建了全国首支民兵直升机侦察大队，以满足抢险救灾和应急指挥的特种需要。2011年5月16日由安阳军分区及安阳市人防办和北关区政府联合组织的“5·16”防空防震综合演习中，派出两架直升机配合民兵直升机侦察大队参与演习，中央电视台进行了宣传报道，产生了良好的社会影响。

## 四、安阳通航目前面临的困惑与思考

### （一）人员和资质问题

安阳通航现有教练员6名，飞行教员17名，国家民航局授予的飞行技术检查委任代表3人，具有机务维修能力的有38人，持民航维修执照的有29人。现有飞行队伍的平均年龄为42岁，机务维修人员平均年龄为47岁。高水平飞行教员、成熟的飞行员及高素质的飞机机械师的短缺，仍是制约安阳通航持续发展的软肋，极其缺乏既懂航空运动专业又懂体育产业的复合型人才，影响了公司全面发展的进程。

### （二）管理理念机制和政策法规相对滞后

安阳通航现有的管理理念、机制体制，不能适应新形势、新任务的迫切要求；低空改革政策法规的滞后，不能适应通用航空事业飞速发展的快节奏。

激励机制和奖惩制度不够完善，调动不了公司广大员工的工作热情和创新精神。

岗位和绩效的管理不科学，影响了部分员工的积极性和创造性。

### （三）航空设备陈旧

安阳通航现有各类适航飞机、直升机共9个机型38架，包括“运五”飞机8架、“初教六”飞机6架、赛斯纳C172和T206飞机各2架、罗宾逊R22直升机6架、西科斯基296直升机2架、自由-2型飞机6架。其中“运五”和“初教六”都是20世纪五六十年代生产的，多数飞机面临超期服役，有的已经不适航，存在较多的安全隐患，阻碍了新项目的开发利用。

### （四）基础设施落后及周边环境影响

目前机场基础设施建设滞后、机场周围高楼林立，城市建设影响机场净空安全。周边环境影响等不利因素，制约了通航低空区域业务的健康发展。

### （五）国内外通航的迅速发展对安阳通航形成严峻挑战

现在是市场经济，国内外通用航空的迅速发展已对安阳通航形成严峻挑战，我们已不是国内通航界的龙头。如何利用安阳通航现有的资源优势，合理运用资源在市场配置中的作用原理，以现有项目为依托，充分利用国家低空开放政策，积极开发其他空中优势项目，把低空优势项目效率最大化。如何把项目转化为生产力，是我们亟须思考的课题，也是我们面临的机遇和挑战。

## 五、安阳通航在低空领域发展的建议和措施

### （一）加大培训力度，提高资质建设

积极参加民航局组织的培训班，提高员工的业务能力。

加强与有资质的单位进行广泛交流与合作，通过合作提高自身的资质和能力建设。

加强与高校的合作、学习交流，提高员工的整体素质。

加强人力建设。一是建立一支年龄梯次结构合理的飞行队伍和机务维修队伍，在条件允许的情况下努力提高飞行人员待遇。建立等级飞行员荣誉奖励机制，努力调动飞行人员工作的积极性；二是增强专业技术骨干教学能力，完善充实电化教学设备、设施，全面提高教学水平；三是建立专业技术人才库，合理配置人力资源，提高人力资源的利用率；四是积极开展教育培训

工作，加大对培训经费的投入，不断提高各类人才的综合能力；五是着力培养一批水平高、懂业务、有责任心、勤谋事的管理精英，为发展提供坚实的人才保证和智力支持。

## （二）更新管理理念，提高员工素质

安阳通航现有的管理理念、机制体制已不能适应新形势、新项目、新任务的迫切要求；特别是低空开放以后，新的空中项目和优秀高素质人才的引进，使原来的管理理念和模式已不能适应通用航空飞速发展的快节奏。因此，应制定一套科学的，先进的，能正确引导员工积极工作、奋发向上的激励机制。

低空空域的开放为我们提供了良好的发展机遇，但同时也需要高素质的复合型人才。因此，我们要以培养高层次飞行、教练人才和紧缺人才为重点，抓住培养、吸引和使用三个环节，使学校体育人才的总量不断增加，结构不断优化，综合素质不断提高。

## （三）更新航空设备，满足未来市场需求

除争取国家资金外，鼓励企业采取融资、贷款、自筹等多种途径解决资金渠道，加大基础设施建设和飞机的投资力度。

逐步淘汰现有不适航的航空器，在法律允许的范围内，通过多方渠道，拓宽思路，加强与其他公司的合作与交流，逐步更新我公司现有不适航的航空器，以满足我公司未来发展低空市场的需求。

## （四）加强与地方政府交流沟通，促进低空空域健康发展

安阳机场位于安阳市区的北部，距市中心约3千米，机场周围的高层建筑（特别是南面高楼林立）使机场净空条件受到限制，阻碍了通用航空低空领域的发展。因此，应加强与地方政府有关部门的协调沟通，取得地方政府的理解与支持，在不影响发

展地方经济建设的同时，为促进安阳通航低空空域的健康发展提供良好的净空环境。

### （五）扩大对外交流合作，提高公司核心竞争力

在现有合作单位的基础上继续扩大与高校的合作，安阳航空运动学校是安阳职业技术学院机务维修培训实践基地、安阳工学院飞行驾驶培训实践基地、中国民航大学通用航空学院合作实习基地、石家庄工程职业学院合作实习基地。与高校的交流与合作，不但可以提高安阳通航在全国通航领域的影响力和公信力，同时也可以率先掌握和了解先进的科学技术，提高安阳航空运动学校人员的整体文化水平和素质，同时也可为公司带来良好的经济效益，达到双赢的效果。

## 六、结　语

通用航空的发展离不开社会和经济发展的大环境。21世纪初是我国迈向第三步战略目标、全面实现小康社会的关键时期。中国通用航空发展要赶上世界水平，必须放弃“重运输航空、轻通用航空”的旧观念，使得运输航空与通用航空均衡发展，才能符合中国21世纪经济发展的需要。通用航空将会在传统的农林作业、工业作业方面有较大作为，旅游观光、短途客货运输、公务飞行、私人飞行、医疗救护、城市治安巡逻、缉私巡逻方面也将成为新的增长点。虽然处于发展低谷的中国通用航空存在着许多制约其发展的不利因素，但是同样也隐藏着极大的潜能。随着制约因素的逐步解决，中国通用航空一定会快速发展。当然，在发展时应该充分借鉴国内外通用航空发展的先进经验，结合中国的国情，发展适合中国的通用航空。相信经过国人的努力，中国通用航空时代在不久的将来就会到来。要充分发挥安阳航空运动学

校航空资源丰富、飞行设施完善、专业技术精湛和保障能力良好的资源优势，以国家低空开放政策作保障，以航空运动为载体，进一步加强综合能力建设，不断提升核心竞争力，促进学校持续发展。

## 参考文献

[1] 吕福安. 高成本阻碍了通用航空的发展[J].经济技术协作信息，2016（1）：1.

[2] 吕新，王霞，李春玲.新疆地区通用航空发展浅析[C].2013年中国通用航空发展论坛，2013：234-238.

# 关于羽毛球项目国际化推广的几点思考

国家体育总局乒乓球羽毛球运动管理中心　张浩然

**摘要：** 羽毛球项目发展到今天，在世界范围内，远远不及足球、篮球、网球、高尔夫球等项目普及程度高，在奥林匹克大家庭的地位也一度岌岌可危。羽毛球项目发展过程中存在着项目日趋区域化、商业化程度低、领导层之间派系斗争激烈、改革的指导思想有偏差等问题。实施改革、促进国际化推广势在必行。在改革过程中应注意弘扬项目传统和文化，努力提高项目层次，不断加大商业开发力度，下大力气加强项目在全球范围的宣传推广，合理改进规则，谋求强弱队的共同发展。中国羽毛球协会应保持国家队在国际羽坛的领先地位，充分展示项目的魅力，不断开拓国内市场，吸引更多的人和资金投入羽毛球运动，应主动承担国际推广的重任，还要有更多的中国人进入羽毛球国际组织。

**关键词：** 羽毛球；国际化；推广；思考

现代羽毛球运动诞生于英国，至今已有100多年的历史。项目发展到今天，已逐步局限在亚洲和欧洲几个国家，美洲、非洲、大洋洲等地普及度很低。与项目特点相近的网球相比，影响力也不可同日而语。林丹曾在劳伦斯颁奖礼上无人问津的经历，就折射出该项目在世界体坛的尴尬境地。

作为项目发展领路人的世界羽联（世界羽毛球联合会），在项目的国际推广方面也做过多种尝试。2005年，时任国际羽联（国际羽毛球联合会）第一副主席的古纳兰先生曾信誓旦旦地提出，要实现羽毛球跨越式发展，击败网球，成为世界第一持拍类运动。十多年过去了，当时的目标变得越来越遥不可及。其间的改革也大多集中在试图通过修改比赛规则，抑强扶弱，让更多的队伍在大赛上取得好成绩，欲以此扩大项目的影响，但收效甚微。

我们应当清醒地看到，当前世界羽毛球运动的发展进入困难期，改革刻不容缓，要主动学习其他运动项目先进的理念和做法，用世界的眼光研究和转变发展方式，逐步扩大项目影响和吸引力，在更广大的范围内吸引更多的人群关注和参与，使羽毛球真正成为世界性的持拍类运动。本文运用文献分析法、对比法、调查法等研究方法，拟在观察、分析羽毛球项目发展的历史和现状的基础上，指出存在的问题，并提出推进羽毛球项目国际化发展的几点建议。

## 一、羽毛球运动发展概述

### （一）现代羽毛球运动的起源

现代羽毛球运动发源于英国。1870年，英国格罗特郡拜明顿村的波福特公爵在自己的庄园中，接待由印度返英度假的英国军官，因天气原因不能在室外活动，这些军官就在大厅中做游戏，这个游戏就是羽毛球运动的前身。当时的羽毛球是一个毽子，网球拍被拿来当作毽子板。之后毽子与毽子板不断被改良，逐渐形成了羽毛球和羽毛球拍。为纪念羽毛球发源于拜明顿村，人们以村名Badminton作为羽毛球运动正式名称。最初的羽毛球一直被视为贵族运动，直到20世纪末，这项运动才从贵族社会普及到平民当中。

## （二）国际组织简况

1893年，世界上最早的羽毛球协会——英国羽毛球协会成立，在当时，英国羽毛球协会对羽毛球运动的开展和传播起了积极的推动作用。1899年开始，英国羽毛球协会每年举办全英羽毛球锦标赛。

羽毛球运动首先在欧洲传播，然后发展到美洲、亚洲和大洋洲。根据世界羽联官网上的数据，目前全世界有180个会员协会。

作为国际性羽毛球运动的管理组织，国际羽毛球联合会成立于1934年。1981年5月，国际羽毛球联合会与1978年成立的另一组织——世界羽毛球联合会合并，并维持原有名称。2006年9月24日，国际羽毛球联合会正式改名为现如今的世界羽毛球联合会。世界羽联的任务是普及和发展世界羽毛球运动，加强各国和地区羽毛球协会之间的联系，举办奥运会、世界锦标赛、汤姆斯杯赛、尤伯杯赛、苏迪曼杯赛和其他国际比赛。

## （三）羽毛球运动发展过程中的重要阶段

### 1. 羽毛球规则的制定为羽毛球运动的发展奠定了坚实的基础

1875年，一本关于羽毛球规则的书在英国问世，它简单地规定了羽毛球比赛的方法和规则。1893年，英国羽毛球协会成立，重新修订了羽毛球规则。直到1939年，当时的国际羽毛球联合会颁布了经各会员协会共同研究通过的《羽毛球竞赛规则》，羽毛球规则才真正得到了广泛的认同与接受。1939年第一本羽毛球规则的形成，标志着羽毛球运动真正从游戏活动转变为竞技运动项目，这为羽毛球运动的发展奠定了坚实的基础，特别是对羽毛球技术、战术系统的形成和发展具有重大的指导意义。

**2. 两大组织合并为羽毛球的发展创造了良好的内部环境**

1978年2月，13个来自亚洲和6个来自非洲的会员协会在中国香港成立世界羽毛球联合会。3年后，国际羽联与世界羽联合并。两大组织的合并，减轻了项目的内耗，消除了隔阂，剔除了非体育因素对羽毛球项目的影响，为羽毛球的发展创造了良好的内部环境。

**3. 羽毛球成为奥运会比赛项目极大地带动了该项目在世界范围的普及和开展**

经过国际羽联十多年的不懈努力，1985年6月5日，国际奥委会第90次会议决定将羽毛球列为奥运会的正式比赛项目。1988年汉城奥运会上，羽毛球项目被列为表演项目。1992年巴塞罗那奥运会上，羽毛球项目被列为正式比赛项目，设有男女单打和男女双打共四个项目。1996年亚特兰大奥运会上，增设混合双打项目，使羽毛球项目的奥运会金牌数增加到了5枚。

众所周知，奥运会是当今最受关注的体育盛事，影响覆盖全球。羽毛球进入奥运会，一方面使各国开始重视羽毛球项目，羽毛球竞技水平随之快速提高；另一方面，越来越多的人通过观看奥运会的比赛，开始了解和接受羽毛球，这极大地推动了该项目在世界范围的普及和开展，羽毛球运动迎来了前所未有的发展时机。

**4. 改革赛制、重视媒体，特别是电视媒体对项目发展起到的重要作用**

随着羽毛球运动技战术水平的不断提高，比赛的竞争日趋激烈。一场比赛的时间也越来越长且无法预计，有的团体赛竟然耗时6个多小时，比赛打到夜里一两点也屡见不鲜，这给媒体宣传特别是电视转播带来很大不便。从20世纪末开始，国际羽联看到了媒体特别是电视媒体对项目发展起到的重要作用，着手进行改革比赛计分办法的尝试，改革的核心目的就是使比赛时间减少且可控，以适应电视转播的要求。2006年5月6日东京国际羽联大会上，经国际羽联全体会员代表投票通过，决定正式启用21分每球得分制，同时在每局比分到11分时设技术暂停，为更好地吸引电视广告创造了条件。使用21分制是羽毛球运动发展近70年来最为重大的改革，势必会对羽毛球运动的发展产生深远的影响。

## 二、对目前羽毛球项目国际化推广存在问题的研究和分析

100多年来，羽毛球运动蓬勃发展。由于羽毛球项目对场地要求不高，比较容易上手，老少皆宜，在强身健体，发展身体灵活性、协调性，培养意志品质等方面价值很大，因此在很多地区得到了人们的喜爱。据原国际羽联2007年的统计，当时全世界打羽毛球的人就有2亿之多。世界羽联举办的各级各类国际赛事逐年增加，近年来每年赛事活动近40起，比赛竞争激烈，精彩纷呈。世界锦标赛、汤姆斯杯赛、尤伯杯赛、苏迪曼杯赛、全英锦标赛等已成为羽毛球的品牌赛事，吸引着世界各地广大羽毛球爱好者的关注。

但是，作为羽毛球从业者，我们应该清醒地看到，虽然项目的发展有目共睹，但是羽毛球至今在国际体坛影响力不高，处境困难是不争的事实。项目发展过程中存在着一些问题，严重影响着项目国际化进程。

### （一）从竞技角度看，项目的发展日趋区域化

羽毛球项目诞生之初，丹麦、美国、英国、加拿大等欧美国家选手称雄各项国际赛事。但自20世纪中叶，亚洲的马来西

亚、印度尼西亚、日本等国崛起；20世纪80年代，中国进入国际羽坛，亚洲诸强开始领先欧洲各队。进入21世纪，欧亚对抗的格局已逐步演变成亚洲独大的局面，特别是在世界大赛上，欧美国家的运动员鲜有作为。法新社曾有这样的评论："现在除了在亚洲和欧洲几个羽毛球水平较高的国家外，其他地区的羽毛球观众人数都在下降，而且这一趋势已经引起了国际奥委会的关注，除非那些羽毛球超级大国可以牺牲一些自己的利益来换取羽毛球运动的世界化，否则这项他们最喜欢的项目将被排除于奥运会之外。在击败了世界上所有的羽毛球队之后，唯一挡在中国队面前的对手就是他们自己。现在对于中国队来说，最重要的问题是羽毛球项目的生存问题，而不是自己如何继续统治世界羽坛。"

表1是近年来在世界大赛上获得奖牌的国家和地区的统计。

**表1　近年来在世界大赛上获牌的国家和地区的统计**

| 国家和地区 | 近三届世界锦标赛成绩 | | | 伦敦奥运会成绩 | | |
|---|---|---|---|---|---|---|
| | 金牌 | 银牌 | 铜牌 | 金牌 | 银牌 | 铜牌 |
| 中国 | 12 | 6 | 10 | 5 | 2 | 1 |
| 印度尼西亚 | 2 | 1 | 3 | | | |
| 马来西亚 | | 3 | | | 1 | |
| 中国台北 | | 1 | 2 | | | |
| 韩国 | | 2 | 6 | | | 1 |
| 印度 | | | 2 | | | 1 |
| 日本 | | | 1 | | 1 | |
| 泰国 | 1 | | | | | |
| 越南 | | | 1 | | | |
| 丹麦 | | 1 | 4 | | 1 | 1 |

续表

| 国家和地区 | 近三届世界锦标赛成绩 | | | 伦敦奥运会成绩 | | |
|---|---|---|---|---|---|---|
| | 金牌 | 银牌 | 铜牌 | 金牌 | 银牌 | 铜牌 |
| 英格兰 | | 0.5 | | | | |
| 苏格兰 | | 0.5 | | | | |
| 德国 | | | 1 | | | |
| 俄罗斯 | | | | | | 1 |

从表1中可以看出，近年来的世界大赛的金牌全部由亚洲选手获得，除丹麦外的欧洲国家的运动员在大赛上均无建树。美国、加拿大都曾是羽毛球强国，早在20世纪初，美国队曾连续获得第一、二、三届尤伯杯冠军，近几十年来，美国队在国际羽坛几乎销声匿迹。羽毛球已成为亚洲项目，项目区域化严重已成不争的事实，这给项目的普及和发展带来很大的局限性，对羽毛球国际化的推广极为不利。

## （二）商业化程度低，项目与国际体育主流圈渐行渐远

体育商业化是指以竞技体育为载体，以商业模式为主要运作手段，以获取利润和推动项目发展为目的的一种体育运动发展模式。当今全球家喻户晓的运动项目，如足球、篮球、橄榄球、网球、高尔夫球、F1赛车等，无一不是商业化的践行者和受益者，而羽毛球无论在赛事规模、奖金数量、受关注程度上，都无法与这些项目相比，且差距越拉越大。目前，世界羽联最大的资金来源仅是国际奥委会给予各国际单项组织的奥运收益分红。

网球和羽毛球两个项目都诞生于英国，同为使用球拍的隔网小球类项目。以下是目前两个项目主要商业赛事的奖金

总额对比。

表2　网球和羽毛球主要商业赛事的奖金总额对比

| 比赛 | | 2013年 | 2012年 | 2011年 |
|---|---|---|---|---|
| 网球 | 澳大利亚公开赛 | 3100万澳元 | 2600万澳元 | 2500万澳元 |
| | 法国公开赛 | 2101万欧元 | 1870万欧元 | 1750万欧元 |
| | 温布尔登锦标赛 | 2260万英镑 | 1606万英磅 | 1460万英磅 |
| | 美国公开赛 | 3425万美元 | 2540万美元 | 2370万美元 |
| | 韩国公开赛 | 100万美元 | 100万美元 | 120万美元 |
| 羽毛球 | 全英锦标赛 | 40万美元 | 35万美元 | 35万美元 |
| | 印度尼西亚公开赛 | 70万美元 | 65万美元 | 60万美元 |
| | 丹麦公开赛 | 40万美元 | 40万美元 | 40万美元 |
| | 中国公开赛 | 45万美元 | 40万美元 | 35万美元 |

从表2中可以明显看出，羽毛球的赛事奖金总额与网球的相比相差两个数量级，足以说明现今羽毛球项目商业化程度不高，与网球项目相差甚远。

## （三）改革的指导思想存在偏差

近年来，世界羽联也曾出台政策，力图让更多国家和地区的人们加入羽毛球大家庭中。而改革的指导思想总是企图通过修改规则，抑制强队、扶持弱队，但改革的措施往往是违背项目发展规律的，其效果也可想而知。以中国队为代表的羽毛球强国面对规则的修改，总是能很快适应，率先找到新赛制的制胜规律，强弱队之间的差距反而越拉越大，改革根本没有达到预期的目的。

## 三、对羽毛球项目国际化推广的几点建议

当今人们喜爱的体育项目大多有这样的特点：一是运动员普遍拥有令大众羡慕的高大的身材、健硕的肌肉、超人的体能和独特的气质；二是运动员的技术动作大开大合，特别是都有各项目标志性的动作，如足球的大力射门、篮球的扣篮等，那瞬间的爆发给观众带来强烈的感官冲击，是力与美的享受；三是比赛场地较大；四是服装和器材有一定的科技含量，与时尚同步。了解羽毛球项目的人应该知道，羽毛球同时具备上述几个特点，可以说羽毛球具备跻身国际主流体育项目的基本条件。

但令人遗憾的是，羽毛球国际化的脚步缓慢，项目并未被广泛接受。甚至近两届奥运会结束后，都会有羽毛球将被剔出奥运会的消息传出，传闻并非无中生有。按照现在的态势，羽毛球项目发展的路将越走越窄，所以，现在是必须实施改革、加快国际化进程的时候了。笔者认为改革可以注重以下六个方面。

### （一）弘扬项目传统和文化，提高项目层次

对项目传统和文化的传承和弘扬是立项之本。羽毛球产生于英国贵族阶层，一直以绅士运动自居。那时就有“运动员必须尊重对手、彬彬有礼、以绅士风度参加比赛”的传统，强调羽毛球运动对培养运动员积极进取、永不言败的教育作用，这些都应在现今赛场上大力提倡。这对树立项目良好形象、提高项目层次大有帮助，也会让人们对羽毛球项目有新的认识。

### （二）不遗余力地加大商业开发力度，为项目持续发展增添动力

国际上体育项目的生存和发展，都离不开大量资金的支持。

资金的来源越来越依赖于市场运作，商业化已经成为体育运动的一个重要发展趋势。萨马兰奇说过：“商业化是体育适应现代化社会的一个最有利因素。”商业化运作的成功可以极大地带动项目的普及与推广，而从宏观角度讲，全球用于体育的资源和投入是有限的和相对固定的，所以必须要主动出击，寻求和抓住市场机遇，充分开发和利用项目的商业价值。

可以借鉴国际奥委会和成功项目的TOP计划，虽然短期内不可能达到那种规模，但一定要重视赞助商的档次，努力吸引世界知名厂家、知名品牌加入赞助羽毛球的行列，重视广告的质量，不追求数量。合理规划竞赛体系，避免优秀运动员疲于奔命、应付比赛。逐步增加比赛奖金，吸引高水平运动员参与，保证顶尖赛事的水平。围绕赛事做好相关产品的开发和广告、门票及电视转播权的销售等，形成良性循环，为羽毛球运动的持续发展添加动力。

## （三）下大力气加强项目在全球范围内的宣传推广

（1）宣传体育项目的出发点不外乎两个：一是项目竞技之美，就是所谓的竞技体育，可以吸引更多的人对项目关注与喜爱；二是参与锻炼的功效，即所谓的大众体育，可以引导更多人亲身参与其中。

看过羽毛球比赛的人都会为高水平运动员的精彩表现所吸引，伦敦奥运会羽毛球比赛电视收视率在所有项目中排名第14位。很早就有这样的说法，羽毛球是真正的电视体育项目，意思是羽毛球是非常适合通过电视屏幕来呈现的运动，运动员高高跃起的挥拍扣杀、竭尽全力的鱼跃救球、频繁迅速的脚步移动、复杂多样的球路变化等，可以在电视上完美地展现。项目宣传中应注重宣扬羽毛球的竞技之美，利用媒体特别是电视媒体，展现项目独有的魅力，吸引更多人的关注和喜爱。

同时，要大力宣传羽毛球运动对人体骨骼、肌肉、心血管和神经等器官全面的锻炼功效，引导更多人投身于羽毛球运动，从中体会项目带来的快乐和好处。

（2）重视利用羽毛球明星对项目发展的影响力。每个体育项目尤其是国际化程度高的项目，都有家喻户晓的国际明星，足球的贝利、马拉多纳，篮球的乔丹、科比，网球的桑普拉斯、费德勒，高尔夫的克劳斯、伍兹等，都是项目的代表。榜样的力量是无穷的，明星运动员对项目的推广起着无可替代的作用，国际主流体育项目的发展需要世界级明星。羽毛球项目需要着力培养和打造明星球员，利用明星的影响力、号召力带动更多地区的青少年参与进来。

（3）有意识地加强羽毛球项目在美国等美洲国家的推广。世界羽联曾于2005年在洛杉矶举行了世界锦标赛，没有达到预期的宣传推广效果，羽毛球没有在以美国为代表的美洲国家真正普及起来。美国是公认的第一体育强国，而且对体育项目的推广有独到之处，被美国民众认可的运动项目大多国际化程度比较高。世界羽联应有目的、有针对性地加强羽毛球在美国的宣传推广，让更多的美国人认识了解羽毛球，逐渐地喜欢羽毛球。

## （四）合理改进规则，促进项目的普及

一般来说，修改规则的目的是使比赛更加公平规范，使规则更加简单易懂，当然，规则的修改也应适应商业开发的需要。对一些羽毛球比赛中经常引发争议的问题，如球落在界内还是界外、发球是否违例等，可以在集思广益、充分征求各方意见的基础上，学习其他项目好的经验，借助现代高科技手段，改进规则，尽快找到合理有效的解决办法，使比赛更加公平合理，也让观众能看得明白。容易看懂的比赛才能吸引更多的观众。值得高兴的是，世界羽联开始试用“鹰眼”技术解决对球落点的争议，

当然，与之配套的规则、规定需进一步完善。

## （五）联强扶弱，才是发展之道

国际乒联（国际乒乓球联合会）曾使出浑身解数限制中国，制约中国乒乓球的发展，但总是事与愿违，中国变得更强大。国际乒联意识到这种改革是极其片面的，只有向中国学习，提高整体水平，才是发展的唯一途径。同样，世界羽联应向国际乒联学习，加强与以中国为代表的羽毛球强国的合作，不能一味地限制中国，简单粗暴地抑强扶弱，应主动加强沟通合作，联强扶弱，向羽毛球落后地区推广成功经验，汇聚各方喜爱羽毛球的力量，共同努力，才有可能推进羽毛球的国际化。

## （六）中国应为羽毛球项目的国际化推广做出应有贡献

毋庸置疑，中国是当今羽毛球第一强国，霸主地位短期内不可撼动。作为负责任的羽坛强国，我们理应为项目的国际化推广做出应有贡献。

**1. 继续提高竞技水平，充分展示项目的魅力**

中国羽毛球队的运动员无疑是当今羽坛最高竞技水平的代表，他们在赛场上的一招一式，无不体现超人的实力。因此，中国运动员要意识到肩负的责任，不断提高竞技水平和能力，保持在国际赛场上的领先地位，通过自身努力充分展示项目的强大魅力，取悦观众，赢得更多人的关心和喜爱。

**2. 不断开拓国内市场，吸引更多的人和资金投入羽毛球运动**

近些年来，国内羽毛球运动发展迅速，众多商家也看重其中的巨大商机，不断加大投入。应抓住这难得的发展机遇，吸引更多资金投入羽毛球项目，把中国羽毛球市场做大做强，其中特别重要的一条是要办好国内的羽毛球联赛。

NBA（美国男子篮球职业联赛）有着不同于FIBA（国际篮球联合会）的规则和赛制，但它通过成功的运作，赢得了巨大的商业利益，汇聚了全世界最优秀的篮球运动员，吸引了全球爱好者的关注。很多来自世界各地的人们是通过NBA而不是FIBA的赛事喜欢上篮球运动的。而FIBA也不得不向NBA学习，修改规则，迎合球迷和市场。我们完全可以利用当前国内较好的经济环境和市场条件，借鉴NBA好的做法，办好羽毛球职业联赛，把比赛办成有强大号召力和吸引力的国际性赛事，吸引世界上最优秀的羽毛球运动员前来参加，通过联赛的不断发展壮大推广羽毛球项目，这也是对羽毛球走向国际化的巨大贡献。

**3. 向乒乓球项目学习，主动承担国际推广的重任**

在项目国际化推广方面，乒乓球项目已有很多成功的做法。2014年开始，中国乒乓球协会又计划与国际乒乓球联合会合作，在欧洲创办中国乒乓球学院欧洲分院，筹备实施“走进非洲计划”等。中国羽毛球协会应学习中国乒协这些好的做法，主动承担国际推广的责任，制订符合项目实际的国际推广计划。可以“请进来”，在国内设立培训机构，为其他国家培训教练员、运动员；也可以“走出去”，输出我们发展项目的经验，帮助更多的羽毛球协会尽快走上正确的发展道路。

**4. 要有更多的中国人进入羽毛球国际组织**

在发展羽毛球项目的过程中，中国人有着高出一筹的智慧、领先一步的理念和行之有效的做法。目前，我们在国际羽坛的话语权与中国羽毛球队在国际赛场上的统治地位极不相符。中国羽毛球人应该有意识地走到国际组织中，利用我们的聪明才智和经验为世界运动的发展做出贡献。

## 四、结束语

世界羽联主席拉尔森表示，在他的4年任期内，首要目标是要推动羽毛球全球化，带领羽毛球进入世界所有体育项目前10名。要实现这一目标谈何容易，恐怕唯一的途径就是进行改革。我们有理由相信，世界羽联能够审时度势，采取有效措施，推进改革，加快项目国际化进程，实现羽毛球运动更好更快地持续发展，使羽毛球真正成为世界主流体育项目。

## 参考文献

[1] 谢朝权.中国羽毛球运动史[M].武汉：武汉出版社，1990.

[2] 林传潮. 羽毛球运动文化探源[J]. 福建体育科技，2007，26（1）：15-18，22.

[3] 王春玲. 我国乒乓球运动项目发展困境与出路探究[J]. 黑龙江科技信息，2011（3）：140.

[4] 于力. 从羽毛球规则演变谈羽毛球运动发展史[J]. 科技致富向导，2013（21）：65.

[5] 李长云，王继晟，薛原.改善乒羽生态，如何破题[N].人民日报，2013-05-24.

[6] 欧阳柳青，周贤江，杨梅，等. 21世纪初中国体育的本土化与国际化的辩证统一[J]. 体育学刊，2004，11（1）：18-20.

# 对国家队训练质量管理评估的实践探索与理论思考

国家体育总局竞技体育司　袁守龙

**摘要：**开展国家队训练质量管理评估可以提高国家队教练员、运动员和管理人员的质量效益意识，创新备战奥运会训练管理理念，实现训练从结果管理向过程管理的转变，促进训练从要素驱动向创新驱动的转变。本文借鉴现代质量管理理论与方法，结合竞技体育训练参赛系统的特点，首次探索了国家队训练质量管理指标筛选、办法研制和实施过程，评估起到了预期结果，针对评估过程中存在的问题提出一系列意见与建议。

**关键词：**竞技体育训练；质量评估；实践探索

质量管理是现代企业管理的生命线，质量是企业发展的关键环节，质量管理是指在质量方面指挥、控制、组织、协调的一系列活动过程，包括制定质量方针、质量目标、质量策划、质量控制、质量保证和质量改进。20世纪60年代由美国专家戴明、费根鲍姆等提出全面质量管理理念并广泛应用于企业管理。为了提高国家队训练质量，我们从2011年到2014年研制国家队训练质量管理评估指标体系，先后在帆船帆板、柔道、射击、田径、篮球等多个项目实践，在评估中发现问题，引发思考，不断完善。

# 一、实施训练质量评估的意义

现代运动训练已经发生了深刻变化，从单一教练主导型向复合团队攻关型转变，从体育学科理论指导向多学科知识服务型转变，从经验型训练向知识密集型训练转变，从定性训练向定量化训练转变。职业体育快速发展对训练理论、训练组织和参赛指挥等都带来巨大冲击，训练过程的数字化管理、定量化监控在美国四大职业联盟，澳大利亚和德国的篮球、足球及法国的网球等项目训练中普遍使用。大数据时代使技战术训练精细化，训练质量、效益不断提高。虽然我国在奥运会上取得了辉煌成绩，但是训练过程存在经验性、模糊性和随意性，重数量而轻质量、重时间而轻效益、重经验而轻创新、重定性而轻定量的现象十分普遍。

因此，开展国家队训练质量管理评估，有助于促进国家队训练质量的提高，更新训练理念，优化训练效益，促进训练从要素驱动向创新驱动转变，整体提高各项目国家队教练员、运动员和管理人员的质量效益意识。

# 二、关于实施训练质量管理评估的理论准备

为了推进国家队训练质量管理评估工作，我们进行了大量的准备工作。先后召开多次研讨会、座谈会、专家访谈会，系统研读了质量管理理论，了解企业界和其他行业开展质量管理的经验和做法；认真学习了21世纪以来我国各个项目备战奥运会训练管理经验和北京奥运会参赛指挥经验，先后完成了训练质量管理评估指标的研制和评估体系的研发，为开展实际评估奠定理论基础。

## （一）遴选训练质量管理评估指标

国家队训练比赛是开放的、复杂的系统，涉及因素众多，层

次复杂，千头万绪，这一点与企业界标准化、流程化的生产大相径庭，不能照搬照抄，否则很难应用。从表1可以看出在综合分析的基础上，我们提出“训练重过程，参赛重效果，管理重系统，科技重结合”四位一体化的思路，围绕国家队训练质量、参赛质量等提出了评估三级指标。其中，一级指标10项，二级指标36项，三级指标144项。

**表1　国家队训练质量管理评估指标体系**

| 序号 | 一级指标 | 二级指标 |
|---|---|---|
| 1 | 组织管理 | 1.1组织机构<br>1.2制度建设<br>1.3管理落实 |
| 2 | 规划计划 | 2.1计划种类<br>2.2计划内容<br>2.3计划执行 |
| 3 | 训练组织 | 3.1管理团队<br>3.2执教能力<br>3.3训练过程<br>3.4质量要求 |
| 4 | 目标实现 | 4.1多年目标<br>4.2年度目标<br>4.3阶段目标<br>4.4小周期目标 |
| 5 | 训练创新 | 5.1创新观念<br>5.2创新实践<br>5.3创新效果<br>5.4创新储备 |
| 6 | 参赛管理 | 6.1参赛组织<br>6.2过程控制<br>6.3参赛保障<br>6.4参赛总结 |
| 7 | 科训结合 | 7.1教练团队<br>7.2运转机制<br>7.3科训成效<br>7.4资料积累 |

续表

| 序号 | 一级指标 | 二级指标 |
| --- | --- | --- |
| 8 | 反兴奋剂 | 8.1管理制度<br>8.2计划行动<br>8.3工作成效 |
| 9 | 文化教育 | 9.1基础条件<br>9.2计划落实<br>9.3团队文化<br>9.4工作成效 |
| 10 | 梯队建设 | 10.1队伍结构<br>10.2计划措施<br>10.3建设效果 |

## （二）制定训练质量管理评估体系和实施办法

为了尽快开展国家队训练质量管理评估工作，我们先后研究制定了《国家队训练质量管理评估体系》《国家队训练质量管理评估表》《国家队训练质量管理评估实施办法》。

评估采取模糊定量的方法予以评价，各项指标分为1~9级标准；每项指标分为三个等级：1~3分为第一级，4~6分为第二级，7~9分为第三级。

《国家队训练质量管理评估实施办法》包括16条，阐述了开展国家队训练管理质量评估的意义在于转变竞技体育发展方式，推动训练管理创新步伐，推进训练组织管理工作的制度化、程序化和规范化，提高国家队训练质量和效益的重要举措；明确了质量评估工作原则、方法、流程及如何编制《国家队训练管理质量手册》，并对评估后续工作做了说明。专家认为，评估体系指标系统、全面细致，具有前瞻性，对提高国家队训练参赛管理水平具有战略意义，对提高国家队管理水平有重要的指导意义。

## 三、国家队训练质量管理评估实践过程

2011年3月30日，国家体育总局竞技体育司下发了《关于在国家队开展训练质量管理评估试点工作的通知》，并选取了射击射箭运动管理中心、水上运动管理中心、举重摔跤柔道运动管理中心、拳击跆拳道运动管理中心等作为评估试点，开展了评估实践。

### （一）实施原则

国家队训练质量管理评估工作原则：以提高国家队训练质量和训练效益为目的，以项目中心组织评估为主导，以队委会实施评估为主体，以国家队全员参与为要求，对国家队训练参赛过程进行综合的量化评价。

### （二）实施过程

评估工作依次在国家帆船帆板队、国家柔道队等项目试点，通过试点评估，我们积累了经验，明确了重点，找准了差距，取得了积极的效益。实施过程如下：

（1）评估引导。根据各项目实际，下发了《国家队训练质量管理与评估方案（试行）》，评估试点要坚持原则，客观公正，集体评估，公开评议，综合评价，及时反馈。评估前，我们就《国家队训练质量管理评估工作方案（试行）》多次与射击射箭运动管理中心、水上运动管理中心、举重摔跤柔道运动管理中心、拳击跆拳道运动管理中心联系，征求各项目中心领导、领队、主（总）教练的意见，结合不同项目的特点对评价指标和评价标准进行修改、调整。

（2）评估培训。竞技体育司先后派专人到国家帆船帆板队和国家柔道队蹲点，组织开展训练质量管理评估工作，对质量管理评估标准、评分等级进行说明，要求要公正地对指标采取定性

定量综合评价的方法。项目中心按照《国家队开展训练质量管理评估工作方案》，成立“训练质量管理评估工作领导小组”，由中心领导担任组长，项目部负责人或国家队领队作为评估领导小组办公室主任，具体落实评估组织工作。评估组成员由主（总）教练、管理人员、科研团队负责人和优秀运动员代表组成。其中，帆船帆板队评估组15人，柔道项目男、女组合计40人。

（3）制定实施方案。参与试点评估的帆船帆板、柔道等项目评估组先后召开了4~5次专题会议，结合实际制定《国家帆船队训练质量管理评估实施方案》和《国家柔道队训练质量管理评估实施方案》。帆船帆板队确定10个一级指标、36个二级指标；柔道队确定5个一级指标、20个二级指标，还细化每个一级指标和二级指标的评估标准、评估时间、工作流程和纪律要求等。

（4）编制训练质量管理手册。国家队对备战伦敦奥运会周期的各类文件、材料、计划、总结、报告和成果等进行分类梳理、提炼总结、归纳整理，形成了《国家队备战伦敦奥运会质量管理手册》（以下简称《质量管理手册》）。《质量管理手册》内容丰富、门类齐全，涵盖了帆船帆板和柔道项目备战2012年奥运会的有关规定、规划计划、管理制度、生活准则、出勤纪律、训练标准、训练创新、参赛流程、复合型训练团队建设、参赛总结、反兴奋剂、科训结合、文化教育等内容。

（5）规范程序，组织测评。两个项目根据国家队内部结构的不同，采取了对相对独立的训练组进行逐一测评的办法。帆船帆板队分为帆板、激光雷迪尔和帆船470项目3个测评组；柔道队分为男子、女子小级别和女子大级别3个测评组。

我们先后在海口的国家帆船训练基地和国家体育总局的奥林匹克中心组织了两个项目的训练评估工作会议。会上要求参与评估的管理人员、教练员、科研人员和运动员要认真学习掌握评估指标体系和评价标准，充分理解三个等级的打分细则和区别，要求评估人员在打分时要统一尺度和标准，公正、客观、准确地对每一项评估指标进行打分。打分采取分组无记名的方式。

（6）分析结果，撰写报告。评估结束后，评估组认真核对评估结果，分项分类统计评估分值，系统分析评估结果，撰写《国家队训练质量管理评估报告》，并将评估情况反馈给两支国家队。在分析评估结果时，针对评估组不同人群评估分数存在的结构性差异，采取归因的方法查找两个项目不同的训练组在备战奥运会中存在的具体问题，并有针对性地提出改进措施和建议。

## 四、国家队训练质量管理评估效果分析

### （一）强化了国家队全员训练质量管理意识

本次训练质量管理评估工作不仅提高了管理人员对训练质量评估的认识，而且提高了教练员、科研人员和运动员参与训练、评估的积极性和主动性，受到队伍的普遍欢迎。通过训练质量评估，打消了评估前管理人员和教练员的疑虑、担心，取而代之的是全体参与人员认为训练评估对理清备战思路、明确参赛目标、注重过程控制、提高训练效益、促进项目可持续发展起到了重要的促进作用。

### （二）对国家队训练管理工作进行了系统梳理

两个项目国家队在评估过程中经过认真梳理，系统总结汇编出了《国家队训练质量管理手册》。项目部部长、领队和教练员都认为《国家队训练质量管理手册》是对多年来备战奥运会训练、管理、参赛、科研等方面的系统总结和梳理，提高了国家队领队、教练员的理性思维能力，对指导伦敦奥运会备战工作有重要的借鉴意义和指导价值。

### （三）质量评估为查找问题奠定了系统化和量化基础

训练质量管理采取定量与定性相结合的方法对训练过程进行评估，评估结束后，根据管理人员、教练员、科研人员和运动员对各项指标打分情况撰写了《国家帆板队训练质量管理评估报告》和《国家柔道队训练质量管理评估报告》。评估分值为查找不同训练组存在的问题提供了定量化手段。

从表2可以看出，帆板队三个组在不同的指标之间具有一定的差异，帆板组和激光雷迪尔组各项目指标评估分值较高，帆船470组较低。比较帆板组和激光雷迪尔组之间的分值差异，后者在组织管理、规划计划、训练组织、目标实现、科训结合等指标分值上高于帆板组；但帆板组只是在参赛管理方面评估分值较高。

**表2　国家帆板队教练评估组对各组训练质量的评估分值统计表**

| 序号 | 一级指标 | 主要内容 | 帆板组 | | 激光雷迪尔组 | | 帆船470组 | |
|---|---|---|---|---|---|---|---|---|
| | | | 合计 | 平均 | 合计 | 平均 | 合计 | 平均 |
| 1 | 组织管理 | 组织机构<br>制度建设<br>管理落实 | 116 | 23.2 | 118 | 23.6 | 113 | 22.6 |
| 2 | 规划计划 | 计划种类<br>计划内容<br>计划执行 | 117 | 23.4 | 122 | 24.4 | 112 | 22.4 |
| 3 | 训练组织 | 教练团队<br>执教能力<br>训练过程<br>质量要求 | 149 | 29.8 | 162 | 32.4 | 140 | 28.0 |
| 4 | 目标实现 | 多年目标<br>年度目标<br>阶段目标<br>小周期目标 | 159 | 31.8 | 162 | 32.4 | 148 | 29.6 |

续表

| 序号 | 一级指标 | 主要内容 | 帆板组 | | 激光雷迪尔组 | | 帆船470组 | |
|---|---|---|---|---|---|---|---|---|
| | | | 合计 | 平均 | 合计 | 平均 | 合计 | 平均 |
| 5 | 训练创新 | 创新观念<br>创新实践<br>创新效果<br>创新储备 | 161 | 32.2 | 161 | 32.2 | 135 | 27.0 |
| 6 | 参赛管理 | 参赛组织<br>过程监控<br>参赛保障<br>参赛总结 | 159 | 31.8 | 150 | 30.0 | 147 | 29.4 |
| 7 | 科训结合 | 科研团队<br>运转机制<br>科训成效<br>资料积累 | 126 | 25.2 | 138 | 27.6 | 107 | 21.4 |
| 8 | 反兴奋剂 | 管理制度<br>计划行动<br>工作成效 | 122 | 24.4 | 123 | 24.6 | 118 | 23.6 |
| 9 | 文化教育 | 基础条件<br>计划落实<br>团队文化<br>工作成效 | 128 | 25.6 | 131 | 26.2 | 114 | 22.8 |
| 10 | 梯队建设 | 梯队现状<br>计划措施<br>建设效果 | 115 | 23.0 | 110 | 22.0 | 99 | 19.8 |

从表3可以看出，管理人员评估分值高于科研人员和教练员；科研人员高于教练员，教练员高于运动员，运动员最低。

**表3　女子柔道队训练质量管理一级指标平均分值统计表**

| 序号 | 一级指标 | 管理人员 | 科研人员 | 教练员 | 运动员 |
|---|---|---|---|---|---|
| 1 | 组织管理 | 27.00 | 26.00 | 26.20 | 22.70 |
| 2 | 规划计划 | 35.25 | 34.14 | 30.90 | 28.29 |
| 3 | 训练组织 | 26.75 | 25.00 | 22.29 | 21.13 |

续表

| 序号 | 一级指标 | 管理人员 | 科研人员 | 教练员 | 运动员 |
|---|---|---|---|---|---|
| 4 | 参赛管理 | 36.00 | 34.15 | 31.86 | 32.00 |
| 5 | 科训结合 | 54.00 | 51.03 | 48.14 | 44.57 |

### （四）调动了运动员的主动性和创造性

训练不是单向的，需要运动员与教练员双向互动，需要运动员的创造性训练，运动员参赛不是定势的，而是处于不断变化之中的。运动员了解队伍的管理过程和教练员训练的整体思路、训练安排，将其作为训练质量评估主体，能表达运动员对待训练参赛的观点、看法，有助于提高运动员认知能力，加深对备战工作的理解，激发训练的主动性和创造性。

## 五、关于训练质量管理评估存在的问题、思考和建议

从训练质量评估试点工作情况来看，还存在以下问题。

### （一）存在问题

（1）对训练质量管理认识还不到位。目前，国家队领队、教练员、科研人员和运动员普遍都认为训练质量管理评估是一项重要的管理创新，但对训练质量管理的内涵、本质和功能理解得不够深刻、不够透彻，还存在着“找问题、找不足”心理，个别人有抵触情绪。开展工作以后，通过对训练评估方案的学习、培训和解读，队伍才渐渐消除了被“监管”的感觉。但是，迄今为止，国家队不同的评估人员在认识理解训练质量管理上还存在较大差异。在打分的时候出现“极化”现象，在对男子柔道项目

“训练组织”一项打分中，有的评估人员打出最高的25分，有的则只打出13分，差距极大；同样，“规划计划”一项的分差也较大，最高36分，最低19分。

（2）训练质量管理评估的基础准备不足。《训练质量管理手册》是评估的主要参考，但《训练质量管理手册》的内容还有不少缺漏，在管理、制度、技术、组织、参赛等方面还缺乏必要的标准和规范要求。总体上看，各项目目前开展训练质量管理评估的基础条件尚显不足，有待进一步加快建设。

（3）管理人员在评估过程中有打高分的倾向。尽管评估前我们反复强调质量管理的目的是“评估不评价”，多次召开会议，研究评估指标体系和评估标准，要求全体参与评估人员客观、准确地比对评价标准进行打分，重在通过评估找出不同评估人员在各个评价指标评分的结构性差异，帮助各个训练组查找备战工作中存在的问题，提高国家队全体人员的训练质量意识，但两个项目的管理者在评估打分时均打出高分，个别管理人员出现全打满分的现象。

（4）评估人员参与程度不同，存在信息不对称的情况。评估发现，运动员在评估时态度端正，十分认真，能积极学习评估文件，认真比对各个指标的不同等级评估标准进行打分，从结果来看，运动员的打分均明显低于教练员、科研人员。通过这一现象可以看出，运动员在备战训练、参赛和管理中的参与度不高，了解掌握国家队各方面备战信息不足，与管理者和教练员相比存在信息了解不对称现象。

## （二）思考与建议

（1）强化质量管理意识，自觉推进质量管理。要在国家队全面推进训练质量管理评估工作，十分重要的就是加强宣传教育，强化质量意识，转变管理人员和教练员的质量观、效益观，深入学习理解训练质量管理的定义、内涵、本质和价值，更新观念，从根本上摆脱经验型和定性训练方式，不断向定量化训练、规范化训练和科学化训练转变。

（2）精简评估指标，规范评估流程，确保客观准确。为了保证训练质量管理评估的便捷性和有效性，提高评估质量，需要进一步精简指标，规范流程，建议将指标压缩到4个一级指标：①教练执教能力；②训练计划；③训练组织；④参赛绩效。

训练质量评估工作步骤分为：①成立国家队训练质量管理评估组；②开展思想动员和学习培训；③制定《国家队训练质量管理评估实施方案》；④修订《国家队备战伦敦奥运会质量管理手册》；⑤汇编组织训练质量管理评估工作会议（公布评估细则、质量管理手册介绍、评估人员分类无记名打分）；⑥组织专门人员进行评估打分统计；⑦撰写国家队训练质量管理评估报告；⑧及时向国家队进行反馈；⑨提出改进措施建议；⑩筹备下一次训练质量管理评估。

（3）建立训练质量管理评估专家组，加大指导监督。建议要成立“国家体育总局备战伦敦奥运会训练质量评估专家组”，提高专家组对各项目训练质量管理工作的指导和监督，确保评估工作的客观性、准确性和公正性。

（4）建立国家队训练质量管理评估工作常态化机制。建议在各个项目中心和国家队开展训练质量管理评估工作，并建立常态化工作机制和组织保证，建议各项目中心和国家队根据项目年度大赛安排，每年至少开展2次训练管理质量评估工作。各项目中心可以根据全国各地训练情况，在各省（区、市）推广训练质量管理评估工作，提高各项目训练参赛整体管理水平。

## 六、结　语

开展国家队训练管理质量评估是备战奥运会训练管理创新的重要举措，有助于全面深入了解备战训练工作的基本做法；有助于梳理经验，加大理性思考，提炼理论成果；有助于各项目理清思路，整合各类备战要素，查找缺漏，超前思考，系统设计，有序安排，提高备战奥运会的系统性；有助于提高国家队训练参赛的质量管理意识，促进教练员和运动员双向交流与反馈，调动运动员训练的主动性和创造性，提高训练质量和效益。

未来我们将不断完善训练质量管理指标体系，规范评估流程，不断提高评估效益。

## 参考文献


[1] 王二高，谢姝. ISO 9000族标准与全面质量管理[J]. 中国质量，2009（3）：26-29.

[2] 廖剑锋. 关于企业全面质量管理的理念[J]. 中国职业技术教育，2005（6）：62-62.

[3] 刘慧敏. 全面质量管理发展新趋势[J]. 辽宁经济，2006（8）：83.

[4] 沈云交.质量理论体系的一个模式——费根堡姆全面质量管理理论研究[J]. 世界标准化与质量管理，2007（9）：38-40.

[5] 静天魁.ISO 9000族标准与全面质量管理比较研究[J]. 河南工程学院学报(社会科学版)，2008，23（4）：31-34.

[6] 刘娜，关玲永.全面质量管理的理论分析[J]. 北京建筑工程学院学报，2008，24（2）：71-73.

[7] 张蓬.关于ISO 9000和TQM关系的研究和探索[J]. 理论界，2005（11）：208-209.

[8] 马振洲，佟仁城，崔永军.全面质量管理理论与方法在绩效考评中的应用[J]. 科学学研究，2004，22（3）：294-298.

# 加强我国传统体育项目的保护和发展

## ——以风筝运动为例

国家体育总局社会体育指导中心　张秀丽

**摘要**：风筝运动是我国传统体育项目，有着两千多年的悠久历史，是我国非物质文化遗产，具有丰富的文化内涵，能够强身健体，深受广大人民群众的喜爱，对于促进全民健身运动的开展和国内外的相互交流有十分重要的意义。

**关键词**：风筝；传统体育；意义；发展

马克思曾说，现代社会对体育的需要是由生产力发展的客观要求决定的。在物质生产发展的基础上使社会成员享受各种权益，在体力、身心、精神、道德和个性等诸方面全面发展。这种全面发展的实现和社会对体育的需要，不是以人们的愿望和主观意志为依据，而是由社会生产发展的客观规律所决定的。随着社会生产力的发展，体育将越来越显示出它的重要地位。中华民族传统体育是中国体育事业的重要组成部分，风筝运动作为我国传统体育项目，具有丰富的文化内涵，对于增强人民体质，提高健康水平，推进全民健身活动有十分重要的作用。

2014年12月，国务院颁布的《国务院关于加快发展体育产业促进体育消费的若干意见》中指出：大力推广传统体育项目，扶持少数民族传统体育项目发展。风筝运动是传统体育项目，保护和发展风筝运动有着十分重要的历史意义和现实意义。

## 一、风筝的分类

风筝是人们以重于空气的物质材料，经工艺美化制成的体积、重量、形状各异，利用自然的空气动力于地面（手上、水面）由人工操作牵引的飞行器（不允许使用机械动力和电力能源）。按风筝的结构和形状，可分为：龙串类、硬板类、软板类、硬翅类、软翅类、硬板串类、软板串类、硬翅串类、立体类、其他串类、软件类、复线或多线操纵类，另有广告类、动态类、最大类、串类最长类、串类最多类共17种。

## 二、浅谈开展风筝运动的意义

### （一）历史悠久，文化内涵丰富

风筝起源于中国春秋战国时期，流传于世界各地，在我国已有两千多年历史，2006年风筝制作技艺被列为我国非物质文化遗产，风筝运动是我国传统体育项目，是世界文化宝库中一颗璀璨的明珠。在宋代绘画《百子嬉春图》中就有对儿童放风筝的描述。高鼎在《村居》中写道："草长莺飞二月天，拂堤杨柳醉春烟。儿童散学归来早，忙趁东风放纸鸢。"宋代寇准在一首《纸鸢》中写道："碧落秋方静，腾空力尚微。清风如可托，终共白云飞。"这些都描写了放飞风筝的情景，风筝寄托了人们征服自然、飞上天空的梦想。风筝运动蕴藏着深厚的民族特色和文化内涵，因其观赏性和趣味性，深受我国广大人民群众的喜爱。1987年1月，中国风筝运动协会（以下简称"中国风协"）成立；1989年4月，国际风筝联合会（以下简称"国际风联"）成立，秘书处设在山东潍坊。多年来，在国际风联和中国风协的领导下，我国风筝运动蓬勃发展，风筝文化也已成为我国民族传统文化的重要组成部分，为推动全民健身活动的开展，丰富人民群众业余文化生活，为中国民族文化软实力的提升发挥着重要的作用。

### （二）强身健体，促进全民健身

风筝运动是全身性的体育运动，有益于身心健康，能够增强人的体质。隋唐时期记载：“迎风顺气，拉线凝神，随风送病，有病即去。”据宋代李石《续博物志》载：“春日放鸢，引线而上，令小儿张口而视，可以泄内热。”清代富察敦崇在《燕京岁时记》中说：“风筝在天，以能清目。”可见，从古至今，风筝运动对于人民群众的健康都有着重要的促进作用。

### （三）扩大影响，增进中外交流

潍坊国际风筝会至今已连续举办31届，在潍坊创造了具有现代意义的习俗，已成为当地独特的节庆文化，已逐步成为“政府主办、社会参与、市场运动”的办会模式。多次召开国际风筝联合会会议，研究国际风筝运动和风筝产业的发展和规划；顺利举办10届世界风筝锦标赛；2013年12月，在潍坊召开了国际风筝联合会第三届执委代表大会，国家体育总局冯建中副局长当选为国际风联主席，促进了中国风协与国际风联之间的合作，为世界各地的风筝爱好者搭建了交流的平台。先后举办了国际风筝邀请赛、国际运动风筝邀请赛，有近30个国家和地区的外国友人来华参赛，国际风筝赛事的成功举办，扩大了我国在国际风筝界的影响，向外国友人充分展示了我国各地改革开放、体育强国发展的成果，为推广中国传统风筝文化，促进世界各国在风筝文化方面的交流，提高我国风筝运动技术水平发挥了积极作用。

## （四）独具特色，打造城市名片

根据不同城市、不同地区的特点，以群众的需求为出发点，积极支持以山东潍坊为代表的传统风筝城市举办风筝赛事，打造风筝品牌城市。“风筝传友谊，银线连四海”，风筝运动已成为各地的一张名片，促进当地经济发展。树立“一城一地一品牌”，分别在天津、内蒙古等地举办了全国风筝精英赛，在江苏南通、上海、四川、贵州举办了中国国际风筝邀请赛，在浙江岱山举办了全国风筝锦标赛、国际运动风筝邀请赛，在湖北武汉举办了全国锦标赛暨国际风筝邀请赛。“三龙”大赛的创意为水上的龙舟、陆上的舞龙、空中的龙形风筝，收效显著，第一届在上海青浦举行，第二届在深圳龙岗举行，第三届在湖北大冶举行。以风筝赛事带动当地的全民健身活动，为地方经济建设和社会发展服务。同时，为调动各地组织风筝活动的积极性，对组织活动比较突出的单位进行表彰，并通过命名“中国风筝之乡”“中国风筝放飞场”打造当地品牌，促进经济发展，逐步形成了相互促进、相互依托、共同发展的新格局。

## （五）制作精美，具有审美价值

风筝造型精美，是集“扎”“糊”“绘”“放”于一体的艺术品，要求骨架结构简练，扎口严紧、裱糊整洁、平整服帖、色彩分明，形象逼真，有独特的传统文化韵味。尤其是风筝放飞到天空，各种各色，形状各异，是美丽的视觉盛宴，有强烈的艺术效果。具有多种社会功能和审美价值，能够多方面地满足人们日益提高的文化生活需要。关于风筝工艺美的描述，乾隆二十五年间《潍县志》中说：“纸鸢其制不一，于鹤、燕、蝶、蝉各类外，兼作种种人物，无不惟妙惟肖，奇巧百出。”

## 三、面临的挑战与机遇

当前对于风筝运动，有的地方政府不够重视，制度建设有待加强，普及力度不大，基础建设相对滞后，风筝产业亟待开发。

一是由于体制的改革，有部分协会已实行社会化管理，管理不够严格、规范，有的协会在组织活动中存在散、乱现象。二是在风筝运动教材、竞赛规则上还不同程度地存在着不够规范、不够标准的问题。有些地方政府不够重视，对风筝运动投入的资金不够多，影响了风筝运动的推广和发展。三是我国大部分地区主要开展传统风筝活动，运动风筝、特色风筝（如风筝冲浪）的开展力度不大，现阶段还难以达到国际先进水平。除了经济较为发达的沿海城市，如大连、上海、厦门和深圳等地运动风筝和冲浪风筝水平较高，其他地区基本还处在起步与探索阶段。四是放飞场地及时间的限制。放飞场地要求宽阔，放飞时间上，虽然现在有夜光风筝在晚上放飞，但大多数时间都是在白天完成。现在人们工作节奏紧张，压力大，没有足够的时间去参加风筝放飞运动，影响了人们对风筝运动的参与度和对风筝运动推广的普及率。五是风筝产业亟待开发。风筝既是比赛器材，又是旅游产品、纪念品和礼品，国内生产传统工艺风筝的厂家众多，但多是手工制作，生产规模不大，销售渠道还停留在自发集贸市场阶段，市场对风筝运动的认知度不高，导致风筝运动自我“造血”机能较差，举办活动主要依靠政府投入。

## 四、风筝运动保护和发展的对策

风筝运动按照规范化、专业化、标准化、科学化的发展方向，紧紧围绕“风筝赛事为主导，因地制宜创品牌”的思路，在继承和发扬传统风筝文化的基础上，努力拓展风筝的文化内涵和发展领域，不断发展风筝运动，推动风筝事业全面、协调、可持续发展，使协会在促进风筝项目的发展上起到积极良好的作用。

### （一）以社会为舞台，融合市场模式，广泛开展赛事活动

目前，我国一些风筝协会已实行社会化管理，在项目的发展和管理方面存在一些难点，因此，要不断适应改革新形势，充分发挥各协会组织的力量和市场作用，把社会效益放在首位，以“融合市场模式，实现跨界合作”为目标，广泛联系社会各个方面，获得社会资金的支持，挖掘项目资源，培育市场，加强项目的发展能力，积极寻求社会各界特别是企业界的支持，在社会上广泛开展协会活动，推进协会社会化、市场化进程。

### （二）以竞赛活动为载体，不断开拓创新，打造有影响力的品牌赛事

不断创新风筝运动的内容和形式，使风筝运动在深度和广度方面得到更好的拓展。要打造新兴风筝品牌城市，借助风筝赛事活动的平台，促进风筝运动的发展和举办城市的旅游文化发展。在赛事组织方面，从内容上要继续支持创立“一城一地一品牌”活动，从时间上要尽量安排在节庆假日和当地的民俗节点，加强我国风筝品牌活动的长效化建设。在促进传统风筝运动快速发展的同时，加大风筝文化的宣传推介力度，充分发挥新闻媒体的辐射、带动作用，普及风筝知识，宣传风筝文化，积极与各大媒体合作，注重发挥协会官方网站的作用，建立全方位的宣传平台，扩大影响，加强交流。

### （三）以运动风筝为龙头，注重加强培训，全面推进风筝运动的发展

运动风筝又称竞技风筝，是一种备受青年人欢迎的具有更强运动效果的风筝。今后的工作中，要在继承和发扬中华民族传统风筝运动和文化的基础上，加快与国际接轨的步伐，不断开拓风筝运动的发展领域，进一步加大对运动风筝的推广力度，推动运动风筝在我国的开展。一是制定风筝规则和风筝产业的标准与分类，保护风筝知识产权。二是完善运动风筝规则，研究制定全国运动风筝锦标赛赛制，开展全国运动风筝锦标赛，使运动风筝成为我国风筝运动的新亮点。三是采取“请进来”的方式，邀请国外优秀运动风筝队参加国内赛事活动，加强交流，借鉴国外先进经验，不断提高国内运动风筝的水平。四是加强风筝骨干的培训，举办培训班，全面提高风筝竞赛水平。

### （四）以风筝文化为平台，促进风筝产业发展

法国社会学家布迪厄认为，资本有三种基本形态：经济资本、社会资本、文化资本。文化资本是现代商品经济发展的产物，文化资本化或产业化，实际上是把文化作为一种资源手段运用于经济的发展，是对文化资源的商品化开发。发展体育事业和产业是提高中华民族身体素质和健康水平的必然要求，有利于满足人民群众多样化的体育需求、保障和改善民生，有利于扩大内需、增加就业、培育新的经济增长点，有利于弘扬民族精神、增强国家凝聚力和文化竞争力。风筝运动作为传统体育项目，有明显的资源优势，要保护和发展风筝运动，就要增强其“造血”功能，发展体育产业。以风筝文化为平台，突出民族特色，招商引资，举办赛事活动，扩大影响，促进风筝运动全面、可持续发展。

## 五、结 论

风筝运动在我国历史悠久，文化内涵丰富，有广泛的群众基础，应当保护和发展。中国风筝运动的保护和发展任重而道远，要发挥其独特的优势，通过举办系列赛事活动，推广风筝运动，成为城市的宣传名片，推动各地的经济发展；不断规范、创新，加强国内外交流，推广中国传统风筝文化，扩大我国在国际风筝界的影响。

## 参考文献

[1] 中国风筝协会. 风筝竞赛规则与裁判法[M]. 人民体育出版社，2002.
[2] 张君艳，张光芬，周利. 风筝运动的起源及其文化内涵[J]. 体育科技文献通报，2008，16（1）：92–93.
[3] 刘芳. 风筝的起源发展及其文化价值和特征[J]. 商业文化（下半月），2010（5）：73.
[4] 虞重干，张基振. 中国现代风筝运动及其对民间体育发展的启示[J]. 体育科学，2006，26（1）：13–17.

# 浅谈低空开放对我国通航发展的影响

国家体育总局安阳航空运动学校　魏艳蓉

**摘要**：2014年11月23日，由国务院及空中交通管制委员会共同组织召开的全国低空空域管理改革工作会议明确指出，目前我国的低空开放改革已进入深水区和攻坚区，现阶段的工作重点不仅要围绕法规制度的完善，而且要将促进通用航空发展和满足公众需求相结合，最大限度地有效利用低空空域资源，从而达到促进我国通航产业积极、快速、健康发展的目标。

低空开放标志着我国低空空域资源管理由粗放型向精细型转变。低空开放改革政策——真高1000米以下空域实行分类管理及有序开放的出台，标志着通用航空市场的进一步完善管理，同时也意味着该行业将迈入快速发展阶段。

我国通用航空起步较晚，受管理体制和政策的束缚，发展缓慢，存在诸如空域限制过多、通用航空企业限制门槛过多、发展环境滞后、基础设施陈旧短缺、人才队伍建设落后、国家扶持力度不大等问题。加快低空开放无疑是通用航空发展的催化剂，通用航空行业和单位要把握好改革带来的机遇，克服种种困难，加快发展步伐，促进我国尽快跻身世界航空强国之列。

**关键词**：低空开放；通航；机遇；发展

2014年11月，国务院和中央军委空中交通管制委员会召开会议，这次具有历史标志性意义的会议决定将真高1000米以下空域实行分类管理有序放开。改革低空空域政策的出台体现了我国政府积极、健康、快速发展通用航空（以下简称“通航”）产业的力度，不仅有利于满足人民日益增长的生活需求，而且将为社会经济快速健康发展做出卓越的贡献。

当前，我国把沈阳、广州、西安、重庆等地作为空域改革试点城市，成功地试行了真高1000米以下空域分类管理的改革措施，即不必得到军方批准，私人飞机允许使用真高1000米以下的空域。这项改革举措标志着我国通航市场的真正打开，进而为2015年在全国范围内的改革提供了工作经验。

# 一、低空开放后对通航发展的影响

## （一）挑　战

### 1. 外部环境差

缺乏对通航重要性的认识、制定政策导向及决策规划的短浅性等遗留问题，导致当前机制管理不顺畅，造成通航投入少、建设少和运行困难的问题。从某种程度上，也解释了当前通航企业发展缺少动力的主要因素——空域管制。

我国独有的社会主义市场经济特性赋予了通航企业拥有独立核算、自负盈亏及自主经营的法人经济体的属性。通航企业与运输航空企业同样被认为是经营单位。纵观国内外，对同一机型的运营，国外每小时的飞行成本大约只有八九百元，而国内的飞行成本却可高达每小时四五千元。这种飞行成本的巨大差异来源于协调飞行时间的等待及相关人员花费等因素，同时从另一方面解释了我国通航企业普遍盈利能力差的原因。因此，发达国家采取的最大化空域、最小化限制的空域开发使用原则值得我国借鉴学习。

**2. 基础设施不足**

我国通航机场数目少，机场配套设施陈旧落后。通航飞行离不开机场，但目前已有的颁证通用机场加上临时起降点共399个，且分布极不均衡，总体来说：东部密度较高，西部密度较低，特别是在边远地区，通用机场资源更是缺乏。另外，运输机场无法满足通航飞行的需求。由于空域拥堵等问题，部分繁忙运输机场不愿为通航飞行提供过多的服务，而那些非繁忙的运输机场由于收费标准过高等问题，也令大部分通航企业难以承受。于是在中国通航界出现了一种怪现象：一些通航运营企业在成立之前，首先要考虑的是规划建设属于自己的通用机场，否则，公司成立后，很可能面临飞不起、落不下的窘境。

通航保障的不到位与人们对通航认知不够完善息息相关。通航不仅仅包括对飞机的运营，基础设施的建设与保障也是通航必不可少的一部分。除此之外，我国通航市场具有高科技、高投入、高风险和低回报的显著特点，使得国内的投资者普遍对通航抱有投资周期长、收益慢甚至不见成效的错误看法。这种现象正面解释了通航投资市场缺乏活力的原因。现有通航企业大都存在融资能力弱、后续投资又跟不上、基础设施建设无法维护和更新等问题。因此，要改变此现状，就要通过多种有效渠道加大资本投入力度，例如开拓外国资本市场，提高通航产业在国际上的融资能力，进而吸取更多的外来资本。

**3. 专业人才匮乏**

我国通航发展时间短，人才队伍年轻，同时行业所用机型种类繁多，导致专业性人才欠缺。新注册通航公司迅速增多，投入运营的飞机数量成倍增加，飞行员、保障人员培养跟不上发展节奏，培训数量和规模远远不能满足实际需求。国内相关人才培训单位屈指可数，目前通航飞行人员大部分是专业航空院校的毕业生、部队转业人员及航空体育运动学校、航空俱乐部的工作人员。

## （二）机　遇

### 1. 飞机制造业猛增

纵观国际通航发展的路径，在产业发展的前期阶段，实行低空开放会给通航领域带来多方面的发展机会。通航企业要扩大规模，争取更大的市场份额，就会增加投资，带动飞机零部件和整机的需求迅速增加。在2014年11月举行的珠海航展上，中航通用飞机各类机型共19架，“蛟龙” AG600、西锐SR2X、小鹰500及运五B机型现场签约数量达145架。据预测，2015年我国通航飞机保有量达2500架，2020年将突破9000架。未来几年，每年通航飞机保有量增速超过25%。

通航运营任务加大会直接增加飞行小时数量，直接导致飞机航材消耗量增加，时控件、时寿件、易损易耗件的使用量会大幅度增加。飞机零部件供应商、代理商正在逐步增多，航材供应也正朝着一站式服务发展，一个订单就能解决所有问题，直接送货上门。

### 2. 专业技术人员培训需求量扩大

在2013年举行的中国国际通航大会航空人才培训论坛上，与会代表普遍指出，目前合格飞行员及相关专业人才尚无法满足中国通航的发展需求，航空培训市场前景广阔。论坛公布的数据显示，仅在飞行培训领域，中国未来10年内将至少需要15000名通航飞行员，然而目前每年经过培训并符合要求的仅在1000人左右。如果加上航务、机场管理，航空器材保障、维修等相关领域，需求人数将达到50000人，而目前总从业人员只有13000人。时任中国民用航空飞行学院国际合作部副部长龚建宇表示，由于运输航空是航空业的龙头，通航人才培训市场目前几乎空白，发展空间和潜力巨大，并将与运输航空形成激烈竞争的态势。

时任中国航空运输协会通航委员会秘书长王霞指出，人才短缺是当前制约中国通航发展的重要瓶颈。目前中国飞行培训机构不多，主要以高等院校学历教育为主，社会办学受到一系列因素限制。加大对社会力量承办飞行学校的支持；借鉴国外飞行员成长路径来形成合理的飞行员培训体系，如鼓励个人自费或财团投入培养飞行员，以及将通航变成飞行员进入运输航空前成长积累的平台；建立飞行员教员培养基地及教员资源库等，是可取的解决之道。中国民航总局此前曾表示，到2035年，中国需要培养约50万名民航飞行员才能满足市场需要，而现在中国民航飞行员仅有几千名。

面对空缺，越来越多业内群体开始进军航空培训市场。东方航空、南方航空等航空公司开始打造针对通航和公务机的培训基地。多家通航公司也开设了通航培训业务。来自加拿大、德国等的国外航空培训机构也陆续在中国开展国际合作项目。还有来自法国等的航空科技公司希望向中国引进飞行模拟技术、装备及教练飞行器等教学器材。中国航空运输协会则正在筹建飞行员人力资源库。

**3. 运营与维护市场化**

鉴于我国通航市场处于存量市场范畴，增加利好运营、重视机场设施的维修保养及租赁产业链后端，都是当前通航企业可采取的有效改革措施。在通航发展的大趋势下，能做到更接近市场就意味着有更好的资源优势，从而最快收到投资回报。

市场对于中国低空空域开放一直抱有较大的预期，且从未来改革的趋势来看，发展通航已成为管理层的共识。如果采用全面推进低空空域改革的发展方案，不仅能加速通航产业的发展，而且能在一定程度上带动通航制造、空管、运营、维修、培训等各环节的发展，相关产业链公司也有望直接受益。

**4. 通航作业增多**

自2010年，中国通航企业、通航飞行器迅速增长，2013年通航飞行小时比2010年增长近500%。据中国民航局预测，5年后中国通航作业飞机将超过5000架，国内通航需求总价值将达到155亿美元。另外，民航局的规划指出，直到2020年通航发展目标是实现规模化发展，而未来几年的飞行量增速约为19%。种种数据都表明通航这个迅速崛起的朝阳产业必将形成。中国工程院院士、辽宁通航研究院原院长杨凤田说，被列入国家战略性新兴产业的通航事业，亦是民航事业的两翼之一。随着国家对低空空域管理改革的推动，通航产业发展将迎来一个难得的历史机遇期。

## 二、新形势下通航发展亟待解决的几个问题

### （一）选好盈利模式，提升竞争力

无论在世界任何国家，做通航制造和运营的企业肯定都要考虑盈利，通航企业要根据地区的特点和自身定位来发展通航业务，想清楚要做什么，然后再明确到底要买哪种飞机、哪种飞机才适合在细分市场里发挥最大作用，而不是先买了几架飞机，看着哪头热就跟着做哪头。那些尚未实现盈利的通航企业，要依据自身特点和行业趋势选择适合自身的盈利模式，争取早日盈利。

通航运营方向选择涉及多方面的因素，主要有机型特点、地域特点、周边其他通用特点、政策导向与扶持、市场需求等。比如：训练型飞机买来做救护就对不上；九寨沟的通航做旅游就比较好；青海有丰富的矿产资源，适合做探矿；在东北、西北地区

做飞播、飞防等有很大的需求量。

目前还有一种不良现象让人担心，那就是资本投入“一哄而上”，没想清楚方向就盲目扎堆进入，不能看着直升机有市场，就都去做直升机，为了争业务而杀价，价格降低企业为保证利润就会压缩成本，流失一大批通航专业人才，如果因为成本控制而出现了安全隐患，对通航的伤害很大，甚至是不可弥补和挽救的。

现在国内也有很多通航产业园，但实际上很多通航产业园并不是真正想做通航事业，有的是为了先圈点儿地。从商业角度来讲，这也是一种策略，通航产业本来就是一个投入高、产出小、回报周期长的行业。但需要充分认识到，航空工业化、航空水平对国家高科技水平及经济实力有着整体引领作用，要站在战略性的角度来看这个高端行业的投入回报比。

## （二）培育良好的发展环境

首先为引导通航产业的良好健康发展，国家作为有利的外部推动者可以从以下几个方面出台支持通航机场等基础设施建设政策：一是切实保障机场设施建设及维护，满足对航空用油日益增多的需求，如保留航空用油的生产规模、扩大航空用油的储备和运输。二是加大资金和赋税支持，如对用于公益性航空作业项目的进口机型降低相关赋税。三是加大对科研投资支持的力度，如了解通航市场需求，扩大通航飞机的设计生产能力，尽可能保证通航飞机的供应。

其次，为营造良好健康的通航运营环境，通航产业管理部门应积极发挥引导规范的“领头”作用，在完善法规体系和创造良好的法律保障环境等方面做出具有建设性的改革措施。要充分做好调研工作，得到合理准确的调研结果，通过探讨研究等方式尽早出台有利于通航行业发展的政策法规。除此之外，加强部门间的沟通交流，增强工作人员尽心尽职为通航服务的信念，争取国家对公益性通航作业的扶持政策，培养公益性通航作业的机队建设及实施能力，扩大通用航空机队的规模，提升通航机队的作业能力。

除了满足国内投资市场，扩大外商投资市场亦是当前重要的工作之一。合理地降低通航市场门槛，有效地简化审批程序，从而尽可能开放通航市场，引进、鼓励外商投资，拉动通航市场内需，带动通航机场、通航油料供应等相关服务企业发展，促进并完善通航行业服务化产业链。

为通航行业发展的进程中所做出的调整发展模式、落实改革措施等手段，都要体现通航的基本属性，即把交通运输工具、工农林业公益服务工具和社会应急救援服务工具三者有机结合为一体。只有实现飞行常态化，才能真正体现通航的基本属性。

低空开放正在一步步加快，相关法律、政策、规范也在制定当中，大趋势是值得肯定的，大环境正在改善。通航企业自身也需定位好发展方向，在航空器、专业人才、技术保障、市场开发方面做好准备，迎着低空开放的春风，抓住低空空域开放带来的机遇，吃透政策和国情，科学决策，力求稳步理性持续发展。

## 参考文献

[1] 吴桐水、刘志锁、王凤云，等. 中国通用航空的发展[J]. 中国民用航空，2003（2）：35–39.

[2] 房淑红. 浅谈我国发展通用航空的必要性[J]. 大众科技，2005（3）：113–113.

[3] 董念清.中国通用航空发展现状、困境及对策探析[J].北京理工大学学报（社会科学版），2014（1）：110–117.

[4] 张蕾. 加快我国通用航空发展的脚步[J].民航科技信息，2001（2）：8-11.

# 浅析竞技游泳与大众游泳和谐发展

国家体育总局游泳运动管理中心　袁昊然

**摘要：**游泳作为一个大家喜闻乐见的体育项目，在竞技游泳不断取得突破的同时，如何促进竞技游泳和全民健身协调发展，是摆在改革前沿的重要命题。本文采用文献资料法、专家访谈法，针对我国竞技体育和全民健身协调发展方向的提出，研究我国竞技游泳怎样与大众游泳和谐发展，对我国游泳事业乃至体育事业的发展起到积极的推动作用。

**关键词：**竞技游泳；大众游泳；和谐发展

## 一、前　言

### （一）概　述

自2004年雅典奥运会以来，中国游泳队在奥运会和世界锦标赛中屡创佳绩，运动成绩取得了长足的进步。与此同时，人民群众对于参与游泳健身的热情也逐步高涨。但是与众多体育人口相比，我国大众游泳健身活动的普及还远远满足不了大众的游泳健身需求。综合竞技游泳和大众游泳来看，我国还只能算是游泳大国，要想使我国成为游泳强国，处理好我国竞技游泳和大众游泳的和谐发展问题显得尤为重要。

我国把解放思想、深化改革、开拓创新、激发活力，充分发挥市场在资源配置中的决定性作用和更好发挥政府作用，加快形成有效竞争的市场格局，积极扩大体育产品和服务供给，推动体育产业成为经济转型升级的重要力量，促进群众体育与竞技体育全面发展，加快体育强国建设，不断满足人民群众日益增长的体育需求作为进一步加强中国特色社会主义建设，扩大经济体制和政治体制改革，促转型、促发展的一个重要组成部分。就此提出我国竞技游泳和全民健身协调发展的方向。

### （二）研究目的与意义

**1. 研究目的**

本文通过研究竞技游泳和大众游泳的发展现状，结合二者发展的相互关系及影响因素，对竞技游泳与大众游泳的和谐发展提出了一些可行性建议。

**2. 研究意义**

通过本文研究，充分贯彻国务院印发的《全民健身计划（2011—2015年）》，让我国游泳事业在竞技和普及方面共同发展，加快推动我国游泳事业向强国迈进，对整个体育事业的改革进展也有一定的借鉴意义。

## 二、研究内容

### （一）我国竞技游泳和大众游泳的现实状况

**1. 我国竞技游泳和大众游泳的相互关系**

竞技体育和大众体育都是体育的一种组成形式，那么对于游泳也是一样的。

（1）“平行线”现象突出。竞技游泳作为现代奥运会项目，有着特定的竞赛要求。而大众游泳则是广大人民群众参与的游泳运动，属于全民健身的范畴。大众游泳给人们的健康带来了好处，促使人们积极运动，而国际奥委会在强调更快、更高、更强的同时，也强调人的全面协调发展。所以说，竞技游泳与大众游泳存在一定的同一性，两者相互区别，又相互依存，相互补充。但就我国竞技体育与群众体育开展的现状而言，二者都是在自己的轨道中有序发展，相互融合交流的地方并不是很多。竞技游泳和大众游泳更像两条“平行线”。

（2）成绩效应对健身活动的积极影响。中国游泳队在近几届奥运会、世锦赛中成绩突出，打破了欧美集团对游泳项目的垄断地位，加上新闻媒体对游泳成绩的大力报道，让中国游泳队在群众眼前一亮。在2009年到2013年中央电视台颁发的年度体坛风云人物评选中，中国游泳队共获得了3次最佳男运动员奖和2次最佳女运动员奖，可见中国游泳队在整个中国体坛中有着重要的影响。突出的成绩也带来了大众的关注，广大群众也开始关注中国游泳队，关注游泳这项运动，并有越来越多的人喜欢游泳。可以说，竞技游泳成绩对全民健身中大众游泳的发展起到了积极的推动作用。

（3）运动员形象促进大众对游泳项目的热情。良好的运动员形象，可以使大众对游泳运动更加热情。北京奥运会以来，我国涌现了一大批在世界泳坛绽放光彩的运动员，尤其是在2012年伦敦奥运会上，孙杨和叶诗文的奥运金牌更是振奋人心。据统计，2012年伦敦奥运会后，北京游泳的培训市场也变得火爆，尤其是青少年参加的游泳培训，“追求卓越”的精神使大众对游泳项目更加热情。

（4）专业装备厂商对群众体育市场的带动。随着国家游泳队成绩的不断提高，诸多国内外游泳专业品牌，如Speedo（速比涛）、Arena（阿瑞娜）、英发等企业的业绩也得到了井喷式的发展，它们不仅为专业游泳运动员们提供高科技的游泳运动装备，也使群众游泳市场有了更大的开发空间。

### 2. 中华人民共和国竞技游泳的成长历史与快速发展的现状

中华人民共和国成立后，早在1953年，吴传玉就在第一届国际青年节中取得了100米仰泳的金牌，这也是我国第一个游泳项目的世界冠军。随后，在1957—1960年，中国涌现出了戚烈云、穆祥雄、莫国雄等蛙泳名将，他们先后5次打破100米蛙泳世界纪录，被誉为当时中国的“蛙泳三雄”。

在举国体制的带动下，在奥运争光计划的背景下，我国竞技体育取得了历史性的突破，游泳这个金牌大项也有了快速发展，无论是在奥运会还是世锦赛上，中国游泳队的金牌数和奖牌数都取得了巨大突破，奖牌榜的排名也一跃进入世界前列。中国游泳队更是采取“引进来、走出去”的发展模式，在竞技游泳方面进一步与国际接轨，加大探索创新技术的力度，加强对运动员训练的指导与监督。

如表1所示，中国游泳队自2000年悉尼奥运会以来，奖牌数明显增多，尤其到了2012年伦敦奥运会，中国游泳队取得5枚金牌、2枚银牌、3枚铜牌的历史性突破，也使得中国游泳队的金牌数和奖牌数成为仅次于美国队的世界第二，这也预示着我国竞技游泳水平已经进入了游泳大国的行列。

表1　中国游泳队自2000年以来奥运会奖牌数

| | 金 | 银 | 铜 | 奖牌数 |
|---|---|---|---|---|
| 2000年悉尼奥运会 | 0 | 0 | 0 | 0 |
| 2004年雅典奥运会 | 1 | 1 | 0 | 2 |
| 2008年北京奥运会 | 1 | 3 | 2 | 6 |
| 2012年伦敦奥运会 | 5 | 2 | 3 | 10 |

**3. 我国大众游泳的现实状况**

游泳不仅是一项参与人数众多、深受人们欢迎的健身项目，它在某些情况下还是一种必备的生存技能。人们天生是不会游泳的，所以要想进行这项运动，必须掌握这门技能，这成了很多人的目标。

（1）群众体育政策法规的日益完善。国务院对进一步加快发展体育产业，促进体育消费做出了重要指示。其实早在1993年全国体委主任会议上，我国就制定了《关于培养体育市场，加快体育产业进程的意见》，其中就提出体育要面向市场，改革思路是以市场化为主导方向。而在1995年，国务院又颁布了《全民健身计划纲要》，该《纲要》中明确指出高校体育设施要向社会开放，加强管理，提高利用率。2003年8月1日开始实行《公共文化体育设施条例》。该《条例》中提出："鼓励国家机关、学校等单位内部的文化体育设施向公众开放，提供服务可适当收取费用。"上述法规政策的推出对群众体育的发展提供了政策支持。

（2）大众游泳活动组织。游泳自古以来就是广大人民群众喜爱的运动项目之一。我国有18000千米的海岸线，有5万多条江河、86000多个湖泊和水库。陆地江、河、湖面积达20万平方千米，这些天然水域为我国广大城乡群众参与游泳活动提供了有利条件。群众游泳的形式多种多样，除了在我国大面积的天然水域和城乡游泳场馆有群众游泳健身活动外，各地陆续建立了游泳协会，游泳协会会在夏季举行面向广大游泳爱好者的公开水域游泳比赛，在冬季举办冬泳健身等娱乐活动。

（3）大众游泳的开展。随着我国经济的发展，游泳活动不再只局限于江、河、湖、海的沿岸区域，各地体育健身中心都建有标准的游泳场馆，群众游泳活动受地域的制约逐渐减弱。人们对场馆的要求也越来越高，游泳场馆也在加大投入，运营成本逐渐提高，但因为全民健身计划的实施，群众参与成本相对较低。

## （二）影响竞技游泳和大众游泳和谐发展的因素

**1. 政府对于竞技游泳和大众游泳的投入不平衡**

长期以来，举国体制是我国的竞技体育取得成功的根本保障，游泳项目作为竞技体育的基础大项，是我国奥运争光计划的一个重要组成部分。国家在游泳方面的经济投入还是以竞技游泳比赛为主，为获得奥运会、世锦赛的游泳金牌，国家不惜投入大量人力、物力和财力。而在大众游泳方面，随着各地政府的经济条件转好，虽然在改善全民健身场馆方面的投入有所增加，但在项目开展方面还主要依靠民间社团组织，也就是当地游泳协会通过寻求社会赞助来获得少量经费，政府部门对大众体育的经济投入相比竞技体育显得非常不平衡。这一方面是因为我国整个经济基础还没有达到发达国家水平，无法在经济上过多投入；另一方面是因为人们还没有完全认识到全民健身的重要性。

**2. 举国体制对竞技游泳和大众游泳的影响**

从中华人民共和国成立时体育百废待兴，到北京奥运会和残奥会高居金牌榜首位，中国的竞技体育从基础差、底子薄到跃升至世界前列，举国体制发挥了重要作用。举国体制是中国集中有限的人力、财力和物力，最大限度地调动各方面的积极性，有效配置全国的竞技体育资源，形成业余体校、体育运动学校、优秀运动队为基础的三级训练网，培养“专业运动员”。游泳项目作为奥运金牌大项，更是受到国家的重视。正是因为国家将大量精力放在了竞技游泳的发展上，才忽视了大众游泳的发展。

举国体制给我国带来了大量的奖牌，但在某种程度上又影响了全民健身计划的发展。如何利用好举国体制，体育制度改革变得尤为重要。

**3. 场地制约了大众游泳的开展**

国家为专业队训练建设了最好的游泳馆，却无法保证广大群众的游泳健身场地。虽然大众游泳形式多样，但在江、河、湖、海中游泳还是给人们带来了安全隐患。据教育部门统计，广东省中小学生非正常死亡人数中溺水和交通事故占60%以上。也就是说每年广东省有数百名中小学生因溺水而身亡。社区健身场所中没有足够多的游泳场所，让很多家长不放心自己的孩子去学游泳，担心户外游泳存在安全隐患，制约了大众游泳的开展。

## （三）竞技游泳和大众游泳和谐发展的建议

### 1. 以竞技游泳带动大众游泳

竞技体育有促进社会大众参与体育的功能。优秀运动员在竞技赛场上表现的力与美的结合、勇与智的对抗、高超的技艺及顽强的意志，都会作为光辉的榜样和成功的范例而吸引更多的青少年参加体育活动。围绕奥运会和一些世界级的重大竞技体育比赛，以及全运会，都会出现群众参与体育活动的高潮。

竞技体育大赛结束后，留下的体育健身资源，也给当地群众体育发展奠定了物质基础。北京奥运会、上海游泳世锦赛及在黄山、日照等地举办的全国游泳锦标赛都在各地留下了高水平的游泳场馆，这些场馆的开放，也让当地游泳爱好者们能近距离地感受大型比赛的氛围，提高群众对游泳的兴趣。一般来讲，拥有标准游泳比赛场馆的地区大众游泳健身市场都比较发达，群众参与游泳的积极性也较高，这些场馆在为群众提供更多运动场地的同时，也为这座城市带来了游泳运动的文化，让当地人们都能重视游泳，喜欢游泳。这也给政府部门带来了启示，可以让全国性的游泳比赛走入更多城市和地区，让全国游泳健身市场均衡发展。

### 2. 大众游泳是竞技游泳发展的基础

无论是奥运会冠军还是世界冠军，所有的竞技游泳运动员都是从大众游泳开始一步步走过来的。大众游泳开展得好坏，直接影响竞技游泳发展的走向。正如顾拜旦所说，为吸引100个人参加体育锻炼，必须有50个人从事运动；为吸引50个人从事运动，必须有20个人接受专门训练；为了吸引20个人接受专门训练，必须有5个人具备创造非凡成绩的能力。所以，抓好大众游泳发展，也是在抓竞技游泳发展的基础。中国竞技体育的优势要继续保持，必须要有坚实的塔基，这个坚实的塔基，就是大众体育。

**3. 深化教育体制改革，加快教育体制改革步伐，使学校体育发挥应有作用**

教育体制改革是国家未来发展的需要，是加快实现教育基本现代化的需要，也是培养年轻人素质的全面发展、培养创新能力的需要。学校体育作为教育的一个组成部分，也一定是民族振兴和社会进步的基石，也一定是人才强国战略中必不可少的一部分，也一定是实现教育现代化的一个不能忽视的方面。在中小学推进体育项目进校园，大力推行体育项目传统校建设，是促进我国未来竞技体育和全民健身和谐发展的基本保障，对于游泳项目来说亦是如此。

此外，利用高等学校良好的体育设施、高水平的师资力量和多学科的科研力量，大力推进高校高水平游泳队建设，一方面可以加强培养，向着竞技体育方向发展，争金夺银。另一方面，借助于高校的教育和科研优势，培养优秀的游泳师资力量，为将来大众游泳的发展做出贡献。

**4. 加快游泳项目市场化运作，催生高水平俱乐部**

改革开放后，社会主义市场经济的形成与发展，也在体育领域引起了新的变化。市场经济影响着体育领域的各个方面，游泳运动作为奥运金牌大户，又是全民健身中参与性极高的社会项目，也不断催生了新的发展趋势。游泳市场有不同的组成形式，如在竞技游泳方面，有游泳竞赛市场、游泳明星开发市场等；而在大众游泳方面，有培训市场、用品市场、场馆市场等。

由于游泳运动的项目特点及我国体育体制建设，游泳俱乐部在我国发展一直比较缓慢。随着我国社会经济的转型，又出台了《关于加快发展体育产业促进体育消费的若干意见》，这对游泳市场化运作有积极作用。促进体育消费，进一步加快发展体育产业，在市场经济的环境下也会催生既能够培养世界冠军又能服务全民健身的高水平俱乐部。

## 参考文献

[1] 卢元镇，张新萍，周传志.2008年后中国体育改革与发展的理论准备[J].体育学刊，2008，15（2）：1-6.
[2] 全国体育院校教材委员会.运动训练学[M].北京：人民体育出版社，1990.
[3] 高虹.北京奥运会后竞技体育和大众体育的走向问题——东京奥运会后日本体育发展道路的启示[J].山东体育学院学报，2008，24（8）：19-21.
[4] 许琦. 中国竞技游泳的现状及发展对策 [J]. 西安体育学院学报，2001，18（1）：78-80.
[5] 孙科，杜成革.中国竞技体育的发展模式及其变革走向[J].体育学刊，2012，19（1）：20-24.
[6] 张悦. 我国高校高水平游泳队培养现状研究与分析[D].上海：上海体育学院，2013.
[7] 刘东锋. 对我国单项运动协会实体化改革演进的思考[J].体育学刊，2008，15（9）：21-25.
[8] 刘志成.我国城市社区全民健身公共服务体系构建研究[J].体育与科学，2012，33（4）：75-80.
[9] 陆毅强. 北京市儿童少年业余游泳俱乐部发展现状与改革思路[D].北京：北京体育大学，2004.
[10] 慕润宽，崔彩云. 后奥运时期我国竞技体育与全民健身运动协调发展的分析[J]. 西安体育学院学报，2010，27（5）：544-547.

# 深化科技体制改革
# 加快我国体育科技创新

国家体育总局体育科学研究所　徐建方

**摘要：** 本文结合贯彻落实十八届三中全会《中共中央关于全面深化改革若干重大问题的决定》的精神、我国科技体制和我国体育科技体制的现状，在全面回顾科技体制改革历程和总结我国科技体制存在问题的基础上，提出当前深化科技体制改革，加快我国体育科技创新的举措，以期为我国体育科技体制改革提供参考，促进我国体育事业的发展。

**关键词：** 科技；体制改革；科技创新

科技实力是一个国家国力的重要象征，它在很大程度上代表了国家的综合实力。从人类历史的发展进程来看，一个国家的兴衰成败与其科技实力的发展程度是息息相关的，而事关科技进步的一个非常重要的问题是科技体制问题。正如生产力与生产关系的相互关系，先进的、适宜的科技体制对科技的进步是具有正向推动作用，而落后的、不适宜的科技体制则会束缚科技的创新、阻碍科技的进步。

为实现2020年全面建设小康社会的宏伟目标，不适应经济、政治、文化、社会和生态发展的各种落后的机制和体制必须要打破重建，特别是随着我国各行各业改革的进一步深入，党中央更是高瞻远瞩，深刻认识到全面改革的必要性和重要性，在十八届三中全会后颁布了《中共中央关于全面深化改革若干重大问题的决定》（以下简称《决定》），进一步要求要在新的历史起点上全面深化改革。

因此，在这种大背景下，科技体制改革再次被提上日程。《决定》的第13条非常明确地指出了科技体制改革的方向、目标和方法。强调深化科技体制改革就是要促进科技与经济社会发展紧密结合；强调政府对科技资源的整合，对战略性、前瞻性、基础性的科学研究和具有共性的技术研究的支持机制进一步完善；要充分发挥市场对技术创新要素配置的导向作用，强化企业在技术创新中的主体地位，创新产、学、研三结合机制；完善原始创新、集成创新、引进消化吸收再创新的体制机制；加强知识产权的保护，健全技术创新激励和成果机制。

深化科技体制改革需要将《中共中央国务院关于深化科技体制 改革加快国家创新体系建设的意见》和党中央十八届三中全会精神紧密结合，在改革的进程中贯彻落实，突出重点、抓主要问题（主要矛盾）、稳扎稳打、有序推进。

在论述科技体制改革时，首先要理清科学、技术及科技体制的概念，才能真正把握事物的本质，切实认清科技体制改革的内涵，以实事求是的态度来推进我国科技体制的改革和发展。

科学就是整理事实，从中发现规律，得出结论，其本源在于认识客观世界；科学具有真理性、可检验性、系统性和主体实际性。技术在于利用、改造自然来造福人类，具有功利性、社会性、经济性和应用性。而科技体制是科学技术活动的组织体系和管理制度的总称，包括组织结构、运行机制和管理原则等。

科技体制改革的根本目的在于破除束缚、解放生产力、提高创新能力，但由于科学和技术的内涵具有巨大差异，因此在深化科技体制改革、谋划相应配套政策措施时需要按事物的发展规律办事。

本文在对我国科技体制改革历史进程进行回顾的基础上，结合当前科技体制中所存在的问题，探讨深化科技体制改革、加快我国体育科技创新的举措。

## 一、我国科技体制改革的历史进程

自1949年中华人民共和国成立后，我国的各项事业都进入了全新的发展阶段，可谓是百废待兴，科技事业也进入一个历史性的崭新阶段。我国科技体制在20世纪50年代，基本照搬苏联模式，“按计划”分配科研任务，不得不承认当时的国家创新体系是有利于国家在短时间内集中全国的力量去完成一些特定的战略目标的，这与当时国家的计划经济体系是相适应的。但是，“按计划”分配科研任务不可能为创新的打破常规和不确定性提供必要的环境，加之“条块分割”的管理体制使得创新基本行为人之间的横向联系被阻隔，严重束缚我国科技事业的创新发展。

1978年后，科技工作受到各级领导的高度重视，同时科技体制的改革再次被深入讨论。通常，按我国经济和科技事业的发展划分，从1978年开始我国科技体制改革经历了以下4个阶段：

第一阶段的关键词是“休养生息”，即1978年至1985年。1978年3月召开的科技界6000人大会制定了《八年规划纲要》，以“全面安排、突出重点”作为科技事业的总方针，以农业、能源、材料、电子计算机、激光、空间、高能物理、遗传工程等8个方面为重点发展领域，并确定108个重点研究项目。但是囿于当时的条件和认识，《八年规划纲要》没有对我国科技体制做出具体的改革措施，主要是对科技体制改革的方向进行摸索。

第二阶段的关键词是“拨款制度改革”，即1985年至1995

年。这一阶段主要是进一步放活技术市场和科研机构。1985年3月发布的《关于科学技术体制改革的决定》对科学技术体系本身提出了改革的要求，并将其作为这一阶段科技体制改革的重点。原有技术创新与产业应用之间存在着严重的脱节，技术成果的无偿转移，以及"大锅饭"现象的科研，这些必然会严重阻碍科技的发展。《关于科学技术体制改革的决定》对财政拨款提出明确规定，即科技拨款要按照科技活动类型的特点实行经费分类制管理，且中央财政和地方财政的拨款增长速度应高于财政经常性收入的增长速度，明确区分技术类和基础类。

第三阶段的关键词是"科教兴国"，即1995年至2006年。1995年《中共中央国务院关于加速科学技术进步的决定》正式颁布，将"科教兴国"提高到了战略的高度，通过调整科技系统结构改善科技与经济需求脱节的状况，以推动产、学、研三结合作为深化科技体制改革的重点。同时1996年《中华人民共和国促进科技成果转化法》和1999年《关于促进科技成果转化的若干规定》的颁布则进一步从法律和政策的层面上为深化科技体制改革、加快科技进步提供保障。

第四阶段的关键词是"国家创新体系"，即2006年至今，国家大力鼓励自主创新和建设国家创新体系。《国家中长期科学和技术发展规划纲要（2006—2020年）》（以下简称《纲要》）确定了"自主创新，重点跨越，支撑发展，引领未来"的发展方略，支持和鼓励企业成为技术创新的主体，深化科研机构改革，推进科技管理体制改革，全面构建中国特色国家创新体系。《纲要》更是强调我国要立于世界之林，必须依靠加强自主创新。

为加快推进创新型国家建设，提高创新能力，全面贯彻落实《纲要》精神，真正体现科技对经济社会发展的引领作用，中共中央国务院于2012年9月23日专门就深化科技体制改革、加快国家创新体系建设发布了《关于深化科技体制改革 加快国家创新体系建设的意见》，指出在当今世界高速发展之际，我国科技发展既面临着重要的战略机遇，又面临着严峻的挑战。面对新形势、新要求，我国科技的自主创新能力明显落后，科技体制与经济社会发展需求相对于我国的大国地位，乃至强国对科技之需都显得不相适应，因此，抓住历史机遇大幅度提升自主创新能力，调整和优化结构，才能实现全社会创造活力的激发，才能把创新驱动落到实处。

## 二、当前我国科技体制中存在的问题

改革开放以来，我国科技体制和创新体系建设取得了较大的发展，科技体制改革确实极大地调动了广大科技人员的积极性和创造性，促进了我国科技事业的发展。但我国科技创新能力仍然不能满足当前的经济社会发展需要，科技创新体系仍然不能满足社会主义市场经济的需要。

### （一）国家宏观层面的科技体制战略性不足

我国科技体制改革虽然进行了三十多年，但是一直以科研院所和高校的改革为重点，而从国家宏观层面来看，科技体制自始至终都没有发生根本性变化。一直以来都是“重微观、轻宏观”，虽然在历次科技体制改革的文件中都提到了宏观层面的目标与战略，但是始终缺乏科技工作宏观管理的顶层设计，全社会科技资源没有形成有利的集成，国家整体战略性不够。

### （二）多头交叉与过度行政化的管理体制制约科技的发展

我国科技经常性工作涉及部门多达20个，科技宏观管理职能被分解在多个政府部门，以及相关部委的科技管理部门，部门之间缺乏沟通，常常形成机构重叠、多头交叉、封闭运转等问题。同时科技资源配置过度行政化，必然会导致大量的“越位”“官本位”“潜规则”“重量轻质”等现象的发生，科研项目的分散、重复、封闭、低效等问题不可避免地凸显出来，也就完全反映出了政府拥有创新资源分配的垄断权。另外，科技的“人治”态势明显，即科技组织、科研机构、科学计划，以及科技人员都依赖、取决于各级政府，这严重违背了科技自身发展规律和科技的多样性。

### （三）科技成果评价体系不完善且监督体系缺失严重

受社会风气及急功近利思想的影响，论文至上、看重科研项目和科研论文的数量、忽视应用、科研工作脱离实践需求，以及“学而优则仕”的社会价值观都深入科技人员的各阶层。不合理的科技评价体系及缺失的监督体系导致学风浮躁、学术腐败现象严重，无论是高校教师还是科研院所都在一定程度上脱离社会需要，只是为了项目而做项目、为了发表论文而写论文。科研诚信和创新体系建设薄弱，科技人员的积极性和创造力受到严重的束缚。权威、独立、中立的科技评估机构缺乏，导致科技项目的申报、立项、实施、完成、考核、应用都没有得到严格的监督和科学、真实的评估。

### （四）产、学、研三结合的技术创新体系尚未形成

促进我国科技事业发展的各类意见和纲要虽然一直都在确立企业在创新建设中的主体地位，一直在大力推行产、学、研三结合，但是到目前为止，企业技术创新主体地位没有真正确立，产、学、研结合不够紧密，引进技术占比高、原创性科技成果较少，关键技术和核心技术自给率较低，有些行业完全依赖国外。

仍然有很多科研机构没能走入市场去了解实情，没能正确把握市场需求为企业提供必要的科技产品。

导致我国产、学、研结合情况不好的因素主要是缺乏持续稳定的战略层次合作、深入社会实践的合作、技术创新链的合作及对责、权、利界定不清和不完善的法治环境。

### （五）“市场导向”导致基础科研与技术研发的发展失调

市场经济过分强调“市场导向”在一定程度上导致“政府缺位、重视技术、忽视科学”的现象大量发生。混淆科学与技术的概念，一味宣扬和强调技术的生产力功能和市场导向作用，不能有效区分科研活动的类型差异，不顾基础研究自由探索的特点，将科学和技术两者一刀切，国家基础研究经费占比较少，导致基础研究领域得不到长期、有力的支持，整体水平落后。

## 三、深化科技体制改革，加快我国体育科技创新的举措

在当前全面深化改革的时代潮流下，深化科技体制改革、加快我国体育科技创新的基本原则是要有战略思维，体育科技必须面向体育运动发展，全面深化体育科技体制的改革，理顺体育科技管理体系，优化科技资源配置，全面分析体育科技体制改革中的突出问题并提出相应对策，真正发挥科技的支撑和引领作用。

在当前经济新常态和社会新常态下，针对体育科技战略定位不清、创新性研究缺乏、研究水平低下、研究不平衡、国际竞争力不够等问题，提出以下六点建议。

## （一）落实发展体育运动、增强人民体质的整体战略

长期以来，我国体育科技界并没有清晰明确地提出我国体育科技的国家发展战略，导致在国家科技创新方向、重点、主体及相关的科技产业等政策方面的缺失。建议由中国体育科学学会和国家体育总局科教司共同组织全国各方面的专家成立国家体育科技事业研究与发展委员会。该专家委员会要去行政化，专家成员除体育行业专家外，需要吸纳体育相关行业，如医学、生物学、工程学、信息学、经济学、社会学、法学、材料学、力学等方面的顶尖人才，为我国体育事业提供科技发展战略和科技政策方面的决策咨询，在重大科学技术问题和发展方向的选择、布局等方面发挥实质性作用，为体育行业人才培养提供策略咨询，并参与科技计划与项目执行过程的监督。在专家委员会的指导下真正落实发展体育运动、增强人民体质的整体战略。

## （二）明确政府定位，精政、放权

科技体制改革的其中一个关键问题在于政府如何定位，即政府在科技创新过程中应担当什么样的角色，应发挥怎样的作用，应该怎么样去发挥这些作用。也就是说在科技体制改革中政府不能出现错位、越位和缺位，必须是有所为和有所不为的，在整个科技管理中必须要明确“我是谁？能干嘛？怎么干？”。这些不仅适用于我国的科技体制改革，同样符合体育科技的要求。特别是在国务院发布《关于加快发展体育产业　促进体育消费的若干意见》后，更应该在该文件精神的指导下精政、放权，对体育科技工作不应管得过多、管得过细，要适应新形势下体育整体事业的发展需要，紧紧抓住《关于加快发展体育产业　促进体育消费的若干意见》中需要突破的关键点去落实科技政策，充分发挥第

一条所说的委员会的作用，为体育科技事业的发展创造良好的环境，形成一个创新驱动发展的新局面。

## （三）完善体育科技创新的法律体系和制度建设

根据营造体育科技事业全面可持续发展环境的需要和全面贯彻落实党中央十八届四中全会的“全面推进法治社会建设”精神的需要，加强立法在体育科技发展中的重要地位。要通过立法、制定及完善相应的规章制度，维护体育科技活动的正常秩序。特别是对知识产权的所有权、收益权、使用权和交易权的保护，从科技项目申报、实施、结项到成果推广的各个层面去保护相关单位和人员的合法权益。

体育科技管理工作由“人治”发展到“法治”，制定科技人员行为准则和规范，着力提升科技人员的科研诚信，引导科技人员形成严格自律的基本准则。

## （四）充分发挥市场机制，打造创新、开放的竞争环境

贯彻落实党中央十八大精神，要充分认识、发挥市场在资源配置中的作用。在科技创新国家建设过程中，政府应是科技创新的保护者，因此，就需要相关行政管理部门无论是科技项目的立项、招标，还是征求科技需求重大意见时，一定要充分发挥市场配置资源的优势，创造创新、开放的竞争环境，充分吸纳各方面的意见建议、各方面的优秀人才和具有前瞻性的创新观点及研究热点。相关管理部门要加强科技基础条件建设，为科技创新提供环境，让所有创新者都有动力和条件从事各种创新活动。

### （五）充分发挥科研机构和相关院校的业务引领作用

这里要说的是发展我国体育科技事业到底依靠谁的问题。毋庸置疑，专业科研机构和相关院校拥有得天独厚的知识优势和人才储备，需要让两者紧密结合、协同作战，发挥互补、共赢的作用，建立开放、流动、竞争、协作的运行机制，充分发挥和利用科研机构和相关院校的科技资源。对科研机构和相关院校的投入主要是加强其实验室建设、人才培养、学科建设，并以各类计划的形式对其进行长期的科技项目支持，充分发挥其业务引领作用的同时，加强对其科技成果的考核与评估。

### （六）健全体育科技奖励和惩罚机制

杜绝“吃大锅饭”、干多干少都一样、奥运成绩与我无关、科技成果好坏无标准与等级的各类不良现象，建立完善的考核评估机制，注重创新质量和实际贡献，制定导向明确、激励与约束并重、奖惩分明的评价标准和办法，一定要形成良性互动，既要肯定成绩，也必须有惩罚措施，创新研究成果在完善的评估体系中能得到合理的肯定并获得相应的奖励，以激励更多的人热情地投入科技创新活动。

## 参考文献

[1] 中共中央. 中共中央关于全面深化改革若干重大问题的决定[Z]. 2013-11-15.

[2] 中共中央，国务院. 中共中央国务院关于深化科技体制改革　加快国家创新体系建设的意见[Z]. 2012-09-23.

[3] 方新，柳卸林. 我国科技体制改革的回顾及展望[J]. 求是，2004（5）：43-45.

[4] 寇宗来. 中国科技体制改革三十年[J]. 世界经济文汇，2008（1）：77–92.
[5] 黄涛. 中国科技体制改革面临六大突出问题[J]. 科技导报，2010，28（2）：118–119.
[6] 邓心安，王世杰.现代科技管理[M]. 北京：经济管理出版社，2002.

# 试析境外教师在健身气功国际化传播中的功能与作用

国家体育总局健身气功管理中心　王建军

**摘要：**2013年12月，习近平总书记在中央政治局第十二次集体学习时指出，提高国家文化软实力，关系到我国在世界文化格局中的定位，关系到我国国际地位和国际影响力，关系到“两个一百年”奋斗目标和中华民族伟大复兴中国梦的实现。习近平总书记强调，现在国际舆论格局总体是西强我弱，我们往往有理说不出，或者说了传不开。要着力推进国际传播能力建设，创新对外宣传方式，增强对外话语的创造力、感召力、公信力。健身气功是以自身形体活动、呼吸吐纳、心理调节相结合为主要运动形式的民族传统体育项目，是中华悠久文化的重要组成部分。健身气功是优化人体生命运动的一门学问，不仅是祛病延年的养生术，是中医学的重要基础和精髓，是治学修身的重要内容，也是探索人类生命科学的重要途径与手段。从某种意义上讲，健身气功涵盖了中华民族全部古代文化，与儒、释、道、武、医等诸家均有深厚渊源。健身气功自身的健康性、文化性和群众性特点，使之成为中华文化走向世界的最佳载体之一。健身气功国际化传播中，境外健身气功教师作为连接中国与世界的桥梁与纽带，是健身气功乃至中华文化的代表。本文从培养境外健身气功教师为突破口，论证建立国际注册健身气功师认证体系，最大限度发挥其关键作用，化解文化隔阂与传播障碍，推动健身气功修学体系建立，实现健身气功乃至中华文化在国际上的可持续传播。

**关键词**：健身气功；国际化；传播

## 一、健身气功国际传播现状及存在的主要问题

### （一）基本情况

传播是信息和知识在时间和空间中双向且互动的流动和变化。作为中华优秀文化典型代表，健身气功源于中国，属于世界。截至目前，健身气功已经传播到五大洲40多个国家和地区，直接受众达16万人次。2012年成立的国际健身气功联合会包括上述地区的74个会员组织。健身气功境外习练人口超过150万，在国际上方兴未艾。

### （二）主要问题

健身气功国际传播中面临三方面问题：一是习练人口数量与中国文化“走出去”的要求远不相适应。二是推广国家和地区数量需要进一步增加。三是还没有完全做到“影响有影响力的人”，实力相对较弱，没有广泛进入西方主流社会。

### （三）制约因素

首先是境外民众文化背景不同，难以深入理解健身气功的内涵。其次，以健身气功技术和理论为核心内容，以中医养生康复和中国传统文化为两大支撑的修学体系尚未完全建成。最后，境外健身气功师资队伍作为关键力量尚不能满足项目发展需要。

## 二、境外教师在健身气功国际传播中的功能和作用

### （一）境外健身气功教师概况

#### 1. 境外健身气功教师定义

境外健身气功教师（以下简称“外教”），指专门以传播健身气功为生或作为重要生活来源的非境内人士或外国人（含在华工作和生活者）。

#### 2. 境外健身气功教师组成

该群体的组成人员远超体育范畴，目前由国际健身气功联合会会员协会负责人、相关合作组织负责人、养生教室教练、自然疗法诊所医生、体育俱乐部从业者、专业教师及其他学习、研究且传授健身气功的人士组成。健身气功准入门槛低、内容丰富、效果全面，健身气功外教具有开放性和包容性，将吸引更多各界人士加入。

#### 3. 境外健身气功教师现状

正式的外教专门培训始于2011年12月在京举办的首期健身气功国际培训班。该培训班有来自31个国家和地区的124人参加。至今，健身气功管理中心已用中国健身气功协会和国际健身气功联合会名义在美国、加拿大、日本、英国、比利时、法国、新加坡等国家举办多期国家级培训班，人数规模约数百人。举办洲际师资培训班8期，其中欧洲153人次，北美149人次，南美38人次，非洲22人次，亚太地区123人次。根据现有人口基数和发展前景预测，其数量应有巨大增长空间。

## （二）境外健身气功教师特点

**1. 当地推广健身气功的技术权威**

外教大多处于当地健身养生界金字塔的塔尖地位，均有固定的徒弟、学生、患者或会员追随，其人数有十几人、几十人不等，社团辐射人口多者数以万计。典型者如印度尼西亚的廖展远（约90万人）、巴西的托马斯·陈（十几万人）、加拿大的陈素军（约4万人），法国的柯文、比利时的皮埃尔和苔丝夫妇、日本的津村乔和张玉松、美国的李书东等外教辐射人口均超过万人。

**2. 中外文化交流的重要桥梁**

所有的文化交流都是建立在文化规范、规则，以及这些文化规范和规则的个人价值标准上的传播行为。有时来自不同文化的人的规范和价值标准会产生冲突，从而使他们很难相互理解。外教的先天遗传或后天学习使之能够横跨不同文化，成为互联互通的桥梁与纽带。外教能了解本地人文化和个性化需求，消除文化差异和语言差异造成的壁垒，提高传播效率。同时，他们利用良好的人际关系和市场经验，贴近本地市场，拓宽传播渠道，降低传播成本。

**3. 公共外交事业的依托力量**

外教在当地各界人士中人脉资源雄厚，外交价值和潜力巨大。2010年4月，在康宝荣、刘夫容推动下，新加坡总理公署政务部长王志豪率体育代表团来华访问考察调研并以国家力量推广健身气功。2012年，纽约的陈思坦通过学员助力健身气功走进联合国总部。比利时的皮埃尔推介健身气功进入欧盟总部，2014年7月，他承办的欧洲健身气功运动会有16个国家、43个代表队的200多名运动员参加，并有大规模健身气功展示。外教起到了与当地政府及社会各界沟通联络、组织协调、宣传推介等重要作用。

## （三）境外健身气功教师的功能与作用

### 1. 人际传播中的舆论领袖

作为导师的外教大多在健身养生领域中被公认为见多识广，具有专业能力；比一般受众更多地接触并获取各种信息，更多地接触当地群体之外的有关部分； 在健身气功领域内，扮演着群体其他成员的信息来源和领导者的角色。他们能够拥有第一手资料，传播中能够增加现场感，因此其表达易于与受众产生共鸣。名人效应和粉丝效应是外教作为舆论领袖的追求与成功标志。

### 2. 组织传播中的核心人员

新闻学者魏永征把组织传播定义为某个组织凭借组织和系统的力量所进行的有领导、有秩序、有目的的信息传播活动。组织就是有序化的人群。外教能够依靠其团体通过人际沟通、信息分发、会议和内部学习、内部培训等方式高效完成传播活动并能组织大型活动。2013年，旨在树立正面形象，挤压“法轮功”邪教生存空间的首届国际健身气功科学论坛在纽约举办，400多名与会者大多由当地外教组织而来。

### 3. 大众传播中的最佳推手

为实现自我发展，外教必须扩大自身和健身气功的知名度和影响力。在开展健身气功教学和推广活动中，他们自觉运用博客、微博、微信、网站等自媒体，在社交网络上发布信息，在圈子中推介活动，还积极邀请报纸、广播电台和电视台对健身气功给予正面报道。在外教的努力下，以美联社、纽约时报、南德意志报、星岛日报、华商报、爱沙尼亚国家电视台等为代表的大众传媒对健身气功给予了大量宣传。

**4. 信息传播中的双向把关人**

外教拥有大量健身气功信息，并有效控制信息的流通。他们能够从政治因素、法律因素、社会文化因素、学员受众因素等多方面保障传播的良性互动，扩大传播效果。截至目前，健身气功境外传播中没有遇到政治阻力，没有遇到敌对势力干扰，没有受到“法轮功”邪教破坏，外教在传播中的把关起到了重要作用。

## 三、境外健身气功教师资格认证体系构想

### （一）目的与意义

**1. 完善对外推广体系**

本体系拟命名为国际注册健身气功师认证体系，建立本体系需要成立健身气功、中医、哲学、管理学专家队伍，选编、确定培训教材及课程，选取、确定外教队伍名单。通过这个“以一带三”的系统工程，完善健身气功对外传播体系。

**2. 构建外教培养制度**

对外教的培训将以健身气功为中心内容，从健康的、哲理的、文化的、人文的、心灵的多方面、多角度进行。以人为本，侧重学员健身气功的功法、理论和教学能力，提高学员哲学和文化修养，使其掌握运动处方和理疗技能，成为学员的身心管理师。

### （二）内容与架构

**1. 培训分级**

为满足不同阶段培养任务，认定外教能力水平，培训分为初级、中级、高级。外教获得认证后将作为国际健身气功联合会注

册教练员在全世界开展相应级别、内容的教学活动。

**2. 培训特色**

按照由易到难的顺序，逐步加深内容的难度和广度。专题讲座和通识教育相结合，集中培训和远程教育相结合，专家授课与双向互动相结合，课堂学习与教学实习相结合。

**3. 课程安排**

（1）初级班（300小时）。掌握九种健身气功功法的技术要领，动作准确规范。掌握功法的技术教学方法，掌握健身气功礼仪的操作和文化内涵。掌握中医经络腧穴知识，并能结合技术动作讲解动作与经络腧穴的关系。学习引导推拿按摩基本常识和基础手法。学习掌握健身气功解剖学知识，掌握规范教学术语和相应外文词汇。掌握健身气功国际段位的组织、考核知识，懂得健身气功相关政策。

（2）中级班（400小时）。能够用熟练、规范的外语进行独立技术授课。掌握健身气功各功法的理论知识，包括功法源流、特点、效果。掌握中医脏腑理论，结合各功法教学合理运用。学习中医养生知识及练养结合、饮食调养、情绪管理等东方文化智慧。学习掌握养生保健、推拿按摩实用技术。学习掌握传统文化，包括儒、释、道核心思想，养生理念及生活方式与健身气功的关系，指导学员建立科学生活方式。

（3）高级班（300小时）。进一步提高教学能力，完善各方面理论修养。掌握健身气功养生康复运动处方理论与方法，针对常见慢性病制订处方并指导实施，学习掌握康复推拿按摩理论与方法，对高血压、糖尿病、肥胖症和各种亚健康症状给予缓解或消除。通过上述各项学习与培训，达到“气功理疗师”水平。组织科学研究，扩大国际影响力。宣传健身气功效果，弘扬中华养生文化。

### （三）构建与实施

首先采用指定、推荐和招聘等方式选择相关领域专家组成教学团队。其次，专家团队组成项目部，撰写教学大纲，研究确定课程内容、课时分配，完成教材汇编工作。最后，研究并确定各科目评价标准，制定考核体系。同时采用置顶、推荐和自由报名相结合的方式，审核确定注册教练员学员名单。制订国际注册健身气功师管理办法，报批通过后颁布实施。

## 四、健身气功外教塑造中国国家形象

### （一）自觉致力于增强中华文化感召力

德国奥登堡大学教授博约翰曾指出，健身气功有三个作用。第一，习练健身气功可以健身养生从而提高免疫力，达到治未病的目的。第二，可以缓解亚健康症状，协助某些慢性病甚至疑难病的治疗和愈后的康复，增进健康水平。第三，健身气功承载的中华文化，使自己获得了东方的智慧，提升了人生境界。外教们自身都是受益者，不但身心健康，而且高水平者经济收入也会逐步提高，受到学员和民众的尊敬。这将会促使他们自觉地扩大健身气功传播，从而在传播健康与幸福的过程中，增强中华文化的感召力。

### （二）大力宣传当代中国的发展情况

外教是健身气功“走出去”和“请进来”的重点人群。他们与中国的交往极其密切，这就使他们对中国的了解远远超过境外普通人。习近平总书记指出，当代中国是历史中国的延续和发展，当代中国思想文化也是中国传统思想文化的传承和升华，要认识今天的中国、今天的中国人，就要深入了解中国的文化血脉，准确把握滋养中国人的文化土壤。外教恰恰是中国传统思想文化的受益者和领悟者，是当代的中国和中国人培养了他们。外教大力宣传当代中国是毋庸置疑的。

### （三）号召民众增加对中国道路的认同感

中国曾经长期雄踞世界民族之林，中国道路孕育了高度发展的生产力、社会制度和灿烂辉煌的中华文化。中华优秀文化是中华民族突出的优势，是我们最深厚的软实力。在中国特色社会主义道路、理论和制度已经确立并焕发勃勃生机的今天，我们传播的是中国的新文化。外教所学习、掌握、受益并积极传播的，就是中华民族伟大复兴中得到继承并发展的新文化。外教发挥其独特作用，把健身气功以身心健康与和谐幸福载体的方式传播，让国际民众在身心获益过程中产生兴趣，认同中华文化价值观，最终自然而然地对中国道路产生认同感。

## 五、小　结

在中国文化走向世界的历程中，有三个外国人发挥了不可替代的重要作用。13世纪，意大利旅行家马可·波罗的《马可·波罗游记》，直接或间接地开辟了中西方直接联系和接触的新时代，激发了欧洲人此后几个世纪的东方情结。许多人开始涌向东方，学习东方，以致欧洲经历了翻天覆地的变革。20世纪30年代，美国记者埃德加·斯诺的《西行漫记》，探求了中国革命发生的背景、发展的原因，描绘了中国共产党人和红军战士坚韧不拔的意志、英勇卓绝的伟大斗争，以及他们的领袖人物的伟大而平凡的精神风貌。这本轰动世界的著作发现了“活的中国”，也向世界展示了中国共产党领导的中国道路，标志着西方对中国的了解进入了一个新时代。英国的李约瑟所著《中国科学技术史》是第一部以系统翔实的资料全面介绍中国科学技术发展过程的鸿篇巨著，不但介绍了中国科技的辉煌成就，更以李约瑟难题为中国和世界留下了深刻的思索。外教和上述三人具有诸多相同特点。当今科技高度发达，整个世界已经成为“地球村”。中国正处于伟大复兴的关键时期，如果我们科学培养并正确引导，众多的外教们将在塑造中国形象、传播中国文化、协助中华民族复兴事业中有大作为，发挥其独特而重要的历史作用。

## 参考文献


[1] 中共中央宣传部. 习近平总书记系列重要讲话读本[M].北京：学习出版社，2014：102-105.

[2] 毛泽东.毛泽东选集：第二卷[M].北京：人民出版社，1952：695.

[3] 陈力丹，陈俊妮. 传播学纲要[M].北京：中国人民大学出版社，2014：2-3.

[4] 杭孝平. 传播学概论[M]. 北京：中国书籍出版社，2012：72-75.

[5] R.韦尔德伯尔，K.韦尔德伯尔，赛尔诺.传播学[M].周黎明，译.北京：中国人民大学出版社，2013：70.

[6] 李卫东. 组织传播行为[M].武汉：华中科技大学出版社，2012：60.

[7] 程曼丽，王维佳. 对外传播及其效果研究[M].北京：北京大学出版社，2011：55.

[8] 郭光华，侯迎忠. 对外传播理论与实务论集——基于全球化的视野[M].北京：人民出版社，2013：100.

[9] 胡木，关来顺. 国际传播论文集[M].北京：中国国际广播出版社，2012：702.

# 关于推进我国滑水项目发展的几点思考

国家体育总局湛江潜水运动学校　莫东松

**摘要：** 滑水运动项目是国际奥林匹克运动委员会正式承认的运动项目。作为一项欣赏价值极高、商业活动资源丰富的水上非奥运会比赛项目，有着广泛的群众基础和良好的发展前景。由于我国奥运战略的调整，1993年全运会以后，滑水项目作为非奥项目退出全运会正式比赛。这就导致这一项目技术水平急速下滑，项目发展举步维艰。2014年10月下旬，国务院发布《关于加快发展体育产业促进体育消费的若干意见》（以下简称《意见》），体育产业获得前所未有的关注与支持。对于从事这一工作的人士来说，如何把握这个发展机遇，发挥自身优势，改革创新，寻求这一项目生存与发展的新途径，这是一个摆在面前亟须解决的现实问题。

**关键词：** 滑水项目；发展；思考

## 一、我国滑水项目发展状况

### （一）滑水运动简介

滑水是借助动力的牵引，人在水面上穿着“水橇”（水鞋）完成各种翻、转、跳跃技术动作，表现高速滑行带来的力量、惊险、刺激，让人们充分享受蓝天碧水的温情和无穷乐趣的运动项目。据相关部门统计，全球约有3000万的滑水爱好者，器材制造商为360多家，全球每年有滑水大奖赛近200场次。

## （二）我国和国际滑水运动发展现状

滑水运动最早起源于20世纪初的美国，并迅速在欧美等发达国家普及开来。1940年成立滑水国际组织，称国际滑水联合会（以下简称“国际滑联”）。我国于1988年成立中国滑水协会，同年加入国际滑联。1990年我国加入亚洲滑联。目前参加国际滑联的有75个国家和地区。

滑水项目每年定期举行各单项世界锦标赛，单年举行世界锦标赛，双年举行世界杯赛；亚洲方面有亚澳区（世界第三区）锦标赛、亚洲锦标赛及亚洲杯赛。我国每年都如期举行全国锦标赛和其他单项冠军赛。特别是从1997年以来，不间断地举办“中美”“中美加”“中美澳”滑水对抗赛。每年都在全国各地巡回比赛（表演），形成一个传统性的体育交流赛事。

滑水运动在世界各地发展迅速，尤其受到青少年的喜爱。据国际滑联相关部门统计，全球每年参加世界各地滑水比赛的运动员达7万多人次，观众超过5000万人次。比赛组委会把赛事交给厂家承办，厂家通过对赛会的赞助、冠名，提高品牌的知名度，有着良好的社会效益。比赛用弦内机拖船的生产在福特汽车公司和通用汽车公司之间存在竞争，弦外机拖船的生产则在雅马哈和铃木、加拿大“西渡”之间存在竞争。在各种比赛期间，滑水专用器材供应商会抓住这些推销良机，展示自己生产的水橇、拖绳、拉把、手套、救生衣、头盔等专用器材。每个专业运动员的全套装备价值1.2万~3万元人民币，对开发商和供应商都蕴藏着很大的商机。

### （三）项目竞技水平概况

美国、澳大利亚、加拿大为世界一流水平，欧洲和南美部分国家为二流水平，我国的滑水运动最好成绩是进入世界锦标赛第8名，应该属第三集团水平。在亚洲，中国和日本、韩国形成第一集团。1986年以来，我国参加国际赛、亚洲赛共获亚洲、亚澳冠军60多个。2014年11月，中国滑水队在泰国举行的第3届亚洲沙滩运动会上获得4块金牌，为中国代表团争得荣誉。

## 二、影响我国滑水项目发展的几个因素

### （一）“全运”战略大环境使滑水项目停滞不前

滑水运动项目是国际奥委会承认的非奥运会比赛项目。1972年慕尼黑奥运会上滑水成为该届奥运会的一项表演项目。在我国的第五届、第六届全运会上，滑水是正式比赛项目，全国有12个省（市）开展。1990年亚澳区锦标赛共有9块金牌，我国运动员从世界排名第二的澳大利亚队手中抢到4块。个别成绩进入当年世界前三名，震惊世界滑坛。我国运动员在该比赛中创下6项全国纪录，至今仍有2项纪录保持。

1993年，滑水项目根据“奥运战略”，在第六届全运会以后退出全运会正式比赛，运动成绩一落千丈，2014年的全国锦标赛各单项成绩与20世纪90年代初相比全面下降。12个省（市）专业队伍萎缩到现在的不足4个（不含俱乐部形式）。在奥运会进不去、全运会不设项目的大环境下，滑水项目失去了最高水平的竞技、竞赛环境。同时也失去了国家财政拨款，失去了经济动脉。许多运动队都在艰难地维持生存，很难提高竞技水平，运动成绩有所下降。

## （二）“计划经济”过渡到“市场经济”的不适应症

第五届、第六届全运会参赛队伍属于黑龙江、辽宁、上海、浙江、山东、江西、海南、湖北、湖南、四川、福建、广东各省（市），隶属各省（市）体育局，按不同省（市）计划由国家统一核发训练经费、器材经费，基本上能保证训练的需求，运动员可以全心全意地投入训练。我国体育管理体制具有计划经济的特征，只要把运动队管理和训练抓好，成绩就会提升。但是，在1993年全运会以后，各省（市）执行“奥运战略”计划，许多队伍纷纷下马，器材变卖，人员解散，当时仅有辽宁、江西、四川、广东4支队伍保留。这4支队伍也不像过去计划经济时代那样，有基本训练条件保障，基本上是保留运动队部分编制，压缩建制，只有小部分经费，有的没有训练经费，只保留器材物品。训练经费不足部分自行解决，主管部门给政策，鼓励走向社会，面向市场，在市场经济大潮中争取部分经费。所以1995年以后就出现了滑水表演、滑水培训、滑水俱乐部。这些运动队长期在计划经济中过日子，现在也要自己养活自己，去挣钱才有训练经费。这20多年，滑水项目的从业者都在努力寻求发展之路，适应市场经济的浪潮，在艰难的创业中先求生存，再求项目的发展。

## （三）项目发展层面较低、单一，缺乏改革创新举措

目前，我国相对正式的滑水运动队大约有5支，另外以俱乐部形式存在的运动队有5~7支。这仅存的几支队伍怀着对滑水事业的热爱，为滑水项目的发展做出卓越的贡献。但计划经济时代遗留的“等”“靠”“要”还在他们身上存在。“等”就是等何时加入奥运会、回归全运会，等发展的机遇；“靠”就是靠国家

体育总局水上运动管理中心每年下拨的军体器材费扶持，靠管理部门政策倾斜，以获得一定的经费用于训练和经营；“要”就是向主管部门和政府部门要条件、要支持、要经费，有多少经费就训练多长时间，“看菜吃饭”。

运动队和俱乐部创收的途径几乎都是搞滑水培训，培养业余爱好者，搞艺术滑水表演和参加上级部门或其他省市组织的滑水活动，没有形成真正的体育产业，也就没有自身的“造血”能力。当然这也和自身队伍规模、实力有关，就当时的形势和内部因素而言，发展缓慢也是可以理解的。

## 三、《意见》为滑水项目发展带来的机遇

《意见》是第一次以国务院文件形式对体育工作进行部署，对体育工作开展具有十分重要的意义。2011年国务院办公厅就发展体育产业发过一个文件，时隔三年，发展体育产业的相关文件再次发出，而且是以国务院的名义发出的。这是因为中国经济发展到目前阶段，面临着产业结构的调整，淘汰落后产业、发展朝阳产业等问题。《意见》相比2011年的文件，在政策和强度、力度方面有了质的飞跃，这是份关乎体育改革和发展的文件，它为体育产业的进一步发展指明了方向，明确了目标。

2014年12月12日，国家体育总局局长刘鹏在党组成员学习十八届四中全会和中央经济工作会议精神时指出，本次中央经济工作会议将体育健身作为新的经济增长点，列为六大消费增长点之一，把体育放到了相当重要的位置上，为体育产业的进一步发展指明了方向，明确了目标。他强调要做好以下几个方面的工作：一是提高对发展体育产业重要性的认识。二是贯彻落实《意见》，适时出台配套政策和措施。三是力争在几个重要节点上形成突破，取得实效；推动建立更多的体育产业发展引导资金，取得投资体育产业的乘数效应；推动公共体育服务体系进一步完

善，促进体育消费。

滑水作为欣赏性、参与性极强的技巧性项目，有着广阔的消费市场。经过滑水工作者20多年的探索，积累了许多经验和项目资源，为今后体育消费市场打下了比较好的基础。我们要把握新形势，分析项目特点和目前发展状况，结合实际，找出一条符合滑水项目发展的新途径。

## 四、滑水项目究竟有多少内在潜力

带着这个问题，结合当前学习《意见》的工作，笔者走访了湖南滑水队，想以之作为案例来说明滑水项目的潜力。

湖南滑水队成立于1983年，是当时人数较多、实力较强的运动队，全队15人，有多名国家队队员，曾获得1984年、1993年全国滑水锦标赛多项冠军，两届全运会都各获一枚金牌。1993年，湖南省体育局解散滑水队，变卖拖船和器材。主教练蒋英武和队员黄美丽（蒋妻），毅然决定停薪留职、个人购买船只和器材继续从事滑水工作，湖南省体育局只保留运动队名称，不给任何经费。从此湖南滑水队就成为蒋、黄夫妻经营的“个体”运动队。他们在全国各地找场地，两人白手起家，从零开始，重新招队员。1994年成立湖南省英美滑水俱乐部，在长沙湘江的橘子洲头、常德柳叶湖和浏阳河经营滑水项目。开始主要是用拖船载游客，培训滑水业余爱好者，收入比较微薄，难以维持滑水俱乐部开销，几次都想放弃，但最终还是坚持了下去。1997年，他们借款、贷款购置滑水器材，招聘运动员和工作人员，逐步形成规模。1999年，俱乐部有运动员、工作人员、教练员16人，蒋、黄两人又做教练又兼运动员，成立滑水表演队，通过艺术滑水展示，俱乐部慢慢名气大增，同时俱乐部还引进一些摩托艇、肥仔艇、水上娱乐设备等，增强俱乐部的整体实力。到了2004年，湖南英美滑水俱乐部已拥有资产200多万元，教职工26人，成立了英美艺术滑水队，可以在全国各地巡回表演并参加各种活动。与此同时，俱乐部注重运动员的多项技能发展，业余时间投入资金练习水上技能，俱乐部人员技能多元化，能参加全国滑水锦标赛，也能参加全国摩托艇锦标赛，俱乐部的生意逐年兴旺。

到2009年全国体育大会结束，俱乐部已拥有资产逾千万，教职工、运动员46人。艺术滑水表演队可以承接大型表演活动，同时运动员竞技水平逐年提高，获得了全国冠军和亚洲冠军；经营项目也增加不少，成立摩托艇编队，建造滑沙、滑草场地，并在冬季和淡季的时候到杭州参加滑雪场经营活动，学习和掌握了滑雪场经营和管理的经验。经过多方面的努力，湖南滑水队和英美滑水俱乐部进驻浏阳大围山国家森林公园（国家4A级风景区），在大围山海拔1700多米的山顶上获得10万平方米的30年经营权，当地政府用了2年时间把盘山公路扩宽，把水和电建好，并以极快的速度办理相关经营手续。2010年10月成立浏阳市英华锋体育发展有限公司，在大围山山顶经营体育项目。冬季在山上经营滑雪项目，夏季下山经营滑水项目。同一批技术人员和工作人员，保证公司全年高速运转，同时还增设滑沙项目和滑旱冰项目，实现了“四滑”经营项目。每到节假日人头攒动，热闹非凡，生意兴隆。

自2011年以来，滑水活动、表演、培训，每年收入都保持在200多万元；2011年底滑雪场经营收入300万元；2012年底滑雪场经营收入360万元；2013年收入达1000多万元；2014年预计将突破2000万元的营业额。

综合以上调研，我们不难发现滑水项目的发展潜力是巨大的。滑水项目只要依靠体育主管部门，通过当地政府的支持和帮助，政策、土地等各方面的保障到位，减少干预，那么资本市场将会在整个产业运作中占有更大的空间；凡是资本运作可以进行的地方，都具有增长的空间。我们相信体育产业在今后一段时间内将会有较大的发展，滑水项目将迎来最佳的发展时机。

## 五、培育体育消费市场将是滑水项目发展的新途径

体育消费分为两类：一是观赏性消费，二是参与性消费。

### （一）培养观赏性消费市场

观赏性消费是以竞赛和表演为主要核心，让观众用一种欣赏的心态来观看的消费项目。培养观赏性消费市场的方式如下。

**1. 改变竞赛模式，注入群众喜欢的项目**

改变竞赛模式，在国内一些大奖赛或全国锦标赛上，增加艺术滑水单项，让群众参与欣赏，进而喜欢这项运动。

**2. 提高竞技水平，提高项目的观赏性和含金量**

每个项目都要在观赏性上下工夫，开发其中赏心悦目的成分，吸引人们来欣赏，这样自然会增加项目的收入。

**3. 注入新元素，提高滑水项目的观赏性**

在全国锦标赛或其他比赛中，增加近几年普遍开展较好、群众喜欢的非正式比赛项目，比如特技跳跃，多人、双人技巧，水上芭蕾，花样追逐赛等。

**4. 增强艺术滑水表演质量，增加辅助项目**

艺术滑水表演节目要在原有的基础上创新，增加娱乐性和趣味性，也可在服装、背景、烟火上下工夫。另外还可以让摩托艇、空中飞人等项目与滑水联合表演，增加场面感和视觉冲击力。

**5. 减少赛事和表演活动审批，让赛事和表演简单化**

行政机关对一些赛事和表演的审批过程极为复杂，有些是没有必要的，应该适当简化。

## （二）培养参与性消费市场

参与性消费就是消费者亲身体验。

**1. 开展滑水项目宣传，特别是针对中小学生**

利用假期开展宣传和培训工作，成立各种形式的夏令营，使青少年喜欢滑水项目，并从中挖掘滑水后备人才。

**2. 固定场地，提高滑水趣味性和民众直接参与的热情**

牵引索道滑水就是不错的滑水固定场地项目，其投入成本相对较低，使用成本就更低了，而且入学门槛较低，容易让群众接受，场地也便于管理，是全民健身的好去处。

**3. 引导团队、集体参与滑水消费**

以团队拓展为目的，通过滑水水上香蕉船、大飞轮、集体滑水结合陆上设施进行团队比拼，提高团队凝聚力，同时体验这些水上项目。

**4. 全民健身和金牌体育相结合**

运动项目的竞技水平直接影响民众的参与性和大众及媒体的关注度。所以，在培养市场的同时要注重抓好运动队建设，培养高水平运动员，保持我国滑水项目在亚洲的领先地位。

**5. 遵循市场在资源配置中的作用**

党的十八大提出市场在资源配置中起决定性作用，在体育赛事中把市场的活力进一步放大是必要的。把滑水项目中现有的群众喜欢的项目，比如尾波、索道滑水，进行资源整合，加大投入比例，增设新项目，创新经营理念，适应市场的发展，促进其产业化的增长，满足人们的观赏需要和项目发展的需要。

# 关于推进与完善我国体育彩票开奖公信力建设的相关探讨

国家体育总局体育彩票管理中心　冯欣

**摘要**：本文旨在通过对体育彩票开奖公信力的研究推动中国体育彩票的健康可持续发展，文中对中国彩票业的基本情况、开奖公信力的现状和采取的措施及效果、未来改进完善工作的原则进行了阐述和探讨，总结了有益的经验，指出了未解决的问题和工作思路。文中运用了毛泽东调查研究的理论与实践、马克思主义的群众观点、坚持问题导向等观点和方法，客观分析，直面问题，为今后的开奖公信力建设明确了方向，做出了指引。

**关键词**：体育彩票；公信力；探讨

彩票是一种重要的社会闲散资金筹集工具，日益受到我国政府的重视、社会的关注，而作为我国彩票两大组成之一的体育彩票，不仅是公益事业的重要支持，亦是中国体育事业的生命线和支柱产业。做好体育彩票的发行就必须建设和维护彩票的公信力，本文重点对体育彩票公信力的核心和焦点——开奖公信力进行探讨。

# 一、我国彩票的基本现状

什么是彩票？我国《彩票管理条例》中描述，彩票是指国家为筹集社会公益资金，促进社会公益事业发展而特许发行、依法销售，自然人自愿购买，并按照特定规则获得中奖机会的凭证。维基百科中描述，彩票即“博彩”，又称为彩券，是指印有号码、图形或文字供人们填写、选择、购买并按特定规则取得中奖权利的凭证。英国《不列颠百科全书》解释为通过抽签摇彩，凭机会在一定范围的人中分配奖品或奖金。

公益性是彩票存在的价值和作用。1530年，佛罗伦萨发行了第一张现代彩票，19世纪，欧洲、美洲各国认识到彩票的集资作用，纷纷将彩票合法化，收益用于公益事业和弥补经费的不足。我国的《彩票管理条例》明确指出国家为公益而发行彩票。公益金就是彩票的收益，在安全稳定发行的前提下，彩票通过不断增加销量，降低成本，为国家筹集更多公益金。

我国的彩票最早可以追溯到清朝，清朝的“白鸽票”“闱姓”已具有了现代彩票的特性；1984年10月“北京国际马拉松赛奖券”的发行开启了中华人民共和国彩票的发行，标志着进入了一事一批的地方彩票时期；1987年中国社会福利有奖募捐委员会的成立和1994年国家体委体育彩票管理中心（即现在的国家体育总局体育彩票管理中心）的成立标志着我国彩票实现了长期稳定发行，形成了福利彩票与体育彩票共同存在、发展的格局。

1987年，中国彩票销量为0.17亿元。2007年，全国销量首次突破千亿元大关，达到1016.72亿元，此后销量不断稳步攀升，2012年2615.24亿元，2013年3093.25亿元，2014年3839亿元，截至2014年年底，28年共销售20275亿元，其强大的生命力和发展势头让人惊叹，为公益事业、社会保障基金筹集的巨量资金更是引起了国家、社会、公众的高度关注。

对于中国彩票业的发展，体育彩票可谓功不可没，从1994—1995年的2年10个亿到2014年的1764亿，迅猛发展的中国体育彩票在电脑彩票、竞猜型彩票、即开型彩票领域的一次次创新引领着中国彩票业的变革和发展，更是成为社会各界关注的焦点，引发了来自社会的思考和质疑。

## 二、开奖公信力的重要性

体育彩票销量的节节攀升不仅是有丰富多彩的游戏品种吸引着公众参与，更是因为彩票的参与者们相信彩票的公信力。

公信力是指在社会公共生活中，公共权力面对时间差序、公众交往及利益交换所表现出的一种公平、正义、效率、人道、民主、责任的信任力。公信力既是一种社会系统信任，同时也是公共权威的真实表达。

公信力是彩票存在、发展的基石和根本保障，中国彩票发行之初，作为国家垄断的特许经营，是政府为彩票的公信力进行了背书，公众正是相信了彩票的公正与公平，才会积极参与这个游戏。在专设机构发行彩票的近30年的过程中，是发行、销售机构用自己的言行打造和维护着彩票的公信力。彩票的公信力来源于彩票规则的科学合理，来源于发行、销售者的诚信，更来源于开奖过程的公正性，是否能够保证每一个参与者、每一注彩票都按照游戏规则获得平等的中奖机会。彩票的公开、透明是公信力的监督和保障，保护每一个彩民的利益和中奖者的安全同样都是公信力的体现。失去公信力的彩票不仅会失去销量，更会引发社会问题。

中国体育彩票公信力的体现是多方面的，开奖作为公众最为关注的环节，是公信力的突出体现和重中之重。

中国福利彩票和中国体育彩票为同质玩法，无本质区别，对公信力的诉求和面临的问题也是基本相同的，本文所列举的案例涉及了福利彩票，也涉及了国外彩票业，对体育彩票的开奖公信力的研究同样适用于中国彩票业整体。

## 三、公众对开奖公信力的质疑

开奖作为直接影响中奖结果的关键环节，需要高度的安全保障，我国的彩票发展时间较短，在技术、措施，甚至是安全意识上都存在不足，以致于发行过程中发生过被不法分子侵入事件，破坏了开奖的正常进行。例如2001年的湖北420彩票案，摇奖器具被破坏；2004年的陕西宝马案和扬州彩世塔案，开发商操纵混入假中奖；2009年的深圳福彩案，销售数据被篡改。而相关管理部门缺乏基本的公信力意识和对突发情况处理能力，也造成了一些说不清的结果，例如2004年的福彩双色球伪造开奖直播画面。

不够透明的开奖环节，确实发生过的开奖事故，未中奖者的怨气，媒体对热点新闻的追捧甚至制造热点的不实报道，这些都造成了社会对开奖公信力的不断质疑，极大地损害了彩票的信誉和公众的信任，对彩票的长期发展产生了很大的负面作用。

开奖公信力问题不仅贯穿中国彩票业的发展，也是世界各国彩票无法回避的问题。

2008年11月7日，美国宾夕法尼亚州“现金5”玩法在开奖之际，开奖机突然出现故障，第一个开奖号码的摇奖球未能在预定的时间内落入球道内，从而导致开奖过程大受影响，最终，各方代表只好通过研究录像确定了开奖号码。

2011年，美国南卡罗来纳州的一种“选三”彩票玩法在开奖后，因当地官方网站放错了开奖号码图片，中奖号码本来是“226”，结果图片一直显示“221”，致使很多彩民以为自己中奖，最终，南卡罗来纳州彩票管理中心将两组号码均算作有效中奖号码。

2013年，德国ZDF电视台的一次常规彩票开奖直播过程中设备发生故障，当摇奖机摇奖的时候，46和47这两个号码竟然没有进入摇奖机搅拌仓里！第一次摇出的号码为：3、8、11、26、32、40和9，摇奖机修复后进行了第二次摇奖，开出的号码为：16、21、23、29、31、38和24，但此时的主持人错误地向全国观众宣布第一次摇出的奖号为当晚的中奖号码。最终电视台及彩票机构均公开道歉，并保证这样的事故不会再发生。

公众对开奖的质疑既有对设备故障引发的事故发行机构自身处理不当引起的担忧和怀疑，也有公众因不中奖而产生的不满和猜疑。在我国，公共媒体和自媒体的引导混乱，也加剧了公众的猜疑。

## 四、加强社会监督，消除公众疑虑

### （一）社会对开奖公正性的质疑

通过对公众疑虑、媒体负面报道的综合分析，社会对开奖公正性的质疑集中反映在以下几点：

（1）摇奖时间晚于销售截至时间约30分钟，这段时间是否存在机构对数据进行检索，找出其最“心仪”的目标开奖号码，以便于操作。

（2）摇奖过程是否存在对设备的操控，控制中奖号码的产生。

（3）因为中奖者信息不公开而质疑中奖者是否真实存在，怀疑开奖的公正性和真实性。

这三个问题基本涵盖了社会关注的热点，涉及彩票数据安全、摇奖设备安全和信息发布等重要开奖环节和开奖延伸环节，需要区别对待，采取不同方式和措施消除社会疑虑、树立体育彩票开奖的公信力。

## （二）积极应对，确保安全，树立公信

2010年，国家体育总局体育彩票管理中心在年底的通气会上向新闻媒体表示：中国体育彩票要坦然接受媒体监督，养成在监督下开展工作的习惯；全体体彩人与媒体坦诚以待，保持良好的互动关系；对媒体反映的信息，认真批办、及时反馈，推动信息公开透明。

**1. 针对性宣传让截止销售后不能立刻开奖的疑虑有所改善**

彩票销售截止距离摇奖进行间隔近30分钟，其时间用于进行销售数据的封存，即在公证员的监督下，将当期销售的全部数据刻录到不可改写的存储介质（一般使用光盘）上，并交由公证封存，封存完成后方可摇取开奖号码，封存的数据将和销售系统的数据同步计奖，2个计奖结果进行比对验证，结果一致方为有效。公证员会将封存的数据带回公证处进行保管，若产生纠纷，将以公证处封存的数据为准。由于数据封存的过程存在大量手工操作，因此需要近20分钟的时间，而摇奖现场需要确认封存结束才能开始摇奖，也需要准备时间，因此摇奖会晚于数据封存约30分钟。

数据封存是数据安全的核心保障，2009年的深圳福彩案，销售数据被篡改就是因为没有按照程序进行数据封存，才给了不法分子以可乘之机。但此解释需要公众具有基本的电脑常识和彩票常识，甚至是一定的法律概念。为此体育彩票管理中心曾多次撰写文章进行解释，但收效甚微。而彩票数据机房涉及安全运营不能对社会完全开放，最终体育彩票管理中心采取了不定期邀请媒体到数据机房观看数据封存过程并进行报道的宣传方式，拍摄制作专题宣传片，利用机构自有的宣传渠道长期播放，达到了一定的宣传效果。

**2. 摇奖过程的公开透明是开奖公信力的核心**

（1）直播摇奖过程，丰富开奖信息发布渠道，保证公众及时、准确、便捷地获取开奖信息。

对开奖过程进行直播一直是彩票购买者的心愿。2011年4月6日，体育彩票管理中心率先将体育彩票开奖过程通过网络进行直播，打破了电视台无法全年提供稳定直播时段的客观条件限制。为了方便彩民更加清晰地看到直播，体育彩票开奖网络直播又于同年10月实现了从网络普清到网络标清的升级，当年体育彩票开奖网络直播就实现了日收看人数超过7万，而现在新浪、搜狐、腾讯等主流门户网站和体彩网、竞彩网等专业网站均进行着体育彩票开奖直播，日收看人数已超过20万，这个数字足以和英超、NBA等众多体育比赛视频媲美。

体育彩票开奖信息的发布是多渠道、全方位的，只有这样才能满足公众的需要，让社会满意。

2015年度体育彩票开奖信息发布渠道已扩充为：中央电视台财经频道（CCTV-2）、中央电视台体育频道（CCTV-5）、中央人民广播电台《中国之声》、中国体彩网、中国体育报和中国体彩报。人民网、中国体彩网、中国竞彩网、新浪网、搜狐网、腾讯网网络直播体育彩票开奖。视讯中国进行手机客户端的体育彩票开奖网络直播，还有各省级媒体和销售网点配合共同发布开奖信息。

（2）开奖场地对社会开放，公众可以现场观看摇奖，监督摇奖过程。

2012年7月18日，体育彩票开奖大厅正式对社会全面开放，公众只要拨打电话预约报名登记，就可以到开奖场地观看中国体育彩票开奖，甚至不经预约，也可直接前往观看。在开奖现场，公众可以了解体育彩票的发展史，与工作人员现场互动了解摇奖机、摇奖球等摇奖设备及摇奖环节，现场观看和监督体彩摇奖的全过程。

体育彩票开奖场地开放一个月后，新浪彩票频道针对此事进行了一项网络调查，调查结果显示，除去9.5%的网友对此事不关心外，有72.2%的网友对此举表示满意，其中32.8%的网友认为此举真正做到“公正、公平、公开”。

为了让更多人关注体育彩票开奖，到现场监督体育彩票开奖，2012年体育彩票管理中心举办了“见证‘阳光开奖’彩民抽奖旅游活动”，凡是年满18周岁，并且在2012年3月20日至8月19日期间现场观看全国联网电脑体育彩票开奖，就有资格参与抽奖活动，获得免费赴贵州旅游的资格、新款苹果手机或平板电脑。此活动的推出不仅将观看体育彩票开奖推向了高潮，更展现了体育彩票公开透明，主动接受社会监督的姿态，获得了社会的高度评价和认可。

自开奖场地正式开放至2014年年底，体育彩票开奖场地共接待了来自全国31个省（区、市）的27383人次现场观摩开奖。

（3）引入更多的社会监督方式，积极、主动、公开的态度获得了社会认可。

公证人员现场监督开奖，并为开奖全过程进行公证是我国彩票最为有效，并具有法律效力的监督手段。为了让公众信服，吸引更多的媒体报道和社会关注，体育彩票还不断邀请奥运冠军、影视明星、人大代表、政协委员、国家英模、社会焦点人物、诚信业主及彩民代表等各方人士，作为开奖嘉宾光临摇奖现场，监督摇奖过程，引发了社会的关注和媒体的报道，收到了很好的宣传效果。

（4）体育彩票摇奖引入ISO 9001认证，规范操作保安全，规范服务树形象。

2012年3月20日，中国体育彩票摇奖通过ISO 9001管理体系认证，科学管理再上新台阶，该认证是对体育彩票摇奖工作的一种肯定，更是对于体育彩票摇奖公平、公正、公开的一种有效监督，提高了开奖透明度，完善了监督机制，维护并提升了体育彩票公信力。通过ISO9001质量管理认证以后，开奖各部门各环节遵循“严格、严谨、严密，保障开奖安全，公开、透明、阳光，全面接受监督”的质量管理方针，严格落实认证要求，扎实抓好质量认证工作的各个环节，不仅开奖安全得到提升，也得到了社会的好评和认可。

**3. 中奖者信息公开仍是难点**

虽然部分欧美国家主动公布彩票大奖得主的个人信息，中奖者也欣然接受采访，成为公众人物，但在我国实行仍有极大的难度，首先就是中奖者的安全如何保障，其次是我国现有法规政策规定发行和销售机构无权主动公布中奖者个人信息，即信息是否公开取决于中奖者本人意愿。《彩票管理条例》第二十七条规定：彩票发行机构、彩票销售机构、彩票代销者及其他因职务或者业务便利知悉彩票中奖者个人信息的人员，应当对彩票中奖者个人信息予以保密。

目前，鲜有中奖者愿意公布真实身份，能够化妆照相、匿名接受采访已是大多数中奖者能够接受的极限，甚至部分中奖者不接受任何采访，不愿与工作人员交流，留下假的联系方式，以求尽快“消失”。与此同时，一些媒体和公众又强烈要求强制公布中奖者个人信息，并认为不公布就是有假，尤其在过亿巨奖产生时，质疑声尤其强烈。

为了消除公众疑虑，体育彩票管理中心第一时间公布中大奖彩票的销售网点，公布中奖彩票的票面投注信息，尝试邀请社会名人、公证人员监督兑奖过程，兑奖后公布中奖彩票照片，但收效甚微，目前对此尚无很好的解决办法。

## 五、体育彩票开奖公信力的建设调整、完善

开奖公信力的建设具有长期性，要注重调查研究，全面真实了解情况，跟上公众聚焦点的变化。开奖公信力的建设是长期工程，只要体育彩票还在发行销售，只要还有开奖，就会有质疑，这就需要不断对公信力进行建设和维护。社会是发展的，彩票市场是变化的，公众的理解和关注点也是不断变化的，做好开奖公信力建设就要防止官僚主义、主观臆断，防止走错工作方向，抓错工作重点。只有通过深入细致的调查研究，运用科学的调查方法将社会、媒体、公众的意见、建议、批评汇总分析，才能获得真实的数据，将调查研究结果运用到科学决策之中，有的放矢，真正加强公信力建设，提高公众的认可度、满意度。

做好开奖公信力建设必须站在公众的角度考虑问题，而不是停留在发行者角度应对问题。开奖公信力建设归根结底就是要让社会、公众认可开奖的公正性，对体育彩票开奖工作满意、放心、信任。开奖公信力更要走群众路线，从公众的角度去理解和思考，发行、销售机构的管理者要放下身段走到公众当中，转过身来从公众的利益出发去审视开奖工作，主动发现问题，倾听公众的心声，积极改进工作，满足公众的需求，避免高高在上，脱离群众，被动应对问题。

开奖公信力建设要采用问题导向，要有创新意识。开奖公信力建设不是求大求全，不是面子工程，要始终以解决问题为方向，每一个决策的制定，每一项投入都要有针对性地解决实际问题、关键问题，不要花架子，不要粉饰太平。解决问题的过程中还要注重创新，新方法、新技术、新渠道的不断产生，为公信力建设的创新提供了诸多可能，打破旧思维的条条框框限制，让新鲜的空气吹进来，主动接受新事物，才能解决好沉积的老问题，解决好不断产生的新问题。

随着我国彩票的发展，国际主流游戏品种我国都有发行，但依然有很多更为有趣、富有特色的游戏品种没有发行，随着公众的不断成熟，社会承受能力的不断增强，未来的彩票品种还会更加丰富。通过游戏品种的改良、新游戏的改造引进、发行渠道方式的变革，我国的彩票业还有更为广阔的发展空间，对开奖公信力也有着更高、更多的要求。中国体育彩票经过生存期和快速发展期，进入了稳定发展期，自身发展和社会需求都要求彩票要承担更多的社会责任，对公信力的要求也将达到新的高度。销量不是中国体育彩票的最终追求，创造更大的社会价值才是彩票发行者的目标，以公众的需求为引导，承担更多的社会责任，发挥更大的社会作用，我国的彩票事业必将走出一条富有中国特色的发展之路。

# 我国格斗对抗项目竞赛管理制度改革初探

国家体育总局拳击跆拳道运动管理中心　吕岩

**摘要**：当前的格斗对抗项目体育竞赛管理制度面临着许多突出的矛盾和问题，已经很难适应项目本身的发展，难以满足社会需求。本文通过对格斗对抗项目竞赛管理制度存在的问题进行分析，并结合党的十八大以来党和政府关于政府职能转换、政府与市场的关系等新理论、新观点，提出格斗对抗项目竞赛管理制度改革应该明确其竞赛表演的定位，以体育管理制度转变、体育主管部门对自身重新定位为核心，推进竞赛的社会化、产业化、商业化、法制化。具体进行如下改革：取消竞赛审批制度，改为备案制度；采取政府购买的方式，由个人或民间组织承办各项目常规比赛；政府竞赛经费向青年、少年比赛倾斜，将成年比赛交给市场；改革《全国运动员注册制度》，允许格斗对抗项目的俱乐部、武馆、道馆等社会民间组织作为注册单位，从而开放竞赛参赛限制；加强格斗对抗项目“社会体育指导员”培养和社区格斗对抗项目设施建设，将比赛办到社区；将运动成绩与现实利益脱钩，回归体育竞赛本质，促进奥运、非奥项目均衡发展；转变观念，抓住机遇，早下决心，尽快在我国实行职业拳击和业余拳击并行的双轨制运行体系。

**关键词**：格斗；对抗项目；管理制度；改革

中华人民共和国的体育事业经过65年的风雨历程取得了辉煌的成就，其中以拳击、跆拳道、摔跤、柔道、散打等项目为代表的格斗对抗项目为国家选拔了人才，取得了奥运会金牌，丰富了广大人民群众的文化生活，促进了社会和谐，收获了累累硕果，为我国体育的发展做出了巨大的贡献。但是，随着我国社会主义市场经济制度改革的不断深入，随着人民物质文化生活水平的不断提高，当前的格斗对抗项目体育竞赛管理制度面临着许多突出的矛盾和问题，已经很难适应项目本身的发展，难以满足社会需求。本文通过对格斗对抗项目竞赛管理制度存在的问题进行分析，并结合党的十八大以来党和政府关于政府职能转换、政府与市场的关系等新理论、新观点，探讨格斗对抗项目竞赛管理制度如何进行改革和创新，使其跟上社会发展的脚步。

## 一、格斗对抗项目的体育文化内涵、社会功能，及其开展的社会意义

格斗对抗项目通俗上是指双人在规定区域内徒手搏击，通过使对手失去技击能力或比较得分、得点确定胜负的项目，在我国正式开展的有散打、拳击、跆拳道、摔跤、柔道、空手道等。格斗对抗项目的竞赛有着高度的相似性，比如都是两个运动员比赛、都需要称量体重、比赛场地多在10平方米以下、每场比赛多在10分钟以内、比赛体现人与人的直接对抗、紧张激烈等。

探讨格斗对抗项目的竞赛制度，目的是使其跟上时代发展步伐，满足社会、人民的需要，因此首先需要讨论格斗对抗项目有何文化内涵和社会功能。

### （一）崇力尚武，强体健魄

从起源角度看，格斗对抗项目早先起源于军事训练。格斗

运动本身就是人类最原始的对抗形式，没有武器，两人赤手空拳用自己的体力、智力以最直接的方式击倒对方，从而取得决定性的胜利。格斗对抗项目充分展示了个体拼搏精神。格斗对抗项目是两人对抗，不但要斗力，还要斗智，更要斗精神和气势，所以格斗对抗项目是最能直接表现人的拼搏精神的竞技活动之一。两强相遇，勇者胜，没有顽强的拼搏精神是根本无法面对强大的对手的。强烈的竞技性是格斗对抗项目的重要内部特征。竞争是人类社会普遍存在的社会现象，是自然界和人类社会进步的客观规律。崇力尚武，助推国运。

### （二）尊重力量，陶冶品德

格斗对抗项目能够陶冶人的性情，升华人的精神。人只有在掌握力量之后，才能理解如何使用力量，才能从内心尊重力量。起源于东方的格斗对抗项目，如柔道、跆拳道、空手道，就是在“武术”之中加上道德之道、生存之道。东方格斗对抗项目是极为讲求礼节的，包含着东方人的秩序，相当注重伦理，“心”的锻炼更胜于技巧的磨炼。西方拳击则讲求“贵族精神”和“绅士风度”，即自尊、原则、低调。在拳台上尊重对手、公平竞争、绝不放弃，在拳台下平等待人，与对手成为朋友。

### （三）舒缓压力，促进和谐

当今社会竞争激烈，压力大，人们往往承载着巨大的精神压力，压力没有出口，就容易在社会活动中表现得心浮气躁，造成各种社会矛盾。格斗对抗项目具有很强的技巧性、健身性和表演性。参加格斗对抗项目训练或比赛，能够在规则公平的前提下，合理安全地释放压力，宣泄精力，平复心情。再加上格斗对抗项目所宣扬的“贵族精神”和“道”，能够有效地提升人的道德品质、社会责任感，释放社会压力，促进社会和谐。

# 二、当前我国格斗对抗项目的竞赛管理制度

## （一）管理部门

国家体育总局下属的项目中心负责格斗对抗项目的训练、竞赛等事宜，其中武术运动管理中心负责散打、泰拳项目；举重摔跤柔道运动管理中心负责摔跤、柔道项目；拳击跆拳道运动管理中心负责拳击、跆拳道、空手道项目。各项目均有与其名称相一致的国家级协会，如中国拳击协会、中国摔跤协会、中国柔道协会等。各协会常设秘书处，与各中心下属项目部为一套人马两块牌子。

## （二）竞赛组织形式和经费来源

在国内已有的格斗对抗项目中，国家体育总局正式开展的共6项。根据国家体育总局2013年度竞赛计划，各项目全年全国比赛次数、参赛人数及经费来源见表1。

**表1　格斗对抗项目2013年度竞赛统计**

| 项目名称 | 全年比赛次数 | 参赛总人数（约） | 经费来源 | 备注 |
| --- | --- | --- | --- | --- |
| 散打 | 5 | 1450 | 国家拨款<br>有社会力量参与 | |
| 摔跤 | 17 | 4510 | 国家拨款 | 含男子古典、男子自由、女子自由、中国式四跤种 |
| 柔道 | 6 | 2660 | 国家拨款 | 含一次全国道馆赛 |
| 拳击 | 10 | 1440 | 国家拨款 | |
| 跆拳道 | 7 | 3400 | 国家拨款 | 含一次大众跆拳道锦标赛 |
| 空手道 | 4 | 1600 | 国家拨款 | 非奥项目 |

注：引自《国家体育总局2013年度竞赛计划》。

以上比赛由各项目运动管理中心主办，由各省、直辖市、自

治区体育局或相关管理中心承办。竞赛组织经费按照约每名运动员700元的标准，由各项目运动管理中心划拨。除大众赛、道馆赛以外，其他奥运、全运项目的比赛必须由各省、自治区、直辖市行业体协、体育院校组队参赛，参赛人员必须经过国家体育总局年度注册。空手道项目由于属于非奥运、全运项目，管理方式和拨款金额都有所不同。

各省、直辖市、自治区每年举办一次各项目比赛，由各地市组队参赛，各单项比赛参赛人数不同，从200人到800人不等。

### （三）体育法律法规对体育竞赛组织的规定

《中华人民共和国体育法》规定：全国单项体育竞赛由该项运动的全国性协会负责管理。地方综合性运动会和地方单项体育竞赛的管理办法由地方人民政府制定。

根据体育法，国家体育总局制定的《全国体育竞赛管理办法》对体育竞赛申办进行了规范：体育竞赛项目由国务院体育行政部门确定；举办体育竞赛实行审批登记制度；申请举办体育竞赛的组织和个人应当具备一些条件；申请举办体育竞赛的申办人应当向相应的体育行政部门提交一些材料；未经国务院体育行政部门和县级以上地方各级人民政府体育行政部门审批、登记，擅自举办体育竞赛、不听劝阻的，体育行政部门可以停止举办该项体育竞赛并对举办者进行处罚等。

## 三、我国格斗对抗项目竞赛管理制度存在的弊端

### （一）行政垄断，非官方不得举办和参与

格斗对抗项目除了遵守《全国体育竞赛管理办法》的规定

外，还因为其“危险性”受到各级主管部门的更加严格的管理。行政垄断主要体现在两个方面：一是办赛，二是参赛。办赛垄断体现在如非国家体育总局项目管理中心同意，民间组织无法举办全国比赛；如非地方体育局同意，民间组织无法组织省级比赛。民间组织的申请往往由于影响奥运会、世锦赛、全运会的备战或是由于担心出现危险而不被审批。参赛垄断体现在，各级体育主管部门组织的比赛往往不接受个人和民间组织报名。这意味着一个人如果不加入专业队，就没有机会参加全国正式比赛。这样的竞赛组织形式，导致如下问题：一是各级体育主管部门人员有限，精力有限，每年不可能组织多次赛事，从表1中我们可以看到各格斗对抗项目中摔跤每年有17次比赛，是举办最多的项目，但实际上摔跤有4个跤种，平均到每个跤种全年只有4.2场比赛，最多的是拳击全年10场，最少的为空手道全年4场。二是社会关注度低。全部由专业队参加的各种比赛无法引起社会关注，电视、网络等媒体很少对格斗对抗项目的比赛进行转播和报道。三是社会参与度低。由于个人和民间组织在办赛和参赛两方面都受到限制，导致社会人士不愿参与也无法参与竞赛，无法满足人民群众的文化需要。

## （二）缺乏规范的法制化、商业化运作，不利于长远发展

由体育主管部门举办的各类竞赛，体育主管部门既当裁判员，又当运动员；既控制着运动员资源，又控制着判罚尺度；既决定着比赛的时间、地点，又控制着商业赞助政策。由此造成在格斗对抗项目中难以看到商业赞助。从表1中可以看到，大多数项目的竞赛资金仍然主要来源于政府拨款。格斗对抗项目有一定的群众基础，社会影响比较大，观赏性强，商业开发潜力大，在

产业化经营开发上独具优势。但目前面临的情况是无人经营、无人开发，严重缺乏自身“造血”功能。

## （三）竞赛成绩与太多利益挂钩，不利于公平竞赛

竞赛成绩与太多利益挂钩，体现在成绩与相应的技术等级挂钩，与免试上大学或高考加分挂钩，与运动员转正挂钩，与教练员职称评定挂钩，与专业队领导政绩挂钩等。运动成绩牵扯到无数人方方面面的利益，从而使竞赛不再仅仅是体育的竞争。尤其值得关注的是，格斗对抗项目基本都是打点计分项目，人为主观判断因素多，当太多的利益与竞赛本身挂钩时，在利益的驱动下，即使有再多的措施也很难创造公平竞赛的环境。

## （四）分成多种项目，人为造成发展不均衡

非奥林匹克项目是整个体育事业的重要组成部分，在推动群众体育运动的开展、传扬民族文化、活跃国内竞赛市场、满足群众体育文化需求等方面有着重要的地位和作用。格斗对抗项目中散打、中国式摔跤和空手道是非奥项目，其中中国式摔跤是民族传统体育项目，是不可多得的精英民族文化，具有极高的社会历史价值。空手道以其特有的健身性、娱乐性、竞技性、观赏性等特性，在国际上影响广泛且深远。散打以其中国符号和强烈的竞技性逐渐被国人所喜爱，中央电视台、河南电视台等媒体组织的“武林风”等商业比赛获得了极高的收视率。我国确立了“奥运争光”“全民健身”和非奥项目协调发展的体育发展战略，为奥林匹克运动在我国的发展打下了良好的群众基础。相比之下，非奥项目的发展却令人担忧，奥运会的绝对导向，使得各种政策向奥运项目倾斜，使得全运会，甚至地方运动会不得不围绕奥运会设项比赛，非奥项目面临后继无人、无法开展的境地。

## 四、针对存在的弊端提出的改革方案

加快体育主管部门政府职能的转变，明确、细化体育主管部门职能范围，推进体育竞赛社会化、市场化、产业化。十八大报告明确指出：“经济制度改革的核心问题是处理好政府和市场的关系，必须更加尊重市场规律，更好发挥政府作用。”十八届三中全会《中共中央关于全面深化改革若干重大问题的决定》提出，到2020年中国特色社会主义行政管理制度要更加成熟更加定型。行政制度的改革成为解决我国经济和社会发展中诸多突出矛盾和问题的焦点，其中政府职能转变又是行政制度改革的关键和核心，加快政府职能转变成为当前全面深化改革的一个重要课题。

### （一）明确竞赛表演产业定位的格斗对抗项目竞赛是前提

格斗对抗项目因其激烈的对抗性、高度的刺激性、对力与美完美直接的展示，在竞赛表演市场占据一席之地。一场职业拳王赛，仅仅出售转播权和依靠有线电视收费就可以有几千万的利润。在美国、俄罗斯等体育强国，摔跤、柔道、空手道更是从儿童到成人形成了一条集道馆、竞赛表演、装备、纪念品于一体的产业链。在我国，以“武林风”“昆仑决”为代表的散打表演市场，已经作为探路者为格斗对抗项目竞赛表演产业化开创了一条新路，运动员可以将竞赛表演作为职业，项目因为商业宣传而被人所熟知，从而促进了项目本身的发展，因此明确竞赛表演产业定位的格斗对抗项目竞赛是十分必要的。

## （二）体育管理制度的转变和体育主管部门的定位是核心

体育管理制度是体育管理的机构设置、权限分布、运行机制等各方面的体系和制度的总称。在我国当前制度下，政府掌管着体育领域内的权力和利益，在政府享有主要权力和利益时，倾向于强调体育的政治性质，体现政治成绩，成为其必然的外在表现，因此要转变体育管理制度，改革的方向是将体育领域内的权力和利益归属转向社会（以各种社会体育组织为代表），在竞赛表演产业方面倾向于强调体育的商业和消费性质。这是体育行业改革的最终目标。

党的十八大以来，我国改革的步伐稳步前进，一些改革措施陆续实施，尤其以转变政府职能、简政放权为突破口，取消和下放了100多项行政审批事项，进一步激发市场和社会活力，这些都为全面深化改革做了铺垫。

在此精神的指引下，体育主管部门需要对自身重新进行定位。体育主管部门对体育竞赛的管理应主要体现在立法、监督、提供场地设施措施。体育主管部门应该严格把自己界定为“守夜人”角色，对体育竞赛实行“市场决定”政策，让市场决定资源分配，让体育市场在法律的规范下自己运作起来。当体育市场运行初期出现自身难以克服的矛盾等一些特殊情况时，体育主管部门适度干预，给予政策或财政倾斜。同时体育主管部门要从宏观的角度，负责相关体育项目的普及和推广工作，为体育竞赛的发展奠定基础、营造氛围。

## （三）推进体育竞赛的社会化、产业化、商业化、法制化是手段和保障

竞赛的社会化是增强竞赛活力和后劲的有力措施，竞赛社会

化的核心是竞赛参与主体的社会化。竞赛具有全民性和社会性的特点，要实现竞赛活动与社会主体的全面结合。在政策上要引导社会参与竞赛，扩大竞赛参与主体的范围，增加民办和自办的比重，扩大参与竞赛管理的社会主体的管理范围。将竞赛主办权交给社会团体和商业公司，让懂经济的人来运作赛事，实行竞赛经费来源的社会化。依靠法律，而不是单纯依靠政府的行政手段或习惯、习俗进行体育竞赛运作是市场经济条件下体育竞赛成功运作的必要保证。依靠法律来规范体育竞赛的运作是现代社会对体育竞赛的必然要求，市场经济条件下法律对于体育竞赛的成功运作具有不可或缺的作用。通过法律保护运动员、竞赛组织者、投资人（赞助商）等各方面的利益。

## 五、结　语

党的十八大以来，为了实现“两个一百年”的奋斗目标和实现中华民族伟大复兴的中国梦，全国各行各业都在进行着改革的伟大实践，体育部门也成为其中的一份子。当体育行业进行制度改革，重新确定自身定位，体育走向市场化、产业化时，以国家体育总局为首的各级体育主管部门要跳出思想的窠臼，要明确体育的本质属性和当前我国对体育工作的需求——强身健体和促进社会发展完善统一。

党的十八大提出，倡导富强、民主、文明、和谐，倡导自由、平等、公正、法治，倡导爱国、敬业、诚信、友善，积极培育和践行社会主义核心价值观。格斗对抗项目本身蕴含的独特的精神内涵和文化诉求，以其外部表现形式——竞赛表演，在社会主义核心价值中的文明、和谐、诚信、友善建设中能够发挥重要作用。

格斗对抗项目以其激烈的对抗带来极为刺激的视觉效果，非常有利于进行市场开发，以竞赛作为突破口，更加有利于进行市场化、产业化的改革试点。

因此，从社会功能和自身发展的角度出发，格斗对抗项目竞赛的改革尤其必要，也尤其可行。我们需要以党的十八大和十八届三中全会精神为指引，实事求是，开拓创新，以负责任的态度，将这项改革推向实际。

## 参考文献

[1] 李翠霞. 中国摔跤文化发展研究[D].苏州：苏州大学，2006.

[2] 任成英. 柔道运动中的东方文化[J]. 新课程研究（职业教育），2007（8）：78-80.

[3] 曾婉军. 我国社会体育竞赛组织问题的研究[J]. 文体用品与科技，2013（10）：59.

[4] 任春香，张杰. 我国体育竞赛表演产业市场宏观环境研究[J]. 体育与科学，2004，25（3）：14-17.

[5] 刘礼国，徐烨，王馨平. 我国体育竞赛制度的利弊及改革原则[J]. 凯里学院学报，2009，27（4）：107-112.

# 我国举重项目的大众发展路径探析

国家体育总局举重摔跤柔道运动管理中心　彭钊

**摘要**：举重作为奥林匹克运动会正式比赛项目，多年来一直是我国运动员在国际竞技体育赛场争金夺银的主要项目之一。本文主要对我国举重项目在大众传播和发展中存在的问题和瓶颈进行剖析，以“大体育观”的视角积极思考、不断挖掘和充分展现举重项目的综合社会价值和作用，探索我国举重项目的大众发展新路径，让我国竞技举重积累的优势更好地服务于大众，从而为举重项目在我国更好地传播和发展提供参考依据。

**关键词**：举重项目；大众化；发展；探析

习近平总书记和党中央对体育工作高度重视、亲切关怀。党的十八大以来，习近平总书记多次发表重要讲话，强调从全面建成小康社会、实现中华民族伟大复兴的战略高度重视发展体育事业。党的政策为体育事业的发展提出了新的目标与要求，促使我们要从体育大国向体育强国迈进，以全面提高全民健康水平为体育事业的发展方向。

作为我国竞技体育的一面旗帜，举重项目在国际赛场上为国家取得了优异的成绩，振奋了民族精神。自陈镜开于1956年打破举重世界纪录以来，我国的举重健儿已经获得了400多个世界冠军，600多次打破世界纪录，洛杉矶奥运会以来共获得了29枚奥运金牌，北京2008年奥运会我国10名举重运动员在参加的9个级别的比赛中获得了8金1银，展现了中国力量。但是，相比我国的一些热门项目，举重项目还属于小众项目，大众普及程度不高，竞技体育方面还面临后备人才缺乏、退役运动员安置难等种种问题，在目前的体育发展形势下还不能全面落实国家关于“将全民健身上升为国家战略”的有关政策要求。因此，新的形势和发展任务要求我们必须从实现“两个一百年”奋斗目标的高度来认识自身所肩负的使命与责任，跳出举重看举重、立足全局抓举重、围绕中心干举重，以“大体育观”的视野积极思考、不断挖掘和充分展现举重项目的综合社会价值和作用，采取具有针对性和实效性的措施，积极开展群众举重活动，提高大众对举重项目的认识和参与度，进一步创新体育管理体制和机制，让我国竞技举重积累的优势更好地服务于大众，从而激发出举重项目新的发展活力。

## 一、大众化观念下举重运动的全新视角

大众体育也称“社会体育”“群众体育”，是与学校体育、竞技体育对应的概念，是企、事业单位职工，以及城镇居民与农民，为达到健身、健心、健美、娱乐、医疗等目的而进行的内容丰富、形式多样的身体锻炼活动，是体育的主要组成部分，也是体育的基本环节之一。举重作为竞技体育项目之一，在强身健体、塑造完美体形、提升力量和耐力等方面有着其独特的作用，因而在体育产业发达地区受到一些都市青年男女的青睐，但其传播人群局限性较大，传播范围较小，再加上对竞技举重过度练习导致的身体影响认识不足，在大众体育行列的发展状况不容乐观。

自1995年6月国务院颁布实施《全民健身计划纲要》以来，“全民健身”一词已家喻户晓，深入人心。举重运动作为全民健身项目之一，无论是在健身、健美还是力量、耐力训练方面都有

其不可替代的作用。当今社会人们身体素质不断下降，肥胖、“三高”等大量“文明病”的不断入侵，人们更应了解和认识举重运动的健身价值，通过积极有效地参与举重运动的训练，真正进入“全民健身”的行列。

## 二、举重练习对身体机能的积极影响

竞技举重项目是将杠铃以双手举过头，以举起的杠铃重量为胜负依据的体育运动项目。早在6000年前，举重便是一种健身的方式。埃及发现的壁画上记载了法老王的小孩以举起沙袋和其他重物来健身，重量作为衡量其力量强弱的依据，以此选拔力量最强的人，这是通过举重来进行锻炼的最早的记录。中国民族形式的举重活动，早在两千多年前的楚汉时代就有记录（举大刀、石担、石锁等），从晋代至清代，举重均被列为武考项目。

身体机能是指人的整体及其组成的各器官系统所表现的生命活动。举重不仅是竞技体育项目也是一项健身项目，长期、合理的举重训练对人们的身体机能水平的提高有着重要的作用。通过举重练习，不仅能使力量和爆发力明显增强，提高身体无氧代谢能力，而且对肌肉耐力水平有明显提高的作用。在当前高强度生活节奏下，举重运动的练习对调节情绪、缓解压力、增强自信心、塑造完美身材等方面有着很好的效果。

## 三、我国举重项目大众化发展现状

### （一）奥运战略主导下的举重项目发展现实

#### 1. 竞技色彩深厚，大众发展缺乏客观基础

纵观举重项目的发展，不难看出，由于受到经济利益和社会地位等因素的驱使，举重项目在我国的传播和发展存在局限性

大、参与人员少等问题，而政府部门对待举重项目的工作重点为重竞技化、轻大众化，以至于真正参与举重项目的人员以专业举重运动员为主，而大众参与人数少之又少，形势不容乐观。此外，由于各级举重项目管理部门针对举重项目健身价值的推广与宣传较为滞后，加之我国一些地区体育消费观念落后、健身器材与场地建设稀缺等客观因素制约，使得我国举重项目的大众发展困难重重。

**2. 练习举重项目的大众人群较少**

由于《全民健身计划纲要》的颁布和实施及“终身体育”的强烈号召，我国大众参与体育运动的人数在不断增加。人们生活水平不断提高的同时，生活压力也在不断加大，国民体质和健康状况不容乐观，各种“文明病”趁机疯狂入侵。人们在物质满足的同时越来越注重精神层次的需求，对身体健康越来越重视，健身意识日趋加强，尤其是经济发达地区，体育产业发展迅速，人们已把体育锻炼作为生活休闲的一部分。但调查结果显示，与其他运动项目相比，我国大众在参与举重运动的训练上存在参与群体较单一、男女比例失衡、参与人数较少的问题。

## （二）举重大众化发展存在的问题

**1. 大众对举重项目的健身功能认知度不够**

举重训练对于增加肌肉耐力、增进肌肉力量、改善体格的作用是巨大的。众多的调查与实践已证明：合理有效地参与举重运动不仅可以改善人们的身体机能，提高身体素质，塑造完美身形，还可以起到释放压力、放松心情等作用。但同时，若训练安排不当或者训练方法不正确也会影响身体机能和身体素质的提高，甚至会导致身体机能下降或者造成运动损伤。目前我国还未开展力量练习健康指导员专项资格认证，众多健身教练对力量练习的方法与注意事项没有经过专业培训，大众在进行力量练习时，往往由于错误的练习方法与手段导致效果不佳、运动损伤较多。再加上竞技举重从选材到训练，使运动员外形符合向更高重量挑战的专业化身体特征，也让人们对举重或者力量练习产生了误区，使普通大众不敢练、不想练、不去练。

**2. 举重训练对健康健身的作用不易显现**

举重运动需要人们长期的坚持，以及结合合理有效的训练机制，其作用才能明显，但若缺乏评价指标和体系，不借助专业的仪器设备进行锻炼，其健身作用很难用肉眼看到。当今社会生活节奏越来越快，人们一方面渴望时间短、效果好的锻炼项目及方法；另一方面对于自身无法很快看到或感觉到有效的身体锻炼项目很难坚持。

**3. 大众健身举重领域专业人才缺乏**

社会上从事大众举重健身运动指导的人多为健身教练，并非专业举重教练员，在举重项目练习方面缺少相关的资格认证，也没有在专门的举重教练培训机构培训过，以致人们参与健身举重训练时缺乏专业人士指导，训练手段不合理，训练效果不明显，安全无法保障，这在一定程度上阻碍了人们参与健身举重练习。

**4. 宣传推广力度不够，负面新闻报道较多**

各级举重项目管理部门宣传推广举重项目的意识不强，针对举重项目健身价值的推广与宣传较为滞后，没有充分利用电视、广播、报刊、网络等媒体对举重项目的练习手段、方法及作用进行广泛的宣传，忽略了媒体的正确导向作用，使举重项目的健身价值未被大众所认可。同时，由于我国参与举重训练的人群主要集中在职业运动员，他们从孩童时代就开始进行超负荷、高强度的训练，在收获一时的荣誉、金钱和地位的同时，也由于文化程度不高、长期专业训练导致伤病等问题，退役后在社会上生存能力不强，近年来出现的对退役举重运动员生活困难及伤病缠身现状的新闻报道在一定程度上也误导了人们对举重这一运动项目的认知，致使参与举重项目练习的人数越来越少。

**5. 不同地域群众生活水平及体育消费观念的差距**

我国现在处于社会主义初级阶段，仍属于发展中国家，人们的生活水平虽然在不断提高，但与发达国家相比仍有较大差距。目前我国大部分人能过上小康生活，虽不用再为温饱担心，但各地区贫富差距过大，而体育事业的发展需要依托经济水平的发展。我国东西部地区经济发展水平的不均衡导致了体育消费观念的差异，并且举重项目的练习需要借助必要的器械与场地，我们无论是在体育消费观念上，还是在健身器械的研究开发上都有很长的路要走。

## 四、举重项目大众化发展的可行性分析及途径探索

针对我国举重项目在大众传播和发展中存在的问题和瓶颈，可采取以下措施来缓解和弥补，从而促进举重运动在我国大众体育中更好地传播和发展。

（1）借助国家大力发展体育产业的政策与法规，各级体育项目主管部门应重视举重项目的健身价值，增加对大众举重的投入，做到竞技举重带动大众举重健康发展。

（2）借助媒体，通过各种宣传手段与方法，宣传和普及举重训练对提高身体机能、增强体质等方面的积极影响。

（3）发挥专业优势，研究适合我国群众身体特点的力量练习手段与方法。专业的举重教练与科研工作者，针对我国国民体育练习时间短、场地器械条件差等因素，研究与设计出多种专业性的力量练习手段，让群众在练习中发现与感受举重项目的作用。

（4）制定与推广力量练习健康指导员标准与办法。现在国家体育总局针对一些体育项目开展了体育健康指导员的资格认

证。举重项目主管部门应积极与相关部门沟通、协调，制定力量练习健康指导员标准与办法，一方面解决举重专业运动员退役后的安置问题；另一方面能使这些经过专业力量训练的运动员，通过相关课程的学习，运用举重项目中的力量练习方法与手段更好地服务于大众健身。

（5）开发专项力量练习器械。体育产业是我国未来重要的经济增长点，完整的产业链要体现中国制造。目前我国体育健身用品及健身器材的高端市场大部分被国外品牌所占领，随着我国经济及体育科研力量的增强，已具备独立开发力量练习器械的能力。相关的管理部门应积极开展与科研机构的合作，为推广举重项目，更为提高大众健康水平，制造出符合我国国民经济发展及身体特点的力量练习器械。

（6）重视社会力量推广举重项目的作用。健美项目的练习与举重项目关系紧密，健美运动的开展会对举重项目的推广起到积极的推动作用。目前，我国健身、健美俱乐部已形成规模，相互之间交流较为频繁，但依然存在影响力小、范围窄的问题。作为竞技举重项目的管理部门可尝试与社会体育主管部门合作，借助各类健美与健身比赛，举办适合普通群众参与的群众举重比赛，积极宣传、介绍和推广举重项目，引导各种社会力量参与举重项目的比赛与推广，同时通过赛事、赞助、电视转播等手段扩大举重项目的社会影响力。

## 五、结束语

综上所述，我国举重项目的大众化发展还有很长的路要走。只有以“大体育观”的视角积极思考、不断挖掘和充分展现举重项目的社会价值和健身作用。通过研究、设计多种科学易行的力量训练方法与手段，借助当前新媒体的传播作用，进行宣传与普及。同时加大对健身器材的研发，制定力量练习或健美的指导员标准，使大众能够接受专业的力量练习指导。积极开展群众参与度高的健美、大力士等竞赛、表演活动，提高大众对举重项目的认识和参与度。举重项目的管理者更需要转变唯竞技论的观念，让我国竞技举重积累的优势更好地服务大众，从而激发举重项目发展的活力。

## 参考文献

[1] 俞继英.奥运会项目大全：奥林匹克举重[M].北京：人民体育出版社，2001.

[2] 刘吉.中国举重运动史[M].武汉：武汉出版社，1996.

[3] 王台波.我国举重项目发展现状研究[J].体育科技文献通报，2011（8）：29–31.

[4] 万德光.少年儿童早期从事举重运动对身体发育的良好影响[J].北京体育学院学报，1979（2）：62–68，21.

[5] 张前锋.举重运动负荷的生化分析、评定及监控[J].广州体育学院学报，2012，32（4）：105–108.

[6] 黄明强.举重力量训练若干问题探讨[J].广州体育学院学报，2002，22（2）：88–90.

[7] 崔峰.全民健身与体育产业双赢发展的研究[J].体育科技文献通报，2014（7）：95–97.

[8] 田克敉.我国体育产业的发展及其可行性分析[J].北京体育大学学报，2000，23（3）：308–310.

[9] 刘建. 我国体育产业发展的现状分析[J]. 内蒙古统计，2009（1）：10–11.

[10] 唐宏贵. 论全民健身运动的当代社会价值——《纲要》实施十五年回顾[J]. 武汉体育学院学报， 2009，43（6）：10–15.

[11] 黄杰.我国体育产业的发展现状与对策[J]. 安徽工业大学学报（社会科学版），2009， 26（5）：143–145.

# 我国篮球后备人才现状与应对分析

北京体育大学　李建青

**摘要：**科学表明，世界是系统的，处处是系统。系统是相互作用的多个要素的整体。一般系统论创始人贝塔朗菲认为：系统可以定义为相互作用着的若干要素的复合体。有以下三个方面的特征：系统具有整体性；系统由相互作用和相互依存的要素组成；系统受环境影响和干扰，和环境相互发生作用。

基于此，研究我国篮球，要从整体系统进行分析，一方面我们看到中国职业篮球和社会篮球的发展，但同时我们更应该看到繁荣背后，国家队尤其是男篮在亚洲篮坛已经从一流沦落到二流、三流，校园篮球虽然有很多的青少年参与，但接受系统训练的青少年人数却在锐减。

本文的分析受研究时间和研究范围的限制，主要以北京市篮球为主要研究对象，因为无论是职业联赛还是校园篮球竞赛，北京市目前在全国都处于领先地位。从竞赛成绩方面来说，职业联赛：北京金隅男篮两夺CBA（中国男子篮球职业联赛）总冠军；北京女篮赢得WCBA（中国女子篮球职业联赛）总冠军；校园篮球方面：北京大学队、人民大学队、北京师范大学队先后夺得CUBA（中国大学生篮球联赛）和CUBS（中国大学生篮球超级联赛）的冠军，清华附中男篮则六次获得全国高中联赛冠军。但即便取得这样的成绩，北京市目前同样面临着后备人才的缺失，缺少适应新的社会环境的篮球后备人才培养体系的问题。

**关键词：** 篮球；后备人才；应对

## 一、职业联赛繁荣背后难掩后备人才的缺乏

改革开放以来，伴随着1995年开始的篮球职业化改革，中国篮球职业联赛开创了良好的发展局面。以北京为例，进入2000年后，北京篮球开始进入了一个高速发展期。从竞赛成绩方面来说，职业联赛：北京金隅男篮两夺CBA总冠军；北京女篮赢得WCBA总冠军。尤其北京金隅两次夺冠在全国篮球球迷中产生了巨大的影响力。随着北京市篮球成绩的取得，北京市篮球运动获得了充分的社会关注，以北京金隅男篮夺冠为例，北京夺冠的影响力远远超过之前其他省市夺冠的影响力。2013—2014赛季CBA总决赛，全国范围内有1.62亿观众收看了6场决赛的直播。而随着总决赛进入白热化阶段，第五场和第六场赛事的收视率直线攀升。在新疆进行的第六场总决赛，单场收视率达到1300万，也就是说，平均每分钟有1300万名观众在收看这场比赛。总共有5400万名观众通过不同的电视频道观看过这场比赛。央视一家媒介研究公司的调查数据显示，2014年北京地区观众的CBA收视数据明显增加，有510万人收看了决赛，几乎是2013年（280万人）的两倍。《人民日报》体育部副主任薛原分析：北京金隅队的夺冠，其影响力超越了以往，提升到全国范围。更需要注意的是，其中年轻群体占据了多数，改变了以往年轻人看NBA，中老年球迷关注CBA的局面，出现在北京观众席上的“落泪姐”几乎在一夜之间成了全民偶像。在今天，打篮球已经成了很多北京球迷的一种生活方式，他们不仅关注比赛，北京主场比赛一票难求，同时更积极参与篮球运动，从企业到社区、到街头，篮球已经成为北京运动生活的重要组成部分。

但北京市在相应的职业赛事和校园赛事中的成绩，并没有全面提升北京市篮球的竞赛成绩，无论在全运会、城运会，还是在青运会、大运会的篮球竞赛中，北京队的成绩并不突出。分析这一热一冷背后的原因，会发现以下三个方面的因素值得关注。

第一个方面：北京市之所以取得职业赛事方面的成功，充分说明了北京市体育局对篮球职业赛事的竞技水平持续重视，以及北京金隅俱乐部始终坚持的可持续发展战略。北京体育大学篮球教研室张勇博士认为：北京市篮球与国内省市比起来，非常注重可持续发展，近年来在运动员交流和外援引进方面，尤其是在交流球员与外援的融入方面很成功。这说明了体育局和俱乐部之间是良性的发展关系，并且注重细节和落实。

第二个方面：北京市非常注重篮球专业队伍建设，提高篮球竞技实力的目标并积极付诸行动。交流队员和外援的融入说明了在队伍管理理念上符合中国篮球职业联赛的实际情况，非常注重明星球员的培养，并能够与其余本土球员的培养和使用相结合，大胆起用新人，注意“传、帮、带”，同时，注重二、三线队员的培养。

第三个方面：篮球竞赛水平的长期提升，关键在于篮球人才的培养。目前北京市篮球虽然在职业赛事和校园赛事中取得了良好的成绩，但在全运会、城运会、大运会、青运会中表现一般，主要原因在于北京本土球员数量有限，在一定程度上过多依靠外援和引进交流的球员，无论是CBA、WCBA的球员，还是二、三线队员，北京本土球员所占比例都很少，不足10%。事实上，我们分析北京，可以从一个侧面看到整体CBA的繁荣背后，普遍缺少二、三线后备人才队伍的建设，这也造成了CBA目前过多依赖外援、依靠一些本土老球员打天下的现状。

我们冷静地看待这些问题，如果CBA总冠军北京队背后都缺乏后备人才建设，那么CBA球队，除了广东队、辽宁队等为数不多的后备人才建设尚可的球队，其他球队恐怕都陷入了人才荒，这无疑让人们对CBA的未来充满了担忧。

## 二、我国篮球后备人才缺失的主要因素

提升我国篮球综合实力，不断提升国家队竞技水平，为CBA这样的篮球产业发展奠定基础，关键是篮球人才的培养。而篮球人才主要分为两个组成部分。其一是职业球队人才队伍建设；其二是后备人才队伍建设。从目前北京的现状来看，连续夺得CBA和WCBA的冠军，在一定程度上说明了北京保持较高的职业竞赛水平，马布里等高水平外援的引进，北京奥神多名主力的加盟，在一定程度上保持了北京职业篮球人才的稳定，但其中也会出现本土球员较少的问题。而从后备人才队伍建设来看，北京市缺乏高水平的、适应高水平竞技需要的本土后备人才。

一个城市篮球的可持续发展，其核心是后备人才的培养，有了后备人才，形成了篮球人才梯队，再结合外援与交流人才的引进，才能促进城市篮球的协调发展。《人民日报》体育部副主任薛原认为：北京市篮球呈现出来的职业赛事成绩斐然而全运会和青运会成绩不突出的现象，其主要因素就是本土球员太少，后备人才输送不足。由于北京市的教育环境和社会因素，北京市青少年中，参与篮球运动的人数较多，但从事专业训练的人数比较有限，不利于高水平篮球后备人才的普及与提高。

北京市首钢篮球俱乐部的袁超认为：目前北京市高水平篮球后备人才严重缺乏，维系较高的职业竞技水平，主要依靠运动员人才交流途径，但目前各省市都很注重对篮球后备人才的控制，提前利用省运会等赛事对全省的后备人才进行了注册，这让北京市在引进高水平人才方面困难重重，同时，引进的职业运动员又牵扯身份问题，在我国现有的体制下，“职业运动员”的身份

很难界定，甚至无法签订相应的劳动合同，这也让很多职业运动员对未来前途感到迷茫，影响了队伍的稳定。北京体育大学人事处原副处长蔡旭东博士通过研究发现：职业运动员在中国实际上并不是真正意义上的“职业”，因为其他职业通常都有职称和职务上的界定，而运动员则不是。从事篮球比赛的时候，他是职业球员，但一旦退役，他就没有职业了。如果去看大门了，他就是看大门的；如果去经商，他就成了商人。一切都与曾经的经历无关，不像其他职业具有职业的延续性。同时，国内目前的篮球俱乐部和球员签订的都是以赛季为核心的劳务合同，没有社保等保障。而其他长期职业签订都是劳动合同，按照劳动合同的规定，在签订两个固定期限合同后，则再签订的劳动合同就是无固定期限的合同。但职业球员无论和俱乐部签订几次合同，都无法签订无固定期限的合同。同样基于上述的原因，北京市的青少年基本上不愿意接受专业训练，有的即便愿意接受系统训练，也不愿意离开学校，因为一旦注册，就打不了大学生比赛，家长也不支持。上述两方面的原因导致北京市篮球后备人才缺乏。

事实上，这样的问题当然不仅存在于北京，北京某种意义上处在人才引进的高地，在社会环境和教育资源方面优于全国其他城市，相比之下，全国其他省市的情况显然更为严重。

## 三、篮球后备人才体系建设的策略

### （一）推动篮球职业化改革，支持篮球教练员、运动员职业化发展

完善职业体育的政策制度体系，逐步提高北京市职业篮球的成熟度和规范化水平，让职业运动员的发展更加人性化、科学化、规范化，为职业运动员创造良好的运动员发展环境，做好运

动员的职业培训和职业规划，利用社会资源为运动员解决后顾之忧。拓宽职业体育发展渠道，鼓励具备条件的运动项目走职业化道路，支持教练员、运动员职业化发展。完善职业体育的政策制度体系，扩大职业体育社会参与，鼓励发展职业联盟，逐步提高职业体育的成熟度和规范化水平。完善职业体育俱乐部的法人治理结构，加快现代化企业制度建设。改进职业联赛决策机制，充分发挥俱乐部的市场主体作用。

北京市应该根据自己篮球职业俱乐部的特点，充分发挥俱乐部主体和赞助商的大型国企优势，同时，利用北京市的高校资源优势从两方面解决问题。

其一，针对二、三线队员和年轻球员，可采取和高校联合办队的思路。队员的档案等放在学校，以劳务输出的形式到俱乐部打球，如果无法进入一线队或者退役，则可以回到高校继续学习，并进行职业培训，为融入社会创造条件。

其二，针对一线队员，则可以与俱乐部的主体或者赞助商签订劳动合同，并按照劳动合同缴纳社保等，在和俱乐部终止合同或者退役之后，经过职业培训，合同签订到企业工作，企业继续为其缴纳社会保障金等，解决运动员的后顾之忧。

## （二）进一步加强篮球人才大省合作，加强篮球人才引进与交流

提升后备人才的成才率，为职业运动员创造良好的发展环境，吸引更多的篮球人才来到北京、留在北京。目前，清华附中、北京体育大学竞技体校都能够全国招收篮球特长生，并且能够将其户口迁入北京，这对全国很多省市的家长与篮球苗子无疑是具有较大吸引力的。基于此，北京市体育局应充分整合资源优势，和清华附中、北京体育大学竞技体校建立二、三线后备人才梯队，与北京市原有的二、三线队伍形成合理竞争、优势互补的

局面，扩大高水平后备人才培养途径。

同理，对于全国其他省市而言，在目前后备人才缺乏的情况下，做好人才引进和交流也是培养后备人才的重要策略之一。

## （三）加强对教练员的培训，建立科学化训练体系

增加对传统项目、业余体校、区体校的投入，加强对教练员的培训，建立科学化训练体系。一方面保证原有的“业余体校—体校—专业队”模式的正常运行；另一方面增加对校园篮球的投入。在机制转轨期，争取两条腿走路，为北京市篮球创造更多的后备人才。

## （四）与教育系统充分沟通，为高水平运动员参与校园赛事创造条件

在解决家长和学生的后顾之忧的同时，实现运动员真正职业化，解决职业运动员的身份问题，保证他们的合法权益，为他们创造良好的学习和发展环境。在这方面，由于CUBA等大学生赛事对注册运动员有限制，一些学校不愿意招收在专业队注册的运动员。基于此，面对这样的政策壁垒，建议国家体育总局和教育部进行沟通，与中国大学生体育协会等部门协调。比如，在CUBA的比赛中可以借鉴CBA使用外援的方法引入注册过的运动员，为他们创造学习的机会，同时这些高水平职业球员也可以帮助学生运动员提高竞赛水平，实际上是对双方都有利的事情。目前亟待解决的就是进行相关的顶层设计，打破部门之间的壁垒，为高水平运动员创造更多参与校园赛事的机会，并且获得进入高等院校深造的机会。

## （五）编写篮球训练大纲，促进青少年训练科学化、系统化

上述构建策略主要是依据目前的现状，从长远来看，北京市篮球后备人才的培养重心应逐渐向学校倾斜。通过对各级学校的调研发现，发展校园篮球，促进青少年后备人才的建设主要存在如下问题。

其一，缺乏高水平专业篮球师资。研究表明，目前中小学的体育教师，主要毕业于体育院校和师范类院校的体育系，这些教师为了适应全面的教学任务，体育专项水平并不高。

其二，缺乏相应的篮球教学训练大纲。每个学校根据自己的实际情况安排篮球教学和训练，这虽然在一定程度上做到了因地制宜，但由于校园篮球和青少年篮球缺乏统一的训练大纲，导致最终培养出来的运动员无论是基本功还是对战术的理解方面差别很大，而我们看到欧美等篮球强国，无论是青少年，还是高水平职业队，都有共同的特点：基本功扎实、动作标准、战术运用系统规范，并在此基础上，更加适应比赛场上的各种变化。国家男篮原主教练宫鲁鸣认为：打好球，基本功很关键，投、传、突、运用这些基本功必须在青少年时期打好基础，否则到了职业队，甚至国家队，再练基本功，会严重制约我国篮球的整体水平。因此，在青少年时期，尤其是学校期间，一定要抓好青少年的基本功训练，这关系中国篮球的未来。

在对西班牙篮球协会原顾问劳尔的访谈中，他特别介绍了西班牙等国家会根据青少年7~18岁不同年龄段的生理心理特点、技战术发展的需要，制定适合不同年龄学生的训练大纲和教材。西班牙篮球协会会组织对从事青少年篮球训练的学校教师们进行大纲和教材的培训，从而保证了大家在训练理念和技战术的教学方面都是一致的，那么等这些孩子长大了，无论他们在哪里组成一

支球队，都能成为一支富有团队凝聚力并且技战术高度专业、规范的队伍。

北京市体育局应与教育局充分合作，借鉴欧美体育强国的篮球青少年训练体系，组织高水平篮球教练、青少年体育训练专家、运动心理专家等组成北京市青少年篮球大纲和教材编写组，制定北京市针对不同年龄阶段青少年的篮球训练大纲，在校园篮球训练当中推行。

## （六）打造“百校千队”工程，建立青少年篮球人才库

在北京市区县选择有篮球传统的学校100所，进行重点支持和培养。学校篮球队的建设，以往选拔和组成校代表队，通常分小学低年龄组和高年龄组、初中组和高中组。借鉴国外篮球校队选拔和组成，应根据青少年7~18岁不同的心理生理规律，按照年级分队，而且每个年级通常组成两支球队，这样不仅有利于篮球梯队的建设，同时以校代表队为核心，可以很好地组成不同年级的班级联赛，促进校园篮球竞赛文化的推广，最终以普及促提高，随着“百校千队”赛事活动的发展，逐步建立起北京市篮球后备人才的青少年人才库，并随着社会教育环境的变化和职业运动员制度的成熟，促使人才库成为北京市篮球的主要高水平人才选拔基地，为北京市培养更多的篮球后备人才，保证本土球员在高水平篮球人才中的比例不断提升，促使北京市篮球人才梯队的结构更加合理化。

## （七）推动阳光体育运动，为校园体育的开展奠定了基础

从2007年5月7日开始的阳光体育运动，积极倡导“学生每天

锻炼一小时，每人掌握一项技能”，为校园体育的开展奠定了良好的基础。国务院《关于加快发展体育产业 促进体育消费的若干意见》也提出：“切实保障中小学体育课课时，鼓励实施学生课外体育活动计划，促进青少年培育体育爱好，掌握一项以上体育运动技能，确保学生校内每天体育活动时间不少于一小时。”基于此，北京市篮球的发展也应该将校园篮球建设作为重要突破口。积极推动篮球进校园，创建篮球特色学校，开发篮球学校特色课程。同时，让青少年喜爱的北京金隅篮球队队员进校园，开展丰富多彩的校园篮球文化节等活动，促进篮球文化在校园的蓬勃发展。再者，与国内外高水平篮球培训资源结合，加强篮球师资培训，利用寒假、暑假组织校园篮球训练营，邀请高水平职业教练参与教学训练，一方面促进校园教练员水平的提升；另一方面有利于高水平专业教练员参与后备人才的早期培养，力争人才的早期发现、科学培养。与各类篮球教育培训资源充分合作，将社会资源引入青少年篮球培训中，通过政府买服务的方式，整合社会资源，促进北京市青少年篮球后备人才培养，为北京青少年篮球后备人才建设拓展空间。

## 四、小 结

本文以北京篮球为例，从整体系统的角度分析北京篮球的发展，从一个侧面剖析我国篮球后备人才建设存在的问题，提出自己的应对策略。但这些策略的实施，关键还在于观念的转变，我们体育工作者以前习惯的“业余体校—体校—省市专业队—国家队”的原有“举国体制”下的人才培养模式，到了需要与时俱进、深化改革的时候了，现代体育强国践行的“小学—中学—大学—职业队—国家队”的人才培养模式值得我们借鉴和学习。

# 我国网球项目裁判员培养和管理模式的探析

国家体育总局网球运动管理中心　吕亮

**摘要：**我国体育事业在北京奥运会和伦敦奥运会上取得了历史性的突破，标志着我国竞技体育圆满完成了各项任务，进入了新的发展阶段。我国网球项目在奥运会、亚运会、青奥会及一系列职业赛事中也同样取得了辉煌的成就和突破，为我国的体育事业增添了亮丽的一笔。2015—2020年，是我国全面建成小康社会、加快推进社会主义现代化建设的关键时期，是推动我国由体育大国向体育强国迈进的重要阶段。网球项目作为我国体育产业市场化和职业化的先行者，思考其裁判员管理和发展所面临的机遇和挑战，并提出整改意见，对于整个项目的发展至关重要，对于其他项目也有一定的借鉴意义。通过对比分析网球国际三大组织对于裁判员的培养和管理模式，以及研究世界网球发达国家的先进经验，发现我国裁判员队伍整体数量充足，素质和能力也基本具备，但是受语言、培训和国际因素等方面的制约，未形成合理的梯队结构。目前，我国网球裁判员管理和发展上主要存在缺乏投入、缺乏规划、没有形成体系和规模、没有政策和保障等要素需求的创新、驱动不足、科学化管理和培养手段不足、质量不高、复合型裁判团队建设滞后等一系列问题。本文针对以上问题，利用哲学思想，结合中央文件和精神，提出宏观和微观的建议及整改措施，为下一步网球项目竞赛体制改革和裁判员管理模式发展提供理论依据和导向性意见。

**关键词**：网球；裁判员；管理模式

国务院在《关于加快发展体育产业促进体育消费的若干意见》中指出：发展体育事业和产业是提高中华民族身体素质和健康水平的必然要求，有利于满足人民群众多样化的体育需求、保障和改善民生，有利于扩大内需、增加就业、培育新的经济增长点，有利于弘扬民族精神、增强国家凝聚力和文化竞争力。近年来，我国体育产业快速发展，但总体规模依然不大、活力不强，还存在一些体制机制问题。在这种情况下，作为我国体育产业市场化和职业化的先行者，有义务、有责任按照中央的要求思考影响网球发展的各方面要素，裁判员作为网球竞赛的重要组成部分，更是研究的首要问题。以下通过对国际和国内裁判员发展现状、国内裁判员发展面临的机遇和挑战等几方面的研究，最终得出相关建议和整改措施，为网球项目竞赛体制改革和裁判员培养、管理模式发展提供理论依据和导向性意见。

## 一、国际、国内裁判员发展现状

### （一）国际网球裁判员发展现状和趋势

国际网球裁判员的培养、管理和选派等基础工作一直以来是由国际网球联合会（ITF，以下简称“国际网联”）负责。从1913年建立之初开始，国际网联一直致力于裁判员考试、晋级、评估和工作申请制度的建立和完善工作，并逐步形成了目前的裁判长、裁判组长、主裁判三个序列，每个序列分为白牌裁判和国际裁判。白牌裁判相当于国际裁判的预备级，可以做一些较低级别国际比赛的主裁判工作；国际裁判是被国际网球联合会、国际女子网球协会（WTA）、国际职业网球联合会（ATP）三大国际网球组织共同认证的裁判，分为铜牌、银牌和金牌。国际裁判的三个系列中，裁判长系列和裁判组长系列只有金牌和银牌，主裁判系列分为金、银、铜牌三个级别。支持这个庞大而精密的运行系统的是完善的培训体系和选拔制度，以及强大的数据库，它们保证了全部工作在公平、公正、公开的原则下进行。

**1. 国际裁判升降级制度和评估系统**

国际网联对裁判的培训和考核分为三个等级：一级培训班主要是普及网球规则和裁判知识，参与培训的学员可以获得国际网联签署的培训证明；二级培训班具体讲授网球规则、裁判法等，要求学员清晰、准确地掌握网球规则，熟悉裁判工作程序和裁判法的运用，通过二级培训班考试即为白牌裁判，由国际网联颁发白牌徽章；三级培训班讲授的裁判知识更加细致、具体，涵盖了三大国际网球组织所属的各种职业赛事的规则和规程，着重于培养和考核学员的沟通能力和处理问题的能力，通过三级培训班的考查即取得了国际级裁判的资格，获得国际网联颁发的等级徽章。

世界网球三大组织使用统一的评估程序和标准，整个系统严谨、全面、细致。从评估表中可以看到评估对象的各个方面，包括赛前准备、裁判技术、声音和仪表、裁判规则和行为准则、与运动员的沟通、赛场控制及语言能力等。评估的最低分是1分，最高分是7分，4分是合格。在高级别的职业赛事中，每一场比赛的主裁判都会对司线员进行评估，裁判组长也会巡场进行评估，评分标准是1~7分，评分作为裁判组长安排司线员工作的主要依据，并且这些评分会由裁判组长和裁判长在赛后汇总传给国际网联，作为是否接受裁判员申请国际赛事裁判工作的依据。

**2. 国际裁判数量分析（截至2014年12月）**

全世界的国际级裁判共计1460人，包括主裁判、裁判组长和裁判长三个系列。其中男性裁判1140人，占比78%；女性裁判320人，占比22%。男性裁判的数量和比例远远高于女性裁判。详见图1。

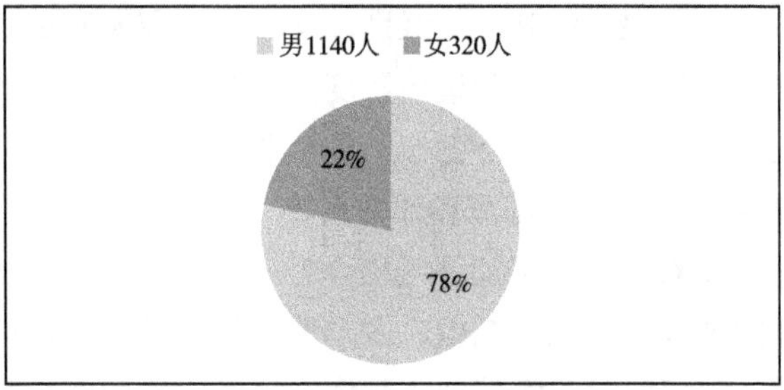


**图1　全世界网球裁判男女比例分布图**

在全部国际裁判中，46.23%拥有裁判长资格（675人）；18.15%拥有裁判组长资格（265人）；75.21%拥有主裁判资格（1098人）。这不仅说明了国际比赛对于三个序列工作量的不同要求，更说明了绝大部分国际裁判都是从主裁判开始发展，而了解主裁判工作是另两个序列的基础。

每个序列中裁判员的数量结构被严格控制，保持自下而上的金字塔形。

**3. 国际赛事对裁判的要求**

国际网联和男女职业协会各级别比赛对裁判员有不同的要求。以目前国内举办最多的国际网联职业巡回赛为例，根据表1显示，几乎所有的国际比赛都要求一名银牌以上裁判长和铜牌以上的主裁判参与工作。

表1　国际网联职业巡回赛对裁判等级、数量的最低要求

| | ITF10K | ITF15K | 女子25K | 女子50K | 女子75K | 女子100K |
|---|---|---|---|---|---|---|
| 裁判长 | 金/银 | 金/银 | 金/银 | 金/银 | 金/银 | 金/银 |
| 主裁判 | 2 白牌 | 1国际+ | 1国际+ | 1国际+ | 1国际+ | 2国际+ |
| | | 2白牌 | 2白牌 | 2白牌 | 2白牌 | 1白牌 |
| 正赛司线 | | 1名 | 1名 | 2名 | 2名 | 2~3名 |

## （二）国内网球裁判员发展现状和趋势

### 1. 国内裁判员队伍规模

截至2014年12月，我国目前有国家级以上裁判员319名，其中国家级283名（包括22名获得考核一年通过资格），国际级和国际白牌裁判员36人。随着我国网球竞技水平跨越式的提高，网球比赛的受关注程度和网球人口也大大增加。近年来，越来越多的网球爱好者走进裁判员队伍，据不完全统计，目前全国有约1200名一级裁判员，以及约5000名二级裁判员和超过10000名三级裁判员。这些都将成为我国网球发展坚实的后备力量。

### 2. 人才培养的质量和效益

目前我国各个级别裁判员的考核和审批分别由不同等级的体育职能部门和体育专业院校负责。从2008年以来，中国网球协会利用北京奥运会的契机，坚持与国际接轨，加大裁判员培训力度，国家级和国际级裁判的数量和质量大幅度提升。在此期间，由中国网球协会组织进行了国家级考试、国际白牌预备考试、国际白牌考试、裁判长考试以及赛前培训等多类别的考试及培训，共计65次，参与人员达3500余人次，使国家级裁判员人数增加143人，国际白牌以上裁判员人数增加18人，增幅近1倍。在此期间，还有2人获得国际铜牌主裁判、1人获得国际银牌裁判长资格，完善了我国裁判员团队的梯队建设，极大地

提升了整体实力。

同时，本着“请进来，走出去”的原则，积极进行国际交流。从2011年开始，中国网球协会加强与各国家协会和高级别比赛的沟通，进行裁判员交流计划，目前已有19名白牌以及2名国家级裁判员通过交流计划出国参加工作（共45周），学习专业知识，开拓眼界，积累经验。尤其是任命国际铜牌裁判王欣亮为中国网球协会裁判员交流计划协调员后，其利用前往各国参加国际大赛的机会，与各国协会以及赛事负责人沟通，宣传中国网球协会目前的竞赛体系和裁判员发展状况，同时寻找进一步合作的机会。通过交流，极大地开拓了裁判员的视野，了解了国际先进的裁判技巧，锻炼了英语的沟通能力；同时，也带回了其他协会在裁判员培养及发展方面先进的经验和模式。

**3. 与国际网球裁判发展水平的横向比较**

从表2中不难看出，与其他网球较发达的国家比较，我国网球裁判员虽然数量充足，但与国际整体发展相比较，质量明显不足，与我国赛事和竞技水平严重不符。

**表2　我国与网球较发达的国家网球国际级裁判数量比较**

| 级别 | 美国 | 英国 | 法国 | 澳大利亚 | 印度 | 中国 |
|---|---|---|---|---|---|---|
| 金牌 | 21人 | 18人 | 20人 | 11人 | 2人 | 2人 |
| 银牌 | 19人 | 14人 | 12人 | 10人 | 3人 | 2人 |
| 铜牌 | 28人 | 11人 | 7人 | 7人 | 6人 | 3人 |
| 白牌 | 117人 | 53人 | 35人 | 43人 | 30人 | 29人 |

在我国的36名国际裁判中，29名为国际白牌裁判，占绝大多数。自2013年开始，随着国内国际比赛数量的增加，开始呈现实际可用的高级别裁判不足的趋势，尤其是裁判长序列，只有一名国际金牌裁判长，由于工作原因，目前以担任高级别WTA赛事监督为主，而全年超过20站国际网联男女职业巡回赛裁判长全部从

国外邀请，这样不但浪费经费，给赛事主办方增加负担，中国裁判员也没有得到应有的锻炼机会。究其原因，无外乎执裁能力、英语基础和动机水平三个方面。

## 二、我国裁判员发展面临的机遇和挑战

从2015年到2020年，我国全面建成小康社会，构建社会主义和谐社会的目标和任务对网球项目工作提出了新的更高的要求，对裁判员的要求和标准同样要达到一个新的高度。如何利用目前国内体育产业改革的大好政策和网球井喷式发展的形势，深化改革，创新思路，是目前裁判员发展亟待思考和解决的问题。

竞技体育所表现的积极进取、诚实守信、规则至上、团结友爱、健康自然的精神和理念，体现了和谐社会的目标追求与价值导向，培养人们公平竞争、团结协作、克服困难的精神与观念，促进人的全面发展，形成健康、科学的生活方式，是创造文明、和谐的社会环境的有效途径，也是促进全民健身运动、推动体育产业发展的重要手段。裁判员的工作质量、能力水平与上述内容的实现密切相关。

网球竞赛体系已初步建立，但仍要与时俱进，不断完善和创新，始终保持与国际主流同步和接轨。建立级别科学、数量合理、层次分明、衔接有序、管理规范、责权清晰的竞赛体系是中国网球协会目前的首要职责。伴随着经济和社会的发展，我国网球裁判员的发展与赛事的发展不成比例，甚至严重滞后，在某种程度上已经影响了赛事的质量和效益。

在裁判培养和发展方式上缺乏投入、缺乏规划、没有形成体系和规模，没有政策和保障等需求的驱动，创新不足，科学化管理和培养手段不足、质量不高，复合型裁判团队建设滞后，后备

培养体系面临新的困难和冲击。

综合分析，影响和制约我国裁判员发展的体制性和机制性的矛盾与问题仍然十分突出，我国网球项目裁判员在面临重大发展机遇的同时，也面临诸多严峻挑战。

## 三、对策与措施

矛盾可分为主要矛盾和次要矛盾，它们之间又是对立统一的，分析问题更要从内因、外因以及相互的联系入手。通过分析国际形势、先进经验和我国网球项目裁判员的发展现状，从多方面入手发现问题、解决问题，针对未来5~10年，甚至更加长远的发展提出以下建议和具体措施。

### （一）撰写制度性文件，加强法制建设

按照十八届四中全会关于“依法治国”的决定，进一步加强我国网球裁判员的管理工作。在2015年，根据裁判员工作的实际需求，推出《裁判员管理条例》《裁判员注册管理办法》《裁判员守则》等草案，减少在管理和选拔过程中的人为因素，用制度和规范建立起公开、公正、透明的，可持续发展的裁判员管理体系。同时，按照文件中的规定严格管理，建立严谨的国家级裁判年度审核制度，对于年度审核不合格的裁判员给予一定的处罚，作为工作选派、交流计划和国际网联二级培训班推荐的重要参考标准，切实做到有法可依、违法必究、执法必严。

### （二）加强导师团队建设，打造坚实的培训体系和认证体系

进一步完善中国网球协会裁判员导师等级培训制度，丰富专项培训内容，扩大数量、提升质量；逐步建立中国网球协会裁判员

导师的培训体系，提升培训层次，有计划、有步骤地重点培养年轻的优秀导师，打造一支高水平的、具有国际水准的导师团队。

撰写《裁判员教学大纲》和《裁判员等级标准》，根据文件中对各级别裁判员培训内容和考核标准的要求，规范培训流程、统一培训标准。定期举办导师培训班，统一思想，提高裁判员培训体系的整体效果。

## （三）完善梯队建设，加强我国网球裁判员的系统化培养

以中国网球协会裁判委员会为领导，按照《裁判员教学大纲》和《裁判员等级标准》（下文简称《大纲》和《标准》）的要求，充分发挥各级网球协会的作用，加强与各体育局和专业院校的沟通，统一要求、统一标准，构建统筹兼顾、上下贯通的裁判员培训的新系统。打破传统的“铁路警察，各管一段”的理念，统一思想，自上而下地进行改革，制定具体实施细则，使各级协会参照执行。

强化国家协会和地方协会的管理地位和服务意识。各级别裁判由相应协会进行统一分配，并评估每一个裁判员的工作表现和业务水平，作为选派和推荐考国家级的参考，同时禁止裁判员私自进行裁判活动，避免恶性竞争，实现裁判员的有序管理，维护网球市场秩序，也有利于网球裁判员的培养和选拔，对有潜力和有上进心的裁判员可以起到很大的鼓励和推动作用。同时，各级协会要切实履行职责，理清工作思路，制定层次分明、长期有效，符合本省、本地区网球项目发展规律的裁判员培养规划。

设立包括国际网联二级、三级考试及国家级考试在内的各级考试的预备培训班，结合评估结果、专业能力、英语水平、个人情况等因素，选出重点培养对象，有针对性地给予更多的锻炼机

会，形成规范、透明的裁判员选拔机制，完善梯队建设。

在裁判委员会中成立专门研究小组，研究总结国际网球发达国家和我国网球裁判员较发达省份的经验和做法，经过高度概括和提炼，总结出一套适合我国网球裁判员发展的道路，作为今后裁判员各项工作的核心指导性文件，并根据实际情况，定期修订，做到与时俱进。

### （四）协调地方协会，调动积极性，建立培训机构和培训地点

由于经验缺乏和精力不足，目前各省市网球协会和相关管理部门在裁判员管理，尤其是培养方面，缺乏科学的规划。在未来的5~10年中，一项重要的工作是在撰写并坚决执行《大纲》和《标准》的基础上，利用中国网球协会裁判委员会管理经验丰富、战略眼光高的优势，把业务指导的触角向基层延伸，发挥辐射作用，积极指导帮助基础人才培养，促进基层裁判员水平和裁判员培养体系的提高和完善。

与此同时，在几个重点省市建立国家裁判员培训基地，每年定期举办包括国际高水平裁判员培训班，以此切实提高我国裁判员整体水平，在解决一部分经费问题的同时，也带动了当地裁判员的发展。

### （五）加大国际交流和交换计划力度，着重提高质量和效率

在目前的交流计划的基础上继续深化与国际组织、其他国际协会及世界高级别比赛的交流与合作，重视并加强与国际高水平裁判员的信息互动和人员往来。拓宽交流渠道，丰富交流内容，提高交流质量，及时了解国际裁判界最新发展动态，吸收借鉴国际网球运动发展的有益经验。以更加务实开放的心态，走出去，

请进来，以我为主，相互学习，交流经验，在实践和交流中切实提高执裁能力。

2015—2020年继续加大交流力度，从数量入手，每年裁判员外派数量递增20%；在每次交流工作前做好准备工作，之后认真总结，切实提高交流的效果；做好年度交流计划，有针对性地选择国家和比赛级别，做到有的放矢。

## （六）夯实基础，建立集体和个人相结合的培训体系

统筹安排各级别裁判员的学习，做到个人学习常态化，集体学习制度化。以自学为主，通过网络和邮件等形式发送国际裁判最新动态和研讨题，鼓励裁判员通过自学规则、相互交流、请教导师等形式，自觉提高理论水平和执裁能力。同时，组织多层次的集体学习，包括国家协会及省市协会组织的学习、赛区学习、考前学习等。

强化监督机制，严格执行相关规定，从2015年开始，国家级裁判员参加集体学习不能少于40学时，否则不予注册；一级裁判员参加集体学习不能少于50学时，否则不能参加当年或下年度国家级考试。

## （七）加强信息化建设，建立裁判员网络平台

为了真正实现以信息为主导的战略目标，学习网球发达国家的先进经验，建立以信息发布、经验交流和成果分享为主要目的的裁判员专属网络平台，所有国家级以上裁判员必须注册，并定期登录，其他级别可自愿注册、浏览和进行交流。

平台由专业人士建立，做到页面简洁、层次清晰、方便维护，并由高级别网球裁判进行日常维护，包括收集信息、更新文章、答疑解惑，并监督平台中的发言内容。定期由裁判委员会组

织专人对平台的功能方面进行检测，并对预期效果的达成进行评估，如发现任何不符合要求的问题，及时调整和更新。

## （八）建立和完善裁判员信息库和评估体系

深入研究国际网联及网球项目高度发达国家网球协会的裁判员培养和管理体系发现，科学、严谨的评估系统是保证整个发展系统高速平稳、可持续发展的根本。

首先，裁委会成立研讨小组，专题研究国际上现行的评估系统，建立切实可行、操作性强、符合我国赛事和裁判员规律和特点、全面无死角的评估系统，并在全国比赛中推广实施。其次，要加强评估团队的培养。一方面通过裁判长培训，向裁判长灌输评估的重要性，统一思想，统一标准；另一方面，要学习大满贯的先进经验，在大型赛事中组织专门的评估团队，辅助裁判组长评价系统，这也有利于发现我国司线员普遍存在的问题，打造一批能代表中国网球协会水平的金牌司线员队伍。

同时，建立我国裁判员信息库，以评估体系为基础，包括裁判员培训、选派、交流等方面。首先从国际级和国家级入手，建立系统，逐步扩散至其他各级别，形成我国裁判员培养和管理工作体系。设置专人定期管理，上传和管理信息，做到分类清晰、内容及时准确、信息有针对性。通过用户名和密码控制，在互联网上对有需求人群开放，方便检索和资料查询。

## （九）狠抓裁判员队伍的作风建设，杜绝不良风气

裁判员工作以德为先，强化作风建设是下一阶段亟待解决的问题。按照习近平总书记的讲话要求，解决作风方面存在的问题，根本要靠坚持不懈，抓常、抓细、抓长。作为未来发展的重中之重，裁判员队伍的作风建设必须要做好打持久战的准备，持久努力，久久为功。

首先，通过出台相关制度性文件，加强裁判员管理、选派和监督工作，用法治彻底代替人治；其次，在裁判员队伍中树立学习的榜样，并在业务学习的基础上，增加经验交流类论坛，提高裁判员队伍整体职业素养；最后，裁判委员会成员要通过调研、谈心等方式，深入裁判员队伍，了解大家实际困难和心态变化，并及时汇报，商讨改革措施，推出相应政策，防患于未然。

在未来的5年中，努力通过在裁判员队伍中宣传积极向上的价值观，并通过加强制度的管理，逐渐纠正裁判员队伍中的歪风邪气和不良习气，从思想上形成相同的判断善恶的标准、共同的追求和境界，最终形成我国裁判员队伍的核心价值观。

## （十）整合社会多方面资源，加大裁判员培养的投入力度

解放思想，改革创新，利用一切可利用的社会资源，不断在人力、财力、物力等各方面加强裁判员培养的投入力度。

增强与各省市体育局的沟通，调动积极性，将裁判员培训列入省市全年培训和财政预算，使省市体育局建立起一套横向统一、纵向贯通的裁判员培训计划。进一步利用省市资源加强一级以下裁判员的培训，同时作为国家级以上裁判员培养计划的必要补充，用高级别带动低级别。

2014年中国网球协会首次利用自有资金，投入35万元用于裁判员培训，共举行各类培训班6次，共计培训300余人次，培养了国际级裁判52人，国际白牌主裁判2人，以及国际银牌裁判组长2人，取得了良好的效果。2015—2020年在保证与2014年同等投入的基础上，力争每年有所递增，提升裁判员培训的质量和广度。

# 参考文献

[1] 周宝玺.矛盾规律研究[M].北京：中国人民大学出版社，2013：57-121.

[2] 周志俊，魏名国.体育辩证法[M].合肥：合肥工业大学出版社，2004：247-277.

[3] 霍德利，仇军.体育赛事信任风险指标体系研究[J].北京体育大学学报，2014，37（10）：18-25.

[4] 刘志民.国际化背景下的竞技体育强国研究——“竞技与产业平等”指标探析[J].南京体育学院学报（社会科学版），2014（4）：1-6.

# 我国兴奋剂检查官队伍结构现状及管理对策研究

国家体育总局反兴奋剂中心　丛军

**摘要**：当今，随着竞技体育的发展，反兴奋剂工作的形势日益严峻，反兴奋剂的力度不断加大。事实证明，加大检查力度仍然是最有效、最具威慑力的反兴奋剂工作手段。兴奋剂检查官队伍是我国反兴奋剂工作战线上的一支最基层、最关键的队伍，这支队伍的结构状况是衡量兴奋剂检查官队伍质量的一个综合指标，反映了兴奋剂检查官队伍的总体面貌和质量水平。通过查阅文献资料发现，迄今为止，国内外都未见有关兴奋剂检查官队伍方面的研究。本文根据辩证唯物主义认识论的观点，运用认识与实践相统一，从实践中来、到实践中去的方法论，对我国兴奋剂检查官的队伍结构进行了大范围的问卷调查。通过分析研究发现：整体学历水平较高、年龄结构相对合理、计算机操作水平较高等方面是我国兴奋剂检查官队伍的优势所在。但是这支队伍也存在着性别比例不协调、职业分布不均匀、工作待遇相对较低、整体外语水平不高、招募渠道过于单一等不足之处。本研究在全面了解、掌握我国兴奋剂检查官队伍结构现状的基础上，提出了改进的方法和对策，为我国兴奋剂检查官队伍的健康、可持续发展提供了建设性建议和理论参考。

**关键词**：我国兴奋剂检查官；队伍结构；现状；管理对策

反兴奋剂工作是维护体育事业的公平、公正，体现社会良好风气，促进社会公平正义的一项社会关注度高、影响力大的体育事业。反兴奋剂工作包括兴奋剂检查、检测、宣传教育、结果管理等诸多环节，而兴奋剂检查是反兴奋剂工作的核心内容之一。兴奋剂检查官直接面对运动员、教练员及其辅助人员，他们的整体素质和能力，直接关系到反兴奋剂工作的质量。自从20世纪80年代末期，中国开始实施兴奋剂检查以来，经过反兴奋剂人近30年的不断努力，我国的兴奋剂检查官队伍从最初的只有几个人发展壮大到目前的近400人。兴奋剂检查官来自各行各业，层次有高有低，既有大学教授、公务员、企事业单位员工，也有在校大学生和自由职业者。通过查阅文献资料发现，迄今为止，国内外都未见有关兴奋剂检查官队伍方面的研究。因此，为了全面了解我国兴奋剂检查官队伍的情况，以便今后更好地开展检查工作，本研究针对兴奋剂检查官队伍结构进行了一次正规、全面的现状调查。希望在调查分析的基础上，能够全面了解、掌握我国兴奋剂检查官队伍结构的现状，从中发现存在的问题与不足，从而提出改进的方法和对策，为我国兴奋剂检查官队伍的健康、可持续发展提供建设性建议和理论参考。

## 一、研究对象与方法

### （一）研究对象

本课题以我国兴奋剂检查官队伍为研究对象，抽取了北京、上海、武汉、江西、贵州、青海、浙江、广东、四川、山东、北京电力医院等省市和单位的149名兴奋剂检查官进行问卷调查。研究对象涵盖面广，足以反映我国兴奋剂检查官队伍的基本情况。

## （二）研究方法

本文根据辩证唯物主义认识论的观点，运用认识与实践相统一，从实践中来、到实践中去的方法论，采用文献资料法、问卷调查法、专家访谈法、数理统计法、逻辑分析法等研究方法作为基本的科研方法。

**1. 文献资料法**

查阅了大量的体育期刊、体育书籍及网络资源，积累研究素材，充分收集资料，以获取有关研究的背景知识，为全面、深入地研究提供理论依据。

**2. 问卷调查法**

对全国11个省市和单位的149名兴奋剂检查官发放调查问卷。为保证问卷的真实性和回收率，采用了现场发放、现场填写、现场回收的方式。

本次调查共发放了149份问卷，回收149份问卷，去除11份无效问卷，有效问卷为138份，有效回收率为92.6%。根据巴比的社会调查理论，问卷回收率在60%以上为好，70%以上为非常好，由此可认为本调查问卷回收率和有效率满足社会调查与研究的要求。

**3. 专家访谈法**

就研究的有关问题对8位专家进行了有关问卷设计、研究内容与方法、数据统计等方面的调研访谈，其中4位专家是具有正高级职称的兴奋剂检查官，他们对兴奋剂检查官队伍比较了解，另外4位专家是长期在科研工作第一线、具有副高级以上职称的学者。

**4. 数理统计法**

对有效问卷数据采用Excel 2007和SPSS 16.0进行基础数据处理。

#### 5. 逻辑分析法

对数理统计的结果进行逻辑归纳和理论分析，得出结论及相应对策。

## 二、研究结果与分析

队伍结构是指兴奋剂检查官队伍的各种要素、数量、构成比例及其相互组合的关系。它主要是由兴奋剂检查官的年龄、学历、职业背景和从事兴奋剂检查工作的年限等要素构成的一个整体动态结构，它是衡量兴奋剂检查官队伍质量的一个综合指标，反映了兴奋剂检查官队伍的总体面貌和质量水平。兴奋剂检查官队伍是我国从事反兴奋剂工作战线上的一支最基层、最关键的队伍，这支队伍的人员来自各行各业，他们都是以半公益性质的兼职工作来完成反兴奋剂中心交付的兴奋剂检查任务的。兴奋剂检查官队伍的结构状况将直接影响兴奋剂检查工作的质量。

### （一）性别结构

兴奋剂检查官在执行检查任务时，绝大多数情况是男女2人一组，分工合作完成任务。调查显示，目前兴奋剂检查官队伍的男女比例是男兴奋剂检查官占46.4%，女兴奋剂检查官占53.6%，详见表1。兴奋剂检查官的男女比例不平衡会在一定程度上给兴奋剂检查官的派遣工作带来困难，实际工作中的表现就是，女兴奋剂检查官更容易派遣，而男兴奋剂检查官派遣的难度相对大一些。

**表1　兴奋剂检查官男女比例**

| 性别 | 百分比 |
|---|---|
| 男 | 46.4% |
| 女 | 53.6% |

## （二）年龄结构

兴奋剂检查官队伍的年龄结构是体现这支队伍人才建设的关键，也是决定这支队伍是否具有战斗力、可持续发展的关键因素。年龄结构也在一定程度上反映了整个兴奋剂检查官队伍的活力与潜力。

从表2可以看出，我国兴奋剂检查官的年龄结构，以中青年为主体，51~60岁的占14.5%，41~50岁的占28.3%，31~40岁的占33.3%，20~30岁的占23.9%。20~40岁的中青年兴奋剂检查官已经成为这支队伍的中坚力量，挑起了反兴奋剂事业的重担。41~50岁的兴奋剂检查官也占据了相当比例，而51~60岁的兴奋剂检查官占的比重相对较少，这也充分说明了我国兴奋剂检查官队伍富有朝气和活力。从年龄结构上看，基本形成了老中青结合的兴奋剂检查官队伍，年长的兴奋剂检查官社会经验和工作经验丰富，年轻的兴奋剂检查官领悟能力强，勤奋好学，年龄结构上的优势互补有利于兴奋剂检查官队伍的“传、帮、带”，有利于队伍的良性发展。

表2　兴奋剂检查官年龄结构

| 年龄/岁 | 所占比例 |
| --- | --- |
| 20~30 | 23.9% |
| 31~40 | 33.3% |
| 41~50 | 28.3% |
| 51~60 | 14.5% |

图1显示的是不同年龄段男女兴奋剂检查官所占的比例。可以看出，在不同年龄段，男、女兴奋剂检查官的比例并不是十分的均衡，尤其是41~50岁这个年龄段的兴奋剂检查官，男女比例差距相对较大。这个年龄段的兴奋剂检查官绝大多数都是业务骨

干，因此，在今后的招募中应尽量把这个年龄段的男女兴奋剂检查官比例控制在一个更加均衡的状态。

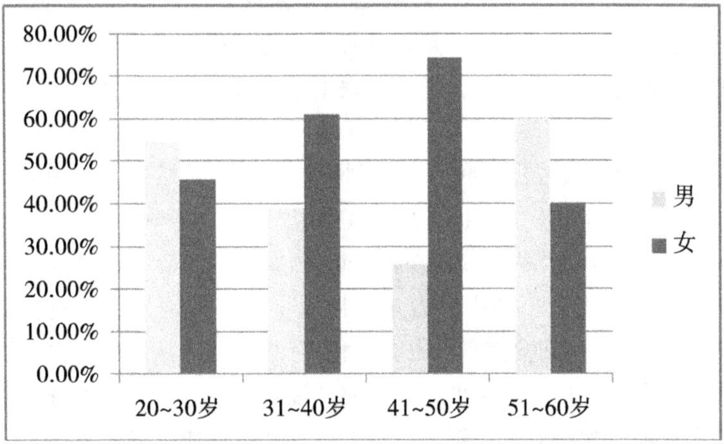


**图1　不同年龄段兴奋剂检查官男女比例对比图**

## （三）学历结构

学历反映一个人所受教育的程度及文化知识水平的高低，在一定程度上也反映了兴奋剂检查官掌握基本理论和基本技能的情况。学历结构预示着今后队伍发展的潜力，是衡量兴奋剂检查官队伍水平高低的一个重要标准。兴奋剂检查官队伍的高学历化是提高检查质量的人力要求，是高质量完成大型赛事兴奋剂检查工作的基础保证，是建设高水平兴奋剂检查官队伍的内在需求。

调查发现，我国兴奋剂检查官队伍中具有博士研究生学位的占2.9%，具有硕士研究生学位的占18.1%，具有本科学位的占51.4%，具有大专学历的占21.7%，具有中专学历的占2.9%，具有高中学历的占3.0%，详见表3。具有本科以上学历的兴奋剂检查官占到了70%以上，说明我国兴奋剂检查官队伍在整体学历结构上能够适应当前兴奋剂检查工作的要求。但是随着国际化程度的逐步深入，大型赛事，尤其在华国际比赛和国际委托检查日趋增多，要想建设一支具有国际水准的兴奋剂检查队伍，就必须进一步提高兴奋剂检查官的学历水平。

**表3　兴奋剂检查官学历结构**

| 学历 | 所占比例 |
|---|---|
| 高中 | 3.0% |
| 中专 | 2.9% |
| 大专 | 21.7% |
| 本科 | 51.4% |
| 硕士 | 18.1% |
| 博士 | 2.9% |

此外，兴奋剂检查官队伍中，具有本科以上学历的男性兴奋剂检查官所占比例为35.5%，女性兴奋剂检查官所占比例为36.9%，这主要体现了具有本科以上学历的兴奋剂检查官的男女分布情况。具有本科以下学历的男性兴奋剂检查官所占比例为10.9%，具有本科以下学历的女性兴奋剂检查官所占比例为16.7%，这主要体现为相对学历较低的兴奋剂检查官的男女分布。从上述的数据中可以看出，低学历的女性从事检查工作的比例相对较高，这可能是由于她们相对于同等学历的男性而言，更难找到稳定的工作，她们有更多的时间和精力去从事兴奋剂检查工作。

## （四）所学专业是否与体育相关

调查发现，在兴奋剂检查官队伍中，所学专业与体育相关的占35.5%，不相关的占64.5%。通过这一数据可以看出：一方面，半数以上的兴奋剂检查官不是学体育专业的，他们兼职兴奋剂检查工作可能是出于爱好和兴趣；另一方面，兴奋剂检查工作的行业特点，要求兴奋剂检查官最好有体育专业背景，了解项目特点，了解竞赛规则，了解训练安排及运动队运行模式，这样将有利于开展赛内、外检查工作，提高检查质量。

## （五）体育系统人员从事兴奋剂检查工作的情况

为调查体育系统人员从事兴奋剂检查工作的情况，并了解非体育系统人员进入检查官队伍的情况，我们设计了这样一个问题。通过调查发现，兴奋剂检查官队伍中，在体育系统工作的人员占51.1%，而非体育系统人员占48.9%。这一统计数据显示，有一半的兴奋剂检查官来自体育系统，这其中除了国家体育总局系统的人员外，其余人员都来自省市体育局，尤其是地方的体育科研所。他们可能更了解兴奋剂检查工作的性质与内容，也更容易接触到从事反兴奋剂工作的相关人员。但是由于兴奋剂检查工作的特殊性，这些人员可能会面临与利益相关的问题，而且反兴奋剂中心目前选择了9个省市作为京外站点，对反兴奋剂中心来说可能是方便了工作开展，但从全国范围来看，容易引起其他省市的误解和猜忌。因此，在今后的兴奋剂检查官招募中，应该控制京外站点体育系统兴奋剂检查官的规模，吸纳更多的非体育系统的工作人员参与兴奋剂检查工作，这样才能避免一些不必要的误解。

## （六）职业分布

兴奋剂检查官都是兼职工作者，来自各行各业，职业分布情况如表4所示。其中自由职业者和退休人员为能够经常出差的人员，他们所占比例为11.5%。然而兴奋剂检查官大部分为国家机关工作人员、国家事业单位工作人员、企业职工、教师和在校大学生，共占比82.6%，他们不能自由支配时间，不能满足随时出差的需要。通过上面的数据可以看出，在兴奋剂检查官队伍中，能够经常出差的人员所占比例相对较小，而不能经常出差的人员却占据着优势比例。这一情况对我们实际工作的影响是非常大的，表现为兴奋剂检查官队伍中一小部分人完成了绝大部分的检查任务，而占据优势比例的一大部分兴奋剂检查官却只完成了较少的兴奋剂检查任务，“二八定律”在兴奋剂检查官工作中表现得非常明显。

表4　兴奋剂检查官职业分布情况

| 行业 | 百分比 |
|---|---|
| 国家机关工作人员 | 4.3% |
| 国家事业单位工作人员 | 44.9% |
| 企业 | 21.8% |
| 教师 | 7.3% |
| 军人 | 1.5% |
| 私企业主 | 1.4% |
| 公司职员 | 2.9% |
| 在校大学生或研究生 | 4.3% |
| 自由职业者 | 7.2% |
| 退休人员 | 4.3% |

## （七）年度补贴情况

兴奋剂检查官在完成检查任务之后，反兴奋剂中心会按照规定的标准给予兴奋剂检查官一定的收样补贴。收样补贴的多少会对兴奋剂检查官工作的积极性和责任心等方面产生一定的影响。表5是检查官年度补贴的情况。

表5　兴奋剂检查官年度补贴情况

| 收样补贴金额 | 所占比例 |
| --- | --- |
| 1000元及以下 | 29.0% |
| 1001~3000元 | 50.7% |
| 3001~6000元 | 10.1% |
| 6001~9000元 | 5.8% |
| 9001~12000元 | 2.9% |
| 12001~16000元 | 0.7% |
| 16001~20000元 | 0.7% |

通过上面的统计数据可以看出，79.7%的兴奋剂检查官年度收样补贴在3000元以下，可以说，收样补贴对于绝大多数兴奋剂检查官个人年度收入的影响可以忽略不计，这说明绝大多数兴奋剂检查官从事这份工作还是靠着个人兴趣和爱好。进一步分析发现，年度收样补贴12000元以上的人群中，自由职业者和退休人员占到了50%，通过这一数据也佐证了这两类人员完成了较多兴奋剂检查任务这一事实。

## （八）收样补贴以外的月收入情况

兴奋剂检查官收样补贴以外的月收入情况能够反映兴奋剂检查官的生活与工作状况，表6是兴奋剂检查官月收入情况统计。

表6　兴奋剂检查官收样补贴以外的月收入情况

| 月收入 | 所占比例 |
| --- | --- |
| 无收入 | 5.8% |
| 1000元及以下 | 1.4% |
| 1001~3000元 | 24.6% |
| 3001~5000元 | 31.9% |

续表

| 月收入 | 所占比例 |
|---|---|
| 5001~7000元 | 16.7% |
| 7001~10000元 | 14.5% |
| 10001~15000元 | 4.3% |
| 15000元以上 | 0.8% |

通过分析可以看出，绝大多数兴奋剂检查官都属于工薪阶层，无收入的兴奋剂检查官所占比例为5.8%，对于这一部分兴奋剂检查官而言，收样补贴对其生活的影响很大。通过上表还可以看出，3000元以下月收入的检查官占31.8%，收样补贴的高低对这部分人群也将产生一定的影响。因此，提高兴奋剂检查官的收样补贴，在一定程度上能够提高兴奋剂检查官工作的积极性。7000元以上月收入的比例为19.6%，这部分人员可能对收样补贴的敏感程度较低，为提高其工作的积极性，应考虑从收样补贴以外的因素，比如说增强其对反兴奋剂事业的热爱程度，提高兴奋剂检查官社会公益性的知名度等方面来提高他们工作的积极性。

## （九）从业年限

从业年限是指兴奋剂检查官参加兴奋剂检查工作的时间积累。从业年限的长短反映了检查工作经验的丰富或不足，一般来说，从业年限越长，兴奋剂检查官的工作经验越丰富。表7是兴奋剂检查官从业年限的情况统计。

表7　兴奋剂检查官从业年限情况

| 从业年限 | 所占比例 |
|---|---|
| 3年以下 | 37.7% |
| 3~6年 | 30.4% |

续表

| 从业年限 | 所占比例 |
|---|---|
| 7~10年 | 22.5% |
| 11~15年 | 4.3% |
| 16~20年 | 2.2% |
| 20年以上 | 2.9% |

通过上面的数据可以看出，从事兴奋剂检查工作3年以下的兴奋剂检查官占37.7%，3~6年的占30.4%，7~10年的占22.5%，11~15年的占4.3%，16~20年的占2.2%，20年以上的占2.9%，从业年限基本呈现阶梯状分布，如图2所示。按正常规律，从业年限的高峰应该处在7~10年和11~15年的范围，但目前从业年限3年以下的兴奋剂检查官所占比例较大，这可能是目前兴奋剂检查官出错较多的根源所在。进一步分析发现，从事兴奋剂检查工作3年以上的男性兴奋剂检查官所占比例是27.5%，女性兴奋剂检查官占比是34.8%，7年以上的男性兴奋剂检查官占比9.4%，女性兴奋剂检查官占比22.5%。这两组数据说明，具有较丰富的工作经验，能够带队执行兴奋剂检查任务的女性兴奋剂检查官多于男性兴奋剂检查官。因此，在今后的工作中应该更加重视男性兴奋剂检查官的培养与锻炼。

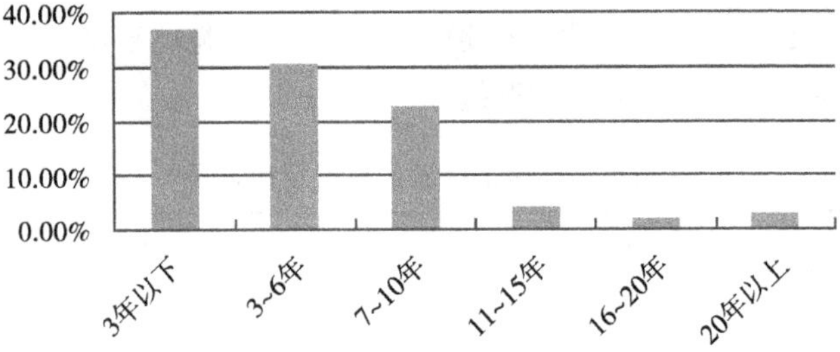


图2　兴奋剂检查官从业年限情况

## （十）招募渠道

由于兴奋剂检查工作有着浓厚的神秘色彩，因此能够接触或了解这一工作的渠道并不是很多。表8是兴奋剂检查官招募渠道的情况。

**表8　兴奋剂检查官招募渠道及比例**

| 招募渠道 | 百分比 |
|---|---|
| 兴奋剂检查官介绍 | 23.9% |
| 反兴奋剂中心工作人员介绍 | 44.3% |
| 报刊招聘启示 | 0.7% |
| 网络招聘启事 | 1.4% |
| 单位推荐（各工作站） | 29.7% |

调查显示，68.2%的兴奋剂检查官是通过反兴奋剂中心工作人员和兴奋剂检查官的介绍进入这一队伍的。29.7%的人员是由与反兴奋剂中心有合作关系的省市体育局推荐的，这一群体基本上都是体育科研人员。通过报刊或网络渠道招聘进入兴奋剂检查官队伍的人员只占到2.1%。因此，拓宽招募渠道，广纳英才，控制规模，调整队伍结构不仅能提高反兴奋剂中心的地位，扩大反兴奋剂工作的影响，还能提升队伍质量，从而提高工作效率。目前的招募渠道存在以下三方面的弊端：①熟人介绍，不利于管理；②利益相关，不利于体现公平性，容易引起猜忌和误解；③渠道狭窄，不利于吸收更多优秀人才的加入。

## （十一）外语水平

随着我国综合国力和竞技体育水平的不断提高，在华国际比赛的数量也逐年增多，这就对我国兴奋剂检查官的外语水平，尤其是英语听、说、写的能力提出了更高的要求。因此，兴奋剂检查官英语水平的高低将直接影响着大型国际赛事兴奋剂检查工作的质量。

通过表9可以看出，无英语等级的兴奋剂检查官占到了近一半，六级水平的占到19.6%，专业八级水平的仅仅占到3.6%。其中六级水平以上男性兴奋剂检查官所占比例是10.9%，女性兴奋剂检查官所占比例是12.3%。这一统计结果说明，我们兴奋剂检查官队伍整体英语水平不高，每逢综合性国际大赛，在选派兴奋剂检查经理和兴奋剂检查官时都显得捉襟见肘。因此，在今后兴奋剂检查官招募时，一定要注意对语言能力的要求，以满足大型国际赛事对兴奋剂检查官外语能力的需求。

**表9　兴奋剂检查官的英语水平情况**

| 英语等级 | 百分比 |
|---|---|
| 无等级 | 49.3% |
| 四级 | 27.5% |
| 六级 | 19.6% |
| 专业八级 | 3.6% |

调查发现，只有6.5%的兴奋剂检查官掌握除英语以外的第二门外语。而从事兴奋剂检查工作3年以上、掌握第二门外语的兴奋剂检查官占4.3%，从事兴奋剂检查工作7年以上、掌握第二门外语的占2.9%。这些兴奋剂检查官具有一定的工作经验和能力，往往能在大型赛事中发挥重要作用。因此，在兴奋剂检查官招募时，应更多地关注和吸收掌握第二门外语，特别是懂法语、俄语、阿拉伯语等语种的人才参与兴奋剂检查的工作。

参加国际赛事兴奋剂检查工作的兴奋剂检查官必须在工作经验、工作能力和外语能力上都达到一定的水平。调查显示，只有

53.6%的兴奋剂检查官认为他们的外语能力可以满足国际赛事兴奋剂检查工作的要求，且这部分兴奋剂检查官中男女比例各半。

### （十二）计算机水平

随着经济的飞速发展，人民生活水平的不断提高，计算机走进了越来越多的家庭，熟练操作计算机已经成为现代人生活和工作的一个显著标志。良好的计算机操作水平能够帮助检查官更快地了解、更新知识，提高兴奋剂检查工作的效率。通过调查发现，83.3%的兴奋剂检查官掌握办公自动化，16.7%的兴奋剂检查官只具备打字能力。这一数据表明，大部分兴奋剂检查官具有较好的计算机操作水平，这对无纸化检查、网络培训和交流平台的建立等工作的开展提供了可行性依据。

## 三、加强兴奋剂检查官队伍管理的对策分析

### （一）提高兴奋剂检查官的职业声誉和社会影响力

目前，兼职从事兴奋剂检查工作的人员来自各行各业，从事这项工作的心态也不尽相同，但是绝大多数兴奋剂检查官都是抱着对体育事业的热爱，对反兴奋剂工作的浓厚兴趣参与其中。为了进一步提高兴奋剂检查官的工作热情与责任心，除了物质方面的鼓励，更应该从提高兴奋剂检查官的职业声誉和社会影响力入手，通过多种途径宣传兴奋剂检查官是代表体育事业的公平正义、有显著公益属性的崇高职业，兴奋剂检查官队伍是一支具有团队合作和奉献精神、有良好声誉的队伍，让更多的兴奋剂检查官有心理上的认同感和自豪感。

### （二）拓宽兴奋剂检查官队伍的物质和资金来源

目前，兴奋剂检查官队伍的物质和资金支持全部来自国家体

育总局划拨的专项经费。反兴奋剂中心应在继续向国家体育总局争取更多经费支持的基础上，解放思想，逐步探索新的经费获取途径与手段，以市场化的方式激活社会对反兴奋剂事业的关注，从而获得更多的资源支持。这就需要进一步宣传反兴奋剂事业的意义，宣传兴奋剂检查官的公益属性，并与社会上一些有志于社会公益、有志于体育事业、有志于反兴奋剂事业的单位合作，通过多种途径，以市场化的行为获取社会资源，拓宽兴奋剂检查官队伍的物质和资金来源。

## （三）提高兴奋剂检查官的职业吸引力

目前由于待遇、工作性质等原因，兴奋剂检查官的职业吸引力不高，应从以下几个途径入手提高兴奋剂检查官的职业吸引力。

**1. 提高工作待遇**

兴奋剂检查官工作辛苦，常年奔波于全国各地，需要高度的责任心、较强的业务能力及外语能力。尽管近年来兴奋剂检查官的工作待遇逐年提高，但我国兴奋剂检查官属于半公益兼职性质，整体待遇水平仍不高，这导致了队伍招募难度较大，队伍稳定性不高、人员流动性大等问题，对兴奋剂检查官队伍的管理工作造成了一定的困难。建议在可操作范围内，切实提高兴奋剂检查官待遇，尤其是带队兴奋剂检查官的待遇，使兴奋剂检查官的收入与工作相匹配，提高兴奋剂检查官的工作积极性，从而提升兴奋剂检查官的职业吸引力。

**2. 改善工作条件**

目前，兴奋剂检查官的工作条件还有待进一步改善，特别是兴奋剂检查官反映强烈的住宿费和餐费标准应提高。此外，还应进一步与项目中心和赛事组委会加强沟通，明确各自的职责和需要提供的支持，确保赛事兴奋剂检查各项工作得到有力的支持和保障，提高兴奋剂检查官在赛事中的地位。

**3. 加强保障**

建议做好兴奋剂检查官保险的相关工作，以应对检查过程中出现的身体、安全等意外情况，切实保障兴奋剂检查官的相关权益；还可以尝试与兴奋剂检查官签订相关工作协议，明确双方的责任和权利。

**4. 建立健全长效激励机制**

应建立健全兴奋剂检查官长效激励机制，从物质和精神两个层面激励检查官不断进步，长期保持对工作的热情和进取心。可以采用的方式有：奖励优秀和有突出贡献的兴奋剂检查官；实施兴奋剂检查官分级制度，区分不同级别兴奋剂检查官的检查补助等。

## （四）加强兴奋剂检查官招募工作

目前，进入兴奋剂检查官队伍的渠道过于单一，应该在大力宣传兴奋剂检查官这支队伍的同时拓宽招募渠道，通过人才招聘机构、网络平台、报纸、电视等形式，形成多元化、多渠道的兴奋剂检查官招募方式与平台，让更多的优秀人才知晓、了解并加入这支队伍。此外，在招募工作中应考虑到目前存在的兴奋剂检查官性别分布不平衡、整体外语水平不高、有体育专业背景的人员较少、体育系统人员所占比例较高的问题，尽量平衡兴奋剂检查官性别比例，吸纳更多的外语人才、具有体育专业背景的人员及更多的非体育系统的工作人员。

## （五）加强外语培训

目前，我国兴奋剂检查官的外语水平不能完全满足大型国际赛事的工作要求，除在招募时考虑吸纳更多的外语水平较高人员外，还应加强外语方面的培训，建议由既熟悉兴奋剂检查工作又熟练掌握外语的检查官来进行培训，提高兴奋剂检查官队伍的外语水平，以满足国际赛事对兴奋剂检查官外语能力的要求。

### （六）加强团队建设培训

团队建设的培训也是不容忽视的内容之一，伦敦奥运会兴奋剂检查官的培训中就专门设计了这方面的内容。兴奋剂检查工作需要团队配合和协作，因此团队建设尤为重要。可以定期举行兴奋剂检查官工作经验交流，互相学习，互相帮助；还可以组织兴奋剂检查官参加拓展训练和团队协作训练，以此来培养团队意识，增强团队的凝聚力和向心力。

## 四、结论与建议

### （一）结 论

#### 1. 兴奋剂检查官队伍的优势

（1）整体学历水平较高，本科以上学历占72.4%。

（2）年龄结构比较合理。

（3）计算机操作水平较高。

#### 2. 兴奋剂检查官队伍存在的不足

（1）性别比例不协调。

（2）有体育专业背景的人员比例不高。

（3）体育系统人员所占比例较高。

（4）职业分布不均衡。

（5）工作待遇相对较低。

（6）有丰富工作经验的人员比例较低。

（7）招募渠道过于单一。

（8）整体外语水平不高。

## （二）建　议

（1）提高兴奋剂检查官的职业声誉和社会影响力。

（2）拓宽兴奋剂检查官队伍的物质和资金来源。

（3）提高兴奋剂检查官的职业吸引力。

（4）加强兴奋剂检查官招募工作。

（5）加强外语培训。

（6）加强团队建设培训。

# 对物联网环境下马术项目的赛事管理研究

国家体育总局自行车击剑运动管理中心　秦征

**摘要：**本文采用文献资料法和逻辑分析法等研究方法，分析了物联网在马术赛事管理中的应用前景。马术赛事管理中的物联网应用是行业发展的内在需求，物联网在马术产业发展和科学有效的赛事组织管理中体现着时代的要求。

**关键词：**物联网；马术；赛事管理

科学技术和管理现代化，是推动社会和经济向前发展的两大动因。科学技术是最具活力的社会生产力。然而，一项科学技术能否转化为生产力及其转化的程度，是和相应的管理方法和过程密切相关的。信息技术在体育领域的应用已经被广泛研究。信息技术的应用对于促进体育事业发展，推动体育强国建设具有不可忽视的作用。而物联网技术作为新一代信息技术的代表，在体育领域的应用具有广阔的前景，对现有体育管理模式必然会带来冲击，马术项目的发展也必会受到新的交互模式的影响，呈现新的发展趋势，而且物联网时代的到来也必将使马术项目的比赛发展与管理产生深刻而重大的变革。

# 一、研究对象与研究方法

## （一）研究对象

本文以物联网视野下马术运动项目的赛事组织与管理发展趋势为研究对象。其中包括：比赛器材的管理、场地管理、比赛项目管理等方面的内容。

## （二）研究方法

主要有文献资料法、观察法、逻辑分析法。查阅马术运动项目的赛事组织与管理等相关文献，以及查阅物联网发展的相关技术资料，就收集到的资料内容进行了比较研究，使物联网技术与马术运动项目的赛事组织和管理的结合成为可能，并且能在马术竞技比赛方面发挥作用。

# 二、物联网的相关概念与特征

## （一）物联网的基本概念

物联网（Internet of Things，IOT）作为继计算机、互联网与通信网之后信息革命的第三次浪潮，正向我们席卷而来。物联网是通过物物互联达到感知世界的最终目标，所以，其核心是为了感知世界而建立的各种系统框架和智能模型，是包含了感知、通信、控制、人工智能、计算网络的综合框架，物联网的一个关键技术就是要解决人与物之间的关系。

物联网是在计算机互联网的基础上，利用射频自动识别（以下简称“RFID”）、无线数据通信等技术，构造一个覆盖世界上万事万物的“Internet of Things”（物联网）。在这个网络中，物品（商品）能够彼此进行“交流”，而无需人的干预。其实质是利用RFID技术，通过计算机互联网实现物品（商品）的自动识别和信息的互联与共享。而RFID，正是能够让物品“开口说话”的一种技术。

在物联网的构想中，RFID标签中存储着规范而具有互用性的信息，通过无线数据通信网络把它们自动采集到中央信息系统，实现物品（商品）的识别，进而通过开放性的计算机网络实现信息交换和共享，实现对物品的“透明”管理。

### （二）物联网的本质特征

物联网的本质概括起来主要体现在三个方面：一是互联网特征，即对需要联网的“物”一定要能够实现互联互通的互联网络；二是识别与通信特征，即纳入物联网的“物”一定要具备自动识别与物物通信的功能；三是智能化特征，即网络系统应具有自动化、自我反馈与智能控制的特点。

物联网是一种建立在互联网上的泛在网络，通过各种有线和无线网络与互联网融合，综合应用海量的传感器、智能处理终端、全球定位系统等，实现物与物、物与人，所有的物品与网络的连接，方便识别、管理和控制。物联网引领了信息产业革命的第三次浪潮，将成为未来社会经济发展、社会进步和科技创新的最重要的基础设施。物联网的核心和基础仍然是互联网，物联网是在互联网基础上延伸和扩展的网络。

## 三、马术赛事的物联网应用分析

### （一）马术赛事管理中的互联“物”

与其他种类繁多的体育项目一样，马术作为一项体育活动，需要对赛事资料、日程设置、场地信息、项目信息进行管理，涉及人力资源、竞赛管理、市场管理、后勤保障等各个方面。而作为一项独特的、以马作为运动员参与的运动项目，需介入物联网处理的马术活动还包含着其他体育项目所不具备的特质，具体表现在马匹运输（其对物流的要求只有帆船项目可勉强与之相提并论）、器材设计、场地和路线设置、检疫和医疗问题、马匹的注册与识别等。

## （二）马术赛事管理中的物联网应用

### 1. 马术器材管理

物联网首先是一种基于网络技术平台的以高新技术为支撑的现代化产业链。在物联网产业链中，以RFID为代表的物品识别技术是核心技术之一。RFID最早的应用是在供应链管理领域，伴随着时代的发展和配套技术与硬件设施的日益完善，马术赛事也可以从物联网应用中受益。RFID技术可以帮助赛事管理者实现对器材的不间断管理，自动化地调控其出库、入库的全部流程，高效安全地实现网络客户端的器材使用记录共享，以及对器材的实时追踪和损坏报修申报等工作，这样，物联网的应用将使对器材的管理从传统的人的管理转变为系统化、自动化的管理。具体的操作方法，即在相应器材上贴上电子标签，通过物联网技术系统可以实时跟踪和管理器材的存储过程、发放过程、使用过程及回收和报修过程。在这样一个全过程中，一件器材将使用一个标签进行唯一标识和跟踪管理。在一次使用流程完成后，可以对回收的高频标签反复使用，通过系统指定后，该标签仍可以用于其他器材循环过程的跟踪管理中。此外，还可以对高价值的可移动器材安装定位标签，进行实时定位，并对其运行的限制性区域在系统中做特殊区域设置。这样，当该器材因为某些原因被带出了指定区域，系统可以及时提醒（比如标签蜂鸣或短信提示等），定位系统就会实时报警，并记录其运行轨迹等相关情况，帮助管理者及时找回高价值器材。

**2. 马术场地管理**

马术赛事中，如何科学有效地安排训练场地、高效率地利用场地，一直是赛事管理人员的重要工作内容。在这项工作中，物联网技术同样可以发挥重要作用：可以利用红外感应器、全球定位系统等信息传感设备，与信息计算中心联网，对在场地活动的运动员和场地使用情况进行动态追踪，及时发布场地人员和项目安排的详细情况，并通过广播、电子屏幕、网络平台或者手机短信提示，参赛者能够及时了解各个场地的安排和使用情况，及时调整训练内容和项目选择，做到合理高效地分配场地资源。与此同时，上述动态追踪系统可以实时监控场地上人员的活动，协助组织者在第一时间处置运动损伤和体育事故。

**3. 马术运动员注册管理**

骑手、马匹两种运动员都需经过严格注册，这是马术运动的特点之一。第二代居民身份证采用了RFID技术，内含芯片和射频天线，因此，它具有机读信息特性、自动识别功能和极高的数据安全性。内嵌芯片保存了持证人包括人像相片在内的九项信息，赛事组织单位利用第二代居民身份证可以机读信息的特性，将报名参赛运动员的相关信息如年龄、代表单位、参赛项目、最好成绩等纳入竞赛管理系统，可为赛事主办方、工作人员及观众提供准确、完整的信息数据。在这样的技术背景下，运动员持第二代居民身份证报名注册，大大减少了比赛中的不公平现象，净化了赛场环境。

在马匹颈部皮下植入可读取的芯片，欧美许多国家已采用多年，我国已计划推广和施行此项技术。

**4. 马术竞赛管理**

物联网技术能智能化识别、定位、追踪任何物品并与计算机相连接，进行信息交换和通信。这就为物联网技术引入体育比赛提供了技术上的可行性。事实上，在当代世界竞技体育领域，以RFID技术为核心的物联网技术已经被大量应用于田径和足球等关注度高的赛事。例如，南非足球世界杯的现场直播中就频繁地出现运动员进攻配合和犯规判罚的实时图像定位画面，以帮助国际足联判断裁判判罚的正误和观众欣赏球队技战术的配合。随着技术的进步和成本的降低，物联网技术必将越来越多地进入马术竞赛领域。

在场地障碍项目和三项赛越野赛段，均可将RFID技术应用于比赛中。越野赛路线、场地比较复杂，比赛往往在丛林中进行，导致无法每时每刻追踪人、马情况。采用RFID技术，在骑手衣服或马鞍等物品中安装电子芯片可确定运动员的位置、赛道情况等方面的信息。因此，使用物联网技术有助于提高比赛的安全性、公平性，且减少其他不良因素的干扰和影响。可以提高比赛质量，提高比赛精彩程度和观赏性，增加观众观看比赛的热情，促进马术比赛的快速发展与科技进步。

运用RFID技术，在运动员身上粘贴集成了个人信息的电子标签，通过设置在比赛起点、途中和终点的读写器，进行实时的信息采集，更为精确地实现了对比赛全程的监控，大大提升了对运动员竞赛成绩测定的精确度，对运动员名次确定、成绩统计的精确度也是传统手动方法所无法比拟的。在这种新技术背景下，赛场上的人为因素和非技术因素的作用被大大限制，避免了不良后果的发生，更加准确和完整地体现了运动员的真实成绩。

RFID技术在高度和距离测定中也大有用武之地。目前的障碍高度和距离测定通常采用皮尺测量，在测定过程中仍会出现人为的误差。如果运用RFID技术，在器械中内置电子标签，由读写系统采集障碍高度与障碍间距，可大大提高工作效率，有效减少人为因素。

耐力赛也是国际马术联合会设置的马术比赛项目，体现国际马术联合会马匹福利高于一切的竞赛原则。国际比赛四个星级的赛事包含了4种不同的越野距离，短的为80千米，长的要求骑手和马匹在单日赛中完成160千米的赛程。路线要经过公园、河谷、沙漠、丛林等各种不同的自然场所。规则要求比赛按规定路线进行。在复杂路线、超长距离甚至有时有遮蔽物的情况下对参赛者进行全方位的监控，如记录参赛组合的最高速度（为保护马匹福利，规则有最高速度的限制），是否通过了所有的折返点，是否中途换马、是否中途减去负重物等，难度非常大。

为提高比赛的公正、公平和公开性，国内赛事已开始使用马匹脉搏电子显示。当然，这还算不上真正意义上的成熟物联网技术应用。当规则所要求的标的物（OOI）都贴上FRID标签，且RFID标签中的电路有充足的能量时，会开始在读取器接收范围内进行信号传输与连接。这种特性使得定位问题变得很简单，能够运用在追踪、追溯等多种功能上。

## 四、马术物流的物联网管理

### （一）马术物流应用现代物联网技术的制约因素分析

（1）核心技术缺乏。目前应用物联网技术的物流企业几乎都在物联网核心技术方面存在盲区，大多物联网企业提供的是技术支持和维护服务，这无疑成为未来物流公司发展的主要技术屏障。因为提供技术方掌握核心技术，可以握有技术的出售权和提供技术的服务定价权，因此物流公司要想通过物联网技术改善物流管理，提高效率，就必须支付高额的物联网技术费用。因此，对于核心物联网技术应用于物流企业的规划，还有待来日进行调整，迫切需要物联网技术提供方与物流企业密切合作，互助共赢。

（2）高端综合集成服务能力不强。技术上的改进将有利于降低运营成本，提高市场竞争力。

（3）应用水平较低。现阶段，物联网技术应用于物流企业的项目水平较基础，智能服务较分散，整体技术水平较低，尚未形成现代化、规模化、集约化的物流技术与物联网技术的强强联合。

（4）骨干龙头企业缺乏。尤其在马匹检疫、运输的物流技术提供企业中，骨干龙头企业更是缺乏。国内赛事的物流保障尚说得过去；国际赛事暴露的问题较多，企业在资质方面离标准要求相差较远，而费用支出确实惊人。

（5）存在信息安全隐患。

## （二）推动现代物联网技术在马术物流中应用的途径

物联网技术在物流行业体现了四大集成应用：一是产品的质量安全智能追溯的物联网系统；二是物流过程的可视化智能管理网络系统；三是智能化的企业物流配送中心；四是企业的智慧供应链。物联网在马术赛事中的具体应用，可分为以下六个方面。

（1）推广物联网技术在运输中的应用。随着科技的进一步发展，未来运输工具将会多元化、大型化、高速化及专业化，同时对节能减排的要求也会越来越高。为了运输流转方便，未来物流运输中交通工具也可能实现自动化、GPS远程管理，实时观测运输流通等信息。这些手段对于马匹这种活物的运输尤其重要。

（2）推广物联网技术在库存中的应用。通过相应的设备和技术，体育用品在仓储和调运中能够更加快捷和方便，同时网上操作也能够避免信息交织和丢失，确保体育用品信息得到最大的保护。

（3）推广物联网技术在装卸中的应用。

（4）推广物联网技术在包装中的应用。马术活动中有一些特殊物品，如饲料、添加剂等需添加跟踪设备，以便在物流过程中通过物联网技术实施定点跟踪。

（5）推广物联网技术在集装箱中的应用。尤其是运马车，或航空运输所采用的移动式马厩，通过物联网集中管理这几只箱子，就可以在很大程度上减少由于转运和调运等原因造成的货品损失，极大地提高运输安全度和效率。

（6）推广物联网技术在物流信息中的应用。降低物流成本，保障产品流通信息能够得到及时感知和及时调控。

## 五、结束语

“科技兴体”是实现体育强国的必然途径，也是目前体育事业发展的重要理念，物联网技术是现代信息技术革命的前沿和趋势，在体育领域的应用具有广泛性，对体育管理的各领域和各管理活动过程都将产生积极的影响。而物联网技术在马术项目中的应用也将是一个崭新的课题。通过先进的物联网技术构建数字式马术赛事组织与管理系统，推进赛事组织与管理水平的提高，实现赛事组织与管理的现代化，进而满足运动员与观众的全方位需求，无疑是马术赛事组织与管理改革中的一个新尝试。并且由于马术项目本身的独特性、示范性，对引领群众体育发展和全民健身也将具有重要意义。

当然，马术项目赛事管理领域内物联网技术的运用尚处于起步阶段，需要重视马术与物联网相关的基础设施的建设，如：马术相关的信息化和数字化建设，马术项目信息服务和咨询中心的公共设施建设等。对于马术赛事管理工作而言，应积极应对物联网浪潮，合理配置赛事管理模式，使得管理和技术达到良好的互动，而不能使得旧有的管理模式阻碍以物联网为代表的新一代信息技术在马术项目领域的应用，进而影响整个项目的发展全局。

# 参考文献

[1] 周洪波. 物联网：技术、应用、标准和商业模式[M].北京：电子工业出版社，2010.

[2] 宁焕生，王炳辉. RFID重大工程与国家物联网[M].北京：机械工业出版社，2009.

[3] 吴功宜. 智慧的物联网——感知中国和世界的技术[M].北京：机械工业出版社，2010.

[4] 樊世清，于泽，郭红军. 论物联网对供应链管理的影响[J].中国经贸导刊，2009（19）：66.

[5] 李霞. 浅谈物流信息技术与物联网[J].商场现代化，2010（15）：48-49.

[6] 江宏. 物联网引发供应链管理革命[J].物流技术与应用，2004，9（5）：33-38.

[7] 胡秀前. 肯德基供应物流模式对企业供应链的启示[J]. 中小企业管理与科技，2009（3）：40.

[8] 施鸣. 浅谈第三次信息革命“物联网”的起源与发展前景[J]. 信息与电脑（理论版），2009（10）：71.

[9] 孔晓波.物联网概念和演进路径[J]. 电信工程技术与标准化，2009，22（12）：12-14.

[10] 何嘉敏. 物联网在物流运输中的应用探讨[J]. 经营管理者，2016（13）：396.

[11] 肖慧彬.物联网中企业信息交互中间件技术开发研究[D].北京：北方工业大学，2009.

# 对新规则实施后女子摔跤运动员技战术特点的研究

北京体育大学　张霞

**摘要**：本文以新规则实施后女子摔跤运动员技战术特点为研究对象，通过文献资料法、录像观察法、数理统计法、专家访谈法，对2012年、2014年欧洲女子摔跤锦标赛进行对比分析，得出：新规则实施后，站立技术仍然是主要的得分环节，大分值动作出现的频率增加，站立技术向多元化发展，抱腿技术是站立环节中使用率和得分最高的技术动作，滚桥技术是跪撑环节中最主要的得分手段。规则修改后，运动员以技术优势、双肩获胜的比例明显增加，30秒强制进攻环节促使运动员采取主动进攻战术，而边线战术的使用更加合理。希望本研究为广大女子摔跤教练员和运动员的竞赛和训练提供可参考意见，对提高运动员技战术水平起到促进作用。

**关键词**：新规则；女子摔跤；技战术

## 一、前　言

### （一）选题依据

摔跤是世界上最为古老的竞技运动之一，在1894年第1届现代奥运会中摔跤就被列为正式的比赛项目。女子摔跤起步较晚，直到1984年国际摔跤联合会（以下简称“国际摔联”）才承认了女子摔跤的存在。在2004年雅典奥运会上，女子摔跤第一次登上了奥运会的舞台。在近3届奥运会中，我国女子摔跤共取得2金2银的较好成绩。随着人类社会的进步，竞技体育也在不断地发展，摔跤这项古老的运动也在不断地追新求变，特别是在2013年，摔跤项目遭遇意外剔除又重返奥运后，为了项目的长足发展，也为了使摔跤比赛更加激烈、更加富有观赏性，国际摔联对原有的摔跤竞赛规则进行了大幅度的修改，新规则的实施对摔跤运动的竞赛与训练都有较大的影响。

2013年年初，国际摔联即着手于新规则的修改，经过一年时间，新规则在世界青年摔跤锦标赛、世界大学生运动会、世界摔跤锦标赛等各大赛事中试行并不断进行调整、修改与完善，终于在2013年12月确定了新规则的修改内容，至此，新的摔跤竞赛规则新鲜出炉。2014年欧洲女子摔跤锦标赛于4月1日—6日在芬兰万塔举行，它是规则修订后，第一个实施新规则的国际重要赛事。所以本文希望通过对新规则的深入剖析，结合规则改变前后的实际情况，对2012年与2014年两届欧洲女子摔跤锦标赛参赛运动员技战术使用情况进行统计和对比分析，积极探索新规则实施后欧洲女子摔跤运动员的技战术运用特点，及时掌握女子摔跤运动员现阶段技战术发展趋势，从而找出符合新规则指导思想的技战术训练方法与手段，使我国女子摔跤运动员能够快速适应新的规则，同时以新规则为契机，快速掌握、适应新规则的技战术特征，提高我国女子摔跤运动员的技战术水平，为我国女子摔跤运动员的专项训练提供一定的参考依据。

## （二）研究现状

新规则实施后，各国都非常重视并积极开展学习研究，希望在最短的时间内领会新规则指导思想，掌握新规则在比赛中的判罚标准与尺度。国家体育总局举重摔跤柔道运动管理中心的负责领导，在第一时间组织国内各级裁判员、教练员进行培训，对新规则进行系统学习，并首次在2014年的全国女子摔跤锦标赛中实施新规则。现阶段，我国广大教练员与运动员针对新规则积极调整原有技战术的训练方法与手段，力求在最短的时间内适应新规则下的竞赛与训练模式。

## 二、研究对象和方法

### （一）研究对象

本文以新规则实施后女子摔跤运动员技战术特点为研究对象，分别对2012年、2014年欧洲女子摔跤锦标赛参赛运动员的技术运用情况进行统计，通过对比分析得出新规则实施后女子摔跤运动员的技战术特点。

### （二）研究方法

#### 1. 文献资料法

根据本文研究的主要内容，通过中国期刊网、中国知网等查阅有关女子摔跤技战术研究的文献资料，将所得资料分别进行整理归纳，为本文的撰写提供丰富的理论依据。

#### 2. 录像观察法

根据研究对象，对2012年欧洲女子摔跤锦标赛7个级别117场比赛、2014年欧洲女子摔跤锦标赛8个级别131场比赛的技术录像分别进行深入的观察与分析，掌握两次比赛参赛运动员的技术、战术的运用特点，并结合数理统计法对所得数据进行归纳总结。

#### 3. 数理统计法

运用WPS数据处理软件对两次欧洲女子摔跤锦标赛的技术数据统计汇总。

### 4. 专家访谈法

结合自身执裁的经历，与共同参加这两次比赛的各国裁判员针对比赛的执裁经历进行沟通交流，同时与在两次比赛现场进行观摩的我国国家队教练员进行深入的访谈、探讨，从而得到针对比赛的客观评价，为本文的撰写提供更高价值的参考。

# 三、结果与分析

## （一）竞赛规则修改前后的对比分析

### 1. 比赛级别的调整

通过表1可以看出，新规则首先增加了女子摔跤的级别，常规比赛从7个级别增加至8个级别，而奥运会从原有的4个级别增加至6个级别；新的规则中，不但将原有的公斤级重新进行了均匀的划分，而且增加了女子摔跤在奥运会中的金牌数，与男子摔跤的金牌数趋于一致。级别和金牌数量的增加，缓解了原来女子摔跤比赛中小级别参赛运动员扎堆的情况，由此也可以看出，国际摔联对女子摔跤项目的重视程度非同一般。

表1 规则修改前后女子摔跤比赛级别一览表

| | 常规比赛级别/kg | | | | | | | | 奥运级别/kg | | | | | |
|---|---|---|---|---|---|---|---|---|---|---|---|---|---|---|
| 规则修改前 | 48 | 51 | 55 | 59 | 63 | 67 | 72 | | 48 | 55 | 63 | 72 | | |
| 规则修改后 | 48 | 53 | 55 | 58 | 60 | 63 | 69 | 75 | 48 | 53 | 58 | 63 | 69 | 75 |

### 2. 获胜方式的改变

新规则下，自由式摔跤比赛以两局累加分数高者为获胜方。比赛结束如果双方运动员技术分值相同，则依次按照技术分值大小或同等高分分值的多少、警告的数量、最后的得分，来判定最终胜负。因此可以看出，国际摔联制定新规则的思路之一为鼓励大分值、高难度技术动作在比赛中的使用。

**3. 比赛时间、局数、积分方式的改变**

原有赛制中一场比赛实行三局两胜制，每局2分钟，局与局之间休息30秒，且每局的比分不带入下一局，最终以获胜局数来判定运动员的胜负。新规则将一场比赛调整为上下两局，每局3分钟，中间休息时间不变，但两局所得技术分数实行累积，每场比赛以最终累积的分值大小来判定胜负。

**4. 分值的调整**

摔跤比赛中，裁判员会根据场上运动员成功使用技术动作使对手形成不同的倒地姿势，而给予相应的技术分值。旧规则包括1分、2分、3分、5分四种技术分值，而新规则将自由式摔跤的分值调整为1分、2分、4分三种技术分值。

部分1分技术作改为2分技术：站立状态转移到对手身后，并控制其三点着地，旧规则为1分技术，而在新规则中则为2分技术。跪撑角斗过程中，防守的一方通过翻上等反攻技术转移到对方身后，这种转移动技术获得1分。

原有的3分技术改为4分技术，取消了旧规则中的5分技术。与旧规则相比，新规则的技术分值相对增大，同时把观赏性较强的大幅度技术动作与其他动作进行明显的区分，意在鼓励运动员使用大分值技术动作，从而进一步提高摔跤比赛的观赏性。

**5. 取消搂抱，增加30秒强制进攻环节**

原有规则一局比赛结束如果技术分值为0：0，则进入加时搂抱环节。而新规则取消了搂抱，规则修改后比赛开始前2分钟内裁判员会针对消极运动员进行30秒强制进攻，如果30秒内仍没有任何一方得分，则判罚1个消极警告并给出一个技术分。

除此之外，新规则对消极的判罚尺度更加严格，这也是国际摔联为限制运动员消极防守，提高比赛观赏性的又一举措。综上所述，规则修改的最终目的是遵循项目的发展规律，促进摔跤运动的可持续发展。

## （二）新规则实施后女子摔跤运动员技战术特点分析

因2013年欧洲女子摔跤锦标赛正处于新规则试行调整的阶段，新的规则尚未完全确定，所以本文通过对2012年、2014年两届欧洲女子摔跤锦标赛运动员技术的使用情况进行对比分析，从中发掘新规则实施后女子摔跤运动员技战术的运用特点，探讨女子摔跤运动员技战术的发展趋势。

### 1. 技术得分情况的统计分析

表2是对2012年、2014年欧洲女子摔跤锦标赛得分情况的统计表。由表2可以看出，2014年欧洲女子摔跤锦标赛站立技术得分为1036分，占总得分的85.5%，跪撑技术得分为176分，占总得分的14.5%。和2012年欧洲女子摔跤锦标赛得分情况相比，可以看出：规则修改后，站立技术得分所占比例略有提高，站立技术仍然是参赛运动员主要的得分环节，而产生的总得分有了大幅度提高，除受到新规则分值调整的影响外，也从侧面反映新规则下比赛更加精彩激烈。

**表2　2012年、2014年欧洲女子摔跤锦标赛技术得分情况**

| 技术名称 | 2012年（117场） | | 2014年（131场） | |
|---|---|---|---|---|
| | 总得分 | 百分比 | 总得分 | 百分比 |
| 站立技术 | 553 | 83.9% | 1036 | 85.5% |
| 跪撑技术 | 106 | 16.1% | 176 | 14.5% |
| 总计 | 659 | 100% | 1212 | 100% |

### 2. 站立技术使用特点分析

表3是针对两届欧洲女子摔跤锦标赛站立技术使用情况的统计。从表3中可以看出：新规则实施后，抱腿技术仍是站立环节中使用和得分最高的技术动作；边线技术、头对头技术和其他技术的得分占总得分的百分比均有所增加；转移技术、反攻技术的得分占总得分的百分比则略有下降。

**表3　2012年、2014年欧洲女子摔跤锦标赛站立技术使用情况**

| 技术名称 | 2012年（117场） | | | 2014年（131场） | | |
|---|---|---|---|---|---|---|
| | 使用次数 | 得分 | 占总得分百分比 | 使用次数 | 得分 | 占总得分百分比 |
| 抱腿技术及变化 | 123 | 184 | 33.3% | 146 | 356 | 34.4% |
| 转移技术 | 120 | 123 | 22.2% | 91 | 183 | 17.7% |
| 边线技术 | 37 | 37 | 6.7% | 61 | 72 | 6.9% |
| 反攻技术 | 33 | 59 | 10.7% | 38 | 61 | 5.9% |
| 头对头技术 | 12 | 22 | 4.0% | 62 | 111 | 10.7% |
| 其他 | 44 | 128 | 23.1% | 118 | 253 | 24.4% |
| 总计 | 369 | 553 | 100% | 516 | 1036 | 100% |

（1）大分值动作的增加。通过执裁过程中的观摩及对比赛录像的观察可以发现，2014年欧洲女子摔跤锦标赛中大幅度、大分值的精彩技术动作出现的频率较高，新规则对大幅度技术动作分值的加大，提高了参赛运动员比赛中的积极性，使其采取主动进攻战术，促进了大分值动作的形成。

（2）边线战术的使用。从表3中可以看出，2014年的131场比赛中边线技术使用次数达到61次，2012年的117场比赛中出现了37次，所占总得分的百分比略有提高。通过观察技术录像可以看出：新规则促进了运动员边线战术意识的进一步加强，在比赛过程中，运动员通过主动进攻将对手冲出界外，或是在消极区内的角斗翻转，利用边线逼迫对手出界，造成对手的消极和罚分，从而扩大比分。

（3）站立技术多元化发展。2014年欧洲女子摔跤锦标赛站立技术体现更加多元化的特点，从数据中可以看出，除了自由式摔跤常用技术外，其他技术的使用次数达到118次，和2012年欧洲女子摔跤锦标赛相比，使用次数有显著提高。这不仅大大提高了女子摔跤比赛的观赏性，也可以看出女子摔跤运动员在慢慢改变原来较单一的技术模式，逐步拓宽站立技术的使用范围，站立技术多元化的趋势进一步促进了该项目的良性发展。

（4）比赛节奏的加快。2012年欧洲女子摔跤锦标赛站立技术总使用次数为369次，平均每场使用3.15次；2014年欧洲女子摔跤锦标赛站立技术总使用次数达到516次，平均每场使用3.94次，与2012年相比，每场比赛站立进攻次数增加了0.79次。从数据可以看出，新规则的实施增加了站立技术的进攻次数，从而加快了比赛的节奏，使对抗更加激烈，比赛更加精彩。

**3. 跪撑技术使用特点分析**

表4是对两届欧洲女子摔跤锦标赛跪撑技术使用情况的统计。从表4中可以看出，在2014年欧锦赛中跪撑滚桥技术使用42次，得分为93分，占总得分的52.8%；交叉抱小腿技术使用18次，得分为36分，占总得分的20.5%；要臂翻及变化技术使用8次，得分为16分，占总得分的9.1%。与2012年相比，新规则实施后的跪撑技术使用次数，得分比率相对提高。通过研究表明，滚桥是跪撑状态下女子摔跤运动员主要使用和主要得分的动作，其次是交叉抱小腿和要臂翻技术。通过现场观摩和录像观察可以看出，跪撑技术可以无限制地连续使用，是跪撑技术使用次数增加的主要原因。运动员跪撑连续使用动作的能力和意识有了一定的提高，跪撑规则的修改，也增强了运动员跪撑进攻的欲望，即通过跪撑扩大比分，锁定胜局。

表4 2012年、2014年欧洲女子摔跤锦标赛跪撑技术使用情况

| 技术名称 | 2012年（117场） | | | 2014年（131场） | | |
|---|---|---|---|---|---|---|
| | 使用次数 | 得分 | 占总得分百分比 | 使用次数 | 得分 | 占总得分百分比 |
| 跪撑滚桥 | 21 | 44 | 41.5% | 42 | 93 | 52.8% |
| 交叉抱小腿 | 12 | 27 | 25.5% | 18 | 36 | 20.5% |
| 要臂翻及变化 | 5 | 12 | 11.3% | 8 | 16 | 9.1% |
| 其他 | 11 | 23 | 20% | 20 | 31 | 17.6% |
| 总计 | 49 | 106 | 98.3% | 88 | 176 | 100% |

**4. 从获胜方式看女子摔跤运动员技战术特点**

国际式摔跤比赛的获胜方式包括技术分值获胜、技术优势获胜和双肩获胜。技术分值获胜为比赛结束后一方运动员以累计分值取得胜利，但是双方运动员分差不超过10分。如果分差达到10分，则判定为技术优势获胜。在一场比赛中分差一旦达到10分，裁判员即可吹停并宣布比赛胜负，整场比赛结束。

从表5对两届欧洲女子摔跤锦标赛获胜方式的统计数据可以看出，新规则实施后，女子摔跤运动员获胜方式有了非常大的改变。2014年欧洲女子摔跤锦标赛中以技术分值获胜为56场，占总场次的42.7%；而2012年的比赛中，其所占比例却高达71.8%。2014年欧洲女子摔跤锦标赛中以技术优势获胜的共43场，占总场次的32.8%；2012年仅占10.3%。2014年欧洲女子摔跤锦标赛中以双肩获胜的共32场，占总场次的24.4%；2012年仅占17.9%。

从两届欧洲女子摔跤锦标赛获胜方式的统计数据可以看出，新规则实施后，女子摔跤比赛获胜方式有了非常大的改变，以技术优势获胜的场次显著增加，双肩获胜的场次也略有增加。这也从另一方面体现了新规则中针对鼓励进攻和惩罚消极等一系列举措，促使比赛更加激烈，运动员在比赛过程中，为了避免因消极

而受到惩罚，逐渐改变了原来得分即转防守的战术策略，而努力追求以技术优势和双肩获胜取得比赛的最终胜利。

表5　2012年、2014年欧洲女子摔跤锦标赛获胜方式统计

| 获胜方式 | 2012年（117场） | | 2014年（131场） | |
|---|---|---|---|---|
| | 场次 | 占总场次百分比 | 场次 | 占总场次百分比 |
| 技术分值获胜 | 84 | 71.8% | 56 | 42.7% |
| 技术优势获胜 | 12 | 10.3% | 43 | 32.8% |
| 双肩获胜 | 21 | 17.9% | 32 | 24.4% |
| 总计 | 117 | 100% | 131 | 99.9% |

### 5. 关于30秒强制进攻环节战术变化分析

30秒强制进攻是规则改变后加入的一个重要环节，针对2014年欧洲女子摔跤锦标赛的131场比赛统计得出，30秒强制进攻环节在这次比赛中共出现38次，总得分54分。旧规则中，实力较弱的运动员常采用防守战术将比分拖至0：0，最终以加时赛来决定胜负，这就导致比赛中常出现一味防守，无实质性进攻或僵持状态，而30秒强制进攻环节则有效避免了这类情况的发生。2014年欧洲女子摔跤锦标赛裁判员对消极的判罚十分严格，在本次比赛判罚的38次30秒强制进攻环节中，被判罚的进攻方为避免消极罚分，均组织了强行进攻，且部分场次取得了技术分。通过录像可以看出，现阶段，女子摔跤运动员还未能较好地应对30秒强制进攻，从整体上看，30秒强制进攻中技战术的组织和运用还不够合理，强攻强守的能力和意识有待提高。

## （三）新规则实施后女子摔跤运动员技战术特点的发展趋势

从2014年欧洲女子摔跤锦标赛来看，现阶段运动员的竞赛水

平在整体上有了明显提高，技战术的运用更加趋于成熟与稳定。虽然新规则实施的时间较短，但是从新规则的指导思想及对欧洲女子摔跤锦标赛的观摩分析可以看出，女子摔跤比赛将会更加激烈和精彩，技术的使用会逐步向大分值、高难度发展，站立技术是主要的得分手段，同时技术的运用会更加多元化，运动员要获得比赛的胜利，必须消除得分领先就转为防守的战术打法，要具备连续进攻的能力。强有力的进攻加上合理的战术使用，是比赛取胜的关键。

## （四）新规则实施后对我国女子摔跤运动员技战术训练的思考

新规则的实施，对摔跤运动的发展起到了极大的促进作用。女子摔跤作为我国奥运潜优势项目，在近几年的国际大赛中，虽然取得较好的成绩，但是我们清楚地意识到，随着各国对女子摔跤运动的重视程度越来越高，女子摔跤发展迅速，特别是欧洲一些国家运动员竞技能力提升较快，要想继续保持我国在该项目上的优势，就必须让我国运动员快速适应新规则。

深切领悟新规则的指导思想，强化我国女子摔跤运动员绝招技术的使用能力，进一步培养运动员的连续进攻能力，引导运动员发展大幅度技术动作。另一方面，加强跪撑技术连续使用的能力，新规则虽取消了技术的控制分，但是允许同一动作连续使用得分，合理把握跪撑机会，扩大比分，锁定胜局，是行之有效的战术策略。

应积极培养运动员主动进攻的意识，避免被判罚30秒强制进攻，但在无法避免的情况下，如何能在短时间内合理安排技战术，组织有效的进攻与反攻，面对瞬息万变的局势如何提高应变能力，快速适应攻防的转变是运动员在下一步训练中亟须解决的问题。

重视运动员的心理素质训练。快节奏、高强度的竞赛特点要求运动员在比赛过程中承担更大的心理负荷，特别是技术水平相当的情况下，良好的心理素质往往成为决定胜负的关键。提升运动员自信心，增强心理承受能力、临场适应能力等，对运动员技战术水平的发挥有促进作用。

新规则抵制运动员消极防守、鼓励运动员积极进攻的举措，在提升比赛精彩程度的同时，也从另一方面加快了比赛的节奏，所以，新规则实施后，对女子摔跤运动员的体能又有了更高的要求，运动员要适应新规则下更快的比赛节奏，应对强攻强守的比赛模式，必须具备更加充沛的体力，以保障技、战术的正常发挥，从而获得比赛的最后胜利。

# 四、结论与建议

## （一）结 论

（1）规则修改后，技术总得分有了大幅度提高，站立技术仍然是比赛中主要的得分环节，新规则使比赛节奏加快、对抗强度增加，提高了比赛的观赏性。

（2）规则修改后，抱腿技术仍然是站立环节中使用率和得分最高的技术动作，大分值动作出现的频率增加，并且站立技术向多元化发展；滚桥技术是跪撑环节中最主要的得分手段，运动员连续使用动作的能力与意识有了一定的提高。

（3）新规则实施后，女子摔跤比赛的获胜方式有了非常大的变化，以技术优势获胜的场次显著增加，双肩获胜的场次也略有增加。运动员为了避免因消极而受到惩罚，逐渐改变了原来得分即转为防守的战术策略，而努力追求以技术优势和双肩获胜取得比赛的最终胜利。

（4）30秒强制进攻环节避免了0：0的出现，由于消极的判罚尺度更加严格，导致运动员必须采取主动进攻战术，同时对边线战术的应用更加合理，即利用对手消极来控制主动权。

## （二）建　议

（1）建议进一步强化我国女子摔跤运动员站立技术的得分能力，站立技术作为主要得分环节，加强站立绝招技术针对性练习显得尤为重要。

（2）随着转移技术分值的增加，可针对转移技术进行专门性训练，提高转移的速度与成功率。同时引导运动员发展大幅度动作，提高运动员强攻强守能力。

（3）新规则促使比赛节奏加快，强度增加，对运动员的体能储备提出了更高的要求。教练员应加强运动员专项耐力的素质训练，以保障技战术的正常发挥。

# 参考文献

[1] 孙健.国际式摔跤[M].北京：人民体育出版社，2006.

[2] 孙健.竞赛规则的改变对自由式摔跤技、战术产生的影响[J].西安体育学院学报，2007，24（3）：109-112.

[3] 孙健，张霞，赵林林.伦敦奥运会后竞赛规则的修改对摔跤项目技战术影响的研究[J].北京体育大学学报，2014，37（7）：140-144.

# 新形势下关于加强体育基金财务管理工作的思考

国家体育总局体育基金管理中心　张文生

**摘要**：随着我国社会改革的深入开展，社会组织的作用日趋重要，规模越来越大，社会关注度越来越高。体育基金作为社会组织的一员，着力提高财务管理水平，规范财务行为，加快现代化管理建设的步伐，是应对新形势的必然选择。本文对公募基金会财务管理特点及体育基金财务管理现状和面临的挑战做了深入分析，就如何进一步完善和提高体育基金财务管理水平提出了几点建议。

**关键词**：体育基金；财务管理；质量变化

中国共产党十八届三中全会通过的《中共中央关于全面深化改革若干重大问题的决定》中提出“推进国家治理体系和治理能力现代化”。社会改革要“激发社会组织活力”“重点培育和优先发展行业协会商会类、科技类、公益慈善类、城乡社区服务类社会组织”。公募基金会作为公益慈善类社会组织中的重要力量迎来了巨大的发展机遇，必将在深化改革的过程中发挥越来越重要的作用。但也要看到在迎来机遇的同时也面临着巨大挑战。公募基金会毕竟只有短短30余年的发展历史，虽然成绩显著，但不可否认我们对基金会的发展规律和作用还缺乏全面深刻的认识和把握，存在着政策法规尚不健全、监管不到位、现代化管理方式尚在探索中等问题。打铁还需自身硬，公募基金会必须从自身入手，通过改革建立起现代化的管理模式，提高抗风险能力，增强免疫力，才能杜绝腐败和丑闻的滋生，赢得公信力，走上和谐、可持续发展的道路。财务管理是公募基金会内部管理的核心内容之一，提高公募基金会财务管理水平是当前的一项重要且迫切的工作，具有非常重要的意义。

## 一、公募基金会的定义

民政部2004年颁布的《基金会管理条例》对基金会的定义是“利用自然人、法人或者其他组织捐赠的财产，以从事公益事业为目的，按照本条例的规定成立的非营利性法人”。

基金会分为公募基金会和非公募基金会。二者的区别在于基金的不同来源。公募基金会可以面向公众募捐，非公募基金会是来源于个人或者组织的捐赠，不可以面向公众募捐。

## 二、公募基金会财务管理综述

### （一）财务管理的概念

财务管理是指组织单位内部财务运营活动，协调财务关系的一项经济管理工作。单位内部的财务活动是资金管理行为的总称，对公募基金会来讲主要包括筹资行为、投资行为、公益活动等。

财务关系是同财务活动相关联的经济利益关系。对公募基金会而言主要包括同捐赠人之间的关系、同受助人之间的关系、债权债务人之间的关系、同政府之间的关系、同供应商之间的关系、单位内部各部门之间的关系、单位同职工之间的关系这七大关系。

## （二）财务管理的对象

财务管理的对象是资金及其运动。资金运动包括质量变化和数量变化两部分。财务管理关注的是质量变化。

## （三）财务管理的特点

公募基金会财务管理的目标和重点不同于行政事业单位、企业和其他的社会组织，而是有其自身的特点和发展运行规律的。

（1）公募基金会是从事社会公益慈善事业的法人主体，是不以盈利为目的的非营利组织。基金会没有利润指标。财务管理的重点不是经济效益，而是社会效益。

（2）公募基金会的收入主要来源于组织或个人的捐赠。公募基金会不同于企业，它的主要职责是公益事业，而不是通过生产经营创造利润。为了资金的保值增值，公募基金会可以适当从事一些生产经营和投资活动，有一定的生产经营和投资收入，但所占比重不大。

（3）基金会的所有权形式特殊。组织或个人将资产捐赠给基金会，基金会负责管理并按照捐赠人意愿用于公益事业。基金会和捐赠人的关系是受托人和委托人之间的关系。捐赠人将资产捐赠给基金会后就不再享有财产的所有权，基金会是捐赠资产的表面管理者但不能分享利益。基金会的资产不能用于分配。

## （四）财务管理的目标

基金会财务管理的目标是按照基金会宗旨和捐赠人意愿合理安排和使用资金，使资金的社会效益最大化。

## （五）财务管理的主要内容

**1.收入管理**

收入按来源分有捐赠收入、政府补助收入、投资收入、利息收入、销售和提供劳务收入、其他收入等。捐赠收入是收入的主要来源。

**2.支出管理**

公募基金会的支出分为公益项目支出及管理费用、筹资费用和其他费用等。《基金会管理条例》规定，公募基金会每年用于从事章程规定的公益事业支出，不得低于上一年总收入的70%。公募基金会工作人员工资福利和行政办公支出不得超过当年总支出的10%。公募基金会要严格执行这项规定，不得超过规定的支出比例。

**3.预算管理**

预算管理主要包括预算编制、预算执行、预算考核、预算调控等内容。预算要有约束力，要实行单位和部门领导负责制，并由专门部门负责日常运行。加强预算管理对于节约成本、保证资金使用的科学性和公益性来讲具有重要的作用。

**4.投资管理**

公募基金会投资首先考虑的是安全，其次才是效益。公募基金会的特殊性质决定了基金安全是第一位的，投资的目的是基金的保值而不是追求高利润。投资额度要参考收支计划统筹安排，以确保足够的流动性。投资的回报也要用于公益事业，不能挪作他用。

**5.内部控制制度**

内部控制的目的是保证资金收支的合理性和合规性，保证资金使用的公益性要求，保证财务信息的真实性、完整性和有效性，防范财务风险。与财务管理相关的内部控制制度主要包括资金审批制度、岗位责任制度、资产管理制度、项目管理制度、合同管理制度、监督管理制度等。

**6.财务信息管理**

《基金会管理条例》规定，财务会计报告、开展募捐、接受捐赠、提供资助等活动的财务信息要定期公布。财务信息主要来源于会计核算工作。真实、客观、完整、准确的会计核算是财务信息的基础。高质量的财务信息是公募基金会赢得公信力的有力保障。

**7.财务分析和评价**

对公募基金会的财务状况的评价仅仅依靠财务报表的数字资料是不够的，还需要用专业的分析技术和方法进行研究，并获得相应的数据。这些数据要综合全面地反映一定时期内单位内部财务运行情况的成果，在总结经验和问题的基础上预测未来的财务前景和蕴藏的财务风险。

## 三、体育基金财务管理工作现状

中华全国体育基金会（以下简称“体育基金”）成立于1994年4月1日，是经国家民政部批准正式登记注册的全国公益性公募基金会，业务主管部门为国家体育总局。

体育基金自成立以来以弘扬中华体育精神，提高中国竞技体育水平和全民族身体素质，促进中国体育事业和谐发展为宗旨，为构建健康、快乐的和谐社会做了大量工作。开展的公益项目有运动员保障、青少年体育助训关爱计划、全民健身、奥运争光、体育拥军、援疆援藏、危困救助、志愿者、体育公益平台建设、专项公益活动共十大类几十个小项。从2008年到2013年各项公益支出超过1.4亿元，年均公益支出2300多万元。

体育基金注重制度建设，强调按制度办事，用制度管人，工作人员有着较强的制度意识和纪律观念。到目前为止，财务工作全部纳入制度管理，形成了一套较为完备的财务管理运行体系。

## （一）全面预算管理体系初步形成

全面预算管理是现代化的管理工具，对于规范财务行为，提高资金使用效率发挥着重要作用。全面预算管理的特点是预算过程的全员参与，这是使预算得到切实有效的执行，实现预算管理目标和效果的有力保障。

**1.预算管理原则**

一是量入为出，略有结余。基金会是公益组织，不能借债经营。二是零基预算。预算按年度工作计划安排。以前年度的预算数据仅供参考，不作为下一年度安排预算的基础。三是收支全部纳入预算，按照工作计划统筹安排。

**2.预算编制**

以项目为中心，将预算划分为收入预算、人员费用、办公费用、采购费用和其他费用等，并按照部门职责分解到职能部门。职能部门根据工作计划做出具体预算。财务部门对部门预算进行汇总，初审后报秘书处审定。最终由秘书处报理事会审议通过后执行。

**3.预算执行和监督**

财务部门负责定期对预算情况做汇总分析，形成预算分析报告提交秘书处并通报各职能部门。秘书处定期召集部门预算分析会，并将分析结果上报理事会和监事会审议。

## （二）内部控制制度健全且得到了有效执行

高效的内部控制体系，是实现公募基金会公益使命的重要保证。体育基金内部控制受到高度重视，内部治理结构相对完善，发挥了很好的作用。在财务方面，建立了以实现体育基金宗旨为目标，以预算控制为手段，以信息公开为抓手的内部牵制与监督机制。全部财务活动都处于内部监督控制之下，有效地防止了资金使用低效、浪费和腐败现象的发生，使体育基金处于良性有序的发展环境中。

一是建立了严格的分级授权与审批制度，所有的财务活动都要经过严格的审核并在领导层批准后才能执行。二是不相容岗位分离，分工明确，职责分明。三是建立了严格的财务手续审核和档案管理制度。四是建立了严密的实物接受、登记和保全制度。五是监事会和第三方审计相结合的内外部监督机制。

### （三）财务信息公开透明，监督渠道畅通

体育基金定期在官网和知名媒体上公布财务报告。财务报告包括年度财务报告和专项财务报告。财务报告遵照会计准则和相关法律法规规定，由财务部门根据会计记录和职能部门的活动报告编制。财务报告编制完成后交由监事会审议并提交第三方会计师事务所审计后公布。

## 四、新形势下体育基金财务管理工作面临的挑战

随着改革全面深化，我国政府开始由“全能型”政府向“有限型”政府、“服务型”政府过渡。社会公益组织为社会提供公益服务，弥补政府公益性服务不足的作用凸显，发展势头迅猛，社会地位日显重要，社会关注程度越来越高。体育基金作为社会公益慈善组织的一员，近几年规模不断壮大，年均公益支出超过2000万元。体育基金的财务管理工作越来越重，面临着巨大的挑战。

## （一）制度要创新

为了规范公益基金会财务行为，提高财务管理水平，我国政府相关部门陆续出台了一批法律法规和行业规范，初步形成了公募基金会财务管理框架体系。但是由于我国的公益组织起步较晚，相对来讲针对公益组织的法律法规还不健全。为了满足管理需要，体育基金必须根据自身实际情况，在实践的基础上，借鉴和参考其他行业的管理理论和成功经验，修订和完善现行的财务管理制度，通过创新提高财务管理水平，以满足工作需要。

## （二）观念要改变

转变观念是深化改革的前提。新形势下，传统的以记账为核心的财务管理观念制约了体育基金的发展，必须向以科学决策、全程控制、预审一体的现代化财务管理观念转变。

一是要树立以人为本的观念。任何财务活动都是由“人”来操作完成的。财务管理的效果如何很大程度上取决于参与者的认可程度。财务管理要学会充分调动人的主动性、积极性和创造性。

二是财务管理职能要转变。财务管理要从过去简单的处理财务活动信息向提供数据分析成果转变；要从过去的信息传递者向经营管理者转变；要从事后的总结分析向事前的决策和事中的控制转变。通过财务管理有效地降低财务风险，提升资金的使用效益。

三是要提高风险防范意识。建立健全风险预警机制，强化对业务流程各个环节的监控，及时堵塞漏洞，消除风险隐患，提高抗风险能力。

## （三）财务人员素质要提高

财务人员不仅要精通业务，还要掌握更多领域的知识，成为具有复合型知识结构的人才。

## 五、关于完善和提高体育基金财务管理水平的几点思考

### （一）构建现代化财务管理体系是今后的发展方向

体育基金要根据自身的特点和实际情况探索建立以科学决策为核心的现代化财务管理体系，这是新形势下做好财务管理工作的必然选择。利用现代化财务管理体系来管理体育基金，可以更好地规范财务行为，提高财务决策的科学性，确保体育基金稳步向前发展。

信息时代下经济活动变化快，财务管理要跟上节奏，及时做出科学有效的决策。财务工作的重点要转变到决策工作上来。财务决策的主要依据是财务信息及建立在财务信息基础上的财务指标分析预测。因此，确保财务信息的客观、真实是现代化财务体系的中心内容，体育基金的现代化财务管理体系要围绕这一中心构建。结合体育基金财务管理工作现状，保证财务信息的客观性和真实性要切实做好以下工作：一是统一信息统计口径。同过去来源于财务部门这一单一渠道相比，财务信息的来源渠道很多，既有来自内部管理层、业务部门的信息，也有来自外部相关单位和个人的信息。由于统计口径不一致，汇总到财务部门的信息不能直接使用。因此，财务部门要根据财务分析指标的需要制定统计标准，按照标准将不同口径的信息转换成统一口径。二是要完善各项规章制度并确保得到有效的执行。现代化的财务管理体制需要以人为本的内部控制、全面的预算管理、科学的财务分析指标体系、现代化的操作平台、规范的财务管理制度、公开透明的信息发布和监督机制、高素质的财务人员做保障。任何一个环节出现问题都有可能导致信息失灵，决策失误。

现代化财务管理体系的建设是一项长期、综合、复杂的工作，需要全员参与、不断探索才能够逐步完善，发挥出最佳的效果。

## （二）进一步完善监督机制，建立多层次、立体化、无死角的财务监督体系

在现有的政府、监事会和第三方审计监督的基础上，增加内部审计和社会公众监督机制，“五位一体”、内外结合，确保监督到位。

（1）强化内部审计机制。内部审计的重点有别于外部第三方审计，是实施财务监督的一项重要手段。内部审计要独立于财务部门，可以设置专门机构或者专职人员负责。内部审计重在提前介入，对事前、事中、事后实施全程监控。

（2）邀请社会上热心公益事业又有一定专业知识的志愿者及知名媒体参与对体育基金的监督工作，采用质询、调研、政策研讨、媒体发布等多种方式对公益活动实施监督。

## （三）加强公益项目的绩效评估

项目评估是指对公益项目的适当性、效益、社会影响、持续性进行的评价。体育基金当前开展的项目有十几个大项、几十个小项，分布地域广、涉及资金大，项目评估是一项非常重要的工作，亟须加强。

体育基金要根据项目性质和规模及时组织监督人员按照项目宗旨和进度要求进行评估。对不符合要求的项目要及时做出调整。公益项目不仅涉及人、财、物等资源的配置，还包括捐赠方、受助方和合作方，以及政府、专家等多方参与，因此要根据项目特点制订有针对性的、操作性强的工作方案。要由专业技术人员、财务人员及相关方人员组成评估组以保证评估结果的公正、公平。

## （四）加强对财务风险的识别和防范

体育基金主要面临来自两个方面的财务风险：一是筹资风险。体育基金的主要收入来自社会捐赠。捐赠收入受宏观经济形势及捐赠人自身情况变化影响很大，具有不稳定性，有的年度波动大一些，有的年度波动小一些，这给体育基金的公益项目安排和生存发展带来了风险。二是支付风险。支付给公益项目的资助款项被项目承担方挪用或截留，产生腐败丑闻，严重影响基金会的声誉和公信力。

防范财务风险，首先要从过程控制做起，要找准风险点，落实岗位责任制，严格执行内控制度。在实施前要严审资质，在执行过程中要全程跟踪，在项目完成后要实施审计。其次要细化预算，坚持按照“以收定支”的原则安排预算。通过预算约束，控制收入支出的总体规模，确保项目有计划、有步骤地实施。最后完善风险预警机制。通过对来自财务、业务等部门财务信息的定量分析，及时发现异常征兆并通报管理层和相关部门。

## （五）进一步提高财务报告质量

捐赠收入是公募基金会的主要收入来源。公募基金会必须增加信息透明度，做好宣传推广工作，不断提高公信力，才能获得捐赠人的信赖，获得更多的捐赠。

财务部门要及时将财务收支信息通报业务部门，并结合部门的反馈情况为管理层提供详细的财务报表和分析报告。财务部门要严格按照程序和制度操作，严把审核关，确保财务信息真实、可靠，没有虚假信息。要充分考查财务报告使用人的专业程度，用简洁易懂的语言描述财务信息，使管理层，尤其是社会公众能够充分了解体育基金的财务状况。对于社会公众最为关心的资金来源、使用情况、项目进度等情况要提供详尽的资料和说明。

## （六）进一步提高工作人员素质

在信息化社会，知识的更新速度非常快。要通过定期培训，财务人员可以及时了解和掌握新的知识。要通过定期考核提高财务人员的业务熟练程度和基本技能。

在加强业务学习的同时，更要注重对财务人员的法律和思想道德教育，提高财务人员的法制观念和人身修养。在当前物欲横流、拜金主义盛行的情况下，财务人员只有不断提高法律意识和道德修养水平，树立正确的世界观、人生观、价值观，才能保证依法办事、廉洁奉公，才能自觉抵制腐败行为，保护好财产安全。

通过学习和锻炼，财务人员要提升五种能力：一定的政策理论水平能力、专业判断能力、实施内部控制的能力、参与决策的能力、协调发展的能力。财务人员还要具备五种意识：全局意识、创新意识、原则意识、服务意识、风险意识。

总之，体育基金财务管理工作必须抛弃旧的传统的管理方式，与时俱进，开拓创新，按照捐助人和受助人权益至上、诚实守信的原则，探索建立以科学决策为核心的现代化财务管理体系，在实践中发展，在发展中实践，着力提高管理水平，才能满足新形势下财务管理工作的需要。

## 参考文献

[1] 彭君. 公募基金会财务管理研究[D]. 中国地质大学（北京），2010.
[2] 杨拓. 公益基金会信息公开法律制度研究[D]. 重庆：西南大学，2013.
[3] 韩兴隆. 我国分募基金会监督机制研究[D]. 北京：中央民族大学，2013.
[4] 杨建华. 打造现代化企业财务管理体制[J]. 中国市场，2013（1）：25-26.
[5] 柳秋芹. 建立现代化的财务管理的对策[J]. 财经界（学术），2010（4）：171.

# 对中国特色职业网球运动员培养机制的思考

国家体育总局网球运动管理中心　孙文兵

**摘要**：近十年，我国女子网球取得了奥运会金牌、大满贯单打冠军、大满贯双打冠军、WTA单打世界排名第二、双打排名第一的辉煌成绩，并对国家队优秀运动员培养模式做出了大胆尝试，推出了李娜、彭帅、郑洁等我国第一批职业网球运动员。但在摸石头过河的职业网球运动员培养进程中，仍有很多问题亟待解决。如：新生代运动员与老队员的水平差距太大，断层凸显；举国体制与市场机制尚未形成最佳合力，各种利益主体之间存在内耗；以“奥运争光”为目标的单一目标体系不能满足多元投资主体对利益的不同诉求；国家队队员长期在“举国体制”的优越环境下，“小富即安，胸无大志”，缺乏内在驱动力；一些有发展潜力的运动员，受现行培养模式的约束，不能合理地交流或进入市场，使人才资源得不到最合理有效的开发、培养等。如果这些问题不能得到有效解决，必将制约中国网球健康、快速地发展。本研究运用文献资料、问卷调查、专家咨询、个别访谈、专题研讨、对比分析和统计分析等科研方法，通过对当前国内外职业网球运动员培养模式在不同政治、经济、文化背景下的主体投资、收益分配、实现目标等多个方面的对比分析、归纳总结，反思我国在职业网球运动员培养问题上面临的前所未有的机遇与挑战。研究表明，通过学习并提炼国外先进的优秀网球运动员的培养经验，可为我国网球运动员的培养机制改革提供宝贵的借鉴意义与参考价值；然而国外并无现成且绝对可行的一套标准化网球人才培养模式供我国直接模仿，因此培养模式的大胆尝试与创新成了今后培养中国职业网球运动员的必由之路；理清在人才培养过程中的投资主体与利益分配关系，充分发挥、调动各方积极性，将是机制创新的重中之重。

**关键词：** 网球运动；创新机制；培养模式

北京奥运会后，我国开启了由体育大国向体育强国迈进的征程。中国网球在此目标指引下，顺应世界网球发展趋势，着力突破制约项目发展的瓶颈，积极探索中国特色网球发展之路，培养更多能代表社会主义大国、强国形象的职业网球运动员，实现从网球后发国家到网球先进国家，最终实现网球强国的崛起。

当前，我国正处在计划经济体制向市场经济体制转轨的历史时期，社会各方面包括体育正发生一系列深刻的变化。在人才培养上，从思想观念到素质、质量、管理方式以至培养模式等方面，均出现了要充分发挥“举国体制”与市场机制的两个优势，创建新的人才培养机制的强烈要求。

本文一方面对我国和欧美国家的网球运动员培养模式现状加以比较，梳理培养过程中在主、次要培养方式，投资主体，训练环境选择上的差异，以及各自存在的优劣势，也同时梳理出两方的发展方向；另一方面，就新时期、新形势下中国网球在培养后备人才过程中所面临的机遇和挑战进行归纳、总结，力争通过培养机制的创新，充分体现以人为本的核心理念和科学人才观，为造就新一代的高素质、高水平的具有中国特色的职业网球人才队伍提供智力支持。

# 一、国内外对职业网球运动员的培养模式

## （一）国外优秀网球运动员培养模式现状与发展趋势

从20世纪70年代ATP和WTA成立至今，欧美国家的网球已经过几十年的职业化发展，尤其是如美国、西班牙、俄罗斯、法国、澳大利亚、德国等网球发达国家，已经建立起一套相对成熟的网球人才培养体系。经本研究梳理后，其培养模式又可划分为五种：家庭培养模式、网球学校模式、网球俱乐部模式、企业赞助模式、经纪人或经纪公司模式。考虑到非营利性的国际推广组织及国际网球联合会扶持模式，包括国家培养模式，虽在欧美职业网球运动员的成才道路中，间或性地发挥了一定作用，但此模式一是持续作用时间不长，二是尚无代表性球员，故本研究暂不将其划作培养模式之列，只做部分讨论。

为更准确地把握国外优秀职业网球运动员的培养模式，本研究通过文献资料、专家访谈，对当今世界男子排名前5、世界女子排名前4的国外运动员的培养方式进行了整理，结果如表1所示。

表1　国外优秀职业网球运动员培养模式情况

| 球员 | 国籍 | 主要训练地 | 主要方式 | 次要方式 | 投资主体 |
|---|---|---|---|---|---|
| 纳达尔 | 西班牙 | 本国 | 家庭 | 俱乐部 | 个人 |
| 德约科维奇 | 塞尔维亚 | 国外（德国） | 网球学校 | 家庭 | 个人 |
| 费德勒 | 瑞士 | 本国 | 网球学校 | 家庭 | 个人 |
| 费雷尔 | 西班牙 | 本国 | 网球学校 | 俱乐部 | 个人 |
| 穆雷 | 英国 | 国外（西班牙） | 家庭 | 网球学校 | 个人 |

续表

| 球员 | 国籍 | 主要训练地 | 主要方式 | 次要方式 | 投资主体 |
| --- | --- | --- | --- | --- | --- |
| 小威廉姆斯 | 美国 | 本国 | 家庭 | 网球学校 | 个人 |
| 拉德万斯卡 | 波兰 | 本国 | 家庭 | 网球学校 | 个人 |
| 哈勒普 | 罗马尼亚 | 本国 | 网球学校 | 家庭 | 个人 |
| 莎拉波娃 | 俄罗斯 | 国外（美国） | 经纪公司 | 网球学校 | 经纪公司 |

由表1可知，国外优秀职业网球运动员的培养模式呈现以下四个特点：第一，家庭和网球学校是培养国外优秀职业网球运动员最主要的两种方式；第二，培养方式呈现出多元化特征，往往一名优秀运动员在不同阶段，其培养方式会有混合，因而在欧美并无统一的标准化网球培养模式一说，而是一种由自身条件和需求引发的多元培养方式的有机衔接组合；第三，在9位优秀网球选手的培养期间，除莎拉波娃以外，其他人的投资主体明晰，即以个人为主；第四，以西班牙和美国为主要训练地的球员占比为56%，超过了总数的一半，再次反映了网球比赛和训练全球一体化的特征，验证了西、美两国出色的训练条件和比赛环境。

此外，在表格所不能完全反映的背后，落下了常常被国内研究者淡化甚至忽略的国家培养方式。如瑞士、阿根廷、法国等成立国家青少年训练中心，网球天王费德勒在14岁时进入瑞士埃库布伦斯市青少年训练中心接受了两年左右的网球训练；初出茅庐的穆雷更是在刚踏进职业舞台时就受到了英国草地网协50万英镑的资助，代其聘请名教头吉尔伯特指导训练与比赛；纳达尔也会时常被邀请到西班牙国家奥林匹克网球中心和全国最好的球员一起集中接受免费培训。而且，根据最近的文献资料显示，为了拯救美国江河日下的职业网球，美国网球协会从2008年开始，开设了一个专职三年训练的网球学院，邀请全国最好的年轻选手去那里免费训练和学习，为其提供一流的教练和训练设施保障。甚至，美国网球协会还与附近的艾佛特网球学校合作，为运动员提供更多的宿舍和训练场地。即便如此，作为美国网球协会发展部总监的帕特·麦肯罗认为协会对于球员发展的贡献作用仍然不够。他认为，美国网球协会每年投放在球员发展、教练员配备、训练中心的花费至少要达到1700万美金以上。事实上，不仅是美国网球协会，英国草地网球协会、法国网球协会、澳大利亚网球协会，都拿出大满贯赛事中的部分收益，用于扶持青少年网球培养。不难看出，欧美网球发达国家在培养优秀网球运动员问题上，意识到随着职业网球运动商业化、职业化程度越来越高，单纯依靠家庭和网球学校已无法为本国挖掘出更多优秀的网球运动员，因此也开始出现了国家和国家协会对有潜质的运动员提供更多必要资助的趋势。

综上所述，理论层面国外网球培养模式可分为家庭培养、网球学校、网球俱乐部、企业赞助、经纪人或经纪公司五种模式，但实际层面没有任何一种模式可以针对任何一名运动员贯穿培养始终。优秀职业网球运动员的培养过程大都经历了两种甚至多种模式。因此，本研究认为，以网球运动员培养体系的整体视角来看，称这些所谓的培养模式为培养方式更为贴切。至于欧美职业网球运动员的模式到底是什么，本研究总结为，以家庭和网球学校培养为主的多元混合培养模式。从培养模式的发展趋势来看，国家和协会的力量正在逐步渗入，成为重要补充。

## （二）国内优秀网球运动员培养模式现状与发展趋势

众所周知，在2008年北京奥运会以前，国内除了个别运动员以外，其他优秀网球运动员的培养属于“举国体制”内的专业队培养模式，其中的绝大多数人都经历了从业余体校、地方专业队，再到国家队的三级训练网跨越。随着后奥运会时代战略目标由专业培养向职业培养目标过渡，国家体育总局网球运动管理中心（中国网球协会）通过机制创新，使“双轨制”应运而生。在运动员培养投入上改变了过去单一由国家、省市投入的体制，总体形成了以国家、省市为主体，多元投入为补充的投入机制。

为更深入把握国内网球运动员培养现状，本文通过中国网球协会官方网站进行资料查阅，对2013年底U12、U14、U16三个年龄段的青少年网球排名前100位的男子运动员进行了培养模式分类统计，结果如表2所示。

**表2　当前我国网球后备人才培养模式分类情况**

| | 专业队模式 | 网球学校 | 网球俱乐部 | 家庭 |
|---|---|---|---|---|
| U12 | 78人 | 13人 | 2人 | 7人 |
| U14 | 90人 | 8人 | 0人 | 3人 |
| U16 | 95人 | 5人 | 0人 | 0人 |
| 共计占比 | 86.8% | 9.3% | 0.6% | 3.3% |

由表2不难看出，即便作为商业化、市场化、职业化程度高，率先实施培养机制改革的网球项目，在后备人才培养模式上，依然是传统的专业队培养模式占绝对的主体地位，占比达86.8%。被社会寄予厚望的家庭个人培养模式仅占3.3%。不过，值得说明的一点是，本次统计的数据全部来自参加了2013年各级各站全国青少年网球比赛的运动员，考虑到部分家庭培养模式选择了海外训练、培养，故其真实数值应该高于现有水平。

从表2还可发现，随着年龄层次的逐步增高，专业队模式的占比也随之提高，其他模式则随之递减。反映出随着培养年限的增加，越发接近转入职业运动员的阶段，其经费需求、教练员水平、科研保障等对家庭模式，乃至网球学校都提出了近乎苛刻的要求，致使更多家庭、更多运动员选择资源综合配置较好、家庭资产所承受风险较小的专业队培养模式。

即便如此，相比过去几乎百分之百的“举国体制”专业队培养模式，当前我国优秀职业网球运动员的培养模式正在悄然发生转变，高水平职业选手的投入迈进以市场为主体，最大限度地利用社会资源，有限借助国家和省市资源作为补充；后备人才主要以国家、省市的投入为主体，有效借助社会资源拓宽投入渠道；以家庭投入起步，依托社会资源为投入主体的部分后备选手，国家和省市对其给予必要扶持。

## （三）主要培养模式的优劣势

### 1. “举国体制”下专业队模式培养优秀职业网球运动员的优势与劣势

“举国体制”是社会主义计划经济的产物，它最大的优势就是“树大根基稳”，有源源不断的财政支持；有全国统一的权力机构配合；有合理的训练管理布局；有先进的科研信息提供；有优秀的教练等后勤保障人才派遣；有严格的人才输入机制保障人才流通培养等。总之，运动员在这样一个舒适优良的环境下训练可以少走弯路，节约成才时间，在成才过程中减少不必要的财力、精力浪费。

其劣势集中在，一是未能充分体现以人为本的国家现代人才培养理念；二是由于功利性色彩严重，运动员早期专项化训练现象突出，运动员出成绩较早但往往昙花一现，无法真正进入职业网坛；三是在“大锅饭”的环境下，不利于激发有潜质运动员的内驱力。

**2. 单飞模式培养优秀职业网球运动员的优势与劣势**

优势体现在，运动员能自主选择训练方式，自主选择适合自己的教练，自主选择比赛，自主组建运营团队，同时还可以获得更加可观的经济效益。因为有奖金、成名这样的驱动力，运动员训练更具积极性，主动安排、要求训练，而非被动接受。对于教练员及运动员幕后团队来说，他们也可以自由选择跟自己有默契的师生团队，可减少沟通交流的麻烦。对于国家来说，可以减少资金、管理等各项设施的投入，也减少国家财政负担。

劣势则表现在，虽然单飞在训练管理上有诸多优势。但资金缺乏和国家各职能部门权力配合的问题是最不容回避的。这样对于没有充足资金保障、优异成熟的运营团队的网球新秀来说，压力较大。特别是那些还没有获得成绩的运动员，他们将面对更多的语言交流、知名度、商业价值等一系列问题，单飞后更加不利于他们成长。

**3. 家庭模式培养优秀职业网球运动员的优势与劣势**

家庭培养有更多的自主权、选择权，对于训练参赛计划的制订，教练及竞赛团队、幕后运营团队、商业活动的选择，奖金的分配有完全自主性。许多家庭培养都是“世袭”，他们往往都是在从事网球项目且在国际上取得优异成绩的父母亲人的带动下开始走上网球道路，所以，他们的启蒙更专业，训练安排更合理，且少走弯路，更容易获得成功。

任何事物都有其两面性，虽说国外在家庭模式上取得了众多的成功，但我们还应该看到其中的不足，具体体现为，首先是资金是否充足，其次是家庭是否具有足够的专业判断能力。一旦这两点出现问题，极有可能导致一个天才的荒废。

**4. 网球学校模式培养优秀职业网球运动员的优势与劣势**

作为一个专业的网球培训机构，网球培训所需的综合资源可以说是全面的。它不仅具有完善的硬件设施，还具备全面和专业的软件条件，包括专业的训练和管理理念，以及高水平的教练员。与此同时，集中的训练不仅可以让运动员具有更多的对抗与交流的机会，还可让运动员时刻处于竞争状态。

相对来说，随着网球商业化味道越发浓重，部分网球学校把更多精力投入到如何盈利创收上，这可能导致一些真正有天赋的运动员因为支付不起高昂的训练费而流失。

## 二、中国特色职业网球运动员培养机制创新途径

### （一）培养目标的调整

在国家政府层面由“体育大国向体育强国迈进”战略目标的指引下，中国网球的战略目标理应做相应调整，从过去的专业化目标向职业化目标迈进。

### （二）培养模式的创新

本研究之前的分析已论述过，事实上，国外也并无现成的绝对可行的标准化培养模式。国外的经验告诉我们，优秀网球运动员的培养过程多是一种由自身条件和需求引发的多元培养方式的有机衔接组合。如何实现“有机”二字是优秀网球人才培养的关键，而无需过多纠结于到底该启用何种模式。

### （三）投资主体与利益分配的转变

为了充分调动、发挥各方积极性，对涉及经济利益的问题，应由相关管理机构制定政策和办法，通过协议的方式明确与运动员之间的利益关系，用法律的手段实施有效管理。

### （四）竞赛改革的进一步深化

不断优化竞赛结构，形成从高到低的多级别竞赛体系，更好地满足不同年龄、层面的选手参加国际比赛的需求，为获得基础排名分和积累比赛经验创造了条件；国内高级别赛事的举办为我国优秀选手提供了更多参加大赛的锻炼机会，加速了选手竞技水平的提升。日趋合理的赛事结构和安排，可满足不同水平运动员的参选赛需求，有效地提高了不同阶段运动员全年训练比赛周期安排的科学性。

### （五）网球文化建设的跟进

在“以人为本、技能发展与文化教育并重”的理念指导下，充分调动省市和社会力量的积极性，倡导体教结合，不断加强对青少年阶段网球运动员的文化教育。借助国际网联的在线教育平台和现代化的媒体手段丰富教育，使得中国网球运动员不但具备精湛的网球技艺，还树立一个人格独立、健康、品德高尚、富有文化素养的中国运动员形象。

创造条件，主动适应变化，构建符合职业网球规律和要求的新型网球人才培养模式，是中国特色职业网球发展的必然选择。因此，在新的周期，如何通过培养机制的转变，为中国网球培养出更多能代表社会主义大国、强国形象的职业网球运动员是我国网球管理层及相关研究人员工作的重点。

## 三、结　论

（1）通过学习并提炼国外先进的优秀网球运动员的培养经验，为我国网球运动员的培养机制改革提供宝贵的借鉴与参考。

（2）培养模式的大胆尝试与创新成了今后培养中国职业网球运动员的必由之路。

（3）理清在人才培养过程中的投资主体与利益分配关系，充分发挥、调动各方积极性，将是机制创新的重中之重。

## 参考文献


[1] 孙艳.中外青少年网球培养模式对比研究[J].体育文化导刊，2014（3）108-110.

[2] 李俊.具有中国特色网球竞技人才培养机制的探讨[J].价值工程，2012，31：298-300.

[3] 孙晋芳. 论中国特色职业网球的探索与创新[J]. 南京体育学院学报（社会科学版），2011，25（3）：7-9.

[4] 徐飞，陈理娜.中国女子网球管理的“双轨制”：职业化与举国体制的博弈[J].体育学刊，2013，20（1）：44-47.

[5] 刘世军.内善技术，外修体制——谈中国竞技网球职业化发展的两大着眼点[J].北京体育大学学报，2008，31（4）：569-571.

[6] 刘朝辉. 中、泰两国职业网球管理模式对比研究[J]. 湖北体育科技，2010，29（2）：182-183.

[7] 刘青.论我国网球运动员的培养模式及融入国际职业网球的途径[J].成都体育学院学报，2006，32（5）：53-56.

[8] 钟秉枢，于立贤，董进霞，等.我国竞技体育职业化若干问题的研究——兼论深化我国运动项目管理体制改革[J].北京体育大学学报，2002，25（3）：145-147.

# 中国武术运动现代化推广现状与思考

国家体育总局武术运动管理中心　蔡利勇

**摘要**：武术源于中国，属于世界，是中华民族传统的体育项目，具有强大的健身、教育、娱乐等功能。武术之兴衰，不仅关系到每一个武术人，同时也影响着每个国人的情和义。30年来，武术的国际推广工作取得一定的成果，这是全体武术人共同努力的结果，但武术的国际推广工作并没有达到理想的程度，武术的国际推广和普及工作任重而道远。武术是属于中国人民的，同时也是属于世界人民的，应该发挥其独特的作用和价值，为人类的身心健康，为构建和谐社会做出贡献。

**关键词**：武术；现代化推广；人才培养

## 一、前　言

“武术是中华民族的文化瑰宝，具有深厚的文化底蕴和悠久的历史。”这是中国人，尤其是中国武术人最喜欢引用的一句话，也是一句对武术简短概述的话。随着对武术项目的了解和学习的不断深入，慢慢发现武术的概念在人们的脑子里越来越模糊，越来越繁杂，其模糊的原因在于，随着对武术项目的了解不断深入，人们发现武术的内涵太广泛、太深奥，但凡涉及搏击、对抗，带有一点儿攻防表现形式的体育项目都可以被称为武术。

2008年北京奥运会对于广大中国人来说，百年的奥运梦想终于实现了，而对于广大武术人来说，这也是武术的契机——实现国际化，进入奥运会大家庭。而现实却是武术仅仅作为2008年北京奥运会的特设项目在奥运会期间举行，不计金牌总数。回过头来，国内大量学者开始研究分析武术没能进入奥运会的真正原因，通过查阅大量文献和参考资料，多数学者将武术未能进入奥运会的原因归咎于宣传力度不够、东西方文化差异、武术技术体系繁杂、武术拳种繁多等因素，通过多年武术竞赛组织和国际推广的总结和经验，经过了选题、开题、分析、思考等过程形成了以下的成果。

本课题重点围绕中国武术运动推广的问题进行研究，就武术推广思路提出对策和建议。

## 二、中国武术运动推广现状和主要问题

### （一）中国武术运动推广现状

武术是中国传统文化的优秀代表之一，具有深刻的文化内涵。近年来通过武术界全体同仁的共同努力，武术的推广取得了很大的进展，1990年10月3日国际武术联合会在北京成立，1994年10月22日被国际单项体育联合会接纳为正式会员。1999年6月20日，国际武术联合会得到国际奥委会的临时承认。2002年2月，国际奥委会第113次全会通过正式承认国际武术联合会的决定，武术同时成为国际奥委会承认的体育项目。到目前为止，国际武联的会员国从20多个发展到142个，从会员国数量的迅猛发展可以看出中国武术推广工作的成效，同时中国武术已经成为世界武博会、亚运会、东亚运动会、全运会等综合性运动会的正式比赛项目。而国内的商业性武术比赛也是精彩纷呈，最有影响力的商业比赛如：中国武术散打王争霸赛、中国南北武状元争霸

赛。武林大会、武林风等商业赛事也都相继成功举办，并且收到了良好的社会效益和市场效益。

随着中国经济的不断发展和国际地位的不断攀升，在2008年北京奥运会之后，胡锦涛同志提出了中国要从体育大国向体育强国迈进的目标，社会各界对武术的发展和需求提出了更高的要求，这也让武术管理部门重新开始思考武术的推广思路和问题。

## （二）推广项目重点不突出，推广思路不明确

武术项目门派众多，都有各自的技术体系和项目特点。随着20世纪80年代初期电影《少林寺》在国内外的热播，“太极拳”这三个字几乎成了中国武术在国际上的代名词。这部电影对武术的贡献非常大，是武术的国际化宣传大片，而武术人却没有好好利用这个优势和影响，门派纷争开始显露，生怕自家门派落后于太极拳。于是在国际上也开始做大量的宣传和推广，都说自家门派才能代表真正的中国武术。这样造成了国外习练武术的群体开始纠结、困惑，不知道哪个拳种才是真正的中国武术，各学各派到最后发现学的都不一样，相互之间无法交流。多数爱好者无从下手，因为学了这一门派的武术，另一门派说你学的不是武术，不知道哪个项目才是真正的武术，最后多数人只能放弃，选择其他相似的项目，这样就阻碍了武术项目的国际化推广和发展。

## （三）标准化程度不高，制约武术的推广

标准化是指在经济、技术、科学和管理等社会实践中，对重复性的事物和概念，通过制定、发布和实施标准达到统一，以获得最佳秩序和社会效益。标准化首先进入体育领域，随后逐渐拓展到武术领域。中国武术经历了岁月的千锤百炼，是我国传统文化的精华，但由于没有形成统一的标准和规范，被奥运会拒之门外。其次，裁判问题。比赛中裁判主观因素一直是国际奥委会比

较担心的，裁判主观因素在比赛时占到相当大的比重，裁判水平的高低也直接影响了比赛的结果。

目前，武术竞赛组织以竞赛规程为纲领，以规则为具体标准进行实施。在竞赛组织运作中涉及竞赛的场馆设施、竞赛器材、反兴奋剂、技术官员管理等各类专项工作则分别借鉴《全国体育竞赛管理办法（试行）》《公共体育场馆建设标准》《体育场馆公共安全通用要求》《反兴奋剂条例》《仲裁委员会条例》及《裁判员管理条例》等各类规范文件组织实施。这些规范性文件对武术竞赛的组织运作起到了一定的指导性作用。但文件中也存在较多不完善的地方，如这些规范性文件大部分是语言描述性的，且多以结果为导向，缺少程序性规范，没有根据散打竞赛形式和特点进行设计，这些文件缺少对竞赛组织机构、颁奖、体育展示等竞赛组织工作方面的有力指导。在实践中，武术竞赛组织管理一直都缺少统一的标准和规范，每次都从零开始进行探索，增加了每届赛事的学习成本和时间成本。

武术竞赛组织涉及竞赛组织机构组建与管理，技术官员选调与管理，竞赛编排，运动员报名，比赛成绩的统计、处理和公告，颁奖工作，比赛场馆设施设备和器材的选定等众多不同种类的专项工作。我国大型综合性体育赛事众多，但当前武术竞赛组织管理技术规范并未形成完整的系统。尽管《全国体育竞赛管理办法（试行）》和《全国综合性运动会组织管理指南》从整体上对竞赛做出相应的管理，但管理多为定性表述，缺少标准化管理程序。而其他相关规范性文件则多出自不同的部门，如《公共体育场馆建设标准》由国家发展改革委员会负责监督实施，《反兴奋剂条例》由国家体育总局科教司组织实施。不同的规范性文件散落在不同的管理部门，这些管理部门权限和职能大小各不相同，部门之间沟通协调多有不便。

### （四）对宣传工作重视程度不够

古语有言“酒香不怕巷子深”，然而在信息化时代，想让更多的人了解和喜爱一个体育项目，宣传是必不可少的工作。新事物的推广、传播及发展主要是靠社会对其的宣传，宣传力度的强弱直接影响着事物的发展。中国武术具备强身健体、培养意志、娱乐欣赏等诸多的作用，为什么在国际上的普及程度仍然不高？这样的现状确实应该引起我们的高度重视。

## 三、关于中国武术运动现代化推广的对策与建议

### （一）转变观念，创新武术竞赛组织方式和内容

现阶段国内武术发展仍需依托全运会来带动各省市参与武术竞赛的积极性，同时也应该大力提倡社会各界积极承办各类武术赛事，吸引更多的观众和市场资源参与各个项目竞赛，提高武术竞赛的职业化、市场化和娱乐化水平。新形势下，我们需要开拓思路，借鉴其他奥运项目的成功经验，建立以观众为本的竞赛组织理念。武术首要的社会功能是“吸引眼球”，服务观众。和文艺节目相比，竞技武术能够带来现代文明社会最激情、最刺激、最动感的身心享受。我们的竞赛组织长期以来是以获取金牌、比赛练兵、提高水平为目标，对社会关注和百姓的参与、欣赏很少考虑，导致观众与赛场越来越疏远。

### （二）制定科学可操作的中长期武术推广规划

武术推广工作是长期的系统工程，需要制定一个科学有效的推广规划，按照规划分阶段分步骤地执行推广，一旦推广规划确定后，就应不折不扣地认真执行，最忌讳“长官意志”，朝令夕改。

科学可操作的中长期有效推广规划是尽早实现武术国际化的重要保障。由于过去一段时期里，武术在国际推广过程中出现过一些徘徊和波动，影响了武术推广的国际化步伐。同时在推广的过程中应该进一步明确武术在中国的历史意义、现实功能和发展方向。

### （三）将武术纳入中小学体育课程，搭建武术后备人才培养平台

学校体育在学校教育中占有极为重要的地位，学校体育通过各种各样的体育活动促进学生智力与身体素质的发展，培养学生的个性意志品质。武术运动具有丰富的文化内涵和多样的表现形式，将武术引入校园，不仅可以使学生在具有较浓厚的民族文化氛围中学习武术以达到强身健体、陶冶情操，培养学生道德、意志品质的目的，而且可以增加学校体育运动形式，丰富学生校园生活。

中国武术具有良好的健身功效，是西方体育不可比拟与替代的。武术讲究松静自然，周身协调，通畅气血，阴阳平衡，以意领气，导引经络，气贯全身，神形合一。将武术纳入学生体育课堂，不仅可以使学生们的身体得到锻炼，而且可以缓解学生的学习压力，丰富学生课间娱乐生活。

“未曾学艺先学礼，未曾习武先习德”“武以德立，德以武显”。武术教育历来重视“武德”，以“尚武崇德”作为武术教育的基本原则之一，培养学生养成高尚的武德精神与高贵的人格品质。练习武术可以使学生了解武德内涵，加强培养武德修养，树立正确的武术道德观，并指导自己的日常行为。通过武术的练习，可以培养习武者坚持不懈的意志品质。所以说练习武术不仅培养学生们的道德修养，而且可以提高学生们的意志品质。武术既符合建设社会主义精神文明的要求，又符合学校思想道德

要求，可以让学生在武术运动中得到情感的交流，而且可以增进学生们的友谊，促进学生们和谐相处。因此，武术进入学校，进入中小学体育课堂，对普及武术是非常重要的。

### （四）继续加强武术标准化建设

标准化建设是武术能否或为国际化的重要因素，武术标准化建设所涵盖的内容很多，其中包括竞赛组织形式、武术竞赛场地器材、武术专有名词和专业术语等。就拿“武术”一词来说，国际武联采用音译“WUSHU”，但仍有一些国家和地区翻译成“MARTIAL ARTS”，还有人习惯把武术叫作“KONGFU”，他们认为只有传统的功夫才是真正的中国武术。加强武术标准化建设的研究有助于加强国际武术界的交流，有助于加快武术现代化、国际化的步伐。

## 四、结　语

武术虽然没有进入奥运会，但是武术的国际化推广的脚步不会停，因为进入奥运会不是中国武术运动发展的唯一目标。武术的发展不能只忠于过去，更应该注重未来的发展。

武术在向国际推广的过程中，自身也需要进一步改进。一方面我们应该借鉴西方体育文化理念；另一方面，我们应该根据武术自身特征，建立自己的武术体系。在改革与创新中拓宽武术国际化推广的渠道，构筑武术走向世界的桥梁，使武术真正走向世界。

## 参考文献

[1] 郭玉成. 论中国武术的历史走向[J]. 体育文化导刊，2007（1）：42-45.

[2] 公茂力，刘同为.武术国际化推广的现状与对策研究[J]. 搏击·武术科学，2007，4（8）：3–5.
[3] 国家体委武术研究院. 中国武术史[M]. 北京:人民体育出版社，1997：447.
[4] 吴宝忠. 中国武术国际化的文化思考[J]. 搏击：武术科学，2004，（1）：14–15.

# 足球项目管理创新的思考

国家体育总局足球运动管理中心　唐峰

**摘要**：在我国的政治、经济体制改革和体育体制改革的系统环境下，足球项目管理面临着机构与职能、市场与利益、目标与动力等主要问题。足球项目管理机构的双重组织特征，使管理目标产生矛盾，因而管理过程缺乏长远规划和战略运筹的导向。足球市场体系尚未健全，企业与职业俱乐部产权关系不清晰，导致了不规范行为的产生和市场秩序的破坏，职业足球俱乐部作为企业尚未具备市场主体的成熟特征，既不具备主导制度创新的能力，也不具有“规模效应”，尚未形成对实施制度创新的有效需求。

**关键词**：足球；管理创新；产权关系

通过对足球项目管理机制中的动力机制、运行机制和约束机制三个子机制进行分析，认为在动力机制方面，基于历史和现实，国家的政治利益仍是体育管理系统的首要动力；另一方面，在体育走向市场的今天，经济利益逐渐成为管理系统的重要动力来源。在运行机制方面，足球管理机构要建立与社会发展相适应的运行机制，应有步骤、分阶段地进行职能转变。在约束机制方面，在体育管理系统的政治取向和社会管理取向趋于一致的发展状态下，管理的民主性、法律性和公正性将会提高，对我国足球管理机构的管理行为产生社会心理约束。

本文从目标、制度和组织三个方面对足球的管理创新进行了思考：一是目前的管理目标具有环境的规定性、各层次目标之间的矛盾性和阶段的局限性等特点。所以管理的目标创新应注重均衡性、服务性和效能性原则。二是在管理制度上仍具有一定的创新空间。应整合足球管理系统内部的管理机制，建立新的职权关系和工作程序，将部分决策权或工作逐步转授给各会员协会，促进会员协会作为独立的管理主体的发展和成熟，扩大管理幅度，形成组织规模化。三是通过内部授权和外部授权的方式，循序渐进地进行组织创新。但应采取必要的监控手段，使所授之权不失控，确保组织目标的实现。

## 一、引　言

由于传统体制的刚性影响，我国体育改革面临着计划调节方式和市场调节方式并存的冲突，客观上出现了政府推动与市场推动难以协调的矛盾。一方面是被动型，等市场、靠政府，难以完善并向高级形态发展；另一方面是主动型，找市场、靠市场，使前者失去了原有的效能，并且原有行政系统内的权力下放和市场机制的矛盾，使这种放权不能引入规范的市场机制。因此，又产生了体制机制创新目标不明确，各权力部门职责不清，体育社会结构内各利益集团的自利行为和不规范运行等问题。不仅如此，在双重体制下，省市之间、地区之间、项目之间，不可能齐头并进，这就造成了各运动项目发展处境的差异，即所谓“不平等竞争”。这就使我国的体育改革具有明显的探索性和过渡性特征，改革的目标尤其是阶段性目标难以准确描述，反映在操作层面上就是“摸着石头过河”。

## 二、足球项目管理面临的主要问题

### （一）机构与职能的问题

在体育改革之初，政府通过行政指令使各个运动项目向协会化过渡，之后为了保障政府对改革的主导作用，避免体育在社会化、市场化过程中出现振荡，又以行政的手段组建了项目管理中心。因而项目管理中心就被赋予了行政管理职能，在管理过程中就不可避免地要采取行政手段，于是管理机构就出现了“一个机构，两块牌子”的现象，集项目管理中心的行政职能和协会的社会团体职能于一身。

从发展过程看，我国的体育改革，目前只是国家一级的管理机构在形式上实现了运动项目向协会化过渡，但多数的地方体育行政机关仍然直接管理运动项目。由于上下不衔接，各运动项目管理中心对省市体育行政机关没有直接的行政隶属关系，仍需要通过国家体育总局在具体的工作中向省市行政部门发布指令，因此政府在体育管理中的作用仍在继续，出现两种职能的交互作用及由此产生的负面影响，是体育改革过程中的一个阶段性的现象，是不可避免的问题。

有学者认为，“项目管理中心的现实状态已经成为制约我国竞技体育发展的瓶颈”。但是通过访谈，多数专家和学者认为，现在由社会团体性质的协会取代项目管理中心对各运动项目进行管理的条件还不成熟，同时学者们还认为，项目管理中心今后应该向社会团体的方向发展。

### （二）市场与利益的问题

#### 1. 产权关系未理顺

第一方面，企业与职业俱乐部产权关系未理顺。

第一种情况是在当地政府的推动下建立的俱乐部。俱乐部在资金或一些场地设施方面仍在很大程度上依赖于政府，经常要执行政府的行政指令，这对俱乐部的运行或开展的经营活动产生很大影响，使其缺乏应有的独立经营的地位和利益。在实际运作中，投资各方都要求拥有更多的权利和收益的同时，尽可能少地承担经费投入，尤其在俱乐部实际经营费用超出预算或出现债务时，就会出现各方都推卸责任的情况。产权边界不明，一旦矛盾激化，企业往往会退出，使俱乐部没有了资金保障，造成这种联办形式的俱乐部解体。这是过去一段时期内，由政府推动而建立的职业俱乐部出现的较为突出的共性问题。

第二种情况是企业希望获取政府帮助而投资组建的俱乐部。企业为了向政府获取在经营上的优惠政策和条件投资而注册组建足球俱乐部，其目的往往不在于俱乐部本身，而在于通过俱乐部这一平台为企业获得更大的发展空间。基于这种动机，出资注册成立足球俱乐部之后，主要的出资企业往往直接左右俱乐部的管理和经营，于是就出现了过去一段时期内所谓的俱乐部“一股独大”情况，即企业左右俱乐部的一切，甚至是退出联赛的行为。

这些企业会采取各种方法来保证俱乐部获得良好的比赛成绩，以社会影响来形成企业向政府获得相应政策的压力。为了追求比赛成绩，就会使用经济刺激的方法，加大投入并不计成本地滥发工资、奖金，以高价格来雇用球星、外援和教练员。这种高投入不仅使一些俱乐部在经济上陷入恶性循环，最后不堪重负而退出，还造成了俱乐部本身的短期行为、相互之间的恶性竞争、市场秩序的破坏及一系列不规范行为的产生。

通过上述现象，我们可以认为在根源上是企业与俱乐部之间产权关系不清，其直接后果就是俱乐部的激励机制与约束机制失衡。

第二方面，关于足球管理机构与联赛产权关系的分析。

“改革就是对利益的重新分配”，从这一意义上说，我国的足球改革就是对参与各方在责、权、利关系上的重新界定。在2004年中超联赛的后半程，一些俱乐部与中国足协进行对话，认为俱乐部应具有联赛的管理权和经营权，因此中国足球协会召开了特别会员代表大会，会议的主要议题之一就是联赛的产权问题。

无论是国际足联、英足总还是日本足协，这几个具有代表性的组织对联赛的所有权是排他性的。作为特定产权主体，他们对联赛是唯一的和垄断的。结合中国目前的社会政治经济环境，以及中国职业联赛的建立与发展过程，我们也可以认为，中国足协作为中国职业联赛的特定产权主体，目前对联赛也是唯一的和垄断的。从产权的可交易性和可分解性进行分析，这是实现产权交易、所有权和经营权分离的理论基础，而这正是我国足球管理体制改革中已经面临并且需要明确方向的问题。

从长远看，联赛的所有权和经营权分离，即管、办分离是改革的一个总体趋势。但就目前而言，社会条件、技术条件是否已经具备，还需要进行深入的研究和论证。但可以明确的是，这是我国足球改革中已经面临并且需要尽快明确方向的问题。

**2. 市场主体不成熟**

体育市场能否建立和健康发展，在很大程度上取决于市场主体的发育和成熟与否。本文将从足球管理机构、职业足球俱乐部作为市场主体的角度展开分析。

首先是足球管理机构。项目管理中心以事业单位的性质隶属于体育总局，是在行政管理的层级关系之下，接受国家体育总局的领导和监督，因此不具有独立性。中国足协作为社会团体，应接受社会法定机构对其的监督，而目前中国社会团体的发展仍需要经历一个与社会发展相适应的过程，因此对社会团体的各类监督机构也需要一个建立和健全的过程。综合上述分析，中国足协或是项目管理中心都不具备完全意义上的市场主体特征。

其次是职业足球俱乐部。目前我国的职业足球俱乐部，尚不具备作为市场主体的企业应具有的自主经营、自负盈亏、自我发展、自我约束能力，由此可以认为，我国的职业足球俱乐部作为市场主体还不成熟。

**3. 市场体系不健全**

综合上述分析，我国足球市场系统内的各类市场和相关产业仍需进一步开发；足球市场内仍存在垄断因素，不利于建立公平环境，使市场主体按照利益最优化原则进行充分竞争；与国际接轨建立横向联系还处于起步阶段；足球市场体系的系统性、同一性、竞争性和开放性程度都有待加强。因而可以认为，我国足球市场体系尚不健全。

## （三）目标与动力的问题

**1. 发展目标不明确**

从组织变革的角度分析，我国体育体制改革在政府主导下，总体上呈现出渐进式特征。而足球改革无论是在速度还是程度上，都表现出激进式的特征。这一矛盾就造成了在全面改革的推进中，出现不均衡和不协调，出现了不平衡和停滞、等待的现象。足球改革，特别是职业俱乐部和职业联赛的建立，是一定意义上的制度创新，由于受到环境系统的制约和影响，这种变革仍属于系统内的结构性变革而不具备战略性变革的特征，因此这种变革的目标就具有了不确定性，也缺乏对成果预期及检验的标准。

由于足球管理机构的双重组织性质，还出现了职业联赛发展和执行奥运计划双重目标之间难以协调、组织自身的发展取向难以预见的客观现象。这就使组织内部执行目标的动力不足，运作缺乏弹性，同时运行过程本身具有较为明显的短期性，缺乏对长远规划和战略运筹的导向。可以认为目前中国足球管理机构的发展目标不明确。

**2. 制度创新动力不足**

从制度经济学的角度来看，需求结构决定着供给结构。社会的行为主体对制度创新的需求越强烈，对制度供给的影响就越大，制度创新就越有可能实现。

由于历史和现实的原因，在目前的足球管理体制改革中，制度创新仍属于政府主导的行为，制度创新的实施与否要取决于政府的意愿。职业足球俱乐部既不具备主导制度创新的能力，也不具有“规模效应”，因而尚未形成对实施制度创新的有效需求。所以从整体上看，我国足球管理体制改革目前在制度创新方面动力不足。可以预见的是，随着现代企业制度的不断完善，职业俱乐部的产权及相应的分配制度将得以调整，从而使各职业俱乐部的成本—收益约束趋于刚性化，在职业体育的制度供给不足的环境下，会产生并积累各种新的矛盾，在矛盾运动中必将产生制度创新的有效需求，其结果是引发新一轮的制度创新。

## 三、足球项目管理机制的分析

### （一）足球项目管理机构的社会角色定位

依据我国的社会系统环境和体育管理体制改革的进程，足球管理机构要逐步解决社会角色不清、角色冲突矛盾，并明确自身符合社会发展需要的角色，这将是一个系统的、长期的和渐进的实践过程。

可以预见的是，随着国家政治经济体制改革的深入，政府的生产角色、提供角色和安排角色的比重会发生变化。我国足球管理机构沿着法制化、社会化、市场化和产业化的改革道路，其组织结构将从集权到分权、从封闭到开放，行政特征会逐渐淡化，社团职能将日趋增强，并逐步由微观参与角色向宏观调控角色转型。未来我国足球管理机构应是与社会主义市场经济体制相适应的，为社会提供服务并具有自我管理、自我创新和可持续发展能力的管理主体。

## （二）足球项目管理机制的分析

所谓管理机制，是指管理系统的结构及运行机理。管理机制具有内在性、系统性、客观性、自动性、可调性特征。而对于一般的管理系统，管理机制主要包括动力机制、运行机制和约束机制三个子机制。

**1. 动力机制的构成**

在我国建立社会主义市场经济的历史条件下，体育管理系统的动力机制是多元化的。一方面，基于历史和现实，国家的政治利益仍是体育管理系统的首要动力；另一方面，在体育走向市场的今天，经济利益逐渐成为管理系统的重要动力来源。同时，国家和民族通过体育这一窗口向世界展示形象的需要，也是管理系统的主要动力机制。作为我国体育管理系统的子系统，足球管理的动力机制也具备上述特征。

**2. 运行机制的转换**

20世纪50年代以来，世界上许多国家出现了政府职能转换的趋势，政府职能的内涵经历着从简单到复杂、从注重眼前利益到注重长远利益、从“人治”到“法制”的过程。通过政府职能的演变过程及现状，可以判断一个国家政治、经济和文化发展的程度。政府职能转换的实质是政府职能重心的转移和政府管理方式的变化。

对于我国足球管理机构而言，要建立与社会发展相适应的运行机制，应有步骤、分阶段地进行职能转变。

（1）从职能重心上看，我国足球管理机构应从行政管理职能向公共服务职能的方向转变，即行政职能向社团职能、事业管理向行业管理转变。随着这个趋势的发展，其原有的组织结构、管理手段都需要进行相应的改革，改变原来权力集中化、组织行政化的封闭性结构，向分权化、开放式的组织结构过渡，主动迎接社会的选择。

（2）从职能方式上看，一是从行政手段向法律手段的转变，法律手段的特点在于它的制定和修改要经过一定的程序，具有严肃性和连续性，它以国家权力为后盾，具有权威性和强制力，从而逐步避免目前足球管理机构在管理制度方面的嬗变性和管理行为的随意性。二是从计划调节向市场调节的转变，在培育市场主体的同时，使职业联赛作为遵循市场需求和供给规律的体育产品，保持供给与需求的平衡，以满足广大人民群众多样化的需求。三是由直接的微观管理向间接的宏观管理过渡，即从参与者向监督者和仲裁者的方向过渡。

（3）从职能关系上看，要处理好几方面的关系：一是明确与国家体育总局的事权关系。二是理顺与会员协会的组织关系。三是处理好与俱乐部的利益关系。四是重视与社会的公共关系。

**3. 约束机制的建立**

首先，对于管理行为的约束机制，主要是建立在管理组织的结构之上的。在未来发展中，我国的足球管理机构在明确与国家体育管理机构的事权关系，理顺与会员协会的组织关系之后，管理机构的组织结构将从过去行政组织的“金字塔形”的纵向结构逐渐向扁平型组织结构转变。

其次，未来在体育管理系统的政治取向和社会管理取向趋于一致的发展状态下，管理的民主性、法律性和公正性将会提高。服务意识的建立，公共责任感的加强，将会对管理行为产生社会心理约束。

综上所述，随着未来体育管理组织的发展，将使组织职能的划分趋于合理，职权范围更加明确，在客观上促进权力和责任的结合，形成对权力和责任的约束机制。在体育管理系统的政治取向和社会管理取向趋于一致的发展状态下，管理的民主性、法律性和公正性将会提高，对我国足球管理机构的管理行为产生社会心理约束。

## 四、足球项目的管理创新

我国足球管理机制的创新，特别是市场化、社会化手段在管理中的引入，是未来我国足球管理的一个趋势。现阶段在我国足球的组织和管理范畴之内，尚缺乏利用市场机制来改善管理机构自身的功能，缺乏提高管理效率的经验及可以借鉴的原则和途径，理论研究和实证分析也相对滞后，因此下文从管理目标、管理制度、管理组织三个方面对我国足球管理的创新进行探讨。

### （一）管理目标的创新

从理论角度而言，制定管理目标时，应避免出现相互矛盾的现象。但从实际情况看，目前我国足球管理的各层次目标之间出现矛盾是难以避免的。从整体性而言，足球管理的目标必须服从并服务于我国体育管理体制的整体特定目标，相应的管理手段也只能为实现整体目标服务，但是这些管理手段可能会对足球管理的具体目标产生消极作用。正是这种矛盾性，使目前我国足球管理的具体过程容易产生顾此失彼的现象，对足球管理的具体目标产生影响。

所以我国足球管理目标的创新应主要注重均衡性、服务性和效能性原则。

### （二）管理制度的创新

虽然在我国目前的足球改革中，就管理系统的整体而言，制度创新仍属于政府主导的行为，制度创新的实施与否要取决于政府的意愿。但是，对于足球管理机构内部的组织制度特别是管理制度，仍然具有一定的创新空间。

足球运动管理中心对于日常的管理事务包揽了较多的决策权，各地的会员协会基本是在执行上级的指令，被动性较大，积极性得不到发挥，从而不具备作为独立的管理主体的行为能力。因此，将集权与分权相结合的原则体现到管理制度中，整合足球管理系统内部的管理行为，建立新的职权关系和工作程序，将部分决策权或工作逐步转授给各会员协会。虽然在现象上这是缩小了足球运动管理中心的管理权限，但实质上各会员协会能够作为独立的管理主体，在各自的职责范围内进行决策的同时，不仅扩大了足球管理系统的管理幅度，还会形成组织规模化的结果。组织关系将从单向依赖走向相互依赖，权力关系将出现集权与分权并存的局面，各地会员协会可以因地制宜、因时制宜地处理日常管理事务，有利于发挥各自的长处并增强适应客观环境变化的能力，同时还可以在一定程度上防止由于集权性造成的组织行为偏差。

我国足球的管理制度创新，应遵循目标性、系统性、法制性、科学性等原则。

## （三）管理组织的创新

### 1. 授权的概念

授权已经成为当代组织管理的一个重要的趋势。从足球管理创新角度，可以逐步通过外部授权和内部授权的组织形式来提高组织效能，形成一种职权关系，增强组织活力，从而保证组织在社会环境系统内的适应性。

### 2. 足球管理机构的外部授权

从外部看，在明确责任、权力和义务的前提下，使用绩效合同等方式，有选择地对一些地方会员协会进行授权。从一些类别比赛的管理权，逐步扩大到在会员协会进行属地注册的职业俱乐部的管理权。这种授权形式在现象上是足球管理机构权限的缩小，但在实质上却是管理幅度的增加。从长远看，有利于推动各地会员协会作为足球管理主体的发展和成熟，有利于足球管理系统自身的不断完善。

**3. 足球管理机构的内部授权**

从内部看，以授权的形式，有效地利用各级联赛委员会来协调机构内部门之间的工作，并给予代表各利益主体的委员会成员参与重大问题的决策过程的权力，在相互沟通的基础上达成共识，逐步形成民主管理的形式。这既可以通过集体判断获得切合实际情况的工作方案，又可以避免主管人员因个人原因而造成的判断失误和由于权力过分集中所造成的负面效应。

依据我国足球管理系统的现实状况，无论是采用内部授权还是外部授权，都应明确授权是为了更加有效地实现组织的目标，因此授权的程度要根据实际情况和需要而定，既要防止授权不足，也要防止授权过度。要保持权力、责任、利益之间的对等与平衡，并且采取必要的监控手段，使所授之权不失控，确保组织目标的实现。

应该指出的是，授权不同于分权，分权是授权的延伸，是在组织中有系统地授权。根据相应的规定，这种权力可以长时间地掌握在被授权者的手中。授权则是一种相对时限较短的权责授予关系。而我国足球管理组织的创新将会是一个长期的、具有探索性的过程，这个过程的初始阶段不能急功近利追求“一步到位”，因此从授权到分权应建立在循序渐进的基础之上。

## 参考文献

[1] 中共中央马克思恩格斯列宁斯大林著作编译局.马克思恩格斯全集

（第46卷上册）[M].北京：人民出版社，1979.
[2] 吴丽霞，樊奇.对竞技体育“举国体制”的思考[J].解放军体育学院学报，2003，22（4）：24-26.
[3] 鲍明晓.关于建立和完善新型举国体制的理论思考[J].天津体育学院学报，2001，16（4）：48-51.
[4] 鲍明晓.竞技体育在两种经济体制下运行特点分析[J].体育科学，1998，18（1）：6-10.
[5] 鲍明晓.论现阶段中国体育改革的艰巨性[J].武汉体育学院学报，1994，104（2）：13-16.
[6] 鲍明晓.中国体育体制改革综述[J].北京体育学院学报，1997（2）：42-45.
[7] 常智.关于我国体育管理体制改革的探讨[J].贵州师范大学学报（社会科学版），1996（2）：106-107.
[8] 陈秋喜.体育管理体制的本质、分类及我国的特点[J].武汉体育学院学报，2001，35（3）：97-98.
[9] 陈振明.公共管理学[M].北京：中国人民大学出版社，2005.
[10] 丛湖平.体育经济学[M].北京：高等教育出版社，2004.
[11] 丛湖平，田世昌.政府主导型职业体育制度的创新约束机制研究[J].中国体育科技，2003，39（9）：1-3.
[12] 田世昌，丛湖平.我国职业足球俱乐部运动员“高成本现象”的原因[J].体育与科学，2002，23（3）：8-10.
[13] 戴维·奥斯本，特德·盖布勒.改革政府：企业精神如何改革着公营部门[M].上海市政协编译组、东方编译所，编译.上海：上海译文出版社，1996.
[14] 戴文忠.栾开封.中国与英国、瑞典体育管理体制的比较[J].体育文史，1999（1）：20-22.
[15] 杜宇峰. 我国体育政策的制定与实施机制的研究[J]. 西安体育学院学报，2003，20（5）：14-15.
[16] 方鸿.中国、韩国竞技体育特色和模式的比较[J].中国体育科技，1996，32（7）：65，64.
[17] 方青，孔文.社会学概论[M].安徽：安徽大学出版社，2005.
[18] 高雪峰. 中国竞技体育系统运行机制及其发展对策[J]. 武汉体育学院学

报，1999（1）：1–6.
[19] 郭庆平，刘大明，孙刚，等. 关于竞技体育举国体制的发展与思考[J]. 山东师范大学学报（自然科学版），2001，16（3）：341–343.
[20] 中华人民共和国体育运动委员会.关于深化体育改革的决定[M]//中华人民共和国体育法规汇编（1993—1996）.北京：新华出版社，1997：11.
[21] 国家体育总局考察组. 西班牙体育管理体制情况考察报告[J]. 体育文化导刊，2003（12）：15–18.
[22] 韩丹. 论我国争光竞技的功能变化与改革出路[J]. 体育与科学，2000，21（4）：10–16.
[23] 韩丁.体育创新体系的研究和构建[J].武汉体育学院学报，2001，35（1）：31–32.
[24] 郝勤.论中国体育“举国体制”的概念、特点与功能[J].成都体育学院学报，2004，30（1）：7–11.
[25] 何丽华，董伦红.香港竞技体育的管理体制及运行机制[J].体育学刊，2002，9（6）：32–34.
[26] 贺卫.寻租经济学[M].北京：中国发展出版社，1999.
[27] 贺卫，伍山林.制度经济学[M].北京：机械工业出版社，2003.
[28] 胡春兰. 对国外体育俱乐部体制的研究[J]. 体育文化导刊，2003（10）：56–57.
[29] 胡小明. “举国体制”的改革[J].体育学刊，2002，9（1）：6–8.
[30] 胡孝安. 我国竞技体育体制改革若干问题的探讨[J]. 西安体育学院学报，2002，19（3）：20–21.
[31] 胡希宁.当代西方经济学概论[M]第二版.北京：中共中央党校出版社，1998.
[32] 贾宁，孙汉超. 21世纪初期中国竞技体育发展目标与发展对策研究[J]. 武汉体育学院学报，2001，35（6）：1–4.
[33] 姜君利，唐俊. 市场经济条件下我国体育管理体制的改革[J]. 体育函授通讯，2002，18（2）：15–16.
[34] 李克华. 社会主义市场经济与体育改革开放[J]. 中国体育科技，1994（4）：1–3，7，48.
[35] 李力研.竞技运动新论[M].北京：人民体育出版社，1992.

[36] 李晴慧.新时期中国体育管理社团化取向的研究[D].广州：华南师范大学，2003.
[37] 李卫东.中国体育改革二十年综览[J].体育科研，1999（3）：4–9.
[38] 李艳翎，郑吾真.中国竞技体育的利益分析[J].体育科学，2000，20（5）：15–18.
[39] 李寅生，凌平.联邦德国体育管理体制及其特征[J].天津体育学院学报，1994（2）：31–35.
[40] 国家体育总局考察组.西班牙体育管理体制情况考察报告[J].体育文化导刊，2003（12）：15–18.
[41] 李元伟，鲍明晓，任海，等.关于进一步完善我国竞技体育举国体制的研究[J].中国体育科技，2003，39（8）：1–5.
[42] 凌平，何正兵.美国职业体育管理体制初探[J].体育与科学，2003，24（1）：5–7.
[43] 陈培德，凌平，郑瑶，等.论“举国体制”的思想渊源和理论基础[J].体育文化导刊，2003（3）：8–10.
[44] 凌平. 模式的变革与变革的模式——中国体育体制和运转机制变革的研究[J]. 体育学刊，2001（1）：1–4.
[45] 凌平. 中国体育体制改革的过程特征[J]. 山东体育学院学报，1998，14（1）：9–12.
[46] 刘东锋.中国体育管理体制改革的路径选择[J].成都体育学院学报，2005，31（2）：20–23.
[47] 刘青.论我国政府职能转变与体育行政管理体制改革[J].经济体制改革，2003（6）：129–132.
[48] 刘雪冰，程志理. 国外体育现代化发展给我们的启迪[J]. 山东体育学院学报，1997（3）：11–15.
[49] 刘志敏.中日竞技体育的兴衰与两国运动训练体制的比较[J].体育与科学，2002，23（3）：66–69.
[50] 柳思维.中国市场经济发展研究[M].湖南：湖南人民出版社，2003.
[51] 卢锋.体育系统的运行机制[J].成都体育学院学报，2001，27（5）：12–14.
[52] 路凤萍，苏庆川，刘新民.论社会转型期体育的发展与管理[J].西安体育学院学报，2000，17（3）：15–17.

[53] 栾开封. 论竞技体育“举国体制”的深刻内涵[J]. 体育文化导刊，2004（1）：13-14.

[54] 莫君晶. 对我国体育职业俱乐部产权问题的审视[J]. 体育科研，2001，22（1）：45-47.

# 体育管理和服务保障研究

# 对做好训练局退役运动员职业指导工作的几点思考

国家体育总局训练局　陆伟

**摘要：**本文以马列主义、毛泽东思想为指导，运用历史辩证唯物主义方法，坚持实践是检验真理的唯一标准，深刻认识做好运动员职业指导工作是国家有关政策的基本要求，有利于促进我国竞技体育的发展，也是社会文明和谐、保障退役运动员成功就业的需要。

通过实践认知，职业指导工作能帮助运动员培养职业意识和社会意识，提高心理适应性，科学地认知自我，经过培训学习等手段适应岗位要求。在调查研究的基础上，整理、分析训练局现阶段退役运动员职业指导面临的问题，提出解决措施，结合实际情况清晰地认识到职业指导在促进运动员职业转型和就业中的重要性及作用。

在坚持实事求是的原则下更加坚定地继续开展运动员职业指导工作，以帮助更多退役运动员成功就业为可持续性发展的目标，使研究对象树立正确的人生观、世界观、价值观，在人生的道路上走得更精彩。

**关键词：**职业指导；竞技体育；职业转型

# 一、职业指导的概念和发展历程

## （一）什么是职业指导

职业指导是为求职者就业、就业稳定、职业发展和用人单位合理用人，提供咨询、指导及帮助的过程，是发挥生产力社会功能的抓手。

## （二）职业指导发展的历程

美国波士顿大学教授帕森斯（Frank Parsons）在1908年5月1日第一次公开使用了“职业指导”（Vocational Guidance）这个名词，并因其独特的主张和行动而被誉为职业指导事业的鼻祖。1916年，清华大学校长周诒春出于学生择业的现实考虑，首先在教育思想界引起重视，其次在学生择业的实践中找到突破口，最后形成职业指导与现实的科学融合，开创了国内职业指导事业的先河。

从中华人民共和国成立初期到现在，我国的职业指导发展主要经历了三个时期：转折与过渡期、恢复与重建期、繁荣与发展期，历史地看是一个漫长的实践过程。2008年1月1日起施行的《中华人民共和国就业促进法》和《就业服务与就业管理规定》，为职业指导奠定了政策依据。“雄关漫道真如铁，而今迈步从头越”，至今，职业指导呈现出系统化、人性化、法制化、科学化、全球化等特征，使职业指导的内涵得以丰富，加强了职业指导的思想性，给职业指导事业夯实了基石。

# 二、国内外运动员职业指导工作的现状

## （一）国外运动员职业指导工作现状

对于国外运动员来说，短暂的运动生涯，长期的运动生命是其行业特点。运动生涯结束之后，运动员面临就业的选择，但运动生命将终其一生。所以，运动员的退役安置及就业问题是各个国家都要面临的问题。《欧盟教育和文化委员会关于青少年运动员教育的研究报告》（2004年）显示，70%以上的欧盟成员国采取了有效的措施，这些措施主要包括为退役运动员提供就业机会，帮助其接受继续教育，进行职业指导和建议等，保持其运动生命的持续发展。

国外职业指导在运动员的体育生涯开始时就开展了——从早、从小开始，让运动员及早做好职业规划，提前做好职业准备，为退役后就业打好基础——未雨绸缪。这必将促进运动员在比赛实战中的良好心理，使其能达到高水平的竞技状态，起到平衡运动员内心稳定的作用。同时，对运动员这一特殊群体给予极早、极大的社会认同，促进社会和谐平稳发展。

## （二）我国运动员职业指导工作现状

优秀运动员是我国体育事业发展的中坚力量，能够引导国人增强民族自豪感、培养集体荣誉感和国家凝聚力。其中运动员保障及退役安置工作是党和政府关心的问题，中国人民共和国成立初期，国家领导人就提出“要对运动员负责一辈子”的口号。

最近几年，国家也在继续采取措施加强运动员职业指导工作，国家有关领导多次对运动员的保障工作做出指示。

胡锦涛同志于2008年9月30日，在北京奥运会、残奥会总结表彰大会上提到：“要关心运动员的长远利益和全面发展，高度重视并切实加强运动员社会保障工作”——用战略眼光看待现实问题。

刘延东同志讲道：“坚持以人为本，完善政策，创造条件，解决好运动员接受教育、退役后的生活保障和伤残医疗保障等问题，解除运动员的后顾之忧”——从人的发展层面提出了科学系统的阐述与指导。

刘鹏同志在国家体育总局深入学习实践科学发展观活动动员大会上再次强调："要特别利用好、落实好运动员职业转换过渡期制度，针对运动员开展专门的职业辅导"——提出了具体问题具体分析，解决好运动员的后顾之忧。

可以看出，运动员职业指导工作是我国体育事业发展的重要组成部分，也是运动员保障框架的重要内容。

运动员职业指导的框架主要包括：进行职业意识教育和指导教育；为运动员接受继续教育创造条件；贯彻各类职业技能培训；开展职业技能鉴定；进行就业指导和援助，指导运动员完成职业转换。

## 三、职业指导工作在促进运动员职业转型和就业中的重要性

### （一）做好职业指导工作是国家有关政策的基本要求

运动员就业安置和职业转型是社会转型的新形式下给我们提出的新的课题、新的要求。2007年8月，国家体育总局联合六部委（教育部、公安部、财政部、人事部、劳动和社会保障部）共同印发了《运动员聘用暂行办法》，规定"优秀运动员实行职业转换过渡期制度"；国家体育总局出台的《关于进一步做好全国优秀运动员保障工作的意见》第四章"做好职业辅导，提高运动员社会竞争能力"，对运动员职业辅导工作提出了要求；国办发〔2010〕23号文《关于进一步加强运动员文化教育和运动员保障工作的指导意见》第十八条，"……引导和支持退役运动员进入高等学校和各类职业学校培训和学习……帮助运动员实现职业转

换……各类体育职业教育机构要积极为运动员提供就业指导和职业培训服务”。作为国家队的大本营——国家体育总局训练局，新时期也面临新挑战和新机遇，在围绕完成中心工作——培养竞技人才的政治任务后，在贯彻国家相关政策的前提下，用辩证唯物主义的方法考虑新任务、新课题——新时期运动员退役后的职业指导工作。

### （二）我国竞技体育的可持续发展要求必须做好运动员职业指导工作

处理好运动员职业转换和就业安置工作关系到退役运动员的切身利益，还影响我国竞技体育发展中的运动队的科学管理。若退役运动员无法获得很好的就业条件，对在训运动员的情绪影响会很大，影响运动员良好竞技状态的发挥和竞技体育成绩的可持续发展。另外，退役运动员的滞留也将给运动队带来难以承担的经济负担，加大运动队的管理难度。由于出路不通，没有人愿意把孩子送进体育运动队，给后备人才的挖掘带来实际困难，从而影响运动队正常的新陈代谢。因此，运动员的职业指导工作关系到体育事业全面、协调、可持续发展。训练局应以问题为导向、着眼大局，在开展运动员退役职业指导工作时，借鉴兄弟省市成功经验，立足于开创新局面，为我国竞技体育的可持续发展注入新的活力。

### （三）做好运动员职业指导工作是社会文明和谐的需要

新时期也给做好训练局退役运动员职业指导工作提出了一个新的课题。运动员职业指导工作质量的高低不仅关系到运动员的出路、家庭的和谐，甚至关系到国家安定和社会的和谐进步。退役运动员个人出路解决不好，将会激化个人和运动队、省市体育局之间的矛盾，甚至有些运动员出现过激行为，长此下去，将会给社会安定带来隐患。所以，做好运动员的职业指导工作是社会文明和谐的需要，应当引起我们的高度重视。

### （四）做好运动员职业指导工作是保障退役运动员成功就业的需要

随着全面治理国家体系的建立、生产力与生产关系的深入发展，退役运动员被推向市场，按人才市场的规则参与竞争。而现存的训练体制和运动员管理方式使其在役期间文化学习与训练时间比例不均衡问题凸显，社会实践经验匮乏，使运动员退役后就业难度加大。通过专业的望、闻、问、切（诊断、测评、分析、引导），运动员可以认识自我、实现定位，接受指导帮助，进行就业选择，使退役运动员对社会做出贡献，意义重大。所以要清晰地认识在训练局开展退役运动员职业指导工作，是从运动员的真实需求出发，从培养运动员可持续发展角度出发，因地制宜地采取措施做好职业指导工作，引导退役运动员实现人生价值。

## 四、职业指导工作在国家队运动员职业转型和就业中的作用

### （一）运动员在退役职业转换和就业时出现的问题

（1）训练局中由于运动员受传统训练方法、手段的约束，与外界接触时间少，造成和社会脱离、社会角色缺失、社会意识不强、“不思”“少虑”的现象严重。社会实践经验少，对退役后的人生道路从思想上认识不足，造成退役职业转换的“瓶颈”。这就要求我们运用战略眼光，在思想上高度统一，根据国

家相关政策做好职业指导规划，部署退役运动员职业指导工作，结合训练局实际情况，分析运动队训练学习与退役后的特点，探索职业指导成功之路。

（2）针对国家队运动员从小就忙于训练，学习时间少，文化水平偏低，学历条件不够或者缺乏工作技能，不能很好地胜任岗位要求，选择就业岗位概率减小的情况，建议运动队、教练员正确处理好学和练的关系，加强运动员在训期间的学习。

（3）运动员的专业技能和社会需求有一定距离，不能很好地发挥自己的专业特长，需要在退役前或退役时进行相关职业技能培训，以适应社会需要。

（4）运动员在退役走向社会时有心理落差，有失去组织感，缺乏人生目标，有挫折感、失落感和不自信等。对种种现象的本质要进行深入分析，用马克思主义的观点来客观分析产生这些问题的根源，在运动员退役前就提前入手，做好职业指导工作，让运动员树立正确的人生观、世界观、价值观。

（5）客观上缺乏就业渠道和资源。相关职业指导部门应拓宽就业渠道，整合资源，创新理念，争取上级机关的支持及得到相关部委的配合，做到强强联合，为退役运动员探索出一条道路。

（6）伤病或其他长期未能解决的问题，在退役时进一步激化。这要求职业指导人员根据实事求是的原则，与时俱进，探索处理各种问题的预案，及时、有效地解决问题，接地气，讲实效。

（7）个别体育明星的商业化运作是经济时代的产物，对运动员的世界观产生冲击。从具体案例中分析产生问题的社会根源，正确对待国家利益和个人利益的关系。

## （二）职业指导工作的作用

（1）培养运动员自强意识和社会意识。国内运动员是从小就受传统训练模式的约束，对文化素质没有过高的要求，对将来退役出路的形势了解较少，社会生存能力不强，对运动队有依赖特点，缺乏转换意识和转化意识。通过职业指导帮助运动员了解自己、了解社会对个体的具体要求，以及用人单位的文化、价值等，从而懂得自己应有的定位和承担的社会责任和义务，增强个人对社会做出贡献的认同特性。

（2）提高运动员的心理相对适应性。国内绝大多数运动员在退役时都会产生许多心理问题。这些问题不仅表现在情感波动，也表现在运动员对待退役的认识态度上。借助职业指导中的心理咨询或自我心理调节的有效方法能够使运动员在转型过渡期可能出现的失落、迷茫、怀疑等负面情绪得到疏导，有的放矢，脱离困境。

（3）让运动员科学地认知自我和认知职业需求的双重性，不再盲目选择工作，能够做出明智的选择。职业指导的一个重要内容就是帮助运动员了解职业、自我定位。对运动员进行诊断，对职业能力、职业人格、职业兴趣进行分析，使运动员选择时在态度认知上更加从实际出发，正确对待，从过去、现在、将来的层面上分析自己，用辩证的方法科学理性地认知现实世界。

（4）把专业技能优势转化为职业优势。国内运动员群体在就业时具有其他就业者不具备的几个基本优势，如：良好的意志品质、人生磨砺和体验、高超的专业体育技能。从资料及统计数据来看，退役运动员隔行择业，大多因为自身知识欠缺致使就业成功率不高、稳定性差。而运动员选择和体育相关的行业，成功的比例往往较高。如国家队体操运动员李宁，在退役后经过培训从事商业经营，经过个人努力，凭借自己的能力，很快事业有成，并有了自己的品牌。李宁的事例就是退役运动员在职业转换或者就业时，充分把自己的专业技能优势和职业相结合的最好见证。训练局应利用现有资源（场地优势、师资力量），开展职业指导，落实体育产业开发战略路径，指导运动员发挥自身优势，为国家做出贡献。

（5）为运动员进行必要的技能培训，引导他们进行学历教育，从而使运动员符合社会对职业工作者基本的学历要求或者岗位技能要求。有些运动员是高级别的运动健将或国际健将，缺的是教学资格，如裁判员资格、健身教练资格等，由于知识结构不完整，综合素质不全面，造成择业瓶颈，除了训练、比赛，对自己能做什么、不能做什么不清楚。通过职业指导，引导退役运动员进行学习和培训，了解如我是谁（是什么）、为了谁（怎么办），鼓励他们认清自己，培养自己掌握一技之长，提升自身知识素养，开拓其择业渠道，增强择业竞争力与适应能力，达到平衡发展以适应岗位要求。

通过对运动员职业指导工作重要性的认识，以战略眼光深入了解职业指导工作在促进运动员职业转型和就业中的作用，在坚持实事求是的原则指导下做好运动员职业指导工作，使退役运动员成功就业，树立正确的价值观，找到自己的人生目标，在人生的道路上更加精彩、辉煌！

## 参考文献

[1] 萨克尼克，班达特，若夫门. 职业指导——职业生涯规划教程（第七版）[M]. 李洋，张奕，小卉，译.北京：中国劳动社会保障出版社，2005.

[2] 田光哲，廉串德. 创新职业指导——新实践[M]. 北京：中国劳动社会保障出版社，2005.

[3] 谢晓雪. 运动员如何渡过职业转型期[J]. 人力资源，2008（15）：10–13.

[4] 李艳. 我国运动员社会保障体系的探析[D]. 长沙：湖南大学，2010.

[5] 刘光涛. 当前运动员职业辅导工作形势认识[N]. 中国体育报，2011-09-06.

[6] 王芬，张荣存. 欧盟成员全力支持运动员转型[N]. 中国体育报，2007-10-29.
[7] 王伟. 我国职业指导研究现状的分析与评价[D]. 南京：南京师范大学，2011.
[8] 高鹤. 运动员可持续生计资本的脆弱性与优化研究[D]. 沈阳：沈阳体育学院，2010.

# 国家体育总局部门预算绩效评价管理体系构建与研究

国家体育总局财务管理和审计中心　陈再莉

**摘要**：随着我国市场经济的不断深入与发展，财政收支矛盾和财政风险逐步加大，财政绩效管理越来越受重视，传统财政制度逐步转向公开透明的公共财政制度。我国部门预算改革，逐步建立健全与公共财政框架相适应，预算编制、执行相制衡的预算管理体系，积极推进建立科学、合理的预算支出绩效考评体系，提高财政资金使用效益。目前，国家体育总局（以下简称“总局”）是按照综合预算管理的原则，将所有的收入、支出全部纳入部门预算管理，主要由总局本级预算、离退休干部局预算和所属事业单位预算所组成。总体管理情况较好，但也存在需完善之处。如果财政部改变综合预算管理原则，这些情况将会显得更加突出。因此，构建部门预算绩效评价管理体系，将成为总局创新财务管理方式的可尝之举、可行之路和可选之策。本文结合总局财务管理工作实际，从其内涵交代开篇，根据总局当前部门预算管理现状分析其意义与作用，本着实事求是的原则，遵循事物发展变化的规律，运用马克思主义的立场、观点和方法，观察、分析、系统归纳其运行机制，概要总结其预计将取得的成效，重点分析其解决存在实际问题的方法，最后就如何加强部门预算绩效评价管理、提高财务管理水平等提出几点建议。

**关键词**：部门预算；绩效评价；财务管理；体系构建

# 一、概 述

## （一）研究背景

改革开放三十多年，特别是党的十八届三中全会审议通过的《中共中央关于全面深化改革若干重大问题的决定》指出："经济体制改革是全面深化改革的重点，核心问题是处理好政府和市场的关系，使市场在资源配置中起决定性的作用和更好地发挥政府作用。"说明我国的财政改革已不断深入，传统财政制度向公共财政制度转变，形成公共财政基本框架，财政实力不断壮大，财政职能作用不断有效发挥，为构建社会主义和谐社会提供了有力保障。近几年，我国部门预算改革，逐步确立了与公共财政框架相适应，预算编制、执行相制衡的预算管理体系。中央和地方部门预算改革顺利展开，并取得较为明显的成效，逐步走向规范化、制度化和科学化，预算资金分配和使用的规范性、安全性和有效性不断提高。

但部门预算是我国财政体制改革的新生事物，是一项复杂的系统工程。它是循序渐进的，需要经历一个漫长而艰辛的过程。目前，我国部门预算还存在一些问题，长期以来，部门预算与绩效考评脱节普遍存在，政府部门在绩效方面考虑较少，极大地削弱了部门预算功能。一是部门在编制年度预算时，有部门本位主义思想，过分强调本部门工作的重要性，而不考虑整个政府可支配的财力和行政资金的使用效益，从而尽量多地为本部门争取各种经费。二是我国政府财政供养能力总体有限，不可能满足所有政府部门或部门所有预算要求，不同部门、不同项目之间无可比性，也很少进行绩效考评。三是预算支出中的追踪问效不到位，我国长期处在投入型预算管理体制下，实行收入按类别、支出按功能汇总和编制预算的预算制度，而在预算支出中，很少实行预算绩效评价制度，更不会把评价结果运用到预算制度中，这就导致行政拨款与资金使用相脱节，政府预算浪费，年底突击花钱等问题严重。

## （二）研究意义

绩效预算是政府绩效管理的重要组成部分，强调预算支出的责任和效率，要求在预算编制、执行、监督的全过程中更加关注预算资金的产出和结果，要求政府部门不断改进服务水平和质量，花尽量少的钱，办尽量多的事，向社会提供更多、更好的公共产品和公共服务，使政府行为更加务实、高效。政府绩效预算是财政科学化、精细化管理的重要内容。推进政府绩效预算可以规范单位的各项行政行为，从而达到预算从编制到执行，有一种较强的机制来约束，尽可能减少人为因素对行政活动的影响；推进政府绩效预算，可以调动各部门的积极性，使各部门自行制定实现业绩指标的办法，从而优化资源配置。2011年3月，国务院通过的《中华人民共和国预算法修正案（草案）》明确提出，绩效预算已经成为我国未来进一步深化预算管理改革的重要内容和突破口。

开展绩效预算研究具有一定的现实意义。我国预算管理体制经过十余年的改革历程，目前已初见成效，与社会主义市场经济体制相符合的公共财政体制和政府预算框架已初步建立，但仍然存在诸多不足之处，社会各界对现行预算制度改革的呼声也越来越高。近年来，各级财政部门和预算单位按照财政部的部署，积极研究探索部门预算绩效评价管理工作，开展预算支出尤其是项目支出绩效考评试点，取得了显著成效。但从总体上看，我国的部门预算绩效评价管理工作仍处于起步阶段，思想认识还不够统一，制度建设相对滞后，绩效管理实际运用不力，与财政部的要求还有一定的差距。推进部门预算绩效评价管理，已成为当前和今后财政预算管理工作的重要内容。

在部门预算制度已逐步形成的大趋势下，预算的绩效考评显得越来越重要。由于总局处在国民健康与社会发展中的重要地位，部门预算绩效评价更是迫在眉睫。体育事业是民族繁衍和社会发展的基础，体育事业单位是为全民健康和体质强健提供保障的公共事业单位。建立科学的部门预算绩效评价管理制度，既有外在基础，又有内在要求，总局系统急需一套科学的预算绩效考评管理体系，对财政投入的成本和产生的效果进行科学的衡量和比较。而国内在预算方面的研究大多侧重于如何进行部门预算改革，而对于预算的绩效管理和评价方面的研究很少。因此，本文的目的是运用公共财政理论，在界定总局部门预算的内容和绩效考评的目标的基础上，建立一套部门预算绩效评价体系和评价方法。

通过建立总局部门预算绩效评价体系和评价方法，评价体育系统各单位预算支出资金分配的合规性、合理性和有效性，了解财政支出在体育事业中所起的作用，评价预算支出产生的直接经济效益和社会效益，客观地反映体育事业预算支出政策的科学性和合理性，帮助体育系统各单位加强预算控制和采购资金控制，提高财务管理水平，节约资金，提高资金的使用效率。

### （三）研究现状

目前，国内外学者对政府预算绩效考评管理问题的研究主要集中在以下三个方面：一是在西方发达国家新的经济社会问题不断涌现与积累的背景下，研究西方国家“政府再造”运动的兴起和在全球范围内的推广，以及新时期政府治理理念的形成与理论依据，进而思考其对政府预算绩效管理制度改革的影响。二是从政府预算制度改革与创新的角度，探讨已在实践中的预算绩效考评制度的成效、影响，以及制度完善所存在的困难和障碍，并强调理性认识预算绩效考评制度的作用与不足。三是对政府预算绩效考评管理方法和技术工具的研究。

近几年，我国各级财政和预算部门认真贯彻落实党中央、财政部的要求，积极探索并稳步推进预算绩效考评工作，强化效率观念和绩效理念，取得了初步成效。预算绩效考评管理制度逐步建立，组织机构不断健全，增强了预算绩效考评的工作保障；绩效目标管理日益加强，绩效考评范围不断扩大，促进了财政资金使用效益的提高；绩效考评结果探索应用，增强了结果导向的管理理念和部门支出责任意识；全过程预算绩效考评管理框架逐渐清晰，中央地方协同推进的工作格局初步形成，推动了预算绩效考评管理工作的有序开展。

同时，由于我国预算绩效考评工作仍处于起步阶段，故存在一些亟待解决的问题：绩效理念还未牢固树立，“重分配、轻管理，重支出、轻绩效”的思想还一定程度地存在；绩效方面的法律法规相对缺失，统一的工作规划尚未制定，管理制度体系仍不健全，相关办法不具体、不细化、不系统，对预算绩效考评的保障支撑不强；绩效考评主体单一、第三方评价欠缺，绩效考评的公信力和权威性有待提高；全过程预算绩效考评管理才刚刚实行，绩效目标编制仍没有实质突破；基础管理工作比较薄弱，指标体系、信息系统、人员队伍、专业绩效考评机构建设等相对滞后，制约了绩效管理工作的深入开展；激励约束机制不够健全，评价结果与预算安排还未有机结合，优化、促进预算管理的作用尚未充分体现。

总体上看，预算绩效考评管理工作与党中央、财政部的要求和社会各界的期望还存在一定的差距，亟须统筹规划、协调推进。

## （四）主要内容

从课题研究的意义、现状入手，以预算、部门预算、绩效、绩效考评、部门绩效评价等基本概念的剖析为起点，对总局系统预算管理进行概述，并以部门预算绩效评价特点、原则、方法、指标设计、管理办法塑造及条件为线索，最终构建总局部门预算绩效评价管理体系，最后，还提出了总局系统开展部门预算绩效评价的对策及建议，为总局全面建立部门预算绩效评价管理体系进行深入系统的研究。

## （五）研究方法

### 1.文献资料法

重点收集与本论文有关的信息和资料，关键是收集与论文有关的权威的文本资料和网络资源及关于部门预算、绩效考评、绩效管理相关资料的整理，从而拓宽思路，提供更为有力的理论支撑，使论点更加新颖，论据更加充分，使文章具有较强的说服力。

### 2.比较研究法

比较研究方法是当今各门学科最基本的研究方法，运用这一研究方法展开研究，主要体现在利用收集的资料和所学的相关理论知识，对不同的绩效管理理论、绩效管理机制的情况进行对比，从中发现问题，找到研究的突破口。

### 3.系统集成法

系统集成研究法是系统科学研究的主要方法，运用该方法从总局部门预算绩效评价管理必要性、可行性入手，通过特点、原则和基本方法的分析，提出管理体系的指标及其设计、管理方法和实操指导，并提出组织实施绩效考评的对策建议，为探索建立总局部门预算绩效评价管理体系提供设想。

## 二、相关概念解析

### （一）预　算

预算，是指在对未来收入、支出的预测和计算的基础上，根据法律法规、财经制度有关规定和实际需要，对各项可支配资金进行计划安排的管理活动。

从理论上说，预算既属于经济范畴，也属于政治范畴。政府每年通过财政预算来集中财政资金（即纳税人的钱），然后根据每个部门的具体职能和任务来分配资金，各部门通过具体行动来利用这些资金为纳税人提供公共产品及服务。每个公共部门都有自己的任务，因此，拥有一定的完成其使命的职能和权力，便有了财政资金支出的资格。传统预算体制往往只是关注投入，政府部门根据自己的想法和行动去花钱，忽视了对公众真正需要的产品及服务的研究，往往是按支出多少来拨款，而不是按产出多少来拨款，将资金分割成明细分类项目的制度使政府浪费了大量资金，机构臃肿，资金配置效率低下。预算支出部门，往往要在本预算年度结束时把所有的预算资金全部花光，以避免第二年得到的预算资金比今年少。可见，对部门完成了多少任务，做了多少具有实效性的事关注比较少，对产生的效应和公众的需要反馈的意见或建议比较少。

### （二）部门预算

部门预算是公共财政体制下政府预算的一种具体形式，公共财政是建立在现代预算基础上的财政。

政府活动是通过行使政府职能的每一个具体部门来实现的，对政府活动的监督可分解为对各部门活动的监督，这就需要预算能够全面反映部门收支全貌，使公众能够通过部门支出全面了解政府活动情况。所谓部门预算，即在形式上一个部门编制一本完整的预算，它是政府各部门依照行使职能的需要，按照统一的预算编制方法、内容和制度规定，由基层单位进行编制，逐级上报、审核、汇总，经财政部门审核后报立法机关审查批准，综合反映本部门在预算年度内所有收入和支出的预算法律文件。在编制内容上，实行综合预算，包括一个部门所有的收入和支出；在编制方法上，采用“零基预算”理念，取消基数。对人员经费、公用经费等基本支出，采用定员定额的管理办法；对项目支出，则以国家政策为导向，根据行业发展规划，以及部门和单位的职责，结合国家财力，划分轻重缓急测算安排。

## （三）绩　效

“绩效”一词，顾名思义指“成绩”“效益”，源于企业管理，进而融入公共管理，最终成为一个政府与市场沟通的概念。“绩效”可以理解为投入的效率和产出的效果，它与“投入产出”这一概念十分近似，在一定条件下，这对概念可以互换。因此，广义上讲，无论哪种组织形式，都可以成为预算绩效考评的主体。

## （四）预算绩效评价

预算绩效评价是指运用一定的评价方法、量化指标及评价标准，对部门为实现其职能所确定的绩效目标的实现程度及为实现这一目标所安排预算的执行结果所进行的综合性评价。

预算绩效评价是一项与市场经济规则相适应的产物，充分体现了“把私人领域的理念引入公共领域”的发展要求，有效地把企业的投入产出分析移植到政府管理中，形成了一种以有计划地长期提高政府效益和整体效率为目标的财政资金管理模式。

## （五）部门预算绩效评价

关于其定义，目前国际上还没有统一的说法，财政部2005年5月出台的《中央部门预算支出绩效考评管理办法（试行）》根据国际通行的做法，将部门预算绩效评价定义为，运用一定的考核方法、量化指标及评价标准，对中央部门为实现其职能所确定绩效目标的实现程度，以及为实现这一目标安排预算的执行结果所进行的综合性考核与评价。目的：一是强调在部门预算绩效管理过程中，一定要首先确定部门的绩效目标，这样绩效考评工作才有针对性；二是强调绩效考评要运用量化指标和评价标准对绩效目标的实现程度、资金使用效果等进行分析，突出绩效指标和评价标准的重要性。绩效目标、绩效考评指标和评价标准是绩效考评工作的三要素，三者缺一不可。

从预算改革的发展趋势来看，建立预算绩效评价管理体系非常重要，也非常有必要。部门预算绩效评价，所引入的是一种以产出和结果为导向的管理理念，它是以预期目标或结果为导向，运用一定的评价准则、评价指标和评价方法，对部门预算的收入支出的相关性、效率、效果、可行性或可持续性等进行客观、科学、公正的评价。即通过评价决策或项目成果是否符合预定目标来评价其成功与否。是对行政事业单位部门预算经费收入支出的经济性、效率性和有效性进行科学、规范的评价，并将评价结果运用到财政资金分配，促进财务管理的科学化、精细化、规范化和透明化，提高财务管理水平和经费使用效益的一种现代化管理方式。而由此产生的结果可能是正面的或负面的，符合预期的或超出预期的。

换句话说部门预算绩效评价是通过评价所完成项目的成果是否符合预定目标来分析这个项目成功与否。这种管理理念所关注的着眼点是目标效果。它不同于会计和审计，但它涵盖会计和审计所涉及的事项。事前、事中、事后均适宜，是部门预算和绩效考评的综合与一体化，部门预算绩效评价将政府部门的支出赋予了“预算、绩、效”三大元素。这三大元素，成为部门预算绩效评价的核心内容。

## 三、总局财务预算管理概述

### （一）总局系统基本情况

总局拥有机关本级行政部门13个，直属企事业、科研教育单位43个，足球、篮球等奥运项目协会33个，武术、摩托等非奥项目协会38个，分管地方省（区、市）体育局37个，负责研究体育发展战略、协调区域性体育发展、负责推动多元化体育服务体系建设、推进体育公共服务和体育体制改革、拟定体育事业发展规划和政策、起草有关法律法规草案并督促实施等诸多职责。

自成功申办奥运会、亚运会等国际赛事后，总局越来越受国民关注，所肩负的责任与压力越来越大，涉及的工作面广、部门多、事项性质和情况复杂，财务管理所面临的困难和风险都很大。例如：部门单位可能存在单位领导和员工的法律意识不强，单位报销的经济业务内容存在不合财经法规、资产的安全完全受到威胁、资源使用效率低下、财务信息不真实准确、报销假发票等问题。为规避财务风险，建立健全总局内部管理运行机制，从根本上解决总局财务管理中存在的问题，从源头上预防腐败和加强党风廉政建设，总局党组审时度势，决定对财务管理体制进行改革，建立集中高效、有利于监督的财务管理体制，经中编办批准，成立了国家体育总局财务管理和审计中心（以下简称“财审中心”）。

## （二）总局部门预算的管理范围

总局部门预算主要由总局本级预算、离退休干部局预算和所属事业单位预算所组成。与体育事业的职责相对应，总局的预算包括两部分：基本支出预算和项目支出预算。基本支出预算是体育事业单位为保障机构正常运转、完成日常工作任务而编制的年度基本支出计划，包括人员经费支出和日常公用经费支出两部分。项目支出预算是在基本支出之外为完成特定行政任务和事业发展目标所发生的支出。项目支出预算按照新制定的《中央本级项目库管理规定（试行）》的划分，具体分为三大类项目：基本建设类项目、行政事业类项目和其他类项目。

**1. 基本支出预算**

基本支出预算的核定原则上采用定员定额的管理方法，定员和定额是测算和编制行政事业单位基本支出预算的重要依据。定员是指国家机构编制主管部门根据中央行政事业单位的性质、职能、业务范围和工作任务所下达的人员配置标准。定额是指财政部根据中央行政事业单位机构正常运转和日常工作任务的合理需要，结合财力，对各项基本支出所规定的指标额度。基本支出定额项目包括人员经费和日常公用经费两部分。人员经费定额项目包括：基本工资、津贴及奖金、福利费、社会保障缴费、离退休费、助学金、医疗费、住房补助支出和其他人员经费等；日常公用经费定额项目包括：办公费、专用材料及一般设备购置费、水电费、邮电及通信费、取暖费、交通费、差旅费、维修及租赁费、物业管理费、会议费、专项业务费和其他费用等。

**2. 项目支出预算**

项目支出预算是部门支出预算的组成部分，是行政事业单位为完成其特定的行政工作任务或事业发展目标，在基本支出预算之外编制的年度项目支出计划。项目按照其性质分为基本建设类项目、行政事业类项目和其他类项目。基本建设类项目，是指按照国家关于基本建设管理的规定，用基本建设资金安排的项目。行政事业类项目，是指中央级行政事业单位由行政事业费开支的项目，主要包括：国家批准设立的有关事业发展专项计划、工程、基金项目（以下简称“专项计划项目”），专项业务项目，以及大型修缮、大型购置、大型会议和其他项目。其他类项目，是指除上述两类项目之外的项目。

## （三）总局财审中心职能

财审中心成立后，总局赋予其会计集中核算、内部审计、资产处置初审核、会计人员管理等12项职能。随后，根据管理需要和落实财政改革的要求，又陆续增加了政府采购、固定资产管理、国库集中支付、中国奥委会所投资企业管理、事业单位对外投资和国有资产出租出借监管等职能。

由此可见，财审中心产生的实质，是经济司部分行政职能下放与直属单位会计职能集中的结果，是总局系统财务管理适应财政管理由分散向集中转变的产物。这一转变，实质是一种内控制衡的措施，其目的是为加强总局直属单位财务收支管理，为进一步强化监督制约机制，为提高会计工作效率和质量，为促进党风廉政建设，为体育事业的健康发展提供财务运行机制保障。大机遇与大责任往往是相辅相成的，尽管总局所涉及的工作单位多，工作性质复杂，财务运行模式也不尽一致，在具体工作中，既要解决共性问题，还要对个性的东西进行具体对待，但这个转变，一改传统的财务管理方式，使总局的财务管理工作走上了一个新的台阶，也走在了中央各部委的前列，成为财政部试点单位之一。

## （四）总局财务管理的成效

随着国家财政管理体制的不断改革，预算管理改革不断深入细化，总局经济司和财审中心与时俱进，开拓进取，紧跟改革形势，不断调整和完善工作职能。特别是近两年来财审中心在理顺财务管理机制、完善财务管理制度、规范财务管理行为、提高会计核算质量、提高服务管理水平等方面做了大量的工作。

例如：实行岗位责任制，决策、执行、监督相互分离的机制，不相容岗位相分离。集体研究、专家论证和技术咨询相结合的议事决策机制。内部权限授权审批机制，定期例会汇报机制和单位内部各部门之间的沟通协调和相互复核机制。加强资产保护、单据控制、档案管理，建立信息内部公开的机制。对关键岗位人员的专业胜任能力和职业道德的培养，并实现关键岗位的定期轮岗，内部审计及其他监督机制等，在物质基础、体制保障、政策工具和调控手段方面进行了优化改革，修改了《国家体育总局会计集中核算业务操作规范》《会计集中核算业务审批权限的暂行办法》《会计集中核算岗位职责》《国家体育总局直属事业单位拨付经费管理暂行办法》等，通过建立健全新的财务规章制度，规避了旧制度与现实不相符的问题，促进了会计集中核算工作进一步有规可依、有章可循，为会计集中核算工作寻找更新、更高、更好的管理方式奠定了良好的基础，推动了会计集中核算工作迈向更加规范化、科学化、精细化、效益化进程的步伐。与以前年度相比，总局财务管理质量明显提高，得到审计署和财政部的肯定，为总局体育事业蓬勃发展起到重要的保驾护航作用。

根据统计，2002—2011年期间在会计集中核算方面共审核资金1050亿元，拒办、缓办、纠错事项超过9亿元。从而有效地防止单位财务收支中违纪违法行为，从源头上有效地预防了腐败问题的发生。

在内部审计方面，共完成89人次领导干部经济责任审计工作；基建维修项目审计总金额为17.92亿元，审减额为1.21亿元，涉及25个事业单位的330多个基建维修项目；完成了奥运会专项资金、珠峰火炬传递专项资金、世界首届智力运动会专项资金、反兴奋剂检测专项资金、体育彩票公益金转移支付专项资金和科研经费等专项审计和检查工作，涉及金额42.09亿元。

在资产管理方面，共审核固定资产处置金额为2.66亿元。着力做好总局系统国有资产管理和对外投资监管工作，并付诸审计监督，确保国有资产保值增值。据统计，2010年底总局直属事业单位国有资产为139.45亿元，较2001年增长386%。

在财务信息化方面，为了保证会计集中核算工作的顺利进行，用友公司按照总局会计集中核算、资产管理等需求，开发了NC（会计集中核算管理）系统，使得总局成为首家使用NC系统的中央单位，提升了总局会计核算的科学化、规范化、精细化水平。十几年来，不断进行完善和功能拓展，先后进行了三次升级，增加了自动对账功能和国库资金预算执行情况查询功能。目前，总局NC系统的网络专线已覆盖到海淀、朝阳、东城、石景山和怀柔5个地区，共有13条DDN专线、5个外围网点、16台路由器、34台交换机和382个客户端。

充分利用财务会计信息集中的优势，依托先进的NC系统对采集的数据进行整理和分析，定期为总局和单位提供有价值的财务会计信息。同时，根据总局和单位的实际需求，随时提供一些个性化的数据信息。主要包括预算执行情况、训练经费执行情况、工资总额执行情况、训练津贴发放情况、单位人员收入情况、赞助物资情况、政府采购情况、资产清查情况、财务人员基本情况、银行账户基本情况等，这些财务会计信息为总局和单位进行科学决策从账务上提供了可靠的依据。

为了提高总局国库集中支付工作的信息化和规范化管理水平，与兴财软件公司合作开发了国库集中支付网络系统，成功地实现了与财政部国库集中支付系统对接，使得指标控制、用款计划申报和系统管理更加简捷、便利，提高了国库集中支付工作的速度和效率，实现了总局国库管理工作信息化的跨越，又得到了财政部的充分肯定。

但是，任何事情都有双面性的，因此，用辩证的思维在看到成效的同时还应该看到不够完善的一面。

## （五）总局目前财务管理机制运行的困惑

实际工作中基于财务管理的复杂性，总局财务管理仍然存在管理机制上的盲点。从近几年中央级体育彩票公益金转移支付专款使用情况专项检查（以下简称“彩票公益金专项检查”）和拨出体育训练及竞赛经费检查中发现的一些问题看，由于总局赋予财审中心的职能局限，财审中心的管理有时候显得比较被动。一方面，对上级部门决策是否符合实际，无法提出合理化的建议；另一方面，对部门核算单位预算编制是否合理，也无法监管。

比如，在彩票公益金专项检查时，有的地方体育局管理部门同志反映，个别基地训练场馆不但使用率非常低，而且要搭上维持人工费用，他们对此决策表示很不理解。还有的地方一边把楼堂馆所包括体校建造得十分奢华，另一边又抱怨着建造群众体育设施严重缺乏资金。在拨出体育训练及竞赛经费检查中发现部门预算编制存在不科学、不规范现象，有的过大，有的过小，有的甚至超范围使用，还有资产管理不到位等。

种种情况表明，有的项目决策与实际需求是相失衡的，说明事前决策和预算缺乏足够的论证依据。究其原因肯定有多种，最主要的应该是工作导向问题。单位财务管理一般而言应涵盖预算管理、收支管理、采购管理、资产管理、建设项目管理及合同管理等，它是一个整体，从内部制衡机制上讲是相互联系、相互支撑的。

目前，总局财务管理工作是由经济司、财审中心和直属企事业单位、科研教育单位（以下简称“单位”）共同承担的，比如：部门预算业务工作，事前规划，首先由单位部门做预算编制，然后由单位财务汇总到经济司审核后上报财政部。事中控制，指标分解下达、执行申请、借款报销和支付审核这些工作都由财审中心与单位共同完成。事后监控，会计核算工作由财审中心承担，财务管理报告（“预算分析”“决算说明”）由单位财务人员完成。这项业务工作从控制层面程序讲还是比较严谨的，但因涉及的财务管理部门多，协调难度大，不排除事中和事后出现审计署所提出的一些问题，因此，建立部门间良性沟通协调机制就显得非常重要。

## （六）总局开展部门预算绩效评价管理的必要性分析

### 1. 建立高效、透明体育事业的必然要求

现代体育管理的核心问题是如何提高效能，这一问题已受到各国体育政府管理部门的普遍重视。在我国，由于体育事业所处的特殊地位，竞技体育投入长期高于群众体育，且产生的效益有些并非预期目标。而总局部门预算绩效评价管理机制的一项重要任务就是积极引导部门合理使用财政资金，降低成本、提高效能以实现目标。即对体育投入和产出进行科学的比较和计量，力求用尽量少的成本，提供尽可能多的高质量的有效服务。绩效管理机制可以促使体育部门在行政管理的各个环节合理地配置和使用行政资源，还可以建立起一套行政管理流程测评与优化机制，能够检验体育职能发挥的程度和效果，有利于各级管理层及其工作人员及时找出自身存在的问题并进行有针对性的改进。同时，总局部门单位也可以借此了解人民群众对体育事业项目发展反馈的意见、建议与具体要求，据此设计、制定出更合理、更科学、更人性化的体育事业和体育产业流程，进而不断提高公共管理的效能。因此，这一机制有利于体育系统为社会公众提供更多、更优

质的服务，能够以最科学的政策和最有效的手段，达到行政管理的最优目标，以满足人民需求的效能型体育事业的要求。

**2. 建立服务型财务管理体制的客观需要**

面对全球化、信息化和民主化的巨大挑战，传统的管制型财政体制既无法适应也难以解决现存及后续的社会问题。当前，我国政府将行政管理改革的目光转移到服务型政府的建设上来，逐步实现从管制型政府向服务型政府的转变，这已成为政府治理模式转型的基本趋势。绩效管理机制，倡导创新公共管理和服务方式，使财务部门由“管理型”向“服务型”转变，并依靠社会力量，努力培养公共服务多元供给主体；建立全面的绩效评估指标体系，健全多方参与的决策与执行程序，巩固绩效问责机制，改进管理方式，提高管理的执行力和公信力；加大政务、财务公开的力度，加强电子政务、财务建设，促进廉政建设和行政业务建设。这有利于实现财政服务质量目标化、服务过程程序化、服务方法标准化，从而达到建设服务型财务管理的现实要求。

**3. 建立现代财务监督机制的现实需要**

以《预算法》为指导，以会计核算中心为载体，构建统一的部门预算绩效评价管理体系，加强财政监督，强化财政收支管理。一是有利于促进建立精简、高效、廉洁、务实的工作机制，有利于促进依法行政。二是财务管理和监督集中到位，有效地预防单位出现大手大脚乱花钱的现象，降低成本。三是加强预算项目的日常监督，基本上做到事前控制、事中监督，堵住管理不到位形成的漏洞，有效地遏制不正之风。四是在一定程度上控制、杜绝单位使用财政资金的随意性，有利于年度部门预算和财务会计制度全面执行，增强各单位人员的纪律意识。

**4. 提高资金使用效益、遏制腐败的当务之急**

构建部门预算绩效评价管理体系的目的是全面、客观、公正、科学地评价预算资金使用的绩效，加强对其管理与监督，使其对社会产生的经济效益最大化。建立评价机制有助于维护总局本系统各部门的正当权益；有助于提高各部门业务人员管理水平，将被动管理变主动管理；有助于为部门领导进一步加强财务预算管理，制定宏观经济决策提供科学的、客观的、可靠的依据；有助于总局为实行宏观调控管理提供强有力的保障服务等。实施部门预算绩效评价管理后，对行政事业单位的预算项目可进行跟踪管理，不但便于相关部门全面掌握预算经费使用情况，而且对不合理因素加以归集反馈到决策部门，为国库集中支付、加强财政资金管理奠定良好的基础。同时，有利于增强决策部门对财政性资金的宏观调控能力，提高财政资金的使用效率，有利于进一步提高会计信息质量，从源头上预防和遏制腐败，也是当前公共财政改革的重要内容之一。

## （七）总局开展部门预算绩效评价的可行性研究

目前，总局开展部门预算绩效评价，不仅有其必然性，还具有全面组织实施的可行性。

### 1. 已具有开展部门预算绩效评价的民主环境和法制环境

改革开放以来，我国民主化、法制化的进程取得了巨大的进步，为开展部门预算绩效评价提供了基本的民主环境和法制环境。广大人民的民主意识不断增强，参与国家事务管理的主动性也日益增加，渴望了解和评价体育事业单位和体育组织管理人员为人民服务的责任和义务的履行情况，开始关注体育财政资金是否真正用于发展体育运动、增强人民体质等相关方面，比如全民健身经费、体育彩票公益金等是否真正用于相应开支；竞技体育、群众体育、体育产业所提供的服务质量和数量结构如何等。总局有关行政管理部门有义务向人民代表公开国家体育财政支出预算、决算报告及报告所涉及的经济行为的效益和效果。由此可见，开展部门预算绩效评价所需的社会环境正在形成。

**2. 绩效考评理论与实践研究为部门预算绩效评价的开展奠定了基础**

虽然总局部门预算绩效评价还没有起步，但目前政府部门预算绩效评价理论研究已比较广泛，对于部门预算绩效评价，国内专家学者已在深入探讨中，一批介绍西方经验的书籍相继出版，现有财政、财务刊物上有关部门预算绩效评价理论、方法的探讨也在如火如荼地展开，这些都为部门预算绩效评价理论的研究开阔思路，为部门预算绩效评价实践的开展提供了理论依据。与此同时，我国政府在部门预算绩效评价实践中的探索也从未止步。例如，近几年兴起的领导干部任期经济责任审计，使以领导干部所在单位的财务管理收支为基础，对领导干部任期经济责任的履行情况进行审计和评价，为干部管理部门选拔和任用干部提供依据，这种审计是基于加强领导干部经济责任的基础兴起的。它既包括合规性、合法性审计，又包括经济性、效率性、效果性的评价。因此，它是财务合规性审计和绩效考评的综合。再比如，2011年9月财审中心组织的中央级彩票公益金转移支付专项资金审计，除了关注专项资金使用的真实性、合法性外，还针对资金的使用效果进行抽查。所有这些都说明部门预算绩效评价比较适合在总局开展，理论和实践两方面都为部门预算绩效评价的开展铺垫了道路。

**3. 国内外开展预算绩效考评的理论和实践可供我们借鉴**

西方各国预算绩效考评已有几十年的发展历史，并且走上了制度化、法制化的轨道，预算绩效考评的发展已经颇具规模。他们在预算绩效考评理论建设、预算绩效考评实践的开展方面成绩显著，为我国开展部门预算绩效评价提供了丰富的经验和大量的研究资料。预算绩效考评在20世纪50年代由胡佛委员会提出来，经历了60年代的项目规划预算，70年代初的目标管理模式，70年代末的零基础预算制度，90年代初的预算绩效考评制度等阶段。

虽然这些改革在实施范围和手段上各有不同，但每一阶段都致力于预算绩效考评的理性化，其实质都是一种以“绩效”为基础的预算，其目的在于使政府提供的公共产品和公共服务，建立在使公众满意的基础之上，进一步提高政府收支效率。我们可以借鉴适合总局部门预算特点的东西，大胆改革，不断创新，建立有总局特色的部门预算绩效评价理论，并在实践中积极开展预算绩效考评，丰富和发展总局财政管理制度。中央部门级单位大都相继组织开展了预算绩效评价实践，也为我们提供了实践参考。

马克思主义哲学中讲道：“前途是光明的，道路是曲折的。”这是任何一种新事物发展的必然规律。所以，对于构建总局部门预算绩效评价这种新事物，我们应乐观地看待其未来的发展前景，脚踏实地地做好各种准备工作，为其全面顺利发展扫清障碍。

# 四、总局部门预算绩效评价管理体系构建

## （一）总局部门预算绩效评价应体现的特点

### 1. 客观公正

部门预算绩效评价信息、分析判断、结论和建议客观公正，不应该含任何偏见，或篡改歪曲事实。评价报告在客观反映现实情况的同时应该说明评价活动的局限性。

### 2. 具有实用性

部门预算绩效评价信息必须具有相关性和及时性，且易于相关人员理解。评价应回答管理者所提出的问题，并以管理者易于理解的方式进行报告，积极引导其开展以实现目标为目的的管理活动。

### 3. 方法适当

部门预算绩效评价必须符合相关的技术标准，即合理的设

计、适当的证据收集方法、准确的归集统计或分析，以及对结论和建议需要有足够的证据支持。

**4. 利益相关部门参与**

在部门预算绩效评价活动中，应该确保与利益相关部门进行及时沟通，并使他们作为合作者积极参与评价过程。

**5. 反馈与扩散**

采用适当的、及时的、有针对性的方式使管理部门共享信息，有效利用部门预算绩效评价资源。

**6. 成本经济**

花费必要的成本以获取想要的信息。用较低的成本收集高效有用的数据信息是现代管理方法的最佳途径，符合勤俭节约的优良传统。

## （二）总局部门预算绩效评价应掌握的原则

**1. 经济性原则**

经济性是指在顺利完成特定的支出目标的基础上，力争达到支出最小化。经济性原则主要体现在成本和投入上，表现为既要获得特定规模的投入，又要把成本降到最低水平，也就是充分使用有限的资金去获得最大化、最优化的投入。在政府对于体育系统总体投入规模一定的条件下，体育支出的经济性主要体现在体育支出结构的合理性上，以减少分配不均和严重浪费所产生的负面影响，即体育支出内部各构成要素要符合社会共同需要的目的，且各构成要素占体育支出总量的比例协调、合理，基本能够满足不同部门履行社会职责的需要，促进建立各个机构的有效支出决策机制和支出优先排序机制。虽然经济性原则是部门预算绩效评价的重要原则之一，但随着国家社会经济的发展，公共支出总规模不断扩大，单纯的经济性原则评价的地位，逐渐被效率性和有效性原则所取代。

**2. 效率性原则**

效率性是指财政支出活动的产出同所消耗的人力、物力、财力等投入要素之间的比率，简单地说就是支出的效率性。效率性可用投入产出比例来度量。体育支出的效率性，也体现在体育事业投入与产出的关系上。体育支出的高效率，意味着用最小的投入达到既定的目标，或者投入既定而产出最大化。效率性原则是世界各国和公共部门，在绩效考核和公共支出效果评价领域内公认的重要原则，尤其是在公共部门的绩效考核中，效率性原则被作为建立高效率政府的主要的目标之一。

**3. 有效性原则**

有效性是指财政资金的支出，达到社会、经济、政治等方面的预期目标的程度。有效性涉及产出与效果之间的关系，具体体现在产出的质量上，可以看作产出是否实现了原先预期的经济、社会、政治效果，即是否达到了既定目标。体育支出的有效性可以反映体育提供安全服务的影响和质量，即体育事业投入达到了为人民服务的预期目的，重点是目标和结果。

## （三）总局部门预算绩效评价采用方法

目前，关于部门预算绩效评价方法主要有方案比较法、成本效益分析法、目标评价法、最低成本法、公众评判法、综合指数法、因素分析法、生产函数法、模糊数学法等。在此，主要采取的方法有以下四项。

**1. 方案比较法**

在财政项目资金的管理上常使用这种方法。先对各方案的经济性、社会效益性做出评价，再进行事前估算，得到估算结果后，再进行方案选择。

**2. 因素分析法**

因素分析法是指，将影响投入（财政支出）和产出（收益）

的各项因素，全部罗列出来进行分析，通过计算投入产出比进行评价的一种方法。

**3. 公众评价法**

让有关专家评价一些无法用具体数据计量收益的项目，同时对社会公众开展问卷调查，评判其收益性。此种方法适用于公共部门和公共设施的评价，其优势是更加民主和公开，但在应用范围方面具有一定局限性。

**4. 成本效益分析法**

在西方，一系列指导公共开支决策的实践程序的总称为“成本效益分析”，其核心是创造一个系统的程序用于公共开支的评价体系，从而确定一个项目的总体意义。具体方法是，将规定时期内某项目的总成本与总效益进行比较分析，把各个方案的成本效益都分析出来，最后选择最优的方案。此种方法适用的财政支出项目的成本和收益都必须可以准确量化，但通常情况下，以社会效益为主的支出项目，其成本和收益都无法用货币计量，不宜采用此方法。

## （四）总局部门预算绩效评价指标设计遵循的原则

绩效评价指标的设置，是部门预算绩效评价工作的一个重要环节。指标设置合理性，直接关系到绩效评价结果的正确性和合理性。换句话说，制定一套既科学又有效的绩效评价指标，是绩效考评的关键环节，这样可以避免信息不对称等负面因素带来的负面影响。因此，设置指标时应谨遵下述三大原则。

**1. 全面性与精简性相结合**

经济性、效率性、有效性这三个原则是一个相互联系的统一整体。评价指标的设置，必须能够全面地体现出这三个原则，但为了便于统计，数量也不能过多。也就是说，在设置评价指标时，应把握体现全面性和兼顾精简性相结合的原则。

2. 科学性与可操作性相结合

为了更好地反映出财政改革的方向，兼顾共性指标和个性指标，有利于项目差异的比较和不同项目的区分。评价指标在设置时，必须符合实际工作的需要，且容易理解，具有较强的实用性、可操作性和一定的前瞻性。

3. 定量分析与定性分析相结合

评价指标的设置，要把握以定量分析指标为主、定性分析指标为辅的原则。定性分析是前提和基础，定量分析是深化。因此，在进行部门预算绩效评价时，必须将定量手段与定性手段相结合，才能准确地得到财政支出的绩效状况。

## （五）总局部门预算绩效评价运行办法设想

1. 目　的

部门预算绩效评价的目的，是通过对部门绩效目标的综合评价，合理配置资源，优化支出结构，规范预算资金分配，提高预算资金使用效益和效率，实现预算分配规范化、预算支出准确化、预算绩效最大化。

2. 范　围

部门预算绩效评价的范围，为纳入总局部门预算管理的资金。

3. 原　则

部门预算绩效评价的原则：统一领导、分类管理、客观公正、科学规范。

4. 对　象

部门预算绩效评价可以以包括基本支出和项目支出在内的部门预算支出为对象实施部门预算绩效评价，也可以以项目支出为对象实施项目支出预算绩效评价。绩效评价项目应以行政事业类项目或其他类项目为主，包括重大项目和一般性项目，其中重大项目是指资金数额较大、社会影响较广、具有明显社会效益的本部门或者跨部门的项目。

### 5. 周　期

部门预算绩效评价以预算年度为周期实施年度考评，其中重大跨年度支出项目可根据项目完成情况实施阶段性考评。

### 6. 内　容

部门预算绩效评价的主要内容包括：绩效目标的完成情况；为完成绩效目标安排的预算资金的使用情况和财务管理状况；部门为完成绩效目标采取的加强管理的制度、措施等；部门根据实际情况确定的其他考核内容。

### 7. 方　式

部门预算绩效评价采取定性和定量相结合的方式。

### 8. 方　法

部门预算绩效评价方法主要包括方案比较法、因素分析法、公众评价法、成本效益分析法等。

### 9. 指　标

部门预算绩效评价的指标分为共性考评指标和个性考评指标。共性考评指标是适用于所有中央部门的绩效评价指标，个性考评指标是针对部门和行业特点确定的适用于不同管理部门的绩效评价指标。共性指标主要包括以下类型：绩效目标完成程度预算执行情况、财务管理状况、经济和社会效益、资产的配置和使用情况等。具体指标由总局经济司确定，个性指标由经济司与财审中心根据被考评对象的绩效目标制定。

### 10. 组织管理

总局部门预算绩效评价由经济司负责组织实施。可从总局系统内各部门选择具备绩效评价知识和技能，懂得经济分析、统计分析、社会调研，责任心强，善于沟通，具有较强的协调能力，熟悉我国体育事业行业背景、发展状况、相关政策、专业知识等，管理经验丰富的人员组成小组或评价机构。重大项目的绩效评价原则上应聘请具有相应资质的外聘专家或中介机构进行，中介机构的聘请应通过招投标方式产生；一般性项目可以由本部门内部相关业务人员进行。

**11. 工作程序**

部门预算绩效评价工作程序：一是针对部门不同的职能，制定共性和个性的评价标准；二是研究和设计评价实施方案；三是制定具体操作程序管理办法；四是实施部门预算支出绩效评价；五是提供绩效评价报告；六是评价质量监督与控制；七是建立激励机制。

**12. 结果应用**

部门预算绩效评价管理体系最终产生的积极影响对部门预算编制是否具有科学性、公共性、现实性等问题是否具有客观评价，使部门财务管理、预算编制更加科学化、精细化、规范化和透明化。对部门预算支出严格按照预算编制执行，具有监督和管理的作用，使预算支出合理化、规范化、合法化。对部门预算支出长期跟踪评价，发现问题及时提出整改措施、调整和优化，合理配置资源，加强财务管理，提高财政资金的使用效益和效率，使资金使用效益最大化。

## （六）总局实施部门预算绩效评价应具备的基本条件

组织开展部门预算绩效评价工作，一是要有领导重视与支持。领导重视与支持是一切工作顺利进行的强有力保障，领导的战略眼光、政策理论水平和业务能力是实现预算绩效评价管理目标的动力和源泉。二是成立相应专职机构。预算绩效评价是一项政策性强、技术性高、事务性多的工作，需要有部门预算业务专门人员、绩效评价专业技术人员组成的专业队伍进行常态化运作，建议由财审中心和项目单位相关专业人员，按照当前总局部门预算绩效评价管理需要，编组形成相应的常设机构，承担部门预算绩效评价具体工作。三是要配备相应的资金保障。主要是用于建立评价信息数据库，研制评价技术手段，开展绩效评价组织调研，组织相关业务培训等日常活动经费保障。

## 五、总局开展部门预算绩效评价的对策及建议

为切实推进总局部门预算绩效评价工作，提出如下对策和建议。

### （一）进一步加强部门预算绩效评价管理理论研究

在总局，部门预算绩效评价尚处于探索阶段，有许多理论问题和实践问题需要研究。当前部门预算绩效评价研究的重点不是探讨是否开展财政预算资金绩效评价，也不是简单地介绍国内外绩效评价的做法，而是要着眼于指导总局开展部门预算绩效评价的实践。比如，部门预算绩效评价项目选择的原则和程序；部门预算绩效评价准备的步骤、方法；部门预算绩效评价目标的确定和标准的选择；部门预算绩效评价证据的收集和评价；部门预算绩效评价的报告框架、结果沟通与后续跟踪等理论的研究。

### （二）进一步提高部门预算管理规范化程度

为使部门预算绩效评价顺利、全面地开展，对于由不规范的预算管理造成的一系列问题，要着重加强各单位编制部门预算的规范化管理。一是将未纳入部门预算的项目，如大量的预算外收入等纳入部门预算管理；二是保证充裕的预算编制时间，否则预算数据缺乏充分的科学论证而使得预算过于简单粗糙或笼统；三是增强部门预算的透明度。虽然预、决算属于密件材料，但也应适当对有监督权的人员公开。

### （三）切实构建部门预算绩效评价体系

建立部门预算绩效评价体系是一项庞大且系统性强的工程，对单位部门及相关制度、机制提出了更高的要求。在预算编制、执行、评估、监督的全过程中，必须综合考虑诸多因素，才能使预算达到预定效果。要建立有效的部门预算绩效评价体系：一是预算的编制首先考虑宏观经济形势。二是预算执行、评价要求权责搭配适当。三是要构建一套能够反映部门预算绩效评价的指标。四是要建立权威的部门预算绩效评价综合管理机构。五是要出台与财政部预算管理相应的规章制度来规范预算程序、严格预算管理、强化预算约束。

### （四）大力培养部门预算绩效评价专门人才

开展部门预算绩效评价要求预算、评价人员不仅要具有完备的专业知识和相应的技能，还要有自觉的法制意识，以及相当的政策理论水平和管理水平。因此，在部门预算绩效评价人员队伍建设上，必须改善人员结构，转变部门预算绩效评价观念，提高部门预算绩效评价人员素质，着力培养部门预算绩效评价专门人才。

### （五）着力营造部门预算绩效评价管理文化

目前，总局体育系统与部门预算绩效评价管理相适应的市场机制尚未完全建立，以计划为中心的观念根深蒂固，绩效观念淡薄，重资金投入，轻资金绩效现象普遍存在。因此，总局系统目前缺乏部门预算绩效管理改革的认知条件，需要大力培育绩效文化，改变人们的思想观念，把绩效作为检验一切工作的标准；与此同时，大力宣传绩效文化，在全系统形成讲绩效、重绩效的风气，逐步实现观念转变，形成重视绩效管理的文化氛围，充分认识到绩效管理不仅是管理方法的一种创新，更是体育大发展的一次理念变革。

## 六、结束语

部门预算绩效评价的推行是必要的，是总局系统预算改革的目标和趋势选择。部门预算绩效评价改革是一项复杂的系统工程，涉及本系统、各单位及方方面面，需要全盘考虑，并完整地进行规划，分阶段逐步进行。

我利用这次中央党校干部进修学习的时机，结合多年财务管理工作实际，并运用于2010年10月在上海国家会计学院，由财政部、世界银行、亚洲开发银行和亚太财经与发展中心共同举办的绩效评价培训班学到的绩效评价理论知识，加上自己对部门预算绩效评价的一些理解，在党校学习期间撰写了《国家体育总局部门预算绩效评价管理体系构建与研究》报告，借此机会，权当本次干部进修学习班毕业论文。

由于总局系统部门预算绩效评价相关理论研究还不甚成熟，可借鉴内容相对欠缺，加之本人理论知识水平有限，对理论问题的解析不够深入、系统，对解决对策的探索不够具体、全面，一定还存在不少纰漏之处，有待领导、同事、专家批评、指正。

## 参考文献

[1] 财政部预算司.绩效预算和支出绩效考评研究[M].北京：中国财政经济出版社，2007.

[2] 财政部国际司.国际金融组织贷款项目绩效评价操作指南[M].北京：经济科学出版社，2010.

# 基于物联网技术研究我国公共体育健身服务信息平台构建

国家体育总局网球运动管理中心　胡亚斌

**摘要**：本文通过对物联网、公共体育服务、信息平台等相关概念进行阐述，再结合有关资料，详细地分析了物联网技术在我国公共体育健身服务信息平台建设中的应用。本文由五部分内容构成。第一部分叙述公共体育服务的概念、目标及现状。第二部分对我国公共体育服务做了详细阐述。第三部分对物联网技术和案例进行了分析。第四部分对基于物联网技术的我国公共体育健身服务做了分析，探讨了基于物联网的公共体育健身服务。第五部分总结了物联网对我国公共体育服务的影响，并对基于物联网的我国公共体育服务运用模型做了分析。

**关键词**：物联网；公共体育服务；信息平台

体育在增进身心健康、改善生活方式、提升生命质量和提高生活品质等方面，发挥着越来越明显的作用。有学者指出，体育将发生两个重要的转变：从群体的政治需要向人类的根本需要转变；从社会的强制性需要向个体幸福生活的主动需要转变。体育将朝着“以人为本，健康第一”的方向发展，这也是体育本质的回归。

随着国家综合实力的增强，人们的民族心态已悄然发生变化，人们更加冷静和理性。中国人在什么地方拿金牌，已不会引起人们像多年前那样的惊讶和激动了。随着国家的繁荣富强和人们生活水平的不断提高，体育事业的发展更加关注人们的健康和生活质量。体育也从政治需求回归到文化层面，实现以人为本，走向以国家民族利益为重、长远关注个体和人类发展的立体化道路。广大人民群众日益增长的体育需求和社会体育资源相对不足之间的矛盾，仍然是我国体育事业发展中的主要矛盾。当前我国体育事业迎来新的大发展和构建公共体育服务体系、推动体育事业全面进步的战略机遇，对我国公共体育服务体系建设这一重大问题进行宏观把握和战略思考，具有重要的理论和现实价值。

人类社会自从进入网络时代之后，即使远隔万里重洋，也可以通过互联网便捷、快速地进行信息交流，并且随着信息技术的飞速发展，互联网涉及的领域持续增多，也日益为人们所依赖，成为现代社会不可缺少的一个组成部分。信息技术发展至今，已经不仅仅能够逐步提供人、物之间的交互，甚至可以提供物与物之间的交互，使人类的工作和生活变得更加便利与舒适，并且极大提升整个社会运行效率。物联网是新一代信息技术的高度集成和综合运用，具有渗透性强、带动作用大、综合效益好的特点，推进物联网的应用和发展，有利于促进生产生活和社会管理方式向智能化、精细化、网络化方向转变，对于提高国民经济和社会生活信息化水平，提升社会管理和公共服务水平，带动相关学科发展和技术创新能力增强，推动产业结构调整和发展方式转变具有重要意义。我国已将物联网作为战略性新兴产业的一项重要组成内容，将“物联网”明确列入《国家中长期科学技术发展规划（2006—2020年）》和2050年国家产业路线图。目前，在全球范围内物联网正处于起步发展阶段，物联网技术发展和产业应用具有广阔的前景和难得的机遇。业内专家认为，物联网一方面可以提高经济效益，大大节约成本；另一方面可以为全球经济的复苏提供技术动力。目前，美国、欧盟、中国等都在投入巨资深入研究探索物联网。在物联网领域，中国和其他发达国家站到了同一个起跑线上。我国必须抓住历史机遇，突破一些关键技术和核心技术，建立自主化技术体系，形成具有自主知识产权的成果和可持续竞争力。

## 一、公共体育服务的概念、目标

### （一）公共体育服务的概念

肖林鹏认为，公共体育服务是指公共组织为满足公共体育需要而提供的公共物品或混合物品。有学者指出上述定义对公共体育服务的这种经济学式认识往往造成误解，把公共体育服务简单理解为由政府或体育事业单位等公共部门或机构向社会公众提供免费享受的体育产品或服务。当前，体育界比较认可的公共体育服务的概念是公共体育服务是以保障公民的体育权利、满足社会成员的基本体育需要为目的，由以政府为主体的公共部门、其他社会部门共同参与提供的，既能向公民提供基本的体育文化享受，也有利于提高公民身体素质和生活质量，保障其社会生存与发展所必需的体育环境与条件的公共产品和服务行为的总称。提高政府提供公共体育服务水平的能力是我国建设体育强国的关键着力点。

### （二）公共体育服务目标

以满足社会成员的基本体育需要为目的，着眼于提高居民身体素质和生活质量，既给居民提供基本的体育文化享受，也提供并保障社会生存与发展所必需的体育环境与条件的体育公共产品和服务。

# 二、我国公共体育服务概述

## （一）我国公共体育服务现状

在我国，全民健身计划作为公共体育服务的发展前身，在推行之后，我国的公共体育场地设施条件得到了较大改善。尤其是在一线城市，健身设施基本实现社区全覆盖，建立了社区体育健身俱乐部和社区体质监测站。在政策方面，将每年的8月8日定为“全民健身日”。可以说，近年来，我国公共体育服务体系建设取得了相当好的成绩和重要发展，但仍然不可避免地面临一些发展困境和难题。首先，是供需结构有待优化，具体表现为公共体育服务的基本场馆等基础设施严重不足。其次，场馆设施配置不合理的问题也较为突出，具体表现为区域、城乡差异大。另外，在基层公共体育服务体系的建设过程中，偶尔也存在重硬件建设、轻软件配套，或者重建设、轻管理、轻维护等类似现象。此外，目前现有的部分公共体育服务的内容或供给形式等，和广大人民群众的现实需求并不十分匹配，以群众差异化的文化需求为导向的公共体育服务体系还未形成；专业人才不足也是普遍存在的问题。此外，公共体育服务建设监督评估体系，如过程监督和指标考评体系尚未成形。这诸多方面与广大人民群众的需求存在较大差距，已经成为我国在建设体育强国过程中的基础性薄弱环节。当前，我国服务业的比重不足50%，而发达国家及一些新兴经济体的这一比重多在70%以上。马剑（2014）认为盘活存量是体育部门当下应着力破解的难题，但未来的发展还要依靠更大力度的结构性改变。要解决老百姓健身场地不足的问题仅靠大型体育场馆远远不够，兴建简易方便的社区体育设施，让人们就近参与体育活动才能从根本上解决深层次的供需矛盾。

从我国十六届三中全会提出建设公共服务型政府后，公共服务就成了社会关注的热点问题，更是目前科技信息时代所讨论的焦点问题。国家体育总局原局长刘鹏多次就公共体育服务做出重要指示：逐步完善基本公共服务体系，是“十二五”国民经济和社会发展的主要目标之一。公共体育服务体系与国民健康和民生密切相关，是基本公共服务体系的重要组成部分。“建设公共体育服务体系要坚持以人为本，面向基层、保障基本、服务群众。”刘鹏指出，要立足基本国情，立足群众参与体育、享受体育的需求，建设群众身边的场地设施，建立健全群众身边的体育组织，开展群众身边的体育活动，使群众的体育权利得到充分保障；坚持政府主导，牢牢把握公共体育服务的公益性质。

## （二）公共体育健身服务信息平台建设原则

### 1. “一体化系统”原则

这主要表现在建立大规模实现以健身用户为中心的一体化公共体育健身服务信息系统。以满足广大人民群众基本体育需求、提高人民群众身体素质和生活质量为目标，坚持以人为本、市区联动、城乡一体的原则，建立和完善体育为民、惠民、便民的公共服务体系，为人民群众提供便捷高效的公共体育服务。

### 2. 标准化原则

公共体育健身信息的标准化是体育信息化的一个重要组成部分，也是实现不同信息系统之间互联互通、信息共享的基础。为规范公共体育健身行业的信息化建设，使体育信息系统更好地适应体育体制改革，改变体育系统信息化建设中标准不统一、信息资源共享和网络传输方面障碍重重的局面，建立“体育信息标准体系”是体育信息化的当务之急。

### 3. 人才战略原则

加强体育信息技术人才培养、发展人才战略是体育信息化建设的关键，体育信息化建设需要大量的既懂信息技术又具有一定体育知识和管理知识的复合型人才。应制订切实可行的人才培养发展计划，建立多层次、分类别、多形式、重实效的体育信息化人力资源培养制度，建立考核、评估制度，加快体育信息技术更新周期。培育出一批精通信息技术和体育业务相结合的复合型人才，保证体育信息化建设稳定健康地发展。

**4. 信息安全原则**

信息化建设的安全事关国家的安全、社会的稳定、民族文化的继承和发扬。随着计算机技术日新月异的发展，其重要性日益显现。然而，伴随着计算机、网络技术的飞速发展，不安全的因素随机出现，管理者对信息化的安全性要有充分的认识，防患于未然。

**5. 因地因时制宜与整体统筹协调原则**

在贯彻基本理念的基础上，更应当分析地方的经济发展水平、特色，与居民生活质量统筹考虑，体育公共服务建设与经济可行性统筹考虑，城市化区域与郊区乡村统筹考虑。建设便民利民的公共体育设施，同时引导城市居民参加健身组织，开展丰富多彩的群众体育活动，为广大群众提供科学健身服务。

## （三）公共体育健身服务信息平台概念、体系及全民健身平台建设

**1. 公共体育健身服务信息平台概念**

公共体育健身服务信息平台是指给公共体育管理者、健身指导者、终端体育用户等不同对象，为适应各自的使用需求，而提供的一个信息交流与功能服务相结合的应用平台。公共体育健身服务信息平台可分为管理方、资源方、用户方（终端）三个方面，其对应的关系如下。

（1）管理方：信息平台的管理者，负责对平台进行维护和更新，以及公共体育健身信息的收集、处理和发布，起着沟通体

育信息资源和体育用户的桥梁作用。

（2）资源方：向平台系统提供体育资源信息，通过信息平台获得用户相关信息，与用户取得联系。

（3）用户方：向平台系统提供有关自身的健身资料，通过登录平台系统来获取发布的健身信息。

**2. 公共体育健身服务信息体系**

公共体育健身服务信息是以政府为主，体育类企业和第三部门为辅的多元化供给主体，以公共体育健身服务需求为导向，借助现代通信、网络和计算机技术等手段和工具，构建公共体育健身信息资源服务整合平台，对公共体育健身信息服务资源进行整合、开发与利用，充分实现体育健身信息资源的共享，通过建立完善的绩效评估与监督机制，以提高公共体育服务质量的一种信息化服务体系。公共体育健身信息服务体系是与公众体育利益密切相关的信息和资讯构成的体育信息管理系统。公共体育信息服务体系建设是一项利国利民的巨大工程。目前，我国公共体育信息服务资源不足，内容十分有限，存在“信息孤岛”瓶颈，大量的公共体育信息资源无法发挥应有的作用。公共体育信息服务缺乏需求运作机制及完善的绩效评估与监管机制等。在公共体育信息服务资源的建设过程中，政府要逐步强化公共体育信息服务的宣传教育工作，为国民提供基本的公共体育健身网络、公共体育信息咨询和体育健身信息供给等服务。在整合和优化现有公共体育信息服务资源的基础上，实现资源共享和服务效能的最大化。建立公共体育服务信息物联网系统和信息管理系统，加大多元化现代公共体育服务体系信息化建设。通过信息物联网的建设、信息资源开发的建设、人才队伍的建设、服务平台的建设及管理机构的建设，构建以公共体育信息服务为主体的多层次、多渠道、多元化的公共体育信息服务体系科技平台，提高公共体育信息服务效率，加快公共体育信息化进程。

### 3. 全民健身服务平台建设

我国公共体育健身服务物联网信息平台构建是建立在对场地设施、体育组织、培训指导、体质监测、知识信息和体育活动等一整套相关数据充分分析的基础上，运用数据库、网络通信、图像处理及其他最新的信息技术手段，实现相关信息的采集、存储、管理；利用统计学、数据挖掘等各种方法，结合用户需求和公共体育健身服务的特点，对这些数据进行综合分析和利用。为了更好地便民、利民和惠民，应做好以下平台建设。

（1）公共体育健身指导服务平台

公共体育指导服务平台是为大众提供体育健身基本信息和导向服务，包括体育健身器材指导服务、体育健身要领指导服务、体育健身保护指导服务等方面。

（2）全民健身信息平台

建立全国全民健身服务信息平台，完善全国全民健身数字地图，开设专家在线咨询服务、健身场所在线查询和预约服务，为用户提供全方位的全民健身信息服务。

（3）公共体育组织管理服务平台

公共体育组织管理服务平台是由政府组织、体育事业组织、体育社团组织、体育经营组织、非正式体育组织共同构成的依照一定的公共体育服务管理体制运行的平台。全国每四年、社区每两年举办一次综合性运动会或全民健身活动。全民健身活动实现全年有安排，月月有活动，活动有声势，阶段有高潮。全民健身日举办全国全民健身活动、广场舞健身展示、职工体育运动会、青少年阳光体育运动会等各具特色的、各类人群的全民健身活动。

（4）国民体质测试平台

进一步完善国民体质监测网络，建立国民体质测试长效机制。完善全国国民体质监测网络和国民体质数据信息库，每年公布国民体质监测报告。

（5）公共体育政策服务平台

建立公共体育政策服务平台既是提升构建公共体育服务体系水平的有力保证，又是保证公共体育服务体系健康运行的必要条件。公共体育政策服务体系是由政策主体、政策客体及其与政策环境相互作用而构成的体育服务政策系统。

## 三、物联网技术及物联网基于传感网的案例

### （一）物联网技术

#### 1. 物联网概念

物联网是新一代信息技术的重要组成部分，其英文名称是“Internet of Things”。顾名思义，物联网就是物物相连的互联网。这有两层意思：其一，物联网的核心和基础仍然是互联网，是在互联网基础上延伸和扩展的网络；其二，其用户端延伸和扩展到了物品与物品之间。

#### 2. 物联网的特征

一是全面感知，即利用射频识别技术（以下简称“RFID”）、传感器、二维码等随时随地获取物体的信息；二是可靠传递，通过各种电信网络与互联网的融合，将物体的信息实时准确地传递出去；三是智能处理，利用云计算、模糊识别等各种智能计算技术，对海量的数据和信息进行分析和处理，对物体实施智能化的控制。

#### 3. 物联网的技术体系框架

简单来说，物联网架构共有3层：其一是感知层，作用为侦测、感应、采集资讯（通过智慧卡、RFID电子标签、二维条码、感测器等）；其二为网路层，功能为传输资讯（通过无线网、手机移动通讯网、市话固网、网际网路、无线广播电视网、

有线电视等）；其三是应用层，把资讯快速分析处理做出应对决策或反馈。

**4. 物联网的主要相关技术**

物联网具备信息化、网络化、集成化、智能化、敏捷化、可视化等先进特征，其核心技术主要有各类传感装置、射频识别技术（RFID）、红外感应、全球定位系统（GPS）、激光扫描器、EPC编码等。物联网按约定的协议，根据需要实现物品互联互通的网络连接，进行信息交换和通信，从而成为智能化识别、定位、跟踪、监控和管理的智能网络系统。

## （二）基于健康领域的物联网应用

1. 苹果Health Kit

苹果于2014年在全球开发者大会上公布了Health Kit平台，使用户能跟踪与健康有关的信息。苹果将所有的健康应用都集成到了一种解决方案中，Health Kit的原理非常类似Passbook，通过iOS 8系统，使用者能够检测心率、体重、卡路里消耗等信息。Health Kit能够更全面地为用户提供健康解决方案，也为开发者树立新的开发模式。

2. Google Fit

谷歌在2014年6月举行的I/O开发者大会上发布了健康管理平台Google Fit的开发者预览版本，该平台旨在通过用户活动和体征数据的追踪帮助其顺利实现健身目标，而此次谷歌开放的一组Google Fit的API可以让开发者对竞争对手的应用有更加全面的了解，同时也可以将用户数据与自己的应用进行更加深入和广泛的整合，从而为用户提供更加合适的健身建议。

**3. 物联网健身系统——IOT Fitness system（IOTFS）**

系统的组成分为四大部分：①传感器应用于各种健身器材。大型健身器材如健身自行车、划船器、楼梯机、跑步机，以及小腿弯举器、重锤拉力器、提踵练习器等；小型健身器材如哑铃、壶铃、曲柄杠铃、弹簧拉力器、健身盘、弹力棒、握力器等。这些都安装了小型传感器感知电子标签的信息并更新客户的健身信息和健身器械的使用信息。②电子标签。每个客户会有一个腕表式的电子标签，标签内存有客户的基本信息和健身信息。腕表内置语音合成芯片（SYN6288），利用语音合成可以语音播报设置的提示信息和所需查询的运动情况及消费信息等，让我们可以一边运动一边了解这些信息。③物联网关。物联网关包括移动网关和WLAN网关。移动网关传输短信给客户手机提醒客户的健身安排；WLAN网关应用于单个健身房内，用于传输客户的运动情况和消费信息及健身器材的使用情况给健身房的服务器。④客户和健身器材数据中心管理系统。管理系统包括单个健身房的小型服务器、连锁健身房的中型服务器和健身房联盟的中央服务器。三者是递进的信息传输和处理枢纽，最终汇总到健身房联盟中央服务器。客户可以在任意一家加入健身房联盟的健身房消费，锻炼身体，在其中任何一台健身器材的运动情况和消费都可以得到汇总，并通过专业软件和人员的分析处理，给客户提出更好的健身方案。同时每个服务器都配有语音播报器，用合成语音播报器械的检修或更换的提示信息。

## 四、基于物联网技术的我国公共体育健身服务

### （一）“健身云”

基于互联网的相关健身服务的增加、使用和交付模式，通常涉及通过互联网提供动态、易扩展且经常是虚拟化的资源。健身服务的交付和使用模式，指通过网络以按需、易扩展的方式获得所需健身服务。它将计算、健身数据、应用等资源作为服务通

过互联网提供给用户。在“健身云”的环境中，用户不需要了解“云”中基础设施的细节，不必具备相应的专业知识，也无须直接进行控制，而只需关注自己真正想要、需要的健身资源，以及通过网络来得到相应的服务。

由政府牵头，作为上级“健身云”的管理者，各地区的健身行业作为中级“健身云”的管理者，地方体育管理部门则作为下级“健身云”的管理者来管理各级“健身云”（见图1）。

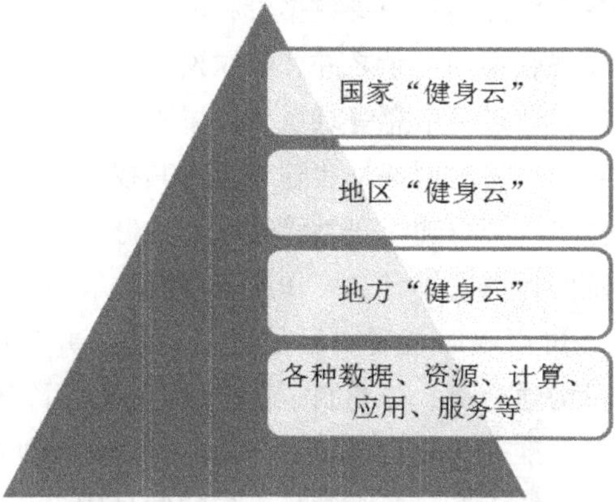


**图1 “健身云”分层管理构架图**

## （二）智慧健身

物联网时代在其技术支持下，用户到体育场所健身将非常便捷、高效，极大程度上改善“健身难”的情况。具体来说，每位用户都有一个“RFID健身卡”，这张卡上面储存了用户的个人信息、历史健身资料，还可以与个人账户关联以便付费。用户使用健身卡刷卡健身，场馆的系统自动将用户信息传输到相应管理部门和健身专家的工作站上，并且自动统筹规划，通知用户何时前往何健身场所健身。整个健身过程，健身专家的体质测试、健身处方等信息都被完整记录，并且传输到相应的体育部门。

## （三）个人全程健身信息系统

基于物联网技术，我们可以构建个人全程健身信息系统，即为用户制定其唯一的身份标识，以跟踪并管理其所有的健身信息，建立个人全程大众健身信息感知系统。其中，“全程”指的是全面涵盖个人从出生到死亡整个生命历程中的健身信息。个人全程健身信息系统是实现健身数据资料的流动和各模块间信息共享的基础。除去收集和记录之外，物联网也为信息的查看和利用提供技术支撑。通过给信息登录系统设置不同权限，指导者、健身者、管理者等可通过网络平台随时查看其权限范围内的信息。指导者通过登录系统可随时获悉管辖区域内健身者的健身情况，并且根据系统的提醒安排日常工作或上门随访等服务；健身者通过登录系统，可以随时查看自己的健身信息，并且可以预约健身，与指导者沟通交流、协商制定运动处方等。而管理者则能通过系统，及时、准确、全面地了解体质测试、运动处方和健身过程的相关信息，便于考核各级健身机构的健身质量和水平。基于物联网的个人全程健身信息感知系统的建立能准确、完整、连续性地收集健身者的健身信息，有助于对健身者健身的科学管理，能最大限度地利用有限的健身资源。这将成为健身改革和健身服务信息化发展的必然趋势。

以上三个实例，描述了物联网环境下公共体育健身服务的创新，笔者将其归纳为以下三点：①全方位互联。通过各种形式的通信网络，将健身仪器、各类传感器、个人电子设备等系统中收集和储存的分散的信息及数据连接起来，进行交互和多方共享，从而更好地对健身环境和实施状况实时监控，从全局角度分析形势并实时解决问题，也可实现跨体育部门、跨区域的远程指导等，改变整个健身业务运作方式。这样，目前公共体育服务所遇到的城乡差距、区域差距可以得到有效的缓解甚至根本改变。②全方位感知。指利用任何可以随时随地感知、测量、捕获和传递信息的设备、系统或流程，感知健身者状况等。任何信息都可被快速获取并分析，便于立即采取应对措施和进行长期规划。这样，极大地提升效率、节约成本，可及时、实时地提供健身服务，缓解“健身难”的问题。③全方位分析。深入分析收集到的数据，以获取更加新颖、系统且全面的信息来解决特定问题。这要求使用先进技术来处理复杂的数据分析、汇总和计算，以整合和分析体育部门海量的跨科室、跨部门的数据和信息，并将特定知识应用到特定行业、特定场景、特定的解决方案中，以更好地支持决策和行动，也就是智能化的健身。这样，每位用户都可以获得个性化的、准确有效的健身服务，不再受地域、时间的限制，随时面对“健身专家”和最佳运动健身方案。

## 五、基于物联网的我国公共体育健身服务模型

在图2所示模型中，整个公共服务是以物联网为基底进行的。首先，运用感知层中的传感器、RFID等技术可以感知应用层中的信息；其次，通过传输层中的互联网、3G/4G、Wifi等技术将感知信息实时传输到统一的政府云健身监管平台，进行信息的进一步处理和数据挖掘，相关政府部门、企业和用户个人均可根据其所具备的权限对公共服务信息进行查询和管理，从而实现以感知技术为基础，以云计算为核心，政府、企业和用户共同应用的公共服务信息平台。

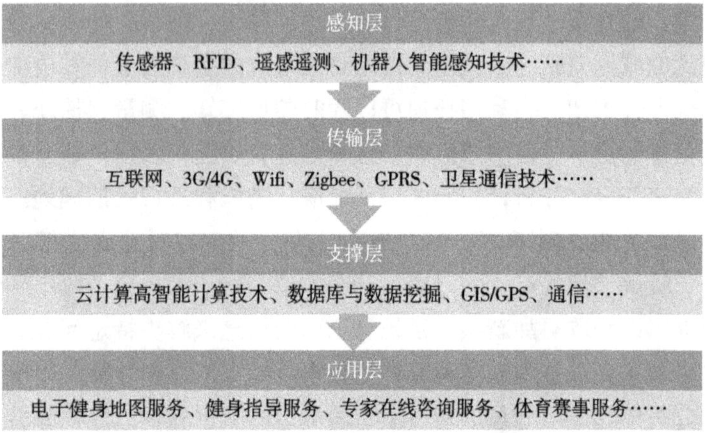


**图2　基于物联网的公共体育服务模型**

# 六、结束语

物联网概念的提出已有多年，在体育领域的应用正日益广泛，但是仍处于局部的、表面的层次上。在物联网发展的大趋势下，现代公共体育领域日益需要现代信息技术的支撑，其对公共体育管理的影响将会是全方位的，公共体育健身服务信息平台只是冰山一角，而公共体育服务管理部门则应当把握机遇，适时进行改革。

# 参考文献

[1] 杨文轩，陈琦.体育原理[M].北京：高等教育出版社，2004：47.

[2] 郑家鲲."十二五"时期构建我国公共体育服务体系的若干思考[J].成都体育学院学报，2011，37（12）：1–6.

[3] 肖林鹏，李宗浩，杨晓晨.公共体育服务概念及其理论分析[J].天津体育学院学报，2007，22（2）：97–101.

[4] 戴健.体育蓝皮书：中国公共体育服务发展报告（2013）[M].北京：

社会科学文献出版社，2013：161.
[5] 白永惠，樊炳有. 体育公共服务的内涵、目标及运行机制研究[C]//第二届全民健身科学大会论文摘要集. 2010.
[6] 易剑东.中国体育公共服务研究[J].体育学刊，2012，19（2）：1–10.
[7] 马剑.关于体育改革向纵深推进的思考之二:公共体育服务应问需于民[EB/OL].（2014–01–07）.http://sports.people.com.cn/n/2014/0107/c143318–24041414.html.
[8] 刘鹏.一项面向民生的体育健身工程[J].求是，2011（10）：51–53.
[9] 刘鹏.完善公共体育服务体系,提供更多场地设施[EB/OL].（2012–11–28）.http://www.chinanews.com/ty/2012/11–28/4364287.shtml.
[10] 叶礼全, 陈柏培. 浅谈医院信息系统建设的几个原则[C]//2004中国卫生信息技术交流大会论文集. 2004.
[11] 任春香，李红卫.新时期我国公共体育服务体系的基本内容探析[J].体育与科学，2011，32（5）：40–43.
[12] 吴海滨.物联网在物流信息平台建设的应用研究 [J] .东方企业文化，2011（14）：285.
[13] 刘建. 整合应用关注健康IOS 8 HealthKit发布[EB/OL].（2014–06–03）.http://tech.sina.com.cn/s/2014–06–03/07409414224.shtml.
[14] 物联网世界. 基于物联网的综合信息管理健身系统[EB/OL].（2012–03–05）.http://solution.rfidworld.com.cn/2012_03/a08fbebe3236225b.html.
[15] 周洁.物联网环境下我国政府公共服务的研究——以卫生医疗公共服务为例[D].成都：西南交通大学，2012.

# 对跑步运动信息平台构建研究

国家体育总局田径运动管理中心　刘洁

**摘要**：我国正处于加快发展社会主义市场经济、先进文化、和谐社会、生态文明，全面建成小康社会，实现中华民族伟大复兴的“中国梦”的关键时期。习近平总书记说：“个人的梦，体育强国的梦和我们中华民族伟大复兴的中国梦是紧密相连、息息相关的。”以马拉松为代表的跑步运动，所体现的既是实力又是文化，更是一种精神力量，是集政治影响力、经济生产力、文化传播力、社会亲和力于一体的典型的群众体育运动。与此同时，我们正处于互联网时代，互联网在使零售、金融、服务等行业发生天翻地覆变化的同时，在体育领域的应用仍处于较为初级的阶段。如何借助互联网发展跑步运动，并发挥其积极作用，值得深入思考和研究。本文拟以马克思主义的立场、观点、方法和党中央有关精神和要求为指导，对跑步运动信息平台构建的意义、指导思想和原则、功能结构、实现途径进行探讨，提出了行业管理部门与社会力量共同投入合作构建的模式。

**关键词**：跑步运动；信息平台；整合资源

我国《“十二五”规划纲要》指出，全面发展体育事业和体育产业，广泛开展全民健身运动，提升广大群众的体育健身意识和健康水平，发展健身休闲体育，促进体育事业和体育产业协调发展。党的十八大以来，习近平总书记对我国体育事业寄予厚望，多次发表重要讲话，强调从全面建成小康社会、实现中华民族伟大复兴的战略高度重视发展体育事业，并在索契冬奥会开幕前夕看望中国体育代表团时提出“个人的梦，体育强国的梦和我们中华民族伟大复兴的中国梦是紧密相连、息息相关的”。这既体现了总书记对体育事业的高度重视和充分肯定，也是对新时期体育事业发展提出的新要求。

田径运动是体育运动之母、之本、之源，而田径运动中以马拉松为代表的跑步运动，是受时空环境影响最小的运动，是参与最灵活便利的运动，是典型的群众体育运动项目。与此同时，我们正处于互联网时代，互联网在使零售、金融、服务等行业发生天翻地覆变化的同时，在体育领域的应用仍处于较为初级的阶段。如何借助互联网的力量发展跑步运动并发挥其积极作用，值得我们深入思考。本文拟以马克思主义的立场、观点、方法和党中央有关精神和要求为指导，在对目前互联网在跑步运动中的运用进行调查、研究、梳理、总结的基础上，探讨跑步运动信息平台构建内容和模式，及其对于构建全民建设公共服务体系、促进体育事业和体育产业发展的意义。

## 一、构建跑步运动信息平台的意义

### （一）是建设社会主义文化强国、构建社会主义核心价值体系的客观需要

党的十八大报告明确了建设社会主义文化强国的目标。2011年11月16日，国家体育总局局长刘鹏在接受新华社专访时表示，体育是文化的重要组成部分，具有独特的文化价值和文化作用，在构建社会主义核心价值体系当中能够发挥独特的精神文化作

用。体育是增强体质、发展体力的教育活动，是一个国家乃至一个民族的精气所在。重现中国体育强国，提升国人身体素质，磨砺民族品格，这也是中华民族伟大复兴道路上的重要保障。

跑步运动有利于提高群众健康水平，这就为推动经济社会发展发挥了基础性的作用；跑步运动有利于培养群众文明友善、积极向上的情操，为构建社会主义核心价值体系发挥推动作用；跑步运动信息平台构建，能有效放大跑步运动的积极作用，从而服务于社会主义文化强国和核心价值体系构建。

### （二）是时代发展的必然趋势

我们正处于互联网时代，以互联网为代表的第三次工业革命开创了一个全新的文明时代，以改变一切的力量，正上演一场影响世界经济、政治、文化和社会发展的深刻变革。根据中国互联网络信息中心2014年1月发布的研究报告，截至2013年12月，中国网民规模达6.18亿人，全年新增网民5358万人，互联网普及率为45.8%；互联网发展从“数量”向“质量”转换，互联网在经济社会中地位提升、与传统经济结合紧密、各类互联网应用对网民生活形态影响力度加深。

在新浪和腾讯微博搜索与跑步有关的认证用户，可获得近1700个搜索结果；在苹果的App Store搜索中文跑步应用，可获得600多个搜索结果。数量庞大的跑步群体，正在以各种方式参与跑步运动、分享跑步体验。未来，信息技术必然以改变一切的力量，推动跑步运动的发展。

### （三）是跑步运动发展的内在要求

2011年国家体育总局发布的《体育事业发展“十二五”规划》指出，“十二五”期间，广大人民群众日益增长的体育需求和社会体育资源相对不足之间的矛盾，仍然是我国体育事业发展中的主要矛盾。特别是在群众体育领域，政府提供的公共体育服务不足，体育场地设施建设、组织体系建立、科学健身指导等诸多方面与广大人民群众的需求存在较大差距，已经成为我国在建设体育强国过程中的基础性薄弱环节。

上述矛盾在我国跑步运动发展过程中主要体现为政府提供的公共服务不足，组织体系建立、科学跑步指导、信息分享等方面与群众需求还有较大差距。目前跑步运动在我国正蓬勃发展，根据中国田径协会统计，2013年全国共举办44场马拉松、“10K路跑”等正式跑步赛事，近百万人参赛；2014年增加为52场。此外还有一些地方、企业、民间组织的具有一定规模和影响力的赛事，如安利健康跑、彩虹跑等。跑步运动的迅猛发展也带动了与互联网的融合，各赛事均有网站和网络报名渠道；新浪、搜狐、腾讯、网易四大门户网站均有自己的跑步频道；也有专注于跑步运动的商业网站，如咕咚网、益跑网等；李宁、多威等国内外运动装备生产商均有自己的跑步俱乐部，且跑步产品成为其重要的利润源泉；互联网在跑步赛事组织、跑步运动参与和分享方面已发挥了巨大作用，并蕴藏着巨大的潜力，但仍然缺乏一个有效的管理信息系统及权威的、统一的服务和信息发布、交流平台。

构建跑步运动信息平台，有利于发挥科技管理、科技服务、科技创新的功能作用，满足群众需求，推动跑步运动发展，引导跑步运动发展方向，促进相关产业发展，并服务于全民健身公共服务体系的整体构建，从而服务于社会主义文化强国建设，符合时代发展要求。

## 二、构建跑步运动信息平台的指导思想和设计原则

### （一）跑步运动信息平台构建的指导思想

（1）要有战略思维。1989年5月，邓小平同志与中央负责同志谈话时指出："考虑任何问题都要着眼于长远，着眼于大局。"跑步信息平台构建，也要以战略的高度来策划和布局，要看得到现实的功用，也要看得到未来的发展；既能让利益相关者受益，也具备自身造血功能。

（2）要有系统思维。习近平总书记在谈到改革时多次强调，改革开放是一个系统工程，我们要在基本确定主要改革举措的基础上，深入研究各领域改革关联性和各项改革举措耦合性，使各项改革举措在政策取向上相互配合、在实施过程中相互促进、在实际成效上相得益彰……必须加强顶层设计、整体谋划，增强各项改革的关联性、系统性、协同性。习近平总书记讲话的科学内涵，同样可以运用到跑步运动信息平台构建当中，即要从信息平台运营的全局视角出发，注重各个功能模块、各个要素的关联性、系统性、协同性，高效整合资源，从而提高平台的社会效益和经济效益。

（3）跑步运动信息平台构建要满足跑步人群的需求，满足快速发展的赛事需求，服务于全民健身公共服务体系建设。更进一步说，跑步运动信息平台要满足利益相关者的需求。在利益相关者的视角下，跑步运动信息平台是所有跑步利益相关者的联结，这一信息平台要想健康、可持续地运转，离不开利益相关者的支持、影响和互动。因此，跑步运动信息平台的功能结构，应照顾到不同利益相关者的需求。

### （二）跑步运动信息平台的设计原则

根据战略思维、系统思维、满足需求的指导思想要求，跑步信息平台设计原则可总结为以下5条：

（1）需求主导原则。信息平台构建要“以人为本”，充分考虑各利益相关者的需求，贴近用户需求和习惯，做到功能强大、界面友好、操作简单、使用方便；充分实现信息资源共享。

（2）先进性原则。基于信息技术更新较快的特点，平台功能、技术指标和理念需保持足够的先进性，达到行业先进水准。

（3）安全性原则。平台建设保证运营、数据安全，有可靠的防范、补救措施。

（4）高性能和稳定性原则。保证多用户并发操作时的响应速度和系统稳定性。

（5）开放性原则。信息平台建设应允许后期其他数据、设备接入和共享，并能与不同操作系统兼容。

## 三、跑步运动信息平台的功能结构

根据指导思想和设计原则的要求，在对利益相关者的现状和需求进行分析的基础上，设计跑步运动信息平台的功能结构。跑步运动信息平台的利益相关者包括跑步运动及赛事主管部门、跑步赛事组织者、跑步运动参与者、媒体、赞助商等。

### （一）跑步运动信息平台利益相关者现状分析

国家体育总局田径运动管理中心作为中国田径运动的最高管理机构，正在建立中国境内跑步赛事的分级管理体系及相应的赛事指南，但目前仍缺乏专业、快捷的管理平台，还有大量赛事游离于田径运动管理中心的赛事管理体系之外，以现有条件也很难为赛事组织者、参赛者和跑步运动爱好者提供更加专业细致的服务；在跑步运动和跑步文化推广方面还有很大空间。

跑步赛事组织者的组织水平参差不齐；各赛事均独立建立赛事网站，但每个赛事网站活跃期只有报名期间及赛前较短的一段时间，存在资源浪费；与跑步运动爱好者的信息沟通不够通畅；宣传成本高。

跑步运动爱好者数量增长迅速，根据对国内部分赛事和部分跑步活动场所、跑步组织、跑步社交媒体的参与人群的观察、数据分析，年龄结构分布广泛，一线城市中青年参与跑步的数量、意愿都有所增加，可穿戴设备的运用增多，社交媒体的分享量增多，但目前针对跑步爱好者的专业服务还比较缺乏。

赞助商是跑步运动发展重要的推动力量，而网络营销已成为赞助商进行体育营销的重要手段。网络媒体受赞助商青睐也可以通过本文第一部分数据得到验证。此外，随着智能手机、平板电脑等移动设备市场的蓬勃发展，移动广告业务将成为全球第四大广告投放平台。据市场研究公司eMarketer预测，到2017年全球60%以上的网络广告预算将倾斜到移动端，在中国这个全世界最大、最年轻的移动用户市场，新的格局正悄然形成。因此，在跑者利用自己的移动终端查看成绩、分享体验的时候，跑者的移动终端也将成为赞助商的目标。

## （二）跑步运动信息平台利益相关者需求分析

根据利益相关者分类理论及利益相关者现状分析，本文将跑步运动信息平台的利益相关者及其需求按以下维度描述（见表1）。

**表1　跑步运动信息平台利益相关者及其需求**

| 利益相关者 | | 需求 |
|---|---|---|
| 核心利益相关者 | 跑步运动及赛事主管部门 | 统一、专业、快捷的管理平台<br>适应赛事分级管理体系的标准化流程<br>标准化、规范化的赛事指导流程<br>基于大量数据分析为参赛者和爱好者提供更专业的服务和指导<br>与各赛事组织者之间高效便捷的沟通途径<br>跑步运动和跑步文化推广 |
| | 跑步赛事组织者 | 明晰的赛事申报流程<br>专业的赛事组织标准<br>赛事信息公布渠道<br>报名渠道和技术支持<br>吸引更多赞助商 |
| | 跑步运动参与者 | 提高参与度，及时了解赛事信息和自己的参赛成绩<br>及时了解自己的跑步数据<br>科学训练指导<br>分享、交流平台 |
| 边缘利益相关者 | 赞助商 | 专业领域的宣传平台<br>直接的营销途径<br>整合的赛事资源 |

## （三）跑步运动信息平台的功能结构

基于对跑步运动信息平台利益相关者的需求分析，可以勾勒出信息平台的功能结构（见图1）。

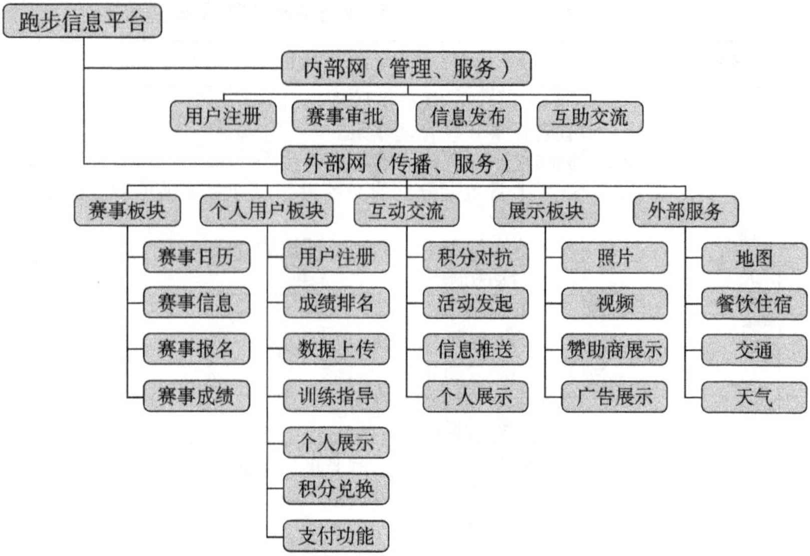


**图1　跑步运动信息平台的功能结构**

在上述功能基础上，适应当前移动互联网迅速发展的趋势和民众对于移动互联服务的需求，除PC端的网络信息服务外，提供Andriod和iOS两种系统版本的移动互联服务，并借助微信的传播平台，提供微博、微信平台的服务。

# 四、跑步运动信息平台的构建途径

## （一）跑步运动信息平台构建的主导机构

国家体育总局田径运动管理中心（中国田径协会）作为中国境内田径运动的最高管理机构，具备主导构建跑步运动信息平台的充分条件，在事业单位改革和协会实体化的大环境下，也有必要抓住时机构建自身的核心竞争“产品”，培养核心竞争力。

第一，国家体育总局田径运动管理中心对内承担管理全国田径赛事、推广田径运动的职能；对外，以中国田径协会的名义与国际体育组织和各类赞助商合作。在构建跑步运动信息平台的过程中，田径运动管理中心有总揽全局和整合资源的能力。第二，作为行业主管单位，田径运动管理中心有义务和责任提供公共服务，为跑步运动的发展，为满足跑步爱好者的需求服务，为推广跑步运动创造条件。第三，在我国事业单位改革和协会实体化进程中，田径运动管理中心有必要打造自己的核心“产品”，培养自身的核心竞争力，以便平稳过渡，长期发展。

## （二）跑步运动信息平台构建的实现途径

十八届三中全会提出“三个解放”，即解放思想、解放和发展社会生产力、解放和增强社会活力。《中共中央关于全面深化改革若干重大问题的决定》第40条指出，鼓励社会力量、社会资本参与公共文化服务体系建设。

跑步运动信息平台构建是一个包括概念、技术和运营的系统工程，需要大量的人力、财力、物力投入。田径运动管理中心也应解放思想，鼓励社会力量和社会资本参与，破解自身资源约束，激发社会力量活力。具体方式探讨可由田径运动管理中心主导，把握信息平台发展方向，并负责协调各赛事组织机构提供基础数据、整合和分享资源等；鼓励信息技术企业以技术合作伙伴身份投入信息平台技术建设，获得后期向潜在客户推广技术并获得收益的权益；鼓励商业运营机构以运营合作伙伴身份投入人力、物力，创新思维，并获得后期商业回报分享的权益。

上述构建模式的优点在于，各方均以自身的优势资源投入跑步运动信息平台的建设，既能发挥自身资源优势，规避“短板”，又能减少资本的投入，以低成本启动项目；各参与方分担风险，提高了风险承受能力，且能够通过合作获得期望收益。上述合作模式也面临一些现实问题，如各方目标一致性问题、各方行动协调性问题、各方利益公平实现问题等，这些均需在实践中探索解决。

## 参考文献

[1] 刘云山. 深入学习贯彻党的十八届三中全会精神 切实把思想和行动统一到全会精神上来[EB/OL].（2013-11-26）. http://politics.people.com.cn/n/2013/1126/c70731-23657064-3.html.

[2] 中国互联网络信息中心. 第33次中国互联网络发展状况统计报告[EB/OL].（2014-05-26）.http://www.cac.gov.cn/2014-05/26/c_126548822.html.

[3] 邓小平.组成一个实行改革的有希望的领导集体[M]//邓小平文选：第三卷.北京：人民出版社，1993.

[4] 吕芹. 移动端做广告你走哪条路[N]. 互联网周刊，2014-02-20.

[5] 付俊文，赵红.利益相关者理论综述[J].首都经济贸易大学学报，2006，8（2）：16-21.

[6] 杨秀琼.利益相关者分类研究综述[J].阜阳师范学院学报（社会科学版），2009（4）：58-61.

[7] 崔鲁祥.中国职业体育利益相关者分析及协同治理——职业篮球、足球实证[D].北京：北京体育大学，2012.

# 浅谈机关服务中心后勤车辆管理

国家体育总局机关服务中心　王汉军

**摘要**：随着机关后勤机构改革的不断深化，机关事务相关管理条例对节能工作的强化管理，以及体育事业的快速发展，对机关车辆服务保障提出了更高的要求。如何适应新形势的需要，为机关及部分事业单位提供强有力的车辆服务保障，是车辆管理部门应该认真研究解决的重要课题。本文简要介绍了当前机关后勤车辆管理面临的形势，以及国家体育总局机关服务中心车辆管理中存在的问题。从转变作风、增强服务意识，加强管理、提高车辆服务保障能力，坚持预防为主、狠抓车辆安全，以及积极研究、探索车辆管理工作的新思路、新方法等几个方面，简要论述了新时期如何做好机关后勤车辆管理工作的思考。

**关键词**：车辆管理；用车服务；制度管理

车辆管理是国家体育总局机关后勤服务工作的重要组成部分，主要是为机关行政及部分事业单位日常工作提供安全、高效的用车服务保障。作为车辆服务保障部门，其管理水平的高低、服务质量的好坏，不仅关系到机关工作的正常运行，而且在某种意义上还代表着国家体育总局的对外形象。在新的历史时期，国家经济体制改革正进入深水区，体育事业的发展正处于由体育大国向体育强国迈进的关键时期，机关后勤服务保障工作处于历史的深刻变革之中，车辆服务保障作为机关后勤工作的一部分，所受到的冲击也日趋加大。如何适应新形势的需要，为机关提供强有力的后勤服务保障，提升自身的核心竞争力，是车辆管理工作者应该认真研究解决的重要内容。

# 一、当前机关后勤车辆管理面临的形势

## （一）公务车辆改革将成为历史的必然

近年来，公共舆论广泛关注公车改革。中共中央办公厅、国务院办公厅从1994年制定《关于党政机关汽车配备和使用管理的规定》以来，中国对公车改革进行了多年的探索，但是公务用车超标准超编制配备、费用偏高、违规使用公车等问题仍然存在。

2010年3月，温家宝总理在第三次廉政工作会议上指出，“现在乘用车社会化服务不断完善，家用轿车日益普及，已经具备了改革的条件”。

2013年11月对外公布的《党政机关厉行节约反对浪费条例》提出，改革公务用车实物配给方式，取消一般公务用车，保留必要的执法执勤、机要通信、应急和特种专业技术用车及按规定配备的其他车辆。普通公务出行由公务人员自主选择，实行社会化提供。2014年，李克强总理在《政府工作报告》中指出，要“启动公务用车制度改革”，短短十个字，意味着酝酿多年的公务用车改革得以启动。

## （二）国家对“三公经费”的严格控制，对车辆管理提出更高要求

“三公经费”方面，公车支出一直是占最大的比例。比如2011年车辆购置及运行费占“三公经费”总数的六成以上。为贯

彻落实温家宝总理关于加强公务用车管理工作的批示精神，国务院机关事务管理局组织召开中央国家机关公务用车编制核定工作会议，总结中央国家机关公务用车编制核定工作，布置下一阶段的工作任务。在中央纪委、监察部、财政部、审计署等部门的大力支持下，制定了《中央国家机关公务用车编制和配备标准的规定》，对中央国家机关公务用车编制进行重新核定。

中央国家机关公务用车编制核定工作结束后，国家机关事务管理局（以下简称“国管局”）要求各部门进一步统一思想，增强对公务用车管理工作重要性的认识，扎实做好公务用车配备使用管理和节能工作。一是要严格车辆编制管理，妥善处理好超编车辆。在摸清各部门车辆基本情况的基础上，对照现有车辆管理档案，逐一核实每辆车的具体情况，分门别类地进行处理，中央国家机关公务用车总量核减比例达33%。二是要规范公务用车购置和配备使用管理，进一步完善车辆购置审批程序。要按照《政府采购法》和国务院办公厅《关于中央国家机关全面推行政府采购制度实施方案的通知》要求，将中央国家机关公务用车购置及相关维修服务等纳入政府采购范围。研究制定公务用车使用管理办法，汇总分析车辆燃油、维修等日常运转费用情况，配合财政部门制定科学合理的车辆费用定额标准，作为车辆日常运行经费预算编报审核的依据，进一步强化公务用车运行费用的预算管理。三是要重视车辆节能工作，提高资源节约意识。按照中央和国家机关开展资源节约活动的要求，通过政府采购选用节能环保、价格低、安全性能好的车型。建立和完善激励与约束相结合的节能管理制度，采取行之有效的节能管理措施。进行车辆更新年限的经济性专题研究，制定政府公务用车更新处置管理办法。按车型测算车辆百公里油量均耗指标，制定合理的政府公务用车燃油使用及消耗标准，重新修订中央国家机关公务用车节油和安全行驶奖励制度。开展节能环保知识宣传讲座，以及车辆维护保养、安全节油驾驶等业务技能培训，增强车辆驾驶人员的自觉节能意识。

## 二、车辆管理面临的主要困难

（1）人员结构老化，交通安全隐患不容忽视。机关服务中心（下文简称“中心”）从事车勤服务人员，在编职工年龄偏高，平均年龄50多岁，短时间内将面临集中退休的情况。交通保障服务有它特殊的工作性质，安全是工作的核心，不能有丝毫的偏差，驾驶员的年龄偏高，易发生安全事故，尤其是专车驾驶，安全工作更是重中之重。

（2）车辆减少，运营能力不足，以及节能工作对油料的控制，制约车辆服务的保障能力。2011年，国管局对国家体育总局公务用车进行了重新核编，集中处理了2008年奥运会赞助车辆及重新核编后的多余车辆共计20余辆；2014年启动车辆改革，取消一般公务用车，进一步减少公务用车；节能工作对单车油料的严格要求，限制了车辆出行公里数。后勤服务部门作为差额拨款事业单位，处于服务与生存两难现状。

（3）职工思想的稳定影响整体服务水平。中心车勤人员面临退休人员多、专车司机多的问题，为管理带来了一定的困难。老同志在国家体育总局工作几十年，为体育事业默默奉献了一生，在即将面临退休之时，易出现思想波动；专车司机作为特殊的工作岗位，服务对象具有特殊性，用不好也会给管理工作带来极其不好的影响；随着后勤改革的日趋临近，政策尚不明朗，职工思想活跃。因此，抓好人员的管理，确保思想稳定，是车辆部门一项重要工作。

# 三、加强机关后勤公车管理的几点思考

面对诸多问题，必须加强调研，研究破解方法，解决问题，确保车辆服务保障水平的提升及自身的生存发展。车辆保障部门安全是交通工作永恒的主题，离开了安全就如同鱼儿离开了水，不会有生存与发展；服务是后勤保障工作的立身之本，服务质量的好坏直接影响着核心竞争力。因此，车辆管理必须向安全要效益，向服务要效益，向管理要效益。

## （一）全面落实群众路线教育实践活动，转变作风，强化服务意识

党的十八大报告指出："只有植根人民、造福人民，党才能始终立于不败之地。"作为车辆管理部门的党员干部要深刻理解党的群众路线的精神实质，要深深地扎根于人民群众之中，努力践行"立党为公、执政为民"的理念，真正做到思想上尊重群众、政治上代表群众、感情上贴近群众、工作上为了群众，一切从群众利益出发，多为群众解决实际问题，做服务型的管理者。

当前社会处于深刻的历史变革之中，人们思想出现多元化，由此产生的思想浮躁、攀比心理，车勤人员也不能幸免。体制编制的原因，车勤服务人员内部存在身份不同、待遇不同的现象。部分车勤人员受工作的性质、传统计划经济、社会不良风气的影响，在思想认识上发生了偏差。工作上讲条件，讲待遇、攀比之风，失去了后勤服务立足本职、奉献、敬业的传统，出现服务意识不强、工作标准下降等情况。为此，必须从转变思想观念入手，引导职工正确处理政治与业务的关系，从讲政治的高度处理工作中相关的问题，把科学发展观和党的十八大思想贯穿车辆管理工作和行业作风建设，从政治上、思想上、生活上关心和爱护职工，教育职工牢固树立正确的世界观、人生观、价值观，提高

服务立足点，增强服务意识，拓宽服务范围，建设一支政治思想强、工作业务精、作风纪律严的职工队伍，提高为机关公务用车服务的保障水平。

提高干部职工的职业道德素质，转变工作思路，以服务标准化为抓手，树立机关后勤车辆服务品牌效应。规范服务标准，注重服务细节。老子云："图难于其易，为大于其细。天下难事，必作于易；天下大事，必作于细。是以圣人终不为大，故能成其大。"无数的事实告诉我们这样一个经验教训，那就是细节决定成败。车辆服务要注重事前、事中、事后全方位的规范服务，强化流程，注重细节。

## （二）加强管理，提高车辆服务保障能力

邓小平同志说过，管理也是一种技术。机关后勤工作坚持向管理要效益。车辆管理人是决定因素。机关后勤车辆各项服务保障任务的圆满完成，加强人与车的有机结合至关重要。在机关车辆管理工作中，一定要坚持管人与管车相结合、思想教育与制度建设相结合、奖励与惩罚相结合，切实提高职工素质，激发干部群众的工作积极性。

一是做好车管干部选拔工作。注重培养和选拔思想好、业务精、会管理、责任心强的同志担当管理干部。管理作为一门艺术，是一项艰苦细致的工作。真正的领导能力来自让人钦佩的人格。这种人格魅力，既包括能力、智慧，更体现为思想境界和品德修养。车管干部必须做到公道正派、正直无私；必须坚持实事求是、诚实守信；努力用勤勉尽责、廉洁务实的作风打动员工；具备强烈的事业心和敬业精神，身先士卒，做出表率；注重与员工的思想沟通，增强彼此的信任感，努力与员工形成情感上的共鸣。

二是做好思想教育工作。驾驶员队伍思想教育工作要做到

"三结合"，也就是政治思想工作与专业技术相结合，经常性教育与专题教育相结合，集体教育与单独教育相结合。最终实现调动驾驶员工作的积极性和主动性，确保职工队伍的稳定与纯洁，激发驾驶员爱岗敬业、无私奉献的精神。加强驾驶员队伍建设，提高法治观念，组织驾驶员系统学习交规，教育大家遵规、守纪。使驾驶员在较短时间内高效、便捷、准确地把握行业的特点，提高服务技能，通过培训掌握新技术，掌握排除常见故障的技能。做到警钟长鸣，防患于未然。

三是强化制度建设。随着当前机关后勤工作的形势变化，后勤车管部门必须要具备科学化的管理制度。通过建立和完善各项规章制度，逐步形成以制度管人的模式。对岗位设置、工作流程、管理细则、奖惩制度、效益奖励等要进行精细化的设计，促进管理工作规范化、正规化。

（1）根据车勤人员年龄结构老化问题，合理配备合同制员工，严格入职审核关，规范考勤、工资、休假、保险、合同解除等各项工作制度。

（2）车辆管理制度。统一对公车进行集中管理。驾驶员上班提前领取任务单、取钥匙至当天任务完成，交回行车单、钥匙。车辆要严格按规定停放，严禁将车辆停放在车库以外的地方过夜，严防车辆被盗。集中管理有利于杜绝公车私用等现象，促进党风廉政建设，节约开支，降低成本，提高工作效率。

（3）车辆行驶记录制度。管理部门按用车单位、用车人、时间、起始及到达地点、驾驶员途经路线和工作任务进行登记。驾驶员在车辆启程时填写出车路码数，归队后填写归队路码数并计算行驶里程，以示证明并及时上交汇总，以此结算个人的行驶里程。

（4）车辆维修保养制度。做好车辆保养是公务用车正常运行的基本要求。为此，车管部门必须对所有公务用车逐一建立维修档案，逐月对行驶公里进行统计，确保能及时对车辆进行维护保养。车辆维修后进行登记，做好车辆保险等相关数据的统计工作。

制度建设是车辆管理工作的一项长期任务。根据单位、地域、工作性质、环境的不同，制度建设不能“生搬硬套”，要结合本单位实际情况、需要，不断健全、完善各项规章制度，避免管理的主观随意性、盲目性。

## （三）预防为主，狠抓车辆安全

交通安全是机关后勤管理工作的重点，必须坚持“安全第一，预防为主”的方针。必须严格落实交通安全防范责任制，全力压减交通违法率，确保不发生重、特大交通安全事故。一是从思想上落实安全生产的观念，这是保证安全生产的源头。车管部门思想上要高度重视，定期进行形势分析，查找重点环节。加强对职工的宣传教育，使安全工作入脑入心，引起高度警觉，使全体人员形成人人重视安全、处处重视安全、时时防范事故安全的局面。二是组织上落实，是安全工作的重要保证措施。通过组织保障，细化部门的责任分工，加强安全工作责任的落实。三是强化车辆安全管理制度。四是抓好制度的落实。

## （四）积极研究、探索车管工作的新思路、新方法，做到与时俱进，开拓创新

在新的形势下，随着机关后勤改革的不断深入，节能管理条例的出台，对过去不合时宜的管理模式必须加以摒弃。车辆管理必须顺应时代发展的需求，面对层出不穷的新问题、新情况，要与时俱进，开拓创新。因此，车管部门要根据国管局车辆油耗使用标准，科学地制定出车的数量、路径，建立和完善车辆台账统计制度，对车辆进行实时的监控，做好车辆的相关调整工作。面

对取消一般公务用车的日益临近，要加紧对专车管理的研究，切实做到“安全第一、服务第一、效率第一、质量第一”。

车辆管理是机关后勤工作的一个重要环节。高质量地完成服务保障工作，必须以科学发展观为统领。达到后勤服务“管理科学、服务标准、运转高效、保障有力”的总体要求，实现以交通安全为主线，运营服务为重点，车辆维修为保障，全面落实机关后勤各项工作的要求，提高车辆管理工作的整体水平。

# 试析做好安全维稳工作的方法及对策

## ——以国家体育总局自行车击剑运动管理中心为例

国家体育总局自行车击剑运动管理中心　张燕华

党的十八届四中全会从法治的角度强调，要全面深化改革、完善和发展中国特色社会主义制度，提高党管理国家的执政能力和执政水平，就必须依靠全面推进依法治国。贯彻落实党的十八届四中全会精神，必须做好单位安全工作。稳定是改革发展的前提，在社会稳定中推动改革的发展，通过改革的发展促进社会稳定。

国家体育总局自行车击剑运动管理中心（以下简称“自剑中心”）作为基层单位，高度重视安全工作，以党的十八届四中全会精神为指导，依法依规做好单位的安全稳定工作，始终以预防为主，防范与控制两者相结合，采取全面综合治理的工作方针，牢固树立“安全责任重于泰山、安全稳定压倒一切”的责任意识，把安全稳定工作作为日常工作的重中之重来抓，为自剑中心事业的发展创造了良好的工作环境。

## 一、自剑中心安全管理现状及存在的问题

自剑中心作为国家体育总局直属事业单位，其前身是原“国家体委摩托运动学校”，成立于1956年，以开展摩托运动为主。

1994年机构改革成立“自行车摩托运动管理中心”，1998年、2002年机构与职能调整，更名为“国家体育总局自行车击剑运动管理中心”，分别管理5个奥运会项目（自行车、击剑、现代五项、铁人三项、马术），共38个奥运会小项。自剑中心占地面积40.5万平方米，现代五项基地4.6万平方米，自剑中心固定资产近10个亿，拥有7个训练比赛场馆，建筑面积9.7万平方米，库存器材价值几千万。自剑中心既有项目管理、国家队后勤保障，又有驾校、健身中心、击剑俱乐部等项目的经营创收实体，具有安全隐患多、人员流动性大等特点。

为加强自剑中心的安全工作，经国家体育总局批准，自剑中心2012年成立保卫部，保卫部工作职责为治安、消防、交通、信访、大型活动安保等，重点做好日常安全巡视和督促各部门安全责任的落实，督查保安公司。自剑中心坚持定期、不定期召开安全例会，分析不安全隐患，对发生的问题及时采取措施进行整改，在重大节日及政治敏感时期，坚持领导干部值班和保安人员24小时值守，建立人防与技防的防范措施。

连续多年，自剑中心的综合治理、交通安全、消防安全等方面均被评为先进单位。多年来，秩序井然、管理规范、内部团结、遵纪守法、没有产生任何不稳定因素和刑事责任事故，为体育事业的发展和各项工作的顺利进行起到了积极有效的作用。

自剑中心多年来重视安全保卫制度建设，完善各项规章制度，使工作规范化、制度化。自剑中心的安全保卫规章制度体系已经基本建立起来，并根据事业发展实际需要、国内安全环境变化、上级部门和属地安全机关工作规定和要求不断地进行完善和修订，完善了《自剑中心消防安全干部值班制度》，明确了保卫部干部周末值班安排，制作了保卫部干部周末值班表，修订了《自剑中心内部治安保卫管理办法》《自剑中心消防安全工作管理规定》等规章制度，使各项安保工作有据可依，有章可循。

虽然，近几年来自剑中心没有发生重大责任和刑事案件，但是，还是存在一些不安全的隐患。首先，当前有些同志对安全稳定工作重要性的认识仍不足，他们片面地认为，安全稳定工作与自己无关，这种意识往往会成为落实安全工作的障碍。其次，消防工作还要进一步加强，包括人防、物防、技防。如：区两级消防来自剑中心进行突击检查，发现值机员责任不清、操作设备设施不熟练、记录误差较大等问题。针对以上问题，还要进一步加强对值班人员的培训，强化安全意识，真正做到符合安全要求。

自剑中心外聘人员多，在外聘人员的安全管理方面压力比较大。综合服务、行政后勤、场馆管理、经营创收等部门都聘用了编制外人员，对外聘人员加强政审，强化安全教育，遇到矛盾通过组织领导进行解决，避免发生内部冲突，确保中心用工符合相关规定。

## 二、做好单位的安全工作具有十分重要的现实意义

安全维稳是一项关系到国计民生和社会稳定的重要工作，也是一项长期而艰巨的基础性工作，做好安全维稳工作，为单位创造和谐稳定的内部环境，具有重要的意义。安全维稳工作是一项已经列入国家法制化管理的工作。如果本单位没有社会安定团结的局面，一旦出现安全事故，各项事业就谈不上发展，所以，要充分认识安全维稳工作的重大意义。

要正确处理好改革发展与稳定的关系，处理好维护稳定与完成好各项任务的关系，用加快推进各项事业的发展来维护好安全稳定的局面。作为基层单位，安全维稳工作是一切工作的前提，我们所说的稳定并不是消极不变的稳定，而是要根据工作需要、

情况的不断变化，进行改革和发展的稳定，是在工作任务的完成和体育事业的发展中求得稳定。所以要维护长期的安全稳定局面，最根本的是要把我们的事情做好，用发展来促稳定。

## 三、下一步如何做好安全工作

### （一）提高思想认识，打牢思想基础

我们要通过加强管理、法治等综合手段做好安全工作，快捷有效地化解内部矛盾，确保单位安全和谐，积极推动本单位各项目标任务的顺利完成。我们大家要从思想认识上高度重视起来，不断增强安全维稳工作的紧迫感、使命感，安全工作的重点是在基层，基层部门是做好安全工作的第一关，是巩固安全防范能力的第一道防线。要握紧基层单位安全稳定工作的主动权，对于基层单位的任何可能引起不稳定、不安全的因素，都要高度重视，责成基层部门做好维稳工作，坚持把问题解决在基层，把不稳定、不和谐因素制止在初始状态中，构筑基层安全稳定的坚实防线。

### （二）注重落实好安全工作责任制

自剑中心高度重视安全工作责任制的落实，安全工作无小事，安全工作必须由大家齐抓共管，每个岗位每个人都有责任做好安全工作，要形成层层抓落实、人人有责任、一级抓一级的工作体制，最关键的是要落实基层部门一把手、支部书记作为第一责任人。自剑中心18个部门、5个经营实体、2个公司都对安全责任进行了细化，安全责任落实到具体岗位。每年自剑中心同18个部门签订安全责任书，根据工作任务和实际，明确了“谁主管，谁负责；谁使用，谁负责”的安全生产工作原则，加强树立各部

门负责人的主人翁意识，实行“一把手负责制”，认真落实“一票否决制”，各部门一把手落实工作责任作为年度考核评比的重要依据，如果发生安全事故，要追究相关部门负责人责任，并在年终考核进行“一票否决”，且不能参与先进评比。

## （三）增强广大职工的安全意识，切实提升安全防范工作能力

单位安全维稳工作的好坏，在一定程度上取决于广大干部职工安全意识的高低和安全防范工作的水平。所以，我们要加大宣传，运用多种教育形式，使广大干部职工清醒认识到单位和部门安全维稳与大家都有密切关系，在思想上、行动上切实增强做好安全维稳工作的自觉性。为此，自剑中心组织广大职工学习治安、消防案例，印发安全简报、消防卡片，悬挂各类宣传消防、交通安全的标语横幅，通过飞信、中心大屏和张贴各类海报等形式多方位进行宣传和提示，做到了思想上重视，行动上落实，提升了干部职工应对突发事件的心理素质和处置能力。

为深入贯彻落实消防法，自剑中心不定期组织实施消防演习，突出消防至上的理念，切实有效地帮助干部职工做到消防安全工作“三懂三会”。演习使全体人员得到实战培训，不断完善各类应急预案的适用性、可操作性，不断加强消防安全方面的意识，把工作做细，使每个员工切实熟悉消防应急处置的每一个程序和环节，进一步提高员工的应急反应能力及疏散速度。自剑中心做好敏感时期的稳定工作。在国家重大政治活动和重大节日等敏感时期，发生任何问题都可能造成严重后果和恶劣的政治影响，要保持高度警惕，确保万无一失。每逢节假日，都召开综合治理工作会议精神，传达有关精神，“元旦”“春节”“五一”“十一”进行安全大检查，落实各级值班负责人，

节假日及敏感时期，坚持领导干部24小时开机，轮流值班。

## （四）加大安全维稳工作力度，预防和减少单位矛盾发生

自剑中心领导班子高度重视平时安全维稳隐患的排查，大力营造单位和谐稳定环境。为此，自剑中心建立了日常安全信息排查机制，中心领导和部门负责人及时了解干部职工的思想状况、生活和工作情况，尤其在涉及职工切身利益方面都能严格按照国家有关政策规定，维护好最广大群众利益，力争将问题和矛盾化解在初始状态，最大限度地维护单位内部和谐稳定。多年来，自剑中心内部和谐稳定，大家积极为中心发展贡献力量，尤其是中心领导班子十分注重安全内部和谐，切实加强各部门的组织协调，主动听取保卫部门的汇报，及时化解各种不和谐、不稳定的因素，形成维护单位和谐稳定的良好氛围和工作机制。

自剑中心坚持以“科学发展观”、习近平总书记系列重要讲话精神为指导，做好稳定工作，面对职工队伍现状和不断出现的新情况和新问题，领导班子定期召开会议，分析人员思想变化情况，及时掌握职工队伍的思想动向，统一思想认识，针对性做好各类人员的工作。注意做好个别人的思想工作，职工因家庭问题、晋升问题、竞聘问题，都易产生心理失衡、感情冲动、偏激情绪、互不团结、逆反心态等，稍不注意就会触发意想不到的事故。中心领导、领队要经常深入运动队、部门了解情况，掌握思想动态，发现苗头，及时做好思想疏导工作，既解决思想问题又实事求是地解决实际问题，将隐患提前消除。

## （五）做好运动队的安全稳定工作，为备战世界大赛提供坚实保障

自剑中心作为奥运会项目管理和国家队训练基地，国家击剑队和国家自行车队常年住在老山进行集中训练，而现代五项队则在现代五项基地进行训练，为了保证国家队的训练安全，自剑中心对运动员住宿实行封闭管理，保安24小时值守。各运动队每年出国比赛多、任务重，自剑中心都要求出国前对运动员、教练员进行安全教育，挑选责任心强、经验比较丰富的干部带队，由于准备充分，历次出国比赛没有出现安全事件。

自剑中心现代五项和马术训练基地有枪弹库，为了确保万无一失，自剑中心加强对枪支的管理，经常抽查枪库值班情况，根据市局枪弹库安全管理要求，安装了电视监视技防设备，提高了预防效果。在运动枪弹运输、保管、使用中严格遵守《中华人民共和国枪支管理法》有关规定，在训练、比赛中严格执行“射击规则”的安全条款，规范枪弹操作程序。同时，管理人员、教练员要进一步增强责任意识，高度重视安全工作，加强运动员安全意识教育，认真组织学习有关法律、规章制度及射击规则条款，特别是对运动员更要加强管理、时时提醒，对违反安全操作程序的行为要及时制止。在举办现代五项比赛时，为确保枪支不发生差错，专门安排保安随接枪支、押运枪支，回来后固定保安人员看守枪库，为运动队比赛办理枪支出入境手续。

## （六）高度重视外聘人员安全教育管理工作

自剑中心是国家体育总局差额拨款的单位，在保证抓好项目管理和运动队训练竞赛的同时加大了经营创收工作，需要临时用工人员较多，现有外聘人员300多人，分布在经营实体、后勤保障等部门。这些外聘人员流动性大、不好管理，存在人员管理安

全隐患，如教育不够、工作不到位、规定不明确、纪律不严明等随时有可能出现影响自剑中心工作、影响自剑中心声誉的问题，由此带来不稳定的因素。保卫部门对聘用人员，严格履行政审手续，严把入口关，要求必须提供本人户籍所在地公安机关出具的政审证明，用人部门加强对外聘人员进行有关政策法规教育，不断提高思想政治素质，做到遵纪守法，实事求是解决工作中的矛盾与问题，遇到问题，多做工作，化解矛盾，依法维护正当权益，为社会稳定做出应有的努力。

## （七）做好信访维稳工作

信访维稳是一项重要的工作，它关系到干部职工情绪的稳定，关系到单位的和谐稳定。中心领导认真处理信访事件，坚持以人为本的原则，真正替群众着想，替他们办实事，维护好他们的正当利益。自剑中心着眼于一个基本点，即为广大干部职工的切身利益着想，真心实意地为广大职工群众办实事、办好事，进一步密切干群关系，维护安全稳定的局面。

总之，做好单位安全稳定工作是一项具有重要历史意义的长期性任务，我们任重而道远，如履薄冰，我们要与时俱进，开拓创新，体育事业正处在一个从未有过的、最好的发展机遇期，让我们在党的十八大三中、四中全会精神和习近平总书记重要讲话精神的指引下，牢记体育工作者的历史使命，继续研究探索做好安全稳定工作的新途径，努力创造团结、和谐、稳定的局面。

# 新时期我国加强反兴奋剂对外交流与合作工作的几点思考

国家体育总局科教司　范英华

**摘要：**反兴奋剂工作一直是国际体坛面临的严峻挑战之一。

在我国20多年的反兴奋剂工作历程中，反兴奋剂对外交流与合作发挥了极其重要的作用，我们通过积极参与国际事务，加大对外交流与合作，营造良好的反兴奋剂国际环境，大大促进了国内反兴奋剂工作的开展。但是，我们也注意到，目前国内外仍然有一些别有用心的人戴着有色眼镜看待我国的反兴奋剂工作，故意抹黑中国在反兴奋剂领域的成就和积极贡献，借此否定中国体育。

随着当前国内外形势的变化，国际社会多元化格局的逐渐形成，我国进入全面建成小康社会的重要时期，进入全面深化改革的重要历史阶段，各方对我国反兴奋剂工作的期望值日益提高，我国的反兴奋剂工作面临着更大的挑战，对我们的工作提出了更高的要求。

为了营造良好的国内外反兴奋剂工作氛围和环境，配合2022年冬奥会的申办，带动、促进国内工作水平的提升，结合学习习近平总书记系列讲话精神，特别是中央针对国际形势和外交工作的要求，本文对现阶段我国反兴奋剂对外交流与合作现状、存在的问题和相关对策与建议进行梳理和分析，以期促进我国反兴奋剂工作水平的持续提升，为我国体育强国之路做出积极贡献。

**关键词**：反兴奋剂；对外交流；合作

为了应对兴奋剂对我国体育事业健康发展的威胁，我国在1989年确定了对兴奋剂问题“严格禁止、严格检查、严肃处理”的三严方针，在法制体系、管理体制、检查检测、宣传教育、对外交流与合作、兴奋剂综合治理等各方面采取了各种有效措施，努力提高自身工作水平和业务能力。在我国20多年的反兴奋剂工作历程中，反兴奋剂始终是两条战线的斗争，我们一方面要努力提高自身工作水平；另一方面又要为国内工作的开展营造良好的国际环境和国际氛围。我国通过积极参与国际事务，注重对外交流与合作，不断改善、提升我国的反兴奋剂国际形象，促进国内工作水平的提升。2007年北京奥运会前夕，国内外不断出现我国反兴奋剂工作的负面报道，甚至指责我国“雪藏了100名运动员作为黑马参加奥运会”，借以抹黑中国反兴奋剂工作，抹黑中国体育，影响北京奥运会的筹办和顺利举办。为了扭转这一不利局面，在各方压力下，我们邀请时任世界反兴奋剂机构主席庞德访华，经过工作会谈和实地考察，庞德主席对我国的反兴奋剂工作有了更为客观、直接的认识，也有了更为客观的评价。在访华即将结束时的新闻发布会上，庞德主席称赞“中国是世界反兴奋剂的榜样”。庞德主席的评价对于当时的国际舆论产生了极大的影响，为当时顺利完成北京奥运会的反兴奋剂工作任务，甚至成功举办北京奥运会营造了良好的国际环境，历史意义重大。我国也正是通过圆满完成奥运会的反兴奋剂任务，赢得了更多的国际赞誉和认可。

随着当前国内外形势的变化，国际社会多元化格局的逐渐形成，我国国内进入全面建成小康社会的重要时期，进入全面深化改革的重要历史阶段，国内外各方对我国反兴奋剂工作的期望值日益提高，同时我国正在进行2022年冬奥会的申办，反兴奋剂工作是其中的重要组成部分和成功的保障条件之一。因此，我国的反兴奋剂工作面临着更大的挑战，对我们的工作水平和成绩也提出了更高的要求。

为了能够营造良好的国内外反兴奋剂工作氛围和环境，促进国内工作水平的提升，结合习近平总书记系列讲话精神，特别是针对国际形势和外交工作的要求，对现阶段我国反兴奋剂对外交流与合作现状、存在的问题和相关对策与建议进行了梳理和分析，以促进我国反兴奋剂工作水平的持续提升，为我国体育强国之路做出积极贡献。

## 一、现阶段我国反兴奋剂对外交流与合作工作现状及面临的挑战和问题

### （一）我国反兴奋剂对外交流与合作工作现状

在中国20多年的反兴奋剂工作实践中，我们充分认识到对外交流与合作在反兴奋剂工作中的重要性，积极参与国际事务，加大对外交流与合作，承担国际责任与义务，宣传我国的反兴奋剂工作措施和取得的积极成果，改善、提升我国反兴奋剂国际形象。

自世界反兴奋剂机构（WADA）成立以来，我国一直作为亚洲国家政府代表担任理事，积极参加、支持世界反兴奋剂机构的活动，我国与世界反兴奋剂机构始终保持良好的合作关系，世界反兴奋剂机构历任主席和总干事多次访问我国，并对我国的反

兴奋剂工作给予积极评价。联合国教科文组织的《反对在体育运动中使用兴奋剂国际公约》（以下简称《公约》）是目前唯一一个将各国政府纳入反兴奋剂斗争的国际公约，也是教科文组织签署进程最快的公约之一，已有200多个国家签署了该《公约》，说明各国政府普遍对于反兴奋剂工作都很重视。中国是亚洲第一个加入该《公约》的国家，并连续三届担任缔约国大会主席团副主席，在《公约》的起草、通过和实施过程中发挥了极大的积极作用。我国应国际奥委会（IOC）、世界反兴奋剂机构（WADA）、亚奥理事会（OCA）等国际体育组织的邀请，多次派代表参与奥运会、亚运会的反兴奋剂工作。中国还积极与挪威、美国、法国、德国、俄罗斯、日本等多个国家和地区开展反兴奋剂领域的交流与合作，积极承担反兴奋剂领域的国际责任与义务。在对外交往中，我们与国际反兴奋剂领域的重要人士和专家进行了良好的互动和沟通，建立了深厚的友谊，包括世界反兴奋剂机构前任主席理查德·庞德、约翰·法耶，世界反兴奋剂机构前任副主席、国际奥委会医学委员会前主席林奎斯特等。他们将亲身看到的、了解到的中国反兴奋剂的态度、做法和成就，在公开场合给予积极的评价。我们通过他们向世界宣传中国反兴奋剂，加深国际社会对我国反兴奋剂工作的认识，增进理解和支持，争取更为融洽、和谐的国际环境与氛围。

### （二）我国反兴奋剂对外交流与合作面临的挑战与问题

目前，我国的反兴奋剂对外交流与合作工作的确发挥了积极的促进作用，但是在我国当前体育强国之路的进程中，在复杂多变的国际形势下，仍然面临着巨大的挑战与困难，并且我国正积极申办2022年冬奥会，继续主动参与国际反兴奋剂事务，广泛参与国际反兴奋剂活动，有助于我国进一步赢得国际社会认可和支持，为我国成功获得2022年冬奥会举办权创造良好条件。

最近一个阶段，国际反兴奋剂形势也发生较大变化，一方面人员发生重大变化，2014年初，国际奥委会副主席克雷格·瑞迪接替约翰·法耶担任世界反兴奋剂机构主席，国际奥委会医学委员会主席林奎斯特也已退休，世界反兴奋剂机构部分高管也将进行更换。为了继续获得这些新任国际反兴奋剂领导人对中国的理解和支持，我们需要积极开展对外交流与沟通，并创造各种机会让新任主席深入、直观地了解中国反兴奋剂工作开展的情况，继续保持我国与国际奥委会、世界反兴奋剂机构等相关组织的良好合作关系。另外，中国政府的世界反兴奋剂机构理事会代表明年即将任期届满，为争取连选连任，保持我国在国际反兴奋剂领域的话语权，也需要加强反兴奋剂国际交流，以争取更多国家的支持。另一方面，新版《世界反兴奋剂条例》即将于2015年生效实施，一些国际标准与规则变化较大、更新较快，有些新规定在具体实施过程中并非简单易懂，需要与有关国际组织或其他国家反兴奋剂机构沟通、交流，才能确保顺利实施。另外，随着国际社会多极化格局的形成，很多国家不断增强对反兴奋剂领域的重视。如日本，不惜重金经常举办各种反兴奋剂国际活动，组织规模宏大的代表团出访或参加国际会议，缴纳的世界反兴奋剂机构会费或其他捐助远远超过我国。韩国也通过举办亚运会大大提升了本国的反兴奋剂工作水平。而我国随着国力的不断增强，国际社会对我们的期望值也大大提高，这种形势对我国的反兴奋剂工作提出了更高、更严的要求。

虽然我国的反兴奋剂工作得到了国际社会的认可，但是我国在国际组织任职人员数量不多，且有些任职人员由于语言、文化等因素的制约，在国际组织中占据的分量不够，话语权不强，发挥的作用有限。

最后，根据国家外事工作的新规定，人员出访次数受到限制，在某种程度上，制约了我国反兴奋剂领域的对外交流与合作工作的开展。

## 二、新形势下持续推进反兴奋剂对外交流与合作工作

当前我国处于全面建成小康社会的重要时期，进入全面深化改革的重要历史阶段。为了进一步推进反兴奋剂对外交流与合作，有以下四点建议。

### （一）逐步完善负责任大国的形象，发挥更为积极的作用

党的十八大以来，习近平总书记多次在各种场合提出一系列具体有针对性的国际战略思想和外交策略方针，要求“随着国力的不断增强，中国应在力所能及的范围内承担更多的国际责任和义务，为人类和平与发展做出更大贡献”。在这种外交政策下，我国的反兴奋剂工作应逐步完善负责任的大国形象，向国际社会输出更多的公共产品，承担与我国国力和大国形象相匹配的国际责任与义务。

（1）实施联合国教科文组织《反对在体育运动中使用兴奋剂国际公约》，我们应加强对港澳台地区反兴奋剂的指导和监督，履行中央政府对联合国教科文组织的承诺。

（2）在适当的机会和条件下，合理增加我国缴纳世界反兴奋剂机构会费的额度和某些专项基金的捐助额度，改变亚洲地区日本依仗超额会费一家独大的格局。

（3）培养、输送人员进入国际组织任职，提高我国任职人

员专业素养和整体素质，增强话语权，发挥更为积极的作用。

（4）我国与许多国家在体育领域都有源远流长的友好合作传统，包括越南、伊朗、缅甸、朝鲜等国家，我国都曾帮助其开展过反兴奋剂培训和交流。设立专项经费以帮助周边国家及传统友好国家开展反兴奋剂工作，抢占阵地，对维护和增强体育大国的影响力有重要意义。

（5）打铁还需自身硬，我们要通过不断提高国内工作水平和自身能力，才能在国际社会发挥更多的引导和指导作用。

## （二）全方位谋划，建立合作共赢的新型外交关系

习近平总书记指出，把世界的机遇转变为中国的机遇，把中国的机遇转变为世界的机遇，在中国与世界各国良性互动、互利共赢中开拓前进。我们要坚持从实际出发，坚定不移走自己的路，同时要树立世界眼光，把国内发展同对外开放统一起来，把中国发展与世界发展联系起来，把中国人民利益同各国人民共同利益结合起来。

（1）学习先进，帮助落后，在亚洲地区，甚至世界范围内发挥积极作用，共同促进各国反兴奋剂工作水平的提升。

（2）在反兴奋剂对外交流与合作中，要抓主要矛盾，把握热点区域，以点带面，促进我国反兴奋剂工作的全面发展。

（3）在国际事务中要擦亮眼睛，学会交真正的朋友，反兴奋剂的敏感度很高，分寸的把握十分微妙，在对外交流中要火眼金睛、明辨是非。

## （三）注重反兴奋剂领域的“高边疆”

（1）国际反兴奋剂领域各国争夺的重点在“高边疆”。所谓“高边疆”，也就是指新时期反兴奋剂领域的制高点，其特点就是规则未定，没有形成规章制度，具有巨大的不确定性。因

此，在这种情况下，我们要先发制人，成为制定规则的一方，一般都会获利丰厚。

（2）目前，碎片化、多元化的全球新景观日益凸显，一些新领域、新视角也逐渐显现，反兴奋剂领域也不例外，在一些国际活动和论坛中，不乏一些新颖的研究成果或观点，具有极其丰富和生动的表现力和不确定性。因此，我们也要加强对反兴奋剂前沿、尖端领域的研究和跟踪。

### （四）坚持稳定发展大局，以国家核心利益为第一位

最为关键的是，任何时候都要坚持习近平总书记提出的稳定发展大局，以国家核心利益为第一位，认真研究政策、规则，做到“外事为内事服务，外事促进内事”。

## 参考文献


[1] 尤兰·拉格.反兴奋剂的卫士——阿尔内·林奎斯特的回忆[M].甑小珍，译.北京：北京体育大学出版社，2010.

[2] 何珍文.教练员反兴奋剂知识读本[M].北京：北京体育大学出版社，2007：306.

[3] 理查德·W·庞德.奥林匹克内幕[M].屠国元，马新强，汪碧辉，译.湖南：湖南文艺出版社，2006.

[4] 杨天乐，金季春.对兴奋剂说“不”[M].北京：北京体育大学出版社，1998.

[5] 晓苏，章莺，赵军.五环旗下的阴影[M].北京：大众文艺出版社，2000.

[6] 姚明.我的世界我的梦[M].北京：长江文艺出版社，2004.

[7] 卢昌亚.运动兴奋剂概论[M].上海：上海科学技术文献出版社，1999.

[8] 远山. 袁伟民与体坛风云[M].南京：江苏人民出版社，2009.

[9] 顾建仁.青少年业余运动员使用兴奋剂原因分析[J].体育科技文献通报，2008，16（12）：16-17.

[10] 李和标.兴奋剂与反兴奋剂发展及道德启示[J].安徽农业大学学报（社会科学版），2011，20（5）：122-126.
[11] 韩开诚.运动员兴奋剂行为的博弈分析[J].体育科技文献通报，2006，14（3）：47-48.
[12] 刘泽平，杨荔平.青少年使用兴奋剂的危害及原因分析[J].体育世界（学术版），2010（9）：107-108.
[13] 李小兰，曹庆雷.论兴奋剂使用的社会学根源[J].体育科技文献通报，2008，16（9）：120-121.

# 运用现代科技信息手段规范篮球运动员的注册管理工作

国家体育总局篮球运动管理中心　张寒松

**摘要**：21世纪是高度的科技化与信息化的时代，科技和信息已经成为社会生活的主流要素，科学技术所带来的冲击影响着社会生活的各个方面，体育作为社会生活的一部分，与科技有着紧密的联系。随着科学技术水平和训练水平的不断提高，体育的竞争也越发激烈，能否营造一个“公平、合理、有序”的竞争环境，就显得至关重要，运用现代技术规范运动员的注册管理工作，是实现公平竞赛的前提条件，也是发现和培养优秀后备人才，促进体育健康发展的内在需求。

**关键词**：篮球；信息化；注册管理

篮球运动深受广大人民的喜爱，有着广泛的群众基础和市场前景，为了推动中国篮球运动的有序发展，提高我国篮球运动竞技水平，促进青少年篮球运动的开展和后备力量的培养，营造一个“公平、合理、有序”的竞争环境，运用现代科技信息手段规范篮球项目运动员的注册管理工作就成为实现上述目标的必要前提。为此，设计一套科学合理的篮球运动员注册管理系统，运用有效的技术手段（云数据库技术、身份识别技术、生物技术等），实现运动员注册信息的数字化管理，建立运动员人才信息库。篮球运动员注册管理系统，从运动员身份认证技术、运动员信息数据库技术、注册管理系统的开发与应用三个方面进行综合化的注册管理，以期能够在公平参赛、公正竞赛方面进行系统治理与规范。

## 一、运动员身份认证技术

### （一）骨龄认证分析

骨龄是判断人体骨骼发育程度的指标，在运动员注册程序中对运动员进行骨龄检测主要是判断其身份的真实性，对于运动员公平竞赛具有重要的参考价值。骨龄的测定都是利用骨的X射线摄影，根据骨发育的X射线征象即成熟标志而测定的。测试骨龄的方法有评价法、计测法、图谱法。在国内，运动员的骨龄测试一般采用“中国青少年儿童手腕骨成熟度及评价方法”（简称“中华05法”），骨龄采集方式一般是在医院由专业仪器进行检测，采用人工读片的方式由医生算出结果，运动员注册时需提供骨龄测试结果和X射线摄影；另外，利用骨龄采集仪测定骨龄也是目前较为常见的方法，运动员将手骨伸入骨龄采集仪，采集仪采集到骨龄的超声波信息，通过数据处理、计算得出结果；随着计算机技术的日渐成熟，基于计算机技术的骨龄测试系统正在逐渐普及，计算机骨龄测试系统是利用计算机自动分析X射线摄影，采集图像，进行数据对比分析，得出运动员生理发育年龄，计算机骨龄测试系统的核心部分是X射线摄影数据库，该数据库收集了符合正态分布的1400个数字化左手X射线摄影，另一部分是基于数据库的骨龄测评系统；根据规定，骨龄与运动员身份证年龄之差的绝对值小于或等于1.5岁，运动员骨龄检测合格，否则视为不合格（见图1）。科技的介入大大提高了骨龄测试的准确性和效率，也更有助于我们完成运动员身份核实和注册管理工作。

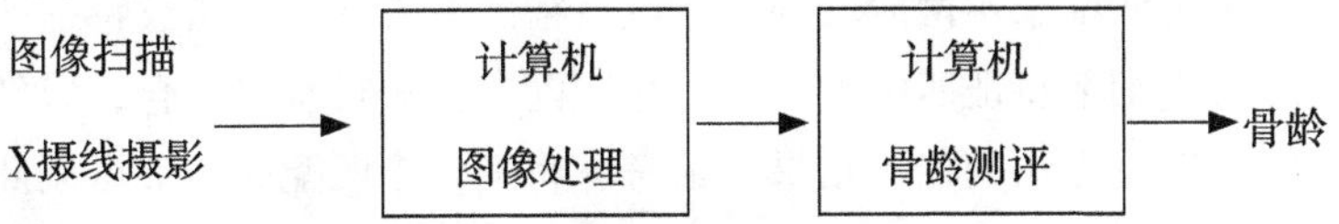


**图1　计算机骨龄测试系统**

## （二）生物特征识别与认证

生物特征识别技术是利用人的生理特征或行为特征，来进行个人身份的鉴定。具体是指通过计算机与光学、声学、生物传感器和生物统计学原理等高科技手段的结合，利用人体固有的生理特性和行为特征来进行个人身份的鉴定。生物识别技术具有简洁、安全、准确的特点，同时更便于配合计算机，实现自动化管理。生物特征的识别与认证主要有步态识别、虹膜识别、皮肤芯片、脸像识别、多模态（即多生物特征融合）识别技术。

**1. 指纹的识别认证**

人的指纹是人的生理特征之一，同时是一种不能冒充的生物特征，指纹不会随着年龄的增长而发生变化，这种皮肤的纹路具有唯一性的特征。人有十个手指，每个手指的纹路都各不相同，选择其中任何之一，都可以作为唯一的身份识别代码。随着计算机和电子集成技术的发展，电子指纹识别设备已经问世，其通过图像识别技术将数字化的指纹图像发送到计算机终端，计算机分析处理后将结果统计保存，建立个人身份档案（见图2）。指纹采集时运动员只需要将手指放入指纹采集仪中，指纹采集仪自动记录该运动员十个手指的指纹特征，由系统接口自动将该运动员的指纹数据传入篮协注册系统。由于篮球运动的项目特点，在采集篮球项目运动员指纹时，经常出现手指有汗、手指脱皮、指纹磨损严重等情况。为了解决以上问题，中国篮协注册管理系统指纹采集及匹配采用两阶段混合指纹特征匹配方法。该指纹特征匹配方法将细节特征匹配方法与三角匹配方法进行有机结合，以细节特征匹配方法的输出结果为参考，将其他未匹配的细节点以此参考为基准进行三角匹配检测。从而在保证系统实时性和较小的指纹特征模板的前提下，大大提高了非线性形变情况下系统识别的精确度。在匹配分数的计算过程中，引入了细节点匹配误差和失配细节点的惩罚项，大大降低了匹配过程中的认假率。

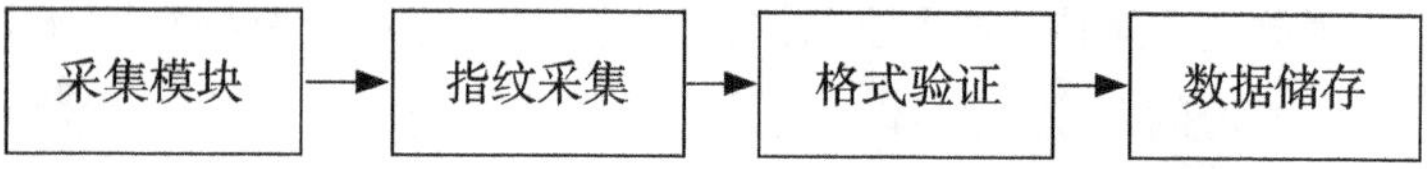


**图2 指纹采集流程**

**2. 脸像识别认证**

人脸识别的实现包括面部识别和面部认证两方面，基本实现了快速而高精度的身份认证。人脸识别技术是基于人的脸部特征，对输入的人脸图像或者视频流，首先判断其是否存在人脸，如果存在人脸，则进一步给出每个脸的位置、大小和各个主要面部器官的位置信息。并依据这些信息，进一步提取每个人脸中所蕴含的身份特征，并将其与已知的人脸进行对比，从而识别每个人脸的身份。由于人的面部具有唯一性的特征，因此在篮球运动员身份认证中可以加入人脸识别作为辅助认证方式。在进行运动员注册管理时，通过摄像机捕捉当前注册运动员的面像，或提取其照片信息，建立人脸的面像档案。通过人脸识别系统将面像档案生成面纹编码储存起来。

## （三）居民二代身份证认证与识别

2004年，第二代居民身份证正式启用，第二代居民身份证是由多层聚酯材料复合而成的单页卡式证件，采用非接触式IC卡技术制作。其特点：融入IC卡技术、防伪性能提高、其内置芯片不能复制，通过二代身份证读卡器和专业的验证设备可以迅速获取持卡人的身份信息，运动员在注册时需提供其有效二代居民身份证件，身份证采集使用身份证采集仪（ICR-100M系列智能接口身份证阅读器是联机使用的身份证专用阅读设备），采用拥有国家专利的智能识别技术，能自动识别计算机通信端口、自动设置通信参数、自动读卡。

随机提供的阅读与核验软件可以读取身份证芯片内个人信息资料，通过第二代居民身份证相片解码专用软件，将身份证内的数字压缩相片还原成可视相片，进行“人证同一性”认定。身份证读卡器：身份证在仪器里读取一下，即可读出身份证持证人的姓名、出生日期、性别，以及其他信息，且还能鉴别身份证的真伪。通过系统接口能将各种信息直接导入注册系统。二代居民身份证的使用，提高了注册时信息录入的准确性，同时也有效避免了运动员身份信息造假现象的出现。

## （四）全国公民身份信息查询系统

公民身份信息是国家最宝贵的基础信息资源之一，是制定与实施各项政策和指导经济建设的重要依据。利用现代信息技术进行公民身份信息资源的充分开发与利用，掌握人口信息的动态变化，对国家加强社会管理，实现社会信息化将起到积极的推动作用。2001年，中央机构编制委员会批准公安部成立“全国公民身份证号码查询服务中心”，负责建设、管理和运营 “全国公民身份信息系统”，为政府部门、社会各界及人民群众提供公民身份信息认证和统计分析服务。我们除对运动员身份证原件的查询外，还利用该系统对身份证信息做进一步的复核，确认运动员身份信息的唯一性，对保护广大运动员的合法权益等都具有十分重要的意义。目标是与国家其他有关公民信息的系统实现互联互通，数据高度共享，为运动员注册管理系统建立运动员个人信用体系提供有效的依据。

## 二、运动员信息数据库技术

数据库技术主要是指数据的储存、使用和管理，是计算机技术当中最为重要的组成部分，也是应用最为普遍的技术之一。数据库技术主要是针对信息处理过程中数据的储存和管理，保障安全及高效地检索数据和处理数据，同时实现数据的有效共享。运动员数据注册系统采用SQL Server数据库管理系统。SQL Server数据库管理系统，具有图形化的用户界面，使系统管理和数据库管理更加直观、简单。同时，对Web技术的支持，使用户能够很容易地将数据库中的数据发布到Web页面上。SQL Server的最大优势在于使不同平台、不同设备之间数据的交换和共享变得更为简单和便利。在信息储存上则采用了Infobright存储引擎，突破MyISAM和其他存储引擎的限制，对数据进行高强度的数据压缩。再利用本身列导向架构的特点，结合高速数据装载机和一个灵活的外部优化器及“知识网格”，大幅度提高数据的查询、检索速度。由于运动员数据库信息包括：运动员的骨龄信息、指纹信息、身份证信息、生化检测指标等多种注册信息，登记范围包括全国所有开展篮球项目运动的省（区、市）。注册管理系统采集到的运动员信息种类繁多，数据量十分庞大。而在对运动员信息进行统计、分析的时候，不需要对所有种类的数据进行全面的检索。在这种情况下，数据以典型的行格式存储是没有效率的，而更应该采取列导向的格式存储。所以我们这里采用了Infobright存储引擎构建数据库。另外，由于数据量大，普通的数据存储技术将会大大延缓数据的查询、检索速度。使用高强度的数据压缩技术将会解决这一问题。近年来，互联网技术发展迅速，产生了一种新的计算方式——云计算，这是一种基于互联网的计算方式，通过这种方式，共享的软硬件资源和信息可以按需求提供给计算机和其他设备。用户通过浏览器、桌面应用程序或是移动应用程序来访问云的服务。在篮球运动员的注册管理中采用云储存技术，可以实现随时随地共享访问数据库，实现随时随地地完成运动员注册管理，实现实时对运动员的注册信息进行核实认证。

## 三、注册管理系统的开发应用

在我国篮球项目运动员存在人员交流频繁的情况，即一名运动员每年都代表不同的注册单位参加比赛。另外，一名运动员可以在一个赛季中从一家注册单位短期交流至另一家注册单位，这也有异于其他传统项目的注册工作。同时篮球项目包含中国男子篮球职业联赛（CBA）、中国女子篮球甲级联赛（WCBA）、全国男子篮球联赛（NBL）、全国女子篮球乙级联赛、全国青年男子篮球联赛、全国青年女子篮球联赛6个级别的联赛，一个注册单位可能同时参加多个级别的联赛。正是基于这种相对复杂的局面，设计符合篮球项目特点的注册管理系统十分必要。此系统应该包含用户管理模块、运动员信息注册管理模块、运动队信息注册管理模块、信息审核认证模块、信息综合查询模块。

另外，配合国家体育总局的“中国竞技体育管理信息系统”（全国运动会注册管理系统）注册管理工作，对第十二届全国运动会篮球项目青年组（首次设置的比赛组别）注册的男女运动员进行了年龄核查。评判标准为：骨龄－年龄≤1.5（凡1995年1月1日之后出生，申请注册参加全运会的运动员）。经核查，约1261名适龄的男女运动员中符合上述标准的运动员人数达到了

81%，确保第十二届全运会篮球项目青年组的比赛，未出现运动员资格争议问题。

## （一）用户管理模块

篮球运动员注册管理系统是多用户系统，设计用户管理模块主要是形成篮球运动员注册的分级管理，即篮球俱乐部、省（区、市）体育局篮球管理中心、国家体育总局篮球管理中心三个级别的分层注册、分层管理。通过明确职权，设置权限，将各级别注册工作分开，互不影响，同时实现上一级别的有效监督和管理。

## （二）运动员信息注册管理模块

主要功能是实现运动员相关身份信息的统计、分析、储存和管理。运动员的身份信息一旦录入，不能更改，做到严格的数据权限管理，同时管理系统将运动员的基本信息、运动年度和注册单位分开存储，解决了篮球项目运动注册的特异性。

## （三）运动队信息注册管理模块

运动队信息主要包括队伍基本情况、球队归属、队伍性质、参加联赛级别。通过运动队信息管理模块将每个注册单位的运动员分别划归到本单位不同的联赛级别队伍中，方便进行管理。

## （四）信息审核认证模块和信息综合查询模块

注册管理系统将各注册单位提交的注册信息按照姓名、身份证号等信息进行排列组合。将运动员信息自动分类，方便工作人员对各注册单位提交的注册信息进行审核。同时用户可以根据查询条件对运动员的信息进行查询。再根据数据的类型，按照自己的需求，自由组合查询结果，生成自己特定的数据表格。根据各个部门不同的需求，自由组合表格，灵活多变（见图3）。

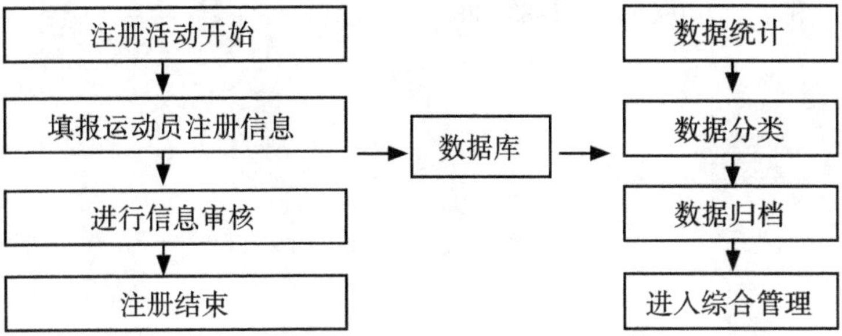


**图3　运动员信息注册流程**

## 四、结论与建议

现代化技术综合手段应用到篮球运动员注册管理工作中，加强运动员信息注册的科学性和严谨性，提高了工作效率。现代科学技术的应用，很大程度上杜绝了运动员身份造假的现象，为营造“公平、合理、有序”的竞争环境打下坚实基础；同时，现代技术的使用，实现了运动员注册信息的数字化管理，建立了运动员人才信息库，在提高我国篮球运动竞技水平，促进青少年篮球运动的开展和后备力量的培养方面起到了极大的促进作用。建议在今后的工作中形成制度化的管理规范，应用在各级别的青少年比赛当中，让运动员的身份问题得到系统管理。

## 参考文献

[1] 吴真列，沈勋章，柴建中，等.《中国人手腕骨发育标准——中华05》RUS-CHN法在当代少年运动员中的应用[J]. 中国运动医学杂志，2007，26（2）：154-158.

[2] 陈行刚，高云鹏. 骨龄在青少年篮球运动员选材中的相关因素分析[J]. 中国校外教育（理论），2007（6）：94.

[3] 蔡广，沈勋章，许汪宇，等. 运动员选材评价软件的研制[J]. 四川体育科学，2010（4）：81-83，88.

# 体育产业
# 发展研究

# 国家奥林匹克体育中心场馆运营与公益开放关系初探

国家体育总局国家奥林匹克体育中心　谭俊

**摘要**：体育场馆的发展运营与公益活动开展，是国家奥林匹克体育中心（下文简称“奥体中心”或“奥体”）的客观属性。场馆运营在一定程度上会影响公益性资源，而过分强调公益性，忽视产业开发也会给奥体带来一定的负担，影响未来体制的转变。场馆运营和公益性开放应该是相互促进、相互搭台的。探讨场馆运营与公益性开放之间的关系，其实质就是对奥体中心产业发展与公益性开放投入比例的探讨。基于两者关系，提出合理有效的解决方案，与时俱进，更好地把握两者的关系，才能促进奥体中心事业良性循环。

**关键词**：奥体中心；场馆运营；公益性开放；关系

## 一、前　言

奥体中心自1989年成立以来，在党和国家的殷切关怀下，在国家体育总局的正确领导下，作为国家建成的第一个体育场馆群，集竞赛训练、全民健身、休闲娱乐为一体的综合训练基地，先后圆满地完成了亚运会、全运会、大运会及2008年北京奥运会等综合性赛事的承办任务；承担着9个项目19支国家队的驻训保障任务，为驻训国家队提供了热情周到的服务。在几代奥体人的辛勤耕耘下，从无到有，不断发展壮大，取得了令人瞩目的成就，见证了中国体育事业发展的振兴与辉煌。但是随着全民健身的开展，奥体中心不仅要实现场馆的合理运营，促进其产业发展，而且还要为社会提供服务。探讨奥体中心场馆运营与公益开放之间的关系，其根本目的是更好地发展体育事业，开展公共服务，推动全民健身，改善民生。

## 二、研究对象及方法

### （一）研究对象

本研究以奥体中心场馆运营与公益开放之间的关系为研究对象。

### （二）研究方法

**1. 文献资料法**

根据本研究的目的和任务，通过奥体中心行政部门、北京体育大学图书馆、中国知网（CNKI）数据库、万方数据库及硕士、博士论文数据库等，收集、查阅与体育场馆运营及公益开放问题相关的文献资料，为本研究的顺利进行奠定了坚实的理论基础。

**2. 逻辑分析法**

根据研究任务，运用综合、比较、归纳、抽象等逻辑方法对收集、整理的文献材料进行了科学的分析，阐述了奥体中心场馆开发利用过程中出现的问题，解析了场馆运营与公益性开放的关系，并提出了符合奥体中心实际情况的对策。

# 三、结果与分析

## （一）奥体中心场馆运营与公益性开放的现状

### 1. 奥体中心场馆运营的现状与问题

（1）体制与机制不完善，管理模式落后。

由于各种国家政策和体制机制的限制，场馆无法充分地市场化运作，管理模式落后，各个场馆缺乏自主经营权。虽然奥体中心及政府常常将市场化运作提到会议中讨论，但是目前占主流的还是国家体育总局统一规划拨款的管理模式，市场化运作的实施没有切实可行的办法。一方面，国家的财政补贴不足以支撑场馆每年的基本维护费用；另一方面，缺乏具备市场化与体育结合的复合型专业人才。这样就必然导致工作绩效制度不健全，工作人员特别是青年干部的工作积极性降低。

（2）场馆利用率低，对新兴项目开发有限。

目前，奥体中心所能提供服务的项目主要为篮球、羽毛球、网球、游泳等普及率较高的大众健身项目。所提供的服务也只是场地服务，而没有其他的配套服务，所以也就不会产生其他的经济收入。奥体中心对新兴的大众健身项目，如太极拳、瑜伽、健美操等，开发有限，员工缺乏服务和创新意识，无法继续开发新型服务项目。场馆的服务设施固定单一，导致客户群体单一，无法为其他类型的健身人群服务。

（3）联络机制不健全，宣传沟通闭塞。

近年来，奥体中心在努力贯彻执行免费、低收费的公益性经营，积极主动地、有组织地向社会各界群体提供体育场地，并组织开展公益性体育活动。但是由于联络机制不健全，沟通交流受到很大的限制。宣传手段单一，影响力低等多种原因，使得很多社会群体无法及时有效地获取公益性体育服务的信息。另外，奥体中心通过组织公益性的体育服务促进大众参与体育活动，却无法和相关的社会群体取得联系。这样就造成了场馆活动“出不去”，社会各界群体“进不来”的尴尬局面。

**2. 奥体中心的公益性开放现状**

奥体中心积极响应国家大力发展体育产业的政策。2009年8月19日通过的《全民健身条例》第二条规定：国家支持、鼓励、推动与人民群众生活水平相适应的体育消费及体育产业的发展；2014年9月2日，国务院总理李克强在北京主持召开国务院常务会议提到，部署加快发展体育产业，促进体育消费，推动大众健身。会议认为，发展体育产业，增加体育产品和服务供给，既能增强人民体质、保障和改善民生，又能刺激消费、扩大内需和就业、培育新的经济增长点，并且具有重要意义。坚持改革创新，更多依靠市场力量，加快发展体育产业，推动大众健身。为了更好地促使公共体育事业与全民健身相结合，就必须坚持场馆运营的公益性属性，只有这样才能确保大众能够参与公共体育服务。

目前，奥体中心的各个场馆在落实公益性开发时，都采用了低价服务健身群众的方针。对老年、青少年和特殊群体的健身群众实行优惠，体现倡导健身、服务为本的指导思想，并且还实行会员优惠政策。不管采用何种价格，场馆运营基本是薄利多销的经营方针，有限的资源难以达到真正的自给自足。

## （二）奥体中心场馆运营与公益性开放之间关系的分析

**1. 奥体中心场馆运营与公益性开放之间的互惠共赢**

（1）公益性开放为场馆运营提供宣传平台、目标方向，并营造了氛围。

公益性开放为场馆运营提供了宣传平台。奥体中心场馆众多，园区环境怡人，吸引周边群体及体育爱好者，娱乐身心。同时，奥体中心每年主办、承办各种全民健身及赛事活动、产业开发和公益性活动，这无疑提升了奥体中心的社会影响力。奥体中心已率先举办了三届全国青少年校园足球冠军杯赛事，规模逐步扩大，竞赛体系日趋完善，进一步推动了青少年校园足球活动的发展。而这些活动的举办本身就有利于场馆的经济效益，同时也有利于社会效益的实现。

公益性开放为场馆运营确立了目标方向，即提高体育意识，增强人民体质，满足人民的精神文化需求。体育产业的发展目标也是如此。做好国家队驻训保障工作，更好地发挥全民健身示范基地的作用，培养更多的场馆运营人才，发挥体育场馆功能。

公益性开放为场馆运营营造了良好的体育氛围。体育产业的发展必须以提供更多更好的体育产品和服务，满足人民群众日益增长的物质需求和文化需求为目的，否则将会对体育资源造成浪费。因此，创造好的体育文化氛围，将是体育产业发展必备的前提保证。而体育的公益性质充分调动了社会群众的体育积极性，为体育产业的发展提供了群众基础。

（2）场馆运营的经济效益，为公益活动提供保障。

场馆运营的经济收益能够提升奥体中心的社会形象。体育产业的发展所带来的效果是充分利用资源，优化发展模式和格局，带来直接的经济收益，改善相关设施，维持园区正常运营。同时，也投入更多的资金开展面向职工和社会的活动，为奥体中心体育产业的发展带来间接的效益。

场馆运营的经济收益能够创建品牌赛事及活动。经过历年的发展，场馆均已具备举办国际水平赛事的能力。充分利用好这一难得资源，引进品牌赛事，同时，充分利用生态园区，进行年度系列赛事，兼顾公益性活动，在保障园区生态环境和场馆的基础设施之上，充分开发园区潜在资源，并进行赛事宣传，有利于品牌赛事和活动的创建。

场馆运营的经济收益能够创新发展思路。体育场馆除了正常经营外，还可以自身创建培训班，增添新的活动项目。广泛宣传，进而开发具有奥体中心特色的系列产品，利用产业发展循环的思维方式，创新体育产业理念，提供更加全面的服务。

**2. 奥体中心场馆运营与公益性开放之间的矛盾**

（1）政府及社会对场馆公益性服务缺少有力保障。

奥运会后，社会和政府对全民健身事业的发展格外关注，这样一来就对场馆的公益性服务提出了较高的要求。近年来，奥体中心开展了多种促进全民健身发展的经营项目，如健身培训、服务竞赛等。在这些经营项目中虽有收费行为存在，但是为了保证场馆的公益性质，只是收取低廉的费用来满足群众的健身需求。但是财政税收部门将多数体育场馆作为商业企业来收取税费，对场馆的能源使用费基本按照商业标准来收取，这对于大多数体育场馆的运营都造成了沉重的负担。政府没有相应的政策支持、激励机制、经济补偿，缺乏对公益性体育服务的强有力支撑，就很难保证公益性体育服务工作有实质性的进展。

（2）大众健身意识有待提高，参与度较低。

经过北京2008年奥运会后，国人的健身意识已有提高，如今大众愿意花钱到健身场所健身，可是由于收入差异等复杂因素，人们并不愿意投入太多资金。这也是导致奥体中心场馆收费低廉的一个重要原因，低廉的收费、高标准的服务才能吸引更多的人参与其中。所以收取低廉的费用甚至是免费，大大地削减了奥体中心场馆运营的经济收益。然而，场馆的公益性开放又必然需要资金的支持。如此循环往复，进入一个恶性循环，这将威胁整个奥体中心的产业发展。

（3）保障国家队驻训，忽视对大众的公益性开放。

奥体中心承担着9个项目的19支国家队共700多名运动员和教练员的驻训保障任务。场地资源长期处于超负荷状态，场地保障、能源消耗及其他人力、物力已接近饱和状态，场地器材、设备设施的管理，场地的环境卫生都需要相关的人员与驻训运动队及时沟通。因此，协调好有限的场地与促进全民健身发展的关系，是亟待解决的问题。

## （三）奥体中心场馆运营与公益性开放协调发展的对策分析

**1. 肩负使命，心系奥体**

实现奥体中心场馆运营的经济收益和公益性开放，每一个职工都有责任和义务，每一个职工都应关注其他单位和社会上举办较好的活动，借鉴经验，分析是否能为奥体中心所用。这是我们共同的责任，奥体中心的荣誉就是我们的荣誉，应有主人翁意识，为奥体中心的发展群策群力。不断学习，开拓进取，学习有关产业发展、场馆运营管理、人力资源管理的知识和决策分析问题的思维等，利用辩证唯物主义和历史唯物主义的观点，提高分析问题、解决问题的能力。把理论运用到实践，在实践中不断积累经验。贯彻落实中央近期关于体育工作的重要系列讲话精神，认识一致、思想一致、行动一致。共同树立服务于公益体育事业，服务于人民群众的意识。

**2. 齐心协力，服务到位**

为社会提供公共服务与奥体中心的产业发展同样重要。在不同时期，对二者投入的精力应有所不同。对于什么时候应为社会提供什么样的服务和产品，也是根据社会需求确定。当然，在提供产品和服务方面，除了满足现有社会需要之外，还应创新产品和服务，引导社会绿色生态需要，发挥创新精神，创造外围衍生服务，如运动康复、运动心理咨询、运动健身处方等，为更好、更全面地提供社会服务奠定基础。注重效果，及时反馈。工作任务要想出色完成，必须制订详细的工作计划，具体工作责任到人，工作过程中要落实到位，工作结束时要总结到位，分析每项工作的难点，充分考虑可能遇到的困难，制订实际可行的预案，保证高质量、高效率完成，从而体现奥体中心出色的管理水平。

**3. 紧扣本体，创新思维**

体育场馆的改革发展必须紧扣本体业务，同时要改善管理体制，转变管理方式。比赛后的场馆要明确目标，追求社会效益和经济效益共同发展，最大限度地发挥体育场馆的多种功能。首先，根据运动训练和竞赛任务及各类全民健身和社会文化活动等，确定全年场馆使用计划。利用赛后的商业机遇，积极开发体育产业资源，打造具有特色的体育品牌赛事和全民健身品牌活动。其次，充分挖掘场馆资源潜力，坚持场馆租赁、举办活动和展览、承办赛事、组织培训等多元方式共存，有形开发和无形开发并举的原则，以体育场馆为基地打造体育产业链。再次，引入企业经营管理制度，调整各场馆经营单位的内部结构，从场馆经营管理、市场营销、人力资源管理、财务管理等方面进行专项培训，加快提升场馆经营管理人员和一般从业人员的业务素质。

体育是社会发展和人类进步的重要标志，是综合国力和社会文明程度的重要体现。高度重视发挥体育对促进经济社会发展的重要作用，实现竞技体育和群众体育协调发展，稳步推动我国由体育大国向体育强国迈进，要适应社会主义市场经济不断发展的新形势，适应全面建设小康社会的新要求和各族人民过上更好生活的新期待，以改革的精神不断创新体育体制，拓宽体育发展渠道，增强体育发展活力，夯实体育发展基础，更好地满足人民群众多方面的体育需求，促进体育事业和体育产业的协调发展。

# 四、结 论

（1）奥体中心的场馆运营还存在体制机制不健全、管理不完善，场馆利用率低、对新兴项目开发有限，联络机制不健全、宣传沟通闭塞等诸多问题。场馆的公益性开放程度较低，形式较为单一，还需要工作人员继续探索新的公益性开放策略。

（2）奥体中心场馆运营和公益性开放之间既存在互利共赢的关系，也存在着矛盾。公益性开放为场馆运营提供宣传平台、目标方向和运营氛围；场馆运营的经济效益为公益活动提供保障。但同时场馆的公益性开放又缺乏政府和社会各界的政策性支持。把握好二者的比例，实现二者的协调和平衡发展是当务之急。

（3）奥体中心场馆运营和公益性开发的协调发展必须依赖工作人员。要肩负使命，心系奥体；齐心协力，服务到位；同时，要创新经营模式，推进场馆运营与市场化经营相结合，开拓宣传营销策略。

# 参考文献

[1] 谭建湘，周良君，陈华.国内公共体育场馆运营管理研究述评[J].体育学刊，2013（5）：43–48.
[2] 王巍.济南市奥体中心规划建设理念及运营管理的研究[D].济南：山东师范大学，2011.
[3] 陈元欣，王健，张洪武.后奥运时期大型体育场馆运营现状、问题及其发展研究[J].北京体育大学学报，2012，35（8）：26–30，35.
[4] 梁栋.江苏省大型体育场馆运营现状及对策[D].苏州：苏州大学，2009.
[5] 雷厉，肖淑红，付群，等.我国大型体育场馆运营管理：模式选择与路径安排[J].北京体育大学学报，2013，36（10）：10–15.

# 对我国体育类图书出版存在问题及发展对策的探讨

北京体育大学　丁明山

**摘要**：随着全社会健康意识的不断提高，人们对体育锻炼有了更深的认识，这为我国体育类图书出版的发展提供了更加广阔的前景。本文对我国体育类图书出版存在的问题及发展进行了分析，旨在更加全面地认识我国体育类图书的发展状况，更好地促进我国体育类图书出版的发展。

**关键词**：体育类图书；出版；问题；发展；对策

## 一、前　言

伴随着中国体育的持续发展，我国的竞技体育取得了举世瞩目的成绩，以2008年北京奥运会的成功举办为标志，我国的体育设施、体育人口急剧提升，全民健身热情高涨。体育从娃娃抓起的理念更是深入人心，各地各校都在积极组织和开展相关体育项目，体育必将是人们生活的主要部分，特别是2014年国务院颁布的《关于加快发展体育产业促进体育消费的若干意见》提出了我国体育产业与体育消费的总体要求，而体育类图书作为传播体育文化的载体，也作为体育产业和体育消费的一部分，在体育事业发展中将会发挥更加重要的导向作用。

## 二、我国体育类图书出版概况及分类

目前，人们获得体育信息的途径主要是电视、图书、报刊、互联网等大众传媒，体育类图书出版在其中占据了一定的比重，并有其重要的价值。体育类图书出版在整个体育产业中也占据一定的比重，并发挥其独有的贡献，目前我国体育类图书总规模达近千种。伴随着信息技术的兴起，网络媒体、数字出版等也已成为体育出版的一个重要的新兴组成部分。与此同时，传统的体育类图书出版市场受到了巨大的冲击，因此要对体育类图书出版现状进行深入分析，根据市场发展情况，以及社会大众的需求变化，及时调整出版策略，以走出困境。

从分类来看，体育类图书是整个图书出版行业的一部分，其内部又可细化分类。从产业结构上分类包括3部分，即传统的体育类图书出版机构、大型的图书综合卖场、大型综合类图书销售网站。从内容上分类，又可分为运动项目、体育理论、体育教材及体育画报等几个项目，其中体育理论和体育画报占据了大部分比重，运动项目和体育教材所占比例则相对很小。

当前通用的具体分类方法、分类标准将体育类图书内容和体育运动项目相结合，共分出9小类：①体育理论、史籍、工具、资料；②体育教材、教学参考书；③武术、气功、格斗术；④棋牌类；⑤运动技术、训练知识；⑥体育规则、裁判法；⑦健身、健美、养生、保健；⑧体育人物传记、体育文艺；⑨体育娱乐等。这种分类方法多用于图书卖场和销售网站，该分类的优点是比较细致，方便查找，可以说是出于实用目的、忽略内在逻辑的统一性的分类。所以，正是因为此种分类出于实用目的，在实际的使用中有一定的重合性和不确定性。在重合性方面，如《田径运动高级教程》既可以在②类呈现，又可以划分到⑨类，两种归类都有其合理性；在不确定性方面，没有完全严格的定义区分各个项目，如⑤类主要针对竞技性项目，而一些民族传统体育项目由于其开展的广度的限制，通常被纳入⑨类体育娱乐中。

## 三、我国体育类图书出版存在的问题

### （一）出版规模较小

中华人民共和国成立以来，我国体育出版事业始终坚持以普及体育知识、推广体育运动、传递体育信息、反馈科研成果及提升全民素质为核心，从起步到目前仍然处于发展阶段。尤其是改革开放以来，体育图书出版在出版质量与数量上均取得了较大提升，成果显著。当然这仅是从体育类图书出版业的自身纵向对比来说的。与其他科目的图书出版相比，体育出版尚未形成集团化的专业出版模式，数字出版尚在探索，因而仍然有一个漫长的发展过程。

当前，专业的体育类图书出版主体，主要有人民体育出版社和北京体育大学出版社。长期以来，这两家出版社承担了绝大部分的体育类图书的出版工作，直至20世纪90年代中后期才有少数一些大学出版社及一些新成立的文艺或科技出版社逐步参与体育类图书的出版发行。这种现象的主要特点是在出版内容选题上更多的是倾向于体育类畅销书，但至少说明了一点，体育已经全面渗透群众的日常生活。总体来说，体育出版业规模较小，整体实力仍然薄弱；放置在我国体育产业化的系统中，与体育产业的蓬勃发展也不协调，电子资源、网络媒体的整合将成为一个新方向。

## （二）存在重复性和创新性不足问题

纵观体育图书市场，出版物的内容存在结构性失衡，虽然出版数量较多，但相对来讲，质量并不高。从图书质量角度来看，经典的、有价值的图书供给不足，直接导致了我国体育图书的有效性供给较低。体育类图书市场上，大批书籍选题重复，创新性不足，一方面反映了我国体育领域内研究能力不足；另一方面也反映了体育类图书在市场竞争方面的不足，对读者的兴趣和需求关注度不够。

综上所述，体育出版的资源整合及创新尚不够深入。选题方面的重复说明我国体育类图书出版业在市场化方面程度不高。从整个体育产业来看，体育类图书出版要成为产业的经济快速增长点，向高水平现代化发展，可谓任重而道远。

## （三）图书出版结构不够合理

体育类图书主要面向学术类读者和大众类读者两个群体。学术类读者群体本身具有一定的体育科学理论基础，所以更倾向于阅读涉及理论性的体育类图书；大众类读者群体更加关注其自身的体育体验和兴趣，所以他们更倾向于阅读娱乐类、科普类体育图书。从人员构成来说，大众性的读者群体比学术类读者群体在人员的广度上要多得多，所以娱乐类、科普类图书占据体育图书市场大部分份额，其中大众项目如篮球、足球、健身等，由于其参与人员较多、参与性强，所以这些体育项目图书最受欢迎，我们也可以把这个形势看作我国体育类图书市场的一种不平衡特点。此外，电视、网络传媒在文化传播的稳定性上存在一定不足，主要表现在其文化的固定性上不如图书类。体育信息具有强烈的视听形象性特点，而当今体育图书出版物多以传统纸质图书为主，很多图书通篇文字叙述，图片讲解较少，示范的形象化不足，导致读者存在一定的阅读障碍。而随书光盘尽管可以进行视频演示，但其与图书在形式上分离，一定程度上割裂了读者在文本阅读过程中的连贯性，造成了读者较大的阅读负荷。图书类的内容更新不足也导致了一些问题，如理论与实际脱节，无法激起读者的兴趣，从而使受众群体慢慢远离。纸质出版、电子阅读、网络传媒相结合是未来的一个发展趋势。

### （四）图书的数字产品发展滞后

我国体育类图书出版在数字产品方面发展滞后。横观当前我国图书出版市场，数字出版物已经呈现出独立的行业状态，其内容极为丰富，在形式上包括电子书、移动客户端等。我国体育类图书出版的数字化刚刚起步。一方面，缺少相关精通体育电子出版的专门人才，不能有效地将大众感兴趣的体育知识合理地传播出去；另一方面，体育专业出版社发展资金不足，目前还没有能力承担投资量较大的数字出版系统。

### （五）版权贸易发展受限

21世纪以来，我国与其他国家和地区之间的文化交流日益增多，相关体育文化输出与引进也频繁出现。首先，体育图书版权方面的合作有了进一步发展。其中，人民体育出版社的版权输出品种达170余种，相比其他出版机构，在数量上位列前茅。然而，从整体上看，对比同一阶段，我国从美国、英国、日本等出版发达国家引进的体育出版物的品种和数量却显著大于输出。我国体育图书版权输出主要集中在中国香港、中国澳门、中国台湾等地区，比较局限，输出到欧美等国家的比例很小。与其他领域图书输出相比，体育类图书版权输出存在很大的差距，还有很长一段路要走。

## 四、我国体育类图书出版发展对策

### （一）体育类图书出版发展构想

体育类图书出版应着重发挥并保持其体育专业性、文化蕴涵性，内容的深度是图书作品的质量保证，也是图书产品的市场保证。在发挥内容深度的基础上，应服从市场发展的规律，参照其他出版领域的经验，在图书的内容中，增添时尚性、娱乐性、健康前卫的时代元素，更深层次挖掘不同群体的消费需求，达到对体育信息的多元化处理。因而对广大体育爱好者进行细分，并结合市场，建立新型的体育出版分类，以满足不同层次人士的体育需求。再者，体育类图书出版在内容上，可跨学科交叉，将其他学科知识融入体育学科，从更多角度诠释体育信息，保证体育知识持续发展，同时紧密结合文化知识，把体育知识社会化融入民众的日常生活，尽快建立起纸质出版、数字出版、网络传媒的综合平台系统。

### （二）优化图书出版分类和结构

传统的体育类图书出版内容分类的划分显然已经不能满足受众需要，人们的生活方式发生了巨大的转变，对体育的需求也变得多元化。因此，体育类图书出版分类和结构的调整迫在眉睫。一方面我们要对体育类图书板块的类别进行重新规划，并在此过程中建立符合体育发展现实状况的划分标准；另一方面，要大力发展学术类、大众类受众群体的体育图书份额，提高图书质量，注重把体育知识专业化与市场需求的大众化有机结合，使之浅出而不肤浅、易懂而不低俗。

## （三）构建网络出版平台

体育类图书的网络数字化，是新时期体育图书出版业发展的必然趋势与选择。随着我国传统出版社体制的创新，数字出版在我国现今出版业中已经发挥了越来越重要的作用。体育类图书应顺应时代与行业的要求，努力为受众群体提供高质量的体育信息服务，积极搭建体育信息网络平台，结合多种数字手段如网络学刊、网络学术论坛、电子图书等，逐步形成与传统纸质图书间的互动，与各方面参与群体之间的互动，从而加强信息时效性，把握市场发展脉络，争取在市场行为中的有效性。

## （四）塑造图书品牌

“注意力”和“影响力”经济已经成为现代社会经济发展中的原动力之一，而体育图书品牌效应的确立，必然会成为引导消费者达成购买行为的关键差异化因素。体育类图书必然要像一些大的网络媒体那样，有自己的品牌和大量渠道，才能发挥更重要的作用。因此，体育类图书必须要坚持形成自己的特色与自身的个性。我国体育类图书出版业的发展必须重视形成品牌、提升品牌。目前，在全社会对品牌认知的社会前提下，读者包括社会对体育出版品牌逐渐认可，如体育类核心期刊等，在此情况下，品牌必须不断注入新的活力，才能发挥自己的优势和特长。目前，我国形成品牌的体育类图书如北京体育大学出版社出版的“中国体育博士文丛”“体育新思维、新方法”等丛书，因为其质量较高，得到读者的特别关注，已经形成了自身的品牌效应。

## （五）图书出版国际化

数字化与全球化在当下社会是一个必然的结合，我国体育类图书业必须改变思维与运作模式，在全球化的图书发展中发挥自身的优势。首先，应将视野放置在全球范围内，与世界同步发布体育信息，同步出版体育电子出版物、体育纸质出版物。其次，服务受众群体，使之能够以最快的速度在互联网中获取全球性的体育信息，也可以获得其他国家的体育出版物信息，其中版权贸易是发展图书国际化的重要平台。全球化代表时间、空间的延伸缩短了。体育领域内人际交往所需的时间和空间距离的缩短，不仅可以帮助出版机构制造全球范围内畅销的出版物，更有助于学术性强的专业期刊或学术书籍在世界范围寻找到读者群。

### （六）服务于全民健身

体育类图书出版的社会价值，不仅是对短期体育事件的反映，还包括了对体育运动所反映出的体育精神进行取舍，反过来进一步深刻地阐释体育观念、体育知识及技能。因而，正确地呈现体育图书的内容和形式，赋予其更强的生命力及娱乐性，逐步发挥体育图书对全民健身的促进作用，使读者在增加体育知识的同时，接受健康积极的体育运动理念，进而能够经常性地参与日常体育活动，实现体育生活化，促进全民健身计划的全面开展，提高民众生活水平。

## 五、结束语

随着人民生活水平的大幅度提高，参与体育锻炼和娱乐的人数不断增长，这使体育图书出版有了更大的发展空间。日益多元化的体育图书市场和国家对体育事业的重视无疑是促进体育图书出版发展的动力。本文通过对我国体育类图书出版的现状分析，认为我国体育类图书出版业的发展需要有相应对策，从多个层面对体育类图书出版业的发展进行改革，最终通过体育图书质量、数量、规模的提高，在全社会层面促进人们加强体育锻炼，养成终身体育的理念，更好地保证人民的生活品质。

# 参考文献

[1] 陈艳艳.体育类图书出版如何服务全民健身大计[J].编辑之友，2012（3）：26–28.

# 关于高校体育场馆软环境建设途径的思考

北京体育大学　宋国武

**摘要**：随着我国经济社会的快速发展，高等学校办学条件有了长足的进步。根据高等教育办学要求和教学评估标准，高校体育场馆作为学校办学的重要基础设施，其硬环境建设已经达到一定水平，有许多高标准建设的体育场馆甚至成为体现高校办学实力的标志性建筑。相对于硬环境而言，高校体育场馆软环境建设相对薄弱，相关研究欠缺。本研究借鉴了软环境建设在经济发展、高校图书馆、实验室软环境建设方面的研究成果，将这一概念引入高校体育场馆管理、服务、运营领域，对高校体育场馆软环境建设的内容和途径等进行了探讨。

**关键词**：高校；体育场馆；软环境

## 一、研究方法

本研究主要采用文献研究法、专家访谈法和定性分析法3种研究方法。通过中国知网等渠道查阅了相关文献，并查阅了2008年至2012年北京体育大学场馆管理方面的工作总结等材料，从而对本研究的历史和现状有了较全面的了解。通过专家访谈，深入了解了高校体育场馆管理、服务、运营等方面存在的问题。运用归纳和演绎、分析与综合等方法，从概念研究入手，对高校体育场馆软环境建设进行了讨论。

# 二、研究结果与分析

## （一）概念研究

### 1. 高校体育场馆软环境

“软环境”一词在《现代汉语词典》中的定义是指物质条件以外的环境，如政策、法规、管理、服务、人员素质等方面的状况。20世纪80年代以来，“软环境”的概念和标准越来越成为各行各业建设和发展的重要内容。从传播学角度来说，硬环境和软环境是依据传播活动参与者的感受所做的分类。硬环境是指由传播活动所需要的那些物质条件、有形条件之和构筑而成的环境；软环境是指由传播活动所需要的那些非物质条件、无形条件之和构筑而成的环境。在经济学领域，软环境就是相对于地理条件、资源状况、基础设施、基础条件等“硬件”而言的思想观念、文化氛围、体制机制、政策法规及政府行政能力水平和态度等。通过对软环境概念的辨析，可以对体育场馆软环境作如下定义：高校体育场馆各种基础设施和物质条件以外的管理理念、管理制度、服务水平、人员素质、文化特色等状况的总和。

### 2. 软环境与硬环境的关系

硬环境是一种物质环境，软环境是一种精神环境。硬环境作为物质环境，具有静态和硬性的特征；软环境作为精神环境，反映了社会风气、内部管理、群体风貌、生活状况、信息交流等情况，具有动态和软性的特征。硬环境是由有形物质条件构成的空间和场所，其重要性、紧迫性容易立即呈现出来，因而引人瞩目，容易得到重视；软环境是由无形的精神因素构成的境况和气氛，其重要性、影响力是缓慢呈现的，因而容易被人忽视。因此，在重视硬环境建设的同时，也应该重视软环境的建设，使软环境建设与硬环境建设协调发展，相互促进。否则，不仅硬环境建设成效可能会因软环境建设的缺失而被削减，甚至会因能量内耗而导致两种环境都产生负面效应。

## （二）高校体育场馆软环境建设研究意义

### 1. 理论意义

在中国知网（CNKI）文献总库上检索，截至2014年6月，以“软环境”为主题共检出文献10501篇；以“高校软环境”为关键词共检出文献150 篇；以“图书馆软环境”为关键词共检出文献74篇；以“实验室软环境”为关键词共检出文献163篇；而以“体育场馆软环境”和“高校体育场馆软环境”为关键词进行检索发现，真正从软环境角度对体育场馆和高校体育场馆进行研究的，只有2010年王春香的《广州亚运体育场馆内语言软环境建设方面存在的问题及对策》1篇文献。由此可见，在高校体育场馆这一特定领域，以软环境建设为视角进行的讨论和研究还很少。但是，对高校图书馆、实验室等其他同类办学基础设置软环境建设的研究已有一定数量，且具有一定的参考价值。因此，借鉴了软环境建设在其他领域的研究成果，从软环境建设的角度对高校体育场馆软环境建设进行研究具有重要意义。

### 2. 实践意义

对高校而言，软环境建设是育人水平和办学综合实力的重要方面，也是高校加强内涵建设的重要内容。对于一所现代化的高校，高校体育场馆是学校办学的重要基础设施，也是大学生体育教学和开展校园文化活动的主要场所，同图书馆、教学楼、实验室等硬件设施一样，其软环境建设是整个高校软环境建设的重要组成部分。现代化、高水平的高校体育场馆必定是硬环境和软环境的完美结合。在高校体育场馆建设投入不断加大，硬环境建设已经达到一定水平的情况下，应该充分认识高校体育场馆硬环境建设和软环境建设要两手同时抓的重要性。从目前的实践情况看，人们关注的重点还是对硬环境方面的改造，许多现代化的体育场馆拔地而起，高校体育场馆基础设施日趋完善。在访谈了解中发现，高校体育场馆管理运营工作中，管理理念、管理制度、服务水平、人员素质、文化氛围等方面的建设相对薄弱，软环境与硬环境不相适应的问题，影响着体育场馆的管理效益，甚至制约着高校办学水平的整体提高。因此，对高校体育场馆软环境建设进行研究，对于提高高校体育场馆管理水平，加强高校内涵建设，提升高校办学整体水平具有一定的指导意义。

## （三）加强高校体育场馆软环境建设的主要途径

### 1. 树立与现代教育理念和国家需要相适应的高校体育场馆管理理念

高校体育场馆是高校基本的办学设施，是大学生体育教学和开展校园文化活动的主要场所，这是其本质属性，服务于高校教育教学中心工作是高校体育场馆的基本功能。另外，根据国家构建完善的全民健身服务体系的需要，高校体育场馆还承担着向社会开放的责任。因此，高校在体育场馆管理、服务和运营工作中，要树立“以人为本”的根本理念，满足高校教育教学和育人工作的根本需要，同时在满足体育教学和校内体育活动使用之外，能够有组织地向社会开放，对加快构建全民健身服务体系具有重要的现实意义。另外，高校体育场馆一般都具有设施规模大、设备现代化、管理复杂的特点，要使体育场馆安全、有序甚至高水平运营，必须进行科学管理。因此，高校体育场馆管理和运营工作要立足于其基本功能，理顺高校体育场馆管理的体制机制，解决好高校体育场馆在向社会开放过程中面临的矛盾和问题，不断提高场馆管理科学化水平，为广大师生和服务对象提供规范、安全、周到、高效、人性化的服务，使高校体育场馆真正成为高校培养人才的重要场所、传承文化的重要载体、服务社会的重要平台、体现现代化办学水平的重要窗口。

**2. 建立与现代化硬件设施相配套的管理制度和服务体系**

在高校体育场馆管理和运营工作中，要牢固树立责任意识、规范意识，加强场馆的质量管理，实现管理工作制度化、服务工作标准化、岗位操作程序化，做到场馆的安全运行、规范运行、有序运行。建立科学严谨的管理制度，完善评估监督机制和奖惩措施，保障体育场馆能够安全、平稳地运行。不断健全场馆管理工作责任制，细化岗位职责，优化管理机制，将责任制逐层落实到每个岗位。不断完善场馆管理各项规范和工作流程，使每个员工在工作中都树立规范意识，并做到有章可循。切实抓好安全工作，按照“谁管理，谁负责”和“谁主办，谁负责”的原则，将安全工作责任落实到每个环节、每个细节及相关责任者，消除各种安全隐患。另外，做好体育场馆管理工作，既要做好场馆内部管理制度建设，又要立足于服务保障学校教育教学这一中心任务，与校内相关职能部门和院系建立有效的工作协商机制，提高场馆安排的科学化水平，从而提高场馆使用的整体效益。

**3. 建设业务素质优良、服务质量优质的体育场馆管理运营人员队伍**

高校体育场馆的科学管理离不开一支业务素质优良的场馆管理运营团队。应该按照场馆运营的实际需要，进一步科学确定各场馆、各部门的岗位、人员和职责。采用科学的用人政策，合理选配管理、技术、服务保障等各类工作人员。同时，要利用高校自身优势，根据场馆经营管理需要，建立体育教练、赛事组织人员、社会体育指导员、大学生体育志愿者（实习团队）等支撑人才库及其骨干团队。在日常工作中，以场馆为单位组织管理团队，抓好管理层和骨干队伍建设。重视团队文化建设，通过开展各种先进创建和技术评比等活动，评选服务标兵，创建服务窗口，营造良好的团队氛围。通过开展党、团员挂牌上岗等活动，发挥党、团组织在加强团队建设中的作用。建立良好的学习机制，科学制订培训计划，通过组织开展骨干培训、新员工岗前培训及校外学习交流等方式，将提高场馆管理队伍的业务素质常规化、日常化。积极组织管理队伍和骨干走出去，学习先进的场馆管理工作经验，提高场馆管理水平。

**4. 采用科学技术和创新管理手段，提高体育场馆管理的现代化水平**

在高校体育场馆管理和运营过程中，要牢固树立创新意识。如运用现代信息技术（如校园网等），建设和利用体育场馆智能化系统（Gymnasium Intelligent System，GIS）的拓展功能，建立场馆管理内部信息和质量监控平台，加强内部管理，采用先进的场馆管理理念和手段，不断提高场馆管理现代化水平。采用先进的场馆管理理念和绿色环保技术手段，建设绿色环保场馆，助力“绿色大学”建设。利用虚拟现实技术、影像技术等先进的科技手段，丰富场馆环境布置和互动展示，让墙壁、大厅、走廊“说话”。通过触摸屏、网站和实验室技术交流留言板等手段，让体育场馆与其使用对象真正互动起来。在服务保障学校办学中心任务的基础上，要充分整合场馆资源，深入挖掘潜力，利用节假日、双休日、寒暑假及课余时间，提高场馆对外开放和开发层次，增加场馆开放和开发附加值，大力提升场馆的创收能力。要积极采用现代化科技手段和营销模式，加强场馆资源的整合开发，提高高校体育场馆服务社会的能力，创造良好的社会效益和经济效益。通过建立高校体育场馆对外开放的官方微博、论坛、网页等手段，加强对周边重点区域和目标群体的营销，及时发布高校场馆开放信息，做好开放信息咨询服务。并且，根据市场需要合理安排场馆活动项目，最大限度地提高场馆开放和开发的效益。

**5. 重视体育场馆品牌建设，打造体育场馆的鲜明特色**

高水平的体育场馆除了要具有现代化的硬件设施，还必须通过突出场馆特色，打造场馆品牌，来提升场馆的综合实力。从战略层面讲，把体育场馆自己的特色做大做强，才能在特定的细分市场中占据主导地位。2008年北京奥运会之后，国家奥林匹克体育中心在转变体育场馆经营理念中打造的“一馆一品”新模式，就是在这方面一个成功的探索，在业内引起了广泛的关注。所谓“一馆一品”，就是一个场馆一个品牌俱乐部。每个场馆在运营中必须有鲜明的主题与特色，这种特色既要符合市场需求又要结合自身条件；既要与竞争者形成差异又要发挥自身优势。奥体中心通过与万国体育俱乐部合作经营的击剑项目，把北京80%以上的击剑爱好者吸纳为会员。首都体育学院的大学生体育馆连续九年承接斯诺克中国公开赛，突显出“一馆一品”的模式。

北京体育大学在多年的场馆管理实践中，注重场馆服务质量建设，努力打造优质服务的品牌；同时，在场馆对外经营和服务社会方面，能够将学校丰富的体育专家、教练、裁判和大学生志愿者资源与体育场馆资源进行整合，形成综合优势，使体育场馆管理部门具备了能够承办各种大型体育活动的优势和特色。近年来，连续多年参与举办或承办了国家机关运动会、全国健身体育大赛、中国奥林匹克日长跑等大型活动，在业内形成了良好的口碑。因此，结合高校体育场馆实际，通过在不同体育场馆打造专业知名品牌体育俱乐部，或者举办特色鲜明的体育赛事和全民健身活动及其他有影响的文化活动，可以有效提升高校体育场馆的软环境和美誉度。另外，以高校体育场馆区域联盟等场馆运营新模式，加强高校体育场馆的资源整合，将分散的体育场馆资源进行整体运营，整体打造体育场馆联盟的品牌，也是提升高校场馆经营管理整体水平的一个新的发展趋势。

## 三、结论与建议

现代化、高水平的高校体育场馆是软环境和硬环境的完美结合。在我国高校体育场馆硬环境建设达到一定水平的情况下，应该充分认识高校体育场馆软环境建设的重要性，认识软环境建设与硬环境建设的关系，让二者协调发展，相互促进。在高校体育场馆经营管理工作中，应该树立一种与现代教育理念和国家需要相适应的高校体育场馆管理理念，建立一套与现代化硬件设施相配套的管理制度和服务体系，建设一支业务素质优良、服务质量优质的体育场馆管理运营人员队伍，采用一系列科学技术和创新管理手段，提高体育场馆管理的现代化水平，重视体育场馆特色和品牌建设，加强体育场馆资源整合，为广大师生和社会服务对象提供规范、安全、周到、高效、人性化的服务，使高校体育场馆真正成为高校培养人才的重要场所、传承文化的重要载体、服务社会的重要平台、体现现代化办学水平的重要窗口。

## 参考文献

[1] 麦敏华.软环境——衡量公共图书馆服务的硬指标[J].图书馆理论与实践，2010（4）：75-78.
[2] 郑洋洋.高校图书馆软环境建设研究[D].吉林：东北师范大学，2011：3-5.
[3] 徐文海.全集成的奥运场馆智能化系统[J].智能建筑与城市信息，2005（8）：10-15.
[4] 宋晓峰.论高校实验室软环境建设[J].科学之友，2010（29）：116-117.
[5] 任敏.霍建新委员：建立北京高校体育场馆联盟[N].北京日报，2013-01-24.

# 国家奥林匹克体育中心体育馆经营管理现状与发展研究

国家体育总局国家奥林匹克体育中心　李卫东

**摘要**：本文采用文献资料法、案例分析法、专家访谈法等方法分析我国大型公共体育场馆基本概况、管理模式、效益情况和存在问题，发现我国大型公共体育场馆存在市民体育消费意识不高，体育场馆缺乏经营人才，体育经营政策不够明确，市场竞争压力大等问题，并分析公共体育场馆的未来发展趋势，提出合理化的改革建议。

**关键词**：体育馆；经营管理；现状；发展

## 一、研究目的

随着经济社会的发展和各种体育赛事的举办，我国目前已建设了大量的体育场馆，并且很多场馆正在兴建。其中公共体育场馆是我国体育场馆的重要组成部分，承担着开展竞技体育和倡导全民健身的重要任务。受限于自身管理运营模式，我国的公共体育场馆在运营上存在许多问题，没有充分发挥好体育设施的功能，未能达到国有资产增值保值的目标。因此，研究公共体育场馆经营管理现状和改革措施对弥补我国大型公共体育场馆在运营上的缺陷，提高场馆的运行效率，盘活国有资产，促进全民健身和竞技体育的发展具有重要意义。

## 二、研究方法

### （一）文献资料法

利用中国学术期刊网、国家体育总局科学研究成果汇编和中国体育资讯网等查阅了有关体育场馆经营和管理方面的文献资料。

### （二）案例分析法

利用参与体育相关会议和活动的机会，对我国的体育场馆进行了调研。并在此基础上依据多年工作经验，重点对所在单位——国家奥林匹克体育中心体育馆的经营管理现状进行案例分析。

### （三）专家访谈法

根据研究的需要咨询了部分省市公共体育场馆的主管部门领导、场馆的主要负责人和从事体育场馆研究的专家、学者共十余人。

## 三、研究结果

### （一）公共体育场馆的界定

关于公共体育场馆的概念，理论界没有形成统一的意见。概念的阐述见于对各种体育场馆的经营管理、政策法规、资产开发的研究论文中。

陈雪玲在《公共经济体育场馆政策研究》中认为，“公共体育场馆指国家投资或筹集社会资金兴建的，属国家各级体育行政部门管理的，用于开展社会体育活动，满足广大群众进行体育锻炼或观赏运动竞技以及运动员训练、竞赛需求的体育活动场所。它是实施奥运争光计划和全民健身计划的一项主要的物质保障。”李明在《我国公共体育场馆的资产性质及其改革》一文中认为，“公共体育场馆是指通过政府财政拨款或通过其他途径筹集资金兴建的，以满足运动训练、运动竞赛和群众健身娱乐等需要的社会公有体育场和体育馆及其附属配套设施，它是实现我国体育事业发展目标的基础性物质条件。”钟天朗在《体育经营管理——理论与实务》一书中认为，“公共体育场馆是指国家投资或筹集社会资金兴建的、属国家各级体育行政部门管理的、用于开展社会体育活动、满足广大群众进行体育锻炼或观赏体育比赛，以及运动员训练、竞赛需求的体育场所。”由此可见，我国学者对公共体育场馆的界定并无较大分歧，以下几个方面是一致的：资金来源于国家投资或社会集资，管理上一般归体育行政管理部门，使用上一般用于运动训练或竞赛、群众体育锻炼或观赏运动竞技，开放上具有公益性，运营上国家在政策或资金上给予一定优惠或补偿。本研究将以此为依据展开讨论。

## （二）公共体育场馆的性质

在历史的条件下，受高度集中的计划经济体制影响，政府对公共体育场馆实行统收、统支、统管的供给服务型管理，公共体育场馆是各级体育行政部门所属的事业单位，实行集中统一的行政领导和事业管理。在经费来源上，公共体育场馆建设和管理经费由国家统一下拨，业务活动经费由各级体育局下拨。随着我国市场经济的发展及事业单位体制改革的逐步深入，很多公共体育场馆有了一定的经营性，逐步从全额拨款事业单位向差额拨款或自收自支的经营性事业单位转变。作为大型公共体育场馆群，国家奥林匹克体育中心（以下简称“奥体中心”）正是隶属国家体育总局的差额拨款事业单位，承担着国家队驻训保障、倡导全民健身、发展体育产业、宣传体育文化等重要任务。

## （三）公共体育场馆的管理模式——以国奥体育馆为例

### 1. 公共体育场馆的管理权与归属

现阶段，我国公共体育场馆管理模式主要有：国有事业经营型公共体育场馆管理模式、国有民营的公共体育场馆管理模式。事业单位依然是我国现有场馆存在的主要形式。本研究选取了代表国有事业经营型公共体育场馆管理模式的大型公共体育场馆——国家奥林匹克体育中心体育馆（以下简称“国奥体育馆”）进行经营管理的案例分析。

国奥体育馆作为奥体中心的标志性建筑和最重要场馆之一，于1986年开始建设，1988年年底竣工。2007年按照北京奥运会赛事标准，体育馆进行了一次大规模改造和扩建。改扩建后，体育馆总面积达到47410平方米，观众座位增加到了6300席，能为全民健身及其他大型文艺演出、会议和大型活动提供场地服务，是奥体中心对外展示形象的窗口，并将逐渐成为奥体中心极具潜力的经济增长点，满足事业发展的需要。国家体育总局和奥体中心对体育馆拥有管理权，一切运营费用和维护费用由国家体育总局和奥体中心的财政经费全额支出，并对房屋场地设备维修费、设备购置费和人员经费等定项补助实行差额预算管理。

### 2. 公共体育场馆的经营管理

公共体育场馆作为国有资产，由事业单位代表政府对其进行管理，其运营、维护的费用享受国家全额或差额拨款，人事编制及待遇参照公务员标准执行。然而，对国家来说，体育场馆运营是一项艰巨的任务。同时，近几年来，国家相关政策指出，要进一步明确政府及体育主管部门的职责，扩大公共体育服务的覆盖面，提升公共体育服务的质量。公共体育场馆作为典型的政府投资公共产品，又必然要承担为全民健身提供体育服务的重要职责。因此，现阶段公共体育场馆通过经营管理来解决后期维护和运营资金缺口问题是其发展的必然趋势。随着中国体育事业的蓬勃发展，群众健身意识普遍提高，体育健身活动广泛开展，参与体育健身活动的人数大幅度增加，国奥体育馆也迎来了最好的发展时期。体育馆以满足群众体育健身需求作为工作出发点和落脚点，经营管理采取“以体为主、多种经营”的方式，经营项目多为群体性项目，经营收入主要为日常场地开放、大型赛事和活动、房屋租赁三大项。

## （四）国奥体育馆的经营管理现状

据调研，我国公共体育场馆的经营性收入来源主要有：门面及房屋出租，大型文化活动、会展、体育活动收入，广告及其他经营收入。

**1. 国奥体育馆的经营性收入**

（1）场地开放收入。体育馆常年可为健身群众提供羽毛球场地20块，乒乓球场地4块。由于设施设备优质完善，服务周到，国奥体育馆每天吸引大批群众前来健身，正式注册的固定会员达600多名。同时，体育馆坚持公益性开放，每周二对老年羽毛球队免费开放，每周一至周五对60岁以上健身群众实行优惠政策，北京市中小学生节假日可享半价优惠，特定节日为特殊群体提供免费服务。2012年全民健身开放天数达278天，接待健身群众12万人次，收入达到3908489元，日均收入为14059元；2013年全民健身开放天数达240天，接待健身群众16万人次，收入达到3470000元，日均收入为14458元。

（2）大型赛事和活动。体育馆最大限度地利用场馆优势，切实提高场地利用率，积极举办大型赛事和拓展活动业务，先后为华为公司年会、中歌榜、中国电影导演协会年度表彰大会、华鼎奖颁奖典礼等有影响力的活动提供服务。2012年成功举办大型赛事和活动达26场84天，接待观众10多万人次，活动收入达4894619元，日均收入58269元；2013年成功举办大型赛事和活动达35场125天，接待观众16多万人次，活动收入达5420000元，日均收入43360元，并先后为社会团体、公司和单位成功举办了羽毛球赛、乒乓球赛、篮球赛和趣味运动会等大型活动19次。

（3）闲置房屋租赁。按照奥体中心经营工作会议的精神要求，体育馆房屋已基本出租。2012年与8家租赁单位进行沟通和协调，合理、酌情为他们解决租赁房屋存在的实际问题，建立了良好的信任和合作关系，实现租赁收入7902172元。2013年与26家租赁单位建立了良好的信任和合作关系，实现租赁收入9502058元。

2012年三大项收入共计165280元，2013年共计18392058元。

**2. 国奥体育馆的支出情况**

据调研，我国公共体育场馆的支出主要有：人员支出，水、电、气、热等费用及相关税收支出，场馆维修费用支出，办公费用等其他日常开支。当前公共体育场馆的人员支出占据场馆经营性总收入的很大比例。

体育馆的主要支出项目共有8项。由于管理到位，体育馆全年支出仅占全年总收入的29%。其中，电费和人员工资为体育馆的主要支出项目，其他支出相对较少，符合体育馆的实际经营管理情况。

**3. 国奥体育馆经营价位的现状分析**

众所周知，公共体育场馆的投资大，回报期长，运营成本和维护费用很高，加之很多场馆要兼顾社会公益性和社会效益，所以能够盈利的并不常见。

国奥体育馆在有偿开放价格问题上采用了“低价服务健身群众”的方针。对老年、青少年和特殊群体的健身群众给予优惠，并实行会员优惠政策。体育馆基本执行的是薄利多销的经营方针。以羽毛球场地为例，每周一至周五上午的价格为每小时30元，会员则是20元。黄金时间每小时60元，会员每小时50元。按照4人打1小时球计算，人均消费为12.5~15元。

承接大型活动和房屋租赁是体育馆经营收入的两大项。大型活动每年、每次的定价都随着市场变化和服务项目等实际情况而有所不同，就不一一做出分析了。房层租赁情况在前文已有叙述。

据分析，如果大型活动天数增多，达到100天，日均收入为58269元，总创收为5826900元。如果场地每年开放天数262天，日均收入为14059元，总创收为3683458元。以5元每天每平方米计算房屋租赁价格，总创收为16744375元。体育馆的年收入将达到2600万元左右。结合体育馆的日常支出分析，届时体育馆将充分利用有效资源达到真正的自给自足。

## 四、研究结论

国奥体育馆经营管理存在的问题：

**1. 场馆功能单一，使用率低，难以实现经营多元化发展**

同现有大中型公共体育场馆一样，国奥体育馆是按照体育比赛的要求修建的，在设计建造时，主要是从承办国际、国内比赛的要求考虑，功能单一，规模大、标准高，附属建筑面积大，因而对外开放经营成本高，使用率低，如果低价位向群众开放，往往入不敷出。为此，体育馆亟须配套服务设施，改变功能单一的现状，实行经营型管理，提高自我发展与生存能力。

**2. 经营管理观念落后，营销手段缺乏**

由于种种原因和客观条件的限制，体育馆在经营管理上还不尽如人意，突出表现为经营观念落后，营销手段缺乏。在现行状况下，体育馆的目标就是依据我馆现存实际情况，从传统思想的桎梏中解脱出来，摆脱陈旧的经营管理思想束缚，采取形式多样的策略和手段，加强以消费者需求为导向的市场营销，实现体育馆的科学、健康、可持续发展。

**3. 经营创新胆略不够，没有形成经营实体**

在经营开发工作中，体育馆等客上门现象仍比较严重，创新胆略不够，积极性不高，体育馆在文艺演出、展览等大型活动中仅仅承担场地出租者的角色，没有成立演出经纪、展览和广告公司等经营实体。

## 五、国奥体育馆经营管理进一步发展的策略性思考

如何实现体育馆的科学、健康、可持续发展，取得经济效益和社会效益的“双赢”，必须依据体育馆的实际情况，分时期、分阶段、有计划地走渐进式发展之路。

### （一）明确方向，确定目标，创新机制，逐步建立切实可行的经营管理制度

通过以上分析研究，体育馆必须树立市场营销观念，确立可行的经营方向和目标，科学设置经营管理机构，精心协调各方关系，规范经营管理，加大体育馆管理规范和运行机制的建设，双管齐下，最终达到经济效益和社会效益的“双赢”。

## （二）拓展融资渠道，引入市场运营机制，创新经营形式

国家体育总局和奥体中心提供政策支持，体育馆走“企业运作”之路，吸引社会资金，造就多元化的融资渠道，确保体育馆的建设和运作有源源不断的经费来源。

体育馆可探索创新，大胆尝试，实行会员制形式、转包经营形式、合作经营形式、直接经营形式或委托经营等各种经营形式。场馆的多元化经营应以专业化为基础，通过与专业机构合作等途径，借助专业机构的专业优势和人力资源优势，逐步提高场馆的专业化运营水平。这样可以提升场馆运营的专业化水平，还可为场馆带来丰富的内容和大型活动资源，丰富场馆的活动内容。

## （三）积极推进体育场馆运营管理与职业体育赛事相结合

体育场馆中的赛事管理，可以检验一个场馆为赛事提供服务的水平。承接一项体育赛事，体育馆须对赛事进行分析，做好赛事准备、赛事服务和赛后评估。为其提供全面、周到的赛事服务，不仅可以吸引其他体育赛事，还可以结成共同发展的联盟，相互促进，互利共赢。

此外，与赛事主办方合作，进行体育场馆冠名权的开发，开展体育培训和体育场馆广告等综合性服务。

## （四）积极开发无形资产，推进体育馆可持续发展

体育馆目前对体育无形资产的开发还不充分，品牌创新能力不强。为此，必须大力加强对体育经营管理人才的培养，通过专业培养、岗位培训、招聘等多条渠道来培养和引进体育场馆运营

和管理的专门人才。同时不断深化内部管理体制，引入专业化管理和服务，提高场馆服务效率，降低运营成本。实施品牌经营战略，进一步树立全员营销、社会营销和情感营销等观念，大力开发体育馆无形资产，塑造品牌并积极向社会推广，更好地实现以馆养馆，推进体育馆的可持续发展。

### （五）转变场馆功能定位，发展大众健身娱乐项目

发展体育健身休闲娱乐，要加大对外开放力度，提升场馆使用效率，转变场馆功能定位，实施多元化、专业化经营，并结合今后场馆运营发展的趋势。因此，体育馆须积极应对和筹划，积极转变功能定位，逐步实现由体育活动中心向休闲娱乐、文化和商业等综合活动中心的转变，调整体育馆的经营发展战略，依托场馆资源优势，积极实施多元化经营战略，涉足演艺演出、休闲娱乐、商业等多个行业，为消费者提供多元化服务，形成以体育产业为基础的健身休闲产业链，将场馆的潜在消费群体由单一的体育爱好者拓展为全社会的消费者，从而扩大潜在消费群体，实现场馆资源的充分利用。

### （六）加大对外开放的力度，提升体育馆使用效率

提高公共体育场馆对外开放率是发挥其服务功能的保证。目前，应把提高体育馆开放率和提升其利用率作为一项系统工程来抓。奥体中心应为体育馆走向开放提供更加灵活的政策引导和支撑，加大体育馆对外开放的力度，提升体育馆使用率，使体育馆在对外开放过程中，逐步完善对外开放的制度，建立灵活的营销机制，适应市场发展的趋势。

# 浅析体育部门、媒体、大众之间的媒体关系

国家体育总局中国体育报业总社　李央

## 一、研究对象

体育部门：国家体育总局及所属各运动管理中心、项目协会、国家队，各级体育行政管理部门及省市级运动队，省市级以上运动会组委会。

体育媒体：专业体育报刊、专业广播电视体育频道、主流报刊的体育版、省市级广播电视体育栏目、各类网站体育频道或栏目、社交类网络平台。

大众：长期关注体育事业的人群、随机参与体育话题的人群。

## 二、分析模型

体育部门、媒体、大众之间，可以比喻为一个射击系统，即“枪”（媒体）、“弹”（体育部门）、“靶”（大众）三位一体的系统。

本文试图基于这个模型，浅析三者之间构成的媒体关系。

# 三、媒体关系

## （一）关系概述

按照一般学术划分，竞技体育赛事、大型群众体育赛事和体育活动归属体育表演类，它们构成了当前最具传播价值和最有传播需求的体育板块，也是当前体育部门的核心利益所在。因此，体育部门对媒体具有先天的依赖性，以最广泛的传播求得受众群的最大化，成为体育部门的内在需求。

体育传播是当前国内新闻传播的重要分支，拥有数量可观的专业体育报刊和广播电视频道两大集群，这两大集群与其他各类媒体的体育新闻板块，共同构成了与人民文化生活息息相关的传播大军。体育表演类内容是当前体育传播的主要方向，体育媒体同样对体育部门及其管辖范围有先天的依赖性，最大化挖掘体育的传播价值和最大化争取受众群，成为体育媒体的内在需求。

体育受众既是体育部门和体育媒体“合作”的目标，又是双方“合作”产生的结果。对体育受众而言，用最好的方式（图像、文字、图片等构成的内容）欣赏最好的体育内容（竞赛过程），是这个群体的内在需求。

概括而言，体育部门、体育媒体和体育受众之间互相联系、互相依存，是一个同根共命、缺一不可、共同发展的生态系统。

## （二）“枪”——体育媒体

失去了“靶子”，“枪”对“弹”的依赖就失去了意义。换句话说，“枪”对“弹”的依赖，是因为“枪”对“靶子”的需要而存在的。

作为“枪”，不管“弹”的威力有多大，它的目标永远是“靶子”。

早期的中国媒体多是社会政治活动的产物，有天然的政治属性。随着当代中国社会的不断变革与发展，当下的中国媒体参与经济活动的程度越来越深，其政治属性越来越弱，经济属性越来越强。尤其是近30年创办的新兴媒体，其兴衰存亡更多受制于市场选择。

专业体育媒体的发展轨迹具有一定的代表性。中华人民共和国成立初期到20世纪80年代，以省、自治区和直辖市为单位的一报一刊的格局，形成了国内专业体育媒体的主要架构。之后，“一报一刊”或消亡，或改刊，仅存少数省级的体育刊报。这个时间节点，也是大量专项类体育报刊（足球、篮球、排球、武术等）创立期的开始。据不完全统计，目前80%的体育报刊创立于自此以后的20年间，基本上都可以归为新兴媒体。

从经济学视角来分析，体育媒体的首要使命是攫取以体育为主题的商业利益，完成媒体所代表利益体的自我生存和自我发展。现实情况也是如此，目前，除了如《中国体育报》等极少数媒体需要在一定程度上维护体育管理部门的利益外，绝大多数体育媒体的独立立场普遍得到了认可和尊重。湖南省体育局主管的《体坛周报》脱颖而出，它彻底抛弃地方部门机关报的传统定位，成为独立思考和独家观察的“国家级”报纸，近20年间堪称体育报刊界的市场典范。

站在体育媒体立场，体育部门是材料供应商，受众是客户。受众群的增长，一方面可能通过订阅带来（广播电视和一些网络新媒体除外）直接利益；另一方面必然带来广告等间接利益。体育媒体会分析受众需求，迎合受众爱好，有时候不惜以牺牲体育部门的利益为代价。体育媒体的终极产品，有些符合体育部门的基本利益，有些可能伤害到体育部门的利益。比如对刘翔的报道，在刘翔的成名初期和成绩如日中天的中期，体育媒体与体育部门的步调几乎保持一致，双方度过了愉快的合作期。但是，在刘翔伤病缠身后，媒体的报道出现了严重分化，很多媒体的报道态度与体育部门产生了严重分歧，双方对刘翔的价值判断完全背道而驰。

## （三）“靶”——体育受众

“靶”在射击系统中处于被动位置。

在体育和媒体之间，体育受众首先因为需要体育，然后才选择体育媒体。同样，他们还会根据不同需要选择不同媒体。

一般而言，大众对体育的需求有三个层面。第一个层面是对体育表演的初级欣赏，对绝大多数不能现场观赛的人而言，这个任务主要由电视、广播和个别网络媒体来完成。在这里，体育媒体为大众提供的价值主要是发布权利（如央视对巴西世界杯的独家转播权）和技术服务（转播信号保障等）。第二个层面是对体育表演的二度解读，也就是媒体对已完成赛事的后续报道。对未能在第一时间欣赏赛事的大众，媒体的后续报道可以弥补他们的遗憾；对已经欣赏了赛事的受众而言，媒体的后续报道可以提供数据、细节、观点，补充第一时间欣赏赛事时缺少的信息，唤起对赛事欣赏的重新回忆。第三个层面是对体育的话题需求。观赏只是大众和体育之间关系的重要部分，体育受众在更多的时间里还会把体育当成话题来讨论，并让它成为自己的一种生活方式。他们既讨论彼此关注的体育赛事，也议论各自欣赏的体育明星。

在上述需求的驱动下，体育受众对媒体提出了自己的基本要求，无形中促进了媒体之间的竞争。为此，体育媒体必须围绕独家、内幕及时各展其能，在选题策划、作者选择、嘉宾邀请、文笔等方面苦心经营。在这里，媒体通常会在自身立场和受众立场之间尽量找到平衡，甚至，在市场竞争越来越残酷的局面下，一些媒体的内容制造者常常会揣摩受众好恶，在立场上对受众做出让步或者妥协，于是，传播者和受众之间经常形成暗合关系。近些年体育新闻出现娱乐化倾向，就是媒体方妥协的结果。

体育的受众群是跨年龄段的，相比之下，体育媒体（尤其平面媒体）的直接受众群有个突出的特点，就是代际更迭频繁，几十年来一直保持着群体年轻化。某机构曾经对武汉市进行过一次调查，在被调查者中，男性占据总人数的92%，女性只占8%。年龄构成上，39岁以下的年轻人比例超过了被调查者的85%，其中29岁以下者占70.7%，19~23岁者最多，占42.3%，50岁或以上者仅占2.8%。由此可以得出，武汉体育报纸受众基本是一支以中青年男性为主体的公民队伍。这个数据基本上也能反映出全国的概况。

与此相联系，新媒体的受众天然属于年轻一代，其主体基本上是“80后”“90后”。

年轻一代对体育的需求更侧重于第一层面（即现场观赛或收听收看直播节目）和第三层面（即体育话题），对体育话题的讨论越轻松越好。越来越多的人并不关注对真相和事实的披露，而是关心有没有话题价值；并不关心讨论出怎样的结果，而是关心讨论话题的方式。

## （四）“弹”——体育部门

“弹”和“枪”是一对矛盾体，其共同目标是“靶”。

中华人民共和国成立后至20世纪80年代，社会公共新闻资源分配的主体是官方，在社会信息的大众化分享方面，行政部门一直扮演着新闻发布者的角色。在那个时期，受计划经济所决定的社会地位的影响，新闻媒体作为公共社会资源，不会脱离官方机构的立场。

改革开放以来，越来越多的媒体拥有了市场的主体地位，对行政权力的依附性大大减弱。行政机构与大众之间的对话距离被拉大，因此行政机构必须学会如何运用媒体与大众进行交流。

体育部门与大众之间的关系，大体上也经历了上述曲线。

不过，体育部门与媒体之间的关系与其他行政机构稍有不同，他们对赛事主办权的垄断地位，决定了他们可以对媒体实施某种程度的控制甚至干预，比如，在很多的大型赛事中因为限制采访者人数，体育部门可以决定哪些媒体能进入采访现场，也可以决定哪些媒体不能进入。对一些项目而言，赛事本身就是一个传播体，他们的第一需求是力争扩大现场观众的人数，往往忽视了媒体的新闻报道。

事实上，体育部门和媒体之间就是一个矛盾体，这个矛盾体的主次关系的确会根据情况发生变化。对于一些冷门项目的赛事，媒体会主导报道的走向，体育部门的意见会处于被动地位；对于一些热门项目的赛事，体育部门则会主导报道方向和新闻渠道，比如中国网球公开赛、邹市明参与的职业拳击赛等。

当然，矛盾是相对的，体育是个开放体系，体育部门的权限无法从根本上动摇体育媒体的独立立场。在共同争取大众这个命题上，体育部门和体育媒体有着共同的利益和共同的方向，毕竟“枪”和“弹”的目标都是“靶”。

## 四、体育部门的应对策略

如前所述，体育是一个开放性体系，与当今越来越热的网络媒体的开放性十分契合，体育也是当今网络炙手可热的重要内容之一。在新媒体领域，体育板块占据主流网站的重要位置，个别网站是靠体育起家的（比如新浪网靠报道法国世界杯壮大了声势），搜狐、网易、腾讯等门户网站的体育频道是它们的支柱内容之一。以互联网为平台的新媒体区别于传统媒体的最大两点就是：一是内容发布流程的开放式，不像传统媒体有一套严密的发稿流程；二是报道风格的娱乐化，新媒体往往不关注真相和事实，更强调自己的传播方式如何去抓眼球。

同时，受互联网时代的深刻影响，传统媒体也在悄悄发生变化，报道风格也出现了娱乐化倾向。其中一个重要因素是从业者年轻化，他们很容易在内容制作中加入自己的审美倾向。2012年11月至2013年3月，国家社会科学基金重大项目《“走基层、转作风、改文风”与加强和改进新闻舆论工作研究》子课题《“走转改”与新闻队伍建设》课题组，进行了一次“全国新闻从业人员现状与‘走转改’”的问卷调查。调查结果显示，新闻从业者队伍日趋年轻化，从事新闻工作不满10年的“80后”已成为新闻队伍的主力部队。从年龄层次来看：“80后”成主力，占56.8%，“70后”占30.1%，“60后”占8.2%，“50后”占2.0%，还有2.9%是“90后”。

在这种局面下，体育部门可以尝试拿出以下的姿态。

主动：体育部门应该深刻地认识到当前体育媒体的开放性特点，学会转换自己的“采访对象”角色，主动驾驭各种传播媒体。目前，大多数体育部门都设置了新闻发言人制度，但仅限于完成应对媒体采访的角色。实际上，这个制度应该进一步完善，各体育部门应该根据自己的年度发展规划，制订对应的传播计划，主动让媒体跟上自己的宣传节奏。

平等：体育部门应学会与媒体交流，征求他们的建议和意见，了解他们的需求，探讨如何与大众分享信息。同时，体育部门也应该理解媒体的报道方式，对媒体报道的偏颇或者带来的影响不要反应过激。通过长期合作，互通、互谅、互动，最终双方可以成为平等、友好的合作伙伴。

及时：在新媒体环境下，及时发布是有效增强事件正面影响、消除事件潜在负面影响的最好办法。外交部新闻发言专家邹建华认为，过去新闻发布的第一时间应在24小时内，即所谓“黄金24小时”，但这只是适应了“每日新闻时代”的传统传播需求。当前，新闻传播进入了“秒时代”，此前提出的“黄金6小时”“黄金4小时”等时限都已显慢，发言人最好在“黄金1小时”内做出反应。此外，发言人的发言阵地也在变化，应尝试与网络媒介、社交媒体相适应，积极建立“网络发言人”制度。体育部门应该自我学习，学习自我完善的赛会新闻发布制度，在日常工作中将明星、训练、偶发事件及时通过媒体向大众发布，不要等事情发酵后再做被动的“采访对象”。

# 试论如何高质量发挥场馆在推动体育发展中的作用

国家体育总局秦皇岛训练基地　高晔

**摘要**：体育场馆是体育事业发展、体育活动普及的重要基础和硬件依托。功能完善、设施配套、规模适度的体育场馆是体育事业发展水平的标志和象征。笔者在国家体育总局秦皇岛训练基地负责场馆的管理工作，对我国体育场馆建设管理的现状、存在问题及对策做过一些调查和思考，现结合这次进修班学习的成果，着重谈一谈这方面的想法和体会。

**关键词**：职能转换；加大投入；推进产业；培育环境；实现跃升

## 一、快速提高体育场馆的数量、质量水平

体育场馆在体育事业发展中的地位和作用毋庸置疑，竞技体育离不开场馆，群众性体育活动同样需要场馆的保障。《国务院关于加快发展体育产业　促进体育消费若干意见》（以下简称《意见》）中指出：“积极推进场馆管理体制改革和运营机制创新，引进和运用现代企业制度，激发场馆活力，推行场馆设计、建设、运营管理一体化模式”“增强大型体育场馆复合经营能

力，拓展服务领域，延伸配套服务，实现最佳运营效益”。这为体育场馆的建设和运营提出了具体要求，明确了任务方向。从我国的现实情况看，实现这一要求，还有相当大的距离。

《意见》提出，场馆建设的近期目标是人均体育场地面积达到2平方米，我国目前的状况是人均体育场地面积只有1.5平方米。这些数字，有两个值得重视的问题：第一个是人均的问题。1.5平方米是全国范围内的人均数，也就是说，分母中包括乡村和城市、发达地区和欠发达地区，远远不是“全民健身”“全民体育”的应有概念。第二个是2平方米的数字虽然对我国来讲，已经是一个不太容易实现的标准，但和发达国家相比，仍然是很低的水平，美国人均达到16平方米、日本人均达到19平方米。此外，从场馆的质量水平上看，存在的差距也是显而易见的。

这里的质量，不仅指场馆的外观多么气派、建筑多宏伟，而是指功能是否完善，体育效能是否很高，有形无形的经济效益和社会效益有多大。以美国为例，篮球场馆、棒球场馆几乎每天都在为体育活动营运，而国内的场馆和国外的场馆相比，场馆的大小和“人气”的大小存在“倒挂”现象。笔者认为，这是场馆质量水平低下的一个深层原因。

提高场馆的质量水平，要突出解决好三个问题，核心是要发挥好政府的主导作用。从广义上讲，振兴发展体育事业，应当是国家行为，正因为如此，文化体育的发展被列入国家发展“十二五”规划当中。在场馆的建设、设计、规划甚至管理上，政府的作用无可替代。在适度引入民营资本，汇聚社会力量参加场馆建设的前提下，政府部门应承担起主要责任。国外的体育场馆、重要体育设施的建设，绝大多数也是由政府来承担的。有的观点认为，出现了体育运动的职业化、俱乐部化、产业化、群体化，政府就可以完全从经营活动中脱离出来，这是片面的。起码在体育场馆的建设管理上，政府这只“有形的手”不能放下去，而应该抬起来。

一是政府要有很好的定位。当前，体育运动改革的呼声越来越强烈，政企分离，管办分离，裁判员、运动员分离，以及抛弃单纯竞技体育的观点，是体育事业健康发展、实现根本突破的必然要求。围绕金牌搞训练，急功近利抓强项，抓组队权、办赛权、体育收入分配权、运动队伍的管理权不放手，势必会把体育带入功利的死胡同，屡禁不止的赛风赛纪问题，运动员为钱而练、为名而赛的逐利取向都与体育行政部门职责不清、手伸得过长相关联。体育部门首先要做好的是真正承担起以公共体育服务为中心的社会责任，这样，既能改变金牌数量与全民健身质量的“倒挂”现象，也能使全民健身、全民体育的成果反哺竞技体育。政府职能的“转身”，主要是应该把精力投向公共体育服务，而重视体育场馆的建设管理是完善公共体育服务中应有之义。缺乏政府及行政部门的坚强领导，场馆建设必将“悬空”。

二是要科学指导场馆建设的规划设计。体育事业的市场化、产业化，不能完全依照市场经济中的资源配置规律。体育事业具有公益性，全民体育健身是国家的发展战略。体育场馆的建设，单纯走地方和民营化道路，必将导致城乡、地区发展不平衡，专业功能降低，资源浪费和发展无序的结果。我国地域辽阔，经济发展水平不均衡，各地区体育项目的强弱优劣各有特点，要实现人均2平方米场馆的目标，就必须统筹规划，科学设计，区分情况，重点投入。体育行政部门要走出一统就死、一放就乱的怪圈，把本该承担的责任切实承担起来，为体育事业的发展把关定向，指路领航。

三是要加大对场馆建设及管理的资金投入。场馆建设投入大、收益低、见效慢。在大力引导民间资本进入的同时，政府要不断加大资金投入，确保“2平方米”目标的实现。场馆建设，政府永远应当是投资的“大股东”。改革开放以来，国力不断增强，人民生活水平迅速提高，教育、医疗卫生、社会福利水平不断提高。城市的楼房越来越高，农村的公路越修越宽，但相对于上述领域，从中央到地方，对体育事业的投入减少了。前些年，国家利用体育彩票的收入，在社区普及健身器材，收到了非常好的效果。但在场馆建设中，显得有些“羞涩”，不但体现在数量上的少，还体现在质量上的差。有的县级城市盖起了体育馆，五六年了也没真正完善内部设施，成为摆设。在加紧投入、尽快提升场馆的数量、质量水平上，政府部门任重道远。

## 二、最大限度提升体育场馆的实际利用率

现有体育场馆的闲置率高，特别是用于体育活动的少，这是比较普遍的现象。造成这一现象的原因是多方面的，有政策层面的，也有管理层面的；有主观原因，也存在客观因素。要从根本上解决这一问题，把体育场馆的全部功能最大限度地发挥出来，起码要在以下几个方面下功夫。

一是要探索符合市场规律的经营管理模式。市场经济规律是什么？简单而又通俗地概括，那就是两个字——“交换”，就是投入的资源要产生应有的价值。体育场馆是独特的公共资源，它的价值应当具有双重性，即经济价值和社会价值。二者是相辅相成的，缺一不可。社会价值是首要的，但没有经济价值的适当实现，社会价值就不会有高效实现的基础和动力。要处理好二者的关系，就要积极探索符合体育运动规律和市场规律的最佳模式。要下决心实现建管脱钩，体育行政部门彻底从独揽大权的场馆控制中剥离出来。商业经营，既不是行政部门的正业，也不是行政人员的优势。要激活体育馆、场的商业化运转，首先体育行政部门要撒手放权，使体育产业能够在适当的竞争中生存发展，这样的生存，才是具有长远发展后劲和强大生命力的。各地的体育

协会、具有体育产业经营管理经验的个体私营企业、相关的民间团体和自然人，都可以成为体育场馆的经营管理者。体育行政部门要强化指导功能，搞好协调配合，做好服务保障。如此各方联动，各扬所长，体育场馆的内在潜力就能够被真正挖掘出来。

二是探索低投入、低成本、低收费的新方法。成本控制是商业行为的首要考虑因素。体育产业化的发展，特别是引入民间资本进行适度的商业运行，就必须考虑成本因素。体育的硬件建设，要考虑当地实际，考虑大众消费能力和水平，不能贪大求全，贪新求洋。任何目标的实现，都要经历必要的过程。这个过程需要从实际出发，因地制宜。实践告诉我们，在我国这样的发展中国家，坚持低投入、低成本、低收费的“三低”理念，是一个应该遵循的原则。“三低”是为了实现高水平、高质量、高消费，但在发展的初始阶段，不切实际地跟风追高是不可取的。

三是依托产业化、民营化。商业化的动力是投入之后的期待收益。体育行政主管部门应联合政府其他部门以及相关行业单位，广泛调动各方面力量，组织开展体育竞赛、体育健身比赛活动，也可以利用体育场馆适当开展文艺演出、商品交易会等活动，把所得企业捐助、门票收入、场地使用费、广告收入等用于场馆的管理维护和升级建设。只要解放思想、开动脑筋、迈开步子，体育场馆的经营发展就一定能够实现良性循环。

## 三、不断扩充体育场馆的配套功能

体育场馆之所以“高处不胜寒”，给人以看得见、够不着的感觉，原因之一是功能单一，进门台阶高，普通民众不敢、不能、不愿走进去，使场馆特别是专业体育馆成为摆设。要把体育场馆的运转盘活，让外面壮观起来、里面热闹起来，就要在开发体育场馆的功能、完善配套服务上下功夫。

## （一）教学培训功能

秦皇岛训练基地现有室外运动场9个（含1个冬季项目训练场）、室内场馆7个（含1个综合馆）及高尔夫练习场1个，在每年的各类运动队的训练竞赛及全民健身（对外开放）保障上总利用率可以达到70%左右。为了最大限度地提高场馆和专业教练员的能效，从2011年起，“基地”与秦皇岛市体育局、教育局联合，在一定范围内选拔组建“中国足球学校秦皇岛市女子足球队”。对入选队员的要求是德智体全面发展，坚持以文化教育为主的教学训练模式，通过三年的实践，队员无论是文化课学习成绩，还是足球专项技战术水平，都有显著提高，达到了预期效果，在多次比赛中都取得了非常好的成绩。为全面铺开“体教结合”模式探索出了一条新路，积累了宝贵的经验。从目前情况看，我国许多大中城市具有较好的体育训练硬件条件，我们能做的，许多地方也能做。还需要看到体育教练等人才也处于供大于求的状态，他们之所以处于无事可做的状态，主要原因是相关部门及单位在利用场馆进行培训的方面做得不够，一面是资源闲置，另一面是有体育参与愿望的人有求无应。

## （二）休闲健身功能

现在日常健身的民众人数远未达到应有的数量，同时又有相当数量的准运动人口选择户外活动，只有数量较少的人会走进场馆中去。那么，功能完备的场馆设施通过免费或低价开放的方法，把非专业普通运动人群吸引到专业的场馆中去，将娱乐健身与训练功能相结合，使更多的体育爱好者接受较专业的运动健身项目训练、参与体育项目，久而久之，专业体育人才队伍会随之壮大。在有些地方，室外体育场提供给广场舞爱好者免费使用，不但聚集了人气，提升了体育场的公众知名度、体育运动的公众参与度，也通过零售商品、推销训练比赛门票等，实现社会效益及经济效益双丰收。实践证明，只有大力开发场馆的休闲、娱乐、健身功能，体育场馆的人气才能培育起来，全民健身的服务宗旨才能落到实处。

### （三）综合服务功能

从目前情况来看，功能单一、开发利用不够、工作人员不专业，也是影响体育场馆高效发挥作用的因素。比如，体育馆空间大，适宜人员聚集，可以利用走廊、过道等位置进行体育知识普及宣传，也可以开设体育博物馆、参观馆等，免费对群众开放，室外体育场也同样可以借鉴室内馆的做法，进行广告位招商，广告内容的设置安排，可以体育活动相关的内容为主，使商业行为同公益行为相结合。再比如，县级以上中小城市的体育场馆，除了聘请有经营管理经验的人员负责日常运营外，还应当根据当地实际情况，聘请专职或兼职的教练员、专业辅导员驻场馆进行专业辅导，利用寒暑假班、夜班、周末班、老年班等，对不同群体人员和体育爱好者进行专业培训辅导。“只开饭店，不请厨师”，是体育场馆不景气的写照。又比如，体育场馆应根据当地经济发展水平、大众消费能力及民众对各种体育项目的需求，开展质量有保障、价格较低廉的体育器材、体育服装及相关用品的有偿服务。这就好比一个饭店，菜品丰富、主副食齐全、味道纯正、价格适度，虽然前期投入较大，回收成本较慢，但一定能长久经营、良性发展。

## 四、善于推动和借助国家体育政策引领场馆发展

体育场馆因体育事业的繁荣而存在，而体育事业的发展，归根到底需要政策、制度的保障和支持。党和政府对体育工作一贯非常重视，出台了一系列规范性、指导性的政策规定，为体育事业

的发展注入了活力、指明了方向。但应当看到，政策有前瞻性，也有滞后性。落实政策是实践的过程，应当因地制宜，具体问题具体分析，在不断发现问题、解决问题中推动政策的完善和落实。落实体育强国战略，当前有许多新的理念和想法，有的刚刚开始试行和改革。在这方面，笔者也在思考和学习阶段，没有更深的研究和认识，仅提出以下四个观点，和老师及同行们共同探讨。

## （一）推动体育产业化

体育产业化是深化体育事业改革、促进全民体育发展的根本出路，是大势所趋，国务院也下发了指导意见，接下来的关键是中央和地方、政府和民间要各司其职，合力推动产业化发展。政府和体育行政部门应当有很好的定位，遵循市场规律，做好组织协调和服务保障，这一问题前面已经谈过，不赘述。体育产业化，要重视俱乐部形式、群众性体育组织建立等问题的探讨研究，发挥好这些组织的主流作用，以运动促产业，以活动带经营，以收益强体育。应强化税收、土地等政策的引导作用，鼓励企业向体育产业投资，激发市场活力。

## （二）促进体育法治化

《关于加快发展体育产业促进体育消费的若干意见》《体育产业发展纲要》《全民健身条例》，都是发展文化体育事业的政策保障和指引。对已有的政策要加大执行力度，切实保证体育发展在法治的环境下进行。同时，还应在立法上进一步加大力度，尤其在体育运动产业化、体育行政部门服务化的改革之中，必须尽快出台与之配套的法规制度，建立起新型体育事业发展环境，如运动员的管理，竞赛的组织，教练员、裁判员的执业，优惠措施的保障等，都要做到有法可依、有章可循。

## （三）提升体育全民化发展

要处理好竞技体育与全民健身、大中城市与小城镇、经济发达地区与欠发达地区的关系。要特别重视体育教育，坚持从娃娃抓起，培养中小学生的体育兴趣，广泛普及体育知识，增进他们对体育运动的认知和增强运动能力。据报道，今年起高校招生基本取消了体育特长生加分。从维护教育公平、避免徇私舞弊的角度考虑，当然是正确的，但要有更加科学、更加有力的激励政策，引导学生把一部分精力投向体育运动。当前，有的中小学校为了片面追求文化课成绩、避免运动事故，把体育课的时间和项目一减再减，校园场馆越来越安静，政府有关部门应对这一问题给予高度重视。

## （四）培育体育消费新理念

人民群众当中经常流传一句名言：有啥不如有个好身体。要大张旗鼓地培育和宣扬这种理念，使“参与体育等于储蓄”的理念深入人心。构建全民体育健身和体育消费新常态，应多管齐下，多头并举。要把比赛办得更好看，把各种体育活动搞得更频繁，把体育消费的供给搞得更充足。体育运动的普及率要纳入企业、事业单位和机关学校的政绩、业绩考核内容当中，实行必要的奖惩激励制度。在场馆建设上，除以上提到的问题外，还应加强我国优势项目、重点项目以外的场馆建设，如滑雪、游泳、棒球、垒球、手球等项目的场馆及相关设施的建设，不断丰富全民体育运动的内容，不断满足人们日益增长的运动需求，使更多有不同爱好的群体都能享受到更高质量的公共服务。

# 体育场馆文化建设浅谈

## ——以国家奥林匹克体育中心为例

国家体育总局国家奥林匹克体育中心　高明

**摘要**：体育文化是一种包括体育运动的物质上、制度上和精神上的文化的总和，它不仅是一种思想或者精神，而且是一种可以转化为指导体育实践的方法。受我国体育综合发展水平的制约，我国的体育文化发展还处于初级阶段，积极发展和宣传体育文化是建设体育强国的迫切需要。国家奥林匹克体育中心（以下简称“奥体中心”）的“奥体精神”主要体现为以体为本、服务社会、勤勉守职、同心共济。以体为本是“奥体精神”的核心，服务社会是“奥体精神”的宗旨，勤勉守职是“奥体精神”的品质，同心共济是“奥体精神”的特征。“奥体精神”是体育文化的一个具体体现，弘扬“奥体精神”有利于推动体育文化的发展和奥体中心的各项工作。践行“奥体精神”的主要措施包括合理规划工作、搭建宣传平台、构建合适的载体和组织教育培训。

**关键词**：体育文化；奥体精神；内涵；践行

## 一、问题的提出

在2008年北京奥运会和2012年伦敦奥运会上，中国代表团势如破竹，分别取得金牌总数的第一名和第二名的好成绩；在2014

年仁川亚运会上，中国代表团夺得151块金牌，9次登上奖牌榜榜首。从我国在国际顶尖竞技体育比赛中取得的金牌数量看，我国无疑已经是名副其实的体育大国，但与世界公认的体育强国相比，我国在体育文化的创新、发展、传承及体育产业的发展等方面还有不小的差距。体育大国主要体现在一个“大”字上，而体育强国则要突出在一个“强”字上，这就要求国家民族的体质要强，全民对参与体育运动的热情要高，竞技体育的成绩要在世界前列，可供民众进行体育运动的设施要完善，体育文化及其发挥的作用更要强。

国家奥林匹克体育中心是国家体育总局的一个直属事业单位，承担着驻训国家队保障、开展全民健身运动和体育产业开发的重要工作职责。党的十八大以来，国家陆续颁布了一些新的体育政策法规来促进体育事业的全面发展，这为正在进行体育文化建设和发展的国家奥林匹克体育中心注入了新的生机和活力，也为奥体中心在新形势下的进一步发展带来了机遇。为了更好地贯彻和落实国家的各项体育方针和政策，促进奥体中心各项工作的可持续发展，本文试对“奥体精神”的内涵、作用及如何践行“奥体精神”进行分析，旨在真正地将“奥体精神”灌输至每一位员工心中，从而促进国家奥林匹克中心的体育文化发展。

## 二、体育文化的概念及我国体育文化发展的现状

### （一）体育文化的概念

党的十七届六中全会提出，要深化文化体制改革，推动社会主义文化大发展大繁荣，努力建设社会主义文化强国。在2008年北京奥运会、残奥会总结表彰大会上，胡锦涛同志发出进一步推

动我国由体育大国向体育强国迈进的号召，作为人类社会生活的重要形态，体育不但是建设体育强国的重要支撑，也是我国社会主义先进文化的重要组成部分，既肩负着建设体育强国的重要任务，又肩负着建设文化强国的重要使命。

那么，究竟体育文化的内涵是什么？卢元镇教授认为，“体育文化是一种包括体育运动的物质上、制度上和精神上的文化的总和”，它有着丰富的内涵，其中包括体育道德、理想、价值、认识、制度和物质条件。霍子文等认为，体育文化是建立在进行体育运动基础上的一种超越自我、挑战极限而获得满足感的价值理念，并通过长期的社会实践形成的生活方式。陈晓峰从三个方面去理解体育文化：一是从物质和精神的关系定义体育文化，他认为体育文化是体育运动中物质文明和精神文明的总和；二是从文化结构的方向定义体育文化，他认为体育文化是人类体育运动的物质、制度、精神文化的总和；三是从狭义文化内涵的视角来定义体育文化，他认为体育文化是在身体活动的前提下获得的精神生活上的需要。由此可见，体育文化拥有丰富的内涵，体育文化不仅是一种思想或者精神，而且是一种可以转化为指导体育实践的方法，营造一个轻松、友好的体育文化氛围对推动和促进我国各项体育事业的发展极为有利。

## （二）我国体育文化的发展现状

当前，我国体育文化事业发展势头正劲，随着改革逐步深入，人民生活水平日益提高，更多的体育设施正在建设和投入使用，国家和社会对体育的投资越来越多，体育健身指导等方面更加齐全和完善，使得大众体育发展速度加快，人们对体育的认识更加深刻，体育也更加深入人心。国务院在2002年7月22日颁布的《关于进一步加强和改进新时期体育工作的意见》提出，要大力发展我国体育事业。完善群体活动内容，体育事业基本要素结构要优化、功能要创新，提高和改善我国居民对体育知识和体育意识的认知，并且对我国体育理论的发展等方面产生积极影响。目前，我国大众健身普及更加广泛深入并且更加科学化。当前体育运动对健康有利的观念已经深入人心。此时就更加需要大力普及体育知识，使科学化的大众健身更普及、更简单易行。在正确的理论知识的指导下体育才能更好地起到锻炼身体的作用。同样，掌握了科学的锻炼方法的人会更热爱锻炼，也能激发周围人参与体育锻炼的热情，可以有效地推动体育文化的传播和发展。2009年起，每年8月8日为法定的“全民健身日”，这将全民健身的热情又推向了一个新的高度，同时可以通过“全民健身日”普及更多的科学健身理论和方法，使人们健身时可以做到有的放矢。虽然我国体育文化事业发展十分迅速，但我国仍然处于社会主义初级阶段，在培养人们参与体育运动的意识和增进人们对体育运动的科学认识等方面与发达国家相比还有差距。人们对“花钱买健康”的认识不够全面和彻底。在大众体育方面，大众体育活动开展得不到位，以及缺乏科学的指导和制度保障，这些因素都很大程度上影响了大众体育的发展。由此看来，培养人们参加大众体育活动的观念对发展大众体育文化极为重要；另外，制定合理的保障大众体育发展的制度对大众体育文化的发展有着积极的影响。所以说，要发展大众体育文化首先要确立中国特色大众体育文化的发展方向，同时大众体育文化的发展路径要贴近群众，以群众为中心，发展大众体育文化。

体育文化发展得不到位与体育产业发展滞后有一定的关系。与竞技体育前所未有的辉煌成就相比，中国体育产业发展始终处在“不温不火”的局面。数据统计显示，2013年，中国体育产业年产值仅为3136亿元，占国内生产总值（GDP）的比重还不到1%。如果扣除体育服装、装备等制造业领域的收益，纯粹的全民健身、体育赛事和体坛偶像创造的价值微乎其微。习近平总书记强调，体育是社会发展和人类进步的重要标志，是综合国力和社会文明程度的重要体现。体育在提高人民身体素质和健康水平、促进人的全面发展，丰富人民精神文化生活、推动经济社会发展，激励全国各族人民弘扬追求卓越、突破自我的精神方面，都有着不可替代的重要作用。所以，体育产业的发展与体育文化的传播是紧密联系的。古人云："仓廪实而知礼节，衣食足而知荣辱。"只有当物质充足后文化才能盛行，所以，必须大力发展体育产业，当体育产业发展到一定的高度，体育文化才可以更好地在社会中传播，才能更加深入人心。

综上所述，由于我国体育综合发展水平的制约，我国的体育文化发展还处于刚刚起步的初级阶段，广大人民群众对体育的态度和观念还有待进一步转变。积极发展和宣传体育文化，可以进一步推动我国各项体育事业的发展，也是我国建设体育强国的迫切需要。

## 三、"奥体精神"的内涵及其作用

### （一）"奥体精神"的内涵

根据体育文化的基本概念和涵义，以及奥体中心的基本工作职责，本研究将"奥体精神"概括为"以体为本、服务社会、勤勉守职、同心共济"。

**1."以体为本"是奥体精神的核心**

奥体中心的职能之一就是国家队驻训保障，在奥体中心共有9个项目，19支驻训的国家队，700多名运动员，所以做好场地、设施、食宿等方面的保障，使驻训国家队的训练顺利进行就显得尤为重要。奥体中心的另一个职能就是开展全民健身运动，毫无疑问，健身运动首先必须是人的身体运动。"以体为本"的核心思想为全面开展全民健身运动指明了方向。体育产业包括体育本体产业、体育外围产业、体育中介产业和体育产业消费者等。《体育产业发展纲要》的指导思想要求坚持“以体为本”的原则，探索一条符合中国国情的体育产业发展道路。“以体为本”作为核心内容是判断是否切实落实“奥体精神”的依据，是践行“奥体精神”的终极信念，也是解决“奥体精神”在发展中如何处理内外矛盾的根本准则。

**2. “服务社会”是奥体精神的宗旨**

做好国家队的驻训保障工作，保障好运动员的训练和生活对运动员提高运动能力并取得优异的比赛成绩有着至关重要的作用。同时，运动员在国际赛场上取得优异的成绩是综合国力的一种体现，可以提高民族自信心，从而影响更多的人参与体育运动，有利于开展全民健身。奥体中心拥有全国最好的训练场馆，将这些场馆面向全社会开放将会在一定程度上解决运动场地稀缺的问题，让更多的人参与体育运动。在此基础上，可以增加一些体育指导，让更多的人科学运动，不仅让运动的人体会到运动的乐趣，同样有利于培养全民健身的习惯。众多的场馆可以在保障运动员训练的前提下承办一些民间的体育比赛或者宣传体育健身的文化活动，有利于增进人们对体育的了解并形成运动的好习惯。

**3. “勤勉守职”是奥体精神的品质**

“勤勉守职”就是要勤奋工作，忠于职守，尽到责任。在工作中的具体体现就是深刻领会和贯彻“奥体精神”，以身作则，对自己的工作高标准、严要求，对运动员训练的保障要细致、到位。在开展全民健身运动方面要积极组织各种活动或者以宣讲等方式引导全民参与健身。体育场馆的开放不仅仅是开放场馆，还可以加入更人性化的一些措施。例如，对喜欢运动而没有基础的人群进行指导，在场馆里放置一些条幅、照片等，这些不但可以激励运动员努力训练，同样可以感染来到场馆锻炼身体的人。

4.“同心共济”是奥体精神的特征

当今时代是一个信息化的时代，更是一个合作的时代。“同心共济”要求奥体中心的全体工作人员心往一处想、劲往一处使，在通力合作中完成各项本职工作。同时，也需要与驻训的运动队和相关的社会各方合作，收集各种意见和建议，逐步在工作中改善存在的不足，最大限度地发挥奥体中心的职能。

综上所述，“以体为本、服务社会、勤勉守职、同心共济”四者之间是一个有机的整体。“以体为本”表明“体”是奥体中心的灵魂，是奥体中心事业发展永恒不变的主题；“服务社会”指明了奥体中心建设与发展的最终目标，是奥体中心开展各项工作的根本出发点；“勤勉守职”意味着勤奋努力，尽心尽责，体现几代奥体人顽强拼搏、积极向上、吃苦耐劳的精神状态；“同心共济”则强调了奥体中心与国家、社会及民众之间荣辱与共的密切关系。“奥体精神”的传播最终是要服务社会，让广大人民群众体会到体育的乐趣，积极参与体育活动，提高全民的身体素质并且正确理解体育的意义。

## （二）“奥体精神”的作用

首先，“奥体精神”是体育文化的一个具体体现。体育强国的一个核心指标就是体育文化的发展要深入人心、全民参与并且每人都能掌握一些科学的、正确的健身手段。世界上的体育强国无一不是在儿童时期就进行体育教育，并且在少儿阶段就开始培养其对体育的兴趣。南非前总统曼德拉曾经说过，贝利拥有改变世界的力量，而这种力量就是体育文化的力量。现代竞技体育运动的起源是古希腊时期的奥林匹克运动。古希腊文明十分崇尚力量并认为人的力量是没有极限的，而且人的力量足以征服世界。当前我国处在文化发展的关键时期，文化作为一种提升民族凝聚力和创造力的源泉、软实力，也为发展国家经济和提高国家竞争力提供助力。体育文化是社会文化的一个重要组成部分，文化传播的能力是国家文化软实力的一个体现，体育文化的传播对中国体育文化的国际竞争力具有深远的影响。因此，在提高文化传播能力上必须结合我国体育媒介的发展现状和实际情况，来发现体育文化传播过程中的各种问题，并探索相应的解决办法，以此来促进我国体育文化的传播和发展，并对体育文化的传播机制进行创新，从而促进我国体育文化的发展，使我国从体育大国向体育强国迈进。

其次，弘扬“奥体精神”有利于推动体育文化的发展和奥体中心的各项工作。当前我国正在建设体育强国，这就必须大力发展群众体育，提高全民的身体素质，提高全民对体育运动的认知程度，提高全民体育的参与程度等。那么就需要有一个轻松、友好的体育文化氛围，因此，建立起适合绝大多数人参与体育运动的场所和营造合适的运动氛围就显得尤为重要，以此带动更多的人参与体育运动，有利于建设体育强国。“奥体精神”必须深深根植于所有践行“奥体精神”的人心中，不然“奥体精神”就成了一个口号，不能有效地实施，也无法落实在实际工作中。这就要求倡导者积极宣传，响应者努力践行，这样“奥体精神”才能逐步实现“落地生根”。因此，必须找到合适的宣传方式进行宣传，以确保“奥体精神”可以最广泛地深入人们心中。将“奥体精神”融入职工思想正是一个好的方法，从奥体中心职工开始，自觉践行“奥体精神”并将其根植于自己的思想中，以此指导平时的生活与工作。这样就可以形成一个自上而下、身体力行的典范来影响身边的群众参与体育运动，通过自己践行“奥体精神”的方式，用这种无声的力量来影响群众。还有，热情的讲解能使人们更多地了解体育运动方面的知识和理念，让体育运动更加社会化，不再让人们因不会运动就放弃运动。介绍多样的运动方式，让人们爱上体育运动，让他们的锻炼形式不再单一。将“奥体精神”深刻贯彻于平时的工作中可以提高职工的工作热情，职工对工作的热爱和认同可以在很大程度上提高工作的效率和效果。

## 四、践行“奥体精神”的措施

### （一）合理进行工作规划

“奥体精神”的传播不能只是将上级会议的精神一级一级向下传达，或者仅仅进行几次“奥体精神”文化传播活动，而是要认真规划好“奥体精神”传播的各种方法，传播活动的设计必须科学、合理、有效。在加强文化建设的前提下，建立健全奥体中心文化建设的长效机制，保证文化建设的科学性和实效性。

### （二）搭建宣传平台

充分利用奥体中心网站、内刊及宣传橱窗、板报等媒介将最新的精神第一时间传达给广大干部职工。同时，各基层单位可以通过网络和信息平台等内部通信工具获得最新的信息，还可以及时反馈在工作中出现的各种问题，以此来加快奥体中心整个信息的流通速度，提高效率，降低成本，并消除信息不畅导致的各种猜测和疑惑，在奥体中心内部形成良好的氛围。此外，内部刊物、网站都是奥体中心职工和社会了解“奥体精神”的重要媒介，要以内部刊物、网站为宣传的主要阵地，大力宣传“奥体精神”，营造浓厚的文化氛围。

### （三）构建合适的载体

要让职工在活动中深刻认识“奥体精神”的重要意义，应多组织广大职工开展各种健康向上的文化活动，如拓展训练。当职工身临其境地参与，就会加深对“奥体精神”的理解，更容易培养团队精神和增强集体凝聚力。同时，在宣传的硬件设施上也需要加强，比如设计能代表中心形象的雕塑、规范喷绘企业的名称和标志，起到宣传奥体中心的作用。

### （四）组织教育培训

一方面，通过组织职工学习“奥体精神”并相互交流学习心得，来加强职工对“奥体精神”的认识程度。另一方面，开展文化交流活动，让职工在活动中向社会传播“奥体精神”，这样不仅可以进一步加深职工对“奥体精神”的理解，同时也可以让更多的人接触“奥体精神”。

## 五、结　论

体育文化是关于人类体育运动的物质、制度和精神文化的总和，有着丰富的内涵，它不仅是一种思想或者精神，而且是一种可以转化为指导体育实践的方法，对指引人们参加体育运动、促进体育发展都有积极的作用。但受我国体育综合发展水平的制约，我国的体育文化发展还处于初级阶段，人们对体育的态度和观念还有待进一步提高，积极发展和宣传体育文化是建设体育强国的迫切需要。

## 参考文献

[1] 辜德宏，谢明，刘云朝.“体育强国”辨义及相关问题探讨[J].西安体育学院学报，2010，27（5）：536-539.
[2] 徐本力. 体育强国、竞技体育强国、大众体育强国内涵的诠释与评析[J]. 天津体育学院学报，2009，24（2）：93-98.
[3] 卢元镇.中国体育社会学[M].北京：北京体育大学出版社，1996.
[4] 霍子文，何建伟，赵艳，等.关于体育与体育文化概念的整体思考[J]. 运动，2010（2）：4-7.

[5] 桑振洲，王少春. 我国大众体育文化的发展现状研究[J].浙江体育科学，2011，33（6）：14–17.

[6] 陈晓峰. 多维视角下体育文化的内涵、价值与建设[J].上海体育学院学报，2012，36（2）：21–24.

# 我国大型体育场馆的管理与运营研究

国家体育总局国家奥林匹克体育中心　高凤稳

**摘要**：随着改革开放的不断深入和市场经济的迅速发展，国民经济实力逐步提高，中国逐步加大了对大型体育场馆建设的投入力度，由于这些场馆在不同程度上都面临着利用率不高、经济效益不好、运营费用负担沉重等问题，加之我国的经济体制正处在转型期，体育产业起步晚，发展不成熟及建设规划缺陷等原因，造成了我国大型体育场馆的管理及运营机制与现有经济体制的不适应，市场化和产业化程度比较低等问题。

本文通过文献资料法、分析对比法，运用经济学、管理学、体育学等学科的知识，从政府对大型体育场馆的规划、建设及经营市场的培育等方面应如何进行宏观管理和大型体育场馆的管理主体对大型体育场馆的维修维护、营销等方面应如何实施运营进行了研究和探讨，并对我国政府如何改善大型体育场馆与当今市场经济体制不相适应的管理体制，以及大型体育场馆的管理主体如何结合国情对体育场馆进行有效的运营提出了意见和建议，希望本文能够对破解我国大型体育场馆的管理与运营问题起到推动作用。

**关键词**：体育场馆；管理；运营

# 一、引 言

## （一）选题的背景和意义

### 1. 研究的现实背景

随着改革开放的不断深入和市场经济的迅速发展，我国的经济实力在逐步提高，中国的国际地位也发生了变化，国际影响力与日俱增，这些都在推动中国体育事业的快速发展，同时中国举办国际性赛事的机会和数量急剧增加。自2008年以来，我国举办了三次国际大型综合性体育赛事，即2008年北京第29届奥运会、2010年广州第16届亚运会和2011年深圳第26届世界大学生运动会，还举办了2010年北京首届世界武博运动会、2014年南京青奥会和2015年北京国际田联世界田径锦标赛，每次赛事的举办都在不同程度上推动着举办地体育场馆的建设和体育事业的发展。随着中国综合国力的不断提高和社会文明的不断进步，民众对精神文明的追求越来越高，同时我国政府也在加快全民健身计划推进的步伐，为落实《全民健身计划（2011—2015年）》，各类体育场馆的数量迅速增加。

（1）为举办2008年北京第29届夏季奥运会，我国新建和维修改造了比赛体育场馆共计37个，其中北京31个，其余分别在上海、青岛、沈阳、天津、秦皇岛、香港6个城市或地区。

（2）1990年北京亚运会新建了7个场馆；2010年广州亚运会新建和改扩建的体育场馆共82个，地跨广东省4个城市。

（3）2011年在深圳举办的第26届世界大学生运动会，新建和改扩建了63个体育场馆。

（4）到目前为止，中国已举办12届全运会，由6个省市承办，许多城市协办。

这些场馆的建设不仅仅是为了举办一次大型的体育赛事，更是借此改善当地人民群众日常健身的环境和条件。另外，为了满足人民群众日益增长的健身需求，各地的体育设施如雨后春笋般地迅速兴起。根据国家体育总局统计，目前我国各级各类体育场馆已经达到了110多万个，经常参加体育锻炼的人数占总人口的比例为28.2%，作为拥有13亿人口的大国，平均每万人拥有体育场地8个，初步满足了全民健身的需求，为促进体育事业的发展奠定了良好的物质基础。与1995年我国拥有体育场地近62万个相比增加了77%。我国《“十二五”公共体育设施建设规划》明确提出到2015年“人均体育场地面积达到1.5平方米以上”，基本实现“县县都有公共体育场”的目标。

2. 问题的提出

承办奥运会、世界杯等国际大型体育赛事的国家和城市，在圣火熄灭后，不同程度上都受到了大型场馆利用率不高、日常运行经费不能完全自给等问题的困扰，长期需要政府财政补贴，成为政府财政上的负担。1972年建设的德国慕尼黑奥林匹克公园，平均每年的维护运营费为3000万美元；1988年建设的汉城奥林匹克公园，每年的维护费用超过800万美元。在奥运场馆维护方面，亏损最为严重的是澳大利亚悉尼奥林匹克公园，尽管在奥运会前后，新南威尔士州政府制定了关于奥林匹克公园的长远发展规划，但在运营管理方面仍然面临着巨大的困难。2003年奥林匹克公园的收入为5443万澳元，但运营支出为1.39亿澳元，亏损8539万澳元，2004年，通过主体育场进行冠名的方式，上半年收入9150万澳元，运营支出为1.08亿澳元，仍亏损1687万澳元。

中国的大型体育场馆也同样面临着这一世界性的难题。功能和经营模式单一、运营人才匮乏及经济发展低迷等因素，影响了体育场馆的综合利用，甚至有些体育场馆长期闲置，利用率不高；许多体育场馆经营模式仍然是依靠场馆的地理位置，可利用的场地、房屋等国有资源简单地出租，经费不能完全自给，高昂的日常维护费用和运营经费很大一部分靠财政补贴，成为政府的财政负担。如果不科学地解决这一问题，将影响场馆的管理经营和持续发展，影响当地群众的健康生活和幸福指数，影响地区体育事业的推广，甚至制约着我国体育事业的发展。因此，积极探索体育场馆建设和经营管理的新模式，努力提高体育场馆的利用率和经费自给率，减少政府财政负担，充分发挥其对竞技体育和全民健身的作用，是我国政府、场馆业主及所有场馆经营管理者亟须未雨绸缪、潜心研究的重大问题。

**3. 研究的目的和意义**

不少专家、学者和历届奥运会举办地的政府部门都很关注大型体育场馆赛后在管理和运营方面呈现的消极现象，并潜心探索和研究破解的方法和途径，但是依然没有找到行之有效的“灵丹妙药”使更多的大型体育场馆摆脱这种困境。所以对此问题的研究尤显重要，具体体现在如下方面。

（1）战略层面。结合中国国情及中国体育产业发展状况，借鉴国外先进经验，用发展的眼光分析研究，找出适合中国国情的大型体育场馆管理和运营模式，以更好地实现奥运争光计划和全民健身计划。

（2）社会层面。“发展体育运动，增强人民体质。”体育产业的重要功能之一在于提高全民身体素质，发展社会生产，推动社会主义精神文明建设，振兴民族精神，实现个人的全面发展和社会文明进步。

（3）经济层面。有利于提高大型体育场馆的利用率和经费自给率，创造效益，降低经营压力，减少政府财政负担，实现持续发展。

（4）管理层面。探索适合中国实际的大型体育场馆管理体制和运营模式，确保固定资产保值增值。

本文本着抛砖引玉的目的，为我国体育场馆的管理和运营提供一些有价值的参考意见。

## （二）研究方法

根据客观条件和研究的实际需要，一是采用文献资料法，围绕着研究内容查阅国际上各地体育场馆的管理和运营的方法、经验。二是采用分析法，对国际上各地体育场馆管理运营的方法和经验进行分析，总结其经验教训，找出比较适合我国国情的、趋于科学的方法。

## （三）内容安排

第一部分是引言，主要阐述了选题的背景和意义，以及本文的研究方法。

第二部分从职能、经营管理者的性质、资金来源等方面对现有大型体育场馆的管理和运营模式进行了划分与比较。

第三部分主要分析了我国大型体育场馆存在的管理与运营的问题，并对产生问题的原因进行了分析。

第四部分结合国外先进经验和我国大型体育场馆存在的管理运营问题，提出了转变政府体育管理职能、改革大型体育场馆管理和运营的现有体制、科学统筹体育场馆规划和建设、走市场化和产业化之路、引导体育场馆建设与运营的健康发展、培养大型体育场馆管理和运营的专业团队等意见和建议。

通过研究得出以下结论：一是大型体育场馆的管理和运营要兼顾社会效益和经济效益；二是要加强对大型体育场馆的开发利用，切实实现保值增值；三是大型体育场馆的市场化、产业化进程要与体育产业化进程协调一致；四是多视角、多层面研究大型体育场馆的管理与运营问题；五是重视大型体育场馆对城市发展的推动作用。

## 二、现有大型体育场馆管理与运营模式的分类

大型体育场馆通常是指投资额度和基建规模较大，能够承办大型的体育比赛和开展群众性文化体育活动的场馆。对大型体育场馆的分类，目前国内外没有明确统一的标准。依据我国对体育基建项目投资规模的界定，投资额在3000万元（含）以上的为大中型项目，由国家发改委审批；3000万元以下的为小型项目或是一般项目。按看台容纳的观众人数划分，体育场可容纳25000人以上为甲级，15000～25000人为乙级，5000～15000人为丙级，5000人以下为丁级。根据国内专家的咨询意见，70000座以上的体育场为大型体育场，8000座以上的体育馆为大型体育馆。

### （一）按职能分类

#### 1. 以发展竞技体育事业为主要职能

这类体育场馆担负着各级政府赋予的备战各类体育大赛参赛队伍运动员日常训练的保障任务，或担负着各级政府举行大型体育赛事的承办任务，其主要职能就是为驻训的运动员提供训练、食宿、医疗、交通及文化教育等后勤保障服务工作。

#### 2. 以为社会服务为主要职能

这类体育场馆主要是为开展全民健身活动提供场地、设施及组织保障等服务，其主要职能是为社会服务，服务的主要对象是场馆周边百姓，只收取较低的服务成本费。自国务院1995年颁布《全民健身计划纲要》到2010年的15年间，体育场馆为我国全民健身事业的发展发挥了举足轻重的作用。2012年，天津建成的东丽体育馆、网球馆和体育场，就是为了落实国家体育总局在全国20个省市创建全民健身示范城区计划而建，并被评估为A类标准，群众体育经费标准在人均8元以上，为推进全民健身计划提

供经费保障。

**3. 以产业经营为主**

这类体育场馆在市场经济条件下，借助自身拥有的体育设施等条件向社会提供有偿服务，具有商业性质，其主要职能是经营，经营的目的是谋求利益。

**4. 混合功能**

这类体育场馆同时肩负着驻训保障、竞赛服务、全民健身、场馆经营等职能中的两种或以上，在履行驻训保障、全民健身、社会服务任务的前提下，在有余力的情况下开展经营活动，充分发挥资产的作用，提高资产的利用率，以获取经济收入，弥补体育场馆资金不足的问题。隶属于国家体育总局的国家奥林匹克体育中心、青岛航海运动学校、秦皇岛训练基地、安阳航空运动学校等训练基地均不是单一职能。

## （二）按经营管理者的性质分类

**1. 经营管理以政府为主**

政府经营管理大型体育场馆的方式主要有两类：一类是由体育行政部门所属的事业单位对体育场馆实施经营管理，其优势是熟悉体育领域的业务，能够较好地发挥体育场馆的体育特性，其劣势是体育工作者大多不具备资产市场运营的知识和能力，不能使体育场馆的资产性得到良好的发挥。二是政府将对体育场馆的建设投资作为股份，成立独资或股份制的法人公司，对体育场馆实施经营管理。2008年北京奥运会的主会场——国家体育场(“鸟巢”)是国内首次打破完全由政府投资的传统模式，由北京市国有资产经营有限公司与中国中信集团为代表的联合体共同组成项目法人，共同担任“鸟巢”的管理主体。

**2. 经营权交由法人或个人管理**

法人或个人管理是指将体育场馆的运营权在一定时间内交

由经营性公司或个人进行管理。其不足之处：一是大型公共体育场馆的公益性和社会效益难以保证。二是容易滋生短期行为，可能因被过度使用或日常维修维护被忽视而导致资产的使用寿命缩短。三是体育场馆在市场中运营的规范性和安全性较差。比如，香港温布莱有限管理公司管理香港大球场期间，因唯利是图，最后被收回管理权。另外，澳大利亚悉尼奥林匹克公园原由康宝树湾发展公司管理，后因各种原因被收回。

## （三）按资金来源分类

### 1. 建设资金全部为政府投资

其运营资金来源有三种情况。

（1）运营资金来源全部为政府财政资金。这类体育场馆是指运转资金和维护资金全部来源于政府财政资金，政府或者政府所属的体育行政部门负责管理。这种方式不利于激发场馆自身“造血”的主动性，容易导致场馆的管理和利用效率低下，采用这种方式的场馆比较少，一般出现在经济比较发达的高福利国家，比如瑞典、芬兰等国家，或是经济欠发达的地区。我国很少承担各级运动队备战大赛训练保障任务的训练基地及场馆，其运转经费和维护经费全部由政府财政拨款。

（2）运营资金来源以政府财政拨款为基础，自身创收为补充。这类体育场馆由政府承担其大型资产设备的购置费及设施设备的维修维护费，同时对其日常的能源消耗和人员基本开支等费用仍给予定额或定向补贴，其余不足部分由自身创收来弥补，其性质为 “事业性质”，参照“企业运营”模式运营管理，目前我国大部分的公共体育场馆及主要任务不完全是国家运动队训练保障的体育场馆采用这样的管理运营模式，如国家奥林匹克体育中心等就属于此类。

（3）完全自收自支。这种管理模式的体育场馆基本上是企业化管理的体育场馆，场馆的所有权和经营权实现了分离，是一种委托管理的模式，政府拥有所有权，其管理权和经营权是通过聘任、协商、谈判或招标等形式委托某一公司、个人或社团在一定时间内全权管理，场馆运作经费自收自支。

**2. 建设投资采用融资模式**

体育场馆建设投资采用融资模式，主要有BOT、PPP、发行债券等方式，这类体育场馆的运营管理完全企业化。BOT方式是指国资公司与私企公司共同组建项目公司，项目公司将获得一个固定期限的经营权，在这个期限内国资公司不参与分红，经营期满后收回完好的体育场馆。PPP方式，即投资各方通过合同明确各自的权利和义务，利益共享，风险共担。其实质是将大型体育场馆的营利性与公益性区分开，政府负责公益性部分的投资并享受和承担与之对应的利益和风险，社会投资者负责经营性部分的投资并享受和承担与之对应的利益和风险。

## 三、我国大型体育场馆管理与运营面临的问题及原因

### （一）体育场馆规划和建设方面的问题及原因

**1. 布局不尽合理**

体育场馆的建设过分强调竞赛需求，造成场馆布局不尽合理。主要体现在三个方面：一是很多体育场馆由于时间紧迫，导致规划和设计方案存在着缺陷，利用水平不高。二是体育场馆的建设由于选址不当、功能定位不合理等问题，影响赛后使用。比如一些城市在选址时没有考虑到大型赛事活动和平时全民健身、

对外开放的服务半径有很大差异，把体育场馆建在城市边缘，使用与交通不方便，距离问题对体育场馆赛后的运营造成很大困难。三是体育场馆的布局和城市规划总体布局及城市发展的结合不够，在各区域的分布不均衡，缺乏长远眼光，将大量的体育场馆集中在一个区域，既不利于场馆功能的发挥，也不利于场馆的运营。

**2. 建设规模不尽合理**

由于许多省市把体育场馆作为城市标志性建筑物来建设，盲目追求 “大” “新” “特” ，在设计时没有考虑其应与城市规模、人口协调统一，追求面子工程、形象工程，导致“小城市、大场馆” ，建筑体积和可容纳观众数过大，由于我国缺乏高水平的吸引观众的竞技赛事，难以形成比较成熟的体育竞赛市场，深受群众喜爱的三大球（足球、篮球、排球）和田径项目的低水平直接降低了群众现场观看的热情和效果，看台利用机会不多，长期闲置，造成了政府财政负担和资源上的浪费。

**3. 功能单一，工艺质量不高，环保节能意识不够**

由于缺乏对竞技体育和社会体育并行协调发展的考虑，体育场馆的设计功能相对单一、配套设施不完善，另外，采光照明、使用流程、安全质量等体育工艺技术方面存在着缺陷，致使体育设施难以多元化拓展经营，自我生存和可持续发展的能力大大降低。

另外，我国的建筑能耗所占比重很高，“建造和使用直接、间接消耗的能源已经占到全社会总能耗的46.7%。我国现有建筑中95%达不到节能标准，新增建筑中节能不达标的超过八成，单位建筑面积能耗是发达国家的2～3倍，对社会造成了沉重的能源负担” 。有些游泳跳水馆由于建筑风格设计宏伟壮观，空间过大，以致于能耗太高，增加了运营成本，也增加了消费者的消费支出，影响了场馆的正常运营。

## （二）产权、体制、职能方面的问题及原因

**1. 产权不明晰，关系不顺畅**

体育场馆与体育行政部门之间的产权关系一直处在一种模糊状态。从资产的角度看，体育行政部门拥有资产处置权，是体育场馆的所有者，有时又是体育场馆的代理经营管理者，有些地方体育场馆由地方体育行政部门直接管理；从体育场馆是一级事业单位角度看，体育行政部门是体育场馆的上级主管单位。

**2. 体制混乱、落后，改革成效不明显**

就我国目前体育场馆的经营管理体制看，多种体制形式并存，包括全额管理、差额管理、自收自支管理、经营承包责任制、经营管理目标责任制、经营包干责任制、委托经营管理责任制、租赁制等形式，上述经营管理体制，多数是从计划经济沿袭下来的，仍没有脱离陈旧的行政管理色彩。

1984年中共中央在《关于进一步发展体育运动的通知》中提出“体育场馆要逐步实现企业化和半企业化经营”，但改革多数是按行政部门或事业部门的模式进行，在资产或机构的性质上没有实质性改变。

**3. 观念错位，职能不清**

我国绝大部分体育场馆由政府投资建设，其属性是国有资产，其主要职能应该是经营，但由于其同时肩负着训练竞赛服务、全民健身和产业经营的职能，所以既有服务职能，又有经营职能，政府与体育行政部门要求体育场馆把为训练竞赛服务、全民健身即社会效益放在首位，在有余力的情况下可以开展经营活动。所以始终把体育场馆作为事业单位，使其服务职能凌驾于经营职能之上，社会效益凌驾于经济效益之上。另外，由于过分强调服务职能，资金投入不能及时跟上，我国体育场馆普遍存在着场地条件比较差、设备趋于老化、技术装备水平不高等现象，只

能在一个低资产水平下维持运营。

## （三）资金方面的问题及原因

体育场馆是大型资产，其运转、维修维护的成本比较高昂，每年耗费的维修维护费用和运营费用巨大，国家体育场每年的维护成本为5000万元到7000万元，支付贷款利息8000万元，形成了巨大的经济压力。经营效果比较好的场馆，如国家奥林匹克体育中心，每年的维护成本为4000万元到7000万元，日常运营费用为1.3亿元到1.5亿元，维护成本全部由财政拨款负担，日常运营经费的60%到70%由自身经营创收解决，很难完全依靠其经营收益来支付高昂的成本，离开政府财政的支撑，很难实现自身可持续发展。

## （四）人才问题及原因

在体育场馆的建设和运营管理中，缺乏既懂场馆建设和运营规律又懂体育运动规律的综合型人才，这直接影响着体育场馆的建设和运营管理的质量。

### 1. 体育工艺技术人才

体育工艺技术是一种融合了体育专业和建筑专业的边缘学科，是体育建筑的核心技术，体育场馆的技术如果达不到要求，就算投资再大也称不上合格的建筑。目前国家体育总局批准正式开展的体育运动项目有78项，各个项目对体育场馆的功能要求存在着很大的差异，需要有一批既懂建筑学又熟练掌握体育功能需求的设计、建设人才，但在场馆建设过程中经常出现建设人才不懂体育，体育人才不懂建筑的尴尬局面，造成有些体育场馆存有建设缺陷，不能满足正规的体育赛事活动需求，甚至需要返工，造成大量的投资浪费。

**2. 体育场馆施工技术人才**

体育场馆施工工人的技术水平对场馆的功能发挥和建设质量有着直接的影响。但我国目前没有明确规定场馆施工工人需要进行职业鉴定，也没有成立专门的体育场馆施工技术工人培训机构，建设部颁发的《体育场地建筑承包企业资质标准》也没有规定对施工工人的技术要求，影响了体育场馆的建设质量。比如，某国家队训练中心新修建的场馆出现地板全面鼓起的情况；有的场馆出现严重的漏雨问题。

**3. 体育场馆运营管理人才**

现代体育场馆在项目规划阶段就会充分考虑到赛后的健身、休闲、娱乐等使用功能和运营的需求，所以体育场馆在建设和运营中非常需要既懂场馆建设又懂体育运动规律和运营规律的专业人才。为满足不同人群多样化和高品位的需求，体育场馆经理人就需要具备策划、组织、管理等综合素质，但是目前在中国还很缺乏这类人才，这在一定程度上直接影响了体育场馆建设和运营的质量和效果。

## 四、我国大型体育场馆的管理与运营建议

### （一）转变政府体育管理的职能

我国政府体育管理职能的转变，主要应从以下四个方面入手。

（1）由直接参与体育事业的职能向为体育事业发展提供服务的职能转变。政府应改变以往自己投资“建场馆、办体育”的模式，组织、动员全社会共同“建场馆、办体育”。

（2）随着政府职能重心的转变，职能方式也应由“直接干预型”的方式向“宏观调控，加强监管”的方式转变。

（3）由负责配置体育资源的职能向管理维护体育发展秩序的职能转变。

（4）制定税收等方面的优惠政策，合理核定公共体育场馆的能源消耗，扶持大型体育场馆的市场化发展，让体育场馆的公益性得到充分体现。

## （二）改革大型体育场馆管理和运营的模式

### 1. 新建大型体育场馆

实行投资主体多元化融资模式，改变以往依靠政府“建场馆、办体育”的传统方式，以减轻政府财政负担，降低投资风险。可以借鉴国外大型体育场馆的BOT模式、PPP模式及发行债券等管理运营方式实施融资。

BOT即“建设—经营—转让”，其含义是项目所在地政府将大型建设项目的融资、设计、建设、运营和维护的权利通过协议特许给国内外私营机构，允许其筹资建设该项目并在一定时期内管理和经营该设施及相应的产品与服务，收回其对该项目的投资并取得一定的投资回报收益，特许期限到期后，将该设施再转让给项目所在地政府。PPP即“公共设施—私人—合伙”，其含义是指政府与私人组织共同合作建设城市基础设施或提供某种公共产品和服务，通过签订特许权的方式，在彼此之间达成一种合作伙伴关系，并将合作各方的权利和义务在合同中明确，共享投资收益，共担投资风险，确保合作顺利完成，使合作各方收到优于单独行动预期的结果。发行债券主要有四种形式：第一种是一般义务公债，由地方政府日常租税承担还本付息；第二种是发行参与凭证，是指由政府成立一家公司来修建或者购买大型体育场馆，该公司通过发行参与凭证来募集修建或购买体育场馆的资金，再由政府通过出租该体育场馆获得租金偿还债券；第三种是收益公债，是用大型体育场馆投产后所产生的收益来还本付息，收益率一般都比较高，但其信用等级又比较低，需要比较高的债务服务储备金和债务服务保险总额比例，所以一般情况下，需要地方政府做出一定的承诺方可发行；第四种是租税增额融资，是以体育场馆周围增加的财产租税来作为还本付息的资金来源，所以区位的选择非常重要。

以上融资模式的优势在于，一是可以通过政府机构聚集大量的社会资本来弥补和解决大型体育场馆依赖政府斥资所面临的建设资金不足这一“瓶颈”问题。二是由于这些融资模式采取的均是市场化运作方式，将市场竞争机制引进了大型体育场馆的建设、管理运营，这样既拓宽了投资渠道，又优化了投资结构。三是通过竞争机制，也同时引进了先进、成熟的大型体育场馆管理和运营经验，进一步优化了项目本身在市场经济条件下的管理运营问题，充分发挥和调动它们的“鲶鱼效应”。

北京奥运会场馆在这方面进行了比较成功的尝试，通过BOT、PPP、社会捐赠等方式筹集建设资金，拓展资金来源渠道。北京奥运会场馆一半以上采用社会投资。国家体育馆、国家会议中心及五棵松文化体育中心均采用了BOT模式融资，不需要政府出资；国家游泳中心的10亿元建设资金来自海外华人捐款；国家体育场采取了PPP融资模式，由政府和企业共同出资，其中，北京市政府投资占总投资的58%，其余42%的资金是由以中国中信集团公司为代表的联合体投资，北京奥运场馆融资和赛后运营的部分风险就从政府转移到了企业，起到了一定的风险分散作用。

**2. 已建大型体育场馆**

我国已建大型体育场馆，大部分是政府投资兴建，90%采取事业单位管理模式管理运营，要想使它们重新焕发生机与活力，可以借鉴我国国有企业管理体制改革的成功经验。

一是采取公司法人治理结构的模式，对有条件的国有大型体育场馆进行公司治理结构改造，股份制是更为理想的模式，将体育场馆的管理部门与体育行政部门剥离，设立股份有限公司，可吸纳民营资本投资参股，共同对体育场馆实施管理运营，其资产接受国有资产监管部门的监管。这样可以解决现行事业单位属性与企业运作体制不相适应的难点问题，促进体育场馆的现代化管理。第一，是能够实现所有权与经营权的分离，从根本上解决政企不分、事企不分、产权不清、责任不明的问题；第二，是股份制公司具备非常严谨、科学的权力制衡机制，其运作更便于实现权责明确、监督有力、奖罚公平的目的。

二是完善委托经营管理的模式。即国有体育场馆的资产主管部门选派经营者代理经营体育场馆，通过签订委托经营合同，明确双方的责、权、利，委托方核定场馆的年度收支指标，全部收入上交委托方，经营者作为场馆的法人代表，负责合同期限内场馆的日常经营管理工作，场馆的重大战略性问题由委托方直接负责决策。该方式变换了体育场馆的经营主体，同时能够把新的经营管理理念和方式吸纳进来，有利于提高管理效率、经济效益和社会效益。如宁波市体育局将宁波市游泳健身中心委托中标单位美国西格集团进行市场化运作、企业化管理。

## （三）科学统筹体育场馆规划和建设

### 1. 合理规划体育场馆的建设布局

发达国家一百多年的体育场馆建设与发展的历史沿革表明，体育场馆的建设必须遵循建设规律，适度建设，量力而行。同时要处理好三个关系：一是体育场馆的规划和建设应与经济的发展相适应；二是体育场馆的规划和建设应与城市的发展相适应；三是体育场馆的规划和建设应与全民健身体系的建设相适应。

目前，我国平均每万人拥有体育场地8个，这与美、日等发达国家平均每万人200个的数量还存在着较大差距。因此，建议政府制定相关标准，根据我国的经济带发展格局情况合理规划、布局全国的体育场馆，布局大型体育场馆设施时规模和数量要与人口密集和信息发达的程度相适应，以保证体育场馆的使用效率。国际奥委会原主席罗格先生曾经说过：“我们应当更聪明些，能够找到奥运场馆最合适的规格，以便在奥运会后场馆仍能被充分使用。”

2. 加强体育场馆的建设、施工论证

体育场馆建设的前期论证工作要处理好三个关系：一是体育场馆的建设施工要满足承办大型体育赛事的需求；二是体育场馆的建设施工要满足赛后运营的需求，比如采用先进的节能技术，有效降低场馆的运营费用；三是体育场馆的建设施工要满足赛后全民健身需求，在选址、功能设计、配套设施等方面与城市的经济发展规划、人口分布相结合。鼓励建设多功能、经济适用的体育场馆，场馆内部可根据不同比赛项目的需求，设计适合开展多种体育运动项目的场地，空间结构尽可能大，以方便非比赛时的综合利用，如博览会、文艺演出、招聘会等。如果是小面积需求的活动，还可以用轻质材料进行隔断。观众席可以采取固定座椅和临时座椅相结合的形式，以满足不同观众人数的活动的需要。场馆外部配套设施齐全，功能多样化，把运动与旅游、休闲相结合，越来越多的经济发达国家在体育场馆建设上走“体育—休闲—商务”一体化的发展道路，这种建设理念称之为“体育场馆建设的第二次革命”。例如，20世纪初美国建成的华盛顿州奥林匹克国家公园为美国六大旅游胜地之一，在2011年纽约公布的41个最佳旅游胜地中排名第27。澳大利亚为举办2000年奥运会建设的悉尼奥林匹克公园，通过每周末固定举行的“欢乐夏日”活动吸引了成千上万头戴太阳帽、身穿泳装的游客。我国北京的包括国家体育场“鸟巢”、国家游泳中心“水立方”与国家体育馆在内的奥林匹克中心区已经形成了“体育—休闲—商务”一体化模式，既推动了体育事业发展，同时也促进了旅游业和健身娱乐业的发展，增强了体育场馆自我生存和可持续发展的能力。

## （四）走市场化和产业化之路

自中华人民共和国成立到20世纪80年代的30多年间，中国体育一直在计划经济体制下运行、发展和壮大，体育产业未得到关注。改革开放以后，体育产业开始萌芽，体育用品生产企业逐渐丰富，商业化体育竞赛开始出现，全民的健身意识逐渐形成。20世纪90年代以后，中国体育产业真正开始发展，虽然起步较晚，但发展速度较快，在产业领域、发展规模、产业质量、产业效益等方面都有较大的突破。到2001年，国内体育产业产值近200亿美元，占国内生产总值的0.2%左右；2010年，中国体育产业产值突破2000亿元大关，占国内生产总值的0.5%左右，但与发达国家相比仍有较大差距。在体育发达的北美、西欧和日本，体育产业都排在国内十大产业之内。据有关资料显示，1999年，美国的体育产业产值为2130亿美元，大约占其国内生产总值的2%；2010年，美国体育产业的总产值高达4410亿美元，接近其国内生产总值的3%。澳大利亚、日本、加拿大、英国、法国、德国、意大利等发达国家，体育产业的产值占其国内生产总值的比例大体在1%~1.5%。

随着中国改革开放的不断深入，全民体育健身推动了体育产业的高速发展，是当今最具有活力的朝阳产业。伴随着中国加入世界贸易组织（WTO）和成功举办2008年奥运会，体育产业成了中国经济强有力的新的增长点。如何更好地适应新形势和新情况，是摆在体育工作者面前的一个重要问题。体育场馆应借鉴美国等发达国家成功的品牌经营管理模式，积极开发冠名权，“以体为本，服务社会，发展体育产业”，走“社会化组织、企业化管理、市场化运作”的道路。

### （五）培养大型体育场馆管理和运营的专业团队

随着中国市场经济的不断发展，实现大型体育场馆建设投资模式的多样化及经营管理的市场化运作，需要既懂体育运动发展规律又熟悉建设施工技术、既懂投资管理又熟悉市场运作机制的复合型人才团队。专业化人才队伍的培养方式有以下几种：一是通过正规的大学教育，直接培养专业的体育场馆经营管理人才，如北京体育大学的体育产业管理专业、北京联合大学的体育场馆管理专业等，培养的目标是能够从事策划、经营和组织体育市场的一线应用型专门人才，弥补了我国体育场馆经营管理方面的学历教育空白；二是以吸引外资投资大型体育场馆的建设和运营为契机，直接引进外国先进的体育场馆管理运营的人才和经验，并带动本地体育场馆经营人才的成长；三是对现有体育场馆经营人员进行专业培训，提升经营能力。

## 五、结　论

通过以上探索可以得出如下结论：

（1）大型体育场馆的管理和运营在追求经济效益的同时，还应兼顾社会效益，在走市场化的道路的同时，还要尽量满足各种社会群体对体育场馆的需要，推动全民健身事业的发展。

（2）已建大型体育场馆中大部分是由政府投资兴建的，是一笔巨大的国有资产，不容流失、浪费，要加强对其的管理与运营工作，通过改制、转企切实实现保值增值。

（3）大型体育场馆管理与运营的产业化、市场化程度，受到整个国家体育产业发展大环境的制约，大型体育场馆的经营管理主体要自觉地适应本地体育产业的发展，其管理及运营模式的改革既要循序渐进，同时又要未雨绸缪，与体育产业的发展进程相一致。

（4）多视角、多层面研究大型体育场馆的管理与运营问题。对大型体育场馆的管理与运营问题的研究，大多数是从体育经济的层面，或政府的服务、管理角度进行研究，但从促进体育行政部门职能转变和体育产业发展的角度进行研究的比较少，体育行政部门对该问题的关注度也不是很高。

（5）要充分重视并发挥大型体育场馆对城市发展的推动作用，要努力把大型体育场馆的综合作用和价值发挥到最大，促进所在城市或区域的整体发展。

## 参考文献

[1] 刘波，邹玉玲. 从公共经济学的角度谈我国大型体育场馆的效益目标定位[J]. 山东体育学院学报， 2006， 22（5）：24-26.

[2] 余惠清，张宏.浅析大型体育场馆的经营与管理[J].广州体育学院学报，2002，22（3）：27-28，31.

[3] 石岩，刘勇，蔡仲林，等.中外体育场馆建设投融资模式的比较研究[J].体育文化导刊，2006（10）：10-12.

[4] 林显鹏. 2008年北京奥运会场馆建设及赛后利用研究[J]. 科学决策，2007（8）：11-14.

[5] 陈岩鹏. 鸟巢启动赛后招商 多家企业想冠名[N]. 华夏时报，2008-08-17.

[6] 深圳特区报. 2010年中国体育产业产值突破2000亿元[EB/OL].（2010-12-08）.http：//news.cntv.cn/20101208/104126.shtml.

# 物联网技术在健身体适能服务领域的应用体系架构研究

国家体育总局人力资源开发中心　钱王子迪

**摘要**：物联网技术代表着下一代信息技术发展的重要方向，利用物联网相关技术对健身体适能服务资源进行开发利用，从而对健身服务系统实现有效的智慧管理和监控，最终服务于公共体育服务体系的建设。本文采用文献研究法、逻辑分析法等研究方法，对物联网技术在健身服务领域中的应用前景进行了分析，构建了物联网技术在健身服务领域的应用体系：在应用基础上以“物”为主体，在技术上以健身服务相关资源的“物物相连”为目标，在产品应用上以市场的需求为中心。

**关键词**：物联网技术；健身体适能；服务体系架构

广大人民群众日益增长的体育需求和社会体育资源相对不足之间的矛盾是我国体育事业发展中的主要矛盾。特别是在群众体育领域，政府提供的公共体育服务不足，公共体育服务覆盖面均等化还有待加强，体育场地设施、组织体系建立、科学健身指导等诸多方面与广大人民群众的需求存在较大差距，已经成为我国在建设体育强国过程中的基础性薄弱环节。当前我国体育事业迎来新的大发展，面临着构建公共体育服务体系、推动体育事业全面进步的战略机遇，对我国公共体育服务体系建设这一重大问题进行宏观把握和战略思考，具有重要的理论和现实价值。健身体适能服务是当下在国内非常盛行的一种公共体育服务，它通过健身俱乐部、健身工作室、健身培训机构的经营形式，最大限度地整合社会资源，推动大众健身运动的普及和发展，这一服务体系的构建有利于体育社会化、产业化的发展。

物联网被称为继计算机、互联网之后，世界信息产业的第三次浪潮。物联网技术代表了下一代信息发展的重要方向和技术领域，有望成为支撑体育强国战略的新一代信息技术。业内专家认为，物联网一方面可以提高经济效益，大大节约成本；另一方面可以为全球经济的复苏提供技术动力。

目前，健身体适能服务领域与物联网技术范畴相关的应用研究，主要集中在体域网、健身指导人工智能与知识发现、健身装备器材的技术研究等几个方面，尚未见物联网技术在健身体适能服务领域应用的框架性研究。正基于此，本文从物联网技术发展的前景和建设公共体育服务体系的应用需求两个方面进行分析和论证，力图架构出物联网技术在健身体适能服务领域的应用体系。

## 一、研究对象与方法

### （一）研究对象

以物联网相关技术的健身体适能服务应用（包括潜在应用）范畴为研究对象。

### （二）研究方法

#### 1. 文献资料法

查阅物联网技术及其应用的相关研究文献，分析国内外既有相关研究成果，探讨物联网技术在健身体适能服务领域的应用。

### 2. 逻辑分析法

在文献资料研究基础上，通过逻辑分析，构建与论证物联网技术在健身体适能服务领域的应用体系。

### 3. 调查法

调研相关企业和专业人士在构建物联网公共体育服务平台的相关经验和理念。

## 二、物联网技术及其在体育领域中的应用

2009年8月，温家宝同志提出“感知中国”，将物联网正式列为国家五大新兴战略性产业之一，并写入《政府工作报告》，信息化的发展进入了以物联网为标志的新阶段。感知中国成为我国物联网技术研发与应用的重要战略思想。感知中国就是要“通过物联网无处不在的末端感知设备，全面感知中国各个行业、社会生活各个方面的信息，经过网络可靠传输获取信息，通过智能计算从大量信息中挖掘、升华知识，使我们在建设中国现代化的过程中具有更高的智慧”。作为众多行业的一分子，体育行业的感知自然也成为感知中国的重要组成部分，而体育的感知可认为是利用物联网相关技术对体育相关资源进行全方位的开发利用。

### （一）物联网技术

所谓的物联网，实质上是通过信息传感设备，按约定的协议，把任何物品与互联网连接起来，进行信息交换和通信，以实现智能化识别、定位、跟踪、监控和管理的一种网络。物联网被称为信息技术移动泛在化的一个具体应用。物联网技术可以通过传感网、射频技术、云计算等技术更好地实现社会信息的自动化和智能化感知，提高社会信息化水平，有效地改善当前社会各行

业信息化水平低下的现状。

按习惯定义，物联网可分为三个层次，分别是感知层、网络层和处理层。感知层能够提供从信息采集前端获得的所有数据，将其并入基础服务平台的综合处理。网络层能最大限度地把需要感知的事物连接到管理平台，这实际上是一个采集终端规模推广的过程。处理层则打造平台的智能服务功能，实现管理社会化服务的目标。

## （二）物联网技术下的体育相关应用

体育领域物联网技术的有效应用，最基础的是在构建“体育物联网”基础上的感知应用。体育物联网是“通过传感设备和通信协议将体育因子相连，实现体育系统内部的识别、定位、跟踪、监控和管理，以便进行体育信息交流的一种网络”。当然感知体育不仅仅是构建体育物联网，更是物联网技术在体育领域的应用。通过利用物联网相关技术对体育相关资源进行全方位的开发利用，进而对体育系统实现高效、智能的管理，最终改善人民的生活质量，提升全民身体健康水平，促进竞技体育、群众体育、体育产业等体育事业的可持续发展，有效保障体育强国战略的实施。

但是，目前物联网技术在体育服务领域的应用尚未形成体系，为数不多的有关物联网与体育服务的研究文献，多集中在与物联网技术相关的智能体育和体育培训领域，表现为某一项物联网技术在体育领域的应用与探讨，如体域网、传感器、普适技术等。国外学者在讨论物联网、体域网技术应用时，认为体育领域是物联网（包括体域网）的重要应用领域之一。国内学者主要讨论了传感技术和基于人体的体域网技术在体育领域中的应用，如利用物联网相关技术辅助科学锻炼决策。

## 三、健身体适能及其相关服务体系的发展

体适能是Physical Fitness的中文翻译，是指人体有充足的精力从事日常工作（学习）而不感到疲劳，同时有余力享受娱乐休闲活动的乐趣，能够适应突发状况的能力。

美国运动医学学会（American College of Sports Medicine，ACSM）认为：体适能由健康体适能（Health-related Physical Fitness）和技能体适能（Skill-related Physical Fitness）组成。健康体适能是与健康有密切关系的体适能，是指心血管、肺和肌肉发挥最理想效率的能力。

健身体适能服务是以提供健康体适能指导为产品的公共体育服务（以下简称“健身服务”），它通过健身会所、健身俱乐部、健身工作室、健身培训机构的组织形式，来提供健身指导服务。随着信息技术的发展，这种服务体系由最初单一的大型连锁化经营逐步向多形态发展，个体化、小型化、专业化的小型工作室成为大型连锁经营机构的有效补充，互联网技术的发展，帮助小型工作室充分实现了低成本高效能的服务方式，在有效共享大型连锁实体资源的基础上，最大限度地整合社会资源，推动大众健身运动的普及和发展。物联网技术的介入将更有助于推动健身服务体系中各种业态社会化、产业化发展。

## 四、物联网技术的健身体适能服务体系架构

物联网技术是面向应用并以需求为发展导向的新兴技术，其架构可以分为三个层次：信息感知、信息传输和信息处理——泛在化末端感知技术体系、融合化网络通信设施体系及普适化应用服务支撑体系。物联网技术应用于健身体适能服务体系构建的结构基础是服务系统中具有“物”属性的主体，以及逐渐成熟起来的现有数字化、信息化体系，通过体系的核心层——物联网技术

的应用，最终实现健身体适能的各种服务与管理工作。基于这一思想，物联网技术的健身服务体系应用可设计为如图1所示的体系架构。

**图1　物联网技术的健身服务体系架构**

## （一）健身服务体系的结构基础

健身服务体系的结构基础以“物”为主体。物联网是有着自我配置能力的动态全球网络基础设施，“物”及其属性是物联网技术应用的结构基础。物质的和虚拟的“物”都有自己的身份、物质属性、虚拟特性和可使用的智能接口，并无缝集成到信息网络，形成了物联网系统的“物”的基础。

作为健身服务体系物联网技术基础的“物”包含两个层面的意义：其一，健身服务器材、健身运动装备、健身服务场馆设施、健身服务环境、健身服务技术培训、健身服务的指导人员和被指导人员等健身体适能相关资源及其属性，都是“物”的范畴，这其中还应包括虚拟的健身服务资源。其二，健身服务的“物”必须具有数字化、信息化、智能化的身份属性。仅有“物”及属性本身，还不能形成物联网技术应用的基础。“物”必须具有可使用的智能接口，才能与信息感知层相结合。因而，面向应用的健身服务数字化、信息化与智能化是实现健身服务体系物联网技术应用的重要前提。

## （二）健身服务体系的技术支撑

健身服务体系的技术支撑以健身服务相关资源的“物物相连”为目标，具体框架如下。

### 1. 末端感知技术

全面感知是物联网技术的基本特征，体现为采用无线射频技术、传感器技术、二维码等物联网信息感知层技术，随时随地获取“物”的信息，从而实现健身服务信息的传输、分析与健身服务资源的智能化管理。

随着信息技术的飞速发展，射频识别、传感器等新一代信息感知技术逐渐体现出了优势。新一代信息感知技术具有对“物”的使能作用，使得物联网技术在健身服务领域的进一步应用成为可能。射频识别技术对于健身服务场馆、健身服务器材等的管理具有良好的适应性，能够快捷有效地实现器材的追踪、定位和场馆的服务保障工作等。

### 2. 网络通信传输技术

应用物联网技术信息传递的可靠性，依赖于物联网的信息传输层技术。局域网、互联网、M2M通信网络等通信技术将从用户电子设备、健身服务资源和信息服务机构中收集、储存的分散信息及数据连接起来，进行多方交互和共享，以实现健身服务体系的数据传输。随着各种通信技术的发展、融合，形成了新一代技术——M2M技术，以实现人与人（Man to Man）、人与机器（Man to Machine）、机器与机器（Machine to Machine）之间畅通无阻、随时随地地通信。M2M通信网络是物联网信息传输的重要技术之一，可作为未来公共体育服务智能化的核心信息传输手段。通过M2M技术提供的统一网络平台，能够实现健身服务信息资源共享和数据资源共享。M2M可实现人、场地设施、器材等"物"主体之间的连接与通信。

**3. 智能应用处理技术**

云计算、模糊识别、知识发现等物联网信息处理层技术，决定了物联网的健身服务体系应用具备智能处理的特征。在普适计算、高性能计算和云计算所构成的物联网计算环境下，通过建立高效共享的健身服务信息处理和咨询服务中心（信息处理核心节点），将健身服务信息处理和计算变为一种公共设施，实现健身服务信息处理人力和技术资源的优化共享。健身服务管理过程中，人们可在任何时间、地点，访问健身服务信息处理核心节点，得到所需的信息处理服务。信息处理核心节点依托先进的软硬件资源与技术，实现高效实时和智能化的数据处理。基于人工智能的知识发现技术能"从大量的、不完全的、有噪声的、模糊的、随机的数据中，提取出隐含在其中的、人们事先不知道的，但又是潜在有用的信息和知识"，可成为体育信息处理的重要软件支撑技术。

## （三）健身服务体系的产品应用

随着物联网技术的发展，在健身服务领域已经生产出了基于物联网技术的健身产品，物联网技术应用于健身服务领域，具有广阔的前景。可以预见随着技术的不断完善，基于物联网技术的健身服务体系会提供更多更先进的健身服务产品，健身服务体系的产品在应用时会以市场需求为中心，为大众带来更酷、更多彩的服务体验。

### 1. 体域网

体域网是“基于无线传感器网络的，人体上的生理参数收集传感器或移植到人体内的生物传感器形成的一个无线网络”，作为物联网的重要感知组成部分，体域网主要应用于健康监测、远程健身指导、健身培训的互动娱乐、随身视听等领域，可作为泛在化的运动健康监测系统提供有效的信息通信解决方案。可穿戴的体域网体质监视系统，通过生物传感器元件监测、收集，以及人体生理学参数分析，实时地监控和反馈人体的健康状况。还可以通过连接远距离健身服务大数据系统，给被监测者发出身体危机的警告并提供运动处方设计，以帮助人体达到最佳的健身效果。

目前，健身市场上正流行一种新型的健身产品——基于物联网技术的便携式健身产品，其依托网络技术、传感器技术、人工智能技术和智能手机将健身体适能服务变成随时随地进行的活动，深受广大都市上班族的喜爱。可以预测随着计算机和网络技术的发展，便携式健身产品的属性也会越来越丰富，除了娱乐因素外，逐步加入身体健康指标（如血压、脉搏、心跳等）收集的功能。与之相辅的一些计算公式也通过手机程序的方式传递给用户，让用户了解个人的身体状况，并且一些基于物联网的医疗健康设计、运动处方设计也加入其中，为用户提供远程运动医疗服务、运动处方设计，建立身体健康档案等。终端设备主要以智能手机作为设备主体，通过操作系统与外部传感器相连，允许外部传感器将获得的身体健康数据传入手机。在手机操作系统中，客户端软件应用程序（如跑步机程序、跳跃统计程序、心跳计数程序等）为用户提供相应操作界面及服务器数据传输功能。传输方式将主要依托 3G网络实现，同时提供定位服务。

### 2. 健身服务场馆器械智能管理

物联网技术能够有效促进智能健身服务场馆的实现。通过电力、照明、安保、监控等物联网子系统，既可以对场馆设施内的环境及其监控设备的运行状况进行控制和管理，又可以对各种健身器械的使用情况进行监控，采集各处现场资料，自动加以处理、协调或报警，并按预置程序和随机指令进行监控，能高效地保证器械的使用，并且有效地防止和处理各种突发事件。可以预见，随着各种DDC控制器、各类传感器、智能识别元件的应用，健身服务场馆智能化系统必将更高效地完成多种健身服务场馆控制与管理任务，提升场馆器械的智能化程度。

**3. 虚拟健身场馆**

物联网技术可实现健身服务场馆设施、健身环境、健身服务指导人员等资源有效互联，减少地域空间对提供健身服务的限制。在任何时间、任何地点提供健身服务或满足任何人的健身服务需求，理论上都可通过虚拟健身服务场馆（健身俱乐部）有效实施和管理。虚拟健身场馆通过物联网感知、传输和处理技术，将健身服务被指导人员、健身服务指导员（健身教练）、健身服务场馆和器材等联系起来，通过体域网等技术实时采集被指导人员锻炼时的相关技术数据，并将其传输到虚拟健身场馆予以处理，健身服务指导员在自己的工作室或者俱乐部即可实施运动处方的设计和管理，从而在时间上和空间上大大提升健身服务指导的有效性。

**4. 健身培训咨询机构**

随着健康服务行业的发展，高素质的健身服务人力资源成为最为重要的资源，也更加凸显出健身服务技术、管理等培训，健身理念创新，健身技术研发的重要性。物联网技术的应用，能有效提高健身服务培训与技术研发过程知识增长的效率，通过物联网相关的高性能计算、普适计算、云计算，以及人工智能知识发现技术，健身服务培训咨询机构在原有职能的基础上，能更好地整合健身服务的信息资源，成为健身服务理念创新、技术创新的中心，从而更好地实现全社会健身服务资源的优化配置。

# 五、结　论

## （一）基于物联网技术的健身服务体系有利于健身服务组织结构的扁平化

组织结构的扁平化可以提升健身服务资源使用效率，加快信息传递速度，降低管理成本。物联网技术的应用，将有力地促进健身服务体系组织结构的扁平化进程，克服扁平化组织结构的弊端。

扁平化组织结构的先决条件之一就是高度的信息化技术，物联网技术满足这一需求，其高效的全面感知性、实时的信息传递和处理能力，可有效辅助管理者突破管理幅度理论的限制，实现对组织的有效控制与管理。通过云计算和知识发现技术构建具有公共设施性质的健身服务信息咨询中心，采用咨询、顾问信息实施共享模式，物联网技术应用所带来的实时性和泛在性，便于基层组织间的协调运作。

## （二）基于物联网技术的健身服务体系有利于实现服务流程智能化

基于物联网技术的健身服务体系应用会推动健身服务的智能化进程。健身服务体系整个管理的过程：计划、组织、领导、协调、控制，均蕴含着智能化管理的需求与应用。物联网技术高效的信息处理和知识发现能力，从健身服务流程的开始端，就能够有效地实现辅助科学决策，从而帮助组织制定有效可行的决策和计划；物联网的泛在性和即时性使健身服务整个流程得到有效的实时控制，可避免或及时纠正健身服务管理工作中的缺点和错误，实现健身服务管理的智能控制。

## （三）基于物联网技术的健身服务体系有利于公共体育服务体系的完善

物联网技术在健身服务领域的应用具有广泛性，对公共体育服务体系的各领域都将产生积极的影响。而公共体育服务体系的发展变革应与物联网技术的应用产生良性的互动，合理利用物联网技术，能够提高公共体育服务体系的服务效率，高效配置各项体育资源，为新形势下公共体育服务体系架构的合理化和最佳化服务。

## （四）进一步发展中需要解决的问题

健身服务领域内物联网技术的运用尚处于起步阶段，需要重视健身服务物联网的相关基础设施的建设，如：健身服务的信息化和数字化建设，服务和咨询中心的公共设施建设等。对于整个健身服务行业而言，应积极应对物联网浪潮，合理配置服务管理模式，使得管理和技术达到良好的互动，而不能使旧有的管理模式阻碍了以物联网为代表的新一代信息技术在健身服务领域的应用。

# 参考文献

[1] 吴功宜.智慧的物联网——感知中国和世界的技术[M].北京：机械工业出版社，2010：24.

[2] 宫继兵，王睿，崔莉.体域网BSN的研究进展及面临的挑战[J].计算机研究与发展，2010，47（5）：737-753.

[3] 赵会群，孙晶，花勇民，等.数据挖掘技术在体育比赛技战术分析中的应用研究[J].北京体育大学学报，2008，31（5）：712-715.

[4] 周洪波.物联网：技术、应用、标准和商业模式[M].北京：电子工业出版社，2010：20-21.

[5] 郭川.中国工程院副院长邬贺铨——物联网不是网络是应用[N].人民邮

电报，2010-03-19（5）.
[6] 王朝军，张建辉.体育物联网视野下我国竞技体育发展趋势研究[J].吉林体育学院学报，2011，27（2）：9-11，46.
[7] 曹小虎，周晓芳，屈玉贵.基于无线传感器网络的运动训练系统[J].计算机系统应用，2010，19（11）：19-22.
[8] 中投信德产业研究中心 .中国健身器材行业调查报告 [R]. 2010.

# 新时期做好报业总社老干部工作的思考

国家体育总局中国体育报业总社　阴志刚

**摘要：**新时期做好老干部工作是党的一项重要工作。本文简短介绍了中国体育报业总社（以下简称“总社”）离退休老干部的现状、目前存在的问题及总社发展给老干部工作带来的机遇与挑战。从领导重视做好老干部工作的重要性、老干部工作的自身建设、老干部的政治思想工作及开展丰富多彩的娱乐活动等几个方面，简要论述了对新时期如何做好老干部工作的几点思考。

**关键词：**老干部；离退休；报业总社

老干部工作历来是党的干部工作的一个重要组成部分，把老干部工作做好是各级党委、政府的一项重要任务。老干部是中国革命不同时期的创业者和奠基人，为党的事业和社会主义建设做出了巨大贡献，是党的宝贵财富。习近平总书记强调：“没有广大老同志的长期奋斗，就没有今天党和人民事业蓬勃发展的大好局面。尊重老同志，就是尊重党的光荣历史；爱护老同志，就是爱护党和国家的宝贵财富；重视老同志，就是重视我们党的执政基础和执政资源。”做好老干部工作，对于推动改革开放、维护社会稳定、实现社会主义现代化、共筑中国梦具有十分重要的意义，特别是在实现中华民族伟大复兴中国梦的今天，做好离退休老干部工作尤为重要。

## 一、总社的发展给老干部工作带来机遇与挑战

经济全球化、市场经济深入化，以及总社的转企改制和发展，给老干部工作带来了机遇与挑战。解放思想、实事求是，与时俱进、求真务实是我们党的思想路线，也是引导经济和社会发展的强大力量。回顾我国改革开放的历史，其中最重要的决策就是，冲破以往旧的计划经济的条条框框，在国家宏观调控下，充分发挥市场在资源配置中的决定性作用，充分利用市场的内在规律，激发我国的经济活力，中国特色社会主义经济发展从此将进入一个崭新的时代。党的十八届三中全会审议通过的《中共中央关于全面深化改革若干重大问题的决定》指出："经济体制改革是全面深化改革的重点，核心问题是处理好政府和市场的关系，使市场在资源配置中起决定性作用和更好地发挥政府作用。"习近平总书记进一步指出："进一步处理好政府和市场的关系，实际上就是要处理好资源配置中市场起决定性作用还是政府起决定性作用这个问题。经济发展就是要提高资源，尤其是稀缺资源的配置效率，以尽可能少的资源投入生产尽可能多的产品、获得尽可能大的效益。理论和实践都证明，市场配置资源是最有效率的形式。市场决定资源配置是市场经济的一般规律，市场经济本质上就是市场决定资源配置的经济。"为了加快我国社会主义市场经济的发展，优化职能横向配置和稳妥推进行政体制改革，我们国家出台了一系列经济政策。

为了适应新的形势，加快发展，总社按照党中央、国务院《关于深化文化体制改革的若干意见》精神，于2010年7月1日正式由事业单位转变为企业单位。总社现拥有出版社、音像及网络在线、报纸、期刊等多种媒体，在职职工500多名。为了抓住

机遇、迎接挑战，总社针对转企改制，加快和完善了机制转换，优化了结构，整合了资源。面对经济全球化和信息技术网络化的新形势，面对激烈的市场竞争，面对第三次工业革命的来临，抓住了机会就等于抓住了机遇，失去了机会就将面临挑战。总社老干部工作机遇与挑战并存。

## 二、目前老干部工作的现状与存在的问题

### （一）离退休人员的基本情况及特点

总社共有离退休老干部461人，设有4个党支部，其中：离休干部22人，退休干部333人，工人106人；90岁以上有6人，80岁以上有65人，70岁以上有88人。另外总社驻外省记者站有离退休老记者18人。老干部管理处现有工作人员5人。离退休老干部人数多是第一特点：已是总社在职员工的45%左右；人员复杂是第二特点：有离休、退休、外省记者、印刷厂退休工人等多个层次；年龄跨度大是第三特点：从50岁到90多岁，许多老干部正处在“双高期”，即年龄偏高、病患人数偏高。

### （二）新形势下存在的问题

总社离退休干部非常期待通过转企改制给总社带来较大的发展，同时给老干部们带来利益的增长，这是推动总社改革的巨大动力。但同时，当改革触及老干部的切身利益时，许多老干部表现出承受力较差的情况。

**1. 思想观念上认识不足**

改企转制后，总社离退休老干部仍保留了很多事业单位、计划经济时代的特征，表现出一些不适应、不符合转企改制、市场经济要求的观念和行为。表现在：对总社面临的严峻形势认识不足；对总社主体身份认识不明确；有些老干部的思想没有及时转

变过来，还停留在“转制”前的想法上。

**2. 对福利待遇存在攀比心理**

有些老干部认为，总社老干部的福利待遇没有其他单位多，也没有其他单位好。时常与国家体育总局所属其他中心的老干部进行攀比，对总社经济发展所面临的严峻现实认识不足，具体表现为希望得到更多的福利待遇等。

## 三、新时期做好老干部工作的几点思考

新时期做好老干部工作，从国家层次上讲就是做好民生工作，民生的改善对于中国社会主义经济建设安全运行和健康发展具有至关重要的意义，老百姓普遍关心、老干部普遍期待的事情，就是民意所向、民众所望，就是历史的需要。做好老干部工作是践行社会主义核心价值观的具体体现。以人为本、改善民生、改善老干部的生活，是党的需要，关系到全社会的和谐和社会主义建设发展的大局，是社会稳定的因素，关系到党的盛衰兴亡。

### （一）领导重视是做好老干部工作的关键

重视老干部工作，历来是我们党的光荣传统，老干部队伍稳定，则全局稳定，老干部工作做得如何，很大方面取决于领导班子的政治水平、业务素质和决策能力。做好老干部的工作，领导的重视是关键，管理人员工作的落实力度，往往取决于领导的重视程度，得到领导的支持，工作人员的精力就能集中，工作上就扎实，成就也就明显。否则，工作就会流于形式，浮于表面，工作就落不到实处。国家体育总局原局长刘鹏在离退休老干部座谈会上强调：“我们将深入贯彻全国老干部工作会议精神，深刻认识老干部工作面临的新形势，进一步增强做好这项工作的使命感

和责任感；深刻认识中央对老干部工作提出的新要求，进一步开创老干部工作的新局面；深刻认识老干部在改革开放和现代化建设事业中的特殊优势，进一步发挥好老干部的作用。我们将围绕落实离退休干部政治和生活两个待遇，不断提高工作人员的政策水平，增强服务意识，一如既往地做好离退休干部工作。”

## （二）增强老干部管理人员的自身建设

离退休老干部工作是一项政策性强、业务上精的工作，要真正把老干部工作做好、做到位，必须增强离退休管理人员自身建设。只有不断提高管理人员的政治素质和管理能力，才能适应新形势下离退休工作与时俱进、科学发展的需要。

**1. 增强管理人员的政治素质和业务水平**

新的历史形势对老干部管理人员的思想政治素质和业务能力提出了更高要求，老干部管理人员要加强政治修养，不断树立政治、责任和服务意识，把坚定理想信念作为理论武装的一个根本着眼点，要有公仆意识和奉献精神，这是离退休管理人员的使命。全面做好新时期老干部工作，就必须把学习贯彻落实党的十八届三中全会和习近平总书记对老干部工作系列重要讲话精神，作为当前和今后一个时期老干部工作的首要政治任务，用党的理论和新的理念来武装头脑。深入学习贯彻党的十八大精神，切实担当新时期老干部工作的新使命。老干部工作是党和国家的财富，是党组织工作的重要组成部分，是社会主义和谐社会建设的重要方面，要高度重视新形势下老干部工作，要有敢于担当的勇气，要把党的事业、老干部的利益放在第一位，不断增强责任感，开拓思路。

老干部管理人员要不断加强自身业务知识的学习，要刻苦钻研本职工作。要加强和精通老干部政策和业务知识的学习，对老干部的两项待遇及医疗保健、丧葬抚恤、易地安置等国家有关政策要了如指掌。要使每位老干部管理人员都成为离退休老干部工作方面的“专家”。要经常举办业务和政策方面的培训，切实加强离退休管理人员政策业务学习，引导管理人员自觉苦练内功，在实际工作中，灵活运用好党和国家对老干部工作的各项方针政策。

**2. 提高工作人员的综合管理能力**

老干部工作不是什么人想干就能干的工作，而是一项政策性、业务性较强的工作，常常涉及离退休老干部管理部门与其他各个职能部门之间的关系问题，涉及同事、家庭、亲属、邻里及社会多方面之间的关系问题，这就要求老干部管理人员必须具有较强的判断和思维能力，必须具备较强的说服能力及组织协调能力，并且具有协调关系、化解矛盾的能力。在实际工作中离退休工作离不开各个部门的大力支持。如落实政治待遇涉及政工、组织等部门，落实生活待遇涉及人事、财务、医疗、社保等部门，在协调中求大同，存小异，善于调动各方面的积极性，才能把党和国家有关离退休工作的政策落实好。

**3. 根据老干部的特点，提高服务意识**

总社老干部有人数比较多、年龄跨度大的特点，对行动不便、年龄偏大、生活不能自理的老干部，要定岗、定责、定期给予重点服务。对病情危重、长期住院的老干部，要主动与家属、医生配合，做好临终关怀工作。对身体基本健康、年龄相对偏小的老干部，要增强他们的自我保健意识。依据老干部的不同年龄划分层次、突出重点，根据总社离退休老干部“双高期”的需求和差异，提供不同层次的服务项目，做到重点服务到家、日常服务到位、特殊服务到人。

## （三）认真做好老干部的政治思想工作

做好离退休老干部政治思想工作，有助于社会的稳定，有利于形成良好的社会风尚，加强离退休干部思想政治建设是离退休党员永葆先进性的需要。新形势下做好老干部的思想政治工作要与当前形势、任务、本单位的实际情况相结合；要与解决老干部的实际问题相结合；要与老干部的心理特点和生理特点相结合。从改革、发展、稳定的大局出发，要增强责任感、使命感，要以尽全力负全责的精神，切实做好离退休老干部政治思想工作。当前，我们的重点工作是加强和改进离退休人员的思想政治工作。要研究新形势下老干部思想政治工作的特点，克服不同程度的老同志思想政治工作“不用做”“不好做”“不愿做”的思想。做好离退休同志思想教育工作对他们精神生活的丰富、生活质量的提高，都具有十分重要的意义。老干部是中国革命和社会主义建设的功臣，回顾总社改革和发展的历史，也无不凝聚着老干部们做出的巨大贡献。因此，关心和照顾他们是我们义不容辞的责任和义务。随着改革开放的不断深入，反映到老干部工作中的热点和难点问题会不断出现，我们要以科学创新的理念处理好老干部工作中的新情况、新问题。

**1. 发挥离退休党支部战斗堡垒的作用**

加强离退休党支部的建设，是新形势下我们离退休党支部面临的一项光荣、长期而艰巨的任务。党支部的凝聚力、号召力和战斗力强不强，能不能起到战斗堡垒作用，关键在于支部班子成员是否尽职尽责。要搞好离退休党支部的建设，组织支部书记、委员进行培训，统一认识，发挥离退休党支部的作用。例如，在实践中我们根据总社老同志退休后生活节奏慢、空闲时间多的情况，以及他们相互之间见面少、健康状况较差等具体特点，组织开展活动。不断改进方式方法、不断总结经验，建立增进感情的互帮制度，发挥组织的力量，尽职尽责地协调好各项工作，处理好各种矛盾，让老同志感受到组织的温暖和同事间的友情。增强支部的凝聚力，在离退休党支部的带领下，焕发老党员的革命青春，积极地为总社提高经济效益出谋划策。

**2. 加强引导，统一思想认识**

面对总社的改革和发展，有些老干部在思想观念上还没有及时转变过来，仍停留在原有的认识上，对总社改制后主体身份认识不够明确。针对部分总社老干部陈旧的观念，不仅需要加大宣传力度，做更多老同志的思想工作，还要有计划地开展形势政策教育，正确引导他们及时了解党和国家的政策方针及重大决策，及时向老干部们通报总社“转制”后的经济发展状况，达成谅解，让他们认清当前形势，统一思想认识。

**3. 克服攀比思想，正确对待物质生活**

物质待遇的差距，是老干部产生攀比思想的主要原因。大部分老干部由于年龄大、退休时间早，工资相对较低，生活待遇上容易与其他单位的老干部进行攀比。因此，要经常组织老干部学习党和国家的相关政策，正确对待新形势下出现的问题，通过思想教育工作，引导老同志正确对待物质生活，正确对待目前单位的困难，引导老干部顾全大局，发扬艰苦奋斗的优良传统，克服盲目的攀比心理。如：总社老干部的攀比心理，给我们的工作增加了不少难度，也给我们管理人员提出了更高的要求，从老干部角度讲，他们为总社工作了几十年，在各自的岗位上做出了巨大贡献，理应享受单位更好的福利待遇，来安享自己的晚年生活。从单位的角度来讲，要想得到更多、更好的福利待遇，首先要提高总社的经济效益，面对激烈的市场竞争，需要机遇和时间。解决老干部的福利待遇问题，稳定的经济发展是根本，只有总社的经济效益搞好了，老干部的福利待遇才能得到更好的提高。

## （四）开展丰富多彩的适合老干部的活动

精彩丰富的活动内容：一是以学习教育为主线，组织听取形势报告、进行政治理论学习、向老干部及时通报国家对老干部的相关政策；二是以娱乐活动为中心，组织书画、钓鱼、门球、象棋、唱歌等比赛。离退休老干部基本处于休闲、养老状态，他们既需要基本的生活保障，也需要丰富多彩的精神文化生活，以提高生活质量。他们退下来以后会产生孤独感、失落感，害怕生活单调，需要与社会接触、和人沟通，需要了解国家的政治、经济、文化和国际形势。所以更需要符合他们具体情况的丰富多彩的活动。让老同志走出家门、了解社会，接触更多的人和事，以增强同志间的情感，消除孤独感，增添生活乐趣，达到精神充实、身心愉悦和有益健康的效果。作为总社的职能部门，我们不仅要为老干部组织丰富多彩的娱乐活动，也要为总社的发展建设分忧。例如，我们每年要组织3~4批春秋游活动。总社离退休人员多，为了万无一失，我们活动前要进行多次探路，选好住处，查看路线。我们老干部活动经费有限，必须精打细算，少花钱多办事、办好事是我们的目的。每年参加活动的老干部达数百人，由于我们工作的细致，二十几年没有出现过重大问题。习近平总书记强调："广大离退休干部是党和人民的有功之臣，是党和国家的宝贵财富。党和政府及全社会都要坚持在政治上尊重、思想上关心、生活上照顾、精神上关怀。"我们采取灵活多样、丰富多彩的形式，经常性组织有吸引力的活动，达到寓教于乐的目的。通过活动增进了我们与老干部之间的相互关心、相互理解，拉近了感情，增进了友谊，同时也开阔了视野，增长了见识。离退休老干部处是总社领导与老同志联系的桥梁和纽带，老干部工作是一项非常重要的工作，关系到总社改革能否顺利。我们一定不辜负总社领导的期望，团结协作，带着满腔热情把老干部工作做得更好，让老干部们满意，让总社领导放心。

总之，新形势下，随着中国特色社会主义市场经济的不断发展和进步，做好中国体育报业总社老干部的管理工作，一定要以社会主义核心价值体系为指导，充分利用好老干部自身的优势，以发展为主题，积极创新为老干部服务工作的方式和方法。以“转制”为动力，以机制创新为重点，着力解决新形势下出现的矛盾和问题，激发创新活力，促进总社的改革和发展，使老干部管理工作得到进一步的提高。

## 参考文献

[1] 盛若蔚.习近平：尊重老干部就是尊重党的历史[N].人民日报，2011-09-15.

[2] 盛若蔚.弘扬老同志传统光荣和崇高精神 开创新形势下老干部工作新局面[N].人民日报，2009-09-12.

[3] 李晨光. 以人为本提升离退休管理人员的业务水平[J]. 产业与科技论坛，2012，11（22）：240.

# 对训练局体育场馆维修运行保障的深入探索

国家体育总局训练局　刘敬法

**摘要：**国家体育总局训练局（以下简称“训练局”）作为国家体育总局的训练保障基地，有着近63年的历史，是中国历史最悠久、设施最完善、功能最齐全、驻训运动队最多、培养世界冠军最多的综合性的国家体育训练基地。其主要职能是担负国家队的“训练、食宿、医疗、科教”，是国家队运动员的思想教育基地和全国青少年爱国主义教育基地。在国家市场经济和事业单位改革的大环境下，训练局同样面临着探索与发展的艰巨任务。维修运行保障工作细致而复杂，是训练保障基地的后勤中的后勤、保障中的保障、服务中的服务，必须紧跟市场和体育事业的发展需求，适应改革的变化，及时进行深化改革，完善和提升保障水平。针对现在的技术工人和技术干部两支队伍力量薄弱、维修保障范围和保障形式不完备、服务保障制度建设不健全等改革中遇到的新问题、新情况，提出了加强“两支队伍”建设，强化人才建设的核心作用；立足实际，着眼长远，统筹规划维修保障新模式；不断完善制度建设，做到有效保障、高效保障、计划保障、绿色保障的新的发展改进思路或着力点，以期适应不断变化和发展的市场环境和外部环境，适应体育事业和体育产业的发展需要，使维修运行保障工作可持续发展。

**关键词**：训练局；维修运行保障；服务

# 一、训练局概况

训练局作为国家体育总局的综合体育训练保障基地，成立于1951年11月25日，前身是“中央体育训练班”，至今已有近63年的历史。现有10个项目，13支国家队驻局训练，是集国家队训练、运动员文化教育、全民健身为一体，中国历史最悠久、设施最完善、功能最齐全、驻训运动队最多、培养世界冠军最多的综合性的国家体育训练基地。

## （一）名称及局址演变

训练局经历7次更名、6次迁址，不断演变至今。

它的前身是“中央体育训练班”，于1951年11月25日成立，地址位于北京先农坛体育场。

1952年6月，“中央体育训练班”更名为“中华全国体育总会体育训练班”，地址位于“燕京大学”（后改为北京大学）。

1953年11月，中央体育学院成立。1954年，中华全国体育总会体育训练班随即更名为“中央体育学院竞技指导科”，地址先后设在北京先农坛、天津重庆道100号、民园体育场。

1956年，“中央体育学院”改名为北京体育学院后，中央体育学院竞技指导科的名称随即更改为“北京体育学院运动系”，地址先后设在北京先农坛体育场、天坛工字楼。

1973年，北京体育学院运动系更名为“国家体委运动员管理局”，地址设在北京崇文（现东城）区体育馆路2号。

1978年，国家体委运动员管理局更名为“国家体委训练局”。

1997年，国家体委训练局更名为“国家体育总局训练局”。

## （二）主要职能

训练局职能由最初的组织运动员训练，到运动员管理和赛事组织，再到现在成为国家队运动员训练的综合保障基地。现主要有以下3项职能。

（1）作为综合训练基地，为驻局的国家队运动员提供训练、食宿、医疗和文化教育等后勤保障工作。共拥有国际标准运动场馆15座、运动员公寓2座，设有膳食中心、体能训练中心、康复中心、运动员学校等完备的运动员保障体系。

训练局由东、西两院组成，主体建筑北京体育馆是中华人民共和国成立后建设的首个运动场馆，名列当年北京十大建筑之一。东院建筑面积12.4万平方米，为运动队提供训练的场馆主要有体操馆、游泳馆、跳水馆、羽毛球排球馆、乒乓球馆、篮球馆、篮球举重馆、田径场、田径馆等。各场馆、场地全部符合国际训练、比赛标准。西院为运动队员生活区，占地面积约3.5万平方米，总建筑面积7.15万平方米，建有运动员公寓、运动员餐厅、运动员康复中心、运动员学校、网球馆及其他配套设施。

体能训练中心：主要功能是为训练局的常驻国家队提供体能训练计划，以及相关的体能测试服务。根据测评指标，逐步建立起我国优秀运动员各项体能测试指标数据资料库，为运动员训练提供科学的理论依据。体能训练中心现位于训练局乒乓球馆一层，面积约2000余平方米，整个区域分为运动队训练区和非训练区。其中训练区包含有氧健身区、器械训练区、形体训练区、速度练习区；非训练区分为体能检测区、休息等待区、培训会议区。体能训练中心现已拥有各类训练器械200余件，包含有氧健身、力量训练、柔韧练习等世界一流器材装备，另有新引进的运动员身体机能检测器材3套，为各支国家队提供体能检测服务。

康复中心：建成于2003年11月，是目前我国唯一一所专门为国家重点运动队提供服务的康复中心，服务对象是13支国家集训队。在专家、教练的配合下，康复中心使受伤的运动员进入一个“诊断—治疗—康复—预防”的良性循环，接受有针对性的康复治疗。康复中心设有体能训练区，拥有BIODEX肌力测试仪、充气跑步机等先进的器材设施；水疗恢复区主要有冲浪浴池、步行浴槽，以及针对手肘、脚踝等运动部位设置的缓解疲劳的水疗设备；治疗区主要以物理治疗为主，根据运动员的伤病和术后恢复情况制订康复计划和跟踪治疗。

膳食中心：主要承担驻局1000多名国家队运动员的膳食保障、营养配餐和食品安全工作。膳食中心始建于1963年，经历多次变化，目前的运动员餐厅是2002年改建而成的，总面积1800多平方米。共有4个餐厅，分别为综合餐厅、乒羽餐厅、体操跳水餐厅和西餐厅，可同时容纳500人就餐。为让运动员在赛前能及时调整饮食口味，适应在国外比赛期间的餐饮，西餐厅主要为满足运动员备战奥运会等重要赛事的需要而开放。

体育运动学校：成立于1984年，主要目的是为训练局的运动员提供义务教育，至今经历了多种教学方式的改革。成立之初，由于训练比较规律，比赛较少，运动员的学习时间能够得到保证。为适应运动员赛事、转训增多，驻局时间减少的实际情况，2005年训练局提出学习德国科隆体院的办学模式，以行政管理为主，在外聘请优秀教师授课。为此，训练局与周边的光明小学、五十中、109中等建立了合作关系，聘请他们的老师为运动员授课。2007年针对80%的驻局运动员在学校不学习的普遍状态，体育运动学校与北京体育大学教务处、函授部、研究生院等部门建立了合作关系。并根据运动员的比赛时间、伤病、退役等特殊情况，制定了互选课程、承认学分的学习制度，使运动员的学习得到切实保障。

（2）作为全民健身中心，提供全民健身的体育运动场所，举办各种青少年体育培训班。面向社会各界全天开放，为体育爱好者的运动和健身提供一流的场地、环境和服务，为发展和培养青少年体育提供良好的教练员和体育培训。“全民健身在世界冠军的摇篮”的口号已逐渐深入民心。

（3）作为国家队运动员的思想教育基地和全国青少年爱国主义教育基地，训练局将荣誉馆作为展示训练局发展历史的展览馆和对外交流平台，并建成了奥运冠军足迹路作为训练局荣誉馆的组成部分，宣传和传播中华体育精神，展示中国体育事业取得的辉煌成就。

## （三）场馆及配套设施情况

### 1. 场馆建设

训练局定址于现东城区体育馆路后，于1955年首先建成北京馆、体操馆和游泳馆3个场馆，随着体育事业的发展、运动项目的增加和运动员训练的需求，分别于20世纪60年代建成田径场和田径馆；70年代建成跳水馆及陆上练习馆；80年代建成羽排馆、老网球馆及中心场；90年代建成游泳训练馆、新网球馆；2000年后建成老篮球馆、乒乓馆、高尔夫练习场、举重篮球馆（见表1）。

表1　训练局体育场馆统计表

| 序号 | 名称 | 建筑时间 | 数量/个 | 面积/平方米 |
|---|---|---|---|---|
| 1 | 北京体育馆 | 1955年 | 1 | 28470 |
| 2 | 体操馆 | 1955年 | 1 | 6661 |
| 3 | 游泳馆 | 1955年 | 1 | 8796 |
| 4 | 田径场 | 1964年 | 1 | 1533 |
| 5 | 田径馆 | 1966年 | 1 | 4703 |
| 6 | 跳水馆及陆上练习馆 | 1973年 | 1 | 8102 |
| 7 | 羽排馆 | 1988年 | 1 | 10905 |

续表

| 序号 | 名称 | 建筑时间 | 数量/个 | 面积/平方米 |
|---|---|---|---|---|
| 8 | 老网球馆及中心场 | 1989年 | 1 | 13166 |
| 9 | 游泳训练馆 | 1990年 | 1 | 7218 |
| 10 | 新网球馆 | 1997年 | 1 | 15579 |
| 11 | 老篮球馆 | 2000年 | 1 | 3059 |
| 12 | 乒乓馆 | 2000年 | 1 | 13610 |
| 13 | 高尔夫练习场 | 2004年 | 1 | 4073 |
| 14 | 举重篮球馆 | 2007年 | 1 | 10493 |
| 总计 | | | | 136368 |

**2. 配套设施**

训练局现分东、西两院，各院配套设施独立运行，自成系统。主要包括高压变电室2个，低压配电室4个，空调机房5个，热力换热站1个，空调换热站3个，供热锅炉房1个，消防供水机房2个，地热水供水机房1个，弱电机房2个（含有电话系统、电视系统、视频监控系统、楼宇自控系统、办公局域网系统等），消防值班室2个。

办公用房保障：除保障训练局内办公用房外，还需保障国家体育总局办公楼、乒羽中心、游泳中心、田径中心、小球中心、跆拳道中心等单位的办公用房。

家属楼保障：训练局家属楼现已分配给职工所有，但维修改造保障工作仍属训练局管，现有8个家属院共11栋家属楼，部分家属楼由于建设年代较早，现在维修保障工作量较大。

## 二、维修运行保障的现实矛盾

场馆及配套设施的维修运行任务主要由基建维修处负责，

随着场馆设施的陈旧老化及保障要求的提高，维修运行保障任务繁重，维修运行保障工人队伍年龄大，技术管理队伍人员配备不齐，给完成场馆的维修运行任务提出了新的考验。

2013年12月，结合全局新任聘期的开始，根据管理和各处职能的重新定位，将原维修运行处与基建处整合为现在的基建维修处，人员和职能直接整合，科室重新设置。整合后，基建维修处的主要任务是：场馆基建任务、场馆维修任务、场馆设备的运行保障、全局能源管理及抗洪抢险五大任务。随着职能的重新定位和设定的功能任务的实施，矛盾和不足日益突出，主要表现在以下几方面。

**1. 技术工人和技术干部两支队伍有待加强**

训练局建局历史较长，现有部分场馆是老一代训练局干部职工亲自动手建设的，由于当时整体建设的需要，招录职工年龄较为集中，且专业技术比较有限，大部分为瓦工、油漆工、水暖工、电工等，导致现在出现了集中达到退休年龄的现象，且技术工种不全，维修技术能力不能满足现实维修的需求。同时，受局内人员编制及待遇水平的限制，新缺技术岗位不能得到有效补充，近几年虽然招录了部分专业大学生充实技术管理队伍，但由于实践经验不足，在完成具体工作中也略显力不从心，实际操作能力不强，从而造成维修运行保障的整体水平不高，导致目前全处出现技术力量的严重断层现象（见表2、表3）。

**表2　基建维修处在职人员年龄结构统计表（截至2014年7月）**

| 年龄段 | 28~29岁 | 30~39岁 | 40~48岁 | 49~54岁 | 55~57岁 | 58~59岁 | 60岁 |
|---|---|---|---|---|---|---|---|
| 人数/人 | 3 | 5 | 7 | 12 | 17 | 11 | 3 |
| 百分比/% | 5.1 | 8.6 | 12.1 | 20.7 | 29.3 | 19.0 | 5.1 |

表3 基建维修处高级技师基本情况统计表（截至2014年7月）

| 专业 | 木工 | 钳工 | 水工 | 油工 | 锅炉工 | 电工 |
|---|---|---|---|---|---|---|
| 人数/人 | 2 | 2 | 5 | 1 | 1 | 2 |
| 年龄/岁 | 56 | 51，55 | 51~56 | 55 | 55 | 50，56 |

### 2. 保障范围和保障形式有待明确

训练局作为国家队运动员的后勤保障基地，基建维修处应该责无旁贷地完成局内每个处室的维修运行保障任务，需要保障的任务范围较为广泛，责任重大。维修范围从专业划分，包括建筑、结构、通风空调、给排水、供电、视频监控、电视、电话、楼宇、网络办公、能源收费等；从局属管辖房产划分，包括东西两院的场馆、公寓、配套办公用房、附属设备保障用房、局属家属楼等。

原有的维修保障形式已不能完全满足目前的需求。维修保障范围的广泛性，即全包式的维修，给维修的保障形式提出新的更高的要求。目前的拨款方式是国家体育总局只负责场馆维护的费用，而家属楼的改造维修及其他配套办公楼的维护改造经费只能由训练局自筹资金解决。同时由于维修工作主要靠施工承包队伍完成，在费用收取、维修质量上也与家属楼居住职工的期待、要求有较大差距。

### 3. 服务保障制度建设有待完善

在经济体制和文化体制改革的大背景下，训练局为适应市场经济和体育事业发展的需要，进行了一系列的改革，取得了明显的成效，已经完成聘任制改革等相关制度的建立和完善，但对于人员能进能出、岗位能上能下的人事管理制度，收入能增能减的分配制度，人事争议的解决等问题，实质性的进展还远远不够。具体到基建维修的各项规章制度建设上也受到限制和影响，没有或者无法同步跟进，导致制度的建设落后于现实工作的需要，从而可能导致工作被动、保障不到位、服务不主动和时有缺位的现象。

## 三、深化维修运行保障工作的重点

我国体育事业及体育产业飞速发展的历史实践证明，运动员训练基地建设是体育事业和体育产业发展的重要环节和坚实基础，是体育产业化、市场化改革不可缺少的重要组成部分。搞好基地建设，提高基地的全面保障能力，更是不断提升高水平运动队竞技能力的必要保障，是促进竞技体育事业可持续发展的必要条件，也是完成奥运会赛前集训任务的可靠保证。无论在现阶段，还是在今后相当长一段时间内，运动员训练基地在奥运备战中必然继续发挥不可替代的重要作用。基地保障中的维修运行工作，又是运动员场地、膳食、住宿、康复、体能训练、教学等任务保障的基础，维修运行工作的好坏，将直接影响到对运动队伍保障的成败。如果说训练局是国家队运动员训练的后勤保障基地，那么基建维修处的工作就是后勤中的后勤、保障中的保障、服务中的服务。面对新形势、新问题、新困难的严峻挑战，维修运行保障工作只能摸索前进，没有退路，根据市场经济的特点，不断改革创新，锐意进取，探索和建立完善的维修运行保障模式。

### （一）加强“两支队伍”建设，强化人才的核心作用

“技术工人队伍”和“技术干部队伍”这两支队伍是维修运行保障工作的有力支撑，是完成维修运行工作的技术保证。随着新技术、新材料、新工艺、新设备在建设工程中的大量使用和

工程建设施工中的各项法律、法规等制度的逐步完善，维修运行工作的技术含量越来越高，技术管理的措施也越来越具体和专业化，技术更新和业务能力的需求越来越多元化。设备操作管理人员需持证上岗，相关政府监管职能管理部门的监督力度逐步加大，对从事工程管理的技术人员也已经施行执业资格证制度。面对这些新情况、新问题，执行力度或者说是重视程度还有待强化和提高。

## （二）立足实际，着眼长远，统筹规划维修保障的新模式

立足实际，指立足现在两支队伍和维修保障任务的现状。

着眼长远，指着眼两支队伍的可持续发展和维修保障能力、维修保障经费的科学使用和管理，使队伍和经费发挥出最大使用效益。

根据《中共中央国务院关于分类推进事业单位改革的指导意见》文件的要求，按照中央的部署，坚持“分类指导、分业推进、分级组织、分步实施”的原则，3年内要完成事业单位的改革。事业单位改革的主要内容是将现有事业单位按职能划分为三类：第一类为具有行政职能的事业单位，参照公务员管理，实现国家全额拨款；第二类为具有公益性的事业单位，实行差额拨款，国家负担基本的事业发展经费，其余部分需靠单位的事业收入补充；第三类为具有创收能力的事业单位，国家将不再拨款，参照企业化管理。

训练局作为国家体育总局直属事业单位，按照目前的职能定位，被划分为第二类或第三类事业单位的可能性较大，目前是规定完成改革的最后期限，除了要做好各项准备之外，还要精心做好维修运行保障的职能定位，从而全面深化和筹划人员、职能的

改革配套和衔接制度。

## （三）不断完善制度建设，做到有效保障、高效保障、计划保障、绿色保障

有效保障，即维修维护及时准确，服务周到；运行管理安全到位，按时可靠。

高效保障，即维修维护主次分明，重点突出，经费使用效益最大化，运行管理制度化。

计划保障，即维修维护项目要划分轻重缓急，区分功能改善和功能保证类别，成为有计划、有方案、有目标的保障体系。

绿色保障，即节能降耗，绿色环保，节约可持续。明确维修改造和运行的指导思想，树立节约经费、降低能耗的思想觉悟和意识，在提升维修保障水平的同时，要时刻把绿色环保放在重要位置。

邓小平同志讲："制度好，可以使坏人无法任意横行；制度不好，可以使好人无法充分地做好事，甚至会走向反面。"同样，完善的保障制度会使保障工作做得更好。相反，不健全的保障制度则会陷入"头痛医头，脚痛医脚"的无序循环中。

完善的保障制度建设应着眼于全局总体机制的建立完善，努力实现制度在更高层面的系统整合；同时注重发挥保障制度的整体功效，着力构建科学的制度体系，配套建立相关的管理制度、管理规定、实施细则、管理办法等，发挥制度建设的整体合力；还要注重不断提高保障运行制度建设的质量和水平，使制定出来的制度具体实在、切实管用、可行，并适应新形势、新任务的要求，不断发展、修订、完善。

在经济体制、文化体制改革和竞技体育举国体制的大背景下，在事业单位分类改革的过程中，训练局作为国家队训练基地，必将不断增强基地自身竞争力，利用知名度高、区域地理优

势等条件，与时俱进，不懈探索，努力争取各方面支持，改善自身条件，提高硬件设施，提升维修运行保障能力，探索出符合自身发展的管理体制和经营模式，走出一条既能够满足运动队训练需要，又符合市场经济发展的社会化、产业化的道路。维修运行保障工作终将会顺势而为，协调跟进，良性循环，不断完善，担当起适应训练局职能需要的科学化、制度化的保障体系和高效的保障团队，为国家队运动员提供最为理想的训练环境，在体育强国的建设过程中做出新的贡献。

# 以转变政府职能为根本<br>加快推进我国体育场地建设

国家体育总局体育经济司　张春梅

**摘要：**通过分析人民群众对体育活动、体育场地的需求，论证转变政府职能和促进体育社会组织、体育场地、体育活动协同发展的必要性，提出政府在体育场地建设中的作用和科学有效的实施方案等。同时，建议政府从经济、文化、社会等方面加强对体育活动的引导，进一步提升体育活动的社会价值，促进人民群众身心健康、体魄强健。

**关键词：**社会组织；体育活动；体育场地；协同发展

党的十八届三中全会《中共中央关于全面深化改革若干重大问题的决定》指出：经济体制改革是全面深化改革的重点，核心问题是处理好政府和市场的关系，使市场在资源配置中起决定性作用和更好地发挥政府作用。在现代市场经济条件下，政府通过层层审批、行政命令的方式建设运营体育设施，曾经发挥了集中力量办大事的优势。但是，随着人民群众体育活动需求的多样化，体育场地投资主体的多样化，以政府行政审批为主导、事业单位建设运营的方式，将很难满足人民群众的多元需求，越来越不利于体育场地的优化配置。

随着我国经济社会平稳较快发展，人民生活水平显著提升，体育活动需求快速释放。本文通过分析人民群众对体育活动、体育场地的需求，论证转变政府职能和促进体育社会组织、体育场地、体育活动协同发展的必要性，提出政府在体育场地建设中的作用和科学有效的实施方案等。同时，建议政府从经济、文化、社会等方面加强对体育活动的引导，进一步提升体育活动的社会价值，促进人民群众身心健康、体魄强健。

## 一、体育场地的需求分析

经调查，不同年龄的体育爱好者从事的体育活动并不相同，对体育场地的需求呈现多样化、多层次的特点。体育活动需求决定体育场地的建设内容和建设规模，同时，体育场地又促进体育活动的有效开展。社会体育组织是体育活动的组织者、经营者、开发者。因此，体育场地建设工作与社会体育组织、体育竞赛活动互相依存，缺一不可。

### （一）体育活动、体育场地的需求分析

以北京为例，在学校里，青少年按照教学大纲学习田径、乒乓球、轮滑等体育课程，以小场地运动项目为主。课余时间，青少年喜欢参加游泳、足球、篮球、击剑等体育培训班，希望学习新的运动技术、锻炼身体、提高身体素质；工作之余，中青年人喜欢羽毛球、网球、长跑、登山、滑雪等体育活动，希望扩大社交范围、增进友谊；老年人空闲时间多，喜欢能够就近参加的户外体育活动，如公园晨练、使用健身路径、小区散步、夜晚跳舞等，希望锻炼身体、恢复机能、延长健康寿命等。

体育场地类型主要有城市公共体育设施、学校体育场馆、公园、居住区体育设施等。城市公共体育设施数量少、需求量大、

布局集中，且使用率比较高，需要提前预订。学校体育场馆布局合理、使用便利，但是还没有全部对群众开放。新建居住区大都配备了全民健身路径、乒乓球台、儿童乐园等健身器材，它们与环境有机融合、使用方便，很受儿童和老年人的欢迎。由于新建居住区普遍缺乏标准体育场和室内体育馆、游泳池，中青年人一般舍近求远，去城市公共体育设施锻炼身体。公园一般都设置了户外体育场地，除全民健身路径、乒乓球台等健身器材外，很多群众喜欢在绿荫下、广场里舞剑、打太极拳、踢毽子，体育活动非常丰富。公园占地面积大，具有宽阔的广场、绿地、林荫道等活动空间，还可以开发更多类型的体育活动。

### （二）建设运营主体

体育场地主要由政府财政性资金和社会资本投资建设，其中新建居住区的体育设施由社会资本投资建设。体育部门所属体育设施是城市公共体育设施的组成部分，建设内容以满足体育比赛、专业运动队训练等为主，已全部对群众开放，建设运营情况比较好。近几年，政府逐年增加对群众健身设施的投资比例，新建了体育场、全民健身活动中心等，投资效果比较好。为奥运会、亚运会、全运会等大型体育比赛建设的体育设施规模大、投资高，日常没有大量体育比赛的情况下，可同时满足体育竞赛、文艺演出、群众健身等多功能要求。2009年，深圳市政府组织社会资本建设了第26届世界大学生运动会主会场——深圳湾体育中心，实行规划设计、建设、运营管理一体化。项目在建筑技术、功能配置、设施设备综合利用等方面进行了很多创新。项目建成后，不仅成为深圳市新的景观中心、体育文化中心，而且运营效果很好。新建居住区体育场地应当由房地产开发商建设，但是，由于相关法规未能把体育设施列入“必须”建设的项目，一直以来，体育设施未能像绿地、商业设施、教育设施一样，与居住区同步建设、同步验收，存在想建设就建，不想建设就不建的问题。

### （三）影响体育场地建设的问题及原因分析

首先是建设运营主体比较单一，社会资本不足。离群众生产生活最近的居住区，存在体育设施数量少、规模和标准不高的问题。其次是现有体育场地结构不够合理。如球类场地少，特别是人民群众十分关注的足球、篮球等体育场地不足。最后是体育场地与城市空间、公园空间等融合度不高，亮点项目少。

产生这些问题的主要原因：一是体育场地规划还没有成为城市发展战略、城市发展规划的重要内容，体育场地建设科学性、系统性、连续性不够。二是法规约束力不够。在住房城乡建设部门制定的《城市居住区规划设计规范》中，还没有要求“应”建设体育设施。所以，房地产开发商报审居住区规划设计图纸时，规划部门对体育设施不能像对绿地一样进行强制性审查。三是社会体育组织数量少，面向社区群众的体育竞赛活动少，且二者的影响力小，群众对体育场地的需求不足。四是缺乏对群众性体育活动的调查研究，体育场地需求情况不明朗，体育场地建设内容不够明确、结构不够合理。五是缺乏专业化的体育设施运营公司，社会资本参与体育场地建设运营项目少，没有形成良性循环。

## 二、政府在推动体育场地建设中的作用

根据国务院所发的《关于加快发展体育产业促进体育消费的若干意见》，国家应创造发展条件，营造重视体育、支持体育、参与体育的社会氛围，将全民健身上升为国家战略；应加快政府职能转变，进一步简政放权，减少微观事务管理，加强规划、政

策、标准引导，营造竞争有序、平等参与的市场环境；各级政府应在城市社区建设15分钟健身圈，新社区的体育设施覆盖率达到100%，乡镇、行政村实现公共体育健身设施100%全覆盖。为此，需要从以下几方面做好相关工作。

## （一）推动社会体育组织建立健全，开展丰富多彩的体育竞赛活动

发展体育运动，增强人民体质，是体育事业的发展方向。自足球进校园活动开展以来，教育部门调整了学生课程表，增加体育活动时间，每天至少一堂体育课，受到学生、教师、家长的欢迎。各级教育、体育部门通过组织校际体育比赛，积极调动学生、教师、家长参与体育活动的积极性，促进了学校体育运动的蓬勃开展。为提高体育运动水平，学生、家长在业余时间参加各类培训班、俱乐部，学习足球、篮球、击剑等技术，争取好成绩。各俱乐部通过积极参加体育竞赛活动，在交流、提高训练水平的同时，提升体育活动的吸引力，增加会员数量。通过各种体育竞赛活动的开展，充分调动了学生、家长、俱乐部参与体育活动的积极性，促进了俱乐部等社会体育组织的发展。

应当看到，群众身边的体育竞赛活动还比较少，主要原因是基层社会体育组织还比较少，活力还不够，还有很大的发展空间。因此，建议政府组织研究建立基层社会体育组织的政策、法规、标准，与民政部门积极协商，加快社会体育组织的建立和发展。随着各级社会体育组织的建立健全，有效地开展各类体育活动，将进一步满足人民群众不断增长的体育需求，开发出更多样化的体育活动。

## （二）营造公平竞争的市场环境，支持社会资本投资建设

党的十八届三中全会上通过的《中共中央关于全面深化改革若干重大问题的决定》要求，加快完善现代市场体系，建立公平开放透明的市场规则，支持非公有制经济健康发展。政府以转变职能为核心，职责调整为制定政策、宏观规划、过程指导、总量调控等。各级地方政府根据中央政策，制订具体的实施方案，并组织相关部门加以落实。中央政府为鼓励中西部欠发达地区的体育设施建设，可以适当安排投资补助，帮助中西部地区体育场地建设发展。

为了更好地发挥市场经济在资源配置中的决定性作用，激发市场活力，应当以竞争择优，提高建设专业化、标准化水平为目标，进一步强化体育场地建设主体地位。在当前市场需求不足、社会资本专业化程度不高的前提下，政府可以适当扶持，支持部分项目进行试点，总结经验。国家体育总局可以委托专业研究机构，提出项目规划建设理念、目标、标准等，引导我国体育场地建设方向，提高研究工作质量。社会资本通过市场化竞争及经验总结，将不断提高体育场地建设数量和质量。

## （三）积极争取政策支持，推动体育与城市发展有机融合

中央政府应当强化宏观管理、制度设定职责，加强规划、政策研究和必要的执法检查工作，积极推动各省（区、市）政府将体育场地规划列入城市发展的重要内容。体育场地规划要树立尊重自然、保护自然的理念，与城市文化传统、自然环境有机融合，因地制宜地建设多样化体育设施。要组织研究体育场地规划与城市规划、城市空间的有机结合，健身步道与城市自行车道、

居住区人行步道的结合等，让群众在广阔的自然空间里享受运动的乐趣，给城市空间增加丰富多彩的体育运动生机和活力。要组织研究体育运动与城市文化传统、民族传统的有机结合，让群众在体育运动中感受传统文化的魅力，使体育活动成为传承中华文化传统的纽带。

## 三、科学有效的体育场地建设方案

2015年，国务院组织编制《国民经济和社会发展十三五规划》，体育部门积极组织专家学者参与规划编制工作，为体育事业发展建言献策。为此，建议做好以下基础工作。

### （一）做好对体育组织、场地、活动的基础调查工作

习近平总书记说，调查研究是谋事之基，成事之道。基础调查越详细，问题就越清晰，解决方案就越有针对性。根据国务院办公厅《关于政府向社会力量购买公共服务的指导意见》，建议委托专业机构，对社会体育组织、体育场地、群众体育活动需求等进行详细的摸底调查、分析研究，形成完整、可靠的调查报告，为政府科学决策提供依据。对几个开放度较高的体育设施进行调查时发现，足球、篮球很受青少年欢迎，场地需求量很大。比如奥体中心毗邻北四环的篮球场、足球场，东单体育中心毗邻长安街的篮球场、足球场，深受青少年的欢迎。这说明学校教学改革初见成效，球类运动场地将供不应求，应当进一步扩大足球场、篮球场的供给。此外，靠近城市道路、中心区的体育场地，比设在园区内部的体育场地更受青少年欢迎。这些都说明，体育活动除了具有强身健体的功能外，还具有独特的文化价值。体育活动是青春激情的迸发，是健康生活的展示。因此，做好方方面面的基础调查，是分析人民群众需求，进一步开展规划设计、建设运营等工作的基础。

### （二）科学编制体育场地规划

党的十八届四中全会提出全面推进依法治国的总目标，要健全依法决策机制，把公众参与、专家论证、风险评估、合法性审查、集体讨论决定确定为重大行政决策法定程序，确保决策制度科学、程序正当、过程公开、责任明确。政府组织提出规划的指导思想、核心理念、规划名称，以及设计任务书，通过竞争择优的方式确定规划设计方案。体育场地规划提出后，政府部门要征求专家、社会体育组织、体育爱好者的意见，不断对方案进行修改完善。群众参与的范围越广，听到的方方面面的意见越多，规划方案就会越详细。体育场地规划出台后，要组织宣贯、培训等工作，确定年度实施计划，并有力、有序地加以实施。规划实施过程中，及时组织召开规划进度协调会，交流各地建设经验，总结好的经验做法，促进场地规划、建设、运营水平的提高。

## 四、需要注意的几个问题

习近平总书记说，体育是社会发展和人类进步的重要标志，是综合国力和社会文明程度的重要体现。体育在提高人民身体素质和健康水平，促进人的全面发展，丰富人民精神文化生活，推动经济社会发展，激励全国各族人民弘扬追求卓越、突破自我的精神方面，都有不可替代的重要作用。因此，在开展体育活动的过程中，政府要从经济、文化、社会等方面加强引导，进一步提升体育活动的社会价值，并要注意以下几个问题。

### （一）注重体育活动的普及，更要挖掘体育的社会价值，发挥体育在促进社会公平正义中的积极作用

体育文化具有独特的社会价值，蕴藏着丰富的精神内涵。球

类运动体现公平竞争、规则至上、相互尊重的精神，田径运动体现更快、更高、更强的理念，冰雪运动体现速度、激情、活力的风尚等。爱好体育活动的人，大都具有公平正义、规则至上的价值理念，热爱生活、健康向上的生活态度，不畏艰险、顽强拼搏的意志品质。因此，在开展各类体育活动的过程中，要注重体育文化价值的挖掘，体育精神的提炼，体育价值观的传承。要让体育活动成为人民群众追求健康幸福的生活方式，成为促进社会公平正义的精神支柱；让体育精神成为人民群众建设中国特色社会主义的强大动力，激励广大人民群众奋发图强，努力工作，为实现中华民族伟大复兴的中国梦而努力奋斗。

### （二）注重开展群众性体育活动，更要有效发挥体育明星示范引导、传播社会正能量的作用

通过观看我国优秀运动员在奥运会、亚运会赛场上奋勇拼搏，夺取金牌，升国旗、奏国歌，所受到的爱国主义教育，比听多少个报告都有用。很多青少年把优秀运动员当作自己的偶像，喜欢他们的运动项目、生活方式，关注他们所在的国家队，甚至很多青少年因为崇拜体育明星而成为体育爱好者。体育明星发挥的社会影响力，传播的正能量，远远超出我们的想象。为此，政府要组织体育文化部门和新闻宣传部门对体育文化、体育精神进行系统整理，形成一整套与时俱进、流行时尚、真实可信的理念、作品、故事，丰富体育活动的文化内涵，增加体育活动的吸引力、凝聚力、生命力，引导社会主义文化新风尚，传播社会正能量。

### （三）注重发挥市场的主体作用，更要有效发挥政府总量调控、监督检查的作用

目前，政府存在重审批、轻监督检查的现象，说明审批部门、监督部门的职责权限有待于进一步厘清。只有责任明确，才能各负其责。在项目建设过程中，政府部门要发挥“看得见的手”的作用，采取有效的统计、分析、实地调查等方法，跟踪掌握项目进展情况，及时公开项目规划、建设、招投标等信息，发挥好总量调控、监督检查的作用。

### （四）注重普及群众性体育场地建设，更要发挥政策引领科技创新、促进技术进步的作用

近几年，我国体育场地建设快速发展，新材料、新技术、新工艺不断涌现。国家队专业体育训练设施，为国家队训练服务，与国内最前沿的训练技术接轨。在满足国家队训练要求的同时，促进了体育设施建设进步。群众性体育设施数量多、规模小，在训练技术方面要求不高，也很难吸引高水平的设计师参与设计。为避免有可能出现的标准不统一、质量不高等问题，政府应当加强标准化设施的研究工作，组织高水平的设计人员参与标准设计，一方面加快设施建设速度，另一方面降低项目风险，提高工作质量。

政府部门要推动体育场地、体育社会组织、体育赛事活动的融合发展，必须更加注重系统性、整体性、协同性，让一切社会体育组织、社会资本的活力竞相迸发，让人民群众享受到更健康、更美好的体育生活。政府部门通过转变职能，做好社会体育组织、体育场地、体育竞赛活动的顶层设计，科学推动体育场地规划工作的落实，为体育事业发展营造良好环境。

# 关于中国体育用品业结构调整趋势的若干思考

国家体育总局体育器材装备中心　温嘉

**摘要：**党的十六大报告首次提出建设小康社会的重要目标是增强可持续发展能力，改善生态环境，提高资源利用效率，促进人与自然的和谐，推动社会全面走上生产发展、生活富裕、生态良好而且是文明的发展道路。党的十八大报告更进一步把中国特色社会主义事业总体布局由“四位一体”拓展为“五位一体”，体现了我们党对社会主义建设规律认识的深化和拓展，全面把握“五大建设”相互联系、相互促进的关系，加快完善社会主义市场经济体制和转变经济发展方式，积极发展社会主义民主政治，扎实推进文化建设，积极保障改善民生和创新社会管理，建设生态，促进经济、政治、文化、社会、生态文明的协调建设发展，努力增创科学发展新优势，更坚定了走科学发展道路，坚持五位一体，坚持深化经济体制改革，强调了市场在资源配置中的决定性作用等。这些理论和施政导向，直接影响着体育事业的发展，尤其是我国体育用品业随着国民经济和体育事业的发展而快速发展，同时又对体育事业的发展起着积极的推动作用。经过多年培育，中国已经开始了由体育用品“制造大国”向体育用品“制造强国”转变的进程。随着世界经济一体化进程加快，区域自贸区建设的加快，以及北京奥运会后体育产业的蓬勃发展，《关于加快发展体育产业的指导意见》《体育产业“十二五”规划》等产业政策及《体育法》的持续引导，体育用品行业迎来前所未有的政策机遇。中国体育用品业如何适应新形势下的发展要求，如何保持可持续发展能力，作为体育产业的主要组成部分如何推动体育产业发展，成为我们必须面对的重要问题。本文以马克思主义发展哲学和实践的思维方式为指导，分析了中国体育用品业的机遇与挑战，并结合科学发展观，坚持实事求是，转变思想方式，转换产业结构，创新模式，努力推动对中国体育用品业可持续发展的思考。

**关键词：**中国体育用品业；结构调整；品牌建设

## 一、中国体育用品业的发展及在世界体育用品业中的地位

中国的体育用品业无论在发展速度还是规模上都取得了令人瞩目的成就。国内体育用品企业数量不断增多，规模不断壮大，产品的质量大幅度提升。中国国际体育用品博览会（以下简称“体博会”）的举办规模是反映中国体育用品业现状的一面镜子，体博会的发展规模从一个侧面可以说明中国体育用品业的发展速度和趋势。从1993年第1届体博会参展企业不到100家，发展到2014年第32届体博会参展企业近1200家，总面积超过12万平方米的大型展会，体博会已经成长为亚洲第一、世界前三的综合体育用品展览会。体博会的发展得益于中国经济和体育制造业的快速发展。

目前，我国的体育用品企业，也就是制造业（包括上、下游的企业）约有400多万家，能生产几乎所有体育项目需要的设备、器材和用品，产品质量不断提高，很多龙头企业已经取得国际单项协会的产品认证，说明我们的产品总体水平已达到或接近国际水平。在国际体育用品市场上，“中国制造”占到65%以上

的份额。耐克鞋全球销售量的60%为中国生产，美津浓鞋全球销售量的90%为中国制造。但我国企业主要从事的是加工业务。从20世纪80年代初至今，我国有60%~70%的体育用品企业为境外品牌进行着大量的加工业务，加工着几乎所有的世界名牌体育产品。中国已经成为世界体育用品业的重要加工基地。目前，中国体育用品行业发展有以下主要特点。

## （一）行业规模不断扩大，增长速度逐渐放缓

根据国家体育总局发布的数据测算：2006—2013年，我国体育用品行业（运动服、运动鞋、运动器材及相关体育产品的制造和销售）增加值逐年上升，2013年增至2087亿元。从其年均增长率情况来看，受高库存、成本上升、净利润下降等因素的影响，行业增速逐步放缓，为7.80%（见图1）。

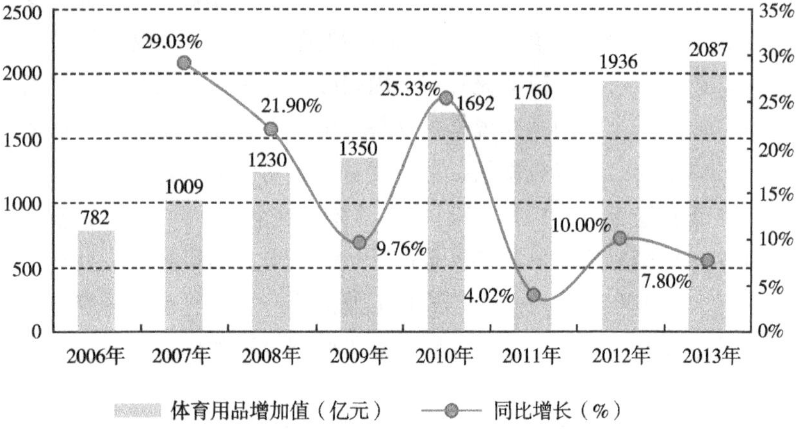


图1　2006—2013年中国体育用品行业增加值及其增长率

## （二）行业在国民经济中的地位有望提升

从国民经济地位来看：2006—2013年我国体育用品行业在国民经济中的比例维持在0.4%左右，2013年我国体育用品行业增加值占GDP（国内生产总值）的比重为0.3669%。从整体上看，我国体育用品行业在国民发展中的优势尚未完全体现，其占GDP的比重均在0.5%以下（见图2），这与欧美发达国家体育用品业占比相比较，差距很大。随着国民对体育用品需求的增长，市场容量将急剧扩大，体育用品行业的发展前景日益广阔，在国民经济中的地位也将有所提升。

行业市场集中度逐步提高。目前，国内市场主要的体育用品品牌包括贵人鸟、鸿星尔克、卡帕、李宁、安踏、特步、乔丹、匹克、361° 等。上述品牌在国内市场经过较长时间的开拓和发展，已经建立起比较完善的生产和营销网络，占领了国内市场绝大部分的市场份额。在激烈的竞争中，知名品牌渐渐地占了上风，年度出货量逐年增多，市场占有率也越来越大，在未来的发展中将进一步挤压小企业的生存空间。

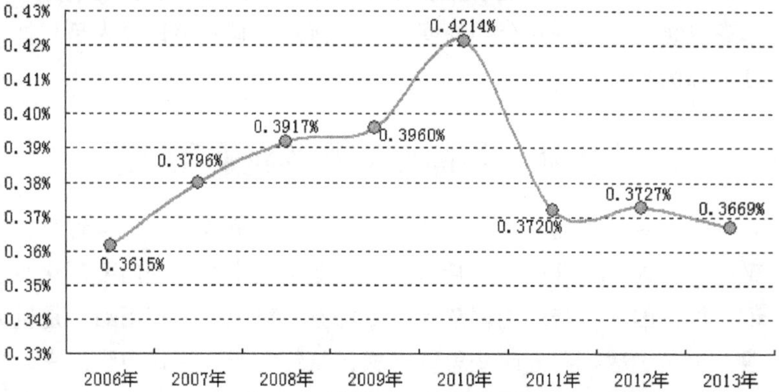


图2　2006—2013年中国体育用品行业增加值占GDP比重

### （三）体育用品产业集群效应明显

从省份与产量两个属性上看，几个主要的产业集群主要集中在北京、上海、浙江、广东、福建、江苏和山东7个区域，占比超过85%。从产品密集分布来看，鞋业主要集中在晋江、东莞、慈溪和昆山地区；服饰主要集中在石狮、中山和海宁地区；运动器材主要集中在沧州、泰州和江都等地区；球类用品则主要集中在上海、天津、奉化、长泰和永林等地。

### （四）行业整体处于调整阶段

过去几年对体育用品需求的过高估计及宏观经济增速的放缓，导致中国体育用品行业目前处于调整阶段。国内大部分体育用品品牌均受到库存问题的困扰，致使清理过量库存成为其当前首要的营运策略。为应对此问题，行业内几乎所有公司均已采取不同措施，例如，精简及重整分销渠道、取消分销商在商品交易会上的订单、回购存货及通过工厂门店或折扣店以较大折扣转售等。而正是因为受到关店潮、销售订单减少及清理零售渠道存货等因素的影响，中国运动鞋服行业主要上市公司纷纷主动削减经销商订货量，或回购分销商库存，使得运动鞋服销售收入呈现持续下降的趋势。

## 二、中国体育用品业面临的机遇和挑战

机遇和挑战是对立统一的辩证关系。经济全球化、自贸区、WTO，以及2022年冬奥会申办，尤其是党的十八大提出要深化改革、加快国家经济结构调整等历史任务，对中国体育用品业是机遇，也是挑战。我们改变思维方式，从传统产业模式中跳出来，解放思想，发现新的机遇和有利条件，也要清醒地认识到调整和改革是势必进行的，落后的模式和方式要被淘汰，不动就会被

动。要认清历史发展的轨迹，适时把握机遇，正确应对挑战，把挑战转化为机遇，促进体育用品业持续发展。

## （一）中国体育用品业面临“重要战略机遇期”

经济全球化的发展、世界性经济结构的调整和世界范围的科技进步已成为不可阻挡的趋势。这有利于我国实现产业结构的调整，加速实现产业升级；有利于吸引利用外资，发挥比较优势，开拓国际市场；有利于引进先进技术和管理经验，进行科技创新和体制创新，在技术跨越的基础上实现经济的跨越式发展。同样，WTO（世界贸易组织）的成员身份、金砖五国和APEC（亚太经济合作组织）会议，也都是打破贸易壁垒，加快资本、货物、人员流动的具体表现，我国已经融入了大经济一体化的进程中，也为了国家发展积极参与了区域经济一体化的推动工作。这些进程是不可逆转的，这就从国家高度对社会各个层面提出了要求，要尽快与国际和区域体系接轨，加快并深化改革，从根本上转变管理方式，克服生产力发展面临的体制性障碍。

体育用品业的发展也将面临同样的要求，国内体育用品的消费需求量快速增长，人们的体育意识不断增强，社会对体育产品的市场需求不断增加，体育逐渐成为推动我国经济持续增长的新生力量。这些都为体育用品业的发展提供了巨大的机遇。

## （二）中国体育用品业面临来自外部的激烈竞争

中国是消费大国，随着国民生活水平的提高，全民体育消费的提升，国际体育品牌早已关注到中国，也不断推进在华投资战略，强势出击中国市场，对中国一、二、三线城市展开全面进攻。而我国体育用品基础较差，国际竞争力相对较弱，面临严峻挑战。例如：美津浓公司在北京奥运会后由原有的400家销售点扩大到近2000家。境外近百个国际品牌也看准中国体育消费市场，纷纷上马体育用品和户外休闲产品线，利用良好的国际影响力和销售网络很快地进入中国市场并占有较大份额。另外，西方发达国家加强了战略性防御，对我国体育用品设置了包括技术、标准、绿色环保、动植物保护、反倾销、知识产权及社会责任等壁垒，阻挡同类产品的进入。而且，国外企业也纷纷加大了对产品专利技术的保护力度，使我国体育用品企业面临更加严峻的国际国内形势。

## （三）中国体育用品业内部存在的主要问题

**1. 技术创新投入少，自主创新不够**

中国大部分体育用品企业，包括很多上市公司仍然停留在靠出卖资源或来料加工赚取较低利润的层次。就笔者走访过的福建晋江企业来说，很大一部分企业还是打着品牌经营的牌子，做着来料加工、来样加工、定牌生产的活，同样一条生产线生产多个牌子的产品，或是同一个产品可以贴多个牌子，因为这样的优点是上马快、易见效，但问题是净创汇能力很低。例如，加工某代工（OEM）产品，在外销售价格为100美元，利润却不到10%，主要利润都被品牌经营者赚取。对于来料加工和原材料进口依存度较高的产品，国内企业赚取的只是加工费，原材料价格的提高会进一步压缩制造环节的利润空间，使国内企业处于被动地位。由于技术创新投入少，研发能力跟不上，缺乏自主创新和科技含量，产品没有可比性、没有附加价值，甚至还可能引发知识产权纠纷，影响企业发展。

**2. 低水平竞争，缺乏核心竞争力**

体育用品业属劳动密集型产业。而我国正是凭借劳动力资源丰富、成本较低的优势成功地接受了世界性的产业转移，为中国体育用品业在国际市场上确立地位起到了积极的作用。但我国很多企业依靠物价指数较低，物质资源充足的优越条件，凭借价格优势参与国际竞争，但这种方式缺乏核心竞争力，后劲不足。这种比较优势在目前已经很难发挥作用，随着人员、物流、原材料成本的上升，我国企业处于微利甚至无利的经营状态，无力增加自主创新和品牌建设的投入，难以培育企业的核心竞争力，无法与资金雄厚的国际品牌抗衡，进而陷入更加被动的局面。

**3. 品牌建设基础差，影响力不强**

我国很多体育用品企业起步相对较晚，资本积累量较少，在品牌建设方面有认识不足、起步较晚的，也有资金不足、无法开展的；而且大多数体育用品企业规模较小，资金总量不足，用于品牌推广方面的资金投入量少。近年来，国内企业越来越认识到品牌建设的重要性，纷纷加大品牌宣传的力度。参加展会，聘请形象代言人，发布广播电视、网络及平面媒体广告，以及推广会等各种宣传手段层出不穷。虽然部分品牌在国内甚至在国际上有一定影响，但总体而言，我国体育用品业品牌影响力不强。要使品牌深入人心，除做好各种宣传外，最终还是要使产品得到广大用户的认可。

**4. 体育产业区域发展不均衡**

体育用品企业分布与地区经济发达程度相关，主要集中在我国东、南部地区，仅北京、上海、广东、福建、浙江、江苏和山东7个区域，就集中了全国85%以上的体育用品企业，而我国的北部、中西部地区，基本没有成规模的体育用品生产企业。体育用品业在当地的经济构成中的占比可忽略不计，在加快体育产业发展和加大体育服务业比重的政策要求下，当地体育用品业的发展对加快建设中西部的发展战略也有很深远的影响。

**5. 社会责任意识有待加强**

目前，欧美市场开始关注产品采购地的生产情况，会考察生产环境是否符合国际劳工标准，要求供货商承担社会责任。而一项涵盖是否使用童工、强迫劳动、安全健康、长期加班、低工资等社会责任标准，也被全球买家看作其是否授单的极为重要的一环。尽管企业社会责任标准（SA8000标准）早在1997年就已经公开发表，欧美很多知名公司还专门制定了境外供应商的社会责任守则，建立了严格的验厂制度，有些公司还在内地设有专门的验厂部门，一些主要零售商和品牌公司已经开始大规模地验厂工作，但国内企业界对这一标准还缺乏足够的认识。据估计，内地至少有1万家工厂每年接受这类检查，社会责任已经成为全球买家的新标准。我们的企业应该转换思维方式，价格和品质不再是唯一的标准，劳工标准已经逐渐成为重要的参考因素，合理的工作条件和融洽的劳资关系必将在今后的商业中起重要作用。作为劳动密集型的体育用品业，更要增强社会责任意识，赢得主动权。

## 三、对促进中国体育用品业继续发展的思考

### （一）坚持以人为本，提高企业社会责任意识

近年来，欧美发达国家用户越来越重视企业社会责任问题，提出了旨在通过采购活动改善工人工作条件的企业社会责任标准，其核心是尊重劳工。社会责任标准有利于共同维护全社会成员的身心健康，体现了以人为本的核心。我们的国内企业家要转换思维方式，这种转变不仅仅指经营管理模式，它不仅可以使企业在国际贸易新条件下重新获得优势，为企业持续盈利创造良好的社会环境，更是向国际学习，为社会环境的改善贡献力量。

### （二）转变发展观念，树立可持续发展意识

可持续发展是指整个系统的发展，而不是单指系统的某一部分或某一方面的发展。体育用品业的发展应该放到整个体育事业，乃至整个社会、整个系统的发展中来对待。体育用品业的经济增长和经济发展不等于社会进步。可持续发展不仅是经济问

题，更是社会问题、政治问题，需要全社会的共同参与。目前，国内的生产和消费过程中，存在比较严重的环境污染、破坏生态和资源浪费的现象，这与可持续发展意识不强有很大关系。要实现体育用品业的可持续发展，就要改变传统的生产方式和消费方式，学会尊重自然、爱护自然，与自然界和谐相处，培养人们的环境意识和健康意识，用可持续消费的思想指导和改变人们的生活方式，不断增强可持续发展的意识。

## （三）创新发展模式，培养核心竞争力

（1）加强基础建设，促进科技创新。科技创新取决于人的素质。近年来，我国体育用品企业越来越注重自主知识产权，纷纷建立自己的研发中心和产品质量检验中心，促进产品不断升级换代。同时也越来越注重塑造企业文化，提高管理素质，以人为本，充分发挥人的潜能，调动人在劳动、管理、创新中的积极性。

（2）培养专业人才，提高管理质量。生产力是社会发展的最终决定力量，而人是生产力中最活跃的因素。我国体育用品业要培养一批既懂体育又懂经济和管理的专业人才，使体育用品的制造和销售紧紧围绕体育发展，提高生产和管理水平，根据消费者的实际情况，拓展市场，使生产、销售和使用三个环节形成有机的结合，不断推出促进体育发展的高新产品。

（3）与国际企业合作，重视研发。我国体育用品业正在高速发展阶段，但是新创品牌的大量出现，并没有带来行业整体质量的提升，特别是产品的功能性研发能力非常不足。产品生产的同质化，使产品没有区别、没有优势，所以不能仅仅是标识和款式的区别，而要更加注重功能研发。

（4）组建大型集团，增强竞争力。对生产企业来讲，人员成本、物流成本、库存成本、汇率成本等的上升，使整个生产领

域进入微利时代，恶性价格竞争更恶化了竞争环境，抱团取暖的趋势越来越明显。集约化经营可能是一条适合今后体育用品业发展的道路。积极主动地面对困难，采取措施，发挥行业聚集力量，合理调整企业的组织结构，突破所有制、区域、行业的限制，进行强强联合，并通过资产融合的方式，将有效资源和要素在整合过程中向着优势行业、优势企业和优势地区集中，最终形成若干集成行业上、中、下游产业链条和跨地区并跨行业的龙头企业，打造具有国际竞争力的体育用品集团。

## （四）提高发展质量，打造民族品牌

提高发展质量就是要创造以知识创新和专业化人力资本为核心的经济收益递增型模式。要在结构上进行优化，降低资源和能源消耗，降低对生态环境的影响，增加产品的知识附加值，增加国际竞争力。面对国际竞争，内抓技术创新，加强竞争意识，外塑品牌形象，实施名牌战略，是中国体育用品业可持续发展的必然选择。自主研发、技术创新和知识产权保护是创立名牌产品的决定因素。拥有核心技术的名牌产品会大大提高产品附加值，为企业进步和产业可持续发展提供保障。

## （五）转化经营理念

目前，大多数体育用品厂商扮演的角色是大批发商，即做产品的营销，借此将产品批发给分销商，然后由分销商再批发给零售加盟商。品牌厂商的管理还比较粗放，品牌在当地经营的情况与经销商的经营能力关系较大，品牌厂商对市场的管控甚少，产品在终端如何销售，每个环节细节如何操作，品牌商过问甚少。品牌商与零售商的距离太远，这样就造成了品牌商营销的火力太小，方向及时间点不够精准。要改变思路，跳出传统销售和经营模式，要进入市场、放下身段、低姿态地贴近终端，关注零售的每个环节，使得设计、生产、物流、卖场呈现方式、销售人员能力、消费反馈之间形成有效串联，打通整个利益链条的各个环节、服务终端，从生产为主的经营模式向服务为主的模式过渡。

## （六）调整市场布局

当前，三、四线市场成为中小运动品牌优选的渠道策略方向已是不争的事实，即所谓的“乡镇化”。随着中国GDP的不断增长，特别是小城镇建设的速度加快，很多三、四线城市的消费水平接近甚至超过二、三线城市，它们成为体育用品行业未来发展市场的必争之地。三、四线城市的消费环境，使得中小运动品牌需要更多地与那些比自己小的品牌展开面对面的“近身肉搏”。这些品牌必须明白，在三、四线城市市场，品牌消费导向和低价消费导向构成了和谐共赢的两条并行消费主线。因此，成长型运动品牌在继续下沉渠道的同时，不仅要有超越大品牌的梦想，更要有务实做好产品基本面的态度，例如，切实规划好产品策略的路线、规划清晰产品结构，甚至精确提炼产品卖点等。首先，乡镇化要做好标价策略，国内乡镇在南北方布局有一定区域性，乡镇的实际消费能力、购买能力有限，据市场分析，150元以下的价位是目前乡镇店比较合适的价格段。其次，运动品牌企业在乡镇市场渠道拓展中要选择一些优质的客户加盟，以降低品牌和客户所承担的风险。此外，由于乡镇市场多由“夫妻店”组成，在管理方面应相对灵活，如果是代理商直营店，应尽量做到员工本土化。另外，品牌扎根乡镇，在营销策略上应更加“乡土化”。要深入了解当地情况，结合乡镇的消费者“讲究实惠”的消费观念，并在此基础上借助一些符合消费者特点的营销推广活动，拉近与当地消费者的距离，并最终形成适合当地市场的品牌经营策略。

### （七）调整营销模式

随着新媒体时代的来临、网络购物的发展，网络渠道对体育用品生产商或零售商的重要性日益体现，而网络渠道与传统渠道的冲突也开始显现。为提升整体销售业绩，体育用品企业应加强综合渠道建设，整合线上线下营销渠道，对消费者进行立体营销。

### （八）完善标准化体系

我国体育用品业的标准化体系不完善，尤其是在生产和招投标过程中没有贯彻执行的依据、标准。用于产品检测、监控的设备和技术标准低、不规范，并且在现有标准内控制不力、随机性较大，没有强制实施，造成了产品质量普遍水平较低。为了行业的健康发展，要推动产品标准体系的制定工作，建立国家体育用品的质量监控体系，对有些标准要进行强制实施。在生产、销售、建设和招投标的各个环节进行控制，来提高整个行业的产品质量，建立市场准入机制，实现净化市场、扶持优质企业发展、树立行业风气的目的。

### （九）调整政府职能，引导行业可持续发展

行业协会是经济领域中最为活跃和重要的民间组织，在推动政府职能转变、服务企业发展等方面发挥着重要的作用。中国体育用品联合会在协调体育用品企业的关系，维护企业的共同利益，实现行业自我协调、自我约束、自我管理方面发挥着重要作用。

落实科学发展和可持续发展，必须用联系和发展的观点看问题，要把体育用品业放在经济社会协调发展的大环境、大背景中去思考，与时俱进，适时调整发展战略。在实践中不断提高认识，转变观念，抓住机遇，迎接挑战，立足科学发展，着力自主

创新，完善体制机制，促进社会和谐，实现中国体育用品业的可持续发展。

## 参考文献

[1] 国家体育总局干部培训中心.体育改革实践与战略思考[M].北京：北京体育大学出版社，2005.

[2] 国家体育总局干部培训中心.市场经济与体育改革发展[M].北京：北京体育大学出版社，2002.

[3] 中央保持共产党员先进性教育活动领导小组办公室.保持共产党员先进性教育读本[M].北京：党建读物出版社，2004.

[4] 鲍明晓. 中国体育用品商能分几杯羹[J]. 中国体育，2003（Z1）：106-109.

[5] 袁钟祥. 体育用品业问题：打造名牌 打造平台 打造服务体系[EB/OL].（2004-06-16）.http://sports.sina.com.cn/s/2004-06-16/1158274926s.shtml.

# 体育文化、教育建设研究

# 2015版《世界反兴奋剂条例》对新形势下做好我国反兴奋剂工作的启示

国家体育总局反兴奋剂中心　杨晓晔

**摘要：**世界反兴奋剂机构在1999年成立后推出了一系列举措，有效打击了在竞技体育中使用兴奋剂的丑陋行为，保障了运动员参加无兴奋剂体育运动的基本权利。由世界反兴奋剂机构在2003年颁布实施的《世界反兴奋剂条例》（以下简称《条例》）作为国际反兴奋剂斗争的基本纲领和核心依据，确保了世界各国开展反兴奋剂工作的协调一致。中国奥委会和中国反兴奋剂中心承诺执行《条例》，并依照其内容努力完善我国各项反兴奋剂工作，使我国反兴奋剂工作水平不断提高，取得的成效也得到了国际组织的广泛认可。本文采用文献资料法和逻辑分析法，对2015版《条例》给我国现行反兴奋剂工作带来的影响进行论述，并结合2015版《条例》的内容探讨进一步完善和推进我国反兴奋剂工作的相关对策和工作建议。

**关键词：**世界反兴奋剂条例；反兴奋剂工作；对策和建议

《条例》是世界反兴奋剂机构制定的一个体育运动反兴奋剂体系的全球性基础文件。《条例》颁布的目的在于通过反兴奋剂核心内容的全球协调一致来加强世界各国和各组织的反兴奋剂工作。2013年在南非举行的第4届世界反兴奋剂大会上通过的并于

2015年1月1日开始实施的第三版《条例》，即2015版《条例》，堪称史上最为严格的《条例》，相对旧版内容的改动多达2000余处，从而掀开了国际反兴奋剂事业发展的新篇章。分析和研究2015版《条例》的内容及其对我国现行反兴奋剂工作的影响，并探讨如何将相关政策和建议用于指导实际工作，对我国反兴奋剂事业的发展具有十分重要的现实意义。

# 一、《条例》的基本概述

## （一）《条例》产生的背景和演变

兴奋剂作为现代竞技体育的一大“毒瘤”，一直是国际体坛面临的严峻挑战之一，它的出现亵渎了公平竞争的体育精神，挑衅了人们的道德底线，并且对运动员造成了难以弥补的身心伤害。20世纪90年代中期，在国际奥委会的指导下，包括国际业余田径联合会、国际游泳联合会在内的许多体育组织采取措施，判罚那些服用烈性兴奋剂的选手禁赛4年。然而，按照一些欧美国家的民事法律，禁赛相当于剥夺运动员的工作权利，有侵权之嫌。有些被禁赛的体育明星在本国民事法庭提起诉讼，声称检查程序不规范或遭人陷害。由于国际单项体育组织与各国政府和法院对于兴奋剂的理念和适用法律不同，一些案件的最终诉讼结果居然是违禁者胜诉，他们不用受到禁赛的处罚。这屡屡使得国际单项体育组织陷入法律困境。在这样的背景下，成立一个全球性专门的反兴奋剂机构，统一世界范围内的反兴奋剂法规势在必行。

1999年2月，国际奥委会在瑞士洛桑召开世界反兴奋剂大会，来自各体育组织、联合国、各国政府机构及医疗界的600多名代表参加了大会，并通过了《洛桑宣言》及其他加强世界范围内反兴奋剂斗争的决议。同年11月，世界反兴奋剂机构在瑞士洛桑成立，它的主要任务是负责制定相关政策、审定和调整禁用清单、确定检测实验室，以及从事反兴奋剂的研究、教育和预防工作，从而确保世界范围内反兴奋剂工作的协调一致。

2003年3月，在丹麦哥本哈根举行的第2届世界反兴奋剂大会上，80多个国家或地区政府和所有主要的国际体育组织的参会代表一致通过了《条例》。这是世界上第一份适用于所有运动项目和所有国家或地区的反兴奋剂文件。从此，在世界范围内反对使用兴奋剂的斗争就有了一个统一的规范。无论什么级别、什么项目的体育比赛，只要比赛的组织方签署了该《条例》，他们就必须遵守《条例》的相关规定。时任国家体育总局副局长的于再清同志率中国代表团出席了本次大会，并在《哥本哈根宣言》上签字表示承诺执行《条例》，这标志着我国与世界各国达成一致，共同促进反兴奋剂政策和实践的全球协调一致。2007年举办的第3届世界反兴奋剂大会对2003年颁布的《条例》进行了修订并获得通过，这版《条例》已于2009年1月生效。此后，世界反兴奋剂机构于2011年11月启动了2009版《条例》的修订程序，经过征求各《条例》签约方的意见，新版《条例》即2015版《条例》已于2013年11月在南非约翰内斯堡举行的第4届世界反兴奋剂大会上经表决通过，并于2015年1月1日起生效。

## （二）《条例》的意义和基本内容

### 1. 制定和颁布《条例》的意义

作为体育运动中世界反兴奋剂体系的全球性基础文件，《条例》的宗旨就是要确保在发现、遏制和防止使用兴奋剂方面，形成国家和国际层面上协调一致、有效的反兴奋剂体系，从而保障运动员参加无兴奋剂体育运动的基本权利，在世界范围内增进运动员的健康、公平与平等的权利。《条例》被誉为世界各个国家和地区及国际体育组织铲除滥用兴奋剂现象的法典，它不仅是规制所有运动项目和国家及地区反兴奋剂规章制度的规范性法律文件，还为世界范围内的体育组织和反兴奋剂组织在制定自己内部的规则制度时提供了基本的结构。它的制定与颁布表明了世界反兴奋剂组织的决心，为反兴奋剂事业提供了法律依据，并在实践中发挥着积极的作用。

《奥林匹克宪章》也相应做出修改，增加了奥林匹克运动必须强制采纳《条例》的表述。只有接受并实施《条例》的运动项目，才能被列入和保留为奥运会的比赛项目。如果不同意或不遵守《条例》，该国将无权申办如奥运会、国际单项体育联合会的锦标赛等所有重大赛事。

**2.《条例》的基本内容**

《条例》的内容主要由四部分组成。第一部分的“兴奋剂管制”内容涉及兴奋剂违规的定义、禁用清单、检查、检测、结果管理、听证、处罚等环节内容的17条规定，使打击兴奋剂的行为有法可依，同时也为运动员维护自身权益提供了法律指导。第二部分“教育与研究”主要针对反兴奋剂的教育预防工作和开展反兴奋剂研究提出要求，并明确提出开展反兴奋剂教育活动的基本原则和主要目标，鼓励全世界加强技术交流合作，共同打击使用兴奋剂的行为。在第三部分“责任与义务”中，不仅对国际奥委会、国际残奥委会、国际单项体育联合会、国家奥林匹克委员会和国家残疾人奥林匹克委员会，以及国家反兴奋剂组织等《条例》签约方开展反兴奋剂工作应承担的职责和应履行的义务进行了规定，还明确了运动员及其辅助人员在反兴奋剂工作中的责任和义务，并强调了政府在反兴奋剂斗争中的重要作用，为打击使用兴奋剂的行为创造了良好的氛围。最后一部分即“承认、遵守、修改及解释”是对《条例》的一些补充说明。

## 二、2015版《条例》的主要变化

作为世界反兴奋剂领域的最高法律规则，《条例》平均每5年进行一次修改，每次修改都会对《条例》实施中存在的问题、漏洞和不足进行总结，并结合反兴奋剂工作实践吸收最新的研究成果。在各方的共同努力下，2015版《条例》相对2009版的改动达2269处，主要体现在以下六方面。

### （一）加大了对故意兴奋剂违规行为的处罚力度

2015版《条例》的条款10.2规定，因被发现、使用或企图使用、持有某种禁用物质和禁用方法而被禁赛，第一次违规判罚的禁赛期为4年。而之前此条款规定的禁赛期为2年。运动员首次故意使用兴奋剂行为的禁赛期从2年增加到4年，意味着该禁赛运动员将自动错过一届奥运会。此外，2015版《条例》还特别规定加大对运动员辅助人员兴奋剂违规行为的处罚，并且禁止各国、各组织、各俱乐部为禁赛运动员提供训练场地，禁赛运动员将因此失去训练的资格。

2015版《条例》对处罚所做出的规定之严格堪称史上之最。但同时，2015版《条例》分别对无重大过错、自首和立功这三种情形下的减轻处罚规定加以细化和完善，可见2015版《条例》不仅加大了对潜在的违规者的威慑力，又注意做到在打击兴奋剂违规和人权保护之间保持平衡，在吸收以往经验教训的基础上完善了兴奋剂违规处罚规定，使处罚机制更为科学合理。

### （二）强调均衡原则和对人权的保护

2015版《条例》首页写道：“条例的制定充分权衡了比例原则和人权原则。”这两条原则作为《条例》的基本原则贯穿全文始终，其他各条款都必须与这两条原则相符，这也使得《条例》

对运动员权益的保护有法可依。

例如，在条款14.3“公开披露”中规定，兴奋剂违规行为在最终上诉决定产生以后必须公布。而2009版《条例》明确要求是在听证会结束后公布。同时，此条款还规定，如果违规运动员是未成年运动员，不要求必须公布兴奋剂违规行为。

2015版《条例》从实体权利和程序权利两方面强调了对人权的保护，使得反兴奋剂各项措施能够受到有效制约，依法行事、有序开展，避免了“冤假错案”的发生。

## （三）完善了对兴奋剂违规行为的认定

对于何种行为构成兴奋剂违规是反兴奋剂领域重要的问题之一，2009版《条例》的第2条规定了8种行为构成兴奋剂违规，但在实际实施过程中出现过一些争议，因此2015版《条例》对这一问题进一步加以完善，主要体现在扩充了兴奋剂违规的界定。例如，在条款2.3的“违规行为”中增加了“逃避”兴奋剂检查；在条款2.5中，对“企图使用兴奋剂”的定义扩展到故意干扰或企图干扰兴奋剂检查官、向反兴奋剂机构提供虚假信息、威胁或企图威胁潜在证人；条款2.9对“共谋”的规定扩大到“协助”和“合谋”兴奋剂违规行为；在条款2.10“禁止合作”中，明确规定运动员和其他当事人不得与因兴奋剂违规而被禁赛或因兴奋剂问题构成刑事犯罪或受到职业处罚的教练、体能教练、医生或其他运动员辅助人员合作。禁止合作的类型包括获得训练、战术、技术、营养或医学建议，获得治疗或处方，提供任何身体样本以供检测，或允许运动员辅助人员作为代理人或代表。这样的规定大大减少了运动员在辅助人员的帮助下使用兴奋剂的危险。

此外，在条款2.4“违反行踪信息管理规定”中修改了行踪信息违规的构成要件。2009版《条例》规定运动员在18个月内累计3次行踪信息填报失败或错过检查将构成一次兴奋剂违规，

2015版《条例》将这个时间窗口缩减到12个月，这条规定的修改体现了反兴奋剂组织在行踪信息填报问题上更想保护那些确实无辜的运动员。

## （四）拓展了反兴奋剂斗争的方法和手段

### 1. 强调情报收集和调查

在反兴奋剂工作的手段中，最重要的一个变化就是加强了调查和情报在反兴奋剂斗争中的重要性。2015版《条例》第5条的名称由原来的“检查”修改为“检查和调查”；条款5.8阐述了各个反兴奋剂机构在调查和情报收集方面的职责；在条款20.3、20.4和21.2中，国际单项体育联合会、国家奥委会、运动员和运动员辅助人员的角色和责任都延伸到要求配合反兴奋剂机构对兴奋剂违规行为开展的调查。这些措施有助于判定运动员的“非检测阳性”，从而加大了反兴奋剂工作的力度和威慑力。

### 2. 完善运动员生物护照项目

2015版《条例》中，运动员生物护照作为兴奋剂管制的新技术得到了正式承认。反兴奋剂组织可以通过运动员生物护照数据所得出的结论，判定违规行为是否成立。同时，世界反兴奋剂机构还拓展了运动员生物护照这一新技术的检查类型。这些创新规定，将世界反兴奋剂工作水平和能力提升到更高的层次。

### 3. 注重检查计划和样本检测目录的科学性和有效性

2015版《条例》5.4条款写道，应当通过技术文件的风险评估，确定在特定的运动项目和小项中最有可能滥用的禁用物质或禁用方法。有检查权的反兴奋剂组织应根据《检查和调查国际标准》的规定，制定和实施有效的、情报导向的、恰当的检查计划，合理考虑小项、运动员类别、检查类别、样本采集类型、检测类型之间的优先关系。这不仅对实施科学的、有针对性的兴奋剂检查提出了更高的要求，也使检测机制的实施更为灵活。

#### 4. 延长了兴奋剂违规追责时效

2009版《条例》规定，对于运动员或其他当事人兴奋剂违规行为的处理时效自被控违规的实际发生之日起为期8年，逾期不予追究。这样的规定是因为某些兴奋剂靠当时的方法无法检测出来，但随着科技的发展，可以采用新的检测技术对以往的样本重新检测并追责，这样就可以弥补科技发展滞后带来的不足。在2015版《条例》第17条中，这个追责时效由8年延长至10年。这对需要长时间破获的复杂兴奋剂案件更为有利，在很大程度上加大了对企图使用兴奋剂人员的震慑。

### （五）进一步明确各方职责

2015版《条例》力图更加清楚和公平地平衡国际单项体育联合会、国家反兴奋剂机构及重大赛事组织机构之间的利益和关系，具体涉及治疗用药豁免审批权、行踪信息申报、实施兴奋剂检查及承担结果管理职责的主体等内容。

### （六）突出合作和信息共享的重要性

为了更好地开展反兴奋剂工作，世界反兴奋剂机构认识到体育组织、反兴奋剂组织及政府之间的密切协作和配合是必不可少的，因此2015版《条例》在许多方面完善了各方的合作机制，也赋予了各方更多的责任。例如，在条款22.2中对签约方的要求延伸到各国政府应制定相应的法律、法规、政策和行政管理手段，加强与反兴奋剂机构的合作及信息分享。

综上所述，2015版《条例》较2009版有了很大的进步和发展，既抓住了当前反兴奋剂工作的薄弱之处制定特别的措施和更加严格的规定；同时在许多方面加强了对运动员权利的保障，使得2015版《条例》更加实用，使世界反兴奋剂斗争的发展进入新的时代。

## 三、我国反兴奋剂工作的发展现状

我国提倡健康、文明的体育运动，一贯坚持反对使用兴奋剂的坚定立场，对兴奋剂问题始终坚持“严令禁止、严格检查、严肃处理”的工作方针，采取“零容忍”的态度，坚决打击在体育运动中使用兴奋剂的行为。经过20多年的努力，我国反兴奋剂工作有了长足的发展。主要表现如下。

### （一）建立健全反兴奋剂法律体系

逐步形成了包括《反对在体育运动中使用兴奋剂国际公约》《中华人民共和国体育法》《反兴奋剂条例》及《关于严格禁止在体育运动中使用兴奋剂行为的规定（暂行）》等几十项法规性文件在内的国际、国内反兴奋剂法律体系。

### （二）完善了反兴奋剂管理体制

2007年11月，经国务院特批成立反兴奋剂中心，形成了国家体育总局及反兴奋剂中心、各级地方体育行政部门、解放军体育行政部门、各行业体育协会和国家体育总局各运动项目协会等机构各负其责、分级管理、协同配合的反兴奋剂工作格局。

### （三）我国兴奋剂检查检测水平不断提高

中国兴奋剂管制质量管理体系于2004年通过了ISO9001：2000质量认证。目前，中国反兴奋剂中心每年实施的兴奋剂检查数量保持在15000例左右，通过合理调整、控制注册检查库和目标检查库规模，集中有限的资源，对发生兴奋剂问题风险较大的高中危项目和个别高度可疑运动员实施严密监控。同时，注重规范检查计划制订流程，开展禁用物质的代谢及检测时间、制定注册或目标检查库与赛外检查等专项研究，提高了检查计划的针对性和有效性。

北京兴奋剂检测实验室自1989年通过国际奥委会的资格考试以来，始终保持世界反兴奋剂机构的认可资格，检测水平和年检测数量在全球30多家实验室中位于前列。

## （四）大力开展反兴奋剂宣传教育

中国长期以来坚持“预防为主、教育为本”的原则，不断加大反兴奋剂宣传教育工作的投入力度。为了提高教育工作成效，我国不但拓展了赛事拓展教育的广度和深度，还结合自身工作实际，首创了运动员反兴奋剂教育资格准入制度这一反兴奋剂教育模式。该模式经过实践检验被证明是行之有效的反兴奋剂教育手段，多次被世界反兴奋剂机构推广采用。

## （五）我国反兴奋剂工作国际影响力得到提升

我国十分重视反兴奋剂工作的全球合作与协调，积极参与国际反兴奋剂事务，承担和履行国际反兴奋剂义务，并发挥积极作用。我国积极开展反兴奋剂领域的国际交流和双边合作，参加世界反兴奋剂机构理事会会议等相关会议和活动，参加联合国教科文组织《反对在体育运动中使用兴奋剂国际公约》缔约国大会和亚洲/大洋洲地区政府间反兴奋剂工作会议，并多次与世界反兴奋剂机构联合举办国际会议和活动，通过深入的合作与交流，共同提高各方反兴奋剂工作水平，推动反兴奋剂事业的发展，树立了良好的反兴奋剂国际形象。

在新形势下，我国在继续保持和发挥已取得的反兴奋剂工作成效的基础上，结合世界反兴奋剂发展的新趋势，特别是2015版《条例》中提出的新要求、新规定，不断完善自身建设，以期取得更大的进步，确保我国体育事业健康和可持续发展。

## 四、对我国执行2015版《条例》的思考与建议

在执行新版《条例》的筹备过程中，笔者结合党校的理论学习成果，对我国执行2015版《条例》主要有以下四点体会。

### （一）实事求是、有法可依，始终与国际要求保持一致

我国正处于从体育大国向体育强国转型的时期，故步自封、闭门造车是行不通的，我们的体育工作需要与世界接轨。具体到反兴奋剂工作上，就是我国的反兴奋剂立场和措施应与世界反兴奋剂机构保持一致，通过加强国际交流与合作，共同营造一个干净、公平的体坛环境。

在这一点上，几代反兴奋剂工作者们始终坚持着实事求是的科学态度，通过20多年的努力用事实证明了中国在世界反兴奋剂领域是一个负责任的大国。就本次2015版《条例》的修订工作而言，我国严格按照世界反兴奋剂机构的要求和时间进度参与了2015版《条例》的修订工作，为世界反兴奋剂工作做出了贡献。

此外，在2015版《条例》颁布后，我国还积极组织翻译、学习和研讨新版《条例》的内容，积极推动国际与国内规则的衔接、协调，为我国反兴奋剂工作提供更为坚实的法律依据，以实际行动遵守执行《条例》的承诺。这不仅表示我国在反对使用兴奋剂的立场上与世界反兴奋剂机构在2015版《条例》中强调的严厉打击、加大对违规者的处罚和注重保护运动员合法权益的鲜明态度保持一致，也再次表明了我国反兴奋剂工作向着国际化、标准化和透明化方向发展的决心。

## （二）与时俱进、理论创新，积极应对2015版《条例》的实施

回顾过去取得的成绩可以看到，我国的反兴奋剂工作不仅与国际趋势保持一致，甚至走到了世界前列。如2015版《条例》要求加强情报调查工作，我国早在10年前就设立了举报热线；再如2015版《条例》及国际标准中提到的项目评估和分级管理，也是我国在建立注册检查库时就一直采用的模式，反兴奋剂中心还曾通过课题研究，从体能需求、药物代谢、国内外阳性分析、利益驱动等多方面评估各项目的用药可能，对客观评价得出的高危项目和人群进行特别监控；再如2015版《条例》的处罚部分，加入了对辅助人员的处罚，这也是我国多年来从工作实践中得出的结论，并早已在《关于严格禁止在体育运动中使用兴奋剂行为的规定（暂行）》中就明确规定并实施。

尽管已经取得了良好的工作成效，我们仍要看到反兴奋剂斗争的艰巨性和复杂性，应顺应工作形势的变化继续推动反兴奋剂事业的发展。而《条例》是进行反兴奋剂斗争的行动准则，也是各体育组织制定自身反兴奋剂规则的基本准则及模板，因此《条例》的修改对各级体育组织开展反兴奋剂工作具有重大影响。中国奥委会和反兴奋剂中心都是《条例》的签约方，我国也必须根据2015版《条例》的内容相应地调整国内反兴奋剂工作规则和政策。在这样的背景下，我国结合自身反兴奋剂工作发展的实际情况进行工作部署，通过制定法规、调整机构和开诚布公地开展对外交流，积极应对《条例》的修订，使我国各项反兴奋剂规章制度与国际要求和标准接轨，以确保新版《条例》于2015年在中国顺利实施。

为了更好地执行2015版《条例》，顺应国内外反兴奋剂工作形势的变化，进一步推动我国反兴奋剂工作的规范化和法治化，

我国于2012年7月开始组织起草与2015版《条例》同步实施的《反兴奋剂管理办法》及《兴奋剂管制通用规则》等配套规范性文件。起草小组通过深入调研、总结经验和反复征求意见，及时发现问题，找到因现行规定内容滞后而与2015版《条例》产生矛盾冲突的症结，并及时做出调整。在全面遵循《条例》强制性要求的基础上，《反兴奋剂管理办法》和《兴奋剂管制通用规则》还根据我国反兴奋剂工作的特点和需要，制定了有针对性的措施和规定，体现了中国体制的管理优势，使处罚机制进一步合理化，并增加了奖励内容，突出了中国特色与国际规则的结合。同时，通过认真梳理我国兴奋剂管制法律依据和法律体系中存在的问题，发现亟须完善和弥补的内容并加以补充，如规定了对违法检查、检测兴奋剂的处罚，增加了兴奋剂纠纷解决机制等，这不仅保障了运动员的合法权益，也填补了法律的空白，为我国反兴奋剂工作的开展提供了重要的法律原则和法制保障。

《反兴奋剂管理办法》及《兴奋剂管制通用规则》的出台不仅严格遵循2015版《条例》的精神，也是我国近些年来反兴奋剂工作的经验汇总，标志着我国依法治理兴奋剂问题得到进一步加强，反兴奋剂工作更加法治化、规范化。

### （三）转变思路、科学发展，认真贯彻2015版《条例》的新要求

随着体育产业的开发，特别是职业和商业比赛所带来的丰厚回报，当今世界体坛使用兴奋剂的行为呈现科技化、团队化的趋势，之前的反兴奋剂斗争手段已很难适应这种新的形势。为此，2015版《条例》对原有的反兴奋剂斗争手段进行了改进和发展。在这样“倒逼式革新”的大趋势下，我国反兴奋剂工作也必须采用新的手段和方式以积极应对新形势下的要求。

新版《条例》和《反兴奋剂管理办法》都将教育的重要性

提升到前所未有的高度。因此，我国除了进一步完善教育参赛资格准入制度，还应细化受众、区别对待，继续开发形式多样的宣传教育手段；联合各协会、运动队、高校、体校和赛事组委会等机构形成长效机制，促使运动员，特别是青少年运动员树立正确的人生观和价值观，提高自觉抵制兴奋剂的意识。此外，针对专业人员，还应及时向运动员及其辅助人员和有关单位、组织介绍2015版《条例》的相关知识和内容，将反兴奋剂发展趋势和反兴奋剂工作的新要求及时传达到位。

加大科研投入，在已有的基础上结合比赛和训练规律完善对运动小项特点的分析和对不同级别运动员的分级监控，完善目标检查方法，根据检测结果定期评估运动员生物护照入库名单并调整检查安排，使生物护照这一方法的威慑效果最大化，进一步提高兴奋剂检查和检测的有效性。

重视信息和情报收集工作。准确的信息和情报是制订检查计划的根本。涉及兴奋剂检查的信息很多，主要包括运动员信息、赛事信息、训练信息、成绩信息、使用兴奋剂的情报和举报等。只有及时获取并使用这些信息，才能有效提高检查的质量。特别是针对2015版《条例》提出采用新的反兴奋剂工作手段的要求，兴奋剂检查官也被赋予了新的职责。为此，检查部门应与调查部门共同研究对策，并通过组织专门的讲解和培训，积极教育和引导兴奋剂检查官在实施检查任务的这个重要和关键环节，尽可能地收集准确、有效的信息和证据，为后续调查可能存在的兴奋剂违规行为提供依据。

积极探索调查手段在反兴奋剂工作中的运用途径和方法。目前，中国反兴奋剂中心已专门调整内部机构，成立了单独的法律事务与调查处，负责兴奋剂违规的调查工作，以期更好地配合2015版《条例》的实施。但目前中国尚未将使用兴奋剂纳入刑法管辖范围，调查手段和途径将受到很大制约。因此，反兴奋剂中心需要在健全法律、法规体系的基础上与警方和执法部门密切合作、联手行动，共同开展兴奋剂违规的调查工作。

## （四）齐抓共管、发挥合力，切实做好我国兴奋剂综合治理工作

虽然兴奋剂滥用这一问题主要存在于体育行业，但对兴奋剂的生产、销售等众多环节的管理和控制仅凭体育部门一家是不可能完成的。为此，国务院于2007年10月正式建立了体育运动中兴奋剂问题综合治理协调小组工作制度。国家体育总局、教育部、工业和信息化部、公安部、商务部、国家卫生和计划生育委员会（现为国家卫生健康委员会）、海关总署、国家工商行政管理总局、国家质量监督检验检疫总局（现为国家质检总局）、国家食品药品监督管理总局、国务院法制办公室11个部门信息共享、协同配合、齐抓共管，综合治理兴奋剂非法生产、经营、进出口及使用等问题，这标志着我国的反兴奋剂管理体制已经从一个部门单独管理上升为多个部门联合实施的国家管理层面。

我国采取的综合治理协调小组工作制度与2015版《条例》对各组织应协同合作的要求高度一致，因此这一工作措施得到了世界反兴奋剂机构的认可和好评。但我们也应看到，目前针对兴奋剂原材料的非法生产、销售和出口问题仍是我国面临的较为严峻的兴奋剂问题之一，这一问题已成为国际组织质疑我国反兴奋剂工作成效的主要原因和判断标准，是存在于我国反兴奋剂工作体系中不容忽视、亟待解决的问题。因此，需要我国在已取得的工作成效的基础上，进一步加大监管力度，完善工作机制，继续发挥多部门的合力作用。

鉴于兴奋剂原材料的生产、流通已成为跨国的国际交易行为，因此，建议我国与其他国际组织和各国政府联手行动，开展深层次合作，从监管整个供应链入手，共同打击兴奋剂的生

产和销售。

此外，目前我国反兴奋剂法律体系，特别是在刑事立法上还存在漏洞甚至是空白。因此，建议通过补充修改刑法，明确对生产、销售兴奋剂，以及组织、教唆、强迫他人使用兴奋剂的判罚，并充分发挥公安机关的刑事侦查权力，彻查非法兴奋剂的来源，以及兴奋剂问题的幕后黑手，并追究其刑事责任。这样才能彻底打击非法生产、运输、销售和走私兴奋剂，以及对他人施用兴奋剂的行为，从源头上有效遏制兴奋剂的滥用，维护运动员的身心健康，保护体育事业的健康发展。

## 参考文献

[1] 王霁霞.《世界反兴奋剂条例》修改趋势研究[J].西安体育学院学报，2014，31（3）：279-284.

[2] 宋彬龄.《世界反兴奋剂条例》的最新修改和完善[J].武汉体育学院学报，2014，48（3）：27-33.

# 当前财会人员职业道德浅议

国家体育总局射击射箭运动管理中心　张秀凤

**摘要：**作为我国经济工作中的一支重要队伍，全国财会人员已有1000万名左右。他们在维护经济秩序、推动经济发展方面起到了重要的作用。除了他们的专业技能水平之外，他们的职业道德状况也深刻影响着其工作效果，同时也影响着这支队伍的社会形象，进而影响各个单位的全面工作和整个国家的经济工作。因此，关注其职业道德状况和改进工作是非常必要的。下面我们从三个方面探讨这一问题。

**关键词：**财会人员；职业道德；道德建设

## 一、当前财会人员职业道德现状及存在的问题

### （一）整体状况得到很好的改善

随着社会文明的进步、法治社会的建设、相关法规的大量制定，我国财会人员的职业道德水平整体上得到了较大提升，绝大部分人员能够兢兢业业、公正严谨、尽职尽责地工作，从中涌现出了一批具有较高职业道德的优秀人才。近年财政部、中国注册会计师协会等单位通过多种形式表彰了一批优秀的财会人员。比如，2010年4月财政部表彰王锦友等10位全国先进会计工作者，

2012年6月又表彰了丁莉等10名先进会计工作者（注册会计师系列）。2014年5月，中国注册会计师协会党委授予于宗海等10名同志“青年标兵”荣誉称号。应该说，受表彰的都是职业道德比较高尚的财会人员。

值得注意的是，在当前财会领域，开拓创新的品格得到很好的体现，这也是财会职业道德的重要内容。一些受表彰者和其他先进财会工作者都具有开拓创新的意识，这与我们这个快速变化的时代是相符合的。比如，中国铁道建筑总公司总会计师庄尚标为了加强各下属单位的成本管理，强力推行了责任成本管理制度。其办法是公司下属各单位自我检查和上级检查合一。然后，将各单位责任成本管理的情况和各项主要指标进行打分排出名次，这就极大地促使各下级单位节约成本。他还建立了每月预算执行情况通报制度，改变了只重编制预算不重分析、考核的状态。再比如，作为高级会计师的福建省晋江市财政局长庄铭理创新远程报账、远程查询和与银行自动对账生成机制，建立了融管理、监督、服务为一体的财务管理模式。再比如，作为中铁十八局总会计师的马秀芝提出并实施了“网上银行”计划，推动了集团公司资金的集中管理、有效利用。这些创新都是建立在他们认真履职、高度负责的职业精神基础之上的，同时也需要以坚韧不拔的精神、团结合作的精神克服许多困难和阻力才能完成。这些先进财会人员标志着这个行业职业道德的进步和提高。

## （二）存在的问题

观察整个财会队伍，会发现财会人员普遍具有较高的职业道德，是积极进步和敬业负责的，适应了新时期的财务工作。但在少数人身上仍然存在部分问题。虽然这会因人因时因事因单位而异，但这些问题还是明显的。

**1. 少部分人员责任意识不足**

责任意识指的是一种自觉履行自己的职责、认真承担工作的心理状态。对于财会人员来说，这种意识要求做好自己的本职工作，履行自己的计算、核查、审计、批准等业务。即使自己不认同相关规定也要认真履职。即使是工作中不喜欢的部分，也要主动去做好，毫无怨言地承担。但是，在实际工作中，我们能够看到一些财会人员在分配工作时挑肥拣瘦，对于分配给自己的工作推脱塞责，有时敷衍了事，有时丢三落四，有时撂挑子。这就是责任意识不足的体现。

**2. 少部分人员纪律意识不足**

纪律意识指的是遵守本行业行为准则和规范的心理状态。对于财会人员来说，这是极为重要的一种精神要求，它会影响到他们职业生涯的成败，也会决定其所在企事业单位的兴衰。在现实中，我们能看到有极少数财会人员纪律意识不强，出现违反规定、泄露信息、公款私用等现象。有些领导也会违背财务纪律乱下指令，而有些财会人员对此予以迎合。这都是纪律意识不足的表现。纪律意识不足最为极端的表现就是违背法律，走上贪婪偷盗之路，这在一些犯罪财会人员身上可以看得十分清楚。虚列伪造账目支出、少支多报、重报支出便是其手段。

**3. 少部分人员团队意识不足**

团队意识指的是一个团队成员应该具备的大局意识、协作精神，其核心是协同合作，团结一致，目的是达到整个团队的高效率运转，实现团队的整体利益。对于财会人员来说，团结合作是极为必要的。这是因为财会工作包括极为复杂的程序和要求，分为许多环节和内容，不是一两个人就能完成的，它需要多人长期的合作。因此，团队意识对于财会人员来说是极为必要的一种职业道德。但是，在实际工作中，我们能够看到一些财会人员喜欢单打独斗、自作主张，不愿意和其他人员配合。有的财务单位甚至一盘散沙，矛盾重重。这就是团队意识不足的表现。

**4. 少部分人员操守意识不足**

操守指的是一个人坚持自己人生的底线，坚持做一个具备基本道德的人。缺乏操守的人不仅会让其他人看不起，更重要的是容易滑向违法犯罪的边缘。对于财会人员来说，天天和金钱打交道，应该说，危险概率比一般人要大得多。这就要求他们具备操守意识，这既是对公共财产的保护，也是对自己的保护。

**5. 少部分人员创新意识不足**

创新意识是指在既有基础上根据新的社会需要，创造前所未有的事物或观念的动机和心理冲动。它是人们创造活动的出发点和内在动力。由于长期的惯性，由于社会环境中保守心态的影响，许多人对于创新不感兴趣。一些财会人员就是如此，我们能够看到他们得过且过，保守老化，不愿意接受新鲜的技术。比如，对于信息化的到来，对于大数据的广泛使用，一些财会人员无所适从，冷眼旁观，不愿去学习和利用。这就是创新意识不足的表现。

对于21世纪以来财会人员的职业道德状况，我们应该以辩证的态度来看待。既看到其主体部分的改进和提高，也要看到仍然存在的不足。这样，一来有利于我们保持信心，二来有利于我们解决存在的问题。

## 二、当代财务人员职业道德的基本要求

为了解决财会人员职业道德中存在的问题，为了更好地服务财务工作，全面地构建财会人员的职业道德体系是必要的。这需要专家学者长期予以研究。本文只能提出几个初步的想法，希望起到抛砖引玉的作用，同时能为未来的研究提供一些简单的材料。

**1. 忠诚公正的要求**

忠诚指的是对自己的国家、人民、事业、上级真心诚意、尽心尽力。公正指的是公平正直，没有偏私，严格按照法规和标准办事，不会因人而有差别。在财会工作中，这就意味着认认真真地对待自己的工作，尽心尽力地履行自己的责任。在法律和规章制度面前一以贯之，不随便变异。尤其是对待不同的人群，应该采取一致的态度和方法。

**2. 细致严谨的要求**

细致指的是小心谨慎地对待工作中各个细节，严谨指的是严肃认真地对待工作中各项内容。这本是日常生活中的良好习惯，但对于财会人员来说，在工作中尤其必要。这和财会工作的特殊性有关。财会工作涉及大量数字，包括大量法规，其中还有错综复杂的诸多关系。要厘清这些，没有细致严谨的心态是不行的。有时在一个微小的问题上出现一点瑕疵就会导致巨大的错误。因此，慎之又慎、严之又严是财会人员必须保持的心态，也是其职业道德的必然要求。

**3. 慎独廉洁的要求**

慎独是中国传统儒家自我修养的一个条目，它要求一个人在独居的时候也能保持清明的心态和高尚的道德。廉洁指的是一个人要正直干净，不贪非法财物和利益。作为财会人员，必须要具备慎独廉洁的心态。在某些重要岗位上的财会人员往往一个人掌握较大的权力，这时就存在非法获益的可能性。如果没有慎独意识和廉洁心态，就可能违法。

**4. 团结合作的要求**

团结合作指的是一个团体按照统一的部署协调一致地工作，互相配合完成任务。这是今天绝大多数工作的基本要求。但在财会工作中，这一点尤其必要。这和财会工作的整体性、复杂性有关。今天，大部分具备一定规模的单位的财会工作都包括比较庞杂的内容，其工作程序需要互相制衡和互相传送，这就必然要求大家团结合作。如果合作中某些环节出现问题，其结果很可能是满盘皆输，甚至可能影响本单位的其他工作。

**5. 勇担职责的要求**

任何一种职责对于承担者来说都是一种压力。因此，人的天性中往往有躲避职责的倾向。但在现实工作中，任何职责都要由具体的人来负责。在财会工作中，每项工作都有其不可替代的作用，都会影响到其他工作。这就要求每个工作者都勇于承担自己的职责。尤其是在出现一些事故时，更是要求领导者勇于挑起担子，不将责任推给下属。下属也应该将自己的责任分析清楚，不能诿过于人。

**6. 创新开拓的要求**

在当代瞬息万变的社会潮流面前，在日新月异的科技进步面前，创新开拓已经成为一种必要的技能和心态，财会人员必须与之相适应。其基本的要求是改变不适宜的程序和方法，建立适应新形势、新条件的程序和方法。有时创新是一种自然的过程。但多数时候，创新会触及一些复杂的问题，有时甚至会触及一些人的固有利益。这就需要具备一定的勇气和胆略才能完成。

以上我们所谈六种精神是当代财会人员职业道德的基本要求。要完全达到这些要求，是需要付出艰辛努力的。

## 三、当代财会人员职业道德建设的路径

财会人员职业道德建设是一项必要的任务，这项任务完成不好将会使财会工作受到很大的影响。这项建设包括许多层面，既有个人努力加强修养的方面，也有国家管理部门努力引导的方面。下面我们从三个方面探讨其路径。

**1. 在国家层面上，制度化是一条基本的路径**

职业道德属于伦理的领域，一般来说，它不是靠强力来推行的，而主要依靠社会舆论的外在制约和行为者自己内心的内在制约。但是，借助制度的力量来形成这种外在制约和内在制约是必要的。也就是说，无论是舆论还是自律都有个形成的过程，在这个过程中，制度是关键的推动因素。对于财会人员职业道德也是如此，要依靠多种制约规范加强从业者的职业道德。首先要强化对财务工作的监督，形成从业者的规范意识。其次要强化对各方面的审计，形成从业者的风险防范意识。再次，对玩忽职守行为应追究其法律责任，形成警示作用，加强从业者的廉洁自律意识。党的十八届四中全会强调依法治国的作用，这对财会领域的制度化提供了长效的指导。这些制度会推动财会人员道德水平长久持续地提升。

**2. 在部门层面上，加强宣传教育的作用**

一般而言，财会人员职业道德包括较为丰富的内容。上文所列六条仅仅是最为宏观的要求，实际上还有更为细致的要求。因此进行广泛的宣传教育具有一定的必要性，让从业者充分了解其中的对错是非是一项回避不了的工作。对于新担任这个职业的人员来说，这种必要性更大。也许对于一些老的财会人员来说，其中的对错是非可以一眼看出，但对于新人来说，就可能觉得有一些内容较为复杂，一些事情处理起来有难度。因此，要为他们上好职业道德的入门课。这种课程应该具有明确的安排，要有内容编排，要有正式的授课程序。另外，要利用部门内部一些场合和条件开展宣传工作，比如利用板报、宣传栏等方式标出职业道德的重要内容，使大家容易看到，加强自警。目前新媒体得到广泛的运用，还可以利用微信、微博等形式来传播财会人员的职业道德。

### 3. 在个人层面上，强化慎独廉洁的意识

对于财会人员来说，加强自己的职业道德修养是一件终生要做的事情。首先要立一个追求高尚道德的志向。可以在自己的桌子上为自己写上一个座右铭，选择能起警示作用的道德名言作为自己行为规范的标准。其次，为自己设定一些基本原则作为自己的行为边界。任何时候都不跨越这些边界，这样实际上是对自己的保护。再次，碰上违规的事要有勇气进行斗争，在涉及自己职责范围的错误面前一步不让。再次，要发挥团结的作用，勤于承担一些复杂的工作。最后，养成良好的工作习惯和平常心态，保持平衡的心情和淡泊的境界，不要被外在物质所诱惑。

有必要强调的是，对于财会部门的领导来说，加强自我修养、强化纪律意识更是非常重要。如果领导在职业道德方面做得不好，“上梁不正下梁歪”的现象是会出现的。领导存在违规违纪现象必然会对普通的会计、出纳人员产生影响，他们也有可能学着违规违纪，尤其是在领导违规违纪没有受到约束的时候，普通财会人员会出现“你贪我也贪”的心理，就有可能试着冒险一下。而且，如果财务管理者有违纪行为，一般不可能逃脱会计、出纳人员的眼睛，因为他们本身就掌握着数据和审核的工作。这就造成管理者在下级面前被揪着小辫子，对下级的越规行为无能为力，只能睁只眼闭只眼。这样下去，对整个单位都是危险的，相关人员的下场也不好。说得严重一些，有可能出现“窝案”。

财会人员的职业道德建设包括极为复杂丰富的内容，本文只能就一些基本问题谈些粗浅的看法。有些看法只是自己工作中的体会，有些看法只是生活中的一些感想，肯定存在许多不足的地方，还需各位专家的指教。

# 高等体育院校教育成本核算研究

北京体育大学　张海燕

**摘要**：研究高等体育院校教育成本核算体系和方法，对于适应高等体育教育事业快速发展和深化教育改革要求，提升教育资源使用效率和效益，具有十分重要的意义。本文在科学界定高等体育院校教育成本核算的概念，明晰基本原则的基础上，对当前高等体育院校教育成本核算的现状和存在的问题进行了分析，初步构建了体育院校教育成本核算的框架体系，依据这一分析体系，研究提出了解决高等体育院校教育成本核算问题的对策措施，既具有理论探索价值，更具有实践指导价值。

**关键词**：体育院校；教育；成本核算

当前是我国着力提高高等教育质量的重要时期。为深入学习贯彻党的十八届三中全会精神，落实中共中央关于全面深化改革的重大决策部署，我们需要切实做好深化高等教育领域综合改革的各项工作。高等体育院校作为高等学校的重要门类，在我国高等教育结构体系中发挥着独特的功能，在促进我国体育事业发展、全面建成小康社会中有着不可或缺的作用。

随着高等体育院校办学规模的不断扩大，经济活动和财务事项日益复杂，高等体育院校财务管理的内涵与外延也在调整和变化之中，这些都给学校的财务管理工作带来了新的挑战。高等体育院校教育具有操作技能性强、资源条件要求高、教学投入成本高等特点，其教育成本核算有其自身的特征和规律。对高等体育院校教育成本核算问题进行研究，可以为解决教育成本核算基础理论的争议、高校教育成本核算意识不强及高校无法快速准确地提供教育成本信息等问题提供理论支持和实践借鉴，同时，其对于建立健全高等体育院校教育成本核算体系、提高高等体育院校教育资源使用效益无疑也具有重要的意义。

## 一、高等体育院校教育成本核算的概念和基本原则

### （一）高等体育院校教育成本核算的概念

关于高校教育成本的核算，教育经济学界和教育管理学界的探讨已经屡见不鲜。陈敬良认为，教育成本的核算就是按一定对象对实际发生的各种费用进行归集和分配，以计算出各个对象的总成本和单位成本及各部门、各责任中心的经费使用情况。本文提出，高等体育院校的办学成本核算可以被理解为：对高等体育院校在开展教育服务活动中发生的相关费用的支出在一定的核算期间内按照一定的标准进行归集和分配，进而确定计算对象的总成本和单位成本的过程。

### （二）高等体育院校教育成本核算的原则

高等体育院校教育成本核算的原则是学校在进行成本核算当中应遵循的准则，是学校教育成本核算的基础所在。

**1. 相关性原则**

从学生教育的视角出发来进行高等体育院校的教育成本核算，凡是与培养学生有关的费用就纳入教育成本核算的范围，与培养学生无关的费用就不能纳入教育成本核算的范围。高等体育

院校的办学有其自身的特点，其主要任务是教学、科研和训练的“三结合”，因此高等体育院校的支出应该以和这三者的相关程度来划分教育成本核算的项目，提供相应的成本信息，这样核算的结果就较为客观、实用。

**2. 重要性原则**

重要性原则是指在教育成本核算的过程中要根据高等体育院校办学的特点和需求做到重点突出，详略得当。从成本的产出效益出发，对于和学校办学的主要任务直接相关的成本项目，如教师的工资福利支出、大宗仪器的购买等应采用较为翔实的处理方式，以便高等体育院校能对这些项目进行更为有效的控制，最大限度降低成本，保证高等体育院校的教育质量；对于不太重要的成本项目，如后勤管理费用及小数额的固定资产维护费用等，都可以采用简化处理的方式，从而可以降低教育成本核算的成本，提高成本信息核算的速率，同时不会影响成本核算最终的质量，使最终的核算结果简明，可用性强。

**3. 成本分期原则**

考虑到高等体育院校的办学是常年进行的，如果想核算高等体育院校的教育成本，我们必须遵循高等体育院校的办学规律，把高等体育院校的办学活动划分为若干个相等的成本会计期间，才能计算高等体育院校的实际教育成本。高等体育院校的教学活动一般是以学年来进行的，因此可以把学年作为分期的标准，但是我国高等体育院校现行的会计制度与事业单位的会计制度是一致的，如果以学年来核算又和学校会计的实际情况相矛盾，因此给高等体育院校的核算进行成本分期是必须要进行的，但是怎样分期才是最合理的，还有待进一步探讨。

**4. 权责发生制原则**

2014年开始实施的《高等学校会计制度》规定：“高等学校会计核算一般采用收付实现制，但部分经济业务或者事项的核算应当按照本制度的规定采用权责发生制。”目前此种以收付实现制为主的高等体育院校会计核算制度不利于高等体育院校教育成本的核算，也不利于学校成本的可持续使用。权责发生制在企业成本会计中的解释是：“权责发生制是以收入和支出是否在本期已经发生作为确认其应否算作本期的收入和支出的一种方法。”反映在高等体育院校的教育成本核算中主要表现为资本性支出的核算，如基建支出、大型设备的购置支出，虽然它们都是一次性支付，但一般是多年使用，因此我们应该按权责发生制原则根据其使用年限分期计入每一年的办学成本中，而不应按照收付实现制一次性计入购置当年的教育成本，这样会使学校的教育成本失真。

**5. 实际成本计价原则**

实际成本计价原则又称历史性原则，是指高等体育院校的各项财产物资应该以最初取得的实际成本进行计量，而对高等体育院校固定资产的折旧也要按其原始价值和规定的使用年限计算。虽然高等体育院校的资产在每一年都会有所变动，但如果在高等体育院校资产的分期计入时按照随行就市的原则，就会使高等体育院校的成本失去真实性和不具有可比性，不利于学校自身的教育成本的控制。但如果高等体育院校教育成本核算会作为第二年对学校成本投资的依据，那么学校需要在原有价格的基础上根据市场价格对某些成本项目做出相应调整。

## 二、高等体育院校教育成本核算的现状及存在问题

目前，在全国的高等体育教育领域，高等体育院校的财务管理工作精细化程度相对不足，普遍没有公布生均教育成本数据。2005年6月8日，国家发展和改革委员会出台了《高等学校教育

培养成本监审办法（试行）》，首次将高等教育的成本纳入政府监管的范围，但其数据对象是一种统计成本，是学生的培养成本（总费用除以学生总人数）。目前某些体育院校所开展的学生培养总成本的内部核算工作，主要围绕人员支出、公用支出、对个人和家庭的补助支出、固定资产折旧、科研总支出等展开，这与科学的教育成本核算还有一定差距。

多数高等体育院校是在计划经济体制的大背景下发展起来的，教育成本核算所需要的基础数据及事业单位整体的会计制度大环境都给教育成本核算带来了一定的挑战。高等体育院校教育成本核算不仅仅是学校需要处理的技术问题，也是学校和政府行政部门宏观管理时需要考虑的重点问题。其存在的主要问题包括以下几点。

## （一）高等体育院校的教育成本核算意识比较薄弱

高等体育院校教育成本核算意识的薄弱主要源于以下三点：第一，教育财政体制的影响。在传统“核定收支、定额拨款、量入为出、超支不补、节余留用”的教育财政体制影响下，由于政府、社会及高校普遍强调高等教育应更多地追求社会效益，因此高等体育院校本身对成本核算的关注普遍不够，人才培养成本意识普遍不强，教育培养成本的合理性与公平性更需要加强和改进。第二，行政管理的影响。教育和体育行政管理机构对成本核算的影响非常巨大，然而，教育和体育行政管理机构在日常管理中没有要求成立教育成本管理机构进行高等体育教育成本核算。第三，管理观念的影响。缺乏成本管理的观念导致高校人力资源与物力资源、有形资产和无形资产等显性和隐性资产的浪费现象比比皆是，而大家又熟视无睹，无人关注资产利用率和产出效率的高低与优劣。

## （二）高等体育院校事业单位性质制约教育成本核算

国内高校都是非营利组织，作为一个非营利性的公共机构，其在运行过程中存在显著的特点。高等体育院校作为非营利性公共机构，其执行的事业单位会计制度的会计核算基础是收付实现制。如果高等体育院校在收付实现制的基础上进行成本核算，容易造成报表失真和误导报表使用者，不能真正体现学校的收支配比情况。如果没有科学意义上的教育成本核算，财务报表也只能简单反映现金流入和流出，并不能真实地反映学校的办学效益。

## （三）会计制度和相关技术条件难以有效支撑教育成本核算

高等体育院校教育成本核算制度受制于高校会计制度和相关的技术条件，学术界对于学校教育培养成本仍存在诸多争议，重点涉及教育成本构成项目的分类、科研经费问题、离退休人员经费问题、后勤服务支出问题等，这些直接阻碍了高等体育院校教育成本计量报告的形成。主要包括下列因素：第一，成本核算项目不完善，导致成本核算配备标准仍难以确定。尽管最新的高校会计制度进一步细化了高校事业支出的分类和核算，但就开展教育成本核算而言，成本核算配备标准仍难以确定。由于教育成本核算配备标准制定的合理性直接影响到教育成本的高低，所以，如何制定教育成本项目的配备标准，一直是教育成本核算的难点问题。如师生比、员生比等的确定标准，不同地区的高等体育院校、同一学校不同类型的专业、同一学校同类专业不同的年级等如何确定，这些都是亟待解决的问题。第二，会计制度不统一。高等学校会计制度对于部分会计科目的核算原则仍没有明确规定，例如，对“固定资产”的分类标准就没有统一的规定——

现行的《事业单位会计准则》将固定资产分为六大类，国家标准《固定资产分类与代码》将固定资产分为十大类，而财政部2010年《政府收支分类科目》经济支出分类中的资本性支出又将固定资产分为八大类。另外，关于固定资产的折旧年限和折旧方法，《成本监审办法》与《事业单位、社会团体、民办非企业单位企业所得税征收管理办法》的规定也不一致，如对于房屋建筑物，前者规定按50年折旧，后者规定是25年。高等学校进行教育成本核算，横向之间应该有可比性。若不进行统一规范，便不能参照统一的标准进行核算，只能依据高校财务人员的职业习惯进行判断，加大了人为可操纵性，同时也使各高等学校教育成本核算不具有横向可比性。第三，高等体育院校会计科目设置不准确。目前高等体育院校的会计科目设置主要分为人员支出、公用支出和对个人与家庭的补助支出几大类，在收付实现制的核算基础下统计数据较容易，但这种科目设置很难考核固定成本和变动成本的发展变动趋势，不利于会计分期的成本统计，进而影响学校分配调动资金和资金使用效益。

## 三、解决高等体育院校教育成本核算存在问题的主要对策

### （一）增强高等体育院校的教育成本核算意识

在当前的市场经济背景下，高等体育院校的管理者应提高对教育成本核算工作的重视程度，进一步加强树立高等体育院校教育成本核算意识。在办学过程中，兼顾教育和经济的双重标准，在寻求最大社会效益的同时要充分考虑经济效益。这是我国社会主义市场经济发展的客观要求，要努力降低高等体育院校教育成本，实现学校教育资源的最优化配制，达到投入与产

出的完美平衡。

## （二）建立适合高等体育院校的教育成本核算体系

在明确高等教育成本与合理计量的基础上，建立完善的集预算、控制、核算、分析于一体的成本管理体系。第一，借鉴企业成本核算科目设置的原则，在新颁布的高校会计制度的基础上，使收入和费用的确认以权利是否形成和义务是否发生为标准，建立适合高等体育院校教育成本核算的会计科目体系。第二，规范高等体育院校教育成本核算流程。根据高校会计制度的原则，在保证政府宏观调控高等体育院校信息和满足体育院校微观管理要求的前提下，明确教育成本的确认、计量、归集和分配，依据权责发生制原则进行记账，完成体育院校教育成本报表，进行报表分析，由此提供的教育成本信息将成为下一年度学校预算管理决策的重要依据。

## （三）完善高等体育院校教育成本核算管理机构和相关制度

建立与高等体育院校教育成本核算体系相协调的管理机构，并健全相关教育成本核算制度。需要建立的管理机构主要包括教育成本预算部门、教育成本核算部门和教育成本绩效评价机构，其中建议专门成立独立的教育成本绩效评价机构。第一，教育成本预算部门的主要职责是保证高等体育院校正常的教学、科研和训练活动，根据体育院校的招生规模和教学计划，以每年的支出水平为基础，遵循预算原则，量入为出，确定教育目标成本和绩效管理的目标。第二，教育成本核算机构的主要职责是推动传统会计模式向现代会计模式转变，执行科学和规范的教育成本核算与管理。第三，教育成本绩效评价机构的主要职责是在预算部门所确立的目标任务基础上，制定绩效评价标准，预判教育成本核算过程中可能出现的风险，并建立有效的信息平台，及时调整学校经费使用计划和筹集计划，为高等体育院校财务管理提供精细化和科学化的信息，以绩效评价结果来监督控制目标。

## 参考文献

[1] 袁连生.教育成本计量探讨[M].北京：北京师范大学出版社，2000.

[2] 杨世忠.高等教育成本研究专辑（2009）[M].北京：中国财政经济出版社，2010.

[3] 陈爱萍. 对高等教育成本核算及分担问题的探讨[J]. 会计之友，2012（13）：113-116.

[4] 姚小菊，王丽莲. 高校教育成本构成探析[J]. 财务与金融，2012（2）：32-35.

[5] 林钢. 高等学校会计制度改革研究——基于财务会计和预算会计二维体系[J]. 会计之友, 2011（1）：4-12.

# 加强驻训练局运动员文化教育工作的若干思考

国家体育总局训练局　吴晓华

**摘要**：竞技体育作为建设体育强国的重要方面，拥有越来越丰富的内涵。运动员是竞技体育发展的主体，是我国体育事业发展不可或缺的特殊人才群体。不断提高运动员的综合素质，有利于对项目规律进行科学的认识和把握，有利于运动水平的提高，有利于运动员的全面发展，有利于运动员退役后的再次就业，更有利于中国竞技体育事业实现可持续发展。本论文结合实际，以科学发展观为指导思想，运用马列主义历史唯物主义的基本原理、实事求是的观点和方法对驻训练局运动员文化教育工作的内外因进行分析，找出制约文化教育工作进一步发展的各项因素，并针对性地提出一些解决办法，以期促进运动员文化教育工作的可持续发展。建议进一步明确各有关部门和单位的职责，优化整合教育资源，把不同年龄阶段、不同层次的运动员文化教育纳入统一管理的轨道上，掌握运动员教育的特殊规律，破解学训矛盾，积极探索、实践运动员文化教育的新模式。

**关键词**：训练局；运动员；文化教育

## 一、驻训练局国家队运动员文化教育工作的历史概述

从20世纪60年代初开始，训练局就在驻训练局（以下简称“驻局”）国家队运动员中开展文化教育工作。1983年，按照当时国家体委的指示精神，训练局成立了职工体育运动技术学校（以下简称“训练局学校”），负责驻局运动员的初中和中专教育工作。2010年，经国家体育总局党组批准，在训练局学校基础上成立国家队运动员文化教育中心，一个机构两块牌子。

2005年以来，驻局运动员的文化教育工作经历了3次大的变化：变化一是2005年在基础教育阶段开始合作办学，先后与北京光明小学、前门外国语学校等签订了合作办学协议，实现了教师社会化；变化二是2007年在备战2008年奥运会的背景下提出了教育与服务并重的理念，在开展义务教育的基础上，为运动员提供多种教育服务；变化三是2009年国家体育总局指示训练局开展国家队运动员素质教育试点和远程教育的建设工作。几年来，驻局运动员的文化教育工作取得了一定的进展，初步实现了以素质教育为主体，义务教育为基础，本科、研究生教育为辅助的教育格局。

## 二、解决运动员文化教育问题的重要性和紧迫性

运动员是为国争光的主力军，是体育事业可持续发展最宝贵的人才资源。党和国家历来十分重视运动员文化教育和保障工作，相继制定并出台了一系列政策，对提高运动员素质、保障运动员权益、稳定运动队伍起到了积极作用。

2008年9月29日，胡锦涛同志在北京奥运会、残奥会总结表彰大会的讲话中指出：“要重视竞技体育人才培养和队伍建设，

特别是要加强竞技体育后备人才培养工作。要关心运动员的长远利益和全面发展，高度重视并切实加强运动员社会保障工作。”

2008年10月6日，时任国务委员刘延东在国家体育总局、中国奥委会2008年北京奥运会表彰会上的讲话中指出，“进一步加强运动员文化教育和保障工作，促进竞技体育可持续发展”，要求“在新的历史条件下，要更加注重针对运动员运动生涯各个阶段不同特点和需求的分析，完善和落实运动员保障各项工作。要扎实做好运动员文化教育工作，切实提高运动员思想道德素质和科学文化素质，为运动员的全面发展创造条件、打好基础”。

国家体育总局积极贯彻执行党和国家关于加强运动员文化教育的一系列指示、方针、政策，高度重视运动员文化教育问题。国家体育总局原局长刘鹏同志2006年11月在2006年全国优秀运动员保障暨体育行业职业技能鉴定工作会上指出：“要进一步加强运动员在役期间的文化教育工作。运动员文化教育情况是做好各项保障工作、提高运动水平的基础，运动员文化素质的高低直接影响到退役后的就学和再就业问题。只有加强在役期间的文化教育，提高综合水平，才能从根本上解决运动员退役后再就业等实际问题。因此，要进一步加大对运动员文化教育的投入，不断改善运动员文化教育条件，坚持科学训练，合理安排训练时间，妥善解决训学矛盾。努力做好运动员文化教育工作，尤其是要保证九年义务教育任务的完成，从根本上全面提高运动员的学习能力和综合素质。”

2008年10月，刘鹏同志在国家体育总局深入学习实践科学发展观活动动员大会上的讲话中专门强调了进一步做好运动员文化教育、退役安置和伤残保障工作。他指出：“运动员是为国争光的主力军，是体育事业发展的第一重要资源。运动员文化教育、退役安置和伤残保险工作是竞技体育人才培养和保障体系中的重要环节，事关运动员的切身利益，事关竞技体育的长远发展，也关系到为群众体育输送骨干力量。”他提出：“为改变长期以来的这种不利局面，必须在学习实践活动中，以改革创新的精神，走出一条符合中国国情、适应中国竞技体育发展的体教结合的新路子。这也是坚持和完善举国体制的一个重要方面。”

2010年3月，国务院办公厅下发了《关于进一步加强运动员文化教育和运动员保障工作的指导意见》文件，对加强国家队运动员文化教育工作提出了明确的意见：“加强国家队运动员文化教育组织管理工作，发挥国家队运动员文化教育的示范和辐射作用。体育总局要明确专门的内设部门承担国家队运动员文化教育工作，在国家队配备专职的文化教育管理人员，协调、督促和组织实施国家队运动员的文化学习。充分利用现有网络教育资源，建设运动员网络远程教育系统，实现运动员文化教育资源共享。”

2010年8月，国家体育总局在青岛召开落实《关于进一步加强运动员文化教育和运动员保障工作的指导意见》精神的会议。会后，为贯彻落实文件精神，国家体育总局出台了《运动员文化教育和运动员保障试点工作方案》，明确提出以训练局为试点单位，开展国家队运动员素质教育工作和网络远程教育工作，编写“4+X”素质教育教材。

## 三、近几年驻局运动员文化教育工作的发展情况

围绕服务于建设体育强国的奋斗目标和适应竞技体育事业科学发展的总体要求，驻局国家队运动员的文化教育工作在党和国家各级领导的关怀下，从2009年开始有了很大的发展。

## （一）素质教育工作初见成效

### 1. 通过调查研究，确定工作思路

2008年北京奥运会后，国家体育总局决定要进一步加强运动员文化教育工作。按照国家体育总局科教司的指示，训练局学校在国家队运动员中开展文化教育调查工作，学校于2009年3月下旬开始了此项调查工作，总共15个运动管理中心的737名运动员参加了问卷调查，通过对调查数据进行统计分析，得出如下结论：

（1）人数不多，层次多。参与调查的737名运动员分布在小学、初中、高中（中专）、专科、本科、硕士研究生，共6个学历层次。

（2）年龄不一，跨度大。年龄最小的运动员只有12岁，而年龄最大的运动员已有30岁。

（3）学校众多，人员散。填写此项调研的运动员分布在全国234所大中专学校，85个专业。在北京体育大学就读人数最多，共有62人，其余的大多数学校只有几人甚至一人就读。

（4）学历增高，学习少。国家队运动员的文化学习由从前的以基础教育为主，发展为以高等教育为主，进入高等院校学习的运动员占被调查运动员总数的64%，但整体学习效果较差。在运动员采用的学习方式调查中，只有16%的运动员在校跟班学习，31%的运动员自学，11%的运动员有人辅导，21%的运动员利用空闲时间回校学习，21%的运动员不学习。在最近一年运动员每周上课时间的调查中，每周上课但时间少于5小时的占36%，一年内没有上课的占48%，说明运动员的学习基本处于缺失状态。

这次调查为国家体育总局开展国家队运动员文化教育工作提供了依据。以上四项调查结论表明，目前国家队还不具备大

规模开展学历教育的基本条件。因此，国家体育总局提出，国家队运动员文化教育前期工作应把素质教育作为突破口，紧密围绕运动员的学习需求，切实促进国家队运动员学习兴趣、能力、水平和综合素质的提高，为提高训练质量、比赛水平和运动员退役后安置提供服务。

**2. 素质教育的思考**

2009年7月，国家体育总局指示训练局在驻局队伍中开展国家队运动员素质教育试点工作。经过前期准备，制定了《国家队运动员素质教育（试点）方案》，对运动员素质教育应当遵循的基本指导思想、内容和原则做了说明。

（1）指导思想：从培养运动员学习兴趣，营造运动队学习氛围，提高运动员综合素质入手，把素质教育工作作为运动员训练的重要组成部分。

（2）内容框架：素质教育的内容应该从运动员的实际需求出发，紧紧围绕国家队运动员训练、比赛和未来需求进行设计。因此，我们在调查的基础上确定了素质教育内容框架。即训练基础知识、体能训练与康复知识、励志教育与礼仪、文化基础知识。

（3）基本原则：国家队运动员素质教育的教学工作要遵循几项基本原则，即模块化教学原则、案例化教学原则、实用化教学原则、互动教学原则、因队施教原则。

**3. 具体工作**

素质教育工作可以分为开展试点、抓住重点、稳中求新三个阶段，逐步深入。

（1）开展试点。在国家队推行素质教育对于运动队、对于训练局都是一项全新的工作，为把这项工作做好，我们坚持四个试点，即“急需先学、以用为主”的课程试点，“有需先开、以点带面”的队伍试点，“活泼生动、灵活实用”的教法试点和

“先筛后选、先试后讲、先看后教、先做后调”的教师试点。从试点中寻找好方法，不断完善各项工作。2009年11月，乒乓球队作为第一支试点队伍走进教室，开始学习素质教育课程。

（2）抓住重点。素质教育第二阶段要在所有驻局队伍中推广素质教育，主要通过“三个抓住”推广素质教育工作，“三个抓住”即抓宣传、抓试点成果推广、抓领队和主教练等队伍核心人物。

从素质教育工作开展至今，共组织了局内的13支队伍参加学习，参加素质教育的运动员和教练共24537人次，合计上课3440课时。通过对素质教育的大力宣传和扎实有效的试点工作，在驻局运动队中营造了学习氛围，提高了运动队对于文化教育工作的认识。

（3）稳中求新。第三阶段的素质教育工作，在延续以往工作内容的基础上，也在谋求新的发展。一是通过活动，丰富教育途径。在素质教育过程中，我们进一步拓宽了教育途径，利用各类资源，丰富学习内容。为运动队组织了观看升国旗仪式、参观国家博物馆、听音乐会、参观美术馆、参观北京教学植物园、参加拓展活动、参加“世界读书日”赠书和阅读活动等。二是大赛前夕举办讲座。依照比赛周期，因时因地做教育是国家队运动员素质教育的一个特点。大赛前是个特殊阶段，如何利用好这个阶段开展素质教育是我们着力探索的一项工作。2012年，我们和北京师范大学于丹团队合作，针对运动员的赛前需求，以提升运动员的备战软实力为目的，设计了大赛前系列讲座。2012年伦敦奥运会前、2013年全运会前、2014年亚运会前及其他世界大赛之前，阎崇年、于丹、白岩松、梁宏达、纪连海、赵家路、王立华等著名学者受邀走进运动队，为运动员开展赛前讲座，帮助运动员提升备战的软实力。

### （二）学历教育工作加强合作

开展驻局部分适龄运动员的基础教育及北京体育大学本科班、研究生冠军班的教学活动。我们联合北京体育大学，把本科班和研究生班办在训练局院内，让运动员不用出院门就可以进行学习，在训练的同时完成学历教育。

### （三）远程教育仍在探索

《关于进一步加强运动员文化教育和运动员保障工作的指导意见》中明确提出："充分利用现有网络教育资源，建设运动员网络远程教育系统，实现运动员文化教育资源共享。"经国家体育总局领导批准，2009年下半年启动网络远程教育系统的研究论证工作。经过建设，中国运动员远程教育网已经初步搭建了系统平台并配备了硬件设施，制作了一部分课件资源，进入试运行阶段，成为国家队运动员学历教育高速通道和素质教育学习平台，以及体育信息网络资源库。目前，已有384名运动员和教练员注册，其中有部分教练员、运动员登录平台浏览信息，学习课程。

从2013年5月开始与上海体育职业学院合作，通过远程教育网为驻局上海籍运动员开设视频课堂。

## 四、开展国家队运动员文化教育遇到的问题

2010年4月12日，国家体育总局正式批准在训练局学校的基础上，挂牌成立国家队运动员文化教育中心（以下简称"教育中心"），全面负责国家队运动员的教育工作，对相关工作进行研究、规划、组织、督促、指导等。经过近几年的摸索和实践，驻局国家队运动员的文化教育工作有了一定进展，积累了一些工作经验，加强了运动队对文化教育重要性的认识，着实让一批教练员、运动员受益。但在实际工作中，存在的一些问题制约着教育

中心发挥更大的作用。

## （一）管理——鞭长莫及

1998年以前，在“训练局”模式下，学校与驻局队伍的协调与沟通可以在训练局内部得以解决。1998年国家体育总局进行机构改革后，驻局队伍的管理权由训练局划归到运动项目管理中心，由于管理权的转移，训练局变成了为驻局队伍提供服务保障的训练基地，不再具有行政隶属关系。

虽然，2010年在学校的基础上成立了教育中心，国家体育总局赋予其重要职责，但作为训练局的处级部门，在实际工作中，不具备指导、督促运动队开展此项工作的能力。

驻局运动队因长期在训练局集训，双方有合作的传统和优势，训练局可以直接联系队伍，根据队伍需求提供文化教育服务，但因没有行政隶属关系，难以管理。

## （二）机制——难以运行

### 1. 责权不清

目前，国家体育总局科教司、运动项目管理中心、运动队、训练局及运动员所属地方体育局是国家队运动员文化教育工作实施的五个角色。现在各个角色在运动员文化教育问题上的责任、义务和权利不明确、不具体。

### 2. 情况不明

由于管理体制的问题，学校难以通过运动项目管理中心和运动队及时掌握运动员入队情况和以往学习情况。比如，到目前为止，还有部分运动队没有将处于九年义务教育阶段的运动员送来上课。

### 3. 随意性大

运动员的训练、比赛任务繁重，驻训地点多变，在国家队和地方队进行的文化教育不能系统衔接，对文化教育开展的系统化、规律化产生较大影响。

## （三）制度——缺少保障

机制的运行需要以管理体制为基础，以政策制度为保障。2010年出台的《关于进一步加强运动员文化教育和运动员保障工作的指导意见》，为运动员文化教育工作提供了支持和方向，但在具体工作中缺少翔实的政策作为开展工作的依据，没能形成运动员文化教育工作运行及考核、奖惩机制，致使开展工作没有抓手，底气不足。

## （四）远程教育——受制于人

开展远程教育存在的问题：第一，缺少教育部门对远程教育的认可与支持。运动员分布在众多学校，目前很多学校不认可远程教学形式，或是不愿投入精力或缺少足够的能力满足几名甚至一名运动员的远程学习要求。第二，缺少地方体育系统的支持。运动员文化教育缺失的问题，主要集中在高等教育阶段，运动员就读高等院校的事宜由地方体育局负责办理。运动员分散在上百所院校，不具备与高校逐一联系的能力，必须依靠地方体育局的力量共同开展工作。第三，缺少开展远程教育的硬件设施。通过远程教育形式学习，需要学校和运动员都具备电脑、网络等必备设施，一些学校和运动员没有电脑或是网络情况不能满足远程教育要求。第四，一些运动队在特定时间，存在代为保管队员电脑的现象，远程教育的开展与运动队的这项管理制度存在矛盾，需要互相配合。

## 五、对今后工作的几点思考

### （一）工作认识

**1. 基础教育必须坚持**

小学、初中、中专三个阶段，是学习知识、培养能力的黄金阶段，必须要按照国家相关规定，认真进行，争取让驻局队伍中未完成基础教育的运动员都能到校上课，还需做好运动员在国家队学习与在地方队学习的衔接。

**2. 素质教育必须发展**

素质教育在试点阶段取得良好效果，今后还要继续开展素质教育，引导运动队结合自身特点和运动员成长规律，科学、系统、有效地开展素质教育。

**3. 高等教育必须推进**

无法系统有效地接受高等教育，是运动员面临的一个难题。今后，在坚持基础教育、素质教育的基础上，尝试解决运动员高等教育问题，依托远程教育平台，与高校协商，为运动员的高等教育打开便利之门。

### （二）政策先行

建议国家体育总局相关管理部门会同教育部制定政策，鼓励各高校充分利用远程教育网对在役运动员进行学历教育，明确“谁的学生谁负责”的责权关系。

国家体育总局应进一步明确运动项目管理中心、运动队、各省市体育局、教育中心在运动员教育工作中的职责，特别要制定相应的评价机制和考核机制，促进多方共同携手解决运动员教育问题。

### （三）经费稳定

教育不是一蹴而就的事情，建议把运动员文化教育专项经费作为常态固定下来，这样才能保证国家队运动员文化教育工作的可持续发展。着重投入资金建设运动员远程教育网，保证每年有一定数量的网络课程建设和更新。

### （四）依托社会

计划着手进行“两库”建设，即建设教师资源库和教育基地库，充分利用社会优秀师资力量和现有的教育基地，整合社会资源对运动员开展文化教育。

## 参考文献

[1] 王晓红.运动员群体社会分层论域下的文化教育研究[M].北京：北京体育大学出版社，2012.

[2] 邱云.积极探索山东体育学院运动员文化教育的新模式[J]. 山东体育科技，2007，29（2）：19-20.

[3] 王凯珍，潘志琛，刘海元，等. 深化“体教结合”构建运动员文化教育新体系[J]. 首都体育学院学报，2009，21（2）：129-133，137.

[4] 邹国忠，陈韶成.对我国优秀运动员文化教育现状与保障体系构建优化的研究[J]. 南京体育学院学报（社会科学版），2010，24（3）：95-99.

# 浅析“中国梦”与大学生思想政治教育

北京体育大学　尚迎秋

**摘要**：当代大学生是祖国的未来，是实现“中国梦”的主力军。“中国梦”是当下大学生思想政治教育的现实需要，高等院校在开展大学生思想政治教育活动时必须坚持以中国特色社会主义为指导，加强思想政治教育工作队伍的建设，培养“中国梦”教育的良师典范，要正确引导广大学生深刻领会“中国梦”的科学内涵，使其内化于心，外化于行，要不断提升高等院校大学生思想政治教育工作的时效性。

**关键词**：“中国梦”；大学生；思想教育

## 一、“中国梦”是当下思想政治教育的现实需要

中共中央、国务院在《关于进一步加强和改进大学生思想政治教育的意见》中明确提出，加强和改进大学生思想政治教育，提高他们的思想政治素质，把他们培养成中国特色社会主义事业的建设者和接班人。自该文件发布以来，全国高等院校的思想政治教育工作以科学发展观为指引，不断创新，锐意进取，取得了巨大的成就。与此同时，高等院校广大思想政治教育工作者也深

刻认识到，面对不断发展和变化的社会新常态及大学生思想的新状况，工作的着眼点和落脚点要紧密地落实到“中国梦”的科学内涵上。

习近平总书记在参观《复兴之路》展览活动时表示，实现中华民族伟大复兴，就是中华民族近代以来最伟大的梦想。2014年的“五四”青年节，习近平总书记在同青年代表座谈时强调，“中国梦”是历史的、现实的，也是未来的；是我们这一代的，更是青年一代的。可见，“中国梦”既具有深刻的科学内涵，又具有深远的历史意义和现实意义，它既是大学生理想信念教育理念的新发展，更是当下大学生思想政治教育的现实需要。

高等教育是中华民族富强文明和社会进步的基石。在新的历史时期，高等院校的思想政治教育理应顺应时代的潮流，与“中国梦”的实现有机结合，把“中国梦”的宣传教育活动融入大学生的理想与信念教育、道德与品行教育及人才培养的各个环节，渗透教学、科研、管理和服务的各个方面，最终实现培养思想品德高尚、政治素质过硬的中国特色社会主义接班人的总体目标，这是我国高校必须承担起的一项光荣而神圣的历史责任。

## 二、领悟“中国梦”的科学内涵

在党的十二届全国人大一次会议闭幕式上，习近平总书记对“中国梦”作了阐释：“实现中华民族伟大复兴的中国梦，就是要实现国家富强、民族振兴、人民幸福。”伟大的中国梦是一个世代传承的梦，希望在青年、在当代大学生身上，他们是国家的未来、中华民族的未来，他们是实现“中国梦”的主力军。

因此，高等院校的思想政治教育工作必须深入开展以学习“中国梦”科学内涵为主题的系列教育活动。通过活动，教育、引导广大大学生更好地理解“中国梦”的深刻含义，把中华民族和中国人民憧憬追求的“中国梦”转化为学生自身的远大理想和信念追求。要深刻领悟到，国泰才能民安，要懂得只有社会和谐稳定、国家富强昌盛，才能有良好的学习条件和广阔的发展前景，大学生在憧憬实现个人价值的同时也要有实现社会价值的愿望。

### （一）深度学习内化于心

古语云：“学而不思则罔，思而不学则殆。”当代大学生要学会思考、善于分析、正确抉择，注重把所学知识内化于心。高校在开展“中国梦”宣传教育活动时要努力体现时代性、把握规律性、富于创造性。以科学发展观为统领，以中国特色社会主义核心价值观为重点，以深入宣传贯彻落实党的十八大和十八届三中、四中全会精神为开展思想教育的主线，用理论武装大学生的头脑。坚持以学生为本，突出学生作为受教育者在教育活动中的主体地位，贴近学生的学习、生活实际，充分利用移动互联网及各种新的传播媒介调动学生的参与热情，解决学生普遍关注的共性问题和个别学生中出现的理想信念、品行修养等现实方面的问题。

### （二）加强认识把握形式

实现“中国梦”的伟大目标，就要以努力培养中国特色社会主义事业合格建设者和可靠接班人为目标，以“立德树人”为根本任务，以社会主义核心价值体系和核心价值观的宣传教育为工作重点，使大学生正确认识社会的发展规律，认识国家和民族的前途命运，认识自己的社会责任和历史使命，牢固树立党的领导，坚决走中国特色社会主义道路，把个人理想、信念的实现同中华民族伟大复兴的国家目标紧密地联系在一起。

同时，思想教育更应注重学习形式创新，把政治理论和当前中国社会的具体情况紧密结合起来，把思想政治工作的开展与解决大学生的实际问题和困难相结合，与学校内涵式发展相结合，与开展群众路线教育实践活动相结合，与建设“平安校园”维护安全稳定相结合，利用校园网络、微博、微信、QQ等学生喜闻乐见的载体和平台进行学习，将思想政治工作融入教学、竞赛、考核评优、评奖、安全稳定等各项具体工作环节中，努力营造浓厚的学习氛围和舆论氛围，在实践中领会“中国梦”的科学内涵和精神实质。

## 三、在中国特色社会主义旗帜下开展“中国梦”教育工作

中国特色社会主义是实现“中国梦”的唯一选择。习近平总书记说：“道路决定命运，找到一条正确的道路多么不容易，我们必须坚定不移走下去。”毫无疑问，历史是最好的教科书，它告诉我们，能够使中华民族伟大复兴梦想变成现实的一定是中国特色社会主义，“中国梦”的实现必须坚持走中国特色社会主义道路；必须坚定不移地拥护中国共产党的领导决策；必须坚持社会主义理论体系在我国意识形态领域的指导地位；必须坚持以“立德树人”为根本任务；必须坚持中国特色社会主义和“中国梦”教育的统一；必须坚持社会主义核心价值观的宣传教育与实践活动的统一。要促使广大学生明确树立实现中华民族伟大复兴的共同理想和信念追求，促使广大学生准确把握“中国梦”的思想源泉、科学内涵和实现基础，始终保持昂扬向上的精神状态，还可以使他们更加坚定马克思主义信仰，从而做到道路自信、理论自信、制度自信。

我国的青年群体中，缺乏自信的人仍占有一定比例，他们

在学习、生活上没有明确的目标追求，同时也缺乏应对危机的能力。从本质问题上看，引导学生在成长过程中树立正确的世界观、人生观和价值观尤为重要。“中国梦”的开启与实现需要年轻一代的大学生贡献青春和力量，青年学子立志成才，为建设创新型国家而不懈奋斗，在践行“中国梦”的过程中会带给每个学生具有时代背景的社会理念、精神和价值。我国高等院校的思想政治工作将“中国梦”的思想贯穿融入思想政治教育过程，从根本上体现了中国特色社会主义道路对于“中国梦”的需要，也告诉同学们无论是今天还是未来的发展，实现伟大的“中国梦”必须坚定不移地走有中国特色的社会主义道路。

## 四、切实做好“中国梦”学习成果的转化工作

毛泽东同志曾经说过：“读书是学习，使用也是学习，而且是更重要的学习。”道不可坐论，德不能空谈。只有理论与实践相结合，才能彰显出强大生命力和影响力。引导大学生追逐“中国梦”，必须加强“中国梦”的学习成果转化工作，真正使大学生认识到“个人梦”和“中国梦”之间的逻辑关系，以及个人在实现“个人梦”和“中国梦”中的主体地位，激发大学生自我教育的主动性和积极性，使大学生的人生轨迹及思想、行为活动等都用于践行实现“中国梦”的伟大事业。

### （一）贯彻落实外化于行

高校在开展以“中国梦”为主题的思想政治教育宣教活动时，一方面，应该强调大学生作为实践主体地位的实践教育价值，也应该强调把“中国梦”的发展目标与大学生学习生活实际相结合，以大学生在日常学习生活等方面遇到的现实问题作为切入点，引导大学生勤于学习、善于创造、甘于奉献，用实践规范

自己的言行，努力成为社会主义合格的建设者和接班人；另一方面，注重发挥楷模的示范作用，增加对具有楷模作用的先进个人进行真实事例宣教活动，例如，“校园之星”“校园十大人物”等评选活动，这样的活动能充分地挖掘出大学生中的榜样，榜样激励对于大学生来说是一种思想政治教育工作的创新。这种形式不仅可以使学生真正认识到要将个人荣誉与国家荣誉相结合，更能使他们将个人的使命感与“中国梦”的共同理想相融合。

### （二）创造条件搭建平台

组织开展良好的校园文化、丰富的社会实践和立体的宣传渠道，为大学生践行“中国梦”搭建筑梦、圆梦的舞台。通过深入开展体育、文化、艺术、科技等系列主题校园文化活动，潜移默化地增强大学生对“中国梦”的认同感；组织丰富的社会实践活动，使大学生在实践活动中加深认识，升华思想，引导大学生将“中国梦”落实到行动中。此外，我们还可以利用学生们感兴趣的校园平台作为自己的宣传渠道，比如，各类社团的微信公众号等，目的在于将“中国梦”宣传到每位同学身边，营造浓厚的气息和氛围。

## 五、加强思想政治教育工作队伍建设，培养良师典范

思想是行动的先导，队伍是工作的保证。高校思想政治教育工作不仅要把“中国梦”作为实现中华民族伟大复兴的精神动力，而且要做好思想政治教师队伍的建设，培育出良师典范，每位教师在教育引导学生的过程中实现他们自身的价值。在工作推进的过程中，思想的主线必须始终坚持马克思主义在意识形态领域的指导地位，牢牢把握教育方向，注重夯实基础，厘清思路，

不断创新，不断提升开展思想政治教育工作的整体水平。

### （一）树立正确的教育观，坚持立德树人的核心使命

百年大计，教育为本；教育大计，教师为本。教师既是知识的传播者，又是学生的人生导师，要时刻铭记教书育人的历史使命，要以崇高的思想境界和人格魅力引导学生，以精湛的学术造诣启发影响学生。高校应鼓励并支持教师积极参加各类学习培训。一是注重提高教师开展思想政治工作的能力与水平、增强教师对政策的把握和执行能力、提升教师的知识技能和责任觉悟意识。二是坚持把组织教师参加各类培训工作与实践锻炼结合起来，把集中培训和自学督促结合起来，把发挥个人特长与解决工作能力的短板结合起来，把普遍提高培养与个体指导结合起来，把发扬传统和推进创新结合起来，着力强化教师的思想意识和政治态度，提高他们开展思想政治教育工作的实践创新能力。

### （二）提升高等院校辅导员队伍的理论素养

辅导员在高校育人过程中发挥着重要作用。“工欲善其事，必先利其器。”当前，高校辅导员要加强理论学习，尤其是对中国共产党党史、中国特色社会主义理论和习近平总书记系列讲话精神的学习，提升自身的理论素养，以“中国梦”为统领，创新思想政治教育内容和方法，不断把大学生思想政治工作引向新高度，落到新实处。同时，辅导员更要切实肩负起时代和工作职责所赋予的育人使命，以高尚的人文情怀做学生的良师益友。

## 六、结束语

高校思想政治教育作为高校人才培养工作的重要组成部分，

必须与当前“中国梦”主题学习教育活动结合起来，在教育中必须全面准确地把握“中国梦”的理论本质、实现路径和精神力量源泉，要深刻领会“中国梦”的科学内涵，使其内化于心，外化于行。高校“中国梦”主题教育活动要真正收到实效，还需要在教育管理理念和机制上推出适合当代大学生特点的新创意，正确引导他们在实现中华民族伟大复兴的征程中去实现个人的梦、国家的梦、民族的梦。

## 参考文献

[1] 习近平.承前启后继往开来 继续朝着中华民族伟大复兴目标奋勇前进——在参观《复兴之路》展览时的讲话[R]. 2012.

[2] 中共北京市委宣传部，中共北京市委讲师团.中国梦学习读本[M].北京：北京出版社，2014.

[3] 习近平.在第十二届全国人民代表大会第一次会议上的讲话[N].人民日报，2013-03-18.

[4] 骆郁廷，史姗姗.中国梦教育：大学生思想政治教育新课题[J].思想教育研究（上半月定定综合版），2013（9）：38-44.

[5] 张烁.承前启后，继往开来，继续朝着中华民族伟大复兴目标奋勇前进[N].人民日报，2012-11-30（1）.

# 体育非物质文化遗产保护途径研究
## ——以云南可邑村彝族阿细跳月为个案

国家体育总局体育文化发展中心　陈沫

**摘要：**随着全球化趋势的增强，经济和社会的急剧变迁，我国体育非物质文化遗产的生存、保护和发展遇到很多新的情况和问题，面临着严峻的形势。在当今世界体育以西方竞技体育为主导的背景下，贯彻落实党的十八大关于“推动社会主义文化大发展大繁荣，兴起社会主义文化建设新高潮，提高国家文化软实力”的精神，保护中华民族独有的体育非物质文化遗产更具重要意义，将深刻地影响我国体育事业的发展和繁荣。本文采用文献资料法、田野调查法等研究方法，系统分析了体育非物质文化遗产保护的重要意义，并提出体育非物质文化遗产保护的途径。

**关键词：**非物质文化遗产；彝族；阿细跳月

## 一、研究背景与必要性

经济全球化、工业化、城镇化等现代化进程加快的今天，人类社会的进程由采集、狩猎、游牧、农耕到如今的工业文明，人类的生产生活方式趋同化现象严重，其文化多样性也在锐减，作为承载人类社会发展的活动记忆——文化遗产，特别是非物质文化遗产同样受到文化标准化、武力冲突、旅游业、工业化、农业区缩减、移民和环境恶化的威胁而面临着消失的危险。生物学研究认为，生物群、物种越丰富，它的基因就越丰富，内含的基因种类越多的生物，就越能适应各种环境的变异，越有生存与发展的机遇。人类文化在生存与发展的规律方面同生物有着很强的相似性。因此保护文化的多样性成为世界各国人民的共识，而文化的多样性使人类的社会生活有更多的选择。

非物质遗产是历史遗留下来的，并且值得持续发展的创造性产物。非物质遗产的价值在于它对文化的认定作用，也就是它与某一种文化的联系带有标志性，保护它，就是保护了人类文化的多样性。保护它的目的，首先是保存人类的创造能量，寻求人类与其既往的联系，使人类加深对自身的认识，仰视自身已经达到的创造高峰，以便激励今天的创造。

因此，抢救和保护非物质文化遗产，已成为时代赋予我们的历史使命。

## 二、我国体育非物质文化遗产保护的现状与困境

### （一）我国体育非物质文化遗产保护的现状

目前，我国对非物质文化遗产的保护还处于起步阶段，中国成为《保护世界文化和自然遗产公约》的缔约国后，党和国家对文化遗产的保护工作给予了高度重视，相关的保护法规、措施相继出台，这些均为我们保护体育文化遗产奠定了良好的基础。

#### 1. 体育非物质文化保护的相关政策

在某种程度上，民族文化政策决定着民族文化的传承与发展。改革开放以来，党和国家对民族体育非物质文化遗产的保

护、继承和弘扬，取得了一定的成绩。1995年，国家颁布实施的《全民健身计划纲要》明确规定要“在民族地区广泛开展以少数民族传统体育项目为主的体育健身活动”。2005年12月22日，国务院下发了《国务院关于加强文化遗产保护的通知》，该通知不但阐述了保护文化遗产的重要性和紧迫性，而且就保护文化遗产的指导思想、基本方针、总体目标和着力解决物质文化遗产面临的突出问题、推进非物质文化遗产保护工作等做了具体部署。2006年，文化部出台了《国家级非物质文化遗产保护与管理暂行办法》，2008年出台了《国家级非物质文化遗产项目代表性传承人认定与管理暂行办法》。随着两个办法的出台，福建、贵州、新疆、宁夏等8个省、自治区也相继出台了相关的保护条例。2009年出台的《国务院关于进一步繁荣发展少数民族文化事业的若干意见》更是把发展体育非物质文化遗产放在了重要的位置。2011年2月25日，第十一届全国人民代表大会常务委员会第十九次会议又通过了《中华人民共和国非物质文化遗产法》，并于2011年6月1日开始实施。

**2. 体育非物质文化遗产保护的成绩**

为了加强中国体育非物质文化遗产的保护和研究，近年来相关部门做了大量工作，尤其是随着全民健身运动的开展和民族地区旅游文化的开发，这些以民族传统体育文化为代表的体育非物质文化遗产，逐渐被人们所认识，并得到一定程度的发掘、整理、研究、宣传和保护。

第一，全国少数民族传统体育运动会的举办，是对体育非物质文化遗产保护与研究很好的展示。运动会上设立的大量民族传统体育竞技项目和表演项目，对提高人们的保护与研究意识起到了很大的推动作用。

第二，学术活动与科研成果为体育非物质文化遗产的研究与保护保驾护航。自1990年起，由中国体育博物馆、体育文化发展中心（原文史工作委员会）和中国体育科学会体育史分会组织，每年两次在全国各地举办以民族传统体育文化为主题的研讨会，并发表、出版了大量成果。与此同时，随着部分高校开设民族传统体育课程，还出版了许多民族传统体育文化方面的教材。据不完全统计，仅2000年以来，已经发表的相关研究论文就达到了600余篇，出版的相关论著已达60余部。这些研究，对于推动我国体育非物质文化遗产的研究和保护，起到了积极的作用。

第三，开展民族传统体育项目的普查，建立体育非物质文化遗产档案库。1986年开始，中国体育博物馆历时四年，先后组织各省（区、市）近百名民族传统体育文化的管理者和研究者，分地域、分类搜集民族传统体育项目1000余项，经整理和分类编排，于1990年筛选出977项汇编成《中华民族传统体育志》一书。这一工程影响巨大，该书成为十几年来民族传统体育文化研究者的主要参考书目；1983—1986年，在国家体育总局武术研究院的倡议下，在全国进行了大规模的武术挖掘整理活动，并在故宫午门展出了挖掘整理的成果。近年来，在国家体育总局的支持下，中国武术协会又组织大量人力物力对这些挖掘成果进行了整理和研究。

第四，在原国家体委和国家体育总局领导下，体育文化发展中心等单位，多年来对民族传统体育文化进行了多方位的宣传。1990年在中国体育博物馆推出了大型展览《中华民族传统体育展览》，展出面积近千平方米，展品达千余件。在后来几年的临时展出中，以其文化特色和新颖的特点受到了海内外学者、观众的欢迎。日本、英国、澳大利亚等国的电视台，还多次将其拍成专题片在国外介绍。

第五，古代体育项目考证与复制工作，为体育非物质文化遗产如何为当代体育发展服务摸索出了一条很好的路子。2004年6月“足球起源于临淄”专家论证会、2006年4月“古代高尔夫——捶丸”复原艺术品新闻发布会及近年来开展的鄂伦春族“曲棍球”起源与发展论证工程等，都为挖掘整理体育非物质文化遗产做了很好的尝试。

第六，《中国少数民族传统体育集锦》系列片的拍摄。2005年，为了保护、挖掘、整理、宣传和繁荣中国少数民族传统体育，国家体育总局和国家民族事务委员会专门组织人员，拍摄了大型系列片——《中国少数民族传统体育集锦》。该系列片共10集，汇集传统体育项目141个，完美地展现了中华传统体育文化宝库中的瑰宝。

第七，我国非物质文化遗产名录的申报和评选工作，为体育非物质文化遗产的保护和研究奠定了良好的基础。在国务院于2006年、2008年和2011年三次公布的国家级非物质文化遗产名录中，归类于“传统体育、游艺与杂技”类的一共有63项。但由于分类存在的问题，如果加上在“民间舞蹈”和“民俗”中的相关体育项目，以及这三批列入国家级非物质文化遗产名录中的传统体育项目，已经达到了244项，这为逐步确立保护对象并实施保护工作制订了目标。

## （二）我国体育非物质文化遗产保护的困境

中国体育非物质文化遗产是在相对封闭的农耕文化背景下产生与发展起来的，历经近代直至现代，在西方文化、西方生活方式的影响下，中国体育非物质文化遗产正面临着民俗民间体育传承断裂与内容锐减、养生乱象频现、民族传统体育教育“一刀切”、人们的认识偏差和参与不足等诸多问题。

### 1. 民俗民间体育技艺的递减、传承断裂

中华传统的民俗民间体育项目之多超乎人们的想象，甚至不为一些民族传统体育研究者所了解。1987—1990年，在原国家体委、国家民委的支持下，曾对中华民族传统体育进行了一次普查

工作，共收集民族传统体育项目977项（少数民族传统体育项目676项、汉民族传统体育项目301项），这些民族传统体育项目中大多属于民俗民间体育项目。但在中华民族传统体育的整体资源中，这也仅仅是局部。

近些年来，各研究机构、大专院校的一些民俗体育的研究者、挖掘整理者，虽然对此做了大量工作，全国也有少数民族运动会、全国体育大会等一些竞赛活动，但总体而言，民俗民间体育还是出现了“内容递减、传承断裂”的境况。

2008年5月12日汶川大地震后，部分专家和学者曾对羌族传统体育文化进行了调查研究，发现羌族传统体育与游戏活动丰富多彩，其项目多达70多项。但随着时代的发展和社会文明的进步，羌族传统体育同其他民族传统体育一样面临着发展的危机。这种危机突出表现在民众的参与频度很低、民族传统体育的认同感降低、组织方式单一等方面。“汶川大地震”后，羌族传统体育更是遭受到毁灭性打击。北川羌族自治县是全国唯一的羌族自治县，据我们在北川中学的调查，目前北川中学的学生已很少有人会玩羌族传统体育项目，即便是体育教师，对羌族传统体育文化的了解亦不够。民俗民间体育的生存现状可见一斑。

**2. 体育保健养生乱象频现**

从气功热到“养生乱象”，一些“养生大师”纷纷登场，给全民健身计划带来了不和谐的音符。

此外，2000年以后逐渐发展起来的“健身气功”竞赛问题亦值得我们高度重视，处理不好有可能出现比竞技体育更为严重的问题。

**3. “一刀切”的民族传统体育教育**

体育院校的民族传统体育（武术）系理应是民族传统体育教育与研究的中心，但由于本科生生源大多是竞技体育人才，研究生招收不考专业，及其培养体制的限制，民族传统体育教育存在如下几个突出的问题：

（1）体育院校民族传统体育（武术）系的项目设置偏重（竞技）武术，中国传统养生、民俗民间体育涉及不够。

（2）民族传统体育的本科生、研究生培养，应当加强古代汉语的学习。但现在的情形是过分注重英语而忽略了古代汉语的学习，从而导致学生根本不读中国文化元典，对民族传统体育文献不是不读就是读不懂。这一点严重阻滞了民族传统体育研究的深入。

（3）由于体制问题的限制，体育院校民族传统体育（武术）系的学生尽管拿的是教育学文凭，但没有教师资格证。这个问题，在近代中国的中央国术馆时期就存在，目前还没有有效地解决。这在一定程度上限制了民族传统体育学生的就业。

**4. 人们对体育非物质文化遗产的认识存在偏差、保护意识不足**

据悉，2010年4月16日在浙江宁波大学召开的教育部高等学校体育教学指导委员会理论学科组工作会议上，与会的19位专家曾集体讨论是否要取消民族传统体育学，尽管没有形成统一的意见，却给民族传统体育教育敲响了警钟。

体育非物质文化遗产，长期以来一直没有得到与竞技体育、奥运文化同等的地位。人们关注体育文化时，常常特别关注体育文化的物质层面，而轻视了蕴含在物质中的思想和精神及整个体育非物质文化的价值和重要意义，不能从本质上来认识体育非物质文化遗产对于传承中华体育文化、弘扬中华体育精神，对推动竞技体育、全民健身运动，对促进整个社会和谐稳定的重要作用。同时，在关注物质文化的时候，又特别重视精英文化和奥运文化，对蕴藏在各民族广大民众中间的最普遍、最常用、最基础的体育非物质文化反倒视而不见，认为随着社会的发展，体育非物质文化遗产最终会消失，有的甚至将体育非物质文化遗产与封建糟粕混为一谈。这种对于体育非物质文化的偏见，容易造成体育非物质文化的民族性及其深厚历史底蕴的丧失，使体育非物质文化遗产日益趋同化，缺乏应有的生命力和创造力。

自从开展体育非物质文化遗产保护工作以来，一些地方政府宣传不到位，往往把宣传的重心放在对上、对外，而对真正重视体育非物质文化遗产的保护者缺乏细致的思想工作，不能从本质上让他们认识到保护工作的重要性和必要性。在体育非物质文化遗产保护与传承过程中，政府（特别是地方政府）为了开发体育非物质文化遗产中的经济价值，为地方经济社会发展做贡献，不断地鼓与呼，而作为开发体育非物质文化遗产经济价值的主力军的民众却表现得相当冷漠，积极性并不高，出现“一头热、一头冷”的现象（热的是政府，冷的是民众），从而导致体育非物质文化遗产保护与传承效果不佳。

## 三、弥勒县可邑村彝族阿细跳月的发展与保护

### （一）阿细跳月发展的基础

弥勒县可邑村是云南几十个彝族村寨的其中之一，位于云南省红河哈尼族彝族自治州距离弥勒县城22千米处，据村碑文和家传推算已有365年（至2013年）的历史。可邑村较好地保存了传统文化，并建起了“彝族文化生态旅游村”，吸引了国内外游客的眼球。经过多方博弈，在众多“他者”的审视下，可邑村阿细人对自己的传统文化产生了民族自豪感、民族自信心，激活了可邑村潜藏多年的文化自觉。

可邑村休闲健身娱乐方式不多，除了摔跤、斗牛、篮球外，还有踢毽子、跳方格、跳霸王鞭、踩高跷等，最主要的是传统身体文化品牌阿细跳月。可邑村是云南少数民族健身舞蹈——阿细跳月的故乡，也是叙事史诗《阿细先基》的发源地。《阿细先

基》和《阿细跳月》浓缩阿细文化的精华，它们是可邑村重要的民俗民族文化现象。对文化传递的理解，远比对自然、对人的制约的理解更为重要，因为文化是解释人类事件的关键。

## （二）阿细跳月的文化传承与发展

可邑村生态环境极为恶劣，由于长期处于封闭状态，彝族传统文化习俗保存得较好。有着300多年历史的可邑阿细传统文化，在解放前夕保存得很完整，特别是具有当地特色的阿细跳月，不仅用于当地人健身娱乐，还被带出去宣传。中华人民共和国成立至“文化大革命”前，在党中央“百花齐放，推陈出新”的方针下，弥勒县的村村寨寨一年到头都有各种节日、民俗活动，跳月是这些活动的主题。“文化大革命”时期，阿细跳月曾被当作“四旧”封杀，党的十一届三中全会后才得以新生。在逐渐恢复过程中，村民就将维系民族生存、民族文化不断传承的阿细跳月等一系列传统文化重新建构，除了在节日里跳，平时农闲时也跳，在此基础上还发展了“跳月节”，极大地满足了可邑村的文化生活、风俗习惯等方面的需要，使得这些民族传统文化得以保留，更是成为保留和传播阿细跳月文化的营地和源地。

### 1. 经济发展中的阿细跳月

改革开放以来，可邑村调整了其经济产业结构，经济来源主要是核桃、烤烟和旅游。1999年，可邑村开始开发旅游资源。2003年，接待全国各地游客2000多人，旅游直接收入6万元；2009年，接待各地游客21300人，旅游收入50万元。村民的人均年收入也从2003年的1182元上升到2009年的3200元，如今的阿细跳月已转变成旅游文化表演的组成部分。阿细跳月的服装和道具采用现代材料和工艺制作，舞蹈程序和动作也趋于表演化。在旅游旺季，仅阿细跳月一个节目表演人数就超过50人。由此可见，由农耕经济向旅游经济转型过程中，可邑村在其文化传承中也进行着自我抉择，阿细跳月发生着潜移默化的转变。

2. 政府职能转换中的阿细跳月

在政府的支持下，阿细跳月的发展取得了一些成绩，比如整理叙事史诗《阿细先基》唱词，出版中英文双语的漫画《阿细跳月的故事》，阿细跳月被列入第二批国家级非物质文化遗产保护名录，规定每年的8月7日至9日为法定阿细跳月节，可邑村被命名为首批“全国生态文化村”，弥勒县被命名为“中国民间（彝族阿细跳月）文化艺术之乡”。在阿细跳月的保护与传承过程中，政府发挥了组织、管理、宣传职能，但是也凸显出一些问题，即社会化组织程度不高且灵活性差，人们参与的积极性不高等。

可邑村政府调整职能结构，在阿细跳月的旅游开发中做出大胆的尝试，由原来政府包办向政府主管转型。可邑村村委会负责文化广场、民族餐厅、图书馆、民族文化陈列室等硬件基础设施的建设，并且成立了旅游管理协会，该协会与妇女之家、传习协会和老年人协会共同承担阿细跳月的产品开发和推广。老年协会中精通阿细跳月的老人对舞蹈动作进行整理和编排，由传习协会和妇女之家将舞蹈动作传承给青少年；妇女之家的妇女学习并掌握阿细跳月的技艺后，从事旅游表演、业余制作和销售手工艺品，并通过旅游管理协会获取收入；传习协会的青年通过学习阿细跳月的技艺，促进了阿细跳月的传承和发展，同时可获得旅游表演的收入；旅游管理协会则具备了较好的群众基础和人才队伍，在前三者的基础上，其发展和收入呈现可持续发展趋势。

3. 群众中流传广泛的阿细跳月

阿细跳月在弥勒县流传广泛，可邑村所属西三镇自1999年以来每年举办“阿细跳月节”，从未中断。

“祭火节”是阿细人最著名的传统节日，至今，可邑村还保留着这一祭火仪式。在“阿细祭火节”这一天，首先举行的是“钻木取火”仪式。接着，进行“祭火神”“跳火堆”“过火栏”“转火磨”“射火弓”“闯火阵”“跳虎”“叉叉舞”“霸王鞭”等以火为主旨的表演，讲述从火中走来的阿细人历史，最后在集体“跳月”中狂欢。

阿细跳月跳进校园。为防止阿细跳月传承链条的断代，“阿细跳月跳进校园”成为了一种共识，也作为阿细跳月在中小学里以教材形式推广的重要举措；在一些村、镇幼儿园，阿细跳月也以艺术教育的方式进行。调研中，传承协会副会长指出：“我们的主要目的就是要将可邑村的民族风俗文化一代一代地传承下去。”阿细跳月是学校的校本课程，学校每学期一、三、五、七等单数周，要求男孩带三弦、女孩穿民族服装，主要是为在课间操时跳阿细跳月，既进行健身，又传承民族文化，也可能是今后谋生的手段。

在政府经济的支持下，以社区为主体打造阿细跳月身体文化品牌的开发和运作在可邑村已见成效，“彝族文化生态旅游村”的建设道路取得了一定的社会效益和经济效益。城镇化是今后发展的趋势，城镇化也是一个去城市化的过程，农村还需要加大基础建设、保持农舍、保持文化传统、维护原有的特色村寨建设，这是保障乡村成为国家经济发展“蓄水池”的作用。正如唯物辩证法告诉我们，事物、现象在发展过程中互相作用、相互影响，即在同一关系中，一种原因引起的结果，反过来又作用于原因，并引起原因的变化，这样一种哲学观无疑是正确的。

因此本文所要探讨的非物质文化遗产保护，其目标不是孤立地面对传统体育的传承和发展，而是应该在保护与开发、传统与现代之间构建完整的生态链，将传统体育与其文化产生、生存、发展的内外部环境紧密结合在一起。

# 四、体育非物质文化遗产保护的途径

## （一）体育非物质文化遗产保护的出发点——国家文化安全

随着冷战的结束，意识形态不再重要，各国开始发展新的对抗和协调模式。为此，人们需要一个新的框架来理解世界政治，而“文明的冲突”模式似乎满足了这一需要。这一模式强调文化在塑造全球政治中的主要作用，它唤起了人们对文化因素的注意，而它长期以来一直为西方的国际关系学者所忽视。同时在全世界，人们正在根据文化来重新界定自己的认同。自美国国际政治研究专家亨廷顿教授提出“文明冲突”论以来，国际学界对这一问题更为重视，并引起了普遍的关注和争论——认为其对“文化因素的注意”是有远见卓识的。

冷战结束后的当今世界，随着经济全球化和我国现代化进程的加快，民族文化的生态环境面临不同程度的危机，而“文化安全”则成为影响国家安全的重要因素之一。原来以领土完整为主要内容的“军事安全”理论发生了变动与调整，“文化安全”成为一种新的国家安全观，“国家文化安全是全球化时代的国家文化战略”。正因为如此，坚持民族文化的主体地位，大力弘扬中华民族的伟大精神，建设文化大国，就成为我国一项重要的文化安全措施，其中当然也包括增强国家软实力深厚精神资源和文化根基的非物质文化遗产。

“非物质文化遗产问题是一个从文化安全延伸到国家文化安全的问题，我国许多好的经验型的智慧被人家拿去了，损失很大”“这样的问题就像我们当年发明了火药一样”，作为非物质文化遗产的中国体育非物质文化遗产同样存在这样的问题。非物质文化遗产的保护需要上升到“文化自觉”的高度来进行，中国体育非物质文化遗产理应对国家文化安全做出自己的贡献。

## （二）体育非物质文化遗产保护的途径——生态位理论保护

生态位理论是较为流行的一个理论，该理论为我们审视体育非物质文化遗产提供了一个新的视角和思路，同时更为我们在新时代实施体育非物质文化遗产保护提供了一条新的途径。这就是就地原生态保护和易地扩展生态位保护。

**1. 就地原生态保护途径**

众所周知，保护大熊猫，最有效的途径是就地保护其赖以生存的亚高山森林生态系统和竹林资源。同样，保护体育非物质文化遗产，最有效的途径就是就地保护其生存的社区原生态环境，尽可能地保护其基础生态位的原真性和完整性。对体育非物质文化遗产丰富且传统文化生态保持较完整的区域，要有计划地进行动态的整体性保护。对确属濒危的少数民族体育非物质文化遗产和文化生态区，要尽快列入保护名录，落实保护措施，抓紧进行抢救和保护。

根据我国近几年对体育非物质文化遗产保护实施的经验，对列入体育非物质文化遗产名录的项目，要明确相关保护责任主体，要科学地制订保护计划；而对列入体育非物质文化遗产名录的传承人，要提供资助来支持和鼓励其展开传习活动。如对藏族同胞高原游牧民族文化特色的生产生活方式的保护，就在一定程度上对藏族民间开展的赛马、射箭、赛牦牛、抱石头、登山、格吞（脖子拔河）等具有浓郁民族风格特征体育技艺的传承具有十分重要的基础性作用。

因此，从根本上促进体育非物质文化遗产传承和发展，最好的方法是将全民健身运动与民族民间体育活动有机结合，将乡村生态旅游与民族民间体育活动有机结合，宣扬民俗节庆文化，在校园设立民族传统体育课程，对具有民族特色的生产生活方式和农村社区文化多样性进行保护。

**2. 易地扩展生态位保护途径**

在城市中积极主动地为原扎根于农村的民间体育非物质文化遗产拓展新的生态位空间，是另一条重要的保护途径。这一途径有两个方面是需要我们做好的。

第一，在城市中，借助全民健身运动，开设有民族特色的俱乐部、学校、中华体育馆等，如棋院、武术馆、摔跤俱乐部、射击馆等，让城市居民参与练习太极拳、少林功夫、武当武术、民族棋、峨眉武术等体育非物质文化遗产项目运动，与外来的国际象棋、瑜伽、跆拳道等体育项目形成百家争鸣、百花齐放的局面。除了少林功夫、太极拳等有国际性影响的体育非物质文化遗产外，对于省（区、市）地方性体育非物质文化遗产项目，要遵循就近扩展、因地制宜的原则进行推广。如在乌鲁木齐推广新疆方棋、成都推广峨眉武术、西安推广红拳等。

第二，在休闲度假旅游快速发展的今天，在城市里利用一些民族文化园（村）等平台，如上海的民族文化村、深圳的锦绣中华民族文化村、昆明的云南民族村、北京的中华民族文化园等，集中展示和宣传各民族的体育非物质文化遗产。同时，要牢牢把握改革开放的历史契机，积极走出国门去宣传和推广我国优秀的体育非物质文化遗产。特别要优先推广太极拳、少林功夫等知名度高且受欢迎度高的体育非物质文化遗产技艺。主动地到国外去开设具有民族特色的学校、俱乐部、中华体育馆等，吸引国外热爱中华体育的练习者和推广者积极加入我国体育非物质文化遗产的传承与发展队伍。

# 五、体育非物质文化遗产保护与传承的具体措施

中国体育非物质文化遗产的保护是一项包括田野调查、清点、确认、评定、立档、保存、研究、宣传、弘扬、保护传承者等在内的系统工程。在具体进行保护时，必须把它视为在特定生态环境中有生命的活态存在，努力构建一个为维护和强化其生命力、增进其自身可持续发展能力，包括法规体系、管理体系、科学规划、人才队伍建设、科研跟进等在内的保护体系。

## （一）建立知识产权制度

在经济全球化、市场一体化的今天，知识产权成为重要的保护内容，目前我国还没有完备的中国体育非物质文化遗产知识产权制度，还难以遏止中国体育非物质文化遗产的滥用和流失。为维护国家民族利益、保护民族的物质和精神权益，我们必须尽快建立知识产权制度和一些包括技术保密、出境限制在内的强制性保护措施。

当然，也要注意通过立法加强中国体育非物质文化遗产传承人的知识产权，从而使他们对其世代相传的文化表现形式和文化空间享有应有的权利，防止对其的滥用、误解和歪曲。

## （二）健全保护和参与体制

中国体育非物质文化遗产的保护不能单纯依靠单一的学科或机构进行，它需要政府、社会组织、博物馆、院校、科研所和个人等之间的交叉配合，需要民众的互动协作。为此，需要制定科学的管理体制，可考虑采取“政府主导、社会参与、明确职责、形成合力”的工作原则，对全民进行保护与传承非物质文化遗产（当然包括中国体育非物质文化遗产）重要性的教育，提高“文

化自觉”，唤醒公众的保护意识，为非物质文化遗产的保护构建健康、有序、持久的发展氛围。

国家体育总局应发挥积极的作用，加大资金投入，以“保护为主，抢救第一，合理利用，传承发展”为工作方针，建立起中国体育非物质文化遗产保护的联席会议制度。拟定中国体育非物质文化遗产保护的方针政策，审定中国体育非物质文化遗产的保护规划，协调中国体育非物质文化遗产保护中基层体育局的摸底调查功能及各体育院校和体育科研所的科研功能，要拓展和加强体育类博物馆在保护非物质文化遗产中的展示、研究功能，通过调查、展示、研究、保护等的有机结合，形成中国体育非物质文化遗产保护的合力。

## （三）完善普查工作

1964年，法国曾进行了一场“大到教堂、小到汤匙”的全国性文化遗产普查活动，我国也于20世纪80年代，进行了中国体育非物质文化遗产的“普查”工作，基本上摸清了“家底”。但随着社会的发展和新的体育非物质文化技艺不断被发现，我们应该进一步做好田野调查工作，继续发掘存在于民间的诸多体育技艺形式，建立全面完善的不同层级的体育非物质文化遗产普查网络，达到对形式多样、丰富多彩的中国体育非物质文化遗产的相对全面的挖掘与整理。

## （四）加强认定、保存、研究和宣传工作

中国体育非物质文化遗产保护应建立起评估认定制度，即在普查的基础上，根据中国体育非物质文化遗产的历史、特点、传承情况，确立其中重要的项目进行重点保护。另外要注意辨别真伪，防止借“申报”“保护”之机，出现再造中国体育非物质文化遗产的现象。

国家体育总局要组织各类文化单位、科研机构、大专院校的专家学者（尤其是民俗学学者、人类学学者），展开对中国体育非物质文化遗产的研究。

人民群众是中国体育非物质文化遗产的创造者、传承者，也是中国体育非物质文化遗产的保护者。中国体育非物质文化遗产的保护应当成为全民的共识，全民的自觉行动。为此应当动员各级部门，充分发挥各级图书馆、科技馆、博物馆、体育馆等公共文化机构的作用，利用节假日活动、展览、观摩大会、交流大会、培训和研讨等形式，通过大众传媒和互联网等进行有效宣传，加深公众对中国体育非物质文化遗产的认识，促进社会共享。

## （五）重视制度性（教育性）传承

“保存”和“保护”是中国体育非物质文化遗产保护的“关键词”，而与此相适应，“传承”则是中国体育非物质文化遗产发展的“关键词”。中国体育非物质文化遗产的传承有自然性传承和社会干预性传承两种。

自然性传承是指民间自然进行的传承活动，这是目前中国体育非物质文化遗产的主要传承方式。但这种方式容易因为政治、经济、文化和个体的变迁而受到制约。

社会干预性传承是在社会力量干预下的传承，大致又可分为“通过社会干预性力量支持或保障自然传承活动的实现”及“通过教育途径将传承活动纳入其中”（制度传承）两类。但长期以来，这两类中国体育非物质文化遗产的教育传承方式工作做得不够。可喜的是，2002年10月在北京举行的中华人民共和国成立以来第一次中国非物质文化遗产教育传承实施动员大会，通过了《非物质文化遗产教育宣言》，吹响了中国体育非物质文化遗产教育传承的号角。就保护中国体育非物质文化遗产而言，目前，应积极支持、鼓励中国体育非物质文化遗产传承代表人物的学校教育和社会教育活动，鼓励中小学、相关院校开展中国体育非物质文化遗产教育，鼓励武校、中国体育非物质文化遗产特色学校的发展。相信通过这些措施的实施，中国体育非物质文化遗产后继乏人的局面就会改观。因为这类教育传承方式的特点，是以活的文化传统方式继续进行传承，因而可以强化中国体育非物质文化遗产的内在生命力，并使中国体育非物质文化遗产在动态整体性保护中焕发生机。这种保护传承人、培养“接班人”的“延续保护”方法，应是中国体育非物质文化遗产保护的首选方法。

## （六）在保护生态环境的基础上发展文化产业

20世纪60年代末，意大利博洛尼亚市政当局在世界上第一次提出“把人和房子一起保护”的口号，在这种“反发展”、整体性保护的全新理念下，意大利的非物质文化遗产保护成效显著。在此启发下，许多专家发出了“原生环境对无形文化遗产产生和存在至关重要”“生态类型对各民族体育文化形成的作用不可低估”的呼吁。多种多样的中国体育非物质文化遗产是在不同的地域环境中形成并发展起来的，具有鲜明的区域性特点，是区域文化的有机组成部分。而原生环境（自然环境和人文环境）状态对中国体育非物质文化遗产的产生与发展具有重要的作用，它依附于一定的民族、群体、个体或区域，如齐鲁武术、中州武术，南拳北腿、北弓南弩等，就是在不同地域的影响下具有不同的文化内涵和特点。

“努力营造适合无形文化遗产生存的外部环境与加强人才培养同样具有战略意义，只有人与环境的和谐匹配才能做到无形文化遗产的‘活保护’”，在中国体育非物质文化遗产的具体保护过程中，我们应当注意到中国体育非物质文化遗产的区域性特点，加强对中国体育非物质文化遗产原生态的保护与研究。在中国体育非物质文化遗产生态保持较完整并具有特殊价值的村落或特定区域（如陈家沟、嵩山少林寺），要进行动态整体性的保护。为此，可考虑设置类似“自然保护区”那样的“社区博物馆”“生态博物馆”“生态保护区（村）”等，力图将中国体育非物质文化遗产放在原有的文化空间中，形成“原生地”“原生态”“原真性”的“三原”保护特色。

当然，这种保护形成后，要利用“体育搭台，经贸唱戏”及“武企联姻”的形式，通过拍摄中国体育非物质文化遗产影视片、对外传授等形式，进行一些必要的文化产业开发，以增强自我造血能力。需要特别指出的是，要处理好经济开发、利用与文化保护之间的适度关系。

## （七）注重传承与保护的科研工作

中国体育非物质文化遗产的继承与保护，需要重视专家指导和人才队伍建设。中国体育非物质文化遗产的保护，需要既有专业理论又有实践经验的专家们的指导，更需要通过开展培训和传承提高保护工作从业队伍的素质。2005年5月24日，中国艺术研究院聘任了30位来自全国各地的杰出民间艺人为“民间艺术创作研究员”，这种做法较好地将专业研究者与具体的技能掌握者结合在一起，既有利于传统技艺的保护、学术研究的深入，又有利于培养高素质的非物质文化遗产保护人才。就中国体育非物质文化遗产而言，目前的情况下可考虑在有条件的高校、科研场所，根据地域特点、人才队伍情况等成立中国体育非物质文化遗产（或某一门派、地方拳种）研究中心，实行“1+1模式”（中国体育非物质文化遗产传承者与科研人员结合），在对中国体育非物质文化遗产的概念、内涵、特殊作用、存在形态、与环境和社会的关系、传承谱系等相关内容的研究过程中，尽快培养出一批高素质的中国体育非物质文化遗产继承与保护的专业人才。如可考虑在北京体育大学成立查拳研究中心、在上海体育学院成立华拳研究中心、在河北体育学院成立回民武术研究中心、在山东体育学院成立螳螂拳研究中心、在天津体育学院成立精武体育会与北少林武术研究中心、在中国人民大学成立太极拳研究中心等。这样一方面可促进中国体育非物质文化遗产的继承与保护工作；另一方面可发挥地域、人才优势，形成自己的特色。

“较之世界其他国家，我国的非物质文化遗产保护在保护理念、政策保障、资金投入、人才建设及公众意识等方面均存在着明显的差距，加之基础研究薄弱、标准规范缺乏等问题，非物质文化遗产保护的综合水平相对落后”，作为非物质文化遗产组成部分的中国体育非物质文化遗产保护同样面临这些问题。在这个过程中，提高费孝通生前多次提到的“文化自觉”水平、对自己的文化有“自知之明”、增强在文化选择时的自主地位极为重要。

总之，中国体育非物质文化遗产，体现着中华民族伟大的生命力和创造力，是各民族聪明智慧的结晶，也是全人类体育文明的瑰宝。传承中国文化的不仅仅是唐诗、宋词、昆曲、京剧，还包括我们生活中的每一个细节。从这个角度来说，体育非物质文化遗产的保护任重道远，体育人是文化的传承者，也是伟大文明的书写者。

## 参考文献

[1] 解维俊.足球起源地探索[M].北京：中华书局，2004.

[2] 张千里. 中国捶丸复原艺术品观摩座谈会26日在京举行[EB/OL].（2006-04-26）.http://sports.sina.com.cn/s/2006-04-26/1906843619s.shtml.

[3] 石伟，何强. 川西北地区羌族民族传统体育发展现状及对策研究[J]. 北京体育大学学报，2007，30（5）：605-606，609.

[4] 王铭铭.文化格局与人的表述——当代西方人类学思潮评价[M].天津：

天津人民出版社，1997：172.
[5] 彭蜜.乡村旅游对农户增收的影响研究——以云南省弥勒县可邑村为例[D].昆明：云南师范大学，2009.
[6] 彭多意.发展民族社区经济方法探索——以可邑彝族生态文化旅游村项目为例[J].思想战线，2001，27（6）：113-115.
[7] 亨廷顿.文明的冲突与世界秩序的重建[M].北京：新华出版社，2002.
[8] 胡惠林.中国国家文化安全论[M].上海：上海人民出版社，2005.
[9] 李振基，陈小麟，郑海雷.生态学[M].第二版.北京：科学出版社，2004.
[10] 应菊英.基于生态位理论的体育非物质文化遗产保护研究[J].浙江体育科学，2009，31（1）：5-8,11.
[11] 保护非物质文化遗产公约（中文版）[M]//于海广.传统的回归与守护——无形文化遗产研究文集.济南：山东大学出版社，2005.
[12] 陈淑卿.我国非物质文化遗产面临的危机[M]//于海广.传统的回归与守护——无形文化遗产研究文集.济南：山东大学出版社，2005.
[13] 王文章. 非物质文化遗产概论[M].北京：文化艺术出版社，2006.
[14] 李慧竹. 论无形文化遗产的内涵及其基本特征[M]//于海广.传统的回归与守护——无形文化遗产研究文集.济南：山东大学出版社，2005.
[15] 程大力.论生态类型与传统体育[J].成都体育学院学报，2004，30，1：16-19.
[16] 王巨山.无形文化遗产的概念、认识过程及研究现状[M]//于海广.传统的回归与守护——无形文化遗产研究文集.济南：山东大学出版社，2005.
[17] 程大力.中国武术文化发展大战略：保护与改革（续）[J].体育文化导刊，2005（2）：19.
[18] 聂华林，李莹华.中国西部农村文化建设概论[M].北京：中国社会科学出版社，2007：172-177.

# 新形势下提升体育外事服务干部素质能力的思考

国家体育总局对外体育交流中心　廉森

**摘要：** 对外体育交流中心（以下简称“中心”）是国家体育总局（以下简称“总局”）直属的体育外事服务单位。根据习近平总书记有关论述、总局领导有关要求和中心实际，我们的干部必须具备优秀的政治素质，要有坚定不移的理想信念、高尚纯洁的职业道德、宽阔高远的国际视野、艰苦奋斗的奉献精神；必须具备精湛的业务能力，要有较强的外语应用能力、赛事组织能力、沟通协调能力、沉着应变能力、改革创新能力；必须具备广博的文化知识，要掌握一定的历史知识、风俗习惯知识、涉外礼仪基本知识、文化艺术知识。针对干部队伍素质能力存在的问题，必须采取有效措施加以克服和解决，主要办法有：引导激励法、查漏补缺法、送学深造法、任务锤炼法、结对帮带法、岗位互换法、专题训练法、经验交流法。

**关键词：** 外事服务；干部；素质能力

习近平总书记在中央外事工作会议上明确提出新形势下对外工作的指导思想、基本原则、战略目标、主要任务，并对外事干部队伍建设提出要求。习近平总书记在其系列重要讲话中，对人才队伍建设有许多重要论述。对习近平总书记的这些重要讲话和论述，我们应认真贯彻落实。

总局领导对体育外事工作有许多重要指示，并要求中心要建设学习型、服务型集体，提高外事服务能力和服务水平，要求党员干部政治上靠得住、工作上有本事、作风上过得硬，对我们的能力建设提出了具体要求。

多年来，随着国家加快改革开放步伐和由体育大国向体育强国迈进，中心承担的体育外事服务工作不断出现新的变化和特点：一是任务越来越重。去年以来，中心在完成以往中韩群众体育交流活动、中日群众体育交流活动等7个传统项目的基础上，又承担了中国奥委会青年营、全国青少年校园足球暨东亚国际邀请赛、香港青少年体育交流团夏令营、太仓国际田联竞走世界杯赛来华签证邀请函办理4项任务，还有3名同志参加了申办冬奥会工作。下一步，我们的工作任务还会不断拓展。二是要求越来越高。无论是传统活动还是新增任务，都要求我们的工作必须要高标准、高质量、高效率、高效益。三是变化越来越大。我部承担东亚运动会联合会秘书处工作，近几年，为适应国际奥委会改革，东亚运动会联合会也进行了一系列改革。2013年以来，随着中央加强作风建设和落实“八项规定”，中韩、中日群众体育交流等活动从内容到形式都发生了很大变化。我们的干部能力素质必须适应这些变化和特点。

根据习近平总书记指示、总局领导要求和中心实际，我们必须大力提升体育外事服务干部的素质能力。

## 一、体育外事服务干部必须具备优秀的政治素质

实践使我们认识到，体育外事服务工作首先是外事工作，其次才是体育业务工作。俗话说：外事无小事，事事有政治。作为

一名体育外事服务干部，首先要在思想政治上非常过硬。

### （一）要有坚定不移的理想信念

当前，国际形势复杂多变，特别是面对世界共产主义、社会主义运动出现挫折和西方敌对势力“西化”“分化”的图谋，我们从事外事工作的干部经受的考验更为直接和现实。同时，不能简单地认为我们是搞体育交流工作的，要清醒地看到我们的许多工作蕴含着政治、外交和国家利益。因此，我们必须认真学习马列主义、毛泽东思想、中国特色社会主义理论体系和习近平总书记系列讲话精神，提高政治敏感性和政治鉴别力，在相对开放的工作环境里和各种不同思潮面前都要坚定地保持共产主义信仰，在任何时候和任何场合都要坚决地维护党、国家和人民的利益。

### （二）要有高尚纯洁的职业道德

我们在与相关国家和地区进行体育交流的同时，往往还要进行文化探访等活动。高尚纯洁的职业道德，是做好体育外事服务工作的基本保证。体育外事服务干部必须“以热爱祖国为荣，以危害祖国为耻”，时刻把国家的利益放在第一位。要坚持民族气节，保持正确的思想意识、科学的思想方法和严谨的思想作风，反对一味迷信和崇尚外国文化，自觉做到“富贵不能淫、贫贱不能移、威武不能屈”。在开展体育比赛活动中，要严格遵守体育职业道德。在日常接触中，坚持一律平等的原则，反对大国主义，做到对所有国家都坦诚相待、友好相处。

### （三）要有宽阔远见的国际视野

体育外事服务干部同其他外事、外交干部一样，始终站在国际合作交流的前沿，这就要求我们必须具备宽阔的国际视野。我们应抓住机遇，发挥优势，在日常工作中以国际惯例为准则，并将全球化的观念渗透到体育外事服务工作的各个领域和方方面面。多年来，我们借与相关国家和地区进行体育交流的机会，积极介绍我国发展体育事业的做法，同时，注意学习借鉴国外成功的经验，向总局机关和地方体育部门提出改进工作的意见建议，较好地发挥了参谋助手作用。

### （四）要有艰苦奋斗的奉献精神

近年来，中心工作不仅越来越多，而且难度越来越大，经常需要加班。中心一名干部在孩子出生几天后就出差执行任务了，尽管爱人、孩子都需要他照顾，但因工作太忙无暇申请假期。中心有两位女干部的孩子都不满两岁，本人和家中都有各种困难，但都能正确对待和处理，从不影响工作。未来一个时期，我们仍然面临人少事多难度大的矛盾，特别需要我们的干部继续保持和发扬不怕艰难困苦、不计名利得失的牺牲奉献精神。

## 二、体育外事服务干部必须具备精湛的业务能力

体育外事服务工作政治性、政策性、敏感性强，任何事情都不能粗心马虎，必须积极、审慎、准确、敏锐、细心，对干部有很强的专业技能要求。

### （一）要有较强的外语应用能力

外语能力是外事干部的基本功，外语水平的高低直接影响对外交流的质量和效果。我们体育外事服务干部首先应精通一门外语，特别是要具备较强的英语听、说、读、写、译能力，能够顺利进行日常交往，完成口译、笔译任务，处理对外往来函电。尤其要熟练地进行翻译工作，达到“信、达、雅”的要求，还必须

具备丰富的语言知识、文化知识和较强的分析能力、理解能力、表达能力。同时，对于经常接触的国家，例如与我们长期进行体育交流的韩国和日本，还应熟悉和会使用其国民在日常工作、生活中的习惯用语，这样有利于开展工作和增进感情。

## （二）要有较强的赛事组织能力

开展体育项目比赛，是我们进行对外交流的主体活动。在工作中，我们要审查外方和本国承办地上报的比赛计划、参与赛事的具体组织，这就要求我们必须熟悉和会使用有关体育项目的比赛规则、组织形式和具体要求。这几年，我们对外体育交流活动的有关项目有篮球、乒乓球、羽毛球、足球、保龄球、网球等。

## （三）要有较强的沟通协调能力

在实际工作中，我们要向国家体育总局机关请示汇报工作，要与外方商谈工作，要与相关运动项目中心商议工作，要检查和指导地方承办、协办单位开展工作，工作面很宽，协调量很大，要求我们必须有较强的沟通协调能力。特别是当工作中遇到困难、矛盾和分歧时，要善于全面、深入、细致地进行思考，提出科学的方法和耐心地开展思想说服工作，使各方达成共识，步调一致，形成合力。

## （四）要有较强的沉着应变能力

体育外事服务工作不仅跨国界、跨地域，而且有的活动从计划到实施时间跨度也很长，其间很难避免发生这样那样的变化，有时也会发生突发事件。因此，我们体育外事服务干部一方面要提前进行风险评估，预测可能会发生的问题，并制定相应的防范措施；另一方面，一旦问题发生后，要沉着冷静，及时采取措施进行处置。2013年，我们在海南省组织中韩群众体育交流活动时，遇到台风来袭，我们立即和韩方协商改变活动计划，地方有关部门联系防范遭袭举措，最终没有发生任何问题。

### （五）要有较强的改革创新能力

面对人少、事多、任务重、难度大的工作形势，我们只有勇于改革，不断创新行之有效的工作方法和模式，才能提高工作效率和效益。在中韩、中日群众体育交流活动中，我们着眼提高工作效率和讲求经济效益，提出了优化比赛项目、减少不必要的礼仪活动和降低有关接待标准等意见，均得到韩、日两国认可。近年来，为了与有关运动项目中心和地方有关体育部门进行友好有效的合作，我们采取签订“委托服务协议书”的方式，明确双方的权利、责任和义务，制定详细的工作内容和标准，提出严格的经费标准和付款方式，逐步形成了“要求明确、明码标价”的市场经济模式，确保各项活动取得理想的社会效益和经济效益。当然，我们还有许多工作值得研究、探索和创新。

## 三、体育外事服务干部必须具备广博的文化知识

在对外体育交流活动中，虽然体育比赛是主体，但比赛之外的交流也是广泛的和深层的，有利于扩大体育交流成果，有利于加深双方感情，有利于密切双方关系，体育外事服务干部应具备广博的文化知识。

### （一）要掌握一定的历史知识

比较全面地了解有交流活动国家的创建发展历史和文化背景，可以发现双方的共同点，找到恰当的交流切入点，激发双方交流的兴趣和欲望，从而使交流活动能够在和谐、融洽、轻松的

氛围中进行。

## （二）要掌握一定的风俗习惯

不同的国家、民族，由于不同因素，各有特殊的风俗习惯和礼节，均应得到尊重。例如，伊斯兰教徒不吃猪肉，也忌谈猪，在斋月里日出之后、日落之前不能吃喝；佛教徒不吃荤；印度教徒不吃牛肉；某些国家如印度、印度尼西亚、马里、阿拉伯国家等，不能用左手与他人接触或用左手传递东西；在佛教国家不能随便摸小孩头顶；天主教徒忌讳“十三”这个数字；保加利亚、尼泊尔等一些国家，摇头表示赞赏，点头表示不同意等。这些风俗习惯若不注意，会使人误以为对他们不尊重或闹出笑话。

## （三）要掌握一定的涉外礼仪基本常识

涉外礼仪是人们在国际交往中形成和惯用的一种行为规范和行为形式，它在一定意义上反映着一个国家的文明、文化和社会风尚。涉外礼仪的基本常识包括：日常交往中的礼节，服饰仪容，礼宾次序，迎送工作，座位（席）安排，国旗悬挂和细致入微、周到热情的服务等。对这些，我们都要了解和掌握，并细心地运用于工作和生活中，从而提高工作质量和层次，避免出现误会，闹出笑话，甚至发生不必要的麻烦。

## （四）要掌握一定的文化艺术知识

多年来，我们在组织开展中国奥委会青年营和中韩、中日群众体育交流及接待中国香港青少年体育交流团等活动中，总要开展书法、美术交流和举办联欢晚会等活动，一些干部通过展示自己的文化特长及和客人一起载歌载舞，把活动推向高潮，给大家留下难以忘怀的美好回忆。

## 四、提升体育外事服务干部素质能力的意见和建议

通过不懈的培养和锻炼，中心干部人才建设取得了较大成绩，圆满完成了体育外事服务等各项任务。但是，要适应新形势、新任务的要求，干部队伍素质和能力还存在一定的不足和差距，主要表现是：在政治素质上，有的同志对科学理论学习兴趣不大，抓得不紧，理论功底比较浅；缺乏复杂政治斗争考验和严格的党性修养锻炼，政治敏感性、政治鉴别力不够强；受市场经济消极因素影响，考虑名利得失比较多，缺乏吃苦耐劳、艰苦奋斗的精神。在业务能力上，多数同志能够运用英语进行日常工作、生活交流，但是面对专业性较强的文件材料、领导讲话的翻译工作，还需要请专家指导帮助；组织召开综合性外事工作会议时，不能独立完成交传翻译和同传翻译工作；缺乏熟练掌握多国语言的人员；老同志在赛事组织、沟通协调、沉着应变等方面经历多，经验丰富，但在改革创新方面动力不足、能力不强；年轻同志工作热情高、干劲大，思想活跃，渴求改革创新，但是缺乏正确的思想方法和工作经验，组织协调、沉着应变等能力有待加强。在其他文化知识上，普遍存在知识面不够宽、层次不够高、技能不够精和应用能力比较弱等问题。对这些问题，必须引起高度重视，建议采取以下办法和措施予以解决。

### （一）引导激励法

将中心工作对干部素质能力的要求进行分析梳理，明确目标任务，细化学习内容，规定要实现学习目标的具体时限，使大家学有方向、学有目的、学有内容、学有动力。要建立定期分析学习形势和人才队伍建设形势制度，肯定成绩、表扬先进，查找不足、批评后进，及时纠正存在的倾向性问题。要建立优胜劣汰

机制，对干部学习、工作情况定期组织考核，对学习刻苦、进步明显、成绩突出的干部，该重奖的要重奖，该重用的要重用；对不思进取、不重视学习、能力素质不适应岗位职责要求、工作业绩一般，甚至发生问题的干部，该处理的要处理，该调整的要调整，从根本上激发干部学习的激情。

## （二）查漏补缺法

在一定时期内，根据每个干部的情况，按照缺什么补什么、什么急需先学什么的原则，督导干部制订个人自学计划，明确学习具体内容、具体时限和要达到的目的。组织和领导对个人自学情况要适时进行检查，确保落到实处。

## （三）送学深造法

妥善处理工作分工和工学矛盾，有计划地选派热爱体育外事服务工作、素质基础好、发展潜力大的干部到高等学府攻读外语等专业的硕士、博士学位。同时，鼓励干部在职学习深造。

## （四）任务锤炼法

对干部特别是年轻干部，要充分相信，放手使用，有意识地让他们独立承担或负责承担中国奥委会青年营、东亚运动会联合会秘书处和中韩、中日群众体育交流等重要工作和重大活动，组织和领导加强指导帮助，使他们在具体组织工作和完成任务中，得到实际锻炼，增长知识才干。

## （五）结对帮带法

对中心干部进行分类排队，根据素质强弱、能力大小，广泛开展一帮一活动，通过以强带弱、以老带新，努力提高干部队伍建设的整体水平。

### （六）岗位互换法

在一定时期内，在不影响完成工作任务的前提下，对工作分工适当进行调整，做综合性工作的可以干一干单项性工作，干单项性工作的可以做一做综合性工作。同时，可以让一个干部在负责某项工作的同时，协助另外一名同志开展工作。这样，能够有效提高干部的综合素质。

### （七）专题训练法

近两年，我们在工作相对不太忙的时候，通过聘请专家授课和开展模拟活动等举措，对英语运用和涉外礼仪常识进行专题训练，均取得良好的效果。今后，应继续坚持这一好的做法，并推广到其他专业领域。

### （八）经验交流法

要适时召开学习成才经验交流会或者是研讨会，组织学习方法得当、进步明显的同志，介绍经验做法和感受体会，深入研究探讨促进干部快速成长的更加有效的措施和办法。

## 参考文献

[1] 中国广播网. 中央外事工作会议在京举行 习近平发表重要讲话[EB/OL].（2014-11-30）.http://china.cnr.cn/news/201411/t20141130_516925286.shtml.

[2]中共中央宣传部.习近平总书记系列重要讲话读本[M].北京：人民出版社，2014.

[3] 体育总局局长刘鹏在全国体育局长会议上讲话摘编[EB/OL].（2013-12-25）. http://www.gov.cn/gzdt/2013-12/25/content_2553950.htm.

[4] 杨树安副局长到对外交流中心指导党的群众路线教育实践活动[EB/

OL].（2013-08-12）.http://www.sport.gov.cn/n316/n337/c207211/content.html.

# 依法治体背景下我国部分体育项目优秀运动员体育法律意识现状调查报告

国家体育总局体育科学研究所　赵鹏

**摘要**：本实验在国内外体育法律发展研究的基础上，探讨我国职业体育运动员法律意识现状，为体育领域依法治体提供理论依据。通过文献综述法分析目前体育法律研究进展，结合访谈法设计调查问卷。通过问卷调查法收集我国优秀运动员体育法律意识现状的第一手资料。运用数理统计法和逻辑分析法，研究我国优秀运动员在体育法律意识等方面存在的问题。调查发现，我国优秀运动员对我国的根本法、公民年龄的认识，对法律在生活中的作用和法律与道德的关系的认知情况不理想。优秀运动员对体育法认知自我评价较低，但在体育法律的职业和作用、体育法特征中表现出较高的认识。优秀运动员有较高的体育法律认知。优秀运动员对体育法的感兴趣程度较一般，对道德和法律的关系不够明确，但绝大部分运动员对使用兴奋剂都持反对态度。优秀运动员对法律的契约精神呈现两极分化的情况：一部分优秀运动员非常重视法律的契约精神，而另一部分则认为契约精神不是非常重要。所有运动员都认为律师在法律案件中的作用较大，但优秀运动员在法院判决的正确性方面给予较高的肯定。在法律信仰层次，优秀运动员对体育法律热点的关心程度较低，对接受体育法律教育的期望较低。而阻碍其接受法律教育的主要原因有对法律不感兴趣、对法律的质疑和认为法律与实践联系不紧密等。可见，我国优秀运动员的法律意识状况存在一定的问题，主要表现为法律基本知识的匮乏、对法律不感兴趣和不愿意接受法律教育等方面。而对于体育法律知识的掌握较好。

**关键词：**依法治体；优秀运动员；法律意识

## 一、引 言

习近平总书记在中共十八届四中全会中指出“依法治国”是治国理政的基本方式，在政治工作中要依照体现人民意志和社会发展规律的法律来治理国家，而不受任何个人意志的干预、阻碍或破坏。依法治国基础下的依法治体，就是通过法定程序把党和政府发展体育的主张和大政方针变成国家意志，变成所有体育管理者和参与者都必须遵循的行为准则，是党和政府抓好体育工作、动员社会各方力量推动体育事业健康发展的新的领导管理方式和原则。

优秀专业运动员是依法治体的主体，同时也是我国竞技体育的中流砥柱。竞技体育运动员的法律意识是我国社会法律意识不可或缺的部分，它与体育事业的可持续发展息息相关，对建立社会主义法制国家有重要的战略意义。由于优秀专业运动员的年龄特征、文化素质和生活环境的特殊性，在运动员身上时常存在着法律意识薄弱等问题。为了响应中共中央号召，同时也为了我国体育法治成熟健康发展，本课题主要是对我国现役优秀专业运动员对法律法规的认识、法律意识状态的调查和对提高优秀运动员法律意识途径方法的探寻。

## （一）研究背景与意义

国外对体育法律意识和权利的研究较国内早。在20世纪70年代末，联合国教科文组织就发布了《体育运动国际宪章》，与《奥林匹克宪章》共同指导体育运动，并强调体育活动中的自由参与等人身权利。随着改革开放的不断深入，市场经济体制的发展及依法治国理念的贯彻，我国体育事业开始走向繁荣和法治化的道路。同时，中央和各级政府职能部门相继出台的法律法规及各体育协会制定的协会章程、处罚办法和管理条例等，促进和规范了体育行业的良性发展。依法治体、坚持体育行业法治化是我国体育事业发展的基础和保障。

与此同时，我们也看出当下体育行业还存在一些问题和不足，如竞技体育与大众体育发展的不均衡，体育赛事中假、丑、黑现象频发。这些问题一方面与我国体育法律发展不成熟有关，另一方面也与体育活动从事者的体育法律意识不健全有关。因此，了解我国体育法律现状，研究体育活动从事者的体育法律意识，有助于我国体育法律健全，推动我国体育行业发展。

## （二）文献综述研究

意识是心理发展的最高水平。体育法律的基本知识是运动员体育法律意识的基本组成成分，是运动员对法律问题及原理分析判断的基础。而法律意识则是人们对法和相关法律的现象所产生的一种观念。研究显示提高大学生法律教育水平能显著影响其对法律的学习热情，而大众媒体是其体育法律知识获得的主要来源。目前我国体育法律研究中发现的问题主要有：体育法律不够本土化，体育法律制度不健全，体育市场主体不明、权债关系不清等。

随着改革开放的不断深化，我国体育法律的建设也不断发展和深入。在提高体育领域法律意识、形成体育法律舆论氛围等方面相继取得了显著的成绩。

改革开放以来，在体育现代化和法治化建设上积累了丰富的经验，主要有：①坚持体育法律和国家法律建设相适应；②坚持体育法律建设与改革相一致；③坚持以人为本，维护和保障公民体育权利；④坚持全面、系统、协调地推进体育法律建设和改革；⑤坚持调动和依靠各方面力量建设体育法律制度。

**1. 体育法律教育与依法治体的关系**

很多运动员退役后可能从事体育教研工作，或者在体育行业的其他部门工作。他们不仅需要有优秀的工作和学习能力，还应具备体育法律意识和法治观念。要有追求法律公正严明的思想基础，还要有重视法律、尊重法律法规的意识。加强运动员体育法治教育，提高其体育法律意识，既是完善体育法治体系建设的需要，也是依法治体的重要体现。所以体育法律教育宣传是提高运动员体育法律意识的关键。国内有学者研究表明，我国体育法律队伍整体素质还不够高，体育行业依法行政、依法治体的观念还不牢固。体育法律教育应该包含三个方面：体育法律基础知识教育，体育法律职业素质教育和体育法律职业能力教育。体育法律教育的缺失或教育力度不够，运动员对体育法律知识不了解就无法谈及依法治体。可见，体育法律教育是依法治体的基础和保障。

目前我国已经加强对体育法律人才培养的重视，迄今为止培养体育法学人才的学校有：上海体育学院、武汉体育学院、天津体育学院、华南师范大学、中国政法大学、南京师范大学等。各高等院校也都开设了法律基础课。对于专业体育运动员而言，由于训练节奏安排紧凑、生活训练相对封闭集中等问题，在优秀竞技中开展法治教育和体育法律意识教育有一定困难。提高体育法地位，健全体育法与行政部门相配套的法律体系才能为“依法治体”提供必要的保障，推动我国体育法治化进程，进一步促进体育事业发展。

2. 体育法治的基本内涵

体育法治，就是依据法治的原则和程序来管理体育活动中出现的问题，调控体育行业的发展。虽然我国《体育法》颁布已久，但从重视体育法治到实施体育法治，标志了体育行业法制的进步，不仅确立了管理体育行业的基本方略，也要求体育领域各行政部门的职能从法制建设上升为法制系统管理。

（1）人权和公民基本权利。人权是人性、人格和人道所确认和保护的权利，反映了人类价值观、世界观和利益需求等的差异。在我国，人权包括个人的政治、经济、文化、生存、发展等权益，尊重和保障人权是我国依法治国的基础。在体育行业中尊重和保障运动员的人权是依法治体的基础。我国公民的基本权益是由宪法明确的在政治、经济、文化等方面享有的基本权益，反映的是权利主体的宪法地位。主要包括平等权、政治权利和自由、宗教信仰自由、人身自由权、文化教育权、特定主体的权利保护和社会经济权等。

（2）体育权。体育能够增强人的体魄，塑造健全的精神，促进人全面发展。同时体育也能够增进友谊，促进和谐社会建设。运动员的体育权既是人权的表现，也包含在法律的基本权利之中。主要包括：参加体育活动人身自由权；保护健康权；进行有益休息娱乐权；自由选择体育项目、地点、形式权；维护生命安全权；获得国家福利，体育培训、辅助、使用公共体育设施和获取体育事件、资格和经费权；获得体育荣誉权；自由表达体育意愿权；平等体育地位权；自由参加体育组织、团体权等。运动员的体育权是运动员在体育活动中的具体化，更是公民基本权的具体化，也是人权的直接体现。

3. 我国体育法律研究存在的问题

（1）我国体育法律研究的结构不完善。我国的体育法研究处在爆发期，关于体育法的研究百家争鸣，有利于体育法律的快速发展。有研究指出，我国目前关于体育法的研究存在教材结构不平衡、学科体系不完善、体育法概念界定不明等问题，体育法律制度存在弊端，不能满足社会发展的需要。体育教材中缺少关于体育伤害、产权及契约的问题，造成体育法教育结构失衡；对体育法学的定义存在争议，缺乏法律事业下的概念界定。掌握体育法思想和基本原理的基本方法，是运动员对于国家与公民、国家权力与公民权利的正确认识和理解，也是体育法律意识形成的基本途径。法律知识是体育意识的基础，是运动员对体育活动中出现的问题和现象的理想思考的基本手段。掌握体育法律的基本知识，影响和指导着运动员对体育活动中相关问题的分析和评判。有研究指出，体育法律结构的不完善，是我国竞技体育犯罪的主要原因之一。

（2）我国体育法律研究的本土化问题。我国的体育法是借鉴发达国家体育制度建设而产生的舶来品。在指导和规范我国体育活动实践中，更应注重我国体育法学的本土化问题。我国目前对体育法中权利和义务的具体分析研究较为深入。法律思维中，所有参与者都处在平等地位，没有高低贵贱的区别。同时宪法、民法等法律体系发展已相对完善。体育法在理论体系建立中应借鉴法学其他学科的研究成果，同时在体育法普法中也可以参考其他法律学科的方法和手段，实现具有中国特色的本土化的体育法制度，体育活动中，优秀竞技的权益和义务是体育法学研究的核心内容。

**4. 我国运动员体育法律意识状况存在问题**

（1）体育思维与法律思维的转化。我国曾长期处于“权利至高无上，人治大于法治”时期，受历史原因和体育普法力度的影响，体育运动员对于自身权益的认识还不够。运动员在面对体育活动中的法律纠纷问题、不公或区别对待时，往往通过私下解决、忍气吞声或听领导安排等方式来解决，认为这种方法能简单、有效率地解决问题，少数运动员不懂得如何运用法律来保护自己的合法权益，维护法律的公正性。但对于法律而言，公平公正永远是法律、法学的最高价值，快速简单则处于法律体系中的次要地位。当体育活动中的公正与效率发生冲突时，公平公正应优先成为基本的价值选择准则。

当运动员面对法律公正性和效率性的冲突时，从法律途径获得公平公正的结果才是第一位的。体育法作为体育领域中基本规范方式表现出较强的他律性和单一性，既具有强制运动员行为的外在力量，对所有法律范围内个体来说其规则又都是相对统一的。体育规则则具有较高的自律性和多样性。体育行业各行政部门是体育法律他律性能够实施的保障，体育组织和协会可以制定对应的体育规则，有较高的自治权。也正是因为不同，体育能超越运动被赋予丰富的文化内涵。而当法律的他律性和单一性同体育的自律性和多样性相互碰撞时，作为体育法的主体——运动员也将面临选择何种手段、何种思维模式来规范和保护自己的问题。体育与法律存在差异，公平还是效率、自律还是他律是体育和法律的不同，因此研究运动员对体育和法律双重选择时的判断和行为规范，是推动体育法治进程、构建体育行业依法治体的关键点。

（2）体育法律思维的学习。没有严格依法治国只会陷入“维稳的怪圈”，将大量社会资源用于维护社会稳定，但社会矛盾和冲突不但没有减少反而不断增加。主要原因是治理方式是一种“权益式治理”，忽视法律的作用，取而代之的是用命令、强制和服从的方式来解决出现的问题。这与法律中人人平等的观念相违背，也与依法治国的方针相违背，在一定程度上加速了社会基础秩序和社会价值体系的失范。在体育领域中，依法治体是体育法律存在的基本目的，如何使运动员学会用法律思维处理问题一直是体育法律意识研究的重点。有研究显示，在众多传媒中，大学生更倾向于从网络中获得法律知识。

而优秀竞技运动员训练时间长、训练任务繁重，训练外的时间除了个人生活外，用于学习的时间较少。运动员的法治教育至关重要，法治教育不属于德育教育，应该上升到更高的位置。

研究体育运动员与体育学硕士的体育法律意识的比较，可以判断体育运动员对体育法律学习需求的特殊性，便于体育法在体育运动员中的宣传和教育。各运动项目中心或协会应正确合理地选择传播法律的方式，加强对优秀竞技运动员利用大众传媒的监督和指导，营造运动员体育法律意识学习环境，有这样才能利于运动员体育法律意识的提高。同时，文化课程学习带有一定的强制性，能够增强优秀竞技运动员了解法律知识的机会和时间，有必要考虑将体育法律相关知识加入体育文化课。

## 二、研究对象和研究方法

### （一）研究对象

本实验研究对象样本构成为：一般运动员组（Common Athletes，以下简称“CA组”）为对照组，为北京体育大学竞技体校运动员，其中回收问卷60份，有效问卷48份，有效率为80%；优秀运动员组（Elite Athlete，以下简称“EA组”）为举重项目、花样游泳项目的国家队运动员和艺术体操项目的运动员，其中回收问卷55份，有效问卷50份，有效率为91%。选国家队专业运动员作为研究对象，是因为他们是我国竞技体育的主要参与者和世界顶级竞技成绩的代表，具有职业性强、职业高风险、二次就业、社会关注度较高等特点，同时可以作为所有一般运动员法律意识的典型研究。优秀竞技运动员属于我国竞技体育中的精英，虽然数量很少，但存在的问题往往比较尖锐，他们的体育法律意识更有代表性。

## （二）研究方法

**1. 文献资料法**

通过中国知网，中国优秀博、硕士论文全文数据库等查阅关于依法治体、职业体育、体育法律、法律意识的文献资料。根据研究课题，阅读了相关体育法律法规和政策的文献和书籍。搜集我国政府颁布的关于依法治国、依法治体的相关文件、法律法规等。

**2. 调查法**

（1）访谈法：为完善论文研究思路，准确把握研究内容，主要走访了从事体育法律、运动员法律意识培养方面研究的相关学者、体育法学研究学者等专家，为本文完成提供直接的指导。

（2）问卷调查法：根据本课题研究需要，严格按照科学研究方法，设计针对我国优秀竞技运动员的法律意识状况的调查问卷，向各国家队发放问卷。

（3）问卷效度检测：设计出问卷以后，通过走访等方式，邀请副教授职称以上的专家对问卷效度进行了评价，最后将专家的意见和建议汇总，对问卷做出相应的调整，最终定稿。

**3. 数理统计法**

本课题数据主要采用SPSS 22.0对调查问卷和专家访谈问卷进行数理统计。分析我国优秀运动员体育法律意识的状况，单选题采用Pearson卡方检验，多选题采用多重反应频数分析。

**4. 逻辑分析法**

运用归纳和演绎的逻辑分析方法，推定我国优秀竞技运动员法律意识的内容并对问卷调查结果进行分析，得出结论和建议。

# 三、调查问卷分析

## （一）运动员基本情况分析

对所有受试者的基本资料进行研究，主要包括性别、家庭背景、获得过的最好成绩和对法学是否感兴趣等方面。

**1. 性　别**

如表1所示，在98份有效问卷中，CA组48份，EA组50份。在作答问卷中：CA组女性有48人，占总人数的100%；EA组女性有41人，与CA组有显著差异（$P<0.05$），占总人数的82.00%，男性9人，占总人数的18.00%。总体样本女性较多。

**表1　组别和性别构成交叉表**

| | | | 男性 | 女性 | 总计 |
|---|---|---|---|---|---|
| 组别 | CA | 数量 | 0 | 48 | 48 |
| | | % | 0 | 100.00 | 100.00 |
| | EA | 数量 | 9 | 41 | 50 |
| | | % | 18.00 | 82.00 | 100.00 |
| 总计 | | 数量 | 9 | 89 | 98 |
| | | % | 9.18 | 90.81 | 100 |
| Pearson卡方 | | | | | 0.002 |

**2. 家庭背景**

如表2所示，在作答问卷中：CA组农村背景44人，占总人数的91.7%；城市背景4人，占总人数的8.33%。EA组农村背景16人，占总人数的32.00%；城市背景34人，占总人数的68.00%。总体样本中来自农村家庭的运动员比来自城市家庭的运动员多。农村和城市的家庭背景营造的家庭环境对受试者的法律意识影响很大，从本研究可以看出，CA组大部分队员来自农村家庭，EA组绝大部分队员来自城市家庭，不同组样本的家庭背景存在极显著差异（$P<0.01$）。

表2　组别和家庭背景构成交叉表

| | | | 农村 | 城市 | 总计 |
|---|---|---|---|---|---|
| 组别 | CA | 数量 | 44 | 4 | 48 |
| | | % | 91.7 | 8.33 | 100.00 |
| | EA | 数量 | 16 | 34 | 50 |
| | | % | 32.00 | 68.00 | 100.00 |
| 总计 | | 数量 | 60 | 38 | 98 |
| | | % | 61.22 | 38.78 | 100.00 |
| Pearson卡方 | | | | | 0.000 |

**3. 获得的最好成绩**

如表3所示，在作答问卷中：最好成绩均不包含全运会奖牌及以上的成绩。EA组奥运金牌获得者4人，占总人数的8.0%；奥运奖牌（不包含金牌）获得者2人，占总人数的4.00%；全运会奖牌获得者4人，占总人数的8.00%。全运会奖牌以上获得者10人，占总人数的20.00%。全运会奖牌及以上获得者占样本总量的11.00%。EA组最好成绩好于CA组，有显著差异（$P<0.05$）。

表3　组别和成绩构成交叉表

| | | | A | B | C | D | 总计 |
|---|---|---|---|---|---|---|---|
| 组别 | CA | 数量 | 0 | 0 | 0 | 48 | 48 |
| | | % | 0 | 0 | 0 | 100 | 100 |
| | EA | 数量 | 4 | 2 | 4 | 40 | 50 |
| | | % | 8.00 | 4.00 | 8.00 | 80.00 | 100.00 |

续表

| | | A | B | C | D | 总计 |
|---|---|---|---|---|---|---|
| 总计 | 数量 | 4 | 2 | 4 | 88 | 98 |
| | % | 4.08 | 2.04 | 4.08 | 89.80 | 100.00 |
| Pearson卡方 | | | | | | 0.014 |

注：A获奥运金牌；B获奥运奖牌（不包含金牌）；C获全运会奖牌；D其他。

#### 4. 对法学是否感兴趣

如表4所示，在作答问卷中：CA组有4人此空没有回答；32人对法学感兴趣，占总人数的72.73%；12人对法学不感兴趣，占总人数的27.27%。EA组中20人对法学感兴趣，占总人数的40.00%；30人对法学不感兴趣，占总人数的60.00%。运动员对法学的兴趣程度与成绩成反比，EA组对法学的兴趣低于CA组，且差异显著（$P<0.05$）。

表4　组别和法学感兴趣构成交叉表

| | | | 有 | 无 | 总计 |
|---|---|---|---|---|---|
| 组别 | CA | 数量 | 32 | 12 | 44 |
| | | % | 72.73 | 27.27 | 100.00 |
| | EA | 数量 | 20 | 30 | 50 |
| | | % | 40.00 | 60.00 | 100.00 |
| 总计 | | 数量 | 52 | 42 | 94 |
| | | % | 55.32 | 44.68 | 100 |
| Pearson卡方 | | | | | 0.004 |

### （二）我国优秀竞技运动员法律基本知识了解分析

法律的基本知识了解关系到我国优秀竞技运动员的法律素

养和法律了解程度，只有掌握了法律的基本知识，才能够成为一名合格的职业体育人才，为全面建设中国特色社会主义体育强国做贡献。运动员法律基础知识的缺失制约法律意识的增强。这一部分的问卷内容主要包括：我国具有最高法律效力的根本法是什么？中华人民共和国公民的年龄需要满18岁吗？实际生活中，你遇到过权益纠纷吗？你认为法律在你日常生活中的作用如何？在生活中，遇到侵犯自身合法权益的情况你会怎么办？共五个部分。

**1. 对我国根本法的了解**

如表5所示，在作答问卷中：CA组对我国根本法了解情况较好，所有人都回答正确。而EA组知道《中华人民共和国宪法》是我国根本法的为45人，占总人数的90%；还有5个人选择其他法律，占总人数的10%。总体样本选择《中华人民共和国宪法》人数为93人，占总人数的94.90%。EA组对我国基本法的了解程度较一般运动员组差。虽然EA组对我国根本法没有全部答对，但与CA组间不存在显著差异（$P>0.05$）。说明不同竞技水平运动员对我国根本法的理解程度是一致的，能够较为明确地认识《中华人民共和国宪法》是我国的根本大法，具有最高的法律效力。

**表5　样本和我国根本法了解交叉表**

| | | | A | B | C | D | 总计 |
|---|---|---|---|---|---|---|---|
| 组别 | CA | 数量 | 48 | 0 | 0 | 0 | 48 |
| | | % | 100 | 0 | 0 | 0 | 100.00 |
| | EA | 数量 | 45 | 2 | 1 | 2 | 50 |
| | | % | 90.00 | 4.00 | 2.00 | 4.00 | 100.00 |
| 总计 | | 数量 | 93 | 2 | 1 | 2 | 98 |
| | | % | 94.90 | 2.04 | 1.02 | 2.04 | 100.00 |

续表

| | A | B | C | D | 总计 |
|---|---|---|---|---|---|
| Pearson卡方 | | | | | 0.168 |

注：A《中华人民共和国宪法》；B《中华人民共和国刑法》；C《中华人民共和国民法》；D《中华人民共和国劳动法》。

## 2. 对中华人民共和国公民年龄的了解

如表6所示，在作答问卷中：CA组有4人此空没有作答；12人选择需要，占总人数的27.27%；32人选择不需要，占总人数的72.73%。EA组20人选择需要，占总人数的40.00%；29人选择不需要，占总人数的58.00%；1人选择不确定，占总人数的2.00%。《中华人民共和国宪法》明确规定了只要具有中国国籍就是中国公民，没有年龄的限制。本研究中所有运动员有64.89%选择了正确的答案——不需要，优秀运动员与一般运动员对公民年龄的了解不存在显著差异（$P>0.05$）。说明我国运动员对公民年龄法律知识的掌握程度一般，且无运动水平间的差异。

**表6　样本和我国公民年龄了解交叉表**

| | | | 需要 | 不需要 | 不确定 | 总计 |
|---|---|---|---|---|---|---|
| 组别 | CA | 数量 | 12 | 32 | 0 | 44 |
| | | % | 27.27 | 72.73 | 0 | 100.00 |
| | EA | 数量 | 20 | 29 | 1 | 50 |
| | | % | 40.00 | 58.00 | 2.00 | 100.00 |
| 总计 | | 数量 | 32 | 61 | 1 | 94 |
| | | % | 34.04 | 64.89 | 1.06 | 100 |
| Pearson卡方 | | | | | | 0.250 |

## 3. 实际生活中的权益纠纷

如表7所示，在作答问卷中：CA组有4人此空没有作答；

28人选择曾经有纠纷，占总人数的63.63%；16人选择完全没有，占总人数的36.36%。EA组13人选择曾有纠纷，占总人数的26.00%；37人选择完全没有，占总人数的74.00%。总体样本都没有人选择有很多权益纠纷，选择曾有纠纷和完全没纠纷的人数相差不大。本题的目的在于研究运动员在生活中权益是否受到侵犯，一般运动员在生活中遇到的权益纠纷要明显多于优秀运动员（$P<0.01$），这可能是因为优秀运动员训练较为集中，生活环境较单一，生活和工作中很多问题由组织和协会代为出面，所以其生活中的权益纠纷较少。

**表7　样本和生活权益纠纷了解交叉表**

| | | | 很多 | 曾有 | 完全没 | 总计 |
|---|---|---|---|---|---|---|
| 组别 | CA | 数量 | 0 | 28 | 16 | 44 |
| | | % | 0 | 63.63 | 36.36 | 100 |
| | EA | 数量 | 0 | 13 | 37 | 50 |
| | | % | 0 | 26.00 | 74.00 | 100.00 |
| 总计 | | 数量 | 0 | 41 | 53 | 94 |
| | | % | 0 | 43.62 | 56.38 | 100.00 |
| Pearson卡方 | | | | | | 0.000 |

### 4. 法律在日常生活中的作用

如表8所示，在作答问卷中：CA组12人认为法律在生活中很重要，占总人数的27.27%；认为法律在生活中比较重要的有28人，占总人数的63.64%。而EA组只有5人选择很重要，与CA组有显著差异（$P<0.05$），占总人数的12.00%；24人选择比较重要，占总人数的48.00%；19人认为一般，与CA组有极显著差异（$P<0.01$），占总人数的36.00%；还有2人选择根本没用。法律在生活中扮演着极为重要的角色，它规范着我们生活的方方面

面。本研究中，一般水平运动员在生活中对法律的重视程度明显高于优秀运动员，且有显著差异（$P<0.05$），认为法律在生活中很重要。绝大多数优秀运动员对法律在生活中的地位认识不明确，甚至有人认为法律不重要，这说明一般水平运动员对法律的重视程度要高于优秀运动员。

表8　样本和法律在日常生活中作用了解交叉表

| | | | A | B | C | D | E | 总计 |
|---|---|---|---|---|---|---|---|---|
| 组别 | CA | 数量 | 12 | 28 | 4 | 0 | 0 | 44 |
| | | % | 27.27 | 63.64 | 9.09 | 0 | 0 | 100.00 |
| | EA | 数量 | 5 | 24 | 19 | 2 | 0 | 50 |
| | | % | 12.00 | 48.00 | 36.00 | 4.00 | 0 | 100.00 |
| 总计 | | 数量 | 17 | 52 | 23 | 2 | 0 | 94 |
| | | % | 18.09 | 55.32 | 24.47 | 2.13 | 0 | 100 |
| Pearson卡方 | | | | | | | | 0.002 |

注：A很重要；B比较重要；C一般；D没用；E根本没用。

### 5. 在自身权益受到侵犯时的表现

如表9所示，在作答问卷中：CA组有40人选择利用法律手段解决，占总人数的90.91%；还有4人选择私下处理，占总人数的9.09%。EA组有41人选择利用法律手段处理，占总人数的82.00%；9人选择息事宁人，与CA组有极显著差异（$P<0.01$），占总人数的18.00%。可见，绝大部分运动员（86.17%）在自身权益受到侵犯时都能做出正确明智的选择——利用法律手段来解决问题，但是小部分一般水平运动员希望通过私下处理来解决自己的权益纠纷，而优秀运动员更倾向于通过息事宁人等手段来解决问题。

表9 样本和自身权益受到侵犯时表现交叉表

| | | | A | B | C | D | 总计 |
|---|---|---|---|---|---|---|---|
| 组别 | CA | 数量 | 40 | 0 | 4 | 0 | 44 |
| | | % | 90.91 | 0 | 9.09 | 0 | 100.00 |
| | EA | 数量 | 41 | 0 | 0 | 9 | 50 |
| | | % | 82.00 | 0 | 0 | 18.00 | 100.00 |
| 总计 | | 数量 | 81 | 0 | 4 | 9 | 94 |
| | | % | 86.17 | 0 | 4.26 | 9.57 | 100 |
| Pearson卡方 | | | | | | | 0.003 |

注：A利用法律；B采取暴力；C私下处理；D息事宁人。

## （三）优秀竞技运动员对体育法律知识了解现状分析

### 1.《中华人民共和国体育法》

表10显示，在作答问卷中：没有受试者对《中华人民共和国体育法》非常了解。CA组有8人对《中华人民共和国体育法》一般了解，占总人数的16.67%；36人对《中华人民共和国体育法》部分了解，占总人数的75.00%；4人对体育法不了解，占总人数的8.33%。而EA组只有1人对《中华人民共和国体育法》一般了解，占总人数的2.00%；29人对《中华人民共和国体育法》部分了解，占总人数的58.00%；甚至有7人没有听过《中华人民共和国体育法》，占总人数的14.00%。《中华人民共和国体育法》作为与运动员关系紧密的法律，它严格约束着运动员的运动生活，同时也保护着运动员的各种体育权益。本研究发现，没有运动员受试者对《中华人民共和国体育法》非常了解，但一般水平运动员同优秀运动员相比，对《中华人民共和国体育法》的了解程度要明显高于后者（$P<0.01$）。

表10　样本和《中华人民共和国体育法》了解交叉表

| | | | A | B | C | D | E | 总计 |
|---|---|---|---|---|---|---|---|---|
| Group | CA | 数量 | 0 | 8 | 36 | 4 | 0 | 48 |
| | | % | 0 | 16.67 | 75.00 | 8.33 | 0 | 100.00 |
| | EA | 数量 | 0 | 1 | 29 | 13 | 7 | 50 |
| | | % | 0 | 2.00 | 58.00 | 26.00 | 14.00 | 100.00 |
| 总计 | | 数量 | 0 | 9 | 65 | 17 | 7 | 98 |
| | | % | 0 | 9.18 | 66.33 | 17.35 | 7.14 | 100.00 |
| Pearson卡方 | | | | | | | | 0.000 |

注：A非常了解；B一般了解；C部分了解；D不了解；E没听说过。

### 2.《中华人民共和国体育法》的职能与作用

《中华人民共和国体育法》管理体育行业，保障体育运动主体权益。在作答问卷中：CA组选择保障职能的有20人，限制职能的有4人，调控职能的有4人，促进职能的有44人，教育职能的有0人；EA组选择保障职能的有44人，限制职能的有24人，调控职能的有27人，促进职能的有38人，教育职能的有33人，选择评价职能的有8人。总体优秀运动员组对体育法职能的认识要好于一般水平运动员。

### 3.《中华人民共和国体育法》特征

体育法律的特征是由体育项目的本质所决定的，专门调节体育活动的法律规范，主要包括保护公民体育权利的根本目的性，调整职能的社会公共性，体育运动技术规范的法律化，体育精神、道德、纪律的法律化，实施手段的广泛综合性。表11显示，EA组在体育法律特征的各个项目回答频数上都高于CA组，总体样本对于体育精神、道德、纪律的法律化具有较高的认可程度。这说明优秀运动员对于《中华人民共和国体育法》

特征的了解程度较一般水平运动员高。

表11 组别和《中华人民共和国体育法》特征交叉列表

| | A | B | C | D | E |
|---|---|---|---|---|---|
| CA | 28 | 0 | 24 | 44 | 0 |
| % | 63.63 | 0 | 54.55 | 100.00 | 0 |
| EA | 32 | 11 | 33 | 49 | 8 |
| % | 100 | 54.50 | 61.40 | 86.40 | 75.00 |
| 总计 | 60 | 11 | 57 | 93 | 8 |

注：A根本目的性；B社会公共性；C体育技术法律化；D体育道德法律化；E广泛综合性。

## （四）对《中华人民共和国体育法》权利和义务的掌握情况的分析

如果运动员对《中华人民共和国体育法》的权利和义务了解不足，会导致对法律的偏见。而当实际训练中发生问题时，如果运动员分不清楚哪些是自己的权利、哪些是自己的义务，则会丧失保护自己合法权益的机会。

### 1. 最感兴趣的法律

表12显示，在作答问卷中：CA组感兴趣的法律相对集中，4人选择了《中华人民共和国民法》，8人选择了《中华人民共和国刑法》，而36人选择了《中华人民共人和体育法》，占总人数的75.00%；EA组17人选择了《中华人民共和国民法》，9人选择了《中华人民共和国刑法》，3人选择了《中华人民共和国劳动法》，21人选择了《中华人民共和国体育法》，占总人数的42.00%。CA组中对《中华人民共和国体育法》感兴趣的人数明显较多，而EA组中对《中华人民共和国体育法》感兴趣人数较其他法律也是最多的，但明显少于CA组，且有显著差异（$P<0.05$）。

表12　样本和感兴趣法律了解交叉表

| | | | A | B | C | D | 总计 |
|---|---|---|---|---|---|---|---|
| 组别 | CA | 数量 | 4 | 8 | 0 | 36 | 48 |
| | | % | 8.33 | 16.67 | 0 | 75.00 | 100.00 |
| | EA | 数量 | 17 | 9 | 3 | 21 | 50 |
| | | % | 34.00 | 18.00 | 6.00 | 42.00 | 100.00 |
| 总计 | | 数量 | 21 | 17 | 3 | 57 | 98 |
| | | % | 21.40 | 17.30 | 3.10 | 58.20 | 100.00 |
| Pearson卡方 | | | | | | | 0.002 |

注：A《中华人民共和国民法》；B《中华人民共和国刑法》；C《中华人民共和国劳动法》；D《中华人民共和国体育法》。

### 2. 道德和法律的关系

道德和法律作为日常行为规范的标准和尺度不可替代，只有当道德和法律相辅相成、互相渗透时才能发挥出它们最大的作用。道德和法律不可相互代替，既有相似性又有区别。道德强调的是义务，而法律在规范义务的同时也强调了应有的责任。道德和法律在生活中是紧密相关、相辅相成的。由表13可见，CA组所有受试者都认为道德和法律一样重要。EA组有9人认为道德重要，占总人数的18.00%；2人认为法律重要，占总人数的4.00%；39人认为法律和道德一样重要，占总人数的78.00%。可以看出，在道德和法律关系的辨别上，优秀运动员的认识程度低于一般水平的运动员，且有显著差异（$P<0.05$），部分优秀运动员忽视了道德或者法律对生活的约束和量化作用。

表13　样本和道德及法律关系认知交叉表

| | | | A | B | C | 总计 |
|---|---|---|---|---|---|---|
| 组别 | CA | 数量 | 0 | 0 | 48 | 48 |
| | | % | 0 | 0 | 100.00 | 100.00 |

续表

| | | | A | B | C | 总计 |
|---|---|---|---|---|---|---|
| | EA | 数量 | 9 | 2 | 39 | 50 |
| | | % | 18.00 | 4.00 | 78.00 | 100.00 |
| 总计 | | 数量 | 9 | 2 | 87 | 98 |
| | | % | 9.18 | 2.04 | 88.78 | 100.00 |
| Pearson卡方 | | | | | | 0.003 |

注：A道德重要；B法律重要；C都很重要。

### 3. 对兴奋剂使用的认识

如表14所示，在作答问卷中：CA组对兴奋剂使用的认识呈现明显的两极分化态势，超过半数的人（28人，58.33%）反对使用兴奋剂；接近半数的人（20人，41.67%）表示不清楚。EA组表现出较高的体育法律意识和觉悟，46人认为要反对兴奋剂使用，占总人数的92.00%。可见优秀运动员对于兴奋剂危害的认识及法律意识要明显高于一般水平运动员（$P<0.01$）。这可能是由于优秀运动员参加重大比赛较多、接受反兴奋剂教育次数较多。

表14　样本和兴奋剂使用认识的交叉表

| | | | A | B | C | D | 总计 |
|---|---|---|---|---|---|---|---|
| 组别 | CA | 数量 | 0 | 28 | 0 | 20 | 48 |
| | | % | 0 | 58.33 | 0 | 41.67 | 100.00 |
| | EA | 数量 | 1 | 46 | 2 | 1 | 50 |
| | | % | 2.00 | 92.00 | 4.00 | 2.00 | 100.00 |
| 总计 | | 数量 | 1 | 74 | 2 | 21 | 98 |
| | | % | 1.02 | 75.50 | 2.00 | 21.40 | 99.92 |
| Pearson卡方 | | | | | | | 0.000 |

注：A支持；B反对；C中立态度；D不清楚。

## （五）对法律契约精神情况的分析

随着市场经济的发展，契约精神在法律意识中的重要性愈发明显。法律的契约效应作为可靠的法律依据能够有效地避免和减少法律纠纷。运动员的契约精神能在发生劳动关系纠纷时有力地保护自己的合法权益，促进体育产业健康发展。

**1. 契约的重要性**

由表15可见，CA组有12人认为契约精神很重要，占总人数的42.86%；28人认为契约精神比较重要，占总人数的58.33%；4人认为契约精神一般重要；4人认为契约精神不重要。EA组中对契约精神的重视程度呈现两极分化的态势，16人认为契约精神很重要，占总人数的32.00%；而18人认为契约精神一般重要，占总人数的38.00%。超过85.00%的一般水平运动员很重视契约精神，认为契约精神很重要或比较重要，只有极少数运动员对法律的契约精神不关心。而在优秀运动员中，只有58.00%的人认为契约精神很重要或比较重要，接近半数的人对契约精神关心程度较低，优秀运动员对法律的契约精神关心程度低于一般水平运动员，有极显著差异（$P<0.01$）。

**表15　样本和契约精神认识的交叉表**

| | | | A | B | C | D | E | 总计 |
|---|---|---|---|---|---|---|---|---|
| 组别 | CA | 数量 | 12 | 28 | 4 | 4 | 0 | 48 |
| | | % | 25.00 | 58.33 | 8.33 | 8.33 | 0 | 100.00 |
| | EA | 数量 | 16 | 13 | 18 | 1 | 2 | 50 |
| | | % | 32.00 | 26.00 | 36.00 | 2.00 | 4.00 | 100.00 |
| 总计 | | 数量 | 28 | 41 | 22 | 5 | 2 | 98 |
| | | % | 28.60 | 41.80 | 22.40 | 5.10 | 2.00 | 100 |
| Pearson卡方 | | | | | | | | 0.001 |

注：A很重要；B比较重要；C一般；D不重要；E没影响。

### 2. 是否和用人单位签订劳动合同

签订具有法律效力的劳动合同，可以明确劳动关系双方的法律权利及义务。在发生劳动纠纷时可以作为主要的维权手段和证明。近年来随着体育市场化，越来越多的运动员参加商业活动或演出，运动员签订劳动合同的意识显得愈发重要。由表16可以看出，CA组有4人偶尔签订劳动合同，占总人数的8.3%；8人从不签订劳动合同，占总人数的16.7%；28人是由运动项目中心或协会代理签订劳动合同，占总人数的58.3%。EA组中绝大多数（42人，84%）的劳动合同是由项目管理中心或协会代理签订的。这表明优秀运动员参加商业活动或演出时，绝大部分人并不参与自己劳动合同的签订，主要由项目管理中心或协会代理，且所占人数显著高于一般水平运动员（$P<0.05$）。

**表16　样本和劳动合同签订情况的交叉表**

| | | | A | B | C | D | E | 总计 |
|---|---|---|---|---|---|---|---|---|
| 组别 | CA | 数量 | 0 | 8 | 4 | 8 | 28 | 48 |
| | | % | 0 | 16.70 | 8.30 | 16.70 | 58.30 | 100.00 |
| | EA | 数量 | 0 | 2 | 4 | 2 | 42 | 50 |
| | | % | 0 | 4.00 | 8.00 | 4.00 | 84.00 | 100 |
| 总计 | | 数量 | 0 | 10 | 8 | 10 | 70 | 98 |
| | | % | 0 | 10.20 | 8.20 | 10.20 | 71.40 | 100.00 |
| Pearson卡方 | | | | | | | | 0.019 |

注：A经常；B一般；C偶尔；D从不；E由运动项目中心或协会代理。

## （六）对法律的诉讼和维权意识的分析

随着我国经济和社会改革的深入，体育行业的市场化越来越明显。体育行业的发展也伴随着各种侵权事件的发生，体育行业的维权已成为一种普遍现象。而法律的专业化使得律师的作用越来越大，这意味着职业体育运动员在进行自身权益维护时，不仅需要有法律的意识，更需要有合理的方法。

### 1. 律师的重要性

表17显示，CA组和EA组对于律师在案件中的作用认识较为一致。CA组中40人认为律师在案件中很有用，占总人数的83.33%；而EA组中38人认为律师在案件中很有用，占总人数的76.00%。总体分析，优秀运动员和一般水平运动员对律师在案件中的作用都很看重，组间无显著差异（$P>0.05$）。

**表17　样本和律师在案件中的作用交叉表**

| | | | A | B | C | D | 总计 |
|---|---|---|---|---|---|---|---|
| 组别 | CA | 数量 | 40 | 8 | 0 | 0 | 48 |
| | | % | 83.33 | 16.67 | 0 | 0 | 100.00 |
| | EA | 数量 | 38 | 12 | 0 | 0 | 50 |
| | | % | 76.00 | 24.00 | 0 | 0 | 100.00 |
| 总计 | | 数量 | 78 | 20 | 0 | 0 | 98 |
| | | % | 79.60 | 20.40 | 0 | 0 | 100.00 |
| Pearson卡方 | | | | | | | 0.368 |

注：A很有用；B有点作用；C没有作用；D可有可无。

### 2. 法院的公正性

表18显示，CA组44人认为法院判决不一定正确，占总人数的91.67%。EA组中11人认为法院判决很正确，占总人数的22.00%；32人认为法院判决不一定正确，占总人数的64.00%。

表18　样本和法院判决是否正确的交叉表

| | | | A | B | C | D | 总计 |
|---|---|---|---|---|---|---|---|
| 组别 | CA | 数量 | 0 | 44 | 0 | 4 | 48 |
| | | % | 0 | 91.67 | 0 | 8.33 | 100.00 |
| | EA | 数量 | 11 | 32 | 0 | 7 | 50 |
| | | % | 22.00 | 64.00 | 0 | 14.00 | 100.00 |
| 总计 | | 数量 | 11 | 76 | 0 | 11 | 98 |
| | | % | 11.20 | 77.60 | 0 | 11.20 | 100.00 |
| Pearson卡方 | | | | | | | 0.001 |

注：A很正确；B不一定；C不正确；D不清楚。

本研究发现，一般水平运动员和优秀水平运动员对于律师在案件中的作用的认识较为一致，绝大部分人都认为律师在案件中有重要的作用。但在法院的判决正确性上存在差异，一般水平运动员倾向于认为法院判决不一定都是正确的，而优秀运动员有部分人认为法院的判决一定是正确的。

## （七）体育法律信仰情况的分析

体育的法律信仰是运动员的法律信仰的体育领域表现，是法律意识最高的理性层次。一名运动员的体育法律信仰能够体现其本人对于法律意识的认识和状况，而通过研究大样本量运动员的体育法律信仰，能直观地反映我国当前运动员体育法律意识的现状，并为未来体育法律的发展做出评估。本研究从运动员对法律热点的关心程度、接受法律教育的期望程度和内容等方面研究我国部分项目体育运动员的体育法律信仰。

### 1. 对体育相关法律热点关心情况分析

竞技体育运动员作为我国竞技体育的最高水平代表，平时应该更加关心体育相关的法律热点信息。表19显示，CA组有12人经常关心体育相关法律热点，占总人数的25.00%；36人偶尔关心，占总人数的75.00%。EA组只有5人经常关心体育法律热点，占总人数的10.00%；34人偶尔关心，占总人数的68.00%；还有11人从不关心，占总人数的22.00%。可以看出，优秀水平运动员对于体育相关赛事的关心程度要低于一般水平运动员，且有极显著的差异（*P*<0.01），优秀运动员对法律关心较少，体现出我国现阶段优秀运动员法律意识的淡薄。

**表19　样本和体育法律热点关心情况交叉表**

| | | | 经常 | 偶尔 | 从不 | 总计 |
|---|---|---|---|---|---|---|
| 组别 | CA | 数量 | 12 | 36 | 0 | 48 |
| | | % | 25.00 | 75.00 | 0 | 100.00 |
| | EA | 数量 | 5 | 34 | 11 | 50 |
| | | % | 10.00 | 68.00 | 22.00 | 100.00 |
| 总计 | | 数量 | 17 | 70 | 11 | 98 |
| | | % | 17.30 | 71.40 | 11.20 | 100 |
| Pearson卡方 | | | | | | 0.001 |

**2. 对接受法律教育期望分析**

表20显示，CA组有8人十分期望接受法律教育，占总人数的16.70%；28人比较期望接受法律教育，占总人数的58.30%；12人期望接受法律教育，占总人数的25.00%。而EA组中，7人十分期望接受法律教育，占总人数的14.00%；9人比较期望接受法律教育，占总人数的18.00%；不太愿意和不愿意接受法律教育的有34人，占总人数的68.00%。可以看出大部分优秀运动员不愿意接受法律教育，与一般水平运动员相比有极显著的差异（*P*<0.01）。

表20　样本和接受法律教育情况的交叉表

| | | | A | B | C | D | E | 总计 |
|---|---|---|---|---|---|---|---|---|
| 组别 | CA | 数量 | 8 | 28 | 12 | 0 | 0 | 48 |
| | | % | 16.70 | 58.30 | 25.00 | 0 | 0 | 100.00 |
| | EA | 数量 | 7 | 9 | 22 | 12 | 0 | 50 |
| | | % | 14.00 | 18.00 | 44.00 | 24.00 | 0 | 100.00 |
| 总计 | | 数量 | 15 | 37 | 34 | 12 | 0 | 98 |
| | | % | 15.30 | 37.80 | 34.70 | 12.20 | 0 | 100.00 |
| Pearson卡方 | | | | | | | | 0.000 |

注：A十分期望；B比较期望；C期望；D不太愿意；E不愿意。

### 3. 影响法律意识提高的阻碍分析

表21显示，CA组有32人认为对法律与实践联系不紧密是阻碍法律意识提高的主要原因之一；44人认为获取法律知识的途径较少是主要原因之一。EA组对法律不感兴趣、对法律的质疑和与实践联系不紧密等选项的频数较高。有研究认为，注重法学的实践能力培养是提高运动员法律意识的有效途径，同时，加强体育法律教育也能够促进法律意识的提高。影响我国优秀运动员法律意识提高的主要原因有对法律不感兴趣、对法律的质疑和认为法律与实践联系不紧密等方面。

表21　组别和影响法律意识提高的阻碍交叉列表

| | A | B | C | D | E |
|---|---|---|---|---|---|
| CA | 4 | 4 | 32 | 44 | 0 |
| % | 16.70 | 14.30 | 45.70 | 81.90 | 0 |
| EA | 20 | 24 | 38 | 10 | 0 |
| % | 83.40 | 85.70 | 54.30 | 18.50 | 0 |

续表

| | A | B | C | D | E |
|---|---|---|---|---|---|
| 总计 | 24 | 28 | 70 | 54 | 0 |

注：A对法律不感兴趣；B对法律的质疑；C与实践联系不紧密；D获取法律知识途径较少；E其他。

# 四、总　结

## （一）基本情况分析结果

本研究发现，来自国家队的优秀运动员城市家庭背景人数要显著高于一般水平运动员，同时获得的最好成绩及奖牌数量也高于一般水平运动员。但一般水平运动员对法律表现出更高的感兴趣程度。

## （二）法律基本知识分析结果

优秀运动员的法律基本知识掌握情况较一般水平运动员差，对于我国的根本法、公民年龄的认识，对于法律在生活中的作用和法律与道德的关系认知情况不理想。可能的原因是在生活中遇到权益纠纷的次数要少于一般水平运动员。

## （三）体育法律知识分析结果

优秀运动员低估了自己对体育法律的认知，同一般水平运动员相比，有较高的体育法律认知。

## （四）体育法律权利和义务分析结果

优秀运动员对体育法的感兴趣程度较一般水平运动员低，对道德和法律的关系不够明确，但绝大部分运动员对兴奋剂的使用都持反对态度，有较高的一致性。

### （五）体育法律的契约精神认识分析结果

优秀运动员对法律的契约精神的认识呈现两极分化的情况，同一般水平运动员相比，一部分优秀运动员非常重视法律的契约精神，而另一部分认为契约精神不是非常重要。而出席商业活动或演出的劳动合同主要由运动项目中心或协会代理也是造成运动员忽视契约精神的重要原因。

### （六）法律诉讼和维权意识分析结果

所有运动员都认为律师在法律案件中的作用较大，但优秀运动员在法院判决的正确性上给予了较高的肯定。

### （七）法律信仰分析

在法律信仰层次，优秀运动员表现出对体育法律热点的关心程度较低，对接受体育法律教育的期望较低的现象。而阻碍其接受法律教育的主要原因有对法律不感兴趣、对法律的质疑和认为法律与实践联系不紧密等。

## 五、结　论

通过研究发现，我国优秀运动员的法律意识存在一定的问题，主要表现为法律基本知识的匮乏，对法律不感兴趣和不期望接受法律教育等方面，而对于体育法律知识的掌握较好。

## 参考文献

[1] 张振龙，于善旭，郭锐. 体育权利的基本问题[J]. 体育学刊，2008，15（2）：20–23.

[2] 籍玉新. 我国体育法律法规的现状调查[J]. 体育世界（学术版），2011（9）：38–39.

[3] WILLIAMS M， BURDEN R L. Psychology for language teachers[M]. Cambridge：Cambridge University Press，1997.
[4] 谢冬兴. 对高校学生体育法意识调查与分析[J]. 内江科技，2009，30（12）：69–70.
[5] 杨浩宇. 浅谈体育明星法律意识的缺乏及培养[J]. 文体用品与科技，2014（6）：210.
[6] 苏进.对体育法学现状的几点认识[J]. 科技信息，2012（18）：307.
[7] 刘玉，隋红，田雨普. 转型期我国社会体育政策执行偏差的主体因素研究[J]. 山东体育学院学报，2010，26（2）：24–28.
[8] 于善旭. 中国体育法制的发展与前景[J]. 河北体育学院学报，2009，23（2）：1–6.
[9] 孔云龙，陆攀. 体育报道中法律意识的缺失及其培养[J]. 宜春学院学报，2013，35（5）：30–32.
[10] 姜仁屏，朱志强. 对我国体育法制建设现状的探析[J]. 中国体育科技，1999，35（7）：5–8.
[11] 马洪亮，苗娟，司虎克. 论社会主义法治理念下我国体育法治的完善[J]. 体育科技，2010，31（4）：38–41.
[12] 郝彩云. 赣州市农村中学学生体育权利保障现状及对策研究[D]. 赣州：赣南师范学院，2012.
[13] 赵鹏. 我国体育法律制度研究[D].长春：吉林大学，2012.
[14] 肖鹤. 我国竞技体育犯罪原因及法律解决机制研究[D]. 西安：陕西师范大学，2012.
[15] 韩勇. 中国体育法学研究：从法解释学到法社会学[J]. 体育科学，2010，30（3）：75–82.
[16] 万茹，莫磊.我国学校体育法规实效缺陷的原因分析及对策研究[J]. 湖北体育科技，2005，24（3）：295–297.
[17] 黄世席. 奥运会法律问题[M].北京：法律出版社，2008.
[18] 宋瑞兰. 法律与体育[J]. 河北法学，2010，28（12）：149–155.

[19] 李季宁. 民事诉讼程序正义论[J]. 诉讼法论丛，1998（2）：393-441.
[21] 王建国.体育院校应加强对大学生的法制教育[J].天津市经理学院学报，2013（4）：91-92.
[21] 陈书睿. 优秀运动员权利的法学研究[D]. 上海：上海体育学院，2012.
[22] 憨丹丹.新时期体育院校大学生法治认同度调查和提升路径研究[J].价值工程，2014（9）：318-319.
[23] 王先润. 体育专业本科学生体育法律意识现状及对策研究——以武汉地域的五所普通高校为例[D].武汉：华中师范大学，2014.
[24] 罗玲，张杨. 体育强国视域下我国群众体育法制建设的思考[J]. 当代体育科技，2011，1（1）：61-62.
[25] 肖永平. 体育法学:一个正在形成中的法学部门[J]. 武汉大学学报（哲学社会科学版），2008，61（4）：495.

# 运用文化体制机制创新提升我国武术文化软实力的策略探析

国家体育总局武术运动管理中心 郑楠

**摘要：**作为中国传统文化的杰出代表，武术具有与生俱来的文化载体功能。本文通过文献资料、专家访谈、逻辑归纳等方法对加强文化体制机制创新，提升我国武术文化软实力的策略进行了深入分析，以期为我国文化软实力的建设提供建议。

**关键词：**体制机制创新；武术；软实力；策略

2013年11月12日，中国共产党第十八届中央委员会第三次全体会议在北京胜利闭幕。全会审议通过了《中共中央关于全面深化改革若干重大问题的决定》（以下简称“《决定》”）。《决定》第十一条明确提出要推进文化体制机制创新。这一重大决定对各领域的文化建设都是一个利好消息。而运用此项创新提升我国武术文化软实力，使其在提振民族精神、增强民族凝聚力、助力中华民族伟大复兴的“中国梦”等方面贡献力量显得尤为重要。

## 一、文化体制机制创新的提出与内涵

党的十八届三中全会对全面深化改革做出重大部署，在其通过的《决定》中专门拿出一篇来讲文化体制机制创新。要求激发全民族的文化创造活力，推进文化体制机制创新，建设社会主义文化强国，增强国家文化软实力，推动社会主义文化大发展、大繁荣[1]。

所谓文化体制机制创新就是要完善文化管理体制、建立健全现代文化市场体系、构建现代公共文化服务体系、提高文化开放水平等[1]。这既是广大人民群众的需要，又是中国特色社会主义制度建设的需要[2]。在这条道路上，必须坚持社会主义先进文化前进方向，坚持中国特色社会主义文化发展道路，培育和践行社会主义核心价值观，巩固马克思主义在意识形态领域的指导地位，巩固全党全国各族人民团结奋斗的共同思想基础。坚持以人民为中心的工作导向，坚持把社会效益放在首位、社会效益和经济效益相统一，以激发全民族文化创造活力为中心环节，进一步深化文化体制改革[1]。

## 二、软实力的提出与内涵

在全球政治、经济、文化竞争日益激烈的背景下，哈佛大学教授约瑟夫·奈于20世纪90年代提出了“软实力”的概念。他认为，软实力是通过吸引而非强迫或收买的手段来达己所愿的能力。它源于一个国家的文化、政治观念和政策的吸引力[3]。也就是说，一个国家的综合国力，不仅包括由经济、科技、军事实力等表现出来的“硬实力”，还包括由文化、价值观念、社会制度、发展模式、生活方式、意识形态的吸引力所体现出来的“软实力”[4]。从此，国家软实力在国际政治、经济、文化生活中扮演着越来越重要的角色，成为各国竞相发展、不可或缺的基础实力。

2006年11月，胡锦涛同志在中国文联第八次全国代表大会、中国作协第七次全国代表大会上的讲话中指出，找准我国文化发展的方位，创造民族文化的新辉煌，增强我国文化的国际竞争力，提升国家软实力，是摆在我们面前的一个重大现实课题[5]。在党的十七大报告中也强调要激发全民族文化创造活力，提高国家文化软实力[6]。自此，全国上下各行各业都纷纷响应，努力加强自身领域的文化建设，突出特色标志性符号，掀起了一股提升文化软实力的热潮。

党的十八大报告中也明确提出要扎实推进社会主义文化强国建设。文化是民族的血脉，是人民的精神家园。全面建成小康社会，实现中华民族伟大复兴，必须推动社会主义文化大发展、大繁荣，兴起社会主义文化建设新高潮，提高国家文化软实力，发挥文化引领风尚、教育人民、服务社会、推动发展的作用[7]。

2013年12月30日下午，中共中央政治局就提高国家文化软实力进行第十二次集体学习。习近平总书记在主持学习时强调，提高国家文化软实力，关系“两个一百年”奋斗目标和中华民族伟大复兴“中国梦”的实现。要弘扬社会主义先进文化，深化文化体制改革，推动社会主义文化大发展、大繁荣，增强全民族文化创造活力，推动文化事业全面繁荣、文化产业快速发展，不断丰富人民精神世界、增强人民精神力量，不断增强文化整体实力和竞争力，朝着建设社会主义文化强国的目标不断前进。

## 三、提升中国武术文化软实力的作用和意义

胡锦涛同志指出，软实力对内表现为一个国家、一个民族的生命力、创造力和凝聚力，对外表现为一个国家在意识形态、发展模式、民族文化、外交方针等方面被国际社会认可的程度[5]。业内人士据此映射出了武术文化软实力的概念。专家学者们在研究武术文化软实力的时候，对此概念的界定各不相同，有的认为武术文化软实力是武术发展中形成的传承制度和价值观念及文化

影响力；有的认为武术文化软实力是中国武术的文化吸引力和竞争力；还有的认为武术文化软实力是武术发展过程中形成的文化影响力、吸引力和综合竞争力。

通过对政策的研读和理解，综合前人研究的成果，笔者认为武术文化软实力可以界定为在中国传统文化和武学发展过程中形成的包括传承发展模式、价值观念、意识形态、民族凝聚力、文化吸引力、国际影响力在内的中国武术文化的综合实力。它包括了武术的思想、道德、精神、教育、文化、传媒、制度、魅力、传承等多个方面。

在当今国际政治、经济、文化风云变幻的大形势下，提升中国武术文化软实力可以从不同的侧面增强中国文化软实力和综合国力，有着其独到的作用和意义。

### （一）弘扬民族精神，增强民族凝聚力

武术发源于中国，植根于华夏，伴随炎黄子孙走过了几千年的风雨历程，早已成为中华民族潜意识中保家卫国、自强不息、精诚团结的精神载体。从戚继光抗击倭寇到郑成功收复台湾；从霍元甲打败俄国大力士到陈真力克日本浪人，这一个个铮铮铁汉的形象和感人至深的英雄事迹将每一个中国人的心紧紧地凝聚到了一起。在和平年代，中国武术并没有销声匿迹，而是在传承中不断发扬光大，凭借的就是中华民族生生不息的民族精神，凭借的就是让每一个中华子孙都为之动容的归属感和向心力，凭借的就是那血脉相连的民族凝聚力。

### （二）传播价值观念，提升武德感召力

中国武术植根于中国传统文化这块沃土，讲究“仁、义、礼、智、信、忠、孝、勤、俭、志、勇”，这恰恰反映了文明古国“仁义之邦”的优良传统美德。与当今中国这个负责任大

国所传递出的“上善若水”“同舟共济”“和平发展”的理念一脉相承。

中国武术追求武德教化，一直奉行“未曾学艺先学礼，未曾习武先习德”的宗旨。千百年来，武德作为中国武术的道德核心感召着一代又一代武术人为了国家存亡和民族复兴而前仆后继[8]。新时代，武德教化又义无反顾地承担起新的历史使命。在中华民族处于改革深水期的时候，抓稳民族的精神信仰，通过培养习武者尚武崇德、尊师重教和爱国奉献的精神，传承中华民族的美德，提升国人的道德水准，传播东方文明古国的价值观念，为中华民族的伟大复兴集聚力量。

## （三）展示中国文化的独特魅力，突出文化影响力

当今世界，全球经济文化一体化格局已经形成，不同文化在世界范围内交融、碰撞。强势文化可以发扬光大，弱势文化只能被同化、消亡。这注定使文化软实力成为影响国家和民族崛起的重要因素，各个国家都在想方设法输出自己的文化和意识形态。武术作为中华民族优秀传统文化的代表，兼具独特的东方魅力和极强的健身自卫功能，得到了世界人民的广泛青睐。这种文化和健身的双重属性赋予了武术天然的媒介功能。世界人民通过习练武术可以使身体强壮，使生活质量提高，自然而然就会进一步深入了解武术，就会溯源到中国，进而了解中国，学习汉语，学习中国传统文化，中国的意识形态就会在无形之中输入世界人民的内心深处，而且是根深蒂固的。这种隐形的文化传播载体在不知不觉中扩大了中国文化在国际上的影响力，应该成为国家文化和软实力战略中的得力抓手。

## （四）塑造良好的国际形象，提高国际话语权

众所周知，1971年的乒乓外交成为中美关系发展史上的一桩

美谈。这让世人认识到了体育外交在国际政治、经济、文化生活中发挥的重要桥梁和纽带作用。时过境迁，当时的乒乓外交在今天已经无法达到我们期望的效果，而中国武术却能够在今天达到甚至超过当年的效果。从近几十年的历史来看，我国进行的大量宣传表演活动证明了武术在国际和外交活动中发挥了令人意想不到的作用。1936年柏林奥运会上的表演，2004年悉尼奥运会上的亮相，2008年北京奥运会上的爆发，2009年联合国万国宫中的震撼，2011年纽约联合国总部的轰动，这一切都为中国和中国武术树立起了伟岸的国际形象。

## 四、运用文化体制机制创新提升我国武术文化软实力的策略

21世纪的第一个十年已经匆匆远去，新的时期、新的任务，中国武术面临着新的机遇与挑战。在新时期，如何通过体制机制创新快速提高中国武术文化软实力，为国家文化软实力的建设添砖加瓦是摆在武术人面前的一个现实问题。

### （一）以观念创新为先导，确定武术在国家文化软实力建设中的位置

观念创新是所有体制机制创新的先导，是国家文化软实力建设的先决条件。所以，体制机制创新要从国人的思想观念入手，打破原来固有的、僵化的思维模式，用符合生产力发展需要的先进思想观念武装自己的头脑，从根源上解决深层次改革的动力问题。

要紧随新一代领导集体高瞻远瞩的战略眼光，把中国传统文化这块丰富的宝藏挖掘出来，使其在文化软实力建设中发挥巨大的作用。纵观历史，体育在多方外交和国际交流中一直巧妙地扮演着对话载体的角色。而武术这个富含中国传统文化精髓的体育

项目无疑是我国文化“走出去”战略绝佳的载体和途径，理应在战略规划中占据重要地位。

## （二）以政策和法律体制机制创新为主导，将提升武术文化软实力纳入国家战略布局

政策和法律是一个国家发展方向的指挥棒，对于各领域的发展具有主导性作用。要制定文化产业发展规划，建立健全文化产业发展政策和法规体系及配套措施体系，将文化产业发展纳入经济社会发展的总体规划之中，纳入规范化、法制化的轨道[9]。

多少年来，一代代武术人为了将国术发扬光大，呕心沥血，砥砺前行，结果却是收效甚微。究其原因，就是没有得到国家政策和法律的大力支持。近几年，新一代领导集体以睿智的眼光发觉了这一问题，并及时给予了政策和资金上的扶持。刹那间，武术申奥、竞赛、段位制等各项工作都如雨后春笋般蓬勃开展起来，迸发出无限的活力。在以后的发展中，如果能够建立起扶持机制，设立武术发展基金，鼓励在传播途径和效果上增加研发投入，中国武术定会在我国文化“走出去”和软实力建设中发出耀眼的光芒。

## （三）以管理体制创新为抓手，建立有利于提升武术文化软实力的组织模式

《决定》指出要完善文化管理体制，按照政企分开、政事分开原则，推动政府部门由办文化向管文化转变，推动党政部门与其所属的文化企事业单位进一步理顺关系。建立党委和政府监管国有文化资产的管理机构，实行管人、管事、管资产、管导向相统一。《决定》还指出，要“整合新闻媒体资源，推动传统媒体和新兴媒体融合发展”；推动新闻发布制度化，严格新闻工作者职业资格制度，重视新型媒介运用和管理，规范传播秩序”[1]。

传统的举国体制管理模式虽然在过去的几十年中发挥了巨大作用，为重树民族自信、弘扬民族精神做出了不可磨灭的贡献，但是，在国际政治、经济、文化、科学技术瞬息万变的当下，仍然暴露出一些弊端。在接下来的发展中，应该摒弃“唯金牌论”“唯全运论”的教条主义错误，顺应国家政企分开、“两条腿走路”的改革方向，理顺关系，各司其职。坚持顶层设计，静下心来做大事，扭转急功近利的不良心态，在扎实提升武术文化软实力的道路上谨言躬行。同时，要整合电视、网络、自媒体、广播、报纸、杂志等多方面的媒体资源，形成多视角、全方位推进武术宣传工作的健康发展模式。

### （四）以资金财税体制机制创新为支撑，全面推进武术文化软实力建设

财税具有调节收入分配、优化资源配置和促进经济稳定增长的功能，科学合理的财税体制创新对全面推进武术文化软实力建设具有重要作用[10]。

要将武术文化发展纳入经济社会发展的总体规划之中，纳入地方各级政府的年度工作计划和考核中，争取专项资金支持，建立武术文化发展基金，对武术文化企业进行税收减免，吸引社会资本参与武术文化建设，让更多的资金和社会力量自觉地流入武术文化领域，形成自身的造血和循环机能，为武术文化软实力建设提供一条科学、健康、可持续发展的道路。

### （五）以教育体制机制创新为基础，提高国人对提升武术文化软实力的认同感

百年大计，教育为本。教育是民族振兴和社会进步的基石，是提高人民素质的根本途径。多少年来，国人一直为中华民族拥

有的国术感到自豪，一直对身怀绝技的民族英雄心生敬仰。但是，真正了解中国武术的国人却不多。这与我们的宣传教育有很大的关系。中华人民共和国成立后，为了追赶西方国家经济建设的步伐，我们的学校体育教育也基本上以西方的运动形式为主，渐渐忽略了中国武术的武德教化功能，白白浪费了老祖宗留给我们的文化瑰宝。在接下来的发展中，要多方争取各种宣传和教育途径，让中国人真正地了解武术、认识武术、习练武术、热爱武术、光大武术。用武术独有的武德来教化民众，提高全民族的素质，修身养性，立己达人，让五千年文明古国的深邃思想和文明内化成每一个中华民族子孙骨血里奔腾不息的龙脉，让中国武术文化软实力成为烙刻在十三亿中国人内心深处的那份认同感和归属感。

## 五、结　语

武术源于中国，属于世界。这种属性定位赋予了中国武术与生俱来的文化载体功能。在我国改革进入深水期，国际形势风云变幻的今天，中国武术必将充当文化软实力建设的急先锋，乘风破浪，开拓进取，不断将中国传统文化发扬光大，为推动中华民族的伟大复兴奋斗不止。

## 参考文献

[1] 中共中央编写组.中共中央关于全面深化改革若干重大问题的决定[M].北京：人民出版社，2013：67.

[2] 欧阳坚. 深化文化体制改革完善中国特色社会主义制度[J]. 科学社会主义，2011（5）：15-17.

[3] 奈. 软力量：世界政坛成功之道[M].吴晓辉，钱程，译.北京：东方出版社，2005：2.

[4] 方长平.中美软实力比较及其对中国的启示[J].世界经济与政治，2007（7）：21-27.

[5] 胡锦涛.在中国文联第八次、中国作协第七次全国代表大会上的讲话[R].2006.

[6] 胡锦涛.高举中国特色社会主义伟大旗帜，为夺取全面建设小康社会新胜利而奋斗——在中国共产党第十七次全国代表大会上的报告[R].2007.

[7] 胡锦涛.坚定不移沿着中国特色社会主义道路前进，为全面建成小康社会而奋斗——在中国共产党第十八次全国代表大会上的报告[R].2012.

[8] 付常喜.试论中国武术文化软实力[J].内江科技，2009，30（2）：45，67.

[9] 林尽染.大力发展文化创意产业，推进文化体制机制创新[J].经济研究导刊，2014（6）：44-46.

[10] 欧阳峣，生延超.两型社会建设体制机制创新研究述评[J].中国流通经济，2009，23（10）：34-37.

# 组织"双高期"离退休人员开展文化体育活动的新思考

国家体育总局离退休干部局　陈静波

**摘要：**目前我国离退休人员普遍进入了"高龄期、高发病期"，多数离退休人员都患有高血压、心脑血管等多种疾病，跟上时代的步伐，把马克思主义的立场观点运用到工作实际中，针对"双高期"离退休人员的开展丰富多彩文体活动，对于稳定社会、构建和谐社会具有十分重要的意义。本文针对"双高期"文体活动的开展进行了新的探索。

**关键词：**"双高期"；离退休人员；体育活动

当前，人口老龄化已成为全球关注的问题，我国已经于20世纪末步入了老龄化社会，老年人的养老、社会服务问题日益成为维护社会稳定、构建和谐社会的一项重要工作。如何帮助老年人建立文化健身、科学养生的生活理念，提高他们的生活质量，是我们面临的一个重大课题。1982年2月20日，中共中央做出了《关于建立老干部退休制度的决定》（以下简称"《决定》"），《决定》指出，建立老干部离休退休和退居二线的制度，妥善解决新老干部适当交替的问题，是一场干部制度方面的深刻改革，是关系我们党兴旺发达、国家长治久安、社会主义现代化建设事业顺利实现的具有战略意义的重大决策。大批干部随着《决定》的出台离开工作岗位，至今已经32年了。随着离退休人员年龄的增长，他们的身体状况也较从前有了很大变化，不少人进入了“高龄期”和“高发病期”（以下简称“双高期”）。尊老敬老是中华民族的传统美德，让离退休人员既有健康又有尊严地生活是历史赋予我们的责任。而组织他们开展积极向上、内容丰富、形式多样、有利于身心的文化体育活动（以下简称“文体活动”），则是离退休人员拥有健康幸福的晚年生活，实现“老有所养”“老有所学”“老有所乐”“老有所为”不可或缺的途径。

## 一、组织离退休人员开展文体活动的重要性

### （一）开展文体活动是促进社会文明与和谐发展的需要

中央对于离退休干部工作的开展强调六个“老有”（老有所养、老有所医、老有所教、老有所学、老有所乐、老有所为），开展文体活动是落实“老有所教”“老有所学”“老有所乐”“老有所为”要求的具体体现。开展文体活动是实现离退休人员快乐、健康、长寿，丰富离退休人员晚年生活，提高离退休人员生命质量的重要举措。它对提高离退休人员的身心素质、健康水平和生活质量都发挥着积极的作用。离退休人员的心情愉悦、身体健康、凝聚力强、队伍稳定，对于促进社会主义物质文明、政治文明、精神文明建设与社会和谐也将起着重要的积极作用。

### （二）开展文体活动是提高离退休人员生命质量的需要

离退休人员在离开工作岗位以后，晚年生活是他们最为关注的。中央《关于加强老龄工作的决定》和《全民健身条例》，从

不同角度对老年人健身提出了要求。因此，根据离退休人员的不同需求，组织开展不同形式的文体活动，对于离退休人员的晚年生活和身心健康都将起到非常有益的作用。我们倡导的是“离退休人员不但要长寿，而且要健康长寿、快乐长寿”。不断满足他们强身健体的需要，满足他们追求知识的需要，满足他们生活品质的需要，既是“老有所学”“老有所教”“老有所乐”“老有所为”工作要求的需要，更是离退休工作的出发点和落脚点。随着社会的进步、经济的发展、人民生活水平的提高，不断提高老年人身体素质和生命质量，使老年人共享社会经济发展成果，已经成为当今社会共同关注的新焦点，同时对离退休工作也提出了新要求。所以我们的工作要不断探索和创新，以适应形势的需要和离退休人员的需要。

就国家体育总局机关而言，现有离退休人员286人，其中离休干部46人、退休干部214人、工人26人。离退休干部中80岁以上的有101人，占离退休人员总数的35.3%；70~80岁的有98人，占离退休人员总数的34.2%；60~70岁的有51人，占离退休人员总数的17.8%；60岁以下的有1人。国家体育总局离退休干部局（以下简称“离退休干部局”）根据人员居住情况，下设1个活动中心和3个活动站，为老同志开展文体活动提供场地支持。我们所面对的群体是一个特殊的群体，他们中有为中华人民共和国成立出生入死，解放后为体育付出心血的离休干部，也有自中华人民共和国成立初期就为中华人民共和国体育事业做出贡献的退休干部；他们中有担任过国家体育总局领导的部级干部、担任过司局领导的局级干部、担任过各个项目负责人的处级领导干部，还有服务在一线的工作人员。这些老同志在岗时忙于工作，无暇顾及自己的身体，有的甚至积劳成疾。“双高期”的离退休人员还较普遍具有年龄偏大、身体各异、爱好多元等特点。因此，开展好文体活动是奠定他们晚年幸福生活的基石。

## 二、组织离退休人员开展文体活动的方式

既然参加文体活动的主体是离退休人员，那么如何满足老同志的不同需求，就成为我们工作考量的前提。工作中我们坚持：一是听取老同志的想法，了解他们的需求，制定和改进活动方式。同时学习和借鉴其他单位的好方法和好经验。二是加大对文体活动的宣传，局领导提出了“健康最重要，活动不能少”的工作理念，并以同样的名称举办活动宣传栏，使老同志认识到文体活动的重要性和趣味性。通过文体活动强身健体，学习知识，团结友爱，增进了解，促进和谐，从而建立起科学、文明、积极的生活方式。具体做法如下。

### （一）以老年大学为平台，大力开展科学文化知识学习

老年大学是以离退休人员为对象的学习和活动的载体，是老同志增长学识、相互学习和切磋的桥梁。老年大学教学过程中，我们始终坚持“三个结合”，即科目设置与学员意愿相结合（喜好和意愿），课堂教学与课外活动相结合（参加各类书画展），所学知识与实际应用相结合（出版个人画册、诗集）。注意听取老同志的意见和建议，及时调整课程设置，达到“教、学、乐、为”的有机统一。实际工作中力求“教学形式多样、授课内容丰富、满足实际需求”。让老同志感到上老年大学既能快乐的学习，又能满足精神的需求。

### （二）以离退休干部活动中心（站）为阵地，积极开展丰富多彩的文体活动

离退休干部活动中心（站）被老同志誉为自己的“家”，不少老同志无论春夏秋冬，无论天气好坏，常年坚持把离退休干部活

动中心（站）作为主要活动场所，他们在这里学习知识、阅读报刊、参加支部活动、强身健体、休闲娱乐、交流思想、探讨问题。为此，我们除了注意加强活动中心（站）的建设，为他们提供良好的活动场所外，还注重把政治性、科学性、知识性和趣味性有机结合起来，从有益于离退休人员身心健康的角度出发，组织开展形式多样、内容丰富、积极向上的文体活动，满足他们的活动需求。

## （三）以兴趣小组为依托，结合个人兴趣开展日常活动

在日常活动中，我们以兴趣小组为单位组织开展活动，目前各种兴趣小组有9个：网球、门球、地掷球、台球、沙狐球、钓鱼、登山、扑克牌、麻将。加上老年大学的文学班、绘画班、书法班和“体育之声”老年合唱团等，常年开展文体活动的项目就有十几项，同时还有根据老同志需求举办的计算机、水仙花雕刻等短期培训班，实现了边活动、边教学、边娱乐、边受益的效果。

## （四）以重大节日和纪念活动为契机，以文体活动形式适时开展思想政治教育和爱国主义教育

利用党和国家重大事件的时间节点做好离退休工作是我们工作的一个重要特点。通过文艺演出、组织参观、播放电影（《建国大业》《建党伟业》《辛亥革命》《许海峰的枪》）等形式，让老同志们回顾历史、切身感受到改革开放以来我们党和国家取得的巨大成就和体育事业取得的优异成绩。引导离退休人员拥护和支持党的方针政策，坚定对社会主义的理想信念，自觉地在思想上和行动上与党中央保持一致。

## 三、组织离退休人员开展文体活动遇到的问题

### （一）人员需求呈小型多元化趋势

随着离退休人员年龄的增加，目前离退休人员呈现3个群体：一是身体衰弱，长期卧床，各项活动都受到限制的；二是行动基本自理，但活动半径不宜过大的；三是身体素质相对较好，参加活动热情很高的。因此，我们的工作既要照顾到面——考虑到大多数老同志，同时还要照顾到点——考虑到不同需求的老同志，这将成为我们工作的出发点和落脚点。

### （二）场地设施不足与需求的矛盾

现有情况下，活动场地设施不足，容易引发各种矛盾。国家体育总局离退休人员的会议、教学及大型活动，都安排在离退休干部活动中心，但由于场地有限，无法进行区域划分。老年大学有3个教学班，目前只有1间教室，大家共同使用，人均面积仅1.5平方米，给教学带来不便。台球、沙狐球与麻将共处一处，动静活动不能分开，导致互相干扰。

### （三）组织活动的难点是安全问题

在组织“双高期”离退休人员开展各项文体活动时，重中之重就是安全问题。老同志年龄大、身体弱，随时可能会发生意想不到的事情。因此，保证离退休人员各项活动的安全，是国家体育总局领导和离退休干部局领导对我们提出的工作要求。

## 四、组织离退休人员开展文体活动的应对方法

### （一）结合老同志特点，把工作落到实处

针对”双高期”离退休人员的特点，注意老同志在年龄和身体上的差别，开展多层次的活动，让他们根据自己的情况分别参加活动。在组织开展外出活动时，我们就参与人员多、活动时间短、工作要求高的特点，采取就近乘车（以活动站为点）的方式，方便出行。在组织文体活动时，则想方设法开发智力方面的游艺项目，帮助老同志活跃大脑动，身体动起来、精神乐起来。在开展各项文体活动中，对身体健康又热心且有能力的老同志，还要注意创造条件请他们参与工作，发挥作用。现有的老年大学、兴趣小组、“体育之声”老年合唱团和活动中心（站），都有老同志参与自我管理和自我服务。他们的参与，形成了活动骨干队伍。

### （二）充分利用现有场所开展文体活动

为了解决老年大学教室缺乏的问题，3个班错开时间轮流上课，并尽可能地为他们提供必需的授课设备。在有限的空间内，尽可能最大化地利用场地，开设了健身房、阅览室（配有多种报刊杂志）；配备了象棋、麻将、桥牌、台球、沙狐球等硬件设备，以满足老同志的不同需求。同时注意经常与活动骨干沟通，听取他们的想法，化解因场地导致的矛盾，使之相互理解和谅解。我们非常重视活动中心（站）的管理与建设，有一支为老同志服务的工作队伍，他们每天除负责活动中心（站）的清洁工作外，还从多角度为老同志提供服务，使老同志视活动中心（站）为自己的“家”。面对离退休人员“双高期”的现状，我们要经常思考文体活动如何开展、活动形式如何变化等问题，并注意在

工作中不断探索和创新。

## （三）提高责任意识，做好应急方案

离退休人员活动组织中的安全责任问题越显突出，在活动中难免发生意外事件，如何避免和处理也成了不可回避的问题。在组织大型活动时采取家属陪同、购买保险、医护随行的做法，工作中坚持一盘棋，既分工又合作，既是组织者又是执行者。事前做好功课（所有细节）、前期做好宣传（向老同志讲明情况）、召开准备会议（责任到人），为老同志出行提供安全保障。

## （四）取长补短做好借鉴工作

为了更好地组织“双高期”离退休人员开展文体活动，我们相继走访了多个部委（局）的对口单位，大家相互学习、相互交流、相互借鉴。一是组织“双高期”离退休人员开展文体活动，传统的模式已不能完全适应新的变化，要调整、要创新；二是组织开展文体活动，不仅仅是让老同志玩好的问题，而且是党和国家离退休干部政策的体现；三是离退休干部是中国革命建设和改革的有功之臣，是党和国家的宝贵财富，让老同志健康快乐、安度晚年，是党和国家赋予我们的责任，也是提高离退休干部生活待遇的重要组成部分。组织好“双高期”离退休人员开展文体活动，要适应时代、适应老同志需求。2009年，国务院机关事务管理局选择部分交通便利、活动场地较大、中央国家机关离退休人员相对集中的活动中心，作为资源共享单位，面向中央国家机关离退休人员开放，缓解了居住分散的老同志不能就近参加学习和活动的现状，这也是一种新的尝试。党和国家非常重视离退休工作，出台了一系列的政策法规来保障老年人的合法权益。2009年出台了《全民健身条例》，其中也涉及老年人的健康问题，而我们的工作就是围绕离退休人员的身心健康而开展的，我们要在本职岗位上，尽心尽力做好“双高期”离退休人员文体活动的各项工作。

建设和谐社会，老年群体是不可缺少的。如何让这个群体真正融入社会，跟上时代，使离退休人员真正生活得有尊严、有质量，通过开展文体活动，我们有以下体会。

一是文体活动是离退休人员快乐的需求。老同志虽然退休了，但他们仍然需要一个能够关心国家大事、能够读书看报、能够相互交流的平台，而文体活动恰恰能满足他们的需求。丰富多彩的文体活动，可以使老同志在快乐中增长学识、开阔视野、更新观念、提升素质，真正实现快乐生活、健康生活。

二是充分发挥离退休人员的骨干作用。坚持和提倡老同志“自我教育、自我管理、自我服务”的原则。发挥好他们在组织文体活动方面的作用，可以实现事半功倍的效果。

三是创新探索是开展文体活动的要求。随着离退休人员“双高期”的到来，为组织开展文体活动提出了新的要求。我们坚持尽可能考虑大多数老同志的生理特点、心理特点和身体状况，开展适合他们的文体活动。活动不能不搞，但要把握好“尺度”，既要丰富，又不能太过度，要使老同志“动静结合”、不疲劳。

综上所述，我们的工作要按照党和国家相关离退休工作的要求去做，要按照国家体育总局党组的要求去做，真正做到“心要到、情要到”。在离退休干部局领导班子的带领下，因地制宜，联系实际，求真务实地做好组织离退休人员开展文体活动的各项工作，使他们拥有快乐、健康、充实的晚年生活，从而提升他们的生命质量和生活品质。

# 小 组

# 课题成果

# 关于我国竞技体育管理机制创新若干问题的思考

执笔人：袁守龙（国家体育总局竞技体育司）
课题组成员：李东岩（国家体育总局冬季运动管理中心）
唐　峰（国家体育总局足球运动管理中心）
张寒松（国家体育总局篮球运动管理中心）
张浩然（国家体育总局乒乓球羽毛球运动管理中心）
孙文兵（国家体育总局网球运动管理中心）
蔡利勇（国家体育总局武术运动管理中心）
李卫东（国家奥林匹克体育中心）
张　霞（北京体育大学）
卢秀栋（北京体育大学）
张海燕（北京体育大学）
陈　沫（国家体育总局体育文化发展中心）
张文生（国家体育总局体育基金管理中心）

**摘要**：本文在系统分析我国竞技体育现状的基础上，运用系统思维和辩证思维指出了我国竞技体育存在的问题，这些问题包括社会对竞技体育社会功能有新的要求，指出了我国竞技运动项目长期发展不均衡、竞技体育管理模式单一、缺乏社会和市场活力、竞赛内容和形式不能满足社会多元化需求、国家队集中备战管理模式难以整合更多资源、竞技体育后备人才培养体制受到冲击等，并就竞技体育管理机制创新进行深入思考。在建议中，提出要转变观念，顶层设计，推进竞技体育服务社会立体化；拓宽路径，建立多元化竞技体育管理机制；要加快单项运动协会建设，建立去行政化管理的一体化协会管理模式；通过创新国家队管理机制，建立垂直式管理和扁平化攻关的主体功能区布局；创新竞赛组织方式，提高竞赛多元化社会服务功能；要以提高青少年体能健康为目标，搭建体育后备人才培养平台，建立体教发展融合机制。

**关键词：**竞技体育；管理机制；创新

《人民日报》于2014年1月先后发表了6篇体育改革向纵深推进的政论文章，标题醒目、观点犀利，如《关起门办体育没出路》《公共服务应问需于民》《用什么托举起三大球》《敞开心胸办体育》《应建构体育发展大局观》《民间体育呼唤释放空间》等有思想深度的文章，对我国体育改革的核心问题进行思考。

党中央国务院关于转变政府职能的若干规定和要求推动着我国体育改革步伐，建设体育强国的时代使命迫切需要转变体育发展方式，2022年北京和张家口联合申办冬季奥运会需要重新审视奥运会的功能价值。对于当下的中国体育人来说，需要自觉地运用辩证唯物主义的观点和方法系统地、深刻地研究和思考当下中国体育发展的现状；思考体育的时代责任和功能，明白我国体育发展宗旨、对象和障碍、困惑；需要我们以更大的勇气，大胆地设计，以更坚定的态度回答社会对体育改革的追问，以主动求新求变的态度来重新审视关于奥运争光、全运会组织、年度竞赛形式、职业体育发展、体教结合机制等多层次、多领域的问题。

本课题重点围绕我国竞技体育发展现象和存在的问题进行研究，就竞技体育管理机制创新提出对策和建议。

# 一、我国竞技体育发展现状和主要问题

## （一）我国竞技体育发展现状

竞技体育是我国体育事业的重要组成部分，是以实现在国内外赛场上，争金夺牌、争先进位、升旗奏歌为目标的组织、管理、训练、参赛过程，我国竞技体育发展的重要目标是奥运争光。实施奥运争光计划以来，我国运动员在国际赛场上取得了丰硕成果，至2013年共获得世界冠军2876个，超、创世界纪录1089次，分别占到中华人民共和国成立以来总数的99.1%、86.2%。夏季奥运会竞技实力稳固在第一集团，冬季奥运会运动成绩也保持在各参赛国家和地区的第二集团；悉尼奥运会以来，我国连续四届奥运会跻身前3名，2008年北京奥运会实现了金牌榜第一的辉煌，展示了我国改革开放发展成就，实现了我国竞技体育的既定目标，带来巨大的政治效益。

随着竞技体育水平的提升和国际地位的提高，竞技体育的举国体制和运行机制得到强化，形成了以全运会为杠杆，以奥运会为导向，以国内练兵、一致对外的竞技体育垂直式管理体制，形成了以国家队为龙头集中备战的运行模式，孵化出乒乓球、羽毛球、跳水、体操、射击、举重6大优势项目，这些项目成为我国历届奥运会上夺金夺牌的主力军，历届金牌总数贡献率大于68.42%。其中，伦敦奥运会获27枚金牌，占金牌总数的71%；北京奥运会获37枚金牌，占金牌总数的72.5%；雅典奥运会获21枚金牌，占金牌总数的75%。

## （二）我国竞技体育发展存在的主要问题

但是，随着我国经济和社会的发展，我国竞技体育发展却面临了前所未有的挑战和困惑。近年来诸多关于奥运金牌的争议见诸学界与报端，“唯金牌论”的观念与做法屡遭诟病，对金牌价值、竞技体育社会价值、职业体育发展、群众健身水平低等进行了讨论；对体育部门竞赛权的垄断、政府提供公共体育服务能力的质疑、职业体育“伪职业”特征的批评及重塑时代体育价值体系等进行了深入的讨论。竞技体育发展存在的主要问题和困惑概括起来有如下四点。

**1. 社会对竞技体育的社会功能有新要求**

2014年1月10日在《人民日报》上发表的《应建构体育发展大局观》中提出，体育在社会发展中的功能和角色更为多元，建构起和时代特征相适应、和大众需求相呼应的大局观，是已经破题的体育改革如何扬帆远航的应有前提。体育是国家经济、社会和文化发展的重要标志，竞技体育水平集中体现了国家的综合实力。虽然我们在北京奥运会上取得了辉煌成就，留下了丰富的奥运遗产，实现了中华民族的百年期待，并在伦敦奥运会上实现了奥运会境外参赛的最好成绩，但是，社会各界对竞技体育进行了“冷思考”，对竞技体育功能的要求发生了很大变化，不太关注我国代表团在国际赛场升国旗、奏国歌，更关注金牌质量、三大球项目发展和如何促进、带动全民健身。

**2. 我国竞技运动项目长期发展不均衡**

长期以来，我国各运动项目的竞技实力呈现非结构化增长和动态变化的趋势和特征，我国对运动项目进行了如下的分类：优势项目、潜优势项目、基础类项目、落后项目。为了改善运动项目的发展结构，国家采取了一系列措施，使优势项目管理机制进一步完善，潜优势项目成绩有所突破，基础类项目部分项目实力有所攀升。

通过进一步分析可以看出，我国的优势项目处于动态变化之中，比较优势项目、比较潜优势项目、落后项目都处于变动之中。一些新兴项目跻身优势项目，如跆拳道、蹦床。从历届奥运成绩来看，乒乓球、羽毛球、跳水、体操、举重、射击可以称为优势持续类项目，蹦床、短道速滑为优势增长类项目，柔道、跆拳道、击剑、游泳、射箭、赛艇、网球、排球、自由式滑雪、短道速滑、速度滑冰为优势间断类项目；田径、摔跤为潜优势持续类项目，拳击、自行车、冰壶为潜优势增长类项目，帆船帆板、皮划艇、花样游泳、艺术体操、现代五项、篮球、足球、手球、曲棍球为潜优势间断类项目。

李端英在《我国区域竞技体育主体功能区划的研究》中认为，我国从奥运优势项目空间转移趋势来看，优势项目逐步向东部转移，区域差距加大。从1984—2000年的5个奥运周期来看，西部奥运竞争力下降，中东部竞争力大致平衡发展；从2000—2012年的3个奥运周期来看，东部与中部开始分化，优势项目向东部地区集中，中部竞技实力先升后降，而西部竞争力开始逐步回升。各区域奥运优势项目的变化过程，也是优势项目在不同空间形成和转移的过程。1984年奥运周期，东部地区主要聚集了体操、射击、举重三个优势项目，西部地区以体操为核心优势，中部地区优势项目还不明显；2000年奥运周期，东部地区射击、举重、羽毛球、乒乓球、跳水项目形成聚集优势，也是这一阶段东部地区竞技实力上升的主要力量，而体操的聚集优势则由东西部地区转至中部地区，中部地区形成了以体操、短道速滑为主的集中优势，促使其总体竞技实力上升；2012年奥运周期，东部地区在原有优势项目的基础上，蹦床、跆拳道成为新兴优势，中部地区继续保持短道速滑项目优势，体操优势则向东西部分散。总体来看，目前东部地区聚集了跳水、乒乓球、举重、羽毛球、体操、射击、蹦床、跆拳道等具有明显国际竞争力的项目，中部、西部地区仅分别有短道速滑、体操个别优势项目竞争力突出。

综上所述，我国竞技体育发展处于失衡状态，竞技体育项目发展存在着项目之间的不均衡、空间地区的不均衡和时间过程的不均衡。出现这些现象的原因，既有奥运争光战略的直接影响，表现为成绩导向、投入与产出效益比低等方面的政策对三大球项目的“屏蔽效益”，又与我国社会经济发展不均衡是基本对应的。国际上，以市场化为导向的职业体育发展对我国影响巨大。我国的三大球项目在20世纪七八十年代的国际赛场上颇具竞争力，但是到2012年伦敦奥运会，三大球十分意外地未获一枚奖牌，集体球类项目成绩跌入低谷。不仅如此，在足球、篮球、排球等世界职业赛事上，除了女排外很难跻身国际高端赛场，这些也是社会对我国竞技体育诟病的重要原因。

**3. 我国竞技体育管理模式单一，缺乏社会和市场活力**

“举国体制”的核心是集中力量办大事，这一特征不仅存在于竞技体育，在航天、科技、经济、教育等领域都是如此。按照党的十八大提出的要加快推进国家治理体系和治理能力现代化的标准和要求，竞技体育管理模式相对单一，难以适应现代市场经济的发展需要。从国家体育总局管理上来看，竞技体育的目标任务是在奥运会等国际赛场上实现运动成绩和精神文明双丰收，各省、自治区、直辖市开展竞技体育的目标任务是在全运会上争金夺牌、争先进位。

举国体制在发挥政府职能方面具有很高的效力，但是总体上存在着依法行政的制度缺失、市场结合的链接机制、国家和地方的资源分散、全运会上缺乏科学布局的低质量竞争等问题。对各地区、各项目我国竞技体育发展质量和效益缺乏一个综合的、客观的、科学的、全面的评价体系，导致各地区竞技体育工作的核心就是力争全运会金牌数量不断攀升，而忽视竞技体育多元功能的发挥，忽视竞技体育投入与效益的关系，忽视各地区优势互补和资源整合的关系。所以，竞技体育单一管理和发展方式导致项目设置交叉雷同，地方优势和特色不明显，竞技体育发展动力不是靠创新，而是靠要素驱动，要铺摊子、大投入、多设项。

**4. 竞赛内容和形式不能满足社会多元化需要**

竞赛是训练的杠杆，是实现竞技体育从业者价值的平台，也是实现竞技体育服务社会的舞台。在我国，除少数比赛，如中国男子篮球职业联赛（CBA）外，年度比赛和全运会比赛赛场观众寥落晨星，经常出现参赛运动员、裁判员比观众多，富丽堂皇的比赛场馆上无数的座位空空如也，场面十分冷清；这一景象与场上顽强拼搏、汗流浃背的运动员相比反差巨大。而美国职业橄榄球大联盟、美国职业篮球联赛、国际足联世界杯、法国网球公开赛、温布尔登网球锦标赛等赛场上，几乎是人头攒动、人浪翻卷、色彩绚丽、激情飞扬，那样的比赛真正成了观众的节日、激情的盛会，让每一个人都能感受到体育的魅力。如果不创新竞赛组织方式，竞赛活动只能成为体育界的比赛，比赛的价值仅仅停留在争金夺银的目标上，竞技体育就会失去发展的动力和基础。

**5. 国家队集中备战管理模式难以整合更大资源**

长期以来，国家队是落实奥运会战略，实现为国争光计划的排头兵、先锋队，是实现国内练兵、一致对外的最高组织形式。这一组织管理形式在各项目发展中发挥了巨大的作用，我国很长一段时间还将存在这一备战管理方式。

但是，随着竞技体育的发展，各省、自治区、直辖市在组织备战全运会和间接参与世界大赛的组织管理过程中，积累了丰富的经验，培养了一批教练员、科研专家、优秀的管理人员和后勤保障队伍。北京奥运会以来，我国很多运动项目中心都在积极探索多元化国家队管理模式，如拳击、田径、水球、跆拳道等项目先后探索了集中与分散相结合的国家队、运动项目中心和省市联办型国家队，以重点运动员和重点组别为支撑的个体化国家队备战方式，在一定程度上有效地吸纳和整合了科技资源、人力资源，成为集中备战的重要补充形式，取得了积极成果，积累了丰富经验。但是，我国很多项目包括部分优势项目仍然采取集中训练、统一管理、选拔参赛的管理模式，个别项目甚至进一步延伸集中训练的人员，从少年队一直到青年队、成年队都想集中到国家队来训练，希望形成一条龙的训练管理模式，结果导致很多传统优势项目的省、市、县教练员没有队伍训练，训练基地和学校荒废，人才梯队断档。

可以说，多元化的国家队管理模式是我国未来各个项目发展的重要趋势和各地区管理者、教练员与运动员的正当诉求，但是到目前为止我们还缺乏制度化、规范化和法治化的管理机制，导致省、自治区、直辖市和社会资源受到“过滤效益”和“漏斗效益”的影响。

**6. 竞技体育后备人才培养体制受到冲击**

随着市场经济的发展和对于竞技体育观念的变化，我国体育后备人才三级培养体制受到严重冲击，后备人才规模严重萎缩，各级各类体校数量明显减少。

（1）基层政府体育管理职能弱化。由于我国行政管理体制改革，大多数区县级体育管理部门与教育、广播电视、新闻出版、文化等部门合并，专职体育管理人员减少，基层体育管理职能弱化，总体工作经费不足，事务繁杂，精力分散，基层业余训练运行困难。

（2）青少年业余训练人群大幅度减少。由于我国实行计划生育政策，城镇青少年绝大部分为独生子女。同时，高考制度改革和高等教育普及化拓宽了我国青少年实现人生价值的途径。重文轻武的传统思想使家长更愿意送孩子参加文化学习、艺术培训，而疏远体育，导致大量青少年不喜欢体育、不爱好运动、体质下降，参加业余训练的青少年人群数量大幅度减少。全国少儿业余体校从1990年的3687所减少到2000年的2679所，到2011年减少到1724所。

（3）城镇化迫切需要体育界关注农民工子女从事体育运动

的问题。2000年至2010年，我国城镇人口由4.6亿增加到6.7亿，城镇化水平由36.22%提高到49.95%，城市群、都市圈迅速崛起，城市达到657个，建制镇达到19410个。到2011年城镇化率达到51.27%，进城农民工总量达到2.5278亿人，其中，东部1.079亿人，占42.7%；中部7942万人，占31.4%；西部6546万人，占25.9%。《中国投资发展报告（2013）》预测，到2030年我国城镇化将达到70%，全国总人口将超过15亿人，居住在城市和城镇的人口将超过10亿人。全国进城务工农民随迁子女数量达到1400多万人，全国沿海大中城市中，学龄儿童中农民工子女占到20%以上。未来20年中国农村人口将减少1/3以上，3亿农村居民将移居到城市和城镇，城市人口剧增从根本上改变了我国城乡人口结构比例，同时改变了城乡青少年人口结构比例。这一重大社会问题亟须体育界高度关注。

## 二、关于竞技体育管理机制创新的思考与建议

面对当前我国竞技体育面临的困难和挑战。一方面我们要正视现实、分析问题、更新理念、拟定思路；另一方面要以转变政府职能，加快我国治理体系和治理能力现代化作为改革创新、转型发展的动力，要将竞技体育的“以人为本”和“服务社会”作为未来发展的出发点和落脚点。我国竞技体育发展战略要实施为奥运争光和充分服务社会的“双线战略”。因此，要建立符合竞技体育发展需要的“垂直式管理体制”和高效、灵活、科学的“扁平化管理机制”管理模式。

### （一）转变观念，顶层设计，推进竞技体育服务社会立体化

以加快我国体育治理体系和治理能力现代化为目标，开展

顶层设计，重新界定我国竞技体育的社会责任、立体价值、服务功能等，将竞技体育作为建成小康社会阳光工程，作为繁荣当代先进社会文化的重要载体，作为引导民众健康、拉动内需的经济“助推器”，将竞技体育作为落实社会主义核心价值观的重要平台，实现竞技体育社会服务立体化、日常化和普及化，使竞技体育真正走进千家万户。

## （二）拓宽路径，建立多元化竞技体育管理机制

当前，我国竞技体育管理层级分明、目标一致、任务统一，国家层面以奥运会升旗奏歌为目标，省、自治区、直辖市层面以全运会争先进位为驱动，地市层面以省运会完成成绩任务为导向，县区乡一级以组织青少年训练、输送人才和服务教育、提高素质等目标为动力。

随着三级训练体制的萎缩，这一管理体系难以承担未来竞技体育发展的重任。因此，要倡导政府主体向政府主导方向发展，利用政策手段广泛动员社会参与管理，加快改革创新步伐，建立竞技体育融资机制、融资渠道和融资空间，吸纳更多的市场力量参与竞技体育，从而建立我国政府引导、社会参与、市场融入的多元化竞技体育宏观管理机制，强化目标驱动、法人治理、科学实施的管理机制。

## （三）加快单项体育协会建设，建立一体化协会管理模式

目前，我国单项体育协会是经过民政部注册登记的社会性组织，受各类法律法规保护，具有法人主体地位，但是实际上仍然隶属于各个项目管理中心，具有政府管理和社会化市场管理多重性特征，即不完全社会化管理和市场化运作。

从转变政府职能角度出发要构建服务性政府，因此，单项体

育协会作为运动项目发展的合法管理组织，应该对项目发展具有指导和管理职能；需要对运动项目的从业者依法保护，对项目社会化、市场化推广具有主体责任；对项目走向国际、扩大项目的国际话语权、加强国际合作和发展将具有重要的责任。

要实现运动协会管理一体化机制就必须要加快法治建设，实施运动协会去行政化管理，赋予项目协会管理社会主体、市场主体和法律主体地位，制定相关发展规划和管理条例，丰富单项体育协会的管理内涵，拓展其多元功能，提高项目协会自我发展、自我管理、自我约束的市场化、社会化发展的主体地位，提高运动协会社会服务能力。

## （四）创新国家队管理机制，建立垂直式管理和扁平化攻关的主体功能区布局

国家队集中集训方式导致我国各省、自治区、直辖市备战奥运会的积极性和能动性受到影响，不能实现资源匹配优势和个别项目突破需要，导致我国金牌项目在各省份之间分布极不平衡，或者东多西少，或者南北区域差异，以至于体能主导类和技能主导类项目的奥运金牌数量主要集中在南方，技心能主导类项目主要集中在北方，技战能主导类项目主要集中在南北区域。这就是我国竞技运动项目的“马太效应”。

主体功能区布局是在我国现阶段社会、经济、政治发展趋势下提出的新型发展战略，它打破了传统的行政区划概念，建立新的发展格局和发展模式。2011年国家下发了《全国主体功能区规划》，这是中国第一个国土空间开发规划，明确了未来国土空间开发的主要目标和战略格局，提出了构建城市化地区、农业地区和生态地区“三大格局”和优化开发、重点开发、限制开发、禁止开发四类开发模式。在此基础上，课题组提出了“竞技体育主

体功能区”概念，主要内涵是基于不同区域的社会经济基础、自然地理条件及竞技体育发展实力与潜力，将特定区域确定为竞技体育主体功能定位类型的一种空间单元。竞技体育主体功能区划区别于以往区域规划的核心理念，即区分不同区域的主体功能，依资源禀赋及其比较优势确定主体功能区，促进竞技体育空间功能分工格局，政府、社会和市场共同推进主体功能区形成，打破传统行政区划的竞技体育单一管理和垂直管理机制，赋予举国体制新内涵、新机制，动员和整合更多政策资源、政府资源、社会资源、人才资源、信息资源和市场资源，使之成为国家队备战奥运会的资本，形成各个项目国家队主体功能区备战新理念，加快推进我国竞技体育治理能力现代化。

建议各项目管理中心根据主体功能区布局的理念，对各个小项规划区域发展：第一，明确目标和各项目，采取纵向管理、横向联合的项目功能空间布局，提高训练攻关的系统性、有效性；第二，制定各项目国家队主体功能区域发展管理办法。在资源配置、竞赛组织、参赛资格、名额分配、水平标准、奖励激励、资金保证、人才投入等多方面给予政策支持，契约化管理、市场化运行，促进各项目主体功能区备战奥运会的机制化、规范化和科学化。第三，国家体育总局将按照主体功能区布局的理念和思路，顶层设计，对我国竞技运动项目进行新的功能布局，打破行政化区间概念，建立区域协调发展和联合发展机制，通过市场机制、竞合机制、互补机制、互助机制和法律法规等形成我国竞技体育联动发展的大协同、大合作和大创新机制，可以动员和整合更多的资源，使之成为备战奥运会的资本。

### （五）创新竞赛组织方式，提高竞赛服务社会多元功能

没有竞赛就没有训练，没有竞赛就没有竞技体育，没有竞

赛就没有现代奥林匹克运动的巨大影响力和职业体育的全球化魅力，因此，竞技体育如果没有竞赛内容和方式的不断创新，就会失去其特有的文化、娱乐、欣赏、激情、共鸣、体验、交流、合作、艺术、节律等多样化的功能和作用。

随着构建和谐社会与我国国民日益增长的文化生活需要，我国的文化体制改革正在千方百计地朝着适应社会需要的方向发展，创造了日益丰富多彩又新颖、刺激的文艺节目，其市场占有量和占有率都不断提高，相比而言，我国的体育赛事则逐渐从人们的视线中淡出，甚至到了曲高和寡、无人问津的地步。如果我们不在竞赛组织内容和形式方面进行大胆创新，那么即便是全运会和年度十分重要的锦标赛、冠军赛及三大球的职业联赛也会出现“冷场”的尴尬局面，因此，竞赛组织内容和方式的创新改革迫在眉睫。

**1. 建立以观众为本的竞赛组织理念**

竞赛首要的社会功能是“吸引眼球”。和文艺节目相比较，体育竞赛能够带来现代文明社会最激情、最刺激、最动感的身心享受。我们的竞赛组织长期以来是以获取金牌、比赛练兵、提高水平为目标，对社会关注和百姓的参与、欣赏很少考虑，导致观众与赛场越来越疏远。

**2. 创新竞赛组织方式**

奥运会更快、更高、更强的目标不只是针对运动员的，更要从竞赛规则、竞赛组织和竞赛方式去创造体现运动员成绩和精彩的可能。我国竞赛组织方式多跟随国际单项体育联合会竞赛改革步伐，亦步亦趋，导致竞赛组织方式单一、竞赛内容生硬、竞赛欣赏性不强，所以，要从各个项目发展的需要出发，借鉴我国文化体制改革和国际职业赛事组织方式，以突出项目的内涵、文化、欣赏性等设计竞赛方式，努力做到更大程度地参与、体验、互动，激活竞赛组织，带动赛场观众，繁荣竞赛市场。

**3. 建立各个项目竞赛表演平台和舞台**

通过特色的运动项目表演，吸引大众欣赏体育的生活内涵，通过各个项目的竞赛表演平台，集竞技性、娱乐性、欣赏性于一身，吸引更多的观众和市场资源参与各个项目的竞赛，提高竞赛的职业化、市场化和娱乐化水平。

## （六）以提高青少年体能健康为目标，搭建体育后备人才培养平台，建立体教发展融合机制

我国体育后备人才培养和青少年体质持续下降，存在“两难境地”。一方面，我国体育三级训练体制受到改革开放和市场经济发展的严重冲击，人才梯队建设处于困难发展阶段，各个项目注册人数不断下降，很多体校已经无人来练和无人可练；另一方面，我国青少年体质、体能水平连续20年下降，达标标准不断降低，已经到了边缘。为此，课题组提出如下建议。

**1. 转变青少年从事体育运动的理念**

要解决两难发展局面，既要转变我们的后备人才培养理念和培养模式，又要将我国基础教育中“体质达标”向“体能提高”转变，将体育从“身体教育”向“健康教育”转变，将青少年从事运动从体育和教育管理的政策要求向国家层面的法律法规转变，真正将我国青少年参加体育运动纳入国家宏观战略，纳入民生建设。

**2. 创造青少年从事体育运动的法治环境**

1956年，艾森豪威尔总统成立青少年体能总统委员会，强调将“发展体能”当作美国青少年日常生活的第一优先工作，并颁发了相关的法令，促进青少年从事体育运动。肯尼迪·约翰逊

总统将其更名为体能总统委员会及体能与竞技体育总统委员会。自此以后，美国的国家体育政策便开始提倡全国国民应不分年龄、不分身体活动能力，从事体能活动和维持运动习惯。2006年是体能与运动总统委员会成立50周年，时任美国总统布什特别宣布2006年5月为国家体能与竞技“体育月”，并积极呼吁全体国民，应将健身运动视为每日必做的工作之一，将时间花费在与亲人朋友共同参与体能性活动或竞技体育上，可增强个人自信心和降低生活压力。1952年，毛泽东主席提出了“发展体育运动，增强人民体质”，我国学习苏联“劳卫制”，开展了蓬勃发展的体育活动，由于受到传统文化、教育体制改革等多种因素影响，我国青少年从事体育运动的频次、强度、环境、保障等发生了很大变化，导致青少年体质和运动能力严重下降。尽管教育系统采取了很多措施，依然没有能够制止体质下滑趋势。国家体育总局和国家教育部等联合推动和开展全国青少年体育运动，包括青少年学生和运动员从事体育运动的时间、效益、管理、保障、风险、标准等，并将体育运动作为青少年学生成长方式、生活方式要素；建立一整套的考核评价和促进方式，以考核考察、趣味竞赛、体能检测、运动方法创新、家庭联动、体育文化体验等多种方式提高青少年从事体育运动的兴趣和情趣，提高青少年体能健康和运动水平，增强自信，健全人格。

**3. 建立体育与教育系统的竞赛组织管理机制，搭建青少年后备人才竞赛平台，促进后备人才可持续发展**

目前，广东、山东、河南等省、自治区、直辖市都相继建立了省（自治区、直辖市）级运动会和中学生运动会融合性平台，江苏、上海、浙江等省、自治区、直辖市将专业队、业余训练队和区域内具有优质教育资源的学校对接，建立运动训练—学习教育合作平台；更多的省、自治区、直辖市和县（区）的体育行业的教练员到中小学任体育课老师，实现了资源的融合。但是，从体育和教育两大行业系统来看，还缺乏竞赛制度层面的建设，竞赛组织管理体制和机制还存在“壁垒效益”；体育系统和教育系统资源不兼容，人才流动缺乏有效、畅通的渠道。但是，两大系统在关于青少年的教育方面存在着交叉的目标和任务，只有在竞赛组织管理体制和机制上实现了有效的沟通，才可能实现体育运动有效地促进青少年从“体质达标”向“体能提高”的转变，才能实现竞技体育后备人才的“校园化”和“专门化”的双轮驱动。

## 参考文献

[1] 国家体育总局政策法规司.体育事业“十二五”规划文件资料汇编[M].北京：人民体育出版社，2011.
[2] 李卫.中国竞技体育区域发展的理论与实证研究[D].北京体育大学，2001.
[3] 国家体育总局.改革开放30年的中国体育[M].北京：人民体育出版社，2008.
[4] 田麦久.体育发展战略研究与学科建设[M].北京：北京体育大学出版社，2003：81-83.
[5] 池建，苗向军. 2008年奥运会我国奥运优势项目、潜优势项目备战策略[J]. 北京体育大学学报，2006，29（8）：1009-1012.